KB106674

독자의 1초를 아껴주는 정성!

세상이 아무리 바쁘게 돌아가더라도

책까지 아무렇게나 빨리 만들 수는 없습니다.

인스턴트 식품 같은 책보다는

오래 익힌 술이나 장맛이 밴 책을 만들고 싶습니다.

길벗이지톡은 독자여러분이 우리를 믿는다고 할 때 가장 행복합니다.

나를 아껴주는 어학도서, 길벗이지톡의 책을 만나보십시오.

독자의 1초를 아껴주는 정성을 만나보십시오.

————

미리 책을 읽고 따라해본 2만 베타테스터 여러분과

무따기 체험단, 길벗스쿨 엄마 2% 기획단,

시나공 평가단, 토익 배틀, 대학생 기자단까지!

믿을 수 있는 책을 함께 만들어주신 독자 여러분께 감사드립니다.

홈페이지의 '독자광장'에 오시면 책을 함께 만들 수 있습니다.

(주)도서출판길벗 www.gilbut.co.kr
길벗이지톡 www.eztok.co.kr
길벗스쿨 www.gilbutschool.co.kr

---

mp3 파일 다운로드 안내

길벗이지톡(www.gilbut.co.kr) 회원(무료 가입)이 되시면 오디오 파일을 비롯하여 다양한 자료를 이용할 수 있습니다.

1단계	로그인 후 홈페이지 가운데 화면에 있는 SEARCH _____ 검색 에서 찾고자 하는 책이름을 입력하세요.
2단계	검색한 도서에 대한 자료를 다운로드 받으세요.

열정적인 토이커들을 위한 특별한 지원!

"시나공 토익 카페"에서 확인하세요

시나공 토익 카페에 무료로 회원 가입하고, 구매한 시나공 토익책을 등록하세요.
다양한 무료 콘텐츠 제공은 물론, 모르는 문제에 친절히 답해 드립니다.

시나공 도서관

시나공 토익책과 관련된 MP3 및 학습자료를
무료로 다운받을 수 있습니다.

묻고 답하기

모르는 부분이 있으면 자유롭게 질문해 주세요.
저자가 직접 친절하게 답해 드립니다.

토익 만점 공부방

토익 모의 실전 문제와 필수 단어, 시험장 정보,
학습법 등 시험에 필요한 유익한 자료가 가득합니다.

커뮤니티

시나공 토이커들의 자유로운 대화 공간입니다.
재미있는 설문조사, 푸짐한 이벤트에도 참여해보세요.

자세한 내용은 시나공 토익 카페에서 확인하세요. www.sinagongtoeic.co.kr

시험에 나오는 것만 공부한다!

시나공
토익

따라만 하면 무조건 외워지는

기적의
토익 보카

〈시나공 토익연구소〉 저

길벗
이지:톡

따라하면 무조건 외워지는
기적의 토익 보카

초판 1쇄 발행 · 2017년 12월 15일
초판 2쇄 발행 · 2020년 2월 11일

지은이 · 시나공 토익 연구소
발행인 · 김경숙
발행처 · 길벗이지톡
출판사 등록일 · 2000년 4월 14일

주소 · 서울시 마포구 월드컵로 10길 56(서교동)
대표전화 · 02)332-0931 | **팩스** · 02)322-6766
홈페이지 · www.gilbut.co.kr | **이메일** · eztok@gilbut.co.kr

기획 및 책임 편집 · 강윤석(kys@gilbut.co.kr), 유현우(yhw5719@gilbut.co.kr) | **디자인** · 윤석남, 황애라, 앤미디어 | **제작** · 이준호, 손일순, 이진혁
영업마케팅 · 김학흥, 장봉석 | **웹마케팅** · 이수미, 최소영 | **영업관리** · 심선숙 | **독자지원** · 송혜란

편집 진행 · 길벗알앤디 | **전산편집** · 예다움 | **녹음** · 로드러너코리아
CTP 출력 및 인쇄 · 북토리 | **제본** · 신정문화사

▶ 이 도서의 국립중앙도서관 출판예정도서목록(CIP)은 서지정보유통지원시스템 홈페이지(http://seoji.nl.go.kr)와
 국가자료공동목록시스템(http://www.nl.go.kr/kolisnet)에서 이용하실 수 있습니다. (CIP제어번호: CIP2017030777)

ISBN 979-11-5924-149-9 03740
(길벗 도서번호 300867)

가격 19,500원

독자의 1초까지 아껴주는 정성 길벗출판사

(주)도서출판 길벗 | IT실용, IT/일반 수험서, 경제경영, 취미실용, 인문교양(더퀘스트) **www.gilbut.co.kr**
길벗이지톡 | 어학단행본, 어학수험서 **www.eztok.co.kr**
길벗스쿨 | 국어학습, 수학학습, 어린이교양, 주니어 어학학습, 교과서 **www.gilbutschool.co.kr**

독자서비스 이메일 · **service@gilbut.co.kr**
페이스북 · **www.facebook.com/gilbutzigy**
트위터 · **www.twitter.com/gilbutzigy**

Preface

짜잔~《기적의 토익 보카》를 소개합니다!

대한민국 학생 치고 영단어 공부 한 번도 안 해본 학생들이 있을까요? 아마 거의 없을 겁니다. 그럼 구입한 영단어 책을 끝까지 몽땅 외워본 사람은 얼마나 될까요? 이 질문에 대한 정답 역시 그렇게 많지는 않을 겁니다. 과연 영단어 책을 공부하다 중도에 포기하는 것이 단순히 공부하는 학생들의 나태함이나 끈기 부족 때문일까요? 여기 영단어 5,000개가 있으니 알아서들 무조건 외워라. 일종의 학습 폭력 아닐까요? 그래서 〈시나공 토익연구소〉에서는 이 책을 기획하면서 네 가지를 기본 목표로 잡았습니다. 토익 시험에 꼭 나오는 단어만 골라서, 쉽게 외우고, 한 번 외운 단어는 평생 가져가고, 단어만 알면 해석이 되도록 하자는 게 바로 그것이지요.

 첫째 토익 시험에 꼭 나오는 단어들만 선별학습할 수 있도록 했습니다.

토익 수험생마다 목표로 하는 점수가 다를 수 있습니다. 최근 10여 년간 실제 토익 시험에 출제된 11만여 문장을 분석하여 우선순위에 따라 나열하고 목적에 따라 선별학습이 가능하도록 구분했습니다. 700점을 위한 빈출단어 2000, 800점을 향한 고급단어 2000, 900점을 향한 만점단어 1000, 초보자를 위한 기초단어 1000, 1회 출제단어 2030 등이 그것입니다. 여러분의 학습정도나 성취 목표에 따라 필요만 부분만 선택하여 학습할 수 있습니다.

 둘째 듣고, 읽고, 풀다 보면 자연스럽게 외워지도록 했습니다.

새까맣게 깜지를 만들며 영단어를 외우던 학생 시절의 그리운(?) 기억이 한 번쯤은 다 있을 겁니다. 새까맣게 몇 장을 채워 마음은 뿌듯하지만 막상 생각해보면 기억나는 단어는 거의 없는, 두뇌 학습법에서 가장 비추하는 방법 중 하나죠. 이제 이 책에서 제시하는 대로 따라서 듣고, 읽고, 문제를 풀다 보면 저절로 외워지는 신비한 경험을 하게 될 것입니다.

 셋째 포기하지 않고 끝까지 완주할 수 있도록 했습니다.

공부를 시작하면서 처음에 가졌던 단단한 마음은 시간이 지날수록 점점 헐거워집니다. 어제 죽어라 외웠던 단어들이 몇 개만 기억나고, 일주일 전에 확실하게 외웠던 단어들은 마치 새로운 단어를 보는 것 같아 점점 지쳐가죠? 이제 걱정하지 마세요. 외운 단어가 잊힐 때쯤이면 기억상자 프로그램이 1시간, 하루, 일주일, 한 달, 6개월을 자동으로 구분하여 그때 외웠던 단어들을 다시 복습할 수 있도록 유도합니다. 여러분은 단지 화면의 지시대로 "알아요", "몰라요"만 선택하세요. 한 번 외웠던 단어들이 평생 기억에 남게 될 것입니다.

 넷째 단어만 알면 예문을 해석할 수 있도록 했습니다.

몇 줄 되지 않는 예문의 해석이 안 되어 우리말과 영단어를 대충 꿰어 맞춰 영단어의 쓰임새만 확인한 적이 한 번씩은 다 있죠? 단어 암기의 목적은 '문장의 해석'입니다. 문법을 몰라도 단어만 알면 해석할 수 있도록 장치를 마련해 놓았습니다. 영문 해석은 생각보다 어렵지 않습니다. 이 책에서 제시하는 방법으로 2,000개의 문장을 해석하다 보면 영문의 직독직해 방법을 확실하게 습득할 수 있습니다.

이 책은 기획에서 원고 집필, 편집에 이르기까지 약 3년의 시간이 걸렸으며, 수백 명의 베타테스트를 거쳤습니다. 각 테스터별로 모르는 단어 1,000개를 선별해서 일주일 간 암기하게 하고 2주 후에 테스트 했을 때 평균 95% 이상의 정답률을 보였습니다. 그분들이 느꼈던 희열을 이 책을 보는 모든 수험생들이 공유하기를 기원합니다.

2017년 한 해를 마무리하며
시나공 토익연구소 직원 일동

Contents

학습 스케줄

4주 완성계획

	1일차	2일차	3일차	4일차	5일차	6일차	7일차
Week 1	Day 01 Day 02	Day 03 Day 04	Day 05 Day 06	Day 07 Day 08	Day 09 Day 10	Day 11 Day 12	Day 13 Day 14
	8일차	**9일차**	**10일차**	**11일차**	**12일차**	**13일차**	**14일차**
Week 2	Day 15 Day 16	Day 17 Day 18	Day 19 Day 20	Day 21 Day 22	Day 23 Day 24	Day 25 Day 26	Day 27 Day 28
	15일차	**16일차**	**17일차**	**18일차**	**19일차**	**20일차**	**21일차**
Week 3	Day 29 Day 30	Day 31 Day 32	Day 33 Day 34	Day 35 Day 36	Day 37 Day 38	Day 39 Day 40	Day 41 Day 42
	22일차	**23일차**	**24일차**	**25일차**	**26일차**	**27일차**	**28일차**
Week 4	Day 43 Day 44	Day 45 Day 46	Day 47 Day 48	Day 49 Day 50	빈출표현	빈출표현	빈출표현

8주 완성계획

	1일차	2일차	3일차	4일차	5일차	6일차	7일차
Week 1	Day 01	Day 02	Day 03	Day 04	Day 05	Day 06	Day 07
	8일차	**9일차**	**10일차**	**11일차**	**12일차**	**13일차**	**14일차**
Week 2	Day 08	Day 09	Day 10	Day 11	Day 12	Day 13	Day 14
	15일차	**16일차**	**17일차**	**18일차**	**19일차**	**20일차**	**21일차**
Week 3	Day 15	Day 16	Day 17	Day 18	Day 19	Day 20	Day 21
	22일차	**23일차**	**24일차**	**25일차**	**26일차**	**27일차**	**28일차**
Week 4	Day 22	Day 23	Day 24	Day 25	Day 26	Day 27	Day 28
	29일차	**30일차**	**31일차**	**32일차**	**33일차**	**34일차**	**35일차**
Week 5	Day 29	Day 30	Day 31	Day 32	Day 33	Day 34	Day 35
	36일차	**37일차**	**38일차**	**39일차**	**40일차**	**41일차**	**42일차**
Week 6	Day 36	Day 37	Day 38	Day 39	Day 40	Day 41	Day 42
	43일차	**44일차**	**45일차**	**46일차**	**47일차**	**48일차**	**49일차**
Week 7	Day 43	Day 44	Day 45	Day 46	Day 47	Day 48	Day 49
	50일차	**51일차**	**52일차**	**53일차**	**54일차**	**55일차**	**56일차**
Week 8	Day 50	빈출표현	빈출표현	빈출표현	만점단어	만점단어	만점단어

PART 1

700점을 위한 빈출단어 2000

학습방법

STEP 1
읽을 수 있을
때까지 들어라!

STEP 2
집중해서
읽어라!

STEP 3
집중해서
풀어라!

STEP 4
주기적으로
복습해라!

읽을 수 없는 단어는
절대 외울 수 없습니다.
입에 붙을 때까지
읽으세요.

암기는 나중에, 정독에
집중하세요.

단기기억을 만드는
단계입니다. 집중해서
풀어보세요.

장기기억을 만드는
단계입니다. 거르지
말고 복습하세요.

토익 단어 분포도

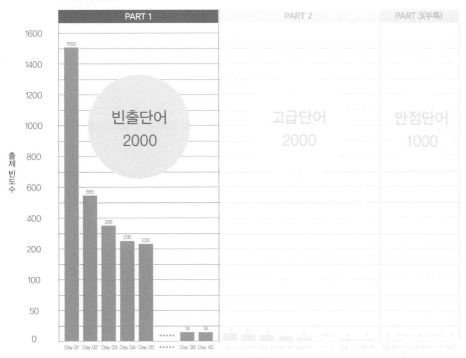

Day 01	0001~0050	Day 11	0501~0550	Day 21	1001~1050	Day 31	1501~1550
Day 02	0051~0100	Day 12	0551~0600	Day 22	1051~1100	Day 32	1551~1600
Day 03	0101~0150	Day 13	0601~0650	Day 23	1101~1150	Day 33	1601~1650
Day 04	0151~0200	Day 14	0651~0700	Day 24	1151~1200	Day 34	1651~1700
Day 05	0201~0250	Day 15	0701~0750	Day 25	1201~1250	Day 35	1701~1750
Day 06	0251~0300	Day 16	0751~0800	Day 26	1251~1300	Day 36	1751~1800
Day 07	0301~0350	Day 17	0801~0850	Day 27	1301~1350	Day 37	1801~1850
Day 08	0351~0400	Day 18	0851~0900	Day 28	1351~1400	Day 38	1851~1900
Day 09	0401~0450	Day 19	0901~0950	Day 29	1401~1450	Day 39	1901~1950
Day 10	0451~0500	Day 20	0951~1000	Day 30	1451~1500	Day 40	1951~2000

Day 00 도대체 토익 단어는 어떻게 공부하나요?

01 도대체 토익 단어는 몇 개나 외워야 할까요?

궁금하시죠? 최근 10여 년간 토익에 출제되었다는 문장 11만여 개를 분석한 결과 토익 시험에 꼭 필요한 단어는 5,000개라는 결론을 얻었습니다. 이유를 한번 살펴볼까요?

- 11만여 개의 문장에서 서로 다른 단어를 고르면 20,740개의 단어를 얻을 수 있습니다. 여기서 사람이름, 회사 명칭, 이메일 주소 등 **문장 해석과 무관한 7,638개를 제외하면** 토익 시험에 출제되는 단어는 **13,102개**가 됩니다.

- meets, meet, meeting, met의 원형은 meet라는 동사 하나이므로 **동사의 원형을 찾아 묶으면** 이제 단어 수는 13,102개에서 **8,030개로 줄어듭니다.**

- 8,030개 중에서 누구나 알만한 boy, girl, desk 등의 **기초단어 1,000개를 제외하면** 단어는 **7,030개로 줄어듭니다.**

- 7,030개 중 최근 10여 년 동안 단 1회만 출제된 2,030개를 제외하면 실제 암기해야 할 **단어는 5,000개입니다.**

02 토익 시험에 나오는 단어도 우선순위가 있나요?

토익 시험에 필요한 단어는 약 5,000개입니다. **5,000개를 모두 다 암기하면 좋겠지만** 다음의 그래프처럼 출제 빈도수에 반비례해 학습할 단어수가 급격하게 늘어나는 것을 볼 수 있습니다. 즉 **토익 시험을 위해 우선적으로 학습해야 할 단어가 있다**는 거죠. 출제 빈도에 따라 많이 나온 순으로 나열했을 때 대략 2,000번째의 순위가 10여 년간 14회 이상, 즉 2,000번째 이후의 단어는 1년에 1회 미만으로 출제되는 단어이므로 일단 2,000단어를 암기하면 지문을 해석하는 데 크게 문제가 되지 않습니다. 그리고 **문장을 구성할 때 반드시 필요한 주요 동사가 2,000개 안에 모두 포함되기 때문에 2,000개의 단어만 알면 문맥을 파악하는 데는 크게 문제가 되지 않습니다.** PART 1에는 2,000개의 단어를 우선순위에 따라 일차별로 수록하여 중요도 순으로 학습할 수 있도록 했습니다.

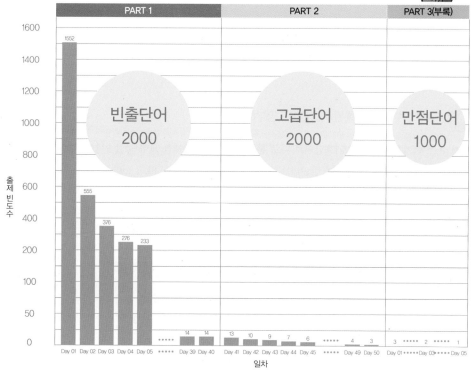

※ PART 1과 PART 2의 막대 그래프 상단에 표시된 숫자는 해당 일차에 첫 번째로 나오는 단어의 출제 빈도수를 의미합니다. 그러니까 Day 01에서는 1,552회에서 555회 사이의 출제 빈도를 갖는 단어들을 학습한다는 의미입니다.

※ PART 3(부록)의 만점단어는 출제 빈도순으로 4,001번부터 5,000번 단어로 구성되어 있는데, 이 단어들은 최근 10여 년간 1~3회의 빈도수를 갖습니다.

03 Q **PART 2는 PART 1과 어떻게 다른가요?**

PART 2는 **800점 이상 고득점을 목표로 하는 단어**들로 이루어져 있으며, 최근 10여 년간 출제 빈도 13회에서 3회 사이에 속하는 단어 **2,000개를 선별하여 수록**했습니다. PART 1을 모두 외운 후, PART 2를 암기하면 암기에 탄력이 붙어 훨씬 쉽게 암기할 수 있습니다.

04 Q **PART 3(부록)에 수록된 만점단어도 공부해야 하나요?**

PART 3 부록(만점단어)에 수록된 단어는 **최근 10여 년간 1~3회 출제된 단어 중**에서 또 나올 만한 단어로 선정된 **1,000개의 단어들을 모아 놓았습니다.** 시간적으로 여유가 될 때만 공부하세요.

05 PART 3(부록)에 수록된 빈출표현에는 어떤 단어가 들어있나요?

PART 3 부록(빈출표현)에는 빈출표현들을 모아 놓았습니다. 이미 PART 1을 공부할 때 한 번씩 봤던 단어들과 관계된 어휘들이므로 어렵지 않게 암기할 수 있습니다. 만점단어와 마찬가지로 **기억상자 프로그램**에도 들어있으니 시간될 때 틈틈이 암기하세요. 우리말을 그대로 정확하게 암기하려고 노력하는 것보다 의미만 파악이 되면 암기한 것으로 간주하고 다음 어휘로 넘어가는 것이 좋습니다.

06 PART 3(부록)에 수록된 기초단어도 공부해야 하나요?

PART 3 부록(기초단어)에는 기초단어로 따로 분류한 단어 1,000개를 모아 놓았습니다. 단어라는 게 아무리 길고 복잡해도 알면 쉽고, 모르면 어려운법이죠. 예를 들어 work, like, make, week 같은 단어는 기초단어라고 판단되어 제외시켰는데 이런 단어를 모르는 수험생도 분명히 있을 겁니다. 이런 단어들 1,000개를 모아 놓았으니 **기초단어에 약한 수험생들은 우선적으로 학습할 것을 권합니다.**

07 한 단어에 여러 가지 뜻이 있는데 글자 그대로 정확하게 암기해야 하나요?

아닙니다. 단어를 보고 그 의미를 파악할 수 있으면 음절 단위로 정확하게 암기하지 않아도 됩니다. 예를 들어 order는 동사로 "주문하다", "명령하다", 명사로 "주문", "명령", "정돈", "순서"로 되어 있지만 글자 그대로 암기하지 않고, "명령하다"를 "지시하다", "정돈"을 "정리", "순서"를 "차례' 등 그 의미를 파악할 수 있도록 암기하면 문장을 보고 그 뜻을 파악해서 문제를 푸는 데 전혀 지장이 없습니다. 원래 영어와 우리말은 정확한 의미가 1대 1로 매치될 수 없습니다. 수많은 시행착오를 거쳐 "그것이 그 의미이다."라고 정착이 된 거죠. 미국인이 쓰는 영어 사전에 "한국말로는 이 뜻이야."라고 적혀있나요?

08 한 단어에 여러 가지 뜻이 있는데 품사별로 정확하게 암기해야 하나요?

아닙니다. 물론 정확히 암기하면 좋겠지만 처음부터 그렇게 외우려고 하면 끝까지 가지 못하고 지쳐 포기할 수도 있습니다. **대략의 의미만 알고 있으면 문맥상 품사를 구분해서 뜻을 유추할 수 있습니다.** 예를 들어, dress는 "옷", "옷을 입다"의 의미가 있지만 "옷" 이라고만 알고 있어도 다음과 같이 의미를 파악할 수 있습니다. 물론 학습 정도에 따라 연습이 필요한 경우도 있겠지만요.

• **명사** : 목적어 자리이므로 명사로 쓰였습니다.

　I have a good **dress**. 나는 좋은 **옷**을 가지고 있다.

• **동사** : 서술어 자리이므로 동사로 쓰였습니다.

　I **dress** a jumper. 나는 점퍼를 **입는다**.

위와 같이 단어의 위치에 따라 그 의미를 구분할 수 있으므로 품사별로 모든 뜻을 정확하게 외울 필요는 **없습니다.** 물론 문장 구성에 대한 기본적인 지식이 있어야 하지만 이 책의 성격상 문장 구성요소나 5형식 등에 대해서는 다루지 않습니다.

09 '빈출표현' 코너에 있는 🔆 표시는 무슨 의미인가요?

2016년 5월, TOEIC 시험이 변경된 이후 출제된 기출표현을 표시한 것입니다. 그러니까 🔆 표시가 있는 **표현들은 가장 최근에 출제된 가장 따끈따끈한 표현들**이라는 거죠. 아무래도 눈여겨 봐 두는 것이 좋겠죠?

10 유의어 또는 반의어는 유의어 또는 반의어라고 인식하며 외워야 하나요?

아닙니다. 지금은 영단어 암기 시간이지 국어 공부 시간이 아니죠? 예를 들어 miss(놓치다)의 유의어는 forget(깜빡하다), 반의어는 catch(잡다)라고 외울 필요는 없습니다. miss와 **관련된 유의어와 반의어를 수록해 놓았으니** 함께 알아두라는 얘기죠. miss도 알고 forget도 아는데 설마 forget을 miss의 유의어라고 암기하지 않아 선택지에서 forget을 못 고르겠어요? **그냥 같이 외워주면 효율적이라는 뜻입니다.**

11 반의어, 유의어, 파생어는 꼭 외워야 하나요?

꼭 외워야 하는 건 아니지만 결국은 외워야 하는 단어들입니다. 단어별로 '빈출표현' 코너에 수록된 반의어, 유의어, 파생어는 모두 토익 시험에 출제된 적이 있는 단어들이기 때문에 지금 외우지 않아도 학습 중에 언젠가는 다시 나타납니다. 그때 외워도 됩니다.

12 영단어의 의미중 빨간색으로 표시된 것은 중요하다는 의미인가요?

맞아요. 시험에서 가장 많이 사용된 의미입니다. 예를 들어 단어 call의 의미에는 "전화하다, 부르다, 전화, 요청", 이렇게 되어 있죠. call은 "전화하다"의 의미로 가장 많이 출제되었고, 이어서 "부르다", "전화", "요청" 순으로 출제되었다는 뜻입니다. 마찬가지로 빈출표현도 위에서 아래로 출제 빈도에 따른 순서입니다.

13 순위가 이상해요. product는 랭크가 11인데 맨 앞에 있어요.

암기하기 쉽도록 파생어를 모아 놓았습니다. **관련 단어를 모아서 한 번에 효율적으로 학습하기 위해서입니다.** 다음 페이지에서 보시는 것처럼 **6개의 단어가 우선순위로 따졌을 때 모두 6위 안에 들지는 않지만**

Day 01의 첫 페이지에 차례대로 수록되어 있는 이유는, 이 여섯 단어의 **출제횟수를 모두 더하면 우선순위가 가장 높기 때문입니다.** product와 관련하여 몇 개의 파생어가 더 있지만 출제 빈도순으로 2,000위를 벗어나므로 그 단어들은 PART 2에 수록했습니다.

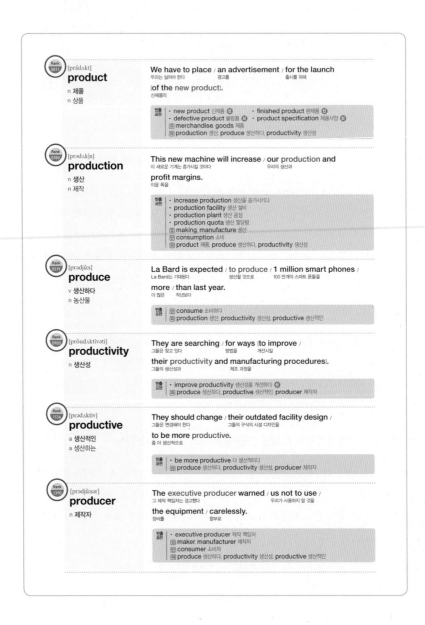

Rank 0011 [prádʌkt]
product
n 제품
n 상품

We have to place / an advertisement / for the launch
우리는 실어야 한다   광고를   출시를 위해
[of the new product].
신제품의

빈출표현
· new product 신제품 ④   · finished product 완제품 ④
· defective product 불량품 ④   · product specification 제품사양 ④
囲 merchandise, goods 제품
囲 production 생산, produce 생산하다, productivity 생산성

Rank 0190 [prədʌ́kʃn]
production
n 생산
n 제작

This new machine will increase / our production and
이 새로운 기계는 증가시킬 것이다   우리의 생산과
profit margins.
이윤 폭을

빈출표현
· increase production 생산을 증가시키다
· production facility 생산 설비
· production plant 생산 공장
· production quota 생산 할당량
囲 making, manufacture 생산
囲 consumption 소비
囲 product 제품, produce 생산하다, productivity 생산성

Rank 0319 [prədjúːs]
produce
v 생산하다
n 농산물

La Bard is expected / to produce / 1 million smart phones /
La Bard는 기대된다   생산할 것으로   100 만개의 스마트 폰들을
more / than last year.
더 많은   작년보다

빈출표현
囲 consume 소비하다
囲 production 생산, productivity 생산성, productive 생산적인

Rank 0900 [pròudʌktívəti]
productivity
n 생산성

They are searching / for ways [to improve /
그들은 찾고 있다   방법을   개선시킬
their productivity and manufacturing procedures].
그들의 생산성과   제조 과정을

빈출표현
· improve productivity 생산성을 개선하다 ④
囲 produce 생산하다, productive 생산적인, producer 제작자

Rank 1128 [prədʌ́ktiv]
productive
a 생산적인
a 생산하는

They should change / their outdated facility design /
그들은 변경해야 한다   그들의 구식의 시설 디자인을
to be more productive.
좀 더 생산적으로

빈출표현
· be more productive 더 생산적이다
囲 produce 생산하다, productivity 생산성, producer 제작자

Rank 1390 [prədjúːsər]
producer
n 제작자

The executive producer warned / us not to use /
그 제작 책임자는 경고했다   우리가 사용하지 말 것을
the equipment / carelessly.
장비를   함부로

빈출표현
· executive producer 제작 책임자
囲 maker, manufacturer 제작자
囲 consumer 소비자
囲 produce 생산하다, productivity 생산성, productive 생산적인

4단계로 학습이 진행되는데, 단계별로 특별한 이유가 있나요?

있습니다. 일단 따라해 보세요. 새까맣게 깜지를 만들며 영어 단어를 외우던 학생 시절의 그리운(?) 기억이 한 번쯤은 다 있을 겁니다. 새까맣게 몇 장을 채워 마음은 뿌듯하지만 막상 생각해보면 기억나는 단어는 하나도 없는, 두되 학습법에서 가장 비추천하는 방법 중 하나죠. 이제 이 책에서 시키는 대로 따라만 하세요. 마지막 책장을 덮는 순간 5,000개의 단어가 당신의 두뇌 깊은 곳에 평생 써먹을 수 있도록 기억되어 있는 것을 확인할 수 있습니다. **수백 명의 학생을 통해 임상 시험을 거쳤기 때문에 믿고 따라 오시기만 하면 됩니다.** 학습자에 따라 조금 힘들거나 번거롭게 느낄 수 있습니다. 포기하지 않고 **끝까지 따라오**면 토익단어 5,000개를 내 기억 속에 영원히 존재하게 할 수 있습니다.

 읽을 수 있을 때까지 들어라!

읽지 못하는 단어는 절대 외울 수 없습니다! 발음 기호 없이 자신있게 읽을 수 있을 때까지 원어민의 발음을 들으면서 반복해서 따라 읽으세요.

0001~0050 Words

- ☐ **product** 제품, 상품
- ☐ **production** 생산, 제작
- ☐ **produce** 생산하다, 농산물
- ☐ **productivity** 생산성
- ☐ **productive** 생산적인, 생산하는
- ☐ **producer** 제작자
- ☐ **meet** 충족시키다, 만나다
- ☐ **call** 전화하다, 부르다

- ☐ **manage** 관리하다, 운영하다
- ☐ **managerial** 관리의, 경영의
- ☐ **store** 보관하다, 저장하다
- ☐ **storage** 저장, 저장소
- ☐ **receive** 받다
- ☐ **receipt** 영수증, 수령
- ☐ **information** 정보, 자료
- ☐ **inform** 알리다, 통지하다

제 1단계 : 읽을 수 있을 때까지 들어라!

읽을 수 없는 단어는 절대 외울 수 없습니다!

이번 단계는 단어를 읽고 단어와 친해지는 단계입니다. 생각해 보세요. 정확하게 읽지도 못하면서 영단어를 외운다고요? 이게 가능할까요? 스펠링을 정확하게 쓰지 못하는 건 상관없습니다. 하지만 읽을 수 없으면 절대로 외울 수 없습니다. significantly를 "시그니피컨틀리"라고 온전히 읽지 못하면 당연히 significantly를 기억하지 못합니다. significantly를 기억하지 못하는데 어떻게 significantly를 "상당히"라고 기억하겠어요? 그냥 스펠링을 외운다고요? 토익시험이 스펠링을 쓰는 시험이던가요? 갈 길이 멉니다. 한 번에 외워버리겠다는 호연지기는 잠시 접어두고 다음을 염두에 두고 읽어보세요.

- 편안한 마음으로 원어민의 발음을 들으면서 단어를 따라 읽으세요. 한글 뜻도 가볍게 읽어 보세요.
- 한 단어를 반복해서 읽지 말고 전체를 처음부터 끝까지 차례대로 읽으세요. 그러니까 50개를 한 덩어리로 보고 반복해서 읽는 거죠.
- 자신 있게 읽을 수 있으면 다음 단계로 넘어가세요.

집중해서 읽어라!

암기는 나중에, 정독에 집중하세요! 한 번에 외워야 한다는 강박은
개나 줘버리고 편안한 마음으로 읽되, 집중하세요.

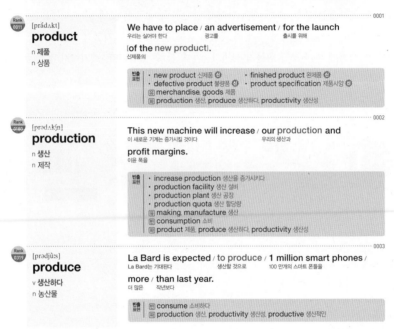

Rank 0011 [prɑ́dʌkt]
product
n 제품
n 상품

— 0001

We have to place / an advertisement / for the launch
우리는 실어야 한다   광고를   출시를 위해
[of the new product].
신제품의

빈출
표현
• new product 신제품 🎧   • finished product 완제품 🎧
• defective product 불량품   • product specification 제품사양 🎧
🔄 merchandise, goods 제품
🔄 production 생산, produce 생산하다, productivity 생산성

Rank 0160 [prədʌ́kʃn]
production
n 생산
n 제작

— 0002

This new machine will increase / our production and
이 새로운 기계는 증가시킬 것이다   우리의 생산과
profit margins.
이윤 폭을

빈출
표현
• increase production 생산을 증가시키다
• production facility 생산 설비
• production plant 생산 공장
• production quota 생산 할당량
🔄 making, manufacture 생산
🔄 consumption 소비
🔄 product 제품, produce 생산하다, productivity 생산성

Rank 0319 [prədjùːs]
produce
v 생산하다
n 농산물

— 0003

La Bard is expected / to produce / 1 million smart phones /
La Bard는 기대된다   생산할 것이다   100 만개의 스마트 폰들을
more / than last year.
더 많은   작년보다

빈출
표현
🔄 consume 소비하다
🔄 production 생산, productivity 생산성, productive 생산적인

제 2단계 : 집중해서 읽어라!

암기는 나중에, 정독에 집중하세요.

이번 단계에서는 단어의 쓰임새를 정확하게 이해하고 시험에는 어떻게 출제되는지 살펴보는 단계입니다. STEP 1을 거쳤기 때문에 더 이상 단어들이 낯설지 않을 겁니다. 아직도 Day 01의 단어들이 생소하고 낯설게 느껴지면 STEP 1을 다시 학습하고 오셔야 합니다. 앞 단계와 마찬가지로 한 번에 외워야 한다는 강박관념은 잠시 내려두고 다음 내용을 참고하여 편안하게 읽되, 집중하세요.

• 단어를 읽고 단어의 우리말 뜻을 읽어보세요. 단어의 우리말 뜻 중 빨간색 의미가 토익에서 가장 많이 사용되는 의미입니다. STEP 3에서 문제를 풀 때는 그 뜻만 비슷하게 써도 맞힌 것으로 간주하면 됩니다.
• 문장을 읽으면서 정확하게 의미를 파악해 보세요. 끊어서 직독직해하는 방법은 18쪽을 참조하세요.
• 빈출표현을 읽으면서 시험에는 어떻게 출제되는지 그 형태를 파악하세요.
• 파생어, 유의어, 반의어 등은 시간이 되면 가볍게 읽어보세요.
• 단어의 의미, 빈출표현, 파생어 등은 모두 위에서 아래로 출제 우선순위를 나타냅니다.

Day 01 1-50

※ 정답은 PDF 712쪽에 있습니다.

 STEP **3** 집중해서 풀어라!
단기기억을 만드는 단계입니다. 문장에서 해당하는 단어에 밑줄을 긋고 단어의 의미를 찾아 쓰다 보면 보통 3번이나 4번 문제에서 90% 이상 맞힐 수 있습니다.

※ 노란색으로 표시된 영단어에 해당하는 우리말에 밑줄을 그으세요. 생각나지 않는 단어는 앞쪽에서 찾아보세요.

문제 **1**

01 We have to place an advertisement for the launch of the **new product**.
우리는 신제품 출시를 위해 광고를 실어야 한다.

02 This new machine will increase our **production** and profit margins.
이 새로운 기계는 우리의 생산과 이윤 폭을 증가시킬 것이다.

03 La Bard is expected **to produce** 1 million smart phones more than last year.
La Bard는 작년보다 100 만대의 스마트 폰을 더 생산할 것으로 기대된다.

문제 **2**

※ 다음 단어의 우리말 뜻을 쓰시오. 생각나지 않는 단어는 앞쪽에서 찾아 쓰세요.

01 sale	18 managerial	35 meet
02 last	19 employee	36 productivity
03 manage	20 employ	37 produce
04 reporter	21 store	38 open
05 customer	22 storage	39 useful
06 report	23 serve	40 offer

제 3단계 : 집중해서 풀어라!

단기기억을 만드는 단계입니다. 집중해서 풀어보세요.

이번 단계는 단기기억을 만드는 단계입니다. 문장에서 해당하는 단어에 밑줄을 긋고 단어의 의미를 찾아 쓰다 보면 보통 3번이나 4번 문제에서 90% 이상 맞힐 수 있습니다. 다음을 참고하여 문제를 풀어보세요.

• 정확하게 맞히려고 노력하지 마세요. 단어의 개념이 와 닿으면 외운 것이라고 판단하세요. 예를 들어, available 이 책에는 "이용 가능한"이라고 나와 있지만 "이용할 수 있는, 사용할 수 있는, 할 수 있는, 사용 가능한" 등으로 의미가 통하면 책에 쓰인 정확한 의미와 일치하지 않아도 맞힌 것으로 간주하세요.
• 모르는 단어는 꼭 앞 페이지에서 찾아 써야 합니다. 모르는 단어를 찾을 때는 예문도 같이 한 번 읽어보세요.
• 단어의 우리말 뜻을 쓰는 문제에서 1번 문제는 무조건 풀어야 하고 2번 문제부터는 선택입니다. 즉 2번 문제를 90% 이상 맞혔으면 더 이상 풀지 않고 바로 기억상자 프로그램을 실행해도 됩니다.
• 단어의 우리말 뜻을 쓰는 문제는 기본적으로 4회가 제공됩니다. 평균적으로 4회까지 풀고 나면 대부분 다 맞힐 수 있기 때문이죠. 문제가 더 필요하면 cafe.gilbut.co.kr/TOEIC에서 다운받아 사용하세요.
• 되도록 하루치 분량을 한 번에 온전하게 마치세요. 중간에서 멈췄다면, 처음부터 다시 학습하는 게 바람직합니다.

제 4단계 : 주기적으로 복습해라!

장기기억을 만드는 단계입니다. 거르지 말고 복습하세요.

여러분이 성실하게 학습을 마치고 여기까지 왔다면 50개의 영단어와 우리말 의미를 단기기억 영역에 저장해 놓은 상태입니다. 지금부터가 중요합니다. 이 단기기억 영역에 대기하고 있는 내용들은 두뇌에서 중요하다고 판단하지 않으면 기억영역에서 가차 없이 지워져버리는 특성이 있습니다. 즉 두뇌에게 이것이 중요한 내용이라고 알려줘야 장기기억 영역으로 이동되어

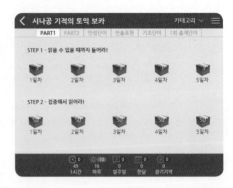

오랫동안 기억이 유지되는데, 이때 필요한 것이 주기적인 반복입니다. 본서와 함께 제공되는 기억상자 프로그램은 에빙하우스의 망각이론에 근거하여 여러분이 암기한 내용들에게 평균적인 망각시간이 도래할 때마다 반복학습을 유도하여 그 기억이 평생 동안 유지될 수 있도록 도와줍니다.

명심하세요. 암기와 망각이 반복되면서 포기하고 싶은, 정말 그만두고 싶은 힘든 시간이 올 수 있습니다. 너무 자책하지 마세요. 망각은 누구에게나 찾아옵니다. 하지만 망각했다고 다 없어지는 건 아닙니다. 외웠다가 잊은 내용은 금방 다시 외울 수 있습니다. 하지만 망각이 두려워 포기한 내용은 아무것도 남는 게 없습니다. 절대 포기하지 말고 프로그램에 따라 마지막 페이지까지 학습하세요. 영단어 5,000개 외우는 게 별거 아니라는 걸 체험하게 될 것입니다.

---

15 **Q** 문장을 다 읽고 나서 머릿속에서 의미를 되새기면 되는데, 왜 직독직해가 중요하죠?

영어는 우리말과 달리 주어, 동사, 목적어를 구분하는 **조사가 없고, 단어가 놓인 위치에 따라 의미가 통하는 언어입니다.** 즉 우리말과 어순이 다른데 우리말과 맞추기 위해 문장을 다읽고 나서 우리말에 맞춰 해석하려 하면 이미 늦습니다. **앞에서부터 단어가 나오는 대로 이해하고 넘어가는 직독직해를 연습해야** 문장을 빨리 이해할 수 있으며, **원어민이 말하는 속도로 문장을 이해할 수 있어야 리스닝이 됩니다.** 영어의 주어, 동사, 목적어에 사용된 단어의 의미를 찾아 우리말 어순으로 다시 조합해서 의역을 시도하는 순간, 다음 문장은 내 귀를 거치지 않고 사라져 버린다는 걸 명심하세요. 영어권 사람들이 그들이 사용하는 순서대로 단어를 나열하고 그 의미를 전달하는데 전혀 문제가 없다면 우리도 그대로 연습하면 됩니다. 그래야 그들의 언어를 통한 의사 전달 속도를 따라갈 수 있습니다.

《기적의 토익 보카》에 사용된 예문에는 직독직해가 가능하도록 과학적인 단위로 끊어서 구분자를 넣었습니다. 처음에는 문장해석이 조금 매끄럽지 않을 수 있습니다. 18쪽을 참고하여 익숙해질 때까지 반복해서 연습하세요.

16 예문에 대해 우리말 어순으로 된 의역은 없나요?

영문 문장 구조에 대한 충분한 이해가 없으면 경우에 따라 직독직해로 해석해 놓은 문장이 어렵게 느껴질 수도 있습니다. 이런 경우 **각 일차 학습 후에 나오는 [STEP 3]을 참조하세요. 모든 문제를 의역으로 제공했습니다.**

17 예문 해석이 정확하게 안 되는데 대충 이해하고 넘어가도 되나요?

영문을 해석해서 제출하려는 게 아니라면 **직독직해를 마친 후 정확하게 의역하려고 노력하지 마세요.** 어차피 영어를 우리말로 100% 정확하게 해석하는 것은 불가능합니다. 올바른 해석이라는 것이 의미가 정확하게 전달되고 표현이 매끄럽다는 것이지 영어와 한글이 1:1로 정확하게 매치되어 완벽하게 해석되었다는 것이 아닙니다. 해석하는 사람마다 조금씩 다 다를 수 밖에 없습니다. 그래도 대충(?) 이해하는 건 좀 그렇고 **문제를 풀 수 있을 정도의 이해,** 즉 **"아, 이런 뜻이구나!"** 정도로 이해했으면 넘어가세요.

18 어려운 단어와 쉬운 단어가 있나요?

단어에 **어려운 단어, 쉬운 단어가 있다기보다는** 현재 외우고 있지는 않지만 **이전에 접해본 단어냐, 아니냐의 차이가 있을 뿐입니다.** 이전에 한 번이라도 접했던 단어는 금방 외울 수 있습니다. **중·고등학교 시절에 공부했다가 잊혀진 단어들이** 그런 거죠. 사실 예전에 공부했었는데 지금은 생각나지 않는 거죠. **이런 단어들은 몇 번만 반복하면 쉽게 암기됩니다.**

예를 들어 different, research, complete, increase, suggest, experience, international, furniture 등은 철자가 길지만 어려워 보이지 않죠? 중학교용 필수단어거든요. 하지만 다음 단어들을 보세요. dock, comply, patio, lid, anchor, latch, fatigue, incur, choral, blurry, clout, sturdy 등은 고등학교 이상의 단어들로 스펠링은 간단하지만 다소 생소합니다.

19 자꾸 까먹어요. 어떻게 하죠?

망각을 두려워 말고 끝까지 진도를 나가세요.

명심하세요. 암기와 망각이 반복되면서 포기하고 싶은, 정말 그만두고 싶은 힘든 시간이 올 수 있습니다. 너무 자책하지 마세요. 망각은 누구에게나 찾아옵니다. 하지만 망각했다고 다 없어지는 건 아닙니다. **외웠다가 잊은 내용은 금방 다시 외울 수 있습니다.** 하지만 **망각이 두려워 포기한 내용은 우리 두뇌에 아무 흔적도 남겨놓지 않습니다.** 절대 포기하지 말고 프로그램에 따라 마지막 페이지까지 학습하세요. 영단어

5,000개 외우는 게 별거 아니라는 걸 체험하게 될 것입니다. 우리 기억은 암기한 후 10분이 지나면서 망각이 시작돼 1시간이 지나면 50%정도를 망각하게 됩니다. 기억상자 프로그램은 에빙하우스의 망각 곡선에 근거하여 암기한 단어가 잊혀질 만하면 다시 한 번 기억을 강화할 수 있도록 자동으로 암기를 유도합니다.

20 예문에 사용된 단어는 토익에 출제되는 단어인가요?

예, 그렇습니다. 예문에 사용된 단어는 **토익에 출제된 단어만 사용하여 구성하였습니다.** 〈시나공〉만의 예문 작성 프로그램을 이용하여 토익에 출제되지 않은 단어가 예문에 사용되면 걸러지는 예문 작성 프로그램을 사용했기 때문에 토익에 출제되지 않은 단어는 한 단어도 예문에 사용되지 않았습니다.

21 예문의 난이도가 만만하지 않아요.

실제 **토익 시험에 출제된** 보편적인 **문장 2,000개를 선별한 후 관련 문법과 구문을 기초로 예문을 작성했기 때문에** 《기적의 토익 보카》만 제대로 공부해도 **웬만한 지문은 술술 읽을 수 있습니다.** 힘들지만 조금만 더 힘내서 공부해 보세요.

22 예문은 꼭 해석해야 하나요?

단어를 암기하는 목적은 문장을 해석하기 위함이지 단어 자체를 암기하려는 게 아닙니다. 예문에 사용된 문장도 해석 못하면서 어떻게 복잡한 문장을 해석하겠어요? 해당 단어가 문장에서 정확하게 어떤 뉘앙스를 가지고 사용되었는지 알기 위해서는 반드시 문장을 해석해 보는 것이 좋습니다. **정확하게 해석할 수 있도록 장치를 마련했으니 꼭 공부하세요.**

23 끊어 읽기 규칙을 알려주세요.

다 아시겠지만 다음을 확인하고 넘어갑시다. 영어와 우리말이 다른 점은 어순이 다르다는 것이고, 같은 점은 모든 언어가 그렇듯 주어가 제일 먼저 나오며, 이어지는 단어들은 모두 주어를 설명하기 위한 단어들인데, 우리말과 영어의 설명 순서가 좀 다르다는 것이죠.

주어 다음에 **be 동사가 나오면 주어의 존재나 상태를 설명하는 것이고, 주어 다음에 일반 동사가 나오면 주어의 행동을 설명하는 것이죠. 주어의 존재, 상태, 행동을 설명할 때 명사를 이용하고 그 명사를 보충할 필요가 있을 때는 관계사, 분사, 형용사, to부정사 등을 이용해** 명사를 보충 설명하는 거죠. 동사나 형용사를 설명하기 위해 부사가 사용되기도 하죠. 즉 주어가 먼저 나오고, 다음에 나오는 말들은 모두 주어를 설명하기 위한 단어들이라고 생각하면서 문장을 이해해 나가면 됩니다. 다음 두 가지만 염두에 두면 해석이 그렇게 힘들지는 않습니다. 물론 단어의 의미는 알고 있어야 하겠지요.

첫째, 주어에 이어서 나오는 단어들은 모두 **주어 또는 주어를 설명하기 위해 사용된 단어들을 설명**한다는 것을 염두에 두고 이해해 보세요. 다음 문장을 한번 살펴봅시다.

예문 **They would like / to solve / the problem.**
그들은 원한다 / 해결하길 / 문제를

이 문장에서 주어는 They(그들)입니다. 이어지는 문장은 모두 They를 설명하기 위한 단어들이라는 거죠. 설명을 위해 우리가 배운 문법 단위에 친숙하게 몇 개씩 묶었습니다.

• **would like** : 주어의 행동을 서술하는 동사이므로 주어가 원하는 거죠. 즉 "그들은 원한다"가 됩니다. "그들이 원한다", "그들 원한다" 등 어떤 식으로 해석해도 상관없습니다. 이해를 위한 해석이니까요.

• **to solve** : to부정사가 나왔을 때, 이게 to부정사의 명사적 용법인지, 형용사적 용법인지, 부사적 용법인지를 구분하는 것은 토익 시험을 볼 때 아무런 의미가 없습니다. to 다음에 동사가 나오면 고민하지 말고 그냥 주어가 하려는 행동이라고 이해하면 됩니다. 그러니까 "해결하는 것을", "해결하기 위하여", "해결할" 중에서 먼저 나온 주어와 동사에 어울리도록 적당하게 말을 만들면 됩니다. "그들이 원하는데, 원하는 게 해결하기를 원하는 거구나."라고 이해하고 넘어가면 됩니다.

• **the problem** : "그 문제", 이 단어는 바로 전에 동사가 나왔으니 그 동사의 목적어겠죠. 즉 "그 문제를 해결하기를" 쯤 되는 거죠. 전치사든 관계사든 모두 바로 전에 나온 단어와 관계가 있다는 것을 잊지 마세요. 여기까지 말을 이어보면 "그들이 원하는데 원하는 게 해결하는 거구나, 해결하려는 것은 문제고."라고 이해하면 됩니다. 좀 번거롭긴 하지만 이해가 되죠? 처음에는 말이 길어져 장황해 보이지만 조금만 연습하면 설명어를 장황하게 추가하지 않아도 바로바로 의미를 파악할 수 있습니다. 우린 멋진 번역을 위해 문장을 해석하는 게 아니잖아요? 문제를 풀기 위해 빠른 의미 파악이 필요한 거지.

둘째, 명사를 뒤에서 설명하는 것들을 묶어주면 해석이 간단해집니다. 문장이 길어져 해석이 난해한 경우는 대부분 명사를 뒤에서 설명하는 문장들이 길어지기 때문입니다. 우리말은 명사를 명사 앞에서 설명하는데 영어는 좀 길다 싶으면 뒤에서 설명합니다.

예를 들어 우리말은

예문 우리는 저자의 허가가 있는 책의 일부를 복사했다.

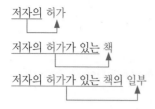

저자의 허가

저자의 허가가 있는 책

저자의 허가가 있는 책의 일부

위와 같이 우리말은 명사를 설명할 때 앞에서부터 설명하지만 우리말이기 때문에 별다른 노력이나 분석을 하지 않아도 앞에서부터 차례대로 이해가 됩니다. 이에 비해 영어는 명사를 설명할 때 단순한 형용사를 제외하고는 대부분 다음과 같이 명사 뒤에서 설명합니다.

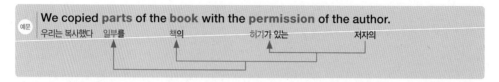

예문 **We copied parts of the book with the permission of the author.**
우리는 복사했다 일부를 책의 허가가 있는 저자의

이것을 앞에서부터 해석하려면 "우리는 복사했다" 무엇을 복사했냐하면 "일부"다, 그 일부와 밀접한 관련이 있는 것은 "책"이다. 그 책과 함께 하는 것은 "허가"다, 그 허가와 밀접한 관련이 있는 것은 "저자"다. 이렇게 문장을 읽으면서 "우리는 저자의 허가가 있는 책의 일부를 복사했다"가 차례대로 머릿속에서 정리돼야 하는데 조금 어렵죠? 그래서 학교에서 배운대로 우리말 구조에 맞게 해석할 수 있도록 구분하고, 명사를 뒤에서 설명하는 전치사구는 [ ]로 묶었습니다.

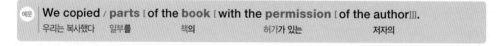

예문 **We copied / parts [of the book [with the permission [of the author]]].**
우리는 복사했다 일부를 책의 허가가 있는 저자의

문장에서 명사를 설명하는 전치사구를 제거하면 문장은 We copied parts만 남아 간단해집니다. 여기서 다음과 같은 순서로 제거했던 것을 하나씩 살려가면서 해석을 이어나가면 쉽게 의미가 파악됩니다.

• We copied parts : 우리는 일부를 복사했다.
• We copied parts [of the book] : 우리는 책의 일부를 복사했다.
• We copied parts of the book [with the permission] : 우리는 허가가 있는 책의 일부를 복사했다.
• We copied parts of the book with the permission [of the author] : 우리는 저자의 허가가 있는 책의 일부를 복사했다.

처음에는 이렇게 단계를 구분해서 해석하는 것이 복잡하고 시간이 걸리겠지만 숙달되면 머릿속에서 정리되며 한번에 오른쪽으로 쭉 지나가면서 의미를 파악할 수 있습니다.

조금 복잡한 문장을 하나 더 살펴볼까요?

예문	**The staff informed / applicants that** [// **only several people** [// **who have** /
	직원은 　알렸다 　지원자들에게 그것을 　오직 몇몇 사람들만 　　그들은 가지고 있다

a degree [**in hospitality or tourism**]] **can register** / **for second test**].
학위를 　　서비스업이나 관광업에 관련된 　　등록할 수 있다 　두 번째 시험에

마찬가지로 명사를 수식하는 문장들을 모두 제거한 후 하나씩 복원하면서 해석해 보겠습니다.

• The staff informed applicants that : 직원은 지원자들에게 그것을 알렸다.

문장에서 명사절 접속사로 that이 오면 일단 "그것"이라고 해석하세요. 여기서 that은 직접목적어(명사) 역할을 하면서 접속사 역할을 하므로 명사절 접속사라고 부릅니다. 그러니까 that 이하가 모두 that에 해 당하는 내용입니다. 근데 문제를 풀기 위한 해석을 할 때는 이런 문법적인 용어를 알 필요는 없습니다. 'inform이 4형식 동사로 사용되었으니 applicants가 간접목적어고 that이 직접목적어구나, that이하가 모두 that에 해당하는 구나.' 정도만 알면 좋은데, 몰라도 관계없습니다. 앞으로 2,000 문장을 이런 방식 으로 해석하다 보면 자연스럽게 익히게 될테니까요.

그럼 이제, that절을 살펴볼까요? that은 "only several people can register for second test"에 해당합 니다.

예문	**only several people** / **can register** / **for second test**.
	오직 몇몇 사람들만 　　등록할 수 있다 　두 번째 시험에

즉 "오직 몇몇 사람들만 두 번째 시험에 등록할 수 있다"는 의미죠. 이걸 that 자리에 넣으면, 우리말에서 는 "그것"의 자리에 넣어야겠죠.

• The staff informed applicants that [// <u>only several people can register for second test</u>] : 직원은 지원자들 에게 <u>오직 몇몇 사람들만 두 번째 시험에 등록할 수 있다</u>는 것을 알렸다.

별로 어렵지 않죠? 이제 only several people을 설명하는 관계대명사 who만 남았네요.

예문	**who have** / **a degree** [**in hospitality or tourism**].
	그들은 가지고 있다 　학위를 　　서비스업이나 관광업에 관련된

관계대명사는 앞서 나온 명사를 설명하는 것이므로 해석할 때는 관계대명사 왼쪽의 선행사를 우리말로 한 번 더 적어주면 됩니다. 선행사가 "only several people"이므로 who는 "오직 몇몇 사람들은" 또는 "그 들은"이라고 해석하면 됩니다.

• who have a degree : 그들은 학위를 가지고 있다

• who have a degree [<u>in hospitality or tourism</u>] : 그들은 <u>서비스업이나 관광업에 관련된</u> 학위를 가지고 있다.

이걸 "only several people"을 설명하는 자리에 넣으면 다음과 같겠죠.

- The staff informed applicants that only several people [///who have a degree in hospitality or tourism] can register for second test. 직원은 지원자들에게 서비스업이나 관광업에 관련된 학위를 가진 오직 몇몇 사람들만 두 번째 시험에 등록할 수 있다는 것을 알렸다.

설명을 자세하게 하다 보니 조금 복잡해 졌네요. 하지만 여러분이 문장을 해석하는 목적은 정확한 번역이 아니라 문제를 풀기 위한 빠른 의미 파악이므로 이러한 과정을 그냥 머릿속에 갈무리하면서 의미를 파악하면 됩니다. 물론 연습이 조금 필요하긴 할텐데, 2,000 문장이면 충분한 연습이 되지 않을까요?

이쯤에서 끊어 읽기에 사용된 기호들을 간단하게 살펴볼게요.

> - / : 학교에서 배운 문법을 기준으로 하여 나눌 때 사용한 기호입니다. 일반적으로 5형식 기준에 맞게 문장 구성요소를 구분했습니다.
> - // : 절을 구분할 때 사용하는 기호입니다.
> - [] : 왼쪽의 명사를 설명하는 내용들이 구(phrase)일 때 묶음 기호로 사용했습니다.
> - [//] : 왼쪽의 명사를 설명하는 내용들이 절(clause)일 때 묶음 기호로 사용했습니다.
> - [/] : 동명사가 주어로 사용될 때 동명사의 목적어를 묶기 위해 사용했습니다.

교재에 수록된 예제 중에서 해석에 많이 사용되는 문법 기능별로 대표적인 문장을 몇 개 골라 봤습니다. **주어 다음에 나오는 단어들은 차례대로 모두 주어의 동작이나 상태를 설명하기 위한 것, 그리고 주어를 설명하는 명사에 대한 설명이 길어질 때는 명사 뒤에서 설명한다는 것을 염두에 두고** 의미를 파악해 보세요.

규칙 1 주어와 동사(조동사+동사, 준조동사+동사)는 우리말 어순과 같기 때문에 / 로 끊지 않았습니다.

예문	**You shouldn't have to use** / **your cell phone** / **during business hours.**
	당신은 사용하면 안 된다 당신의 휴대폰을 업무 시간 동안

해석 : 당신은 업무 시간 동안 당신의 휴대폰을 사용하면 안 된다.

규칙 2 대괄호의 내용은 왼쪽의 명사에 대한 설명입니다.

예문	**Picnic spots [at Revol Park] have been** / **available** / **for free** / **since last year.**
	소풍 장소들은 Revol Park의 해 왔다 이용 가능한 무료로 작년부터

해석 : Revol Park의 소풍 장소들은 작년부터 무료로 이용 가능했다.

규칙 3 2형식의 수동태는 주격 보어를 분리하지 않고 한번에 해석했습니다.

예문 | **Many employees** [at the company] **are interested** / in taking part / in a fitness program.
많은 직원들은　　　　회사의　　　　　관심이 있다　　　　참가하는 것에　　　　피트니스 프로그램에

해석 : 회사의 많은 직원들은 피트니스 프로그램에 참가하는 것에 관심이 있다.

규칙 4 4형식에서 간접목적어와 직접목적어는 우리말 어순과 같기 때문에 끊지 않고 해석했습니다.

예문 | **Please give / me suggestions** [regarding what [// **you would like to do**].
주세요　　　나에게 제안들을　　　그것에 대한　　　당신이 하고 싶다

해석 : 나에게 당신이 하고 싶은 것에 대한 제안들을 주세요.

- **what** : what은 전치사 regarding의 목적어이면서 what 이하의 절을 연결시켜 주는 명사절 접속사입니다. 명사절 접속사라는 걸 구분해서 해석할 필요는 없습니다. 전치사 다음에는 명사가 와야 하며, 절과 절을 연결시킬 때는 반드시 접속사가 와야 한다는 것만 알면 됩니다. 명사절 접속사가 나오면 고민하지 말고 "그것"이라고 이해하고 넘어가면 됩니다. "그것"은 당연히 what 다음의 절을 의미하는 것이고요. what 다음의 내용이 what을 설명하는 것이므로 [ ]로 묶었고, 새로운 절이 시작되는 것이기 때문에 //를 추가하여 구분했습니다.
- **Please give me suggestions** : 나에게 제안들을 주세요.
- **Please give me suggestions** [regarding what] : 나에게 <u>그것에 대한</u> 제안들을 주세요.
- **Please give me suggestions** regarding what [//<u>you would like to do</u>] : 나에게 <u>당신이 하고 싶은 것에 대</u>한 제안들을 주세요.

규칙 5 5형식에서 목적어와 목적격 보어는 우리말과 어순이 같으므로 끊지 않았습니다.

예문 | **The hotel receptionist will notify / you / of the password** [// **that will let** /
호텔 접수담당자가 알려줄 것이다　　　　　당신에게　비밀번호를　　　　　그 비밀번호는 하게 할 것이다

/ **you connect / to wireless Internet**].
당신이 연결하다　　　무선 인터넷에

해석 : 호텔 접수담당자가 당신이 무선 인터넷에 연결할 수 있도록 비밀번호를 당신에게 알려줄 것이다.

- **that** : 관계사가 나오면 당황하지 말고 그냥 선행사를 지시하면 된다고 했죠? 선행사가 password이므로 "그것" 또는 "그 비밀번호" 등으로 해석하고 that 다음에 나오는 문장이 "그 비밀번호"에 대한 설명이라고 생각하면 됩니다. 관계사는 왼쪽의 명사를 설명하기 위한 것이므로 [ ]로 묶었고, 관계사는 절을 동반하므로 //를 넣었습니다.

- **you connect** : 5형식에서 목적어와 목적격 보어는 우리말 어순과 같이 해석하면 되는데, 해석을 위해 그 문장이 5형식인지를 구분할 필요는 없습니다. 동사 다음에 **명사 + 명사**가 오면 **목적어=목적격 보어**이고, **명사 + 형용사**가 오면 **목적격 보어는 목적어의 상태**가 되고, **명사 + to부정사**이면 **목적어와 목적격 보어는 주어와 서술어 관계**입니다. 여기서는 목적어가 You이고 목적격 보어가 to부정사이므로 "당신이 연결하다"로 해석하면 됩니다. connect에 to가 생략된 이유는 let이 사역동사라서 그런 것은 다 알죠? 사역동사 다음의 to부정사는 to 없이 동사의 원형을 사용하잖아요.

규칙 6 부사절 접속사와 등위 접속사는 //로 끊어서 두 개의 문장임을 알려줍니다. 접속사가 우리말 어순에 어색하지 않으면 접속사 뒤에 /를 붙이지 않았습니다.

> 예문 **My parents attempted / to buy / tickets / to visit / Seoul /**
> 나의 부모님은   시도했다   사려고   표를   방문하기 위해 서울을
>
> **on the national holiday, // but they were all sold out.**
> 국경일에   그러나 그것들은 모두 매진되었다

해석 : 나의 부모님은 국경일에 서울을 방문하기 위해 표를 사려고 시도했다. 그러나 그것들은 모두 매진되었다.

- **but** : 해석할 때 접속사의 종류를 구분할 필요는 없습니다. 그냥 순서대로 해석해 나가면 됩니다. 그러니까 but이 등위 접속사라는 것을 구분할 필요 없이 "그러나"로 이해하고 다음으로 넘어가면 됩니다.

규칙 7 명사절 접속사 다음 문장은 왼쪽의 명사절 접속사, 즉 명사를 설명하는 것이므로 [ ]로 묶었고, 새로운 절이 시작되는 것이기 때문에 //를 추가하였습니다.

> 예문 **She said / that [//the company expected / a reduction [in its managerial positions] /**
> 그녀는 말했다   그것을   회사가 예상했다   감소를   관리직의
>
> **as a result [of the restructuring]].**
> 결과로서   구조 조정의

해석 : 그녀는 회사가 구조 조정의 결과로서 관리직의 감소를 예상했다고 말했다.

- **that** : that은 동사 say의 목적어이면서 that 이하의 절을 연결시켜 주는 명사절 접속사입니다. 명사절 접속사가 나오면 고민하지 말고 "그것"이라고 이해하고 넘어가면 된다고 했죠? "그것"은 당연히 that 다음의 절을 의미하는 것이고요. that 다음의 내용이 that에 대한 설명이므로 [ ]로 묶었고, 새로운 절이 시작되는 것이기 때문에 //를 추가하였습니다.
- **She said that** : 그녀는 그것을 말했다.
- **She said that [//the company expected a reduction as a result]** : 그녀는 회사가 결과로서 감소를 예상했다고 말했다.

- She said that the company expected a reduction [in its managerial positions] as a result [of the restructuring] : 그녀는 회사가 구조 조정의 결과로서 관리직의 감소를 예상했다고 말했다.

규칙 8 what이 의문대명사절을 이끌 때는 "무엇"으로 해석하세요.

예문 I asked / the bank teller what [//the exchange rate [for Chinese yuan to U.S. dollars]
나는 문의했다 은행 직원에게 무엇인지를 환율은 중국 위안화에서 미국 달러로의

was].
이었다

해석 : 나는 은행 직원에게 중국 위안화에서 미국 달러로의 환율이 무엇(얼마)이었는지를 문의했다.

- what : what은 의문대명사로서 ask의 직접목적어이면서 what 이하의 절을 연결시켜 주는 의문대명사 절입니다. 조금 복잡하죠? 이런 경우 고민하지 말고 그냥 명사절 접속사로 보고 "그것"이라고 해석해서 문맥이 이상하면 "무엇"이라고 해석하면 됩니다. 마찬가지로 what 다음의 내용이 what에 대한 설명이므로 [ ]로 묶었고, 새로운 절이 시작되는 것이기 때문에 //를 추가하였습니다.
- I asked the bank teller what : 나는 은행직원에게 무엇이었는지를 문의했다.
- I asked the bank teller what [//the exchange rate was]. : 나는 은행직원에게 환율이 무엇이었는지를 문의했다.
- I asked the bank teller what the exchange rate [for Chinese yuan to U.S. dollars] was. : 나는 은행 직원에게 중국 위안화에서 미국 달러로의 환율이 무엇(얼마)이었는지를 문의했다.

규칙 9 현재분사는 왼쪽에 있는 명사가 진행 중에 있다는 느낌으로 이해하면 됩니다.

예문 I think // if we make / improvements / to their Web site //
나는 생각한다 만약 우리가 한다면 개선을 그들의 웹사이트를

they will have / more customers [visiting / their shop].
그들은 가질것이다 더 많은 고객들을 방문하는 그들의 가게를

해석 : 내 생각에 만약 우리가 그들의 웹사이트를 개선한다면 그들은 그들의 가게를 방문하는 더 많은 고객들을 가질 것이다.

규칙 10 과거 분사는 왼쪽에 있는 명사가 완료된 상태라는 느낌으로 이해하면 됩니다.

예문 Only staff members [approved / by the director] are allowed /
오직 직원들만 승인된 관리자에게 허락된다

to attend / the party.
참석하는 것이 파티에

해석 : 오직 관리자에게 승인된 직원들만 파티에 참석하는 것이 허락된다.

규칙 11 동명사가 주어로 쓰인 경우 본동사를 찾기 쉽도록 동명사의 목적어를 [/]로 묶었으니 [/] 부분을 먼저 해석하면 됩니다.

> **예문** **Eating** [/ **various vegetables and fruits**] **provides** / **your body** /
> 먹는 것은   다양한 채소와   과일을   공급한다   당신의 몸에
>
> **with enough nutrition.**
> 충분한 영양을

해석 : 다양한 채소와 과일을 먹는 것은 당신의 몸에 충분한 영양을 공급한다.

- Eating provides your body with enough nutrition. : 먹는 것은 당신의 몸에 충분한 영양을 공급한다.

- Eating [/various vegetables and fruits] provides your body with enough nutrition. : 다양한 채소와 과일을 먹는 것은 당신의 몸에 충분한 영양을 공급한다.

규칙 12 관계대명사는 선행사를 우리말로 다시 읽어주면 됩니다.

> **예문** **The former secretary accepted** / **responsibility** [**for the confidential documents** [/
> 이전 비서는 받아들였다   책임을   기밀문서들에 대한
>
> **which were exposed** / **to the public**]].
> 그 기밀문서들은 노출되었다   대중에게

해석 : 이전 비서는 대중에게 노출된 기밀문서들에 대한 책임을 받아들였다.

- which : 관계사나 분사를 이용하여 길게 설명하는 것은 오로지 명사뿐입니다. 여기서도 주어가 한 행동의 목적을 설명하기 위해 confidential documents라는 명사가 사용되었는데 이 명사를 보충 설명하기 위해 관계대명사 which를 사용한 거죠. 관계사가 나오면 당황하지 말고 관계사에 맞게 앞 단어를 그냥 지시하면 된다고 했죠. 여기서는 선행사가 confidential documents이므로 "그 기밀문서들" 또는 "그 것들" 등으로 이해하고 which 다음에 이어지는 문장이 "그 문서"에 대한 설명이라고 생각하면 됩니다.

- The former secretary accepted responsibility : 이전 비서는 책임을 받아들였다.

- The former secretary accepted responsibility [for the confidential documents] : 이전 비서는 기밀문서들에 대한 책임을 받아들였다.

- The former secretary accepted responsibility for the confidential documents [//which were exposed to the public] : 이전 비서는 대중에게 노출된 기밀문서들에 대한 책임을 받아들였다.

규칙 13 분사구문은 부사절의 변형이므로 절로 봅니다. 접속사가 생략된 분사구문의 내용은 주절의 내용과 동시에 발생하고 있다는 느낌 , 즉 "〜하면서", 또는 "〜하는데"로 해석하면 거의 맞아떨어집니다.

> 예문 **I have spent** / plenty of time // **walking** / along the beach // **and looking** out /
> 나는 보냈다   많은 시간을   걸으면서   해변을 따라   그리고 바라보면서
>
> at the horizon.
> 수평선을

해석 : 나는 해변을 따라 걸으면서 그리고 수평선을 바라보면서 많은 시간을 보냈다.

규칙 14 관계부사도 관계사의 일종이므로, 관계사는 선행사를 우리말로 다시 읽어주면 됩니다.

> 예문 **The owner** [of the inn] **changed** / the date [//**when** it would reopen //
> 주인은   여관의   변경했다   날짜를   그날 재개장 할 것이다.
>
> after being renovated].
> 보수 후에

해석 : 여관의 주인은 보수 후에 재개장 할 날짜를 변경했다.

Day 01 최근 10년간 토익 빈도 555회 이상

STEP 1 읽을 수 있을 때까지 들어라!

읽지 못하는 단어는 절대 외울 수 없습니다! 발음 기호 없이 자신있게
읽을 수 있을 때까지 원어민의 발음을 들으면서 반복해서 따라 읽으세요.

0001~0050 Words

- [ ] **product** 제품, 상품
- [ ] **production** 생산, 제작
- [ ] **produce** 생산하다, 농산물
- [ ] **productivity** 생산성
- [ ] **productive** 생산적인, 생산하는
- [ ] **producer** 제작자
- [ ] **meet** 충족시키다, 만나다
- [ ] **call** 전화하다, 부르다
- [ ] **employee** 직원, 종업원
- [ ] **employment** 고용, 채용
- [ ] **employ** 고용하다
- [ ] **employer** 고용주
- [ ] **please** 기쁘게 하다, 만족시키다
- [ ] **pleasure** 기쁨, 즐거움
- [ ] **pleasant** 쾌적한, 기분 좋은
- [ ] **miss** 놓치다, 그리워하다
- [ ] **service** 근무, 봉사
- [ ] **serve** 근무하다, 제공하다
- [ ] **business** (직장의) 일[업무], 사업
- [ ] **use** 이용하다, 사용하다
- [ ] **useful** 유용한, 도움이 되는
- [ ] **customer** 고객, 손님
- [ ] **order** 주문, 명령
- [ ] **manager** 관리자, 경영자
- [ ] **management** 경영(진), 운영(진)

- [ ] **manage** 관리하다, 운영하다
- [ ] **managerial** 관리의, 경영의
- [ ] **store** 보관하다, 저장하다
- [ ] **storage** 저장, 저장소
- [ ] **receive** 받다
- [ ] **receipt** 영수증, 수령
- [ ] **information** 정보, 자료
- [ ] **inform** 알리다, 통지하다
- [ ] **informative** 유익한, 유용한 정보를 주는
- [ ] **sales** 판매의, 영업의
- [ ] **sale** 판매, 매출액
- [ ] **salesperson** 판매원, 외판원
- [ ] **offer** 제공하다, 제안하다
- [ ] **plan** 계획, 설계
- [ ] **need** 요구, 필요(성)
- [ ] **schedule** ~을 예정하다, 일정을 잡다
- [ ] **scheduled** 예정된, 일정이 짜여진
- [ ] **training** 교육, 훈련
- [ ] **train** 훈련시키다, 가르치다
- [ ] **last** 지속되다, 마지막으로
- [ ] **give** (발표 등을) 하다, 주다
- [ ] **build** 만들다, 짓다
- [ ] **builder** 건축업자
- [ ] **report** 보고하다, 보고서
- [ ] **reporter** (보도) 기자, 리포터

STEP 2 집중해서 읽어라!

암기는 나중에, 정독에 집중하세요! 한 번에 외워야 한다는 강박은
개나 줘버리고 편안한 마음으로 읽되, 집중하세요.

0001

Rank 0011

[prádʌkt]

product

n 제품
n 상품

We have to place / **an advertisement** / **for the launch**
우리는 실어야 한다 　　　　　　광고를 　　　　　　출시를 위해

[of the new product].
신제품의

빈출표현
- new product 신제품 　　· finished product 완제품
- defective product 불량품 　　· product specification 제품사양
- ⑤ merchandise, goods 제품
- ⑬ production 생산, produce 생산하다, productivity 생산성

0002

Rank 0180

[prədʌkʃn]

production

n 생산
n 제작

This new machine will increase / **our production and**
이 새로운 기계는 증가시킬 것이다 　　　　　　우리의 생산과

profit margins.
이윤 폭을

빈출표현
- increase production 생산을 증가시키다
- production facility 생산 설비
- production plant 생산 공장
- production quota 생산 할당량
- ⑤ making, manufacture 생산
- ⑬ consumption 소비
- ⑬ product 제품, produce 생산하다, productivity 생산성

0003

Rank 0319

[prədjúːs]

produce

v 생산하다
n 농산물

La Bard is expected / **to produce** / **1 million smart phones** /
La Bard는 기대된다 　　　　　　생산할 것으로 　　　　　　100 만개의 스마트 폰들을

more / **than last year.**
더 많은 　　작년보다

빈출표현
- ⑬ consume 소비하다
- ⑬ production 생산, productivity 생산성, productive 생산적인

0004

Rank 0900

[pròudʌktívəti]

productivity

n 생산성

They are searching / **for ways [to improve** /
그들은 찾고 있다 　　　　　　방법을 　　　　　　개선시킬

their productivity and manufacturing procedures].
그들의 생산성과 　　　　　　제조 과정을

빈출표현
- improve productivity 생산성을 개선하다
- ⑬ produce 생산하다, productive 생산적인, producer 제작자

0005

Rank 1136

[prədʌktiv]

productive

a 생산적인
a 생산하는

They should change / **their outdated facility design** /
그들은 변경해야 한다 　　　　　　그들의 구식의 시설 디자인을

to be more productive.
좀 더 생산적으로

빈출표현
- be more productive 더 생산적이다
- ⑬ produce 생산하다, productivity 생산성, producer 제작자

Rank 1390

[prədjùːsər]

producer

n 제작자

The executive producer warned / us not to use /
그 제작 책임자는 경고했다   우리가 사용하지 말 것을

the equipment / carelessly.
장비를   함부로

빈출표현
- executive producer 제작 책임자
- 유 maker, manufacturer 제작자
- 반 consumer 소비자
- 파 produce 생산하다, productivity 생산성, productive 생산적인

Rank 0001

[miːt]

meet

v 충족시키다
v 만나다

It seems / that [// they may be able to meet /
그것은 ~처럼 보인다 그것   그들은 충족시킬 수도 있다

the deadline].
마감기한을

빈출표현
- meet a deadline 마감일을 지키다
- meet requirement 필요조건을 만족시키다
- meet a expectation 기대를 충족시키다
- meet a demand 수요를 충족시키다
- 파 meeting 만남

Rank 0002

[kɔːl]

call

v 전화하다
v 부르다
n 전화
n 요청

My mother called / an engineer / to repair /
나의 어머니는 전화했다   기술자에게   수리하기 위해

her broken refrigerator.
그녀의 고장난 냉장고를

빈출표현
- phone call 전화   • call for 요구하다
- call on 요청하다   • call off(=cancel) 취소
- 유 phone, telephone 전화하다
- 파 caller 전화 받는 사람

Rank 0005

[implɔiiː]

employee

n 직원
n 종업원
n 고용인

Many employees [at the company] are interested /
많은 직원들이   회사의   관심이 있다

in taking part / in a fitness program.
참가하는 것에   피트니스 프로그램에

빈출표현
- full-time employee 상시 근로자
- temporary employee 비정규직 직원
- permanent employee 정규직 직원
- employee lounge 직원 휴게실
- 파 employment 고용, employ 고용하다, employer 고용주

Rank 0365

[implɔ́imənt]

employment

n 고용
n 채용

At the career fair, / job seekers will discuss / employment
직업 박람회에서   구직자들은 상의할 것이다   고용 기회를

opportunities / with placement agencies /
          직업 알선 업체들과

or many other companies.
또는 많은 다른 회사들과

빈출표현
- employment opportunities 고용 기회
- employment contract 고용 계약서
- 반 dismissal 해고
- 파 employee 직원, employ 고용하다, employer 고용주

---------- 0011

Rank 0852

[implɔ́i]

employ

v 고용하다

You may have to employ / someone [//whom you don't
당신은 고용해야 할 수도 있다　　　　누군가를　　　그를 당신이 선호하지 않는다.

prefer].

빈출표현
- ⓤ hire 고용하다
- ⓐ dismiss 해고하다
- ⓟ employee 직원, employment 고용, employer 고용주

---------- 0012

Rank 1043

[implɔ́iər]

employer

n 고용주

The employer wants / to get / a copy [of my degree].
그 고용주는 원한다　　 받는 것을　 사본을　 내 학위의

빈출표현
- ⓟ employee 직원, employment 고용, employ 고용하다

---------- 0013

Rank 0004

[pliːz]

please

v 기쁘게 하다
v 만족시키다
ad 제발
ad 부디

We are pleased / to hear // you did very well /
우리는 기뻤다　　 듣게 되어　　 당신이 매우 잘 했다

at the World Cup [in Geneva] last year.
월드컵에서　　　　　　제네바의　　　작년에

빈출표현
- · be pleased to ~하게 되어 기쁘다 ⚟
- · please call me 전화주세요 ⚟
- ⓤ delight 기쁘게 하다
- ⓟ pleasure 기쁨, pleasant 기분 좋은

---------- 0014

Rank 1161

[plèʒər]

pleasure

n 기쁨
n 즐거움
n 영광

It is / a pleasure / to welcome / Dr. Morgan / to our 60th
그것은 이다　 기쁨　　 맞이하는 것은　 Dr. Morgan을　 우리의 60번째

anniversary ceremony.
기념행사에

빈출표현
- ⓤ happiness, delight 기쁨
- ⓟ please 제발, pleasant 기분 좋은

---------- 0015

Rank 1632

[plèzənt]

pleasant

n 쾌적한
n 기분 좋은
n 즐거운

Sinsa City Park has created / a pleasant environment
Sinsa 시립 공원은 만들었다　　　　 쾌적한 환경을

[for cycling].
자전거 타기에

빈출표현
- · pleasant environment 쾌적한 환경
- ⓟ please 제발, pleasure 기쁨

---------- 0016

Rank 0003

[mis]

miss

v 놓치다
v 그리워하다

Many patrons didn't want / to miss out / on this big
많은 단골손님들은 원하지 않았다　　 놓치는 것을　　 이 큰 할인 행사를

sales event.

빈출표현
- · miss out (좋은 기회를) 놓치다
- ⓤ forget 깜빡하다, cut 빼먹다
- ⓐ catch 잡다
- ⓟ missing 빠진

Rank 0010

[sə́ːrvis]

service

n 근무
n 봉사
v (서비스를) 제공하다
v 점검하다

I can't tell / you how much // I have appreciated /
나는 말 할 수 없다   당신에게   얼마인지를   내가 감사해왔다

the 20 years of service].
20년의 근무에

빈출표현
- 25 years of service 근속 25년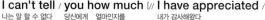
- customer service desk 고객 안내 창구
- catering service 출장 연회 서비스
- 표 serve 제공하다

Rank 0201

[səːrv]

serve

v 근무하다
v 제공하다
v 도움이 되다

Ms. Archu has been serving / as the operations manager /
Ms. Archu는 근무하고 있다   운영 관리자로서

at my company / for several years.
나의 회사에서   수년 간

빈출표현
- serve as ~로서 근무하다   • serve food 음식을 제공하다
- 유 work 근무하다
- 표 service 봉사

Rank 0006

[bíznəs]

business

n (직장의) 일[업무]
n 사업
n 회사

I think // you shouldn't have to use / your cell phone /
나는 생각한다   당신은 사용하면 안 된다   당신의 휴대폰을

during business hours.
업무 시간 동안

빈출표현
- business hour 영업시간   • on a business trip 출장 중인
- business card 명함   • do business with ~와 거래하다
- 유 work (직장의) 일
- 표 businessperson 사업가

Rank 0009

[juːz]

use

v 이용하다
v 사용하다
n 이용
n 사용

Ms. Jessie is used / to handling / the team's work
Ms. Jessi는 익숙하다   조정하는 것에   팀의 작업 스케줄을

schedule.

빈출표현
- be used to ~ing ~하는 것이 익숙하다
- be used to do ~하는데 사용되다
- used to ~하곤 했다
- 유 utilize 이용하다
- 표 useful 유용한, usage 이용

Rank 1137

[júːsfəl]

useful

a 유용한
a 도움이 되는

I don't want / to share / the useful information
난 원하지 않는다   나누는 것을   유용한 정보를

[previously provided / by my consultant].
사전에 제공된   나의 자문위원에 의해

빈출표현
- useful information 유용한 정보
- 유 helpful, valuable 유용한
- 표 use 이용하다, usage 이용

Rank 0007

customer [kʌstəmər]

n 고객
n 손님

My manager asked / him to analyze / the demand /
나의 관리자는 요청했다　　　　그가 분석하기를　　　　수요를

from loyal customer surveys.
단골 고객 조사들을 통해

빈출표현
- loyal customer 단골고객
- customer satisfaction survey 고객 만족도 조사
- consumer, client, patron 고객

Rank 0008

order [ɔ́ːrdər]

n 주문
n 명령
n 순서
v 주문하다

If you want / to receive / the goods / by next Friday, //
만약 당신이 원한다면　받기를　　상품들을　　다음주 금요일까지

you should place / your order / now.
당신은 해야 한다　　당신의 주문을　　지금

빈출표현
- place an order 주문하다
- in order to ~하기 위해
- order form 주문서
- out of order 고장 난
- ordering 정리, orderly 정돈된

Rank 0031

manager [mǽnidʒər]

n 관리자
n 경영자
n 운영자
n 감독

The company's sales have increased // since Mr. Lee
그 회사의 매출은 증가했다　　　　　　시작된 시점은　Mr. Lee가

was promoted / to sales manager.
승진되었다　　　　판매 관리자로

빈출표현
- sales manager 판매 관리자
- supervisor, director 관리자
- management 관리, manage 관리하다, managerial 관리의

Rank 0161

management [mǽnidʒmənt]

n 경영(진)
n 운영(진)
n 관리(진)

Kim's Restaurant, [//which is located / downtown],
Kim's Restaurant는　　　그 레스토랑은 위치되어 있다　도심에

reopened / under new management / on August 3.
재개장 했다　　새로운 경영진 하에서　　　8월 3일에

빈출표현
- under new management 새로운 경영진 하에서
- time management 시간 관리
- management system 관리 시스템
- administration 경영
- manager 관리자, manage 관리하다, managerial 관리의

Rank 0383

manage [mǽnidʒ]

v 관리하다
v 운영하다
v 처리하다

One [of the most important abilities [of business
하나는　　가장 중요한 능력 중　　　　　　　업무 관리자들의

managers]] is / to manage / risks.
　　　　이다　관리하는 것　　위기들을

빈출표현
- manage to 간신히(가까스로) ~하다
- administer, control 관리하다
- manager 관리자, management 관리, managerial 관리의

Rank 1428

managerial
[mænədʒíriəl]

a 관리의
a 경영의

She said / that [// the company expected / a reduction
그녀는 말했다   그것을   회사는 예상했다   감소를

[in its managerial positions] / as a result [of the restructuring]].
관리직의   결과로서   구조 조정의

> 빈출표현
> · managerial position 관리직 🏅
> · managerial experience 관리 경험
> · managerial staff 관리직, 경영진
> ㈜ executive 경영의
> ㈜ manager 관리자, management 관리, manage 관리하다

Rank 0012

store
[stɔːr]

v 보관하다
v 저장하다
n 가게
n 상점

According to the supervisor [in charge / of handling /
감독관에 따르면   맡고 있는   취급을

dangerous materials], / this liquid must be stored /
위험 물질들의   이 액체는 보관되어야 한다

in an approved container.
인가된 용기에

> 빈출표현
> · be stored in ~에 저장하다
> · convenience store 편의점
> ㈜ house, retain 보관하다
> ㈜ storage 저장(소), storeroom 저장실

Rank 0538

storage
[stɔːridʒ]

n 저장
n 저장소

The compact car [//that came out / recently] has /
소형차는   그 차는 출시되었다   최근에   가지고 있다

insufficient storage space [to keep / my luggage].
만족스럽지 못한 저장 공간을   보관할   나의 짐을

> 빈출표현
> · storage space 저장 공간 🏅   · storage room 창고 🏅
> · storage closet 수납장   · in storage 입고 중
> · storage facility 보관 시설
> ㈜ warehouse 저장소
> ㈜ store 저장하다, storeroom 저장실

Rank 0017

receive
[risíːv]

v 받다

If you have / a coupon, // you can receive / a souvenir /
만약 당신이 가지고 있다면 쿠폰을   당신은 받을 수 있다   기념품을

for free.
무료로

> 빈출표현
> · receive a discount 할인을 받다 🏅
> · receive an invitation 초대를 받다 🏅
> ㈜ receipt 영수증, receivable 돈을 받을

Rank 0240

receipt
[risíːt]

n 영수증
n 수령
n 수취

The items must be unused // and accompanied /
그 제품들은 사용되지 않아야 한다   그리고 동반되어야 한다

by the original receipt // if you want / to get / a refund.
원본 영수증이   만약 당신이 원한다면 받는 것을 환불을

> 빈출표현
> · original receipt 원본 영수증 🏅 · on receipt of ~을 받는 즉시
> · upon receipt 수령 시
> ㈜ proof of purchase 영수증
> ㈜ receive 받다, receivable 돈을 받을

Rank 0019

[ìnfərméiʃən]

information

n 정보
n 자료

The Joygam Company has named / Mr. Kiri / to the new
Joygam Company는 임명했다   Mr. Kiri를   새로운 직위에

position [of director [of the Information Technology
        관리자의   정보기술부의

Department]].

빈출표현
- information technology department 정보기술부
- information technology 정보기술
- additional information 추가 정보
- further information 자세한 정보
- 유 data 정보
- 파 inform 알리다. informative 유익한 정보를 주는. informational 정보의

Rank 0340

[infɔ́ːrm]

inform

v 알리다
v 통지하다

He asked / me to inform / the entire staff /
그는 요청했다   내가 알릴 것을   모든 직원들에게

of the policy change.
정책 변화에 대해

빈출표현
- inform A that B A에게 B를 알리다
- inform A of B A에게 B를 알리다
- 유 report, announce, notify, tell, publicize 알리다
- 파 information 정보, informative 유익한 정보를 주는, informational 정보의

Rank 1506

[infɔ́ːrmətiv]

informative

a 유익한
a 유용한 정보를 주는

I prepared / a lot // and thought / about how
나는 준비했다   많이   그리고 생각했다   방법에 관해

[//I could make / the presentation / as informative as possible].
내가 할 수 있다   발표를   가능한 한 유익하게

빈출표현
- as informative as possible 가능한 한 유익하게
- 파 information 정보, inform 알리다, informational 정보의

Rank 0061

[séilz]

sales

a 판매의
a 영업의

If you had / a better understanding [of how to use /
만약 당신이 갖고 있었다면   더 나은 이해를   사용하는 방법의

new technology], // you would be / a more successful
새 기술을   당신은 되었을 것이다.   더 성공적인 판매원이

sales representative.

빈출표현
- sales representative 영업사원, 판매사원
- sales figure 매출액
- sales department 영업부
- 파 sale 판매, salesperson 판매원

Rank 0082

[seil]

sale

n 판매
n 매출액

Visitors will find / our special sale items / by reading /
방문객들은 찾을 것이다   우리의 특별 할인 제품들을   읽음으로써

the distributed brochures.
배포된 소책자들을

빈출표현
- sale item 할인 제품
- sales representative 영업사원
- monthly sales 월 매출액
- special sale 특가 판매
- sales figure 매출액
- 유 selling 판매
- 파 sales 판매의, salesperson 판매원

Day 01

01 1-50

Rank 0769

[séilzpə̀:rsn]

salesperson

n 판매원
n 외판원

To help / me select / some merchandise, /
돕기 위하여　내가 선택하는 것을　몇 가지 상품을

a salesperson approached / me.
판매원이 다가왔다　　　　　　　나에게

> 빈출표현 | 파 sales 판매의, sale 판매

Rank 0013

[ɔ́:fər]

offer

v 제공하다
v 제안하다
n 제공
n 제안

He said / that [// they aren't able to offer / me a job /
그는 말했다　그것을　　그들은 제공할 수 없다　　나에게 일자리를

at their company].
그들의 회사에

> 빈출표현
> • offer a job 일자리를 제공하다
> • promotional offer 판촉상품

Rank 0014

[plæn]

plan

n 계획
n 설계
v 계획하다

The project has been delayed / due to the failure
그 프로젝트는 지연됐다　　　　　　실패 때문에

[of the initial plan].
초기 계획의

> 빈출표현
> • initial plan 초기 계획
> • plan for ~을 위한 계획
> • business plan 사업 계획
> • floor plan 평면도(건물의)
> • 유 project, program 계획하다
> • 파 planning 계획, planned 계획된, planner 계획자

Rank 0015

[ni:d]

need

n 요구
n 필요(성)
v ~해야 한다
v 필요로 하다

No one believes / that [// my department will meet /
아무도 믿지 않는다　　그것을　　나의 부서가 충족시킬 것이다

the needs [of the huge companies]].
요구를　　　　대기업들의

> 빈출표현
> • meet the needs of ~에 대한 요구를 충족시키다
> • need to ~해야 한다
> • in need of ~이 필요한
> • 유 demand, desire 요구
> • 파 needlessly 불필요하게

Rank 0040

[skédʒu:l]

schedule

v ~을 예정하다
v 일정을 잡다
n 일정
n 시간표

The team meeting is scheduled / for Friday.
팀 회의가 예정되어 있다　　　　금요일에

> 빈출표현
> • be scheduled for ~으로 예정되어 있다
> • on schedule 예정대로
> • behind schedule 예정보다 늦게
> • ahead of schedule 예정보다 앞서
> • be scheduled to ~할 예정이다
> • 파 scheduled 예정된

0042

Rank 1174

[skédʒuːld]

scheduled

a 예정된
a 일정이 짜여진

The Engineering Department will be performing / its
기술부서는 수행할 것이다

scheduled routine maintenance check / on Thursday /
예정된 정기 점검을   목요일에

between 3:00 and 4:00 P.M.
오후 3시에서 4시 사이에

빈출 표현
- scheduled meeting 예정된 회의
- scheduled event 예정된 행사
- booked, planned 예정된
- schedule ~을 예정하다

0043

Rank 0064

[tréiniŋ]

training

n 교육
n 훈련

You could join / us / for the training sessions
당신은 함께할 수 있다   우리와 교육 과정에

[for the staff members and officials].
직원들과 임원들을 위한

빈출 표현
- training session 교육 과정
- training program 교육 프로그램
- job training 실무 교육
- education 교육
- train 교육시키다, trainee 교육 받는 사람

0044

Rank 0099

[trein]

train

v 훈련시키다
v 가르치다
n 기차
n 연속

New engineering staff members must be trained /
새 기술부 직원들은 훈련받아야 한다

to have / the proper skills [to repair / the facilities].
가지기 위해 적절한 기술들을   수리하기 위한   장비들을

빈출 표현
- train station 기차역   • train line 선로, 기차노선
- train passenger 기차 승객
- teach, instruct, educate 가르치다
- training 교육, trainee 교육 받는 사람

0045

Rank 0016

[læst]

last

v 지속되다
ad 마지막으로

The China branch did not last / too long.
중국 지사는 지속되지 않았다   매우 오랫동안

빈출 표현
- last minute 마지막 순간   • last longer 더 오래 지속되다
- endure 지속되다
- lastly 마지막으로, lastingly 지속적으로

0046

Rank 0020

[giv]

give

v (발표 등을) 하다
v 주다
v 제공하다

The corporation is expected / to give / a presentation
그 기업은 기대된다   하는 것이   발표를

[about its new product].
신제품에 대해

빈출 표현
- give a presentation 발표하다   • give a speech 연설하다
- give out ~를 배부하다
- make 하다
- given 주어진

build
[bild]

v 만들다
v 짓다
v 건축하다

The city council approved / the plan [to build /
시 의회는 승인했다　　　　　　　계획을　　　　만드는

new hiking trails / along the river].
새로운 산책용 코스를　　　　강을 따라

빈출 표현
- built-in 붙박이　　　　　　　　　· built in (time) (시기)에 건설되다 🔧
- ㊙ construct , make 만들다
- 🔗 builder 건축업자, built 지어진, building 건물

builder
[bildər]

n 건축업자

The builder has spared no / expense / to meet /
건축업자는 아끼지 않았다　　　　비용을　　　지키기 위해

the work deadline.
작업 마감을

빈출 표현
🔗 build 짓다, built 지어진, building 건물

report
[ripɔ́ːrt]

v 보고하다
n 보고서
n 보고

Staff members must report / their hours / every day.
직원들은 보고해야 한다　　　그들의 근무시간을　　　매일

빈출 표현
- report A to B A를 B에게 보고하다 🔧
- report a problem 문제점을 보고하다 🔧
- report to work 출근하다
- 🔗 reporter 기자, reportedly 보도에 따르면

reporter
[ripɔ́ːrtər]

n (보도) 기자
n 리포터

I think // Mr. Kim can be / a big help / to your company /
나는 생각한다　Mr. Kim은 될 수 있다　　큰 도움이　　　당신의 회사에

as a political reporter.
정책 관련 기자로서

빈출 표현
🔗 report 보고서, reportedly 보도에 따르면

STEP 3 집중해서 풀어라!

단기기억을 만드는 단계입니다. 문장에서 해당하는 단어에 밑줄을 긋고 단어의
의미를 찾아 쓰다 보면 보통 3번이나 4번 문제에서 90% 이상 맞힐 수 있습니다.

※ 노란색으로 표시된 영단어에 해당하는 우리말에 밑줄을 그으세요. 생각나지 않는 단어는 앞쪽에서 찾아보세요.

문제 1

01 We have to place an advertisement for the launch of the **new product**.
우리는 신제품 출시를 위해 광고를 실어야 한다.

02 This new machine will increase our **production** and profit margins.
이 새로운 기계는 우리의 생산과 이윤 폭을 증가시킬 것이다.

03 La Bard is expected **to produce** 1 million smart phones more than last year.
La Bard는 작년보다 100 만대의 스마트 폰을 더 생산할 것으로 기대된다.

04 They are searching for ways to improve their **productivity** and manufacturing procedures.
그들은 생산성과 제조 과정을 개선시킬 방법을 찾고 있다

05 They should change their outdated facility design to be more **productive**.
그들은 구식 시설 디자인을 좀 더 생산적으로 변경해야 한다.

06 The **executive producer** warned us not to use the equipment carelessly.
제작 책임자는 우리에게 장비를 함부로 사용하지 말라고 경고했다.

07 It seems that they **may be able to meet** the deadline.
그들은 마감일을 지킬 수 있을 것으로 보인다.

08 My mother **called** an engineer to repair her broken refrigerator.
내 어머니는 고장 난 냉장고를 수리하기 위해 기술자에게 전화했다.

09 Many **employees** at the company are interested in taking part in a fitness program.
회사의 많은 직원들이 피트니스 프로그램에 참가하는 것에 대해 관심이 있다.

10 At the career fair, job seekers will discuss **employment opportunities** with placement agencies or many other companies.
직업 박람회에서, 구직자들은 직업소개소 또는 여러 회사들과 고용 기회에 대해 상의할 것이다.

11 You **may have to employ** someone whom you don't prefer.
당신은 당신이 좋아하지 않는 누군가를 고용해야 할 수도 있다.

12 The **employer** wants to get a copy of my degree.
그 고용주는 내 학위 사본을 받기를 원한다.

13 We **are pleased** to hear you did very well at the World Cup in Geneva last year.
우리는 네가 작년 제네바 월드컵에서 매우 잘 했다고 들어서 기뻤다.

14 It is a **pleasure** to welcome Dr. Morgan to our 60th anniversary ceremony.
우리 60주년 행사에 Dr. Morgan을 모시게 된 것은 기쁨이다.

15 Sinsa City Park has created a **pleasant environment** for cycling.
Sinsa 시립 공원은 자전거를 타기에 쾌적한 환경을 조성했다.

16 Many patrons didn't want **to miss out** on this big sales event.
많은 단골손님들이 이 큰 할인 행사를 놓치는 것을 원하지 않았다.

17 I can't tell you how much I have appreciated the 20 years of **service**
나는 당신의 20년간의 근무에 얼마나 감사해 왔는지 이루 말 할 수 없다.

18 Ms. Archu **has been serving** as the operations manager at my company for several years.
Ms. Archu는 수년 간 내 회사에서 운영 관리자로 근무하고 있다.

19 I think you shouldn't have to use your cell phone during **business hours**.
나는 당신이 업무 시간 동안 휴대폰을 사용하면 안된다고 생각한다.

20 Ms. Jessie **is used** to handling the team's work schedule.
Ms. Jessi는 팀의 작업 스케줄을 조정하는 것에 익숙하다.

21 I don't want to share the **useful information** previously provided by my consultant.
난 자문위원이 사전에 제공해준 유용한 정보를 공유하지 않을 것이다.

22 My manager asked him to analyze the demand from **loyal customer** surveys.
나의 관리자는 그에게 단골 고객 조사를 통해 수요를 분석하라고 요청했다.

23 If you want to receive the goods by next Friday, you should place your **order** now.
당신이 다음 주 금요일까지 상품을 받기 원한다면, 지금 주문해야 한다.

24 The company's sales have increased since Mr. Lee was promoted to **sales manager**.
Mr. Lee가 판매 관리자로 승진된 이후 그 회사의 매출이 증가했다.

25 Kim's Restaurant, which is located downtown, reopened under new **management** on August 3.
도심에 위치한 Kim's Restaurant는 8월 3일에 새로운 경영진 하에 재개장했다.

26 One of the most important abilities of business managers is **to manage** risks.
업무 관리자들의 가장 중요한 능력 중 하나는 위기를 관리하는 것이다.

27 She said that the company expected a reduction in its **managerial positions** as a result of the restructuring.
그녀는 회사가 구조 조정으로 인한 관리직의 감소를 예상했었다고 말했다.

28 According to the supervisor in charge of handling dangerous materials, this liquid **must be stored** in an approved container.
위험 물질의 취급을 맡고 있는 감독관에 따르면, 이 액체는 인가된 용기 안에 보관되어야 한다.

29 The compact car that came out recently has insufficient **storage space** to keep my luggage.
최근에 출시된 소형차는 내 짐을 보관하기에는 부족한 저장 공간을 갖고 있다.

30 If you have a coupon, you **can receive** a souvenir for free.
당신이 쿠폰을 가지고 있다면, 기념품을 무료로 받을 수 있다.

31 The items must be unused and accompanied by the **original receipt** if you want to get a refund.
당신이 환불 받기를 원한다면, 그 제품들은 사용되지 않았어야 하고 원본 영수증이 동반되어야 한다.

32 The Joygam Company has named Mr. Kiri to the new position of director of the **Information Technology Department**.
Joygam Company는 Mr. Kiri를 정보기술부 관리자라는 새로운 자리에 임명했다.

33 He asked me **to inform** the entire staff of the policy change.
그는 내게 전 직원들에게 정책 변화에 대해 알릴 것을 요청했다.

34 I prepared a lot and thought about how I could make the presentation **as informative as possible**.

나는 어떻게 하면 발표를 가능한 유익하게 할 수 있을지 많이 준비하고 생각했다.

35 If you had a better understanding of how to use new technology, you would be a more successful **sales representative**.

당신이 신기술을 사용하는 방법을 더 잘 이해했었다면, 더 성공적인 판매원이 되었을 것이다.

36 Visitors will find our special **sale items** by reading the distributed brochures.

방문객들은 배포된 소책자를 읽음으로써 우리의 특별 할인 제품들을 찾게 될 것이다

37 To help me select some merchandise, a **salesperson** approached me.

내가 몇 가지 상품을 선택할 수 있도록 돕기 위해, 판매원이 내게 다가왔다.

38 He said that they **aren't able to offer** me a job at their company.

그는 그들의 회사에 내 일자리를 제공해 줄 수 없다고 말했다.

39 The project has been delayed due to the failure of the **initial plan**.

그 프로젝트는 초기 계획의 실패로 인해 지연되었다.

40 No one believes that my department will meet the **needs** of the huge companies.

내 부서가 대기업들의 요구를 충족시킬 것이라고 아무도 믿지 않았다.

41 The team meeting **is scheduled** for Friday.

팀 회의가 금요일에 예정되어 있다.

42 The Engineering Department will be performing its **scheduled** routine maintenance check on Thursday between 3:00 and 4:00 P.M.

기술부서는 목요일 오후 3시부터 4시 사이에 예정된 정기 점검을 수행할 것이다.

43 You could join us for the **training sessions** for the staff members and officials.

당신은 직원과 임원을 위한 교육 과정을 같이 할 수 있다.

44 New engineering staff members **must be trained** to have the proper skills to repair the facilities.

새 기술부 직원들은 장비 수리를 위한 적절한 기술들을 갖추기 위해 훈련받아야 한다.

45 The China branch **did not last** too long.

중국 지사는 오래 지속되지 못했다.

46 The corporation is expected **to give** a presentation about its new product.

그 기업이 신제품을 발표하는 것이 기대된다.

47 The city council approved the plan **to build** new hiking trails along the river.

시 의회는 강을 따라 새로운 산책로를 만드는 계획을 승인했다.

48 The **builder** has spared no expense to meet the work deadline.

건축업자는 마감일을 맞추기 위해 비용을 아끼지 않았다.

49 Staff members **must report** their hours every day.

직원들은 자신들의 근무시간을 매일 보고해야 한다.

50 I think Mr. Kim can be a big help to your company as a political **reporter**.

나는 Mr. Kim이 정책 관련 기자로서 당신의 회사에 큰 도움이 될 것이라고 생각한다.

※ 다음 단어의 우리말 뜻을 쓰시오. 생각나지 않는 단어는 앞쪽에서 찾아 쓰세요.

문제 2

01 sale	18 managerial	35 meet
02 last	19 employee	36 productivity
03 manage	20 employ	37 produce
04 reporter	21 store	38 open
05 customer	22 storage	39 useful
06 report	23 serve	40 offer
07 builder	24 train	41 manager
08 business	25 plan	42 service
09 management	26 pleasant	43 send
10 give	27 change	44 employment
11 informative	28 build	45 employer
12 receipt	29 producer	46 training
13 miss	30 productive	47 schedule
14 use	31 information	48 call
15 salesperson	32 need	49 product
16 pleasure	33 receive	50 please
17 order	34 production	

문제 3

01 information	18 productive	35 pleasure
02 employee	19 managerial	36 employment
03 business	20 need	37 informative
04 send	21 please	38 schedule
05 order	22 sale	39 report
06 give	23 last	40 receive
07 training	24 employer	41 salesperson
08 meet	25 call	42 pleasant
09 storage	26 receipt	43 miss
10 manager	27 serve	44 build
11 product	28 offer	45 open
12 service	29 customer	46 manage
13 production	30 reporter	47 change
14 useful	31 store	48 producer
15 plan	32 builder	49 train
16 produce	33 management	50 employ
17 productivity	34 use	

※ 45개 이상 맞혔으면 그만하고 기억상자 프로그램을 실행하세요.

문제 4

01 give	18 call	35 storage
02 pleasant	19 need	36 informative
03 management	20 receipt	37 salesperson
04 productivity	21 last	38 build
05 customer	22 schedule	39 offer
06 manage	23 train	40 productive
07 reporter	24 information	41 change
08 manager	25 plan	42 employ
09 serve	26 builder	43 miss
10 producer	27 send	44 service
11 store	28 order	45 production
12 report	29 pleasure	46 sale
13 employee	30 meet	47 product
14 produce	31 employment	48 business
15 use	32 employer	49 useful
16 training	33 managerial	50 receive
17 please	34 open	

문제 5

01 build	18 productivity	35 product
02 useful	19 informative	36 training
03 send	20 order	37 production
04 reporter	21 open	38 service
05 give	22 report	39 last
06 managerial	23 producer	40 please
07 receive	24 employer	41 builder
08 employment	25 store	42 pleasure
09 productive	26 sale	43 call
10 pleasant	27 use	44 serve
11 produce	28 receipt	45 employee
12 customer	29 business	46 need
13 management	30 offer	47 plan
14 schedule	31 meet	48 miss
15 employ	32 train	49 salesperson
16 information	33 change	50 manage
17 manager	34 storage	

STEP 4 주기적으로 복습해라!

장기기억을 만드는 단계입니다. 반복학습이 평생의 기억을 유지한다는 것을 명심하고 기억상자 프로그램의 지시대로 복습하세요.

망각을 이기는 건 주기적인 반복학습!

여러분이 성실하게 학습을 마치고 여기까지 왔다면 50개의 영단어와 우리말 의미를 단기기억 영역에 저장해 놓은 상태입니다. 지금부터가 중요합니다. 이 단기기억 영역에 대기하고 있는 내용들은 두뇌에서 중요하다고 판단하지 않으면 기억영역에서 가차 없이 지워버리는 특성이 있습니다. 즉 두뇌에게 이것이 중요한 내용이라고 알려줘야 장기기억 영역으로 이동되어 오랫동안 기억이 유지되는데, 이때 필요한 것이 주기적인 반복학습입니다.

토익빈출까지 마쳤으면 토익기본서와 병행하세요.

방법은 두 가지입니다. 첫 번째는 연습한 단어가 포함된 문제나 지문을 꾸준하게 읽어서 장기기억으로 유도하는 것인데, 아직은 토익 기본서를 술술 읽을 만큼 학습한 단어량이 많지 않기 때문에 힘듭니다. 이런 경우 두 번째 방법, 즉 주기적인 반복학습을 유도하는 암기 프로그램을 이용하는 것입니다. 에빙하우스의 망각이론에 근거한 암기 프로그램은 여러분이 암기한 내용들에게 평균적인 망각시간이 도래할 때마다 반복학습을 유도하여 그 기억이 평생 갈 수 있도록 도와줍니다. 이런 방식을 통해 'PART 1 700점을 위한 빈출단어 2000'의 학습을 마쳤으면 그때부터는 단어학습과 토익 기본서를 병행하면 많은 도움이 될 것입니다.

망각을 두려워 말고 끝까지 진도를 나가세요.

명심하세요. 암기와 망각이 반복되면서 포기하고 싶은, 정말 그만두고 싶은 힘든 시간이 올 수 있습니다. 너무 자책하지 마세요. 망각은 누구에게나 찾아옵니다. 하지만 망각했다고 다 없어지는 건 아닙니다. 외웠다가 잊은 내용은 금방 다시 외울 수 있습니다. 하지만 망각이 두려워 포기한 내용은 아무것도 남은 게 없는 것입니다. 절대 포기하지 말고 프로그램에 따라 마지막 페이지까지 학습하세요. 영단어 5,000개 외우는 게 별거 아니라는 걸 체험하게 될 것입니다.

1 스마트폰이나 컴퓨터에서 http://membox.co.kr에 접속한 후 우측 상단에서 메뉴(☰) → [회원가입]을 선택하세요.

 스마트 폰으로 왼쪽의 QR 코드를 스캔해도 됩니다.

2 '이용약관' 창과 '개인정보취급방침' 창에서 각각 〈동의함〉을 클릭하세요.

3 '회원가입' 창에서 회원 정보를 입력한 후 〈가입하기〉를 클릭하세요.

4 회원 가입이 완료되면 회원 가입 시 입력한 이메일 계정으로 인증 메일이 발송됩니다. 수신한 인증 메일을 열어 이메일 계정을 인증하세요.

5 도움말 창이 표시되면 학습 방법을 확인한 후 창 하단의 〈닫기〉를 클릭하세요.

6 '기억상자' 프로그램을 이용하려면 쿠폰을 등록해야 합니다. 우측 상단에서 메뉴(▤) → [쿠폰인증]을 선택한 후 쿠폰에 인쇄된 인증번호를 입력하고 〈확인〉을 클릭하세요(쿠폰은 이 책의 맨 뒤에 있습니다).

※ 기억상자 무료 쿠폰은 이 책의 맨 뒤에 있습니다.

7 도서 선택 화면이 나타납니다. 화면 하단의 '보유' 목록에서 '시나공 기적의 토익 보카'를 클릭하세요.
※ 화면 우측 상단에서 [카테고리] → [TOEIC]을 선택한 후 'TOEIC' 카테고리에서 '시나공 기적의 토익 보카'를 클릭해도 됩니다.

❶ '기억상자' 프로그램에서 학습한 모든 내용들을 기억하고 있다가 복습이 필요할 때 해당 기억상자에 반복 학습할 카드 개수를 빨간색으로 표시합니다.

8 '시나공 기적의 토익 보카' 교재에 수록된 파트별 일차 목록이 나타납니다. 화면 상단에서 'PART 1'을 클릭하고 'STEP 2 – 집중해서 읽어라!' 목록에서 '1일차'를 클릭하세요.

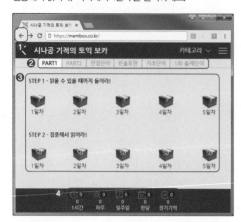

❶ 이전 화면으로 돌아갑니다.

❷ 구분탭 : PART 1과 PART 2 그리고 부록으로 제공하는 '만점단어', '빈출표현', '기초단어', '1회 출제단어' 들을 일차별로 학습할 수 있도록 구분해 두었습니다.

❸ 학습상자 : 반복해서 학습해야할 영어 단어들이 카드 형태로 만들어져 일차별로 각 학습상자에 들어 있습니다.

❹ 기억상자 : 학습상자에서 넘어온 학습카드들을 기억하고 있다가 복습이 필요할 때 해당 기억상자에 복습할 카드 개수를 빨간색으로 표시합니다. 알람 프로그램이 설치되어 있으면 복습이 필요할 때마다 자동으로 알려줍니다.

9 제시된 카드에 적혀있는 영어 단어의 뜻을 맞혀보세요. 정답을 확인하려면 카드를 클릭하거나, Spacebar 를 누르세요.

❶ 클릭하면 단어를 원어민 발음으로 들을 수 있습니다.

❷ 클릭하면 뒷면의 예문을 원어민 발음으로 들을 수 있습니다.

❸ 현재 학습상자에는 학습해야 할 카드 50개 중 44개가 남아 있음을 나타냅니다.

❹ 1시간 기억상자에는 들어온 지 1시간이 안 된 카드 6개가 들어 있음을 나타냅니다.

❺ 자신이 생각한 뜻과 표시된 뜻이 같으면 카드를 오른쪽으로 드래그 하거나 ➡를 누르세요. 카드가 **1시간** 기억상자로 이동합니다. 자신이 생각한 뜻과 표시된 뜻이 다르다면 카드를 왼쪽으로 드래그 하거나 ⬅를 누르세요. 카드가 현재 학습상자로 돌아가 다시 공부할 수 있게 나타냅니다.

❻ 예문을 클릭하면 ❼번과 같이 예문 해석이 표시됩니다. 예문을 다시 클릭하면 예문 해석이 숨겨집니다.

10 '1일차' 학습상자의 학습을 모두 마친 후 '학습 종료 확인' 창에서 〈확인〉을 클릭하면 자동으로 일차 목록이 있는 화면으로 돌아옵니다.

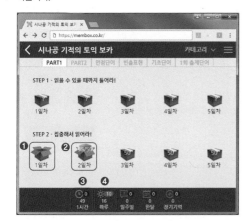

❶ 학습이 모두 끝난 학습상자는 비어있는 상태로 표시됩니다.
❷ 학습을 완전히 끝내지 않은 학습상자입니다. 50개 학습카드 중 35개가 남아있네요.
❸ 1시간 기억상자에는 암기한 후 1시간이 안 된 학습카드가 49개 들어 있음을 나타냅니다.
❹ 하루 기억상자에는 하루 기억상자에 들어온 학습카드가 16개 있고, 하루가 지나 복습해야 할 학습카드가 10개 있음을 나타냅니다.

11 이와 같은 방법으로 학습한 학습카드들은 복습을 거쳐 **1시간 → 하루 → 일주일 → 한달 → 장기기억**으로 이동하는데, 기억상자 프로그램은 학습카드들이 기억상자에 들어올 때마다 그 때를 기억했다가 복습이 필요할 때 알람 기능을 통해 알려줍니다. 단 웹 브라우저로 크롬을 이용할 경우 알람 기능이 제공되지만 인터넷 익스플로러를 이용할 경우 알람 기능이 제공되지 않으므로 사용자가 직접 기억상자의 복습할 카드 숫자를 확인하고 학습해야 합니다.

STEP 1 읽을 수 있을 때까지 들어라!

읽지 못하는 단어는 절대 외울 수 없습니다! 발음 기호 없이 자신있게
읽을 수 있을 때까지 원어민의 발음을 들으면서 반복해서 따라 읽으세요.

0051~0100 Words

☐ change 변화, 잔돈

☐ send 보내다, 전하다

☐ sender 발송자, 보내는 사람

☐ available 이용 가능한, 시간이 있는

☐ availability 이용도, 유용성

☐ department 부서,

☐ departmental 부서의, 과의

☐ late 늦게까지, 늦은

☐ lately 최근에, 요즘

☐ director 책임자, 감독

☐ direction 방향, 감독

☐ direct 안내하다, 지시하다

☐ directly 직접, 바로

☐ find 찾다, 알아내다

☐ finding 결과, 조사

☐ purchase 구매하다, 구매

☐ complete 완성하다, 완전한

☐ completely 전적으로, 완전히

☐ completion 완성, 완료

☐ provide 제공하다, 공급하다

☐ market 팔다, 내놓다

☐ conference 회의, 회견

☐ visit 방문하다, 방문

☐ visitor 방문객, 손님

☐ park 주차하다, 공원

☐ location 위치, 장소

☐ locate 위치시키다, 찾아내다

☐ application 지원(서), 적용

☐ apply 적용하다, 신청하다

☐ applicant 지원자, 신청자

☐ applicable 적용되는, 해당되는

☐ advertising 광고(하기), 광고업

☐ advertisement 광고

☐ advertise 광고하다, 알리다

☐ attend 참석하다, 출석하다

☐ attendee 참석자, 출석자

☐ attendance 참석, 출석

☐ attendant 종업원, 안내원

☐ place 놓다, (지시등을) 하다

☐ leave 남기다, 떠나다

☐ request 요청하다, 신청하다

☐ recently 최근에, 요즘에

☐ recent 최근의

☐ presentation 발표, 제출

☐ present 제출하다, 발표하다

☐ presenter 발표자, 진행자

☐ presently 현재, 지금

☐ additional 추가의, 부가적인

☐ add 추가하다, 더하다

☐ addition 보탬, 추가

집중해서 읽어라!

암기는 나중에, 정독에 집중하세요! 한 번에 외워야 한다는 강박은
개나 줘버리고 편안한 마음으로 읽되, 집중하세요.

0051

Rank 0022

[tʃeindʒ]

change

n 변화
n 잔돈
v 바꾸다

We scheduled / a meeting [about some changes] /
우리는 일정을 잡았다　　　회의　　　　몇몇 변화들에 대한

to the next project.
다음 프로젝트에서

빈출표현
- be subject to change 변화되기 쉽다
- for a change 기분전환으로
- 유 turn, shift 변화

0052

Rank 0023

[send]

send

n 보내다
n 전하다

Mr. Lee sent / his resume / by e-mail / in the prescribed form.
Mr. Lee는 보냈다　　그의 이력서를　　이메일을 통해　　규정 양식에 맞춰

빈출표현
- send to ~에 보내다
- 유 forward 보내다
- 반 receive 받다
- 파 sender 발송자

0053

Rank 1916

[séndər]

sender

n 발송자
n 보내는 사람

We asked / the senders to attach / copies [of their receipts] /
우리는 요청했다　　발송자들이 첨부하길　　사본들을　　그들의 영수증들의

to the e-mails [// they sent / us].
이메일에　　　　그들이 보냈다　우리에게

빈출표현
- 파 send 보내다

0054

Rank 0028

[əvéiləbl]

available

a 이용 가능한
a 시간이 있는
a 구할 수 있는

Picnic spots [at Revol Park] have been / available / for free /
소풍 장소들은　　Revol Park의　　왔다　　이용 가능한　　무료로

since last year.
작년부터

빈출표현
- be available for ~로 이용 가능하다
- be no longer available 더 이상 구할 수 없다
- currently(readily) available 현재(즉시) 이용 가능한
- 반 unavailable 이용할 수 없는
- 파 availability 유효성, availably 유효하게

0055

Rank 0901

[əvèiləbíləti]

availability

n 이용도
n 유용성
n 유효성

New developments [in the network system] led /
새로운 발전들은　　　　네트워크 시스템의　　　　이끌었다

to the wide availability [of the Internet].
넓은 이용으로　　　　　　인터넷의

빈출표현
- 반 unavailable 이용할 수 없는
- 파 available 이용할 수 있는, availably 유효하게

Rank 0024 [dipáːrtmənt]

department

n 부서

0056

The CEO has decided / to establish a Marketing Department.
그 CEO는 결정했다 　　　　　　　　마케팅부를 설립하기로

> 빈출 표현
> - marketing department 마케팅부 ⚙
> - department store 백화점 ⚙
> - accounting department 경리부 ⚙
> - sales department 영업부 ⚙
> - maintenance department 유지관리부 ⚙
> - public relations department 홍보부 ⚙
> 圓 departmental 부서의

Rank 1585 [diːpɑːrtmentl]

departmental

a 부서의
a 과의

0057

I saw / the promotion list [on the departmental
나는 보았다 　승진 명단을 　　　　　　　부서 게시판에 있는

bulletin board], // and my name was / at the top [of it].
　　　　　　　　그리고 나의 이름이 있었다 　　상단에 　　그것의

> 빈출 표현
> - departmental budget 부서 예산
> - departmental meeting 부서 회의
> 圓 department 부서

Rank 0029 [leit]

late

ad 늦게까지
a 늦은

0058

My director [of human resources] is working /
나의 관리자는 　　인사부의 　　　　　　　일하고 있다

late again tonight.
오늘도 늦게까지

> 빈출 표현
> - late fee 연체료 ⚙
> - late tonight 오늘밤 늦게까지 ⚙
> 圓 lately 최근에, lateness 늦은

Rank 0926 [léitli]

lately

ad 최근에
ad 요즘

0059

It seems like / some problems are getting /
그것은 ~처럼 보인다 　몇 가지 문제가 되어 가고 있다

out of hand / lately.
감당할 수 없게 　최근에

> 빈출 표현
> 圀 recently 최근에
> 圓 late 늦게까지, lateness 늦은

Rank 0092 [diréktər]

director

n 책임자
n 감독
n 지도자

0060

We expect / that [// the new sales director will increase /
우리는 기대한다 　그것을 　신임 판매 부장이 증가시킬 것이다

overseas sales].
해외 매출을

> 빈출 표현
> - sales director 판매 부장
> - board of directors 이사회 ⚙
> - human resources director 인사 책임자 ⚙
> - art director 미술 감독
> - regional director 지사장
> 圀 head, executive 책임자
> 圓 direct 지시하다, directly 직접적으로, direction 지시

Rank 0358

[dirékʃən]

direction

n 방향
n 감독
n 지시

If we had / a smartphone [with GPS], //
만약 우리가 가졌다면 스마트폰을   GPS가 있는

we would not need to ask / for directions / anymore.
우리는 물어볼 필요가 없을 것이다   방향을   더 이상

빈출표현
- ask for direction 방향을 묻다 🌀
- driving direction 주행 방향 🌀
- give direction 지시하다 🌀
- follow direction 지시에 따르다 🌀
- in the same direction 같은 방향으로
- ㈜ course, way 방향
- ㈜ director 지도자, direct 지시하다, directly 곧장, 똑바로

Rank 0480

[dirékt]

direct

v 안내하다
v 지시하다
v 감독하다
a 직접적인

The usher directed / us / to our seats [in the concert hall].
좌석 안내원은 안내했다   우리를 우리의 좌석들로   콘서트 홀의

빈출표현
- direct A to B A를 B로 안내하다 🌀
- direct flight 직항편
- ㈜ director 감독, direction 지시, directly 직접적으로

Rank 0539

[diréktli]

directly

ad 직접
ad 바로

If you want / to request / summer vacation, //
만약 당신이 원한다면 요청하기를 여름휴가를

you must speak / directly / with the director.
당신은 얘기해야 한다   직접   관리자에게

빈출표현
- report directly 직접 보고하다
- ㈜ director 관리자, direction 지시, direct 지시하다

Rank 0025

[faind]

find

v 찾다
v 알아내다
n 발견
n 발견물

The hotel staff member called / me / to say / that [//
호텔 직원은 전화했다   나에게 말하기 위해 그것을

he had found out / about some baggage [//that I had lost].
그는 찾아냈다   몇몇 짐을   그 짐을 내가 잃어버렸다

빈출표현
- find out about ~을 발견하다, 알아내다
- ㈜ discover 찾다
- ㈜ finding 결과

Rank 1391

[fáindiŋ]

finding

n 결과
n 조사

The release / of her innovative research findings /
발표는   그녀의 혁신적인 연구 결과의

surprised / many people [in the academic world].
놀라게 했다 많은 사람들을   학계의

빈출표현
- research findings 연구 결과
- ㈜ result, outcome 결과
- ㈜ find 찾다

Rank 0027

[pə́ːrtʃəs]

purchase

v 구매하다
n 구매

The director decided / to purchase / a new office building.
관리자는 결정했다   구매하는 것을   새로운 사무실 건물을

빈출표현
- make a purchase 물건을 사다 🌀
- within ~ days of purchase 구입일로부터 ~일 이내에 🌀
- ㈜ buy 구입하다
- ㈜ purchaser 구매자

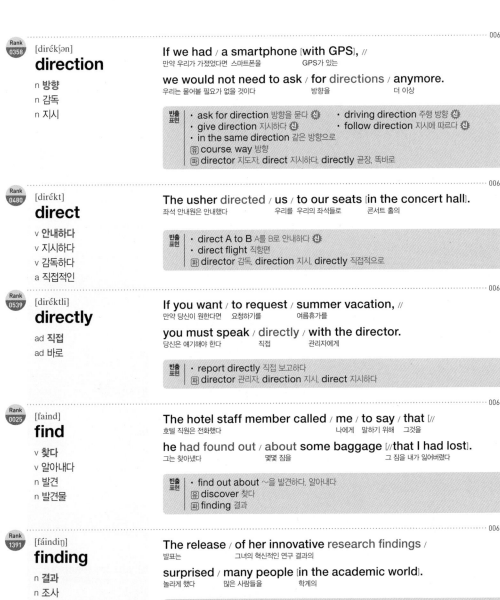

Rank 0043

[kəmplíːt]

complete

v 완성하다
a 완전한
a 완성된

All applicants are required / to complete /
모든 지원자들에게 요구된다 완성하는 것이

the attached application form.
첨부된 지원서를

빈출표현
- complete an application 신청서를 작성하다
- complete the survey 설문 조사를 완료하다
- complete line of ~의 전 제품의
- be completed on time 제 시간에 완료되다
- 圓 completely 완전히, completion 완성, completeness 완성도

Rank 0644

[kəmplíːtli]

completely

ad 전적으로
ad 완전히

Pedestrians [//who take a walk / with their pets] are
보행자들은 그들은 산책을 한다 애완동물들과 함께

completely responsible / for any actions [by their animals].
전적으로 책임이 있다 어떤 행위에 대해서도 동물들의

빈출표현
- 圇 totally, fully 전적으로
- 圓 partially 부분적으로
- 圓 complete 완성하다, completion 완성, completeness 완성도

Rank 0910

[kəmplíʃən]

completion

n 완성
n 완료

The radio announced / the completion
라디오는 발표했다 완성을

[of the new government buildings [in Lagos]].
새 정부 건물들의 라고스에서의

빈출표현
- 圓 complete 완성하다, completely 완전히, completeness 완성도

Rank 0030

[prəváid]

provide

v 제공하다
v 공급하다

I want / to provide / you / with a few details
나는 원한다 제공하는 것을 당신에게 몇 가지 세부사항을

[about the new products].
신제품들에 관한

빈출표현
- provide A with B A에게 B를 공급하다
- provide B for A A에게 B를 공급하다
- provide information 정보를 제공하다
- 圓 provision 제공, provider 제공자

Rank 0034

[máːrkit]

market

v 팔다
v 내놓다
n 시장

The author's book is marketed / as a useful aid [for teachers].
그 작가의 책은 팔린다 유용한 보조물로 선생님들을 위한

빈출표현
- market research 시장 조사
- market share 시장 점유율
- 圓 marketing 시장 거래(마케팅), marketable 시장성이 있는, marketability 시장성

Rank 0033

[kánfərəns]

conference

n 회의
n 회견
n 협회
n 협의

We can discuss / the project / by having / a video conference.
우리는 상의할 수 있다 그 프로젝트를 가짐으로써 화상회의를

빈출표현
- video conference 화상회의 · press conference 기자회견
- conference call 전화회의 · conference on ~에 대한 회의
- in conference 회의 중에
- 圇 meeting, talk, council, convention 회의

··· 0073

Rank 0057

[vízit]

visit

v 방문하다
n 방문

To file / an exchange or refund claim, / visit / any
제기하려면   교환 또는 환불 요구를   방문해라 어디든

[of our company's service centers [all over the country]].
우리 회사의 서비스 센터의   전국 곳곳에 있는

빈출표현	윤 stop by 방문하다
	파 visitor 방문객, visitation 방문권

··· 0074

Rank 0307

[vízitər]

visitor

n **방문객**
n 손님

Be sure / to stop / by the visitors' center / to check /
반드시 해라 잠시 멈추는 것을 방문객 안내소에   확인하기 위해

the road map.
도로 지도를

빈출표현	파 visit 방문하다, visitation 방문권

··· 0075

Rank 0032

[pɑːrk]

park

v **주차하다**
n 공원
n 경기장

The department store attendant recommended /
백화점 안내원은 추천했다

another parking facility [on this street].
다른 주차 시설을   이 거리에 있는

빈출표현	• parking facility 주차 시설	• parking garage 차고
	• parking permit(pass) 주차권	• parking lot 주차장
	파 parklike 공원 같은	

··· 0076

Rank 0083

[loʊkéiʃn]

location

n **위치**
n 장소
n 야외촬영지

The supermarket has / a convenient location // and
슈퍼마켓은 가지고 있다   편리한 위치를   그리고

provides / free parking.
제공한다   무료 주차를

빈출표현	• convenient location 편리한 위치	• new location 새로운 위치
	• perfect location 완벽한 위치	
	윤 position, place 위치	
	파 locate 위치하다	

··· 0077

Rank 0174

[lóʊkeit]

locate

v 위치시키다
v 찾아내다

The national museum, / at 14 Lehman Street, / is
국립박물관은   Lehman 14번가에 있는

conveniently located / near an affordable large parking lot.
편리하게 위치되어 있다   이용 가능한 넓은 주차 구역 가까이에

빈출표현	• conveniently located 편리하게 위치한
	• be located in(on/at) ~에 위치되어 있다
	• centrally located 중심에 위치한
	파 location 위치

··· 0078

Rank 0158

[æplikéiʃn]

application

n **지원(서)**
n 적용

You need to fill / in the blanks [on the application form].
당신은 채워야 한다   빈칸들을   지원서 양식의

빈출표현	• application form 지원서 양식
	• fill out an application 지원서를 작성하다
	• completed application 작성한 지원서
	• complete an application 지원서를 작성하다
	파 apply 지원하다, applicant 지원자, applicable 적용되는

Rank 0177

[əplái]

apply

v 적용하다
v 신청하다
v 지원하다

The discount will be applied / to all orders /
할인은 적용될 것이다   모든 주문들에

during the seven-day event.
7일간의 이벤트 동안

> 빈출표현
> • apply to ~에 적용되다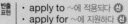
> • apply for ~에 지원하다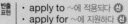
> 파 application 지원(서), applicant 지원자, applicable 적용되는

Rank 0334

[ǽplikənt]

applicant

n 지원자
n 신청자

I asked / him to talk / with Ms. Kim / about an applicant
나는 요청했다   그가 얘기할 것을   Ms. Kim과   지원자에 대해

[for the management assistant position].
관리 보조직의

> 빈출표현
> • interview an applicant 지원자와 면접을 보다
> 파 application 지원(서), apply 지원하다, applicable 적용되는

Rank 1859

[ǽplikəbl]

applicable

a 적용되는
a 해당되는

The sales tax rebate is only applicable / toward the
판매세 환급은 오직 적용된다   구매에 대해

purchase [of goods [from specified shops]].
상품의   명시된 가게들의

> 빈출표현
> 파 application 지원(서), apply 지원하다, applicant 지원자

Rank 0123

[ǽdvərtaiziŋ]

advertising

n 광고(하기)
n 광고업

They hired / a famous advertising agency / to promote
그들은 고용했다   유명한 광고 대행사를   홍보하기 위해

their new product / internationally.
그들의 새 제품을   국제적으로

> 빈출표현
> • advertising agency 광고 대행사
> • advertising campaign 광고 캠페인
> • advertising firm(company) 광고 회사
> • advertising budget 광고 예산
> 파 advertisement 광고, advertise 광고하다, advertiser 광고주

Rank 0218

[ǽdvərtáizmənt]

advertisement

n 광고

The company posted / an advertisement
그 회사는 게시했다   광고를

[for a new accountant assistant].
신입 회계 보조원에 대한

> 빈출표현
> • post an advertisement 광고를 게시하다
> • newspaper advertisement 뉴스 광고
> • place an advertisement 광고를 싣다
> • magazine advertisement 잡지 광고
> 파 advertising 광고업, advertise 광고하다, advertiser 광고주

Rank 0315

[ǽdvərtaiz]

advertise

v 광고하다
v 알리다

The director asked / me to advertise /
관리자는 요청했다   내가 광고할 것을

for a new administrative assistant.
신입 행정 보조원에 대해

> 빈출표현
> • advertise for ~에 대한 광고를 내다
> 유 publicize 광고하다
> 파 advertising 광고업, advertisement 광고, advertiser 광고주

Rank 0058 [əténd]

attend

v 참석하다
v 출석하다
v 주의를 기울이다

It would be / a useful experience / to attend /
그것은 될 것이다　유익한 경험　참석하는 것은

the annual planning meeting.
연례 기획 회의에

> 빈출 표현
> · attend a meeting 회의에 참석하다
> · attend a seminar 세미나에 참석하다
> · be required to attend 참석하도록 요청받다
> 派 attendee 참석자, attendance 참석, attendant 종업원

Rank 0770 [ətèndí:]

attendee

n 참석자
n 출석자

The organizers [of the party] expected / to have
주최 측은　파티의　예상했다　가질 것으로

many attendees.
많은 참석자들을

> 빈출 표현
> · conference attendee 회의 참석자
> 同 participant 참석자
> 派 attend 참석하다, attendance 참석, attendant 종업원

Rank 0819 [əténdəns]

attendance

n 참석
n 출석

Do you have / any idea [// how attendance will increase?
당신은 가지고 있습니까?　어떤 생각을　그생각　참석을 증가할 것이다

> 빈출 표현
> · attendance at conference 회의 출석
> 同 presence 참석
> 派 attend 참석하다, attendee 참석자, attendant 종업원

Rank 0965 [əténdənt]

attendant

n 종업원
n 안내원

Before a plane takes off, // flight attendants must remind /
비행기가 이륙하기 전에　승무원들은 상기시켜야한다

passengers / of a few rules.
승객들에게　몇 가지 주의사항을

> 빈출 표현
> · flight attendant 승무원
> · parking attendant 주차 요원
> 派 attend 참가하다, attendee 참석자, attendance 참석

Rank 0035 [pleis]

place

v 놓다
v (지시 등을) 하다
n 장소

Many newspapers have been placed / on the desk.
많은 신문들이 놓여 있었다　책상 위에

> 빈출 표현
> · take place 개최(발생)하다
> · place an order 주문하다
> · in place 제 위치에
> · in place of ~를 대신해서
> 同 site, area 장소

Rank 0036 [li:v]

leave

v 남기다
v 떠나다
v 출발하다
n 휴가

Please leave / your name and phone number /
남겨주세요　당신의 이름과 전화번호를

with my secretary.
나의 비서에게

> 빈출 표현
> · leave for ~을 향해 떠나다
> · leave a message 메시지를 남기다
> · sick leave 병가
> · leave an office 퇴근하다
> · leave A for B B에게 A를 남기다

Rank 0037 [rikwést]

request

v 요청하다
v 신청하다
n 요청
n 신청

Mr. Delmont is requested / to complete / the project /
Mr. Delmont는 요청받았다　　완료하도록　　그 프로젝트를

by the end [of the month].
말까지　　그 달의

> 빈출표현
> • be requested to ~하도록 요청받다 🔊
> • request for ~에 대한 요구 🔊
> • as you requested 당신이 요청한 것처럼 🔊
> • request permission 허가를 요청하다 🔊
> ⊕ require, demand, claim, call for 요청하다

Rank 0098 [rí:sntli]

recently

ad 최근에
ad 요즘에

Lampton City has recently built / a trail / to help /
Lampton시는　　　최근에　　건설했다　산책로를　돕기 위해

improve / the health [of its residents].
향상시키는 것을　건강을　　주민들의

> 빈출표현
> ⊕ lately, newly 최근에
> ⊞ recent 최근의

Rank 0138 [rí:snt]

recent

a 최근의

The most recent information was posted /
가장 최근의 정보가 게시되었다

on the company's Web site.
회사의 웹 사이트에

> 빈출표현
> • recent years 최근 몇 년
> • recent months 최근 몇 개월
> • according to a recent survey 최근의 조사에 따르면 🔊
> ⊕ latest 최근의
> ⊞ recently 최근에

Rank 0115 [prèzəntéiʃən]

presentation

n 발표
n 제출
n 공연

My colleague is about to give / a presentation /
나의 동료는　　　　곧 하려고 한다　　발표를

in front of the board of directors.
이사회 앞에서

> 빈출표현
> • give a presentation 발표를 하다 🔊
> • sales presentation 제품 소개 🔊
> • presentation on ~에 관한 보고 🔊
> • make a presentation 발표를 하다 🔊
> ⊞ present 발표하다, presenter 발표자

Rank 0148 [préznt]

present

v 제출하다
v 발표하다
n 선물
a 현재의
a 참석한

They presented / me / with the evidence [//that proves //
그들은 제출했다　　나에게　증거를　　　　　[//그 증거는 증명한다

they attended / the convention].
그들이 참석했다　　집회에

> 빈출표현
> • present A with B A에게 B를 제출하다
> • present A to B B에게 A를 제출하다 🔊
> • present a plan 계획을 발표하다
> ⊕ offer 제출하다
> ⊞ presentation 발표, presenter 발표자

0096

Rank 1079

[prizéntər]

presenter

n **발표자**
n 진행자
n 사회자

The evaluations should be handed in / to the presenter //
평가서들은 제출되어야 한다 / 발표자에게

so that they can be reviewed.
그래서 그것들이 검토될 수 있다

빈출 표현 | ㉫ presentation 발표, present 발표하다

0097

Rank 1507

[préznt̬li]

presently

ad **현재**
ad 지금

They would like / to solve / the problem [//that they are presently facing].
그들은 원한다 / 해결하길 / 문제를 / 그 문제 그들이 현재 직면해 있는 중이다

빈출 표현 |
㉤ now, today, currently 현재
㉫ present 현재의

0098

Rank 0130

[ədíʃənl]

additional

a **추가의**
a 부가적인

If you want / to get / some additional information, //
만약 당신이 원한다면 / 얻기를 / 몇 가지 추가 정보를

take / one [of the handbooks] / in front of the doorway.
가져라 / 하나를 안내서 중의 / 출입구 앞쪽의

빈출 표현 |
- additional information 추가 정보 신
- additional charge 추가 요금 신
- additional detail 추가 정보
- charge an additional fee 추가비용을 부과하다

㉤ extra 추가의
㉫ add 추가하다, addition 추가, additionally 추가적으로

0099

Rank 0269

[æd]

add

v **추가하다**
v 더하다
v 덧붙이다

The reimbursements [for extra charges [for the business trip]] will be added / to next month's salary.
환급은 / 추가 비용들에 대한 / 출장 동안의 / 추가될 것이다 / 다음 달 월급에

빈출 표현 |
- add A to B A를 B에 추가하다 신
- add up 합산하다 신
- will be added 추가될 것이다 신
- added benefit 부가적인 이점

㉥ take away 제거하다
㉫ additional 추가의, addition 추가, additionally 추가적으로

0100

Rank 0320

[ədíʃən]

addition

n **보탬**
n 추가
n 부가
n 덧셈

The applicant [//who has had / an amazing career]
그 지원자는 / 그는 갖고 있다 / 놀라운 경력을

is a great addition / to my company.
큰 보탬이 된다 / 우리 회사에

빈출 표현 |
- in addition to ~에 더해 신
- addition to ~에 추가하다 신
- in addition 게다가, 또한 신

㉫ additional 추가의, add 추가하다, additionally 추가적으로

STEP 3 집중해서 풀어라!

워크북 9페이지부터 학습하면 됩니다.

STEP 4 주기적인 복습 '기억상자'

제대로 외웠는지 확인하고 싶다고요? 까먹기 전에 다시 복습하고 싶다고요? 지금 당장 QR 코드를 스캔해 보세요.

STEP 1 읽을 수 있을 때까지 들어라!

읽지 못하는 단어는 절대 외울 수 없습니다! 발음 기호 없이 자신있게
읽을 수 있을 때까지 원어민의 발음을 들으면서 반복해서 따라 읽으세요.

0101~0150 Words

□ additionally 추가적으로, 또한

□ price 가격, 물가

□ pricing 가격 책정

□ open 열다, 개업하다

□ book 예약하다, 기록하다

□ pay 급여, 지불하다

□ payment 지불, 지급

□ payable 지불할 수 있는

□ area 장소, 지역

□ delivery 배달, 배송

□ deliver 배달하다, 전하다

□ close 가까운, 세심한

□ closely 면밀하게, 밀접하게

□ closure 폐쇄

□ tour 여행, 여행하다

□ tourist 관광객

□ tourism 관광업

□ show 보여주다, 나타내다

□ showroom 전시실

□ showcase 전시하다, 소개하다

□ design 디자인하다, 설계하다

□ according to ~에 따르면

□ accordingly 적절히, 그에 상응하게

□ accordance 일치, 조화

□ site 장소, 대지

□ travel 여행, 여행가다

□ listen 듣다, 귀 기울이다

□ equipment 장비, 설비

□ equip (장비 등을) 갖추다

□ increase 인상, 증가

□ increasing 증가하는

□ staff 직원을 제공하다, 직원이 되다

□ staffing 채용, 직원

□ check 수표, 확인

□ client 고객, 의뢰인

□ contact 연락하다, 접촉하다

□ local 지역의, 장소의

□ locally 근처에, 장소 상으로

□ ticket 표, 교통 위반 딱지

□ ticketing 매표

□ discuss 논의하다, 상의하다

□ discussion 토론, 논의

□ begin 시작하다

□ beginner 초보자

□ shop 물건을 사다, 상점(가게)

□ shopper 구매자, 쇼핑객

□ likely ~할 것 같은, 사실일 것 같은

□ sign 서명하다, 계약하다

□ signing 서명, 계약

□ signature 서명

STEP 2 집중해서 읽어라!

암기는 나중에, 정독에 집중하세요! 한 번에 외워야 한다는 강박은 개나 줘버리고 편안한 마음으로 읽되, 집중하세요.

0101

additionally
[ədíʃənli]

ad **추가적으로**
ad 또한
ad 게다가

Additionally, / the use [of cell phones and electronic
추가적으로   사용이   핸드폰과 전자장비의

devices] is limited.
         제한된다

빈출표현 | 파 additional 추가의, add 추가하다, addition 추가

0102

price
[prais]

n **가격**
n 물가
v 값(가격)을 매기다

Our company's new product is being offered /
우리 회사의 신제품은 제공되고 있다

at a special price.
특별한 가격에

빈출표현 | • special price 특가(특별한 가격)   • reduced price 할인가
          • retail price 소매가
          • be reasonably priced 적당하게 가격이 매겨졌다
          유 rate, cost 가격
          파 pricing 가격 책정

0103

pricing
[práisiŋ]

n **가격 책정**

I think // the pricing information [on the Web site] is incorrect.
나는 생각한다   가격 정보가   웹 사이트에 있는   정확하지 않다

빈출표현 | • pricing information 가격 정보
          파 price 가격

0104

open
[óupən]

v **열다**
v 개업하다
a 열린
a 공개된

The store [in the mall] is going to be open / at 10 A.M.
그 가게는   쇼핑 몰에 있는   열려있을 것이다   오전 10시에

빈출표현 | • be open 영업(열려있는)중이다
          • open to ~에게 제공된

0105

book
[buk]

v **예약하다**
v 기록하다
n 책
n 장부

I asked / the staff member [at the reception desk] to book /
나는 요청했다   직원이   접수처에 있는   예약할 것을

a room.
방을

빈출표현 | • fully booked 예약이 꽉 찬
          유 reserve 예약하다
          파 booking 예약

0106

Rank 0101

[pei]

pay

n 급여
v 지불하다

Most of the employees have / a complaint
대부분의 직원들은 갖고 있다 불만을

[about a low rate [of pay increase]].
낮은 비율에 대해 급여 인상의

빈출 표현
- pay increase/raise 급여 인상 🌠
- paid off 빚을 다 갚았다
- pay for ~에 대해 지불하다 🌠
- pay in cash 현금으로 지불하다
- 🕮 payment 지불, payable 지불해야 할

0107

Rank 0169

[péimənt]

payment

n 지불
n 지급
n 납입

No employees can make / payments / without the approval
직원들은 할 수 없다 지불을 승인 없이

[of their manager].
그들 관리자의

빈출 표현
- make a payment 지불하다 🌠
- automatic payment 자동 납부
- partial payment 일부 지불
- payment option 결제 방법 🌠
- down payment 계약금
- 🕮 pay 지불하다, payable 지불해야 할

0108

Rank 1860

[péiəbl]

payable

a 지불할 수 있는

You should write out / a check [payable / to the Land
당신은 발행해야 한다 수표를 지불할 수 있는 Land Corporation에

Corporation] // and enclose / it / with your order.
그리고 밀봉해야 한다 그것을 당신의 주문서와 함께

빈출 표현
- 🈁 due 지불해야 하는
- 🕮 pay 지불하다, payment 지불

0109

Rank 0041

[έəriə]

area

n 장소
n 지역

The Grand Park has / four different parking areas.
Grand Park는 갖고 있다 네 개의 다른 주차장들을

빈출 표현
- parking area 주차장 🌠
- reception area 접수구역
- 🈁 site, place 장소
- rural area 시골지역

0110

Rank 0100

[dilívəri]

delivery

n 배달
n 배송

The Aires Store is offering / free home delivery / for a week.
Aires Store는 제공하고 있다 무료 자택 배달을 일주일 동안

빈출 표현
- free delivery 무료 배달 🌠
- delivery date 납품일 🌠
- delivery schedule 배송 일정 🌠
- delivery fee 배송비 🌠
- guarantee a delivery 배달을 보장하다
- 🕮 deliver 배달하다, deliverable 배달 가능한
- home delivery 자택 배달
- express delivery 빠른우편 🌠
- confirm a delivery 배달을 확인하다
- overnight delivery 익일 배송

0111

Rank 0190

[dilívər]

deliver

v 배달하다
v 전하다
v 연설하다

We guarantee / that [//the products [//you ordered]
우리는 보장한다 그것을 제품들이 당신이 주문했다

will be delivered / within 24 hours].
배달될 것이다 24시간 내에

빈출 표현
- will be delivered 배달될 것이다 🌠
- 🕮 delivery 배달, deliverable 배달 가능한

Rank 0051

[klouz]

close

a 가까운
a 세심한
v 닫다
v 끝내다

Lamberton Park, [//which was constructed / recently],
Lamberton 공원은　그 공원은 건설되었다　최근에

is close / to my office.
가깝다　내 사무실에서

> 빈출 표현
> · be close to ～에 가깝다 📷
> 📖 closely 면밀하게, closure 폐쇄

Rank 0911

[klóusli]

closely

ad 면밀하게
ad 밀접하게
ad 엄밀히
ad 면밀히

I heard // the interviewer closely reviewed / my portfolio //
나는 들었다　면접관이　면밀하게 검토했다　나의 포트폴리오를

when selecting / applicants.
선택할 때　지원자들을

> 빈출 표현
> · work closely with 긴밀하게 일하다
> 📖 close 가까운, closure 폐쇄

Rank 1738

[klóuʒər]

closure

n 폐쇄

The existing bus route has been temporarily changed /
기존의 버스 노선은　일시적으로　변경되었다

because of the bridge closure.
다리 폐쇄 때문에

> 빈출 표현
> · bridge closure 다리 폐쇄　　· office closure 사무실 폐쇄
> 🔄 shutdown 폐쇄
> 📖 close 가까운, closely 면밀하게

Rank 0071

[tuər]

tour

n 여행
v 여행하다
v 견학하다

According to the schedule, / the guided tour leaves /
일정에 따르면　가이드가 동반된 여행은 출발한다

from the hotel / at 9:00 A.M.
호텔에서　오전 9시에

> 빈출 표현
> · guided tour 가이드가 동반된 여행 📷　· factory tour 공장 견학
> · tour bus 관광버스　　　　　　· tour a facility 시설을 견학하다 📷
> · on tour 여행 중에
> 🔄 travel, trip, journey 여행
> 📖 tourist 관광객, tourism 관광업

Rank 0546

[túərist]

tourist

n 관광객

Large groups [of tourists] visit / my country / to take part /
대규모 그룹들이　여행객들의　방문한다 우리나라에　참가하기 위해

in an annual festival / this time [of the year].
연례 축제에　이맘때　매년

> 빈출 표현
> · group of tourist 여행단　　· tourist attraction 관광 명소 📷
> · tourist destination 관광지　· tourist season 여행 시즌
> 📖 tour 여행, tourism 관광업

tourism
[túərizm]

n 관광업

The staff informed / applicants that [//only several people
직원은 알렸다　　지원자들에게　　그것을　오직 몇몇 사람들만

[//who have / a degree [in hospitality or tourism]] can register /
그들은 가지고 있다　학위를　서비스업이나 관광업에 관련된　등록할 수 있다

for second test].
두 번째 시험에

- increase tourism 관광업을 증가시키다
- tourism industry 관광 산업
- 圓 tour 여행, tourist 관광객

show
[ʃou]

v 보여주다
v 나타내다
n 전시회

The supervisor [of the construction site] was [quite] willing /
감독관은　　　　건설 현장의　　　　　　매우　흔쾌히 했다

to show / us how [//that works].
보여주는 것을　우리에게 방법을　그 방법은 작동한다

- trade show 무역 박람회 🔧
- art show 미술 전시회
- 圓 indicate, reveal 보여주다
- 圓 hide 감추다
- 圓 showroom 전시실, showcase 공개행사

showroom
[ʃóuruːm]

n 전시실

We know // the museum [near our company] just added /
우리는 알고 있다　박물관에　　우리 회사 근처의　　단지 추가됐다

a large outdoor showroom.
대형 옥외 전시실이

- 圓 show 보여주다, showcase 전시하다

showcase
[ʃóukeis]

v 전시하다
v 소개하다
n 공개행사
n 진열장

The city council decided / that [// Lima Street will be used /
시 의회는 결정했다　　그것을　　Lima 거리가 사용될 것이다

to showcase / the works [of local artists]].
전시하기 위해　작품들을　지역 예술가들의

- 圓 show 보여주다, showroom 전시실

design
[dizáin]

v 디자인하다
v 설계하다
v 고안하다
n 디자인
n 설계(법)

She designed / a cover [to use / for my book].
그녀는 디자인했다　표지를　사용할　나의 책에

- graphic design 그래픽 디자인 🔧
- building design 건물 설계 🔧
- 圓 designer 디자이너

Rank 0052

[əkɔ́ːrdiŋtə]

according to

prep ~에 따르면

According to the speaker, / Mr. Colon will collect / the
발표자에 따르면　　　　　　　　　Mr. Colon은 모을 것이다

participants' questionnaires / after his presentation.
참가자들의 설문지를　　　　　　　　그의 발표 후에

빈출 표현
- according to the speaker 발표자에 따르면
- according to the announcement 공지에 따르면
- according to the message 메시지에 따르면
- 파 accord 일치하다, accordance 일치, accordingly 따라서

Rank 1198

[əkɔ́ːrdiŋli]

accordingly

ad 적절히
ad 그에 상응하게
ad 따라서

Our meeting has been rescheduled / accordingly //
우리의 회의는 일정이 변경되었다　　　　　　　　적절히

because some of the attendees' flights were canceled.
이유는　　　몇몇 참가자들의 비행기가　　　　　취소되었다

빈출 표현
- 파 accord 일치하다, accordance 일치

Rank 1633

[əkɔ́ːrdns]

accordance

n 일치
n 조화

We decided / to revise / some clauses [in the contract] /
우리는 결정했다　　수정하기로　　몇몇 조항들을　　계약서의

in accordance / with their requests.
일치되게　　　　그들의 요청과

빈출 표현
- in accordance with ~에 따라
- 파 accord 일치하다, accordingly 따라서

Rank 0044

[sait]

site

n 장소
n 대지
n 부지

When we visited / the construction site, // the safety officer
우리가 방문했을 때　　공사 현장을　　　　　　안전 관리자는

reminded / us / of a few rules.
상기시켰다　우리에게 몇 가지 규칙을

빈출 표현
- construction site 공사 현장 　　· historic site 유적지
- building site 건물 부지 　　· site inspection 현지시찰
- 유 area, place 장소

Rank 0045

[trǽvəl]

travel

n 여행
v 여행가다

This travel agency specializes / in trips [to small European
이 여행사는 특화되어 있다　　　　　여행들에　　작은 유럽 국가들로의

countries].

빈출 표현
- travel agency 여행사
- travel arrangement 여행 준비
- travel itinerary 여행 일정
- 유 tour, trip, journey 여행

Rank 0046

[lísn]

listen

v 듣다
v 귀 기울이다
v 따르다

If you would like to listen / to the latest news, //
만약 당신이 듣고 싶다면　　　　최신 뉴스를

please click / on the link [for the Web site].
클릭하세요　　그 링크를　　　그 웹사이트에 대한

빈출 표현
- listen to ~을 듣다
- listen for ~에 귀를 기울이다
- 유 hear 듣다

Rank 0054

[ikwípmənt]

equipment

n 장비
n 설비

There is old equipment / at some of the production facilities.
낡은 장비가 있다   몇몇의 생산 시설에

> 빈출표현
> - office equipment 사무 용품
> - a piece of equipment 장비 하나
> - exercise equipment 운동 기구
> - laboratory equipment 실험실 장비
> - 파 equip 갖추다

Rank 1115

[ikwíp]

equip

v (장비 등을) 갖추다

As you know, / our plant is fully equipped / to produce /
당신이 알고 있듯이   우리 공장은   완전히 갖춰져 있다   생산하기 위해

the latest electronic devices.
최신의 전자기기들을

> 빈출표현
> - fully equipped (장비가) 완비된
> - be equipped with ~이 갖추어져 있다
> - 유 prepare, fit out 갖추다

Rank 0065

[inkríːs]

increase

n 인상
n 증가
v 증가하다
v 증가시키다

The advertising costs caused / the price increase
광고비용은 야기했다   가격 인상을

[in the product].
제품의

> 빈출표현
> - price increase 가격 인상
> - sales increase 매출 증가
> - increase in demand 수요의 증가
> - significant increase 상당한 증가
> - 반 decrease 감소
> - 파 increasing 증가하는, increased 증가한, increasingly 점점 더

Rank 0687

[inkríːsiŋ]

increasing

a 증가하는

In spite of the increasing popularity [of my songs], /
증가하는 인기에도 불구하고   내 노래들의

my income didn't rise / much.
내 수입은 오르지 않았다   많이

> 빈출표현
> - 반 decreasing 감소하는
> - 파 increase 증가하다, increased 증가한, increasingly 점점 더

Rank 0053

[stæf]

staff

v 직원을 제공하다
v 직원이 되다
n 직원

My bakery was not staffed / to receive / many visitors.
나의 빵집은 직원이 제공되지 않았다   받기 위한   많은 손님들을

> 빈출표현
> - staff room 직원 사무실
> - medical staff 의료 직원
> - 파 staffing 채용

Rank 1508

[stæfiŋ]

staffing

n 채용
n 직원

Since the business has expanded, // it's necessary /
이유는 사업을 확장해 왔다   그것이 필요하다

to consider / staffing.
고려하는 것이   채용을

> 빈출표현
> - temporary staffing 임시 채용
> - 파 staff 직원

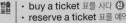

·· 0134

Rank 0048

check
[tʃek]

n 수표
n 확인
v 확인하다
v 억제하다

We don't accept / personal checks [for purchases
우리는 받지 않는다   개인 수표를   구매를 위한

[of discounted products]].
할인된 제품들의

> 빈출표현
> · check A for B B를 위해 A를 확인하다
> · check out 지불을 끝내다
> · check in 탑승 또는 투숙 수속을 밟다

·· 0135

Rank 0049

client
[kláiənt]

n 고객
n 의뢰인

A conference call is difficult / to show / details [using /
전화회의는 어렵다   보여주는 것이   세부사항들을 이용한

tables and graphs] / to clients.
표와 그래프들을   고객들에게

> 빈출표현
> 윤 customer, consumer 고객

·· 0136

Rank 0050

contact
[kántækt]

v 연락하다
v 접촉하다
n 연락
n 접촉

He contacted / his director / about taking / summer vacation.
그는 연락했다   그의 책임자에게   보내는 것에 관해   여름휴가를

> 빈출표현
> · contact information 연락처
> · contact with ~와의 접촉

·· 0137

Rank 0060

local
[lóukəl]

a 지역의
a 장소의
n 주민
n 현지인

As you know, / we ordered / new brochures
알다시피,   우리는 주문했다   새로운 소책자들을

[for the concert] / from the local print shop.
콘서트를 위한   지역 인쇄소에서

> 빈출표현
> · local news 지역 소식   · local residents 지역 주민
> · local newspaper 지역 신문   · in the local 국내시장
> · local school 지역 학교   · local company 지역 내 회사
> 윤 regional, provincial 지방의
> 파 locally 장소 상으로, locality 장소

·· 0138

Rank 1199

locally
[lóukəli]

ad 근처에
ad 장소 상으로
ad 가까이에

My company requires / highly skilled employees
내 회사는 필요하다   고도로 숙련된 직원이

[not available / locally].
구하기 어려운   근처에서

> 빈출표현
> 파 local 장소의, locality 장소

·· 0139

Rank 0055

ticket
[tíkit]

n 표
n 교통 위반 딱지
v 위반 딱지를 발부하다

My parents attempted / to buy / tickets / to visit / Seoul /
나의 부모님은 시도했다   구입하기를   표   방문하기 위해 서울을

on the national holiday, // but they were all sold out.
국경일에   그러나 그것들은 모두 매진되었다

> 빈출표현
> · buy a ticket 표를 사다   · get a ticket 표를 구하다
> · reserve a ticket 표를 예약하다   · ticket booth 매표소
> 윤 label 표
> 파 ticketing 매표

Day 03 _ **65**

Rank 1794

[tíkitiŋ]
ticketing

n 매표

0140

The head [of Lahore Pictures] reported / that
대표는　　　Lahore 영화사의　　　보고했다　　그것을

[/it had earned / approximately / one billion won /
그것은 벌었다　　　대략　　　　　10억 원을

due to the automated ticketing system].
자동 매표 시스템으로 인해

> 빈출 표현
> • ticketing system 매표 시스템
> 四 ticket 표

Rank 0070

[diskʌs]
discuss

v 논의하다
v 상의하다

0141

Today, / the board of directors has to discuss /
오늘　　　이사회는 논의해야 한다

a proposal [for ads].
제안을　　　광고에 대한

> 빈출 표현
> • discuss with ~와 논의하다 ※
> 윤 argue, debate 논의하다
> 四 discussion 논의

Rank 0678

[diskʌʃən]
discussion

n 토론
n 논의

0142

On the agenda are discussions [of environmental issues /
안건은 토론이다　　　　　　　　　환경 문제에 대한

and matters [to do / with regional community]].
그리고 일들에 대한　　하려는　지역 사회와 함께

> 빈출 표현
> • panel discussion 공개 토론 ※
> • group discussion 집단 토론
> 윤 talk, argument 논의
> 四 discuss 논의하다

Rank 0056

[bigín]
begin

v 시작하다

0143

Let's begin / by filling out / this form / for life insurance.
시작하자　　채우는 것으로　　이 문서를　　생명보험을 위해

> 빈출 표현
> 四 beginner 초보자, beginning 시작

Rank 1861

[bigínər]
beginner

n 초보자

0144

Spreadsheet programs are designed / to help /
스프레드시트 프로그램들은 설계되었다　　　돕기 위해

beginners easily calculate / a variety of things.
초보자들이 쉽게 계산하는 것을　　　다양한 문제들을

> 빈출 표현
> 윤 apprentice, novice 초보자
> 땐 expert 전문가
> 四 begin 시작하다, beginning 시작

Rank 0066

[ʃap]
shop

v 물건을 사다
n 상점(가게)

0145

People [in the downtown area] can also shop /
사람들은　　도심지의　　　　　　또한　살 수 있다

for groceries / at a convenience store [near their home].
식료품을　　　　편의점에서　　　　　그들의 집 근처

> 빈출 표현
> • shop for 사다 ※　　　　• gift shop 기념품 가게 ※
> • print shop 인쇄소 ※　　• local shop 지역(소재지의) 가게 ※
> 윤 market, store 가게
> 四 shopper 구매자

Rank 0827

[ʃápər]

shopper

n 구매자
n 쇼핑객

Shoppers [/who have / any complaints [about our service]]
구매자들은　　　그들은 가지고 있다　어떤 불만을　　　우리 서비스에 대한

should visit / the customer service center
방문해야 한다　　　고객 서비스 센터에

[on the company's homepage].
회사 홈페이지의

빈출표현	圈 purchaser, buyer 구매자 剛 shop (물건을) 사다

Rank 0062

[láikli]

likely

a ~할 것 같은
a 사실일 것 같은
ad 아마
ad 어쩌면

The board [for the summer festival] is likely / to start /
위원회는　　여름 축제를 위한　　　할 것 같다　시작하는 것을

selling tickets / next week.
티켓 판매를　　다음주에

빈출표현	· be likely to ~일 가능성이 높다 图 · most likely 아마도, 어쩌면 图 圈 probable 있을 것 같은 剛 unlikely ~할 것 같지 않은 剛 like 비슷한, likelihood 가능성, likewise 비슷하게

Rank 0087

[sain]

sign

v 서명하다
v 계약하다
n 기호
n 신호
n 표시
n 표지판

You could sign up / for the free membership [offered /
너는 등록할 수 있다　　　무료 회원권을　　　　제공된

by the firm].
회사에서

빈출표현	· sign up for ~을 등록(신청)하다 图 · must be signed 서명되어야 한다 图 · sign a rental agreement 임대 계약서에 서명하다 图 · street sign 도로 표지판 圈 autograph 사인하다 剛 signature 서명, signing 서명

Rank 0801

[sáiniŋ]

signing

n 서명
n 계약
n 계약 선수

Ms. Johannes, [a famous author], will hold /
Ms. Johannes는　　　유명한 작가　　　　열 것이다

a book signing / here.
책 사인회를　　　여기에서

빈출표현	· book signing 책 사인회 图 剛 sign 서명하다, signature 서명

Rank 0828

[sígnətʃər]

signature

n 서명

I needed / his signature / to install / a phone / in the office.
나는 필요했다　그의 서명이　　설치하기 위해　전화를　　사무실에

빈출표현	· include a signature 서명을 포함한다 剛 sign 서명하다, signing 서명

STEP 3 집중해서 풀어라!	STEP 4 주기적인 복습 '기억상자'
워크북 14페이지부터 학습하면 됩니다.	제대로 외웠는지 확인하고 싶다고요? 까먹기 전에 다시 복습하고 싶다고요? 지금 당장 QR 코드를 스캔해 보세요.

Day 03 101-150

STEP 1 읽을 수 있을 때까지 들어라!

읽지 못하는 단어는 절대 외울 수 없습니다! 발음 기호 없이 자신있게 읽을 수 있을 때까지 원어민의 발음을 들으면서 반복해서 따라 읽으세요.

0151~0200 Words

- [ ] account 계좌, 설명
- [ ] accounting 회계
- [ ] accountant 회계사
- [ ] announce 발표하다, 공표하다
- [ ] announcement 공지, 발표
- [ ] announcer 아나운서, 방송진행자
- [ ] cost 비용, 값(비용)이 들다
- [ ] costly 많은 비용이 드는
- [ ] interest ~의 관심을 끌다, 관심
- [ ] suggest 제안하다, 시사하다
- [ ] suggestion 제안, 암시
- [ ] shipping 배송(업), 선적
- [ ] ship 운송하다, 나르다
- [ ] shipment 배송, 배송물
- [ ] right 권리, 옳은
- [ ] form 구성하다, 형성하다
- [ ] formal 격식을 차린, 공식적인
- [ ] supply 비품, 공급
- [ ] supplier 공급자, 공급회사
- [ ] free 무료의, 자유로운
- [ ] return 반환, 수익
- [ ] include 포함하다
- [ ] arrive 도착하다
- [ ] arrival 도착
- [ ] hold 개최하다, 붙잡다

- [ ] line 줄지어 세우다, 작업 라인
- [ ] name 임명하다, 명명하다
- [ ] review 검토하다, 비평하다
- [ ] reviewer 비평가, 논평가
- [ ] submit 제출하다, 제시하다
- [ ] submission 제출, 항복
- [ ] expect 예상하다, 기대하다
- [ ] expectation 기대, 예상
- [ ] move 옮기다, 움직이다
- [ ] position 일자리, 위치
- [ ] back 돌아가는, 돌아가다
- [ ] reservation 예약, 지정
- [ ] reserve 예약하다, 보유하다
- [ ] reserved 지정된, 예약된
- [ ] buy 사다, 구입하다
- [ ] buyer 구매자, 바이어
- [ ] decide 결정하다
- [ ] decision 결정, 판단
- [ ] repair 수리하다, 보수하다
- [ ] list 명단, 목록
- [ ] performance 실적, 성과
- [ ] perform 수행하다, 공연하다
- [ ] require 요구하다, 필요로 하다
- [ ] required 필요한, 필수의
- [ ] requirement (필요)조건, 요구사항

STEP 2 집중해서 읽어라!
암기는 나중에, 정독에 집중하세요! 한 번에 외워야 한다는 강박은
개나 줘버리고 편안한 마음으로 읽되, 집중하세요.

Rank 0129

[əkáunt]

account

n 계좌
n 설명
v 설명하다
v 차지하다

0151

Please enter / the account number / on the touch pad screen.
입력하세요　　　　계좌 번호를　　　　　터치 패드 화면에

빈출표현
- account number 계좌 번호
- open an account 계좌를 개설하다
- bank account 은행 계좌
- account for ~을 설명하다, 차지하다
- checking account 당좌 예금 계좌
- on account of ~때문에
- 파 accounting 회계, accountant 회계사

Rank 0309

[əkáuntiŋ]

accounting

n 회계

0152

All of the documents [made / by the Accounting Department]
모든 문서들은　　　　　만들어진　　　회계 부서에서

are sent / directly / to the managing director.
보내진다　　곧바로　　　경영 이사에게

빈출표현
- accounting department 회계 부서
- accounting firm 회계 사무소
- degree in accounting 회계학 학위
- 파 account 계좌, accountant 회계사

Rank 0688

[əkáuntənt]

accountant

n 회계사

0153

The senior accountant ordered / me to bring / the statement
수석 회계사는 지시했다　　　　　　내가 가지고 올 것을　　내역서를

[of the company's bank account].
회사 은행 계좌의

빈출표현
- senior accountant 수석 회계사
- chief accountant 경리 부장
- public accountant 공인 회계사
- 파 account 계좌, accounting 회계

Rank 0104

[ənáuns]

announce

v 발표하다
v 공표하다
v 알리다

0154

Today, / Tanhai Airlines announced / some changes
오늘　　Tanhai Airlines 사는 발표했다　　몇 가지 변경 사항들을

[in the departure times [of its planes]].
출발 시간에 관하여　　　　　　비행기들의

빈출표현
- announce a change 변화를 발표하다
- 유 report 발표하다
- 파 announcement 발표, announcer 아나운서

Rank 0345

[ənáunsmənt]

announcement

n 공지

n 발표

n 안내

Before the festival begins, // **I have** / **a few announcements**
축제가 시작하기 전에　　　　　　　　　나는 가지고 있다　몇 가지 공지들을

[to make / about the safety rules].
공표할　　　 안전 수칙들에 대해

> 빈출표현
> • announcement about ~에 대한 공지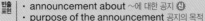
> • purpose of the announcement 공지의 목적
> • according to the announcement 공지에 따르면
> 유 notice 공지
> 파 announce 발표하다, announcer 아나운서

Rank 1917

[ənáunsər]

announcer

n 아나운서

n 방송진행자

The radio announcer told / **us** / **about the career fair.**
라디오 아나운서는 말했다　　　　　　우리에게　　　작업 박람회에 대해

> 빈출표현
> • radio announcer 라디오 아나운서
> 파 announce 발표하다, announcement 발표

Rank 0063

[kɔːst]

cost

n 비용

n 값

v (비용)이 들다

This book comes / **with MP3 files [for listening exercises]** /
이 책은 온다　　　　MP3 파일과　　　　듣기 연습들을 위한

at no additional cost.
추가 비용 없이

> 빈출표현
> • additional cost 추가 비용 　　• at no cost 무료로
> • cost estimate 비용 견적 • cover the cost 비용을 부담하다
> • production cost 생산비 • rising cost 비용 상승
> 유 charge, expense 비용
> 파 costly 많은 비용이 드는

Rank 1739

[kɔːstli]

costly

a 많은 비용이 드는

Starting [a business] is very costly, // **so that must be taken** /
시작하는 것은　 사업을　　 매우 많은 비용이 든다　 그래서 그것은 되어야 한다

carefully / into account.
신중히　　　 고려가

> 빈출표현
> • costly error/mistake 많은 비용이 발생하는 오류/실수
> 유 expensive 비싼
> 파 cost 비용

Rank 0059

[íntərəst]

interest

v ~의 관심을 끌다

n 관심

n 이익

n 이자

Many public relations staffs were interested /
많은 홍보 관계자들은 흥미를 갖게 되었다

in the social network service.
SNS(소셜 네트워크 서비스)에

> 빈출표현
> • be interested in ~에 관심(흥미)이 있다
> • in best interest 최대 이익을 도모하여
> 파 interesting 관심 있는

Rank 0081

[səgdʒést]

suggest

v 제안하다
v 시사하다
v 추천하다

He suggested / that [//I talk / to the senior accountant
그는 제안했다　　그것을　내가 말한다 선임 회계사에게

[in the Finance Department] // before purchasing /
재무부서의　　　　　　　　　구입하기 전에

a new window.
새로운 창문을

> 빈출 표현 · suggest a solution 해법을 제시하다
> 윤 propose 제안하다
> 파 suggestion 제안

Rank 0559

[səgdʒéstʃən]

suggestion

n 제안
n 암시

Please give / me suggestions / regarding what
주세요　　　나에게 제안들을　　　그것에 대한

[//you would like to do].
당신이 하고 싶다

> 빈출 표현 · make a suggestion 제안하다
> 윤 proposal 제안
> 파 suggest 제안하다

Rank 0227

[ʃípiŋ]

shipping

n 배송(업)
n 선적

We are looking / into other delivery companies / to reduce /
우리는 알아보고 있다　　　다른 배송 업체들을　　　　절감하기 위해

our shipping costs.
우리의 배송비를

> 빈출 표현 · shipping cost(charge) 배송비 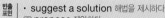 · shipping address 배송지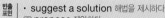
> · shipping delay 배송 지연
> 윤 delivery, freight 배송
> 파 shipment 배송, ship 운송하다

Day 04 151-200

Rank 0332

[ʃíp]

ship

v 운송하다
v 나르다
n 배
n 선박

Your merchandise will be shipped / within a few days //
당신의 상품들은 운송될 것이다　　　　며칠 이내에

after receiving / the order.
받은 후　　　　　주문을

> 빈출 표현 · be shipped within ~ 이내에 발송되다
> 윤 transport 운송하다
> 파 shipping 배송(업), shipment 배송

Rank 0333

[ʃípmənt]

shipment

n 배송
n 배송물

If you order / our products / online, // we will mail /
만약 당신이 주문하면　우리의 제품들을　온라인으로　우리는 메일을 보낼 것이다

you the exact shipment date / immediately.
당신에게 정확한 배송 날짜를　　　즉시

> 빈출 표현 · shipment date 배송일
> · shipment will arrive 배송물이 도착할 것이다
> 윤 delivery, freight 배송
> 파 shipping 배송(업), ship 운송하다

Rank 0067

[rait]

right

n 권리
a 옳은
a 오른쪽의

All meeting attendees have / **the right [to dispute** / **that**
모든 회의 참석자들은 가진다   권리를   이의를 제기할   그것에

[//there is a problem]].
거기에는 문제가 있다

빈출표현	· the right to ~ 할 권리 · right away 즉시, 당장 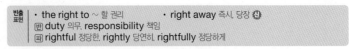
	동 duty 의무, responsibility 책임
	파 rightful 정당한, rightly 당연히, rightfully 정당하게

Rank 0075

[fɔ:rm]

form

v **구성하다**
v 형성하다
n 양식
n 종류

A new organization will be formed / **to prepare** /
새로운 조직이 구성될 것이다   준비하려고

for the local cultural event.
지역 문화 행사를

빈출표현	· application form 신청서 양식 · order form 주문서
	· registration form 등록 양식 · evaluation form 평가 양식
	· fill out the form 양식을 작성하다
	동 structure, compose 구성하다
	파 formal 공식적인

Rank 1175

[fɔ:rməl]

formal

a **격식을 차린**
a 공식적인
a 형식적인

According to the employee handbook, / **we should wear** /
직원 안내서에 따르면   우리는 입어야 한다

formal business attire / **during business hours.**
격식을 차린 비즈니스 정장을   업무시간 동안에

빈출표현	· formal training 정규 교육
	동 official 공식적인
	파 form 구성하다

Rank 0102

[səpláі]

supply

n **비품**
n 공급
v 공급하다
v 제공하다

The office supply store is widely advertising / **its low prices.**
사무 용품 가게는   널리   광고하고 있다   그들의 낮은 가격을

빈출표현	· office supply 사무 용품
	· supply A with B A에게 B를 공급하다
	· supply closet 비품 수납장
	· supply and demand 공급과 수요
	동 equipment, fixture 비품
	파 supplier 공급자

Rank 0411

[səpláіər]

supplier

n **공급자**
n 공급회사

This chart shows / **that [//the food supplier's products are** /
이 차트는 보여준다   그것을   그 음식 공급자의 생산물들은 이다

good value / **for their prices].**
충분한 가치   가격에 비해

빈출표현	· food supplier 음식 공급업체
	동 provider 제공자
	파 supply 공급

Rank 0068
[fri:]
free

a 무료의
a 자유로운
a 면세의

You can receive / **assistance** / **for free** /
당신은 받을 수 있다   지원을   무료로

at local government offices.
지역 관공서에서

 빈출 표현
- for free, free of charge 무료로
- free estimate 무료 견적
- free admission 무료 입장
- free consultation 무료 상담
- ⑧ complimentary 무료의
- ⑩ freedom 자유, freely 자유롭게

Rank 0069
[ritə́:rn]
return

n 반환
n 수익
v 반환하다
v 돌아오다

Make sure / **to remind** / **the sales clerks** /
확실히 해라   상기시키는 것을   판매원들을

about the return policy [for sale items].
환불 정책에 대해   판매 물품들에 대한

 빈출 표현
- return policy 환불 정책
- return to ~로 돌아오다
- return home 귀가하다, 귀향하다
- return a call 회신 전화를 하다 ⚙
- in return 보답으로
- ⑧ refund, restoration 반환
- ⑩ returnable 반환할 수 있는

Rank 0072
[inklú:d]
include

v 포함하다

This computer system did not include /
이 컴퓨터 시스템은 포함하지 않았다

an accounting program.
회계 프로그램을

빈출 표현
- A be included in B A는 B에 포함되어 있다 ⚙
- ⑩ exclude 제외하다
- ⑩ inclusion 포함, inclusive 포함한

Rank 0088
[əráiv]
arrive

v 도착하다

Your driver's licence will arrive / **within 5 to 7 days** /
당신의 운전 면허증은 도착할 것이다   5~7일 안에

of your passing / **the test.**
당신이 통과하고서   시험을

 빈출 표현
- arrive at(in) ~에 도착하다
- arrive late 늦게 도착하다
- arrive early 일찍 도착하다
- ⑧ turn up 도착하다
- ⑩ depart 출발하다
- ⑩ arrival 도착

Rank 0789
[əráivəl]
arrival

n 도착

All visitors [from the UK] must notify / **our reception desk** /
모든 방문자들은   UK에서 온   알려야 한다   우리 접수처에

immediately / **upon arrival.**
즉시   도착하자마자

 빈출 표현
- upon arrival 도착하자마자
- arrival date 도착일
- ⑧ coming 도착
- ⑩ departure 출발
- ⑩ arrive 도착하다

Rank 0076

[hould]

hold

v 개최하다
v 붙잡다
v 수용하다
v 보유하다

The council will hold / its annual meeting / to deal /
의회는 개최할 것이다　　　연례 회의를　　　　　　처리하기 위해

with budget issues / this afternoon.
예산 문제를　　　　　오늘 오후에

> 빈출
> 표현
> · hold a meeting 회의를 개최하다
> · hold an event(workshop, banquet) 행사(워크숍, 연회)를 개최하다
> · hold on 기다리다, 견디다
> 유 cancel 취소하다
> 파 holder 보유자, holding 보유 자산

Rank 0073

[lain]

line

v 줄지어 세우다
n 작업 라인
n 선
n 구분

Thousands of enthusiastic baseball fans have been lined up /
수천의 열정적인 야구팬들이　　　　　　　　　　줄지어 서있었다

at the entrance [of the stadium].
입구에　　　　　　경기장의

> 빈출
> 표현
> · be lined up 줄지어 서다
> · product line 제품 라인
> · wait in line 줄을 서서 기다리다
> 유 rank 나란히 세우다

Rank 0074

[neim]

name

v 임명하다
v 명명하다
n 이름
n 명성

I guess // Mr. Philips will be named / as a new bank president.
나는 추측한다　　Mr. Philips가 임명될 것이다　　　새로운 은행장으로

> 빈출
> 표현
> 유 nominate, appoint 임명하다

Rank 0080

[rivjú:]

review

v 검토하다
v 비평하다
n 검토
n 비평

Your responsibility is to review / all documents [faxed /
당신의 임무는 검토하는 것이다　　　　　모든 문서들을　　팩스로 보내온

by our suppliers].
우리의 공급업체에서

> 빈출
> 표현
> · annual review 연례 평가
> · review a proposal 제안서를 검토하다
> 유 examine, analyze 검토하다
> 파 reviewer 비평가

Rank 1429

[rivjú:ər]

reviewer

n 비평가
n 논평가

Which of you has / the book [written / by reviewer
당신들 중 누가 가지고 있습니까　　책을　　쓰여진　　비평가

Dallas Pembroke]?
Dallas Pembroke에 의해

> 빈출
> 표현
> · book reviewer 서평가
> 유 critic 비평가
> 파 review 검토하다

Rank 0090

[səbmít]

submit

v 제출하다
v 제시하다

You have to complete // and submit / an application /
당신은 완성해야 한다　　　그리고 제출해야 한다　신청서를

by next Friday / if you want / to work / at our company.
다음 주 금요일까지　만약 당신이 원하면　일하는 것을　우리 회사에서

> 빈출 표현
> · submit an application 지원서를 제출하다
> · submit A to B A를 B에게 제출하다
> · submit a proposal 제안서를 제출하다
> · submit a resume 이력서를 제출하다
> · submit a report 보고서를 제출하다
> 유 present, file, hand in, turn in 제출하다
> 파 submission 제출

Rank 1003

[səbmíʃən]

submission

n 제출
n 항복

She didn't leave / her workroom / for several days / to meet /
그녀는 떠나지 않았다　　　그녀의 작업실을　며칠 동안　맞추기 위해

the submission deadline [for the local art exhibition].
제출 기한을　　　지역 미술 전시회의

> 빈출 표현
> · submission deadline 제출 기한
> 유 presentation 제출
> 파 submit 제출하다

Rank 0084

[ikspékt]

expect

v 예상하다
v 기대하다
v 요구하다

This job is expected / to take / three months /
이 일은 예상된다　　　걸릴 것으로　3개월이

from beginning / to end.
시작부터　끝까지

> 빈출 표현
> · be expected to ~할 것으로 예상되다
> · expect delays 지체될 것 같다
> · expected delivery date 예상 배송일
> 유 anticipate, forecast 예상하다
> 파 expectation 기대, expected 기대되는, expectant 기대하는

Rank 1360

[èkspektéiʃən]

expectation

n 기대
n 예상

We met / our clients' expectations / by committing /
우리는 충족시켰다　우리 고객들의 기대들을　지킴으로써

to all of the deadlines.
모든 마감일을

> 빈출 표현
> · meet expectations 기대를 충족시키다
> 유 anticipation, forecast, prospect 예상
> 파 expect 기대하다, expected 기대되는, expectant 기대하는

Rank 0077

[muːv]

move

v 옮기다
v 움직이다
n 이사
n 이동

I would like / you to move / the household items [//I bought] /
나는 원한다　당신이 옮길 것을　가정 용품을　내가 구입했던

to my house.
나의 집으로

> 빈출 표현
> · move out 이사 가다
> · move on to ~로 이동하다
> · move forward 앞으로 나아가다
> · move around 돌아다니다
> · move up 승진하다
> 유 transfer 옮기다
> 파 movement 움직임, motion 움직임

Rank 0078

[pəzíʃn]

position

n 일자리
n 위치
v (특정한 곳에) 두다

0185

My application [for the advertised position] was rejected.
나의 지원은 　　　　　광고된 일자리에 대한 　　　　　　거절됐다

> 빈출 표현
> - apply for a position 일자리에 지원하다
> - accept a position 일자리를 수락하다
> - temporary position 임시직
> - ㈜ job 일자리

 Rank 0079

[bæk]

back

a 돌아가는
v 돌아가다
n 등
ad 뒤로

0186

I will be back / just // before the new semester begins /
나는 돌아올 것이다　바로　　새로운 학기가 시작되기 전에

next week.
다음 주

> 빈출 표현
> - call back 회신 전화하다

 Rank 0189

[rèzərvéiʃən]

reservation

n 예약
n 지정

0187

I made / a reservation [for five people] / by e-mail.
난 했다　예약을　　　　다섯 사람을 위한　　이메일로

> 빈출 표현
> - make a reservation 예약하다
> - confirm a reservation 예약을 확인하다
> - cancel a reservation 예약을 취소하다
> - ㈜ booking 예약
> - ㈜ reserve 예약하다, reserved 예약된

 Rank 0374

[rizə́:rv]

reserve

v 예약하다
v 보유하다

0188

It took / quite a while / to reserve / rooms / during the festival.
그것은 걸렸다　꽤 오래　　예약하는데　방을　축제 기간에

> 빈출 표현
> - reserve a room 방을 예약하다
> - reserve the right to ~할 권리를 갖다
> - reserve a table 자리를 예약하다
> - reserve a parking space 주차장을 예약하다
> - ㈜ book 예약하다
> - ㈜ reservation 예약, reserved 예약된

 Rank 0790

[rizə́:rvd]

reserved

a 지정된
a 예약된

0189

I asked / a real estate agent / about a house
나는 물었다　부동산 중개업자에게　　주택에 관해

[with reserved parking].
지정된 주차장을 가진

> 빈출 표현
> - reserved parking 지정 주차장
> - ㈜ reservation 예약, reserve 예약하다

 Rank 0096

[bai]

buy

v 사다
v 구입하다

0190

I don't know / why [//young women prefer / to buy /
나는 모른다　이유를　젊은 여성들이 선호하다　사는 것을

many pretty stickers].
많고 예쁜 스티커들을

> 빈출 표현
> - ㈜ purchase, get 사다
> - ㈜ sell 팔다
> - ㈜ buyer 구매자

Rank 0966

[báiər]

buyer

n 구매자

n 바이어

The supervisor ordered / him to send / a sample / to the buyer.
관리자는 지시했다　　　　　　그가 보낼 것을　　샘플을　　구매자에게

> 빈출
> 표현
> ㉳ purchaser 구매자
> ㉠ seller 판매자
> ㉹ buy 사다

Rank 0141

[disáid]

decide

v 결정하다

We are going to decide / where [to build / a new office
우리는 결정할 것이다　　　　장소를　　건설할　　새로운 사무실 건물을

building].

> 빈출
> 표현
> • decide to ~하기로 결정하다 ⚙
> ㉳ choose, determine 결정하다
> ㉠ hesitate 주저하다
> ㉹ decision 결정, decisive 결정적인

Rank 0354

[disíʒən]

decision

n 결정

n 판단

I would like / him to make / a decision [about joining /
나는 하고 싶다　　그가 내리도록　　결정을　　가입하는 것에 대해

our club] / before the end [of the month].
우리 클럽에　　　말 이전에　　　이번 달

> 빈출
> 표현
> • make a decision 결정을 내리다 ⚙
> • final decision 최종 결정 ⚙
> • hiring decision 고용 결정 ⚙
> ㉳ conclusion, determination, resolution 결정
> ㉹ decide 결정하다, decisive 결정적인

Rank 0085

[ripέər]

repair

v 수리하다

v 보수하다

n 수리

n 보수

The engineer repaired / the cooling system [at the facility].
기술자는 수리했다　　　냉각 시스템을　　　　공장의

> 빈출
> 표현
> • repair shop 수리 공장 ⚙
> • auto repair shop 자동차 정비소
> • be in need of repair 수리가 필요하다
> • be undergoing repairs 수리 중이다
> ㉳ fix 수리하다
> ㉠ damage 손상을 주다
> ㉹ repairperson 수리공, repairable 수리 가능한

Rank 0086

[list]

list

n 명단

n 목록

v 목록에 기입하다

If you want, // I can put / your name / on the waiting list.
만약 당신이 원하면　　나는 넣을 수 있다　당신의 이름을　　대기자 명단에

> 빈출
> 표현
> • waiting list 대기자 명단
> • price list 가격표, 정가표 ⚙
> • mailing list 우편물 수취인 명단 ⚙
> • guest list 초대자 명단, 하객 리스트 ⚙
> • list of references 참조 목록
> ㉳ catalogue 목록

Rank 0166

[pərfɔ́ːrməns]
performance

n 실적
n 성과
n 공연

I finished / confirming / the promotion list / by using /
나는 끝마쳤다　확정하는 것을　진급자 명단을　사용하여

the staff member performance evaluations.
직원 실적 평가들을

> 빈출표현
> · performance evaluation 실적 평가 🔔
> · musical performance 연주, 음악 공연 🔔
> · outdoor performance 야외 공연
> 🔈 achievement, accomplishment 업적
> 🔳 perform 공연하다, performer 연주자

Rank 0303

[pərfɔ́ːrm]
perform

v 수행하다
v 공연하다

He was disappointed / by the news [//that the TMT-2000
그는 실망했다　소식에　그 소식　TMT-2000이

performed / at the same rate [as the previous model]].
작동했다　같은 속도로　이전 모델과

> 빈출표현
> 🔳 performance 공연, performer 연주자

Rank 0277

[rikwáiər]
require

v 요구하다
v 필요로 하다

To prevent / a repeat, / we will be required / to make / a list
방지하기 위해　재발을,　우리는 요구될 것이다　만드는 것이　목록을

[of emergency contact numbers].
비상 연락처의

> 빈출표현
> · be required to ~하도록 요구되다 🔔
> · require A to do A가 ~하도록 요구하다 🔔
> · required for ~에 필요한 🔔
> 🔈 want, need, demand 필요로 하다
> 🔳 required 필요한, requirement 필요조건, requisition 요구

Rank 0310

[rikwáiərd]
required

a 필요한
a 필수의

Tenants [//who want / to move / into a new house] must submit /
입주자들은　그들은 원한다　옮기기를　새로운 집으로　제출해야 한다

all the required forms / to local government offices.
모든 필요한 서류들을　지역 관공서들에

> 빈출표현
> 🔳 require 요구하다, requirement 필요조건, requisition 요구

Rank 0571

[rikwáiərmənt]
requirement

n (필요)조건
n 요구사항
n 요건

The Human Resources Department has been searching /
인사부에서는 찾고 있는 중이다

for a applicant [//whose experience meets / the requirements
지원자를　그의 경험이 충족시킨다　조건들을

[for Mr. Rom's position]].
Mr. Rom 직위에 대한

> 빈출표현
> · requirement for the position 직책에 필요한 요구사항
> · meet the requirement 조건을 충족시키다 🔔
> · safety requirement 안전 요건
> 🔳 require 요구하다, required 필요한, requisition 요구

STEP 3 집중해서 풀어라!	STEP 4 주기적인 복습 '기억상자'
워크북 19페이지부터 학습하면 됩니다.	제대로 외웠는지 확인하고 싶다고요? 까먹기 전에 다시 복습하고 싶다고요? 지금 당장 QR 코드를 스캔해 보세요.

STEP 1 읽을 수 있을 때까지 들어라!

읽지 못하는 단어는 절대 외울 수 없습니다! 발음 기호 없이 자신있게
읽을 수 있을 때까지 원어민의 발음을 들으면서 반복해서 따라 읽으세요.

0201~0250 Words

- ☐ early 일찍, 이른
- ☐ soon 곧, 머지않아
- ☐ discount 할인하다, 할인
- ☐ large 많은, 넓은
- ☐ largely 주로, 크게
- ☐ hire 고용하다
- ☐ hiring 고용, 채용
- ☐ different 다른, 차이가 있는
- ☐ difference 차이, 다름
- ☐ differ 다르다
- ☐ interview 인터뷰, 면접
- ☐ research 연구, 조사
- ☐ researcher 연구원, 조사원
- ☐ sell 팔다, 팔리다
- ☐ selling 판매의
- ☐ financial 재정의, 금융의
- ☐ finance 재무, 재정
- ☐ financing 융자, 자금 조달
- ☐ financially 재정적으로
- ☐ address 처리하다, 다루다
- ☐ near 가까이에, 가까운
- ☐ nearly 거의, 대략
- ☐ nearby 인근의, 가까운 곳의
- ☐ recommend 추천하다, 권고하다
- ☐ recommendation 추천, 권고

- ☐ owner 주인, 소유자
- ☐ own 소유하다, 소유의
- ☐ ownership 소유권, 소유
- ☐ technical 기술적인
- ☐ technician 기술자, 전문가
- ☐ technique 기술
- ☐ construction 건설, 건축
- ☐ construct 건설하다
- ☐ develop 발전하다, 개발하다
- ☐ development 발전, 개발
- ☐ organize 조직하다, 준비하다
- ☐ organization 조직, 단체
- ☐ quality 품질, 특성
- ☐ qualify 자격을 얻다, 자격이 있다
- ☐ qualification 자격, 자질
- ☐ several 몇몇의, 몇 개의
- ☐ another 다른, 또 하나의
- ☐ flight 항공편, 비행
- ☐ fly (비행기를) 타다, 날다
- ☐ award 상, 상금
- ☐ enter 입력하다, 들어가다
- ☐ entrance 입구, 입장(권)
- ☐ entry 입력, 입장
- ☐ promote 승진하다, 촉진하다
- ☐ promotion 승진, 시행

STEP **2** 집중해서 읽어라!

암기는 나중에, 정독에 집중하세요! 한 번에 외워야 한다는 강박은
개나 줘버리고 편안한 마음으로 읽되, 집중하세요.

---- 0201

Rank 0089

[ə́ːrli]

early

n 일찍
a 이른
a 조기의

I'll go / home / early / tomorrow / to help /
나는 갈 것이다 집에　　일찍　　내일　　　돕기 위해

my wife take care / of our baby.
나의 아내가 돌보는 것을　　우리 아이를

빈출
표현
- early retirement 조기 퇴직
- late 늦은

---- 0202

Rank 0091

[suːn]

soon

ad 곧
ad 머지않아

We will send / you the detailed financial documents /
우리는 보낼 것이다　　당신에게 상세한 재무 문서를

as soon as possible.
가능한 빨리

빈출
표현
- as soon as possible 가능한 빨리
- as soon as ~하자마자
- shortly, directly 곧

---- 0203

Rank 0093

[dískaunt]

discount

v 할인하다
n 할인

If you have / a coupon [from the brochure], //
만약 당신이 갖고 있다면 쿠폰을　　책자의

you can get / a discounted price.
당신은 살 수 있다　　할인된 가격에

빈출
표현
- discounted price 할인된 가격 ·
- discount coupon 할인 쿠폰 ·
- discounted ticket 할인된 티켓 ·
- discount on ~에 대한 할인 ·
- give a discount 할인하다 ·
- discount rate 할인율 ·

---- 0204

Rank 0097

[lɑːrdʒ]

large

a 많은
a 넓은
a 큰

The staff members carried / a large variety of items /
직원들은 옮겼다　　온갖 종류의 물품들을

from the port / to the warehouse.
항구에서　　창고로

빈출
표현
- large variety of 온갖 종류의
- large number of 다수의 ·
- large size 대형
- great 많은
- small, little 적은
- largely 주로

---- 0205

Rank 1392

[lɑ́ːrdʒli]

largely

ad 주로
ad 크게

The project's success was largely due to / the efforts
프로젝트의 성공은　　　　　　주로　　때문이다　　노력들

[of our team] / and support [from management].
우리 팀의　　　그리고 지원　　경영진의

빈출
표현
- largely due to 주로 ~ 때문에
- mostly, mainly 주로
- large 많은

Rank 0137

[haiər]

hire

v 고용하다

The Tigon Corporation announced / that [//it would hire /
Tigon Corporation은 발표했다   그것을   고용할 것이다

more staff members // since it is expanding].
더 많은 직원들을   이유는   확장하고 있다

> 빈출표현
> · hire more employees 더 많은 직원을 고용하다
> · hire additional employees 추가 직원을 고용하다
> 응 employ, engage 고용하다
> 파 hiring 고용, hired 고용된

Rank 0392

[háiəriŋ]

hiring

n 고용
n 채용

The HR Department freely exchanges / opinions
인사과는   자유롭게 교환한다   의견들을

[on hiring decisions] / with other departments.
고용 결정들에 관해   다른 부서들과

> 빈출표현
> · hiring decision 고용 결정
> · hiring manager 고용 관리자
> · hiring committee 고용 위원회
> · hiring procedure 채용 절차
> 파 hire 고용하다, hired 고용된

Rank 0107

[dífərənt]

different

a 다른
a 차이가 있는

Clients will have / the chance [to see /
고객들은 가질 것이다   기회를   [볼

the many different types [of products]].
많은 다른 종류를   제품들의

> 빈출표현
> · different type 다른 종류
> · in different way 다른 방식으로
> 응 unlike, other, another 다른
> 반 same, equal, similar 같은
> 파 difference 차이, differ 다르다, differently 다르게

Day 05 201-250

Rank 1096

[dífərəns]

difference

n 차이
n 다름

I don't think / that [//what [//differences exist /
나는 생각하지 않는다   그것이라고 그것은   차이들이 있다

between you and me] are important].
너와 나 사이에   중요하다

> 빈출표현
> · difference between ~사이의 차이
> · make big difference 큰 차이를 만들다
> 응 contrast, diversity 차이
> 반 similarity 유사
> 파 different 다른, differ 다르다, differently 다르게

Rank 1586

[dífər]

differ

v 다르다

I differ / slightly / from my boss / in my opinion [on how
나는 다르다 조금   나의 상사와   나의 견해가   방법에 대해

[//the clauses [in the contract] should be revised]].
조항들이   계약의   수정되어야 한다

> 빈출표현
> 응 vary, disagree 다르다
> 파 different 다른, difference 차이, differently 다르게

Rank 0094

[íntərvjuː]

interview

n 인터뷰
n 면접
v 인터뷰를 하다
v 면접을 보다

He has / a plan [to give / an interviews / this morning].
그는 있다　계획이　하려는　인터뷰를　오늘 오전에

빈출
표현
- give(have) an interview 인터뷰를 하다 🔔
- job interview (취직) 면접 🔔
- schedule an interview 인터뷰를 잡다 🔔
- interview an applicant 지원자와 인터뷰하다 🔔
- conduct an interview 인터뷰를 하다 🔔
- 四 interviewer 면접관, interviewee 면접 대상자

Rank 0108

[risə́ːrtʃ]

research

n 연구
n 조사
v 연구하다
v 조사하다

When scientists conduct / research [on nuclear energy], //
과학자들이 수행할 때　연구를　핵 에너지에 관한

they must wear / protective clothing.
그들은 입어야 한다　방호복을

빈출
표현
- conduct research 연구하다 🔔
- research on ~에 대한 연구 🔔
- market research 시장 조사 🔔
- 유 study, investigation 연구
- 四 researcher 연구원

Rank 0829

[risə́ːrtʃər]

researcher

n 연구원
n 조사원

High Tech developed / some new technology [to help /
High Tech는 개발했다　몇 가지 신기술을　도움을 주는

researchers perform / clinical trials].
연구원들이 수행하는데　임상 실험들을

빈출
표현
- senior researcher 수석 연구원 🔔
- 四 research 연구

Rank 0126

[sel]

sell

v 팔다
v 팔리다

Your job is / to sell / these products / to retail shops.
당신의 일은 이다　판매하는 것　이 제품들을　소매점들에

빈출
표현
- sold out 매진된 🔔
- 四 buy, purchase 사다
- 四 selling 판매의

Rank 0505

[séliŋ]

selling

a 판매의

Detroit Electronics said // the selling prices
Detroit Electronics는 말했다　판매가가

[of some of its devices] will be higher.
몇몇 장비들의　더 상승할 것이다

빈출
표현
- selling price 판매가
- best-selling 가장 잘 팔리는 🔔
- 四 sell 팔다

Rank 0150

[finǽnʃəl]

financial

a 재정의
a 금융의

The financial advisor recommended / that
재정 고문은 권했다 그것을

[//the company put / its money / in real estate].
회사가 투자하다 돈을 부동산에

> 빈출표현
> · financial advisor 재정 고문
> · financial support 재정 지원
> · financial institution 금융 기관
> · financial advice 재정 상담
> · financial situation 재정적 상황
> ⊕ fiscal 재정의
> ᄪ finance 재정, financing 융자, financially 재정적으로

Rank 0528

[finǽns]

finance

n 재무
n 재정
n 금융
v 자금을 공급하다

If you have / any problems [with the wages], // call /
만약 당신이 가지고 있다면 어떤 문제들을 임금에 관한 연락하세요

the Finance Department.
재무부에

> 빈출표현
> · finance department 재무부
> · finance office 재무과
> · finance committee 금융 위원회
> ᄪ financial 재정의, financing 융자, financially 재정직으로

Rank 1740

[finǽnsiŋ]

financing

n 융자
n 자금 조달

The first step [to starting / a business] is to obtain / financing.
첫 단계는 시작하는 사업을 얻는 것이다 융자를

> 빈출표현
> ⊕ loan 융자
> ᄪ financial 재정의, finance 재정, financially 재정적으로

Rank 1985

[finǽnʃəli]

financially

ad 재정적으로

The development [of innovative technology
개발은 혁신적인 기술의

[for our products]] will carry / our company /
우리 제품들을 위한 데려갈 것이다 우리 회사를

through this financially difficult situation.
이 재정적으로 어려운 상황을 통과하도록

> 빈출표현
> ᄪ financial 재정의, finance 재정, financing 융자

Rank 0095

[ǽdres]

address

v 처리하다
v 다루다
v 연설하다
n 주소
n 연설

She suggested / that [//we address / this problem
그녀는 제안했다 그것을 우리가 처리한다 이 문제를

by increasing / our advertising].
늘림으로써 광고를

> 빈출표현
> · address a problem 문제를 처리하다
> · mailing address 우편물 주소
> · billing address 청구서 주소
> ⊕ treat 처리하다

Day 05
201-250

Rank 0191

[nir]

near

prep 가까이에
a 가까운
ad 가까이

Various kinds of sweets are on display /
다양한 종류의 사탕들이　　　　　　전시되어 있다

near the store entrance.
가게 입구 가까이에

빈출표현
- on display near ~ 근처에 전시된
- located near ~ 근처에 위치한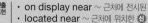
- 图 against, toward 가까이
- 凹 out 멀리
- 回 nearly 거의, nearby 인근의, nearness 근접성

Rank 0560

[níərli]

nearly

ad 거의
ad 대략

We have **nearly** finished / the massive project
우리는　　　　거의　　끝냈다　　　거대한 프로젝트를

[/that everyone believes // is going to fail].
　그 프로젝트는 모든 사람이 믿는다　　실패할 것이다

빈출표현
- 图 almost, virtually, practically 거의
- 回 near 가까이에, nearby 인근의, nearness 근접성

Rank 0706

[nìrbái]

nearby

a 인근의
a 가까운 곳의
ad 근처에
ad 가까이에

The customers [//who are / from a nearby city]
손님들은　　　　　　그들은 있다　　인근 도시에

used to buy / food / in our store.
구입하곤 했다　　음식을　　우리 가게에서

빈출표현
- nearby city(town) 인근 도시
- nearby restaurant 인근 식당
- 图 adjacent, adjoining 인접한
- 回 near 가까이에, nearly 거의, nearness 근접성

Rank 0124

[rèkəménd]

recommend

v 추천하다
v 권고하다

The applicant was highly **recommended** /
그 지원자는　　　　　　적극적으로 추천받았다

by a big company [in the same industry].
대기업으로부터　　　　　　동종 업계의

빈출표현
- highly recommend 적극적으로 추천하다
- strongly recommend 강력히 추천하다
- recommend that ~임을 추천하다
- 图 suggest, propose 추천하다
- 回 recommendation 추천, recommended 추천된

Rank 0534

[rèkəmendéiʃn]

recommendation

n 추천
n 권고

Do you have / any **recommendations** [//that will save /
당신은 갖고 있습니까?　어떤 추천을　　　　　그 추천은 절약하게 해 줄 것이다

us money]?
우리가 돈을]

빈출표현
- letter of recommendation 추천장
- recommendation letter 추천서
- make a recommendation 추천하다
- 图 advice 추천
- 回 recommend 추천하다, recommended 추천된

Rank 0224

[óunər]

owner

n 주인
n 소유자

Missing belongings are immediately returned /
잃어버린 소지품들은　　　　　　　　즉시　　　　　반환되었다

to their owners.
그 주인들에게

빈출표현
- business owner 경영주 🔔
- store owner 가게 주인 🔔
- 🔁 own 소유하다, ownership 소유권

Rank 0290

[oun]

own

v 소유하다
a 소유의

The building [at 570 Third Avenue] is owned /
그 빌딩은　　　3번가 570번지에 있는　　　　소유이다

by the president [of a big enterprise].
회장의　　　　　　　대기업

빈출표현
- be owned by ~의 소유이다 🔔
- my own 내 것 🔔
- 🈁 possess 소유하다
- 🔁 owner 소유자, ownership 소유권

Rank 1986

[óunərʃip]

ownership

n 소유권
n 소유

The change [in ownership / by our competitor]
변화는　　　　소유권의　　　　우리 경쟁사의

may result / in many positive effects / on our store.
야기할 수도 있다　많은 긍정적인 영향을　　　우리 가게에

빈출표현
- 🈁 tenure 소유권
- 🔁 owner 소유자, own 소유하다

Rank 0285

[téknikl]

technical

a 기술적인

We hired / a new employee [to work / on the technical
우리는 고용했다　신입 사원을　　　　일 할　　　기술 지원부에서

support team].
support team

빈출표현
- technical support 기술 지원 🔔
- technical problem 기술적인 문제 🔔
- technical service 기술 서비스
- technical assistance 기술 지원 🔔
- 🈁 technological 기술적인
- 🔁 technician 기술자, technique 기술, technicality 전문성

Rank 0362

[tekníʃn]

technician

n 기술자
n 전문가

I'm going to ask / a technician to help / me set up /
나는 요청할 것이다　기술자가 도와줄 것을　　　내가 설치할 수 있도록

my new computer / in my office.
새 컴퓨터를　　　　나의 사무실에

빈출표현
- laboratory(lab) technician 연구소 기술자 🔔
- computer technician 컴퓨터 기술자 🔔
- repair technician 수리공 🔔
- 🈁 engineer, mechanic 기술자
- 🔁 technical 기술적인, technique 기술, technicality 전문성

technique

[teknírk]

n 기술

0231

Mr. Song will elaborate / **on the new online** marketing
Mr. Song이 자세히 설명할 것이다　　　　　새로운 온라인 마케팅 기술에 대해

techniques / **in the workshop.**
워크숍에서

> 빈출표현
> • marketing technique 마케팅 기술
> • sales technique 판매 기술
> 파 technical 기술적인, technician 기술자, technicality 전문성

---

construction

[kənstrʌkʃn]

n 건설
n 건축
n 공사

0232

The supervisor [at the construction site] **signaled** /
그 감독관은　　　　　건설 현장에 있는　　　　　　　　신호를 보냈다

me to bring / **the materials** [in the warehouse].
내가 가져오도록　　　자재들을　　　　　창고에 있는

> 빈출표현
> • construction site 건설 현장
> • construction worker 공사장 인부
> • road construction 도로 공사
> • under construction 공사 중인
> • during the construction period 건축 기간 동안
> 유 creation 건설
> 반 destruction 파괴
> 파 construct 건설하다, constructive 건설적인, constructively 건설적으로

---

construct

[kənstrʌkt]

v 건설하다

0233

The plan [to construct / **the Cantre Tower**] **was frustrated** /
그 계획은　　　건설할　　　Cantre Tower를　　　　　좌절 됐다

by the opposition.
반대로 인해

> 빈출표현
> • plan to construct 건설할 계획
> 유 build 건설하다
> 반 destroy 파괴하다
> 파 construction 건설, constructive 건설적인, constructively 건설적으로

---

develop

[divéləp]

v 발전하다
v 개발하다
v 발달하다

0234

The owner spends / **money** / **to invite** / **outside experts**
사장은 썼다　　　　　돈을　　　　초대하기 위해　　외부 전문가들을

[/who help / us develop / **work processes**].
그들은 돕는다　　우리가 발전시키는데　작업 공정들을

> 빈출표현
> 유 grow 발전하다
> 파 development 개발, developer 개발자

---

development

[divéləpmənt]

n 발전
n 개발

0235

My team was responsible / **for the recent** developments
나의 팀은 책임지고 있었다　　　　　최신 발전에 대한

[in electronics].
전기공학의

> 빈출표현
> • housing development 주택 개발
> 파 develop 발전하다, developer 개발자

Rank 0198

[ɔ́ːrgənàiz]

organize

v **조직하다**
v 준비하다
v 정리하다
v 체계화하다

The board organized / a special department /
이사회는 조직했다　　　　　　특별한 부서를

to research / foreign markets.
조사하기 위해　　　외국 시장을

빈출 표현
- organize a conference 회의를 준비하다
- organize some files 몇몇 파일을 정리하다
- organize a training session 교육 과정을 준비하다
- 倒 organization 조직, organizer 조직자

Rank 0382

[ɔ̀ːrgənəzéiʃn]

organization

n **조직**
n 단체

This group is one [of the largest organizations
이 그룹은 하나이다　　　　　　가장 큰 조직들 중

[for CEOs] / in the country].
CEO들을 위한　　　국내에서

빈출 표현
- charitable organization 자선 단체
- 倒 structure 조직
- 倒 organize 조직하다, organizer 조직자

Rank 0156

[kwálǝti]

quality

n **품질**
n 특성
a 고급의
a 우수한

Our new portable PC, [the IBT 352], easily passed /
우리의 새로운 휴대용 PC　　　IBT 352는　　　쉽게　　통과했다

quality control tests.
품질 관리 시험들을

빈출 표현
- quality control 품질 관리
- quality of a product 제품의 품질
- 倒 qualify 자격을 얻다, qualification 자격

Rank 0701

[kwálǝfài]

qualify

v **자격을 얻다**
v 자격이 있다

To qualify / for the international conference, /
자격을 얻기 위해서　　국제 회의를 위한

you must be an authority [in the field].
당신은 권위자여야 한다　　　　　그 분야의

빈출 표현
- qualify for ~의(에) 자격을 얻다
- 倒 disqualify 자격을 박탈하다
- 倒 quality 품질, qualifications 자격, qualified 자격이 있는

Rank 1018

[kwàlǝfikéiʃən]

qualification

n **자격**
n 자질
n 자격증

You could apply / to our company // if you meet /
당신은 지원할 수 있다　　　우리 회사에　　　만약 당신이 충족한다면

one [of the qualifications [posted / on the Web site]].
하나를　　　자격 중　　　　　게시된　　　웹 사이트에

빈출 표현
- 倒 requirement 자격
- 倒 quality 품질, qualify 자격을 얻다, qualified 자격이 있는

Rank 0103

[sévərəl]

several

n **몇몇**
a 몇 개의

Recently, / several of my customers have asked / me
최근에　　　몇몇의 나의 고객들은　　　　　질문했다　　나에게

if [//some of our merchandise has / problems].
그것인지를　일부 우리 상품이 가지고 있다　　　문제들을

빈출 표현
- several of 몇몇의
- 倒 some 몇몇의

Rank 0105

[ənʌðər]
another

a 다른
a 또 하나의
n 또 하나의 것

Could you repair / this appliance [//I bought /
당신은 수리할 수 있습니까   이 전자제품을   내가 구입했다

from another store]?
다른 가게에서

빈출
표현
- another store 다른 가게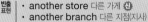
- another branch 다른 지점(지사)
- take another look 다시 한 번 보다
- ㊌ other, different, unlike 다른
- ㊍ same, equal, similar 같은

Rank 0122

[flait]
flight

n 항공편
n 비행

Flight attendants must be trained / to deal /
비행기 승무원들은 훈련받아야 한다   처리하기 위해

with any emergency situation.
어떠한 위급 상황에 대해서도

빈출
표현
- flight attendant 비행기 승무원
- connecting flight 연결 항공편
- direct flight 직항
- book a flight 비행기를 예약하다
- ㊍ fly 날다

Rank 0791

[flai]
fly

v (비행기를) 타다
v 날다
v 비행하다
v 운송하다
n 파리

By this afternoon, / we have to decide / whether [to fly /
오늘 오후까지   우리는 결정해야 한다   그것 인지를   탈 것

to Atlanta / to attend / the fair].
애틀랜타행   참석하기 위해   박람회에

빈출
표현
- fly to ~까지 비행기로 가다
- ㊍ flight 비행

Rank 0106

[əwɔ́:rd]
award

n 상
n 상금
v 상을 주다

She asked / me if [//Mr. Hansoleo had agreed /
그녀는 물었다   나에게 그것 인지를   Mr. Hansoleo가 동의했다

to preside / at the awards ceremony].
진행하는 것을   시상식에서

빈출
표현
- awards ceremony 시상식
- award a prize 상을 주다
- ㊍ prize 상

Rank 0249

[éntər]
enter

v 입력하다
v 들어가다

Please enter / your password [//that was sent / to you /
입력하세요   당신의 비밀번호를   그 비밀번호는 보내졌다   당신에게

by e-mail].
이메일로

빈출
표현
- enter a password 비밀번호를 입력하다
- enter a contest 대회에 참가하다
- enter A into B A를 B에 입력하다
- ㊍ entrance 입구, entry 입장

Rank 0435

[éntrəns]

entrance

n 입구
n 입장(권)
n 입학

Thousands of people came / to protest / the authorities /
수천의 사람들이　　　　　 왔다　　 항의하기 위해　　 당국에

at the entrance / to city hall.
입구에　　　　　　 시청으로 가는

빈출표현
· entrance to ~로 들어가는 입구
· main entrance 정문
· entrance fee 입장료
卍 exit 출구
ᄑ enter 들어가다, entry 입장

Rank 0853

[éntri]

entry

n 입력
n 입장
n 참가(자)
n 출품(작)

Please teach / me how [to correct / the misspellings
가르쳐 주세요　　 나에게 방법을　 고치는　　　　 오타들을

[//that occurred / during data entry]].
오타들은 발생했다　　 자료 입력 중에

빈출표현
· data entry 자료 입력
· entry fee 입장료, 참가비
卍 admission 입장
ᄑ enter 들어가다, entrance 입구

Rank 0247

[prəmóut]

promote

v 승진하다
v 촉진하다
v 홍보하다

He has improved / communication [between departments /
그는 향상시켜왔다　　 의사소통을　　　　　 부서들 간의

at the company] // since he was promoted / to the chief
회사에서　　　　　 그가 승진된 이후로　　　　 장으로

[of the Personnel Department].
인사부의

빈출표현
卍 advance, elevate 승진하다
ᄑ promotion 승진, promotional 홍보의

Rank 0414

[prəmóuʃn]

promotion

n 승진
n 시행
n 판매 촉진

Ms. Woo, [//who supervised / the project], has received /
Ms. Woo는　　　　 그녀는 감독했다　　 그 프로젝트를　　 받았다

a special promotion.
특별 승진을

빈출표현
· receive promotion 승진하다
· special promotion 특별 승진
· promotion to ~로의 승진
· product promotion 제품 판촉 활동
卍 advancement 승진
ᄑ promote 승진하다, promotional 홍보의

STEP 3 **집중해서 풀어라!**

워크북 24페이지부터 학습하면
됩니다.

STEP 4 **주기적인 복습 '기억상자'**

제대로 외웠는지 확인하고 싶다고요? 까먹기 전에 다시 복습하고
싶다고요? 지금 당장 QR 코드를 스캔해 보세요.

 STEP 1 읽을 수 있을 때까지 들어라!

읽지 못하는 단어는 절대 외울 수 없습니다! 발음 기호 없이 자신있게
읽을 수 있을 때까지 원어민의 발음을 들으면서 반복해서 따라 읽으세요.

0251~0300 Words

- [ ] **promotional** 판촉의, 홍보의
- [ ] **arrange** 준비하다, 배치하다
- [ ] **arrangement** 준비, 마련
- [ ] **question** 질문
- [ ] **questionnaire** 설문지
- [ ] **board** 이사회, 위원회
- [ ] **agency** 대행사, 대리점
- [ ] **agent** 중개인, 대리인
- [ ] **experience** 경험, 경력
- [ ] **expense** 비용, 경비
- [ ] **expensive** 비싼, 고가의
- [ ] **expenditure** 경비, 지출
- [ ] **already** 이미, 벌써
- [ ] **update** 최신 정보, 갱신하다
- [ ] **assistant** 보조원, 조수
- [ ] **assistance** 도움, 지원
- [ ] **assist** 돕다, 도움이 되다
- [ ] **corporation** 기업, 법인
- [ ] **corporate** 기업의, 법인의
- [ ] **register** 등록하다, 기록하다
- [ ] **registration** 등록
- [ ] **public** 대중, 공공의
- [ ] **publicity** 홍보, 광고
- [ ] **publicize** 공표하다, 광고하다
- [ ] **contract** 계약, 계약서

- [ ] **contractor** 노급업자, 계약자
- [ ] **still** 아직, 그런데도
- [ ] **yet** 아직
- [ ] **copy** 복사(본), 1부
- [ ] **due** 때문에, 만기가 된
- [ ] **overdue** 연체된, 지불 기한이 지난
- [ ] **electronic** 전자의
- [ ] **electrical** 전기의
- [ ] **electric** 전기의
- [ ] **electronically** 전자적으로, 컴퓨터로
- [ ] **improve** 향상시키다, 개선하다
- [ ] **improvement** 개선, 향상
- [ ] **proposal** 제안, 제의
- [ ] **propose** 제안하다, 의도하다
- [ ] **proposed** 제안된
- [ ] **budget** 예산, 경비
- [ ] **publish** 출판하다, 발표하다
- [ ] **publication** 발행, 출판
- [ ] **publishing** 출판(업), 발행(업)
- [ ] **appointment** 약속, 예약
- [ ] **appoint** 임명하다, 지명하다
- [ ] **current** 현재의, 지금의
- [ ] **currently** 현재, 지금
- [ ] **space** 공간, 장소
- [ ] **spacious** (공간이) 넓은, 널찍한

0251

Rank 1004

[prəmóuʃənl]
promotional

a 판촉의
a 홍보의

The company has / some special promotional offers
회사는 한다 　　　　　 몇 가지 특별 판촉 행사들을

[//that are only available / until the end [of this month]].
그 행사들은 오직 이용 가능하다 　　　 말까지 　　　 이번달의

> 빈출 표현
> • promotional offer 판촉 행사
> • promotional material 홍보 자료
> • promotional code 할인용 번호
> • promotional flyer 홍보 전단지
> 酈 promote 판촉하다, promotion 승진

0252

Rank 0178

[əréindʒ]
arrange

v 준비하다
v 배치하다
v 정돈하다
v 계획하다

My staff already arranged / transportation and
나의 직원이 　　 이미 　　 준비했다 　　 교통편과

accommodations / for your convenience.
숙박시설을 　　　　 당신의 편의를 위해

> 빈출 표현
> • arrange for ~을 준비하다
> • arrange an appointment 약속을 잡다
> • arrange a meeting 모임을 주선하다
> 冏 prepare 준비하다
> 酈 arrangement 준비

0253

Rank 0516

[əréindʒmənt]
arrangement

n 준비
n 마련
n 정렬

He will make / the arrangements [for the meeting /
그는 할 것이다 　　 준비를 　　　　　　　 회의를 위한

on Monday].
월요일

> 빈출 표현
> • make arrangements for ~을 준비하다
> • travel arrangement 여행 준비
> • floral arrangement 꽃꽂이
> 冏 preparation, provision 준비
> 酈 arrange 준비하다

0254

Rank 0119

[kwéstʃən]
question

n 질문

If you have / any questions [about the interview], //
만약 당신이 가지고 있다면 어떤 질문들을 　　 그 인터뷰에 관한

then ask / Mr. Brown, [//who conducted / it].
그러면 　물어보세요 Mr. Brown에게 그가 실시했다 　　 그것을

> 빈출 표현
> • ask question 질문하다
> • question and answer 질의응답
> 冏 inquiry, asking 질문
> 曀 answer 대답
> 酈 questionnaire 설문지, questionable 의심스러운

Rank 1080

[kwéstʃənέer]

questionnaire

n 설문지

We collected / the completed questionnaires /
우리는 모았다　　　　작성된 설문지들을

from the local branches / to organize / an event
지점들로부터　　　　　　준비하기 위해　　행사를

[revolving / around customer satisfaction].
중심으로 다루는　　　고객 만족도에 대한 것을

> 빈출표현
> · complete a questionnaire 설문지를 작성하다
> · enclosed questionnaire 동봉된 설문지
> 衈 question 질문, questionable 의심스러운

Rank 0109

[bɔːrd]

board

n 이사회
n 위원회
n 게시판
v 탑승하다

A good performance [on this project] will attract /
좋은 성과는　　　　　　　이 프로젝트의　　　　끌 것이다

the attention [of the board of directors].
관심을　　　　　　이사회의

> 빈출표현
> · board of directors 이사회 衈　· bulletin board 게시판 衈
> · board meeting 임원회의 衈　　· board members 임원진 衈
> · boarding pass 탑승권 衈　　　· boarding area 탑승장

Rank 0203

[éidʒənsi]

agency

n 대행사
n 대리점

My assistant is looking / for an advertising agency
나의 조수는 찾는 중이다　　　　광고 대행사를

[to work / with us].
[일 할　　우리와 함께]

> 빈출표현
> · advertising agency 광고 대행사 衈
> · travel agency 여행사 衈
> · employment agency 직업소개소 衈
> · real estate agency 부동산 중개소 衈
> · car rental agency 자동차 대여소
> 衈 agent 대리인

Rank 0417

[éidʒənt]

agent

n 중개인
n 대리인

The real estate agent is well known / in the area /
그 부동산 중개인은　　　　　잘　알려져 있다　그 지역에서

for making / lots of deals.
만든 것으로　　많은 거래들을

> 빈출표현
> · real estate agent 부동산 중개인 衈
> · travel agent 여행사 직원 衈
> · sales agent 판매 대리인
> 弈 broker 중개인
> 衈 agency 대행사

Rank 0110

[ikspíəriəns]

experience

n 경험
n 경력
v 경험하다
v 겪다

In this class, / you can talk / about your prior work experience /
이번 수업에서　　　당신은 말할 수 있다　당신의 이전 근무 경험에 대해

with your peers.
동료들과 함께

> 빈출표현
> · work experience 근무 경험 衈
> · 5 years of experience 5년의 경험 衈
> · international experience 국제 경험
> · relevant experience 관련 경력
> 衈 experienced 경험이 있는

Rank 0282

[ikspéns]
expense

n 비용
n 경비

He has asked / us to submit / travel expense receipts /
그는 요청했다　　　우리가 제출할 것을　　출장비 영수증들을

by using / the new accounting system.
사용하여　　　새로운 회계 시스템을

빈출표현
- travel expense 출장비, 여비
- expense receipt 비용 영수증
- expense report 경비 보고서
- 유 charge, cost 비용
- 파 expensive 비싼, expenditure 지출, expensively 비싸게

Rank 0360

[ikspénsiv]
expensive

a 비싼
a 고가의

Shipping charges are increasingly expensive /
배송료는　　　　　　　　점점 더　　　　비싸진다

due to high oil prices.
높은 유가 때문에

빈출표현
- less expensive 덜 비싼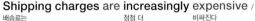
- more expensive 더 비싼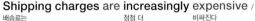
- the least expensive 가장 저렴한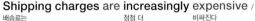
- 유 costly 비싼
- 반 cheap 저렴한
- 파 expense 비용, expenditure 지출, expensively 비싸게

Rank 1690

[ikspénditʃər]
expenditure

n 경비
n 지출
n 비용

All business expenditures are required /
모든 회사 경비들은 요구된다

to be recorded / accurately / in the account book.
기록되는 것이　　　정확하게　　　회계 장부에

빈출표현
- 유 cost, spend 경비
- 파 expense 비용, expensive 비싼, expensively 비싸게

Rank 0111

[ɔːlrédi]
already

ad 이미
ad 벌써

I already tried / calling / my director, // but
나는 이미　　시도했다　전화하는 것을　나의 감독관에게　　　하지만

he has been out / of contact / all day.
그는 밖에 있다　　　연락의　　　하루 종일

빈출표현
- already full 벌써 가득 차다
- already submit 이미 제출하다
- 유 before, previously 미리

Rank 0112

[ʌpdéit]
update

n 최신 정보
v 갱신하다

We will give / you an update [about our new services].
우리는 줄 것이다　　당신에게 최신 정보를　　우리의 새로운 서비스들에 관한

빈출표현
- update on(about) ~에 대한 최신 정보
- weather update 최신 날씨 정보
- 파 updated 최신의, updating 최신 정보의

Rank 0314

[əsístənt]

assistant

n 보조원
n 조수

If you have / a scheduling conflict, // please call /
만약 당신이 있다면　　일정 충돌이　　　　　　　　전화하세요

my administrative assistant.
나의 행정보조원에게

빈출표현
- administrative assistant 행정보조원
- assistant manager 부팀장
- 파 assistance 도움, assist 돕다

Rank 0466

[əsístəns]

assistance

n 도움
n 지원
n 원조

If you are in trouble / on the road, // your insurance is
만약 당신이 곤경에 빠졌다면　　도로 위에서　　　당신의 보험은

going to provide / you / with assistance.
제공할 것이다　　　당신에게　　도움을

빈출표현
- provide A with assistance A에게 도움을 제공하다
- assistance with ~에 대한 도움
- call for some assistance 도움을 청하다
- 유 help 도움
- 파 assistant 보조원, assist 돕다

Rank 0668

[əsíst]

assist

v 돕다
v 도움이 되다

The receptionist will assist / you / with your any demands
접수처 직원이 도와줄 것이다　　　당신을　　당신의 어떠한 요구에도

[regarding accommodations and meals].
숙소와 식사에 관한

빈출표현
- assist A with B A가 B하는 것을 돕다
- 유 help, support 돕다
- 파 assistant 보조원, assistance 도움

Rank 0254

[kɔ̀ːrpəréiʃən]

corporation

n 기업
n 법인
n 주식회사

They created / advertisements [for many companies,
그들은 만들었다　　　광고를　　　　　　많은 회사들을 위한

[including the largest corporations]].
대기업을 포함한

빈출표현
- the largest corporation 대기업
- multinational corporation 다국적 기업
- 파 corporate 기업의

Rank 0346

[kɔ́ːrpərət]

corporate

a 기업의
a 법인의
a 회사의

On Independence Day, / parties and corporate events
독립 기념일에　　　　　　파티와 기업 행사가

will take place / on First Avenue.
개최될 것이다　　　　1번가에서

빈출표현
- corporate event 기업 행사
- 파 corporation 기업

Rank 0234

[rédʒistər]

register

v 등록하다
v 기록하다
n 명부
n 등록부

It's good / for factory workers to register /
그것은 좋다　　공장 근로자들이 등록하는 것은

for health insurance.
건강 보험에

빈출표현
- register for ~에 등록하다
- cash register 금전 등록기
- 유 sign up, enroll 등록하다
- 파 registration 등록, registry 등록소, registrant 등록자

Rank 0378

[redʒistreiʃn]

registration

n 등록

Remember / that [//only staff members [//who have filled out /
기억해라　　　그것을　　직원들만　　　　　　　그들은 작성했다

the registration form] can participate / in the programs].
등록 양식을　　　　　　　　참석할 수 있다　　　　그 프로그램에

빈출표현
- registration form 등록 양식, 신청서 🛡
- registration desk 접수처
- 🔁 enrollment 등록
- 🔀 register 등록하다, registry 등록소, registrant 등록자

Rank 0139

[pʌblik]

public

n 대중
a 공공의
a 일반인의
a 공적인

One [of the Jungang Complex's best qualities] is /
하나는　　Jungang Complex의 장점 중　　　　　　　　　　　이다

that [//it is easily accessible / by public transportation].
그것　　그것은 쉽게　　접근할 수 있다　　대중교통으로

빈출표현
- public transportation 대중교통 🛡
- public library 공공 도서관 🛡
- public speaking 강연 🛡
- be open to the public 일반 대중에게 개방되다 🛡
- general public 일반 대중 🛡
- public relations department 홍보부 🛡
- be made public 대중에게 공표되다
- 🔁 person 개인
- 🔀 publicity 홍보, publicize 홍보하다, publicly 공개적으로

Rank 1327

[pʌblísəti]

publicity

n 홍보
n 광고

A number of people were quick / to complain /
많은 사람들은 서둘렀다　　　　　　불만을 제기하려고

about the publicity campaign [//that was recently started /
홍보 활동에 대해　　　　　　그 홍보 활동은 최근에 시작됐다

by the government].
정부에 의해

빈출표현
- publicity campaign 홍보 활동
- 🔁 advertising, promotion 홍보
- 🔀 public 대중의, publicize 홍보하다, publicly 공개적으로

Rank 1328

[pʌbləsàiz]

publicize

v 공표하다
v 광고하다

According to the news, / the government will publicize /
뉴스에 따르면　　　　　　정부는 공표할 것이다

the new regulations / as soon as possible.
새로운 규정들을　　　　가능한 빨리

빈출표현
- 🔁 announce 공표하다
- 🔀 public 대중의, publicity 홍보, publicly 공개적으로

Rank 0128

[kántrækt]

contract

n 계약
n 계약서
v 계약하다
v 하청주다
v 줄어들다

It is my biggest challenge / to sign / a contract
그것은 나의 가장 큰 도전이다　　　　서명하는 것은　　계약에

[with a foreign club].
해외 구단과

빈출표현
- contract with ~와 계약하다 🛡
- sign a contract 계약을 맺다 🛡
- renew contract 계약을 갱신하다 🛡
- contract negotiation 계약 협상
- 🔁 agreement, deal 계약
- 🔀 contractor 계약자

Day 06 251-300

Rank 1063

[kántræktər]

contractor

n 도급업자

n 계약자

He called / the contractors / to give / an estimate
그는 연락했다　도급업자들에게　제시하기 위해　견적을

[for the redesign [of the Web site]].
재설계를 위한　　웹사이트의

빈출 표현 | ㈜ contract 계약

Rank 0113

[stil]

still

ad 아직

ad 그런데도

You need to visit / the reception desk / to see /
당신은 방문해야 한다　접수처에　알아보기 위해

if [/these coupons are still available].
그것 인지를　이 쿠폰들이　아직　이용 가능하다

빈출 표현 | · be still available 아직 이용 가능하다 ㈜
㈜ yet 아직

Rank 0114

[jet]

yet

ad 아직

I hope / to buy / a new house / this year, // but
나는 희망한다 구입하기를　새 집을　올 해　하지만

I don't have / enough money [to do / that] yet.
나는 갖고 있지 않다　충분한 돈을　하기 위한 그것을 아직

빈출 표현 | · has not arrived yet 아직 도착하지 않았다 ㈜
㈜ still 아직

Rank 0117

[kápi]

copy

n 복사(본)

n 1부

v 복사하다

I will soon e-mail / you a copy [of the minutes
나는　곧 이메일로 보낼 것이다 당신에게 복사본을　회의록의

[from the last meeting]].
지난 회의의

빈출 표현 | · copy of ~의 복사본 ㈜
· copy machine 복사기 ㈜
· copy paper 복사 용지 ㈜
· copy editor 원고 편집자
㈜ reproduction, duplication 복사

Rank 0127

[dju:]

due

a 때문에

a 만기가 된

a 예정된

The airplane [from Mumbai] has been delayed /
비행기가　　Mumbai에서 오는　지연되고 있다

due to the cyclone.
태풍 때문에

빈출 표현 | · due to ~ 때문에 ㈜
· due date 만기일 ㈜
· be due by ~까지 지급해야 한다 ㈜
㈜ overdue 미지급된

Rank 1222

[òuvərdú:]

overdue

a 연체된

a 지불 기한이 지난

More than fifty people a month pay / fines
50명 이상의 사람들이　한 달에　낸다　벌금을

[for overdue and missing books] / at this library.
연체나 분실된 책들에 대한　이 도서관에서

빈출 표현 | · overdue book 연체된 책
㈜ delinquent 연체된
㈜ due 만기가 된

Rank 0222

[ilektránik]
electronic
a 전자의

The company developed / the new technology
그 회사는 개발했다　　　　　신기술을

[for the exchange [of electronic documents]].
교환을 위한　　　　　전자 문서들의

빈출 표현
- electronic document 전자 문서
- electronic device 전자 장치
- electronic goods 전자 제품
- electronic commerce 전자 상거래
- electronic store 전자 제품 매장
- ⑪ electrical 전기의, electric 전기의, electronically 전자적으로

Rank 0902

[iléktrikəl]
electrical
a 전기의

We should check / our entire electrical system / regularly.
우리는 점검해야 한다　　　우리의 모든 전기 시스템을　　　　정기적으로

빈출 표현
- electrical system 전기 시스템　・electrical power 전력
- electrical appliance 가전제품
- ⑪ electronic 전자의, electric 전기의, electronically 전자적으로

Rank 0967

[iléktrik]
electric
a 전기의

Environmentally friendly products [such as electric cars]
환경적으로 친화적인 제품들은　　　　　　　　　전기 자동차와 같은

do not create / much pollution.
만들지 않는다　　　많은 오염을

빈출 표현
- electric car 전기 자동차 　・electric heater 전기 히터
- ⑪ electronic 전자의, electrical 전기의, electronically 전자적으로

Rank 1540

[ilektránikəli]
electronically
ad 전자적으로
ad 컴퓨터로

Passengers can now pay / fares / electronically /
승객들은　　　　　이제 지불할 수 있다 요금을　　전자적으로

by smartphone.
스마트폰을 이용해

빈출 표현
- ⑪ electronic 전자의, electrical 전기의, electric 전기의

Rank 0193

[imprú:v]
improve
v 향상시키다
v 개선하다

The introduction [of new technology] will help /
도입은　　　　　신기술의　　　　　　도울 것이다

the workers improve / their productivity.
직원들이 향상시키는 것을　　그들의 생산성을

빈출 표현
- improve the quality of ~의 품질을 향상시키다
- improve communication 통신을 개선하다
- improve a product 제품을 개선하다
- ⑪ improvement 개선

Rank 0565

[imprú:vmənt]
improvement
n 개선
n 향상

I think // if we make / improvements / to their Web site, //
나는 생각한다　만약 우리가 한다면　개선을　　　　그들의 웹사이트를

they will have / more customers [visiting / their shop].
그들은 가질 것이다　더 많은 고객들을　　　방문하는　　그들의 가게에

빈출 표현
- make improvements to ~을 개선하다
- improvement project 개선 과제(계획)
- home improvement store 주택 개선용품을 파는 가게
- ⑪ improve 개선하다

Day 06 251-300

Rank 0213

[prəpóuzəl]

proposal

n 제안
n 제의

―――――――――――――――― 0288

I will submit / a report [on the company's budget
나는 제출할 것이다   보고서를   회사의 예산안에 대한

proposal / for next year].
         내년의

> 빈출표현
> · budget proposal 예산안 🔊
> · submit a proposal 제안서를 제출하다 🔊
> · research proposal 연구 계획서
> 🔄 suggestion, offer 제안
> 🔖 propose 제안하다, proposed 제안된

Rank 0732

[prəpóuz]

propose

v 제안하다
v 의도하다

―――――――――――――――― 0289

The tour guide proposed / that [/we take / a detour /
여행 가이드는 제안했다   그것을   우리는 이용한다   우회로를

about 30 miles up / ahead / to stop / at a gas station].
약 30마일 이상   앞으로   들르기 위해   주유소에

> 빈출표현
> 🔄 suggest 제안하다
> 🔖 proposal 제안, proposed 제안된

Rank 0903

[prəpóuzd]

proposed

a 제안된

―――――――――――――――― 0290

No one knows / the proposed change
아무도 모른다   제안된 변경사항을

[to the inter-office security policy].
사무실 내의 보안 정책에 대한

> 빈출표현
> · proposed change 제안된 변경사항
> 🔄 suggested 제안된
> 🔖 proposal 제안, propose 제안하다

Rank 0118

[bʌdʒit]

budget

n 예산
n 경비

―――――――――――――――― 0291

The board of directors decided / to expand /
이사회는 결정했다   확대하는 것을

the advertising budget / in order to increase / sales.
광고 예산을   증가시키기 위하여   판매량을

> 빈출표현
> · advertising budget 광고 예산 🔊
> · budget report 예산 보고서 🔊
> · annual budget 연간 예산 🔊
> · within budget 예산의 범위 안에서
> · on a budget 한정된 예산으로 🔊
> · budget reduction 예산 삭감
> 🔖 budgetary 예산의

Rank 0326

[pʌbliʃ]

publish

v 출판하다
v 발표하다

―――――――――――――――― 0292

My father has always hoped / to publish / a book
나의 아버지는   항상   희망했다   출판하기를   책을

[about his life].
자신의 삶에 대한

> 빈출표현
> · publish on ~에 발표하다
> 🔄 print, put out 출판하다
> 🔖 publication 출판, publishing 출판(업), publisher 출판업자

Rank 0561

[pʌbləkéiʃən]

publication

n 발행
n 출판
n 발표

Some articles [provided / by Ms. Dean]
몇몇 기사들은　　　제공된　　　Ms. Dean에 의해

have been reviewed / prior to publication.
재검토되었다　　　　　　발행에 앞서

> 빈출 표현
> · publication date 출판일
> ㋠ issue 발행
> ㋓ publish 출판하다, publishing 출판(업), publisher 출판업자

Rank 0603

[pʌbliʃiŋ]

publishing

n 출판(업)
n 발행(업)

The editor [at the publishing company] asked /
편집자는　　　　출판사의　　　　　　요청했다

Mr. Adder to send / the draft / before the deadline, //
Mr. Adder가 보내기를　　원고를　　마감기일 전에

but he didn't.
하지만 그는 그러지 않았다.

> 빈출 표현
> · publishing company 출판사 🔊
> ㋠ print 출판
> ㋓ publish 출판하다, publication 출판, publisher 출판업자

Rank 0135

[əpɔ́intmənt]

appointment

n 약속
n 예약
n 임명

Mr. Yong wants / to schedule / an appointment
Mr. Yong은 원한다　　잡기를　　약속

[with Dr. Kim / for next Friday].
Dr. Kim과　　　　다음 주 금요일에

> 빈출 표현
> · make an appointment 약속(예약)하다 🔊
> · arrange an appointment 약속을 정하다 🔊
> ㋠ engagement, commitment 약속
> ㋓ appoint 약속하다

Rank 1116

[əpɔ́int]

appoint

v 임명하다
v 지명하다

They announced / that [//Mr. Duran has been appointed /
그들은 발표했다　　　　그것을　　　Mr. Duran이 임명되었다

to direct / the project].
총괄하기 위해　그 프로젝트를

> 빈출 표현
> ㋠ nominate, name 임명하다
> ㋓ appointment 임명

Rank 0275

[kə́:rənt]

current

a 현재의
a 지금의
a 현행의
a 통용되는

It seems / that [//his current position does not compare /
그것은 보인다　　그것처럼　그의 현재의 지위는 비교할 수 없다

to his previous one].
그의 이전 지위와

> 빈출 표현
> · current position 현재의 지위(위치)
> ㋠ present 현재의
> ㋓ currently 현재

0298

Rank 0372

[kə́ːrəntli]

currently

a 현재

a 지금

All the books [in the library] are currently able to be
모든 책들은   도서관의   현재   대여될 수 있다.

checked out.

| 빈출
표현 | · be currently available 현재 이용이 가능하다
· currently closed 현재 폐쇄중인
· be currently out of stock 현재 재고가 없다
· be currently unavailable 현재 이용이 불가능하다
㈌ now, today, presently 현재
㈘ current 현재의 |

0299

Rank 0131

[speis]

space

n 공간

n 장소

You should try / to make / space [for extra furniture].
당신은 노력해야 한다   만들기 위해   공간을   추가적인 가구를 위한

| 빈출
표현 | · parking space 주차 공간
· storage space 저장 공간
· commercial space 상업 공간
㈌ room 공간
㈘ spacious (공간이) 넓은, spatial 공간의 |

0300

Rank 1475

[spéiʃəs]

spacious

a (공간이) 넓은

a 널찍한

I called / an interior designer / to remodel / my house //
난 불렀다   실내 디자이너를   개조하기 위해서   내 집을

because I needed / a more spacious dining room.
이유는   나는 필요했다   좀 더 넓은 식당이

| 빈출
표현 | · spacious room 넓은 방
㈌ broad, wide 넓은
㈘ space 공간, spatial 공간의 |

| STEP 3 **집중해서 풀어라!** | STEP 4 **주기적인 복습 '기억상자'** |

워크북 29페이지부터 학습하면
됩니다.

제대로 외웠는지 확인하고 싶다고요? 까먹기 전에 다시 복습하고
싶다고요? 지금 당장 QR 코드를 스캔해 보세요.

STEP 1 읽을 수 있을 때까지 들어라!

읽지 못하는 단어는 절대 외울 수 없습니다! 발음 기호 없이 자신있게
읽을 수 있을 때까지 원어민의 발음을 들으면서 반복해서 따라 읽으세요.

0301~0350 Words

- [ ] **security** 경비, 보안
- [ ] **secure** 안전한, 확실한
- [ ] **securely** 안전하게, 튼튼하게
- [ ] **rent** 임대[임차]하다, 임대[임차]료
- [ ] **rental** 대여, 임대(료)
- [ ] **session** (활동을 위한) 기간, (의회의) 회기
- [ ] **notice** 통지, 공고
- [ ] **notify** 알리다, 통지하다
- [ ] **notification** 통지, 알림
- [ ] **charge** 요금, 담당
- [ ] **install** 설치하다
- [ ] **installation** 설치, 장치
- [ ] **installment** 할부, (연재물의) 1회분
- [ ] **museum** 박물관, 미술관
- [ ] **confirm** 확인하다, 승인하다
- [ ] **confirmation** 확인
- [ ] **consider** 고려하다, 숙고하다
- [ ] **considerably** 상당히, 많이
- [ ] **consideration** 고려, 숙고
- [ ] **considerable** 상당한, 많은
- [ ] **package** 소포, 꾸러미
- [ ] **packaging** 포장, 포장재
- [ ] **industry** 산업
- [ ] **industrial** 산업의, 공업의
- [ ] **competition** 시합, 경쟁

- [ ] **competitor** 경쟁자
- [ ] **competitive** 경쟁력 있는, 경쟁을 하는
- [ ] **compete** 경쟁하다, 참가하다
- [ ] **competent** 유능한, 능숙한
- [ ] **document** 문서, 서류
- [ ] **operate** 작동하다, 조작하다
- [ ] **operation** 운영, 경영
- [ ] **operational** 경영(운영)상의, (군사) 작전의
- [ ] **try** 노력하다, 시도하다
- [ ] **agree** 동의하다
- [ ] **agreement** 합의, 동의
- [ ] **reduce** 줄이다, 낮추다
- [ ] **reduced** 할인한, 감소한
- [ ] **reduction** 감소, 축소
- [ ] **replace** 교체하다, 대체하다
- [ ] **replacement** 교체, 교환
- [ ] **extend** 연장하다, 늘리다
- [ ] **extensive** 폭넓은, 대규모의
- [ ] **extension** (전화의) 내선, 연장
- [ ] **extensively** 광범위하게, 널리
- [ ] **annual** 연례의
- [ ] **annually** 매년, 해마다
- [ ] **delay** 지연, 지체
- [ ] **facility** 시설, 설비
- [ ] **less** ~보다 적은, 덜한

집중해서 읽어라!

암기는 나중에, 정독에 집중하세요! 한 번에 외워야 한다는 강박은 개나 줘버리고 편안한 마음으로 읽되, 집중하세요.

0301

Rank 0210

[sikjùərəti]

security

n 경비
n 보안
n 안전
n 유가증권

The security office can issue / you an identification badge.
경비실은 발급할 수 있다　　　　　　　　당신에게 신분증을

빈출표현
- security office 경비실
- security guard 경비원
- security system 보안 체계
- security policy 보안 정책
- 파 secure 안전한, securely 안전하게, securable 안전하게 할 수 있는

0302

Rank 0629

[sikjúər]

secure

a 안전한
a 확실한
v 확보하다
v 얻다

We ensure / a secure environment [for processing /
우리는 보장한다　　안전한 환경을　　　　　　처리를 위한

personal employee information].
개인적인 직원 정보의

빈출표현
- 유 safe 안전한
- 반 insecure 불안전한
- 파 security 안전, securely 안전하게, securable 안전하게 할 수 있는

0303

Rank 1541

[sikjúərli]

securely

ad 안전하게
ad 튼튼하게
ad 단단히

Please make sure / that [/the ropes are fastened /
확인해 주세요　　　　그것을　　　밧줄들이 매여져 있다

securely / in order to keep / your baggage / from moving].
안전하게　　　보호하기 위하여　　당신의 짐을　　움직이는 것으로부터

빈출표현
- 파 security 안전, secure 안전한, securable 안전하게 할 수 있는

0304

Rank 0304

[rent]

rent

v 임대(임차)하다
n 임대(임차)료
n 집세

You should fill / in the blank spaces [on the form] //
당신은 채워야 한다　　　빈 칸들을　　　　　양식의

if you want / to rent / a car.
만약 당신이 원한다면　임대하는 것을　차를

빈출표현
- rent a car 차량을 임대하다
- rent for ~동안 빌려주다
- 유 lease, hire 임대하다
- 파 rental 임대, renter 세입자

0305

Rank 0350

[réntl]

rental

n 대여
n 임대(료)
a 임대의

I will search / for a car rental agency [//that has / low rates].
나는 찾을 것이다　　자동차 대여소를　　　　　그 대여소는 받는다　낮은 요금을

빈출표현
- car rental agency(company) 자동차 대여소
- rental agreement 임대 계약서
- rental fee 대여 요금
- 파 rent 임대하다, renter 대여업자

Rank 0120

[séʃən]

session

n (활동을 위한) 기간
n (의회의) 회기

The orientation and training session will be conducted /
오리엔테이션과 연수 과정은 수행될 것이다

by Human Resources.
인사부에 의해

> **빈출 표현**
> · training session 연수 과정
> · information session 설명회
> ㉔ period, term 기간

Rank 0244

[nóutis]

notice

n 통지
n 공고
n 주목
v 주목하다

Due to routine maintenance, / water service
정기점검으로 인해   물 공급이

[at the plant] will be shut down / until further notice.
공장의   중단될 것이다   추후 통지가 있을 때까지

> **빈출 표현**
> · until further notice 추후 통지가 있을 때까지
> · short notice 촉박한 통보
> · notice board 게시판
> · without prior notice 사전 공지 없이
> ㉤ notify 알리다, notification 통지

Rank 0556

[nóutəfài]

notify

v 알리다
v 통지하다

You must notify / your supervisor / about the date
당신은 알려야 한다   당신의 상사에게   일정에 대해

[of your leave] / by next week.
당신의 휴가   다음 주까지

> **빈출 표현**
> · notify A of B A에게 B를 알리다
> ㉔ inform 알리다
> ㉤ notice 통지, notification 통지

Rank 1587

[nòutəfikéiʃən]

notification

n 통지
n 알림

All requests [for funds] must be sent / with written
모든 요청들은   자금에 관한   보내져야 한다   서면 통지로

notification / to management.
                    관리자에게

> **빈출 표현**
> · written notification 서면 통지
> · send notification 통지를 보내다
> · receive notification 통지를 받다
> ㉤ notice 통지, notify 알리다

Rank 0121

[tʃɑːrdʒ]

charge

n 요금
n 담당
v (요금을) 청구하다
v (요금을) 부과하다

We will be able to deliver / the vegetables /
우리는 배송할 수 있을 것이다   야채들을

free of charge / in two days.
무료로   2일 후에

> **빈출 표현**
> · free of charge 무료로
> · be in charge of ~을 책임지고 있는
> · charge for ~에 대한 비용
> · additional charge 추가요금
> · shipping charge 운송비
> · at no extra charge 추가 비용 없이
> · delivery charge 배송비
> · service charge 봉사료
> · take charge of ~을 담당하다
> ㉔ fee, fare, rate, toll 요금
> ㉤ charger 충전기

Day 07 301-350

Rank 0202
[instɔ́:l]
install
v 설치하다

My company has already had / a new air conditioner
나의 회사는　　　　　이미　　갖고 있다 새 에어컨을

[installed / in the meeting room].
설치된　　　회의실에

> 빈출 표현
> • install program 프로그램을 설치하다
> ㈜ set up 설치하다
> ㈜ installation 설치

Rank 0669
[ìnstəléiʃən]
installation
n 설치
n 장치

The installation [of an air conditioner [in our office]]
설치가　　　　　에어컨의　　　　　　우리 사무실에

is scheduled / to begin / at 2 P.M. / tomorrow.
예약되어 있다　　시작하기로　오후 2시에　　내일

> 빈출 표현
> • free installation 무료 설치 ㈜
> • delivery and installation 배송과 설치
> • installation charge 설치비
> ㈜ install 설치하다

Rank 1918
[instɔ́:lmənt]
installment
n 할부
n (연재물의) 1회분

If you don't have / enough cash [for this item], //
만약 당신이 갖고 있지 않다면　충분한 현금을　이 제품을 위한

you can pay / in twelve monthly installments.
당신은 지불할 수 있다　12개월 할부로

> 빈출 표현
> • in ~ monthly installments ~개월 할부

Rank 0125
[mjuːzíːəm]
museum
n 박물관
n 미술관

The museum is too big / for us / to look /
박물관은 너무 크다　　　　우리가　둘러보기에

at all the exhibition halls / today.
모든 전시실을　　　　　오늘

> 빈출 표현
> • art museum 미술관 ㈜
> • museum director 박물관장
> • take a tour of the museum 박물관을 관람하다 ㈜

Rank 0194
[kənfə́:rm]
confirm
v 확인하다
v 승인하다

Could you confirm / my reservation / at your hotel?
당신은 확인해 줄 수 있나요?　나의 예약을　　당신의 호텔의

> 빈출 표현
> • confirm a reservation 예약을 확인하다 ㈜
> • confirm an appointment 약속을 확인하다 ㈜
> • confirm a delivery date 배송일을 확인하다
> ㈜ confirmation 확인

Rank 0707
[kánfərméiʃən]
confirmation
n 확인

He asked / for confirmation [of his purchase]
그는 요청했다　확인을　　　그의 구매에 대한

to be faxed / to him / immediately.
팩스로 보내줄것을　그에게　즉시

> 빈출 표현
> • confirmation of ~에 대한 확인
> • confirmation code 인증 코드 ㈜
> ㈜ confirm 확인하다

Rank 0223

[kənsídər]

consider

v 고려하다
v 숙고하다
v (~이라고) 여기다

I am not considering / hiring / extra staff.
난 고려하지 않는다   고용하는 것을   추가 직원을

> 빈출
> 표현 | 圃 considerably 상당히, consideration 고려, considerable 고려할 만한

Rank 1223

[kənsídərəbli]

considerably

ad 상당히
ad 많이

The company's revenues have increased /
회사의 수입은 증가했다

considerably / after the change [in management].
상당히   변경 후에   경영진의

> 빈출
> 표현 | 圏 significantly 상당히
> 圃 consider 고려하다, consideration 고려, considerable 고려할 만한

Rank 1224

[kənsìdəréiʃən]

consideration

n 고려
n 숙고

The enlargement [of the budget] is currently
확대는   예산의   현재

under consideration / by the board of directors.
고려중이다   이사회에서

> 빈출
> 표현 | • under consideration 고려중인
> 圏 deliberation 숙고
> 圃 consider 고려하다, considerably 상당히, considerable 고려할 만한

Rank 1262

[kənsídərəbl]

considerable

a 상당한
a 많은
a 고려할 만한

We gained / a considerable advantage /
우리는 얻었다   상당한 이익을

through the deal [with the government].
거래를 통해   정부와의

> 빈출
> 표현 | 圏 substantial 상당한
> 圃 consider 고려하다, considerably 상당히, consideration 고려

Rank 0192

[pǽkidʒ]

package

n 소포
n 꾸러미
v 포장하다

Do you want / me to deliver / this package /
당신은 원합니까?   내가 배달하기를   이 소포를

to your home / now?
당신의 집으로   지금

> 빈출
> 표현 | • vacation package 휴가 패키지
> • benefits package 복리 후생 제도
> • package tour 패키지 여행
> 圏 parcel, packet 소포
> 圃 packaging 포장, packager 포장업자

Rank 0820

[pǽkidʒiŋ]

packaging

n 포장
n 포장재

You should not have to worry / about the packaging
너는 걱정하지 않아도 된다   포장에 대해

[of goods].
상품들의

> 빈출
> 표현 | 圃 package 소포, packager 포장업자

0323

Rank 0175

[índəstri]

industry

n 산업

He has been involved / in the newspaper industry /
그는 종사하고 있다 　　　　　　　　　　신문 산업에

for 20 years.
20년 동안

> **빈출표현**
> • industry expert 업계 전문가
> • construction industry 건설업계
> • tourism industry 관광 산업
> 파 industrial 산업의

0324

Rank 0954

[indʌstriəl]

industrial

a 산업의
a 공업의

What [to do / with industrial waste] is a big problem /
그것은 　 해야 할 　 산업 쓰레기로 　　　　　　　　 큰 문제이다

at many factories.
많은 공장에게

> **빈출표현**
> • industrial engineer 산업 기사
> • industrial history 산업사, 산업의 역사
> • industrial design 산업 디자인
> • industrial equipment 산업 장비
> 파 industry 산업

0325

Rank 0453

[kàmpətíʃən]

competition

n 시합
n 경쟁

The steering committee made / souvenirs [/that help /
운영 위원회는 만들었다 　　　　　　　　 기념품을 　　　 그 기념품들은 돕는다

fans remember / the sports competition].
팬들이 기억하는데 　 스포츠 시합을

> **빈출표현**
> • sports competition 스포츠 시합
> • increasing competition 증가하는 경쟁
> 유 contest, game 시합
> 파 competitor 경쟁자, competitive 경쟁력 있는, compete 경쟁하다

0326

Rank 0653

[kəmpétətər]

competitor

n 경쟁자

Our latest copy machine is guaranteed / to last /
우리의 최신 복사기는 보증된다 　　　　　　　　 지속되는 것이

longer / than those [of our competitors].
더 오래 　 그것들 보다 　 우리 경쟁자들의

> **빈출표현**
> 유 rival 경쟁자
> 파 competition 경쟁, competitive 경쟁력 있는, compete 경쟁하다

0327

Rank 0841

[kəmpétətiv]

competitive

a 경쟁력 있는
a 경쟁을 하는

We really tried / to offer / customers quality service /
우리는 정말로 　 노력했다 　 제공하기 위해 　 고객들에게 좋은 서비스를

at competitive prices.
경쟁력 있는 가격으로

> **빈출표현**
> • competitive price 경쟁력 있는 가격
> • competitive salary 경쟁력 있는 임금
> • competitive rates 경쟁력 있는 이율
> 파 competitor 경쟁자, compete 경쟁하다, competent 유능한

0328

Rank 0968

[kəmpíːt]

compete

v 경쟁하다
v 참가하다

Companies compete / with one another / for market share.
회사들은 경쟁한다 　　　　 서로가 　　　　　　 시장 점유율을 위해

> **빈출표현**
> • to compete effectively 효과적으로 경쟁하기 위해
> 파 competitor 경쟁자, competitive 경쟁력 있는, competent 유능한

Rank 1862 [kámpətənt]

competent

a 유능한
a 능숙한

The report [on the latest sales figures] proved / to us /
보고서는　　　　최근 판매 수치에 관한　　　　입증했다　　우리에게

that [//Mr. Barbara is a highly competent CEO].
그것을　　Mr. Barbara가　　　매우　　유능한 CEO다

> 빈출표현
> 윤 capable, talented 유능한
> 파 competitor 경쟁자, competitive 경쟁력 있는, compete 경쟁하다

Rank 0136 [dάkjumənt]

document

n 문서
n 서류

You have to turn / in this document / to your supervisor /
너는 제출해야 한다　　이 문서를　　　　너의 상사에게

immediately.
즉시

> 빈출표현
> · official document 공문서
> 윤 paper 문서
> 파 documentation 서류, documentary 서류의

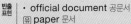

Rank 0351 [άpərèit]

operate

v 작동하다
v 조작하다
v 수술하다

If the copy machine doesn't operate / properly, //
복사기가 작동하지 않는다면　　　　　　　제대로

make sure // it is connected and turned on.
확인하세요　　복사기가 연결됐고 켜졌는지를

> 빈출표현
> · operate equipment 장비를 작동시키다 🔧
> 윤 run, work 작동하다
> 파 operation 운영, operational 운영상의, operator 운영자, operative 작용하는

Rank 0379 [àpəréiʃən]

operation

n 운영
n 경영
n 수술

The government is pushing / to limit / bars' hours of operation.
정부는 추진하고 있다　　　　제한하는 것을　술집의 영업시간을

> 빈출표현
> · hours of operation 영업시간 🔧
> · be in operation 작동 중이다
> 윤 management 운영
> 파 operate 운영하다, operational 운영상의, operator 운영자, operative 작용하는

Rank 1634 [àpəréiʃənl]

operational

ad 경영(운영)상의
ad (군사) 작전의

This new management technology has / the potential
이 새로운 관리 기술은 가지고 있다　　　　　　가능성을

[to increase / operational efficiency].
증가시킬　　　　운용 효율을

> 빈출표현
> · operational efficiency 운영 효율
> · operational cost 운영 비용
> 윤 administrative, functional 운영상의
> 파 operate 운영하다, operation 운영, operator 운영자, operative 작용하는

Day 07 301-350

Rank 0132 [trai]

try

v 노력하다
v 시도하다

She tried / to take part / in the national teachers'
그녀는 노력했다　참가하기 위해　　전국 교사 협의회에

conference [in Auckland].
오클랜드의

> 빈출표현
> · try out 시험해 보다
> · try on 입어보다 🔧
> 윤 strive, attempt 노력하다

Rank 0286

[əgríː]

agree

v 동의하다

The tourists agreed / to the tight schedule.
그 관광객들은 동의했다　　꽉 찬 일정에

빈출
표현
- agree to(with, on) ~에 동의하다 📶
- 윤 assent 동의하다
- ⑪ agreement 동의

Rank 0428

[əgríːmənt]

agreement

n 합의
n 동의
n 계약

He is calling / his client / in order to reach /
그는 전화하는 중이다　그의 고객에게　도달하기 위해

an agreement [on the contract terms].
합의에　　　　　　계약 조건에 대한

빈출
표현
- reach an agreement 합의에 도달하다
- rental agreement 임대 계약 📶
- 윤 consent 합의
- ⑩ disagreement 불일치
- ⑪ agree 동의하다

Rank 0297

[ridjúːs]

reduce

v 줄이다
v 낮추다

I think // we should try / to reduce / all unnecessary
나는 생각한다　우리는 노력해야 한다　줄이기 위해　모든 불필요한

expenses / on our business trip.
비용들을　　　우리의 출장에서

빈출
표현
- reduce expenses(costs) 비용을 줄이다 📶
- reduce pollution 오염을 줄이다
- reduce the amount of ~의 양을 줄이다 📶
- 윤 decrease, diminish 줄이다
- ⑩ increase 늘리다, promote 증진하다
- ⑪ reduced 감소한, reduction 감소, reductive 감소하는

Rank 0535

[ridjúːst]

reduced

a 할인한
a 감소한

Students [under the age of 15] are permitted / to use /
학생들은　　15세 미만의　　　　　허용된다　　　　사용하는 것이

transportation cards / at reduced prices.
교통 카드를　　　　　　할인된 가격으로

빈출
표현
- reduced price 할인된 가격 📶
- reduced rate 할인된 요금
- ⑪ reduce 줄이다, reduction 감소, reductive 감소하는

Rank 1028

[ridʌkʃən]

reduction

n 감소
n 축소
n 할인

The reduction [in staff] has caused / a lot of problems
감소는　　　직원의　　초래했다　　많은 문제들을

[for corporate management].
회사 운영에

빈출
표현
- price reduction 가격 할인
- budget reduction 예산 삭감
- 윤 decline, decrease 감소
- ⑩ growth 증가
- ⑪ reduce 줄이다, reduced 감소한, reductive 감소하는

Rank 0245 [ripléis]

replace

v 교체하다
v 대체하다
v 대신하다

0340

The damaged part will be replaced / with a new one.
손상된 부품은 교체될 것이다   새 것으로

> 빈출표현
> · replace A with B A를 B로 교체하다
> 유 exchange, substitute, swap 교체하다
> 파 replacement 교체

Rank 0511 [ripléismənt]

replacement

n 교체
n 교환
n 후임자

0341

The engineer needed / a replacement part, // but
그 기술자는 필요했다   교체 부품이   하지만

it was not in stock.
재고가 없었다

> 빈출표현
> · replacement part 교체 부품
> 유 change 교체
> 파 replace 교체하다

Rank 0301 [iksténd]

extend

v 연장하다
v 늘리다

0342

The client has kindly extended / the project deadline /
그 고객은   친절하게 연장했다   프로젝트의 마감일을

by three months.
3개월까지

> 빈출표현
> · extend a deadline 마감일을 연장하다
> 유 prolong, lengthen 연장하다
> 반 reduce 줄이다
> 파 extensive 폭넓은, extension 연장, extensively 광범위하게

Rank 0746 [iksténsiv]

extensive

ad 폭넓은
ad 대규모의

0343

The chefs [at the restaurant] have / extensive experience
요리사들은   그 레스토랑의   갖고 있다   폭넓은 경험을

[in the industry].
업계에서

> 빈출표현
> · extensive experience 폭넓은 경험
> 유 broad, wide 폭넓은
> 파 extend 연장하다, extension 연장, extensively 광범위하게

Rank 0755 [iksténʃən]

extension

n (전화의) 내선
n 연장
n 확장

0344

If you would like to reach / Mr. Lee, // dial / extension 0932.
만약 당신이 연락하고 싶다면   Mr. Lee에게   전화하세요   내선 0932로

> 빈출표현
> · deadline extension 마감일 연장
> 유 lengthening, continuation 연장
> 파 extend 연장하다, extensive 폭넓은, extensively 광범위하게

Rank 1919 [iksténsivli]

extensively

ad 광범위하게
ad 널리

0345

They extensively discussed / the merger [between
그들은   광범위하게   논의했다   합병을

their company and another / in the same industry].
그들 회사와 다른 회사 간의   동종 업계의

> 빈출표현
> 유 widely, broadly 광범위하게
> 파 extend 연장하다, extensive 폭넓은, extension 연장

Day 07   301~350

Rank 0159

[ǽnjuəl]
annual

a 연례의

Welcome / to the second annual conference /
환영합니다   제 2회 연례 회의에 온 것을

on the environment and development.
환경과 개발에 관한

빈출 표현
· annual conference 연례 회의
· annual report 연례 보고서
· annual meeting 연례 모임
· annual inspection 연례 검사
⊞ annually 매년

Rank 1329

[ǽnjuəli]
annually

ad 매년
ad 해마다

He recommended / that [/the facility should be inspected /
그는 권고했다   그것을   그 장비는 점검되어야 한다

annually].
매년

빈출 표현
㈒ yearly 매년
⊞ annual 연례의

Rank 0133

[diléi]
delay

n 지연
n 지체
v 미루다
v 연기하다

The sales manager apologized / for the delay [in my order].
그 판매 관리자는 사과했다   지연에 대해   나의 주문의

빈출 표현
· apologize for a delay 지연에 대해 사과하다
· shipping delay 배송 지연
· cause a delay 지연을 초래하다
· without delay 지체 없이
㈒ postpone, defer, put off 연기하다

Rank 0149

[fəsíləti]
facility

n 시설
n 설비

Students [from a nearby college] came / to tour /
학생들이   인근 대학으로부터   왔다   견학하기 위해

our production facility.
우리의 생산 시설을

빈출 표현
· production facility 생산 시설
· manufacturing facility 제조 시설
· medical facility 의료 시설
㈒ establishment

Rank 0336

[les]
less

a ~보다 적은
a 덜한

Hotels are less expensive / in rural areas /
호텔들은   덜 비싸다   지방이

than in the urban areas.
도심지보다

빈출 표현
· less expensive 덜 비싼
⊞ more 더 많은
⊞ least 가장 적은, lessen 줄이다

STEP 3 집중해서 풀어라!

워크북 34페이지부터 학습하면
됩니다.

STEP 4 주기적인 복습 '기억상자'

제대로 외웠는지 확인하고 싶다고요? 까먹기 전에 다시 복습하고
싶다고요? 지금 당장 QR 코드를 스캔해 보세요.

STEP 1 읽을 수 있을 때까지 들어라!

읽지 못하는 단어는 절대 외울 수 없습니다! 발음 기호 없이 자신있게
읽을 수 있을 때까지 원어민의 발음을 들으면서 반복해서 따라 읽으세요.

0351~0400 Words

- □ least 가장 적은
- □ prepare 준비하다, 대비하다
- □ preparation 준비, 대비
- □ article (신문 등의) 기사, 글, 품목
- □ consult 상의하다, 상담하다
- □ consultant 상담사, 고문
- □ consultation 상담, 협의
- □ floor (건물의) 바닥, 층
- □ flooring 바닥재
- □ activity 활동, 행동
- □ actor 배우
- □ active 활동적인, 적극적인
- □ act 행동하다, 연기하다
- □ activate 활성화시키다, 작동시키다
- □ acting 연기, 대행의
- □ participate 참가하다, 참여하다
- □ participant 참가자
- □ firm 회사, 확실한
- □ introduce 소개하다, 진행하다
- □ introduction 소개, 도입
- □ successful 성공적인, 성공한
- □ success 성공, 성과
- □ successfully 성공적으로
- □ succeed 성공하다, 뒤를 잇다
- □ welcome 환영하다, 맞이하다

- □ maintenance 보수, 유지
- □ maintain 유지하다, 주장하다
- □ policy 정책, 규정
- □ wait 기다리다
- □ mail 우편으로 보내다, 메일을 보내다
- □ mention 언급하다, 말하다
- □ invite 초대하다, 초청하다
- □ invitation 초대, 초대장
- □ material 재료, 자료
- □ regular 정기적인
- □ regulation 규정, 법규
- □ regularly 정기적으로, 규칙적으로
- □ regulate 통제하다, 조절하다
- □ result 발생하다, 결과
- □ supervisor 관리자, 감독관
- □ supervise 감독하다, 지도하다
- □ care 관리, 돌봄
- □ carefully 주의 깊게, 신중히
- □ careful 주의 깊은, 조심스러운
- □ indicate 나타내다, 가리키다
- □ indication 암시, 징후
- □ join 가입하다, 참가하다
- □ plant 공장, 식물
- □ safety 안전
- □ safe 금고, 안전한

STEP **2** 집중해서 읽어라!

암기는 나중에, 정독에 집중하세요! 한 번에 외워야 한다는 강박은
개나 줘버리고 편안한 마음으로 읽되, 집중하세요.

---- 0351

Rank 0368

[liːst]

least

a 가장 적은

It is good / for a child to make / a habit [of saving /
그것은 좋다　　아이들이　　　만드는 것은　　습관을　　저축하는

at least a dollar / a week].
적어도 1달러를　　　　일주일에

> 빈출 표현
> · at least 적어도 🔔
> 伊 minimum, minimal 최소의
> 凹 most 최대의
> 凹 less ~보다 적은, lessen 줄이다

---- 0352

Rank 0181

[pripέər]

prepare

v 준비하다

v 대비하다

We need to prepare / a work area [for the new employees].
우리는 준비해야 한다　　　　작업 공간을　　　　새로운 직원들을 위한

> 빈출 표현
> · prepare A for B B를 위해 A를 준비하다 🔔
> · prepare for ~를 준비하다 🔔
> 伊 arrange 준비하다
> 凹 preparation 준비, preparedness 준비된 상태, preparatory 준비의

---- 0353

Rank 1044

[prèpəréiʃən]

preparation

n 준비

n 대비

The convention center has added / extra helpers /
컨벤션 센터는 추가했다　　　　　　　　추가 봉사자들을

to offer / guidance / to foreign visitors / in preparation
제공하기 위해　안내를　　외국 방문객들에게　　　　준비로

[for the conference [of an international organization]].
회의에 대한　　　　　　국제기구의

> 빈출 표현
> · in preparation for ~에 대한 준비로 🔔
> 伊 arrangement 준비
> 凹 prepare 준비하다, preparedness 준비된 상태, preparatory 준비를 위한

---- 0354

Rank 0134

[ɑ́ːrtikl]

article

n (신문 등의) 기사, 글

n 품목

He used to write / articles / on his laptop / in a cafe.
그는 쓰곤 했다　　기사들을　　그의 노트북으로　　카페에서

> 빈출 표현
> · write an article 기사를 쓰다 🔔
> · according to an article 기사에 따르면 🔔
> · newspaper article 신문 기사 🔔
> · magazine article 잡지 기사 🔔
> · run an article 기사를 게재하다
> 伊 story 기사

---- 0355

Rank 0369

[kənsʌlt]

consult

v 상의하다

v 상담하다

v ~을 참고하다

Please do not hesitate / to consult / with counselors /
주저하지 마세요　　　　상의하는 것을　　상담사들과

about your worries.
당신의 걱정거리에 대해

> 빈출 표현
> · consult with ~와 상의하다 🔔
> · consult a manual 설명서를 참고하다
> 伊 confer 상의하다
> 凹 consultant 상담사, consultation 상담

Rank 0444

[kɑnsʌ́ltənt]

consultant

n 상담사
n 고문

Ms. Choi began / her career / as a marketing consultant /
Ms. Choi는 시작했다　　그녀의 경력을　　마케팅 상담사로

with the company / in 1990.
그 회사에서　　　　　1990년에

빈출 표현	• marketing consultant 마케팅 상담사	• financial consultant 금융 상담사
	• business consultant 사업 상담사	• design consultant 디자인 고문
	㈜ counselor 상담사	
	⑪ consult 상담하다, consultation 상담	

Rank 0969

[kɑnsəltéiʃən]

consultation

n 상담
n 협의

Law firms offer / professional consultations / to clients
법률 회사들은 제공한다　　전문적인 상담을　　　　　　고객들에게

[/who pay / money].
그들은 지불한다　돈을

빈출 표현	• professional consultation 전문적인 상담
	• consultation with ~와 협의하여
	• free consultation 무료 상담
	• individual consultation 개인적인 상담
	㈜ talk 상담
	⑪ consult 상담하다, consultant 상담사

Rank 0167

[flɔːr]

floor

n (건물의) 바닥
n (건물의) 층

The floor [in my room] is littered / with a lot of trash.
바닥이　　내 방의　　　어질러져 있다　　많은 쓰레기들로

빈출 표현	• floor plan 건물의 평면도	• floor manager 매장 감독, 층 관리자
	㈜ ground, deck 바닥	
	⑪ flooring 바닥재	

Rank 1291

[flɔ́ːriŋ]

flooring

n 바닥재

Some interior designers think // flooring material and
몇몇 인테리어 디자이너들은 생각한다　　　　바닥재와

wallpaper are / major design factors.
벽지는　　이다　　중요한 디자인 요소들

빈출 표현	• flooring material 바닥재
	⑪ floor (건물의) 바닥

Rank 0491

[æktívəti]

activity

n 활동
n 행동

The goal [of this activity] is to search / for missing children
목적은　　이 활동의　　찾는 것이다　　실종 아동들을

[around the country].
전국의

빈출 표현	• outdoor activity 외부 활동	• recreational activity 여가 활동
	• social activity 사회 활동	
	㈜ movement 활동	
	⑪ actor 배우, active 활동적인, act 행동하다, activate 활성화시키다	

Rank 0733

[ǽktər]

actor

n 배우

Sometimes posters [with images [of famous actors]]
때때로 포스터들은　　[사진이 담긴　　　유명한 배우들의]

are stolen / on the street.
도난당한다　　거리에서

빈출 표현	• famous actor 유명한 배우
	⑪ activity 활동, active 활동적인, act 행동하다, activate 활성화시키다

Day 08 351~400

Rank 1117 [ǽktiv]
active
a 활동적인
a 적극적인

0362

Mr. Stevens has been active / in the telecommunications industry /
Mr. Stevens은 활동해 왔다   정보통신 업계에서

in Korea.
한국의

> 빈출표현
> · be active in ~에 활동적이다
> 윤 energetic 활동적인
> 반 inactive 활동하지 않는
> 파 actor 배우, act 행동하다, activate 활성화시키다, acting 연기

Rank 1225 [ǽkt]
act
v 행동하다
v 연기하다
n 행동
n 법률
n (연극의) 막

0363

The board needs to act / promptly / to respond /
이사회는 행동해야 한다   즉시   대응하기 위해

to its competitor's actions.
경쟁사의 행동들에

> 빈출표현
> · act as ~로서의 역할을 하다
> 윤 behave 행동하다
> 파 actor 배우, active 활동적인, activate 활성화시키다, acting 연기

Rank 1393 [ǽktəvèit]
activate
v 활성화시키다
v 작동시키다

0364

A valid phone number and e-mail address are required /
유효한 전화번호와 이메일 주소가   요구된다

to activate / your account.
활성화시키기 위해   당신의 계정을

> 빈출표현
> · activate an account 계정을 활성화시키다
> 파 actor 배우, active 활동적인, act 행동하다, acting 연기

Rank 1588 [ǽktiŋ]
acting
n 연기
a 대행의
a 임시의

0365

Many students want / to register / for the acting class, //
많은 학생들은 원한다   등록하기를   그 연기 수업에

but the class limit is 50.
하지만 그 수업의 제한은 50명이다.

> 빈출표현
> · acting class 연기 수업
> 윤 performance 연기
> 파 actor 배우, active 활동적인, act 행동하다, activate 활성화시키다

Rank 0317 [pɑːrtísəpèit]
participate
v 참가하다
v 참여하다

0366

Many researchers participated / in a study
많은 연구원들이 참가했다   연구에

[about people's memories].
사람들의 기억력에 관한

> 빈출표현
> · participate in ~에 참가하다
> 윤 take part in, join 참가하다
> 파 participant 참가자, participation 참가

Rank 0393 [pɑːrtísəpənt]
participant
n 참가자

0367

The staff members are preparing / to make / a special offer
직원들은 준비하고 있다   제공하기 위해   특가품을

[for conference participants].
회의 참가자들을 위한

> 빈출표현
> · conference participant 회의 참가자
> 윤 attendee, attendant 참가자
> 파 participate 참가하다, participation 참가

Rank 0153

[fə:rm]

firm

n 회사
a 확실한

A law firm advertised / for staff members / on a online job site.
법률 회사는 광고를 했다   직원들에 대한   온라인 취업 사이트에

- law firm 법률 회사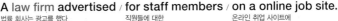
- consulting firm 컨설팅 회사
- ⊕ company, enterprise 회사
- ㉾ firmly 확고하게, firmness 확고

Rank 0199

[ìntrədjú:s]

introduce

v 소개하다
v 진행하다

A company recently introduced / a new mobile messenger
회사는   최근에   소개했다   새로운 모바일 메신저 응용 프로그램을

application / to the public.
대중에게

- introduce A to B B에게 A를 소개하다
- introduce a guest speaker 초청 연사를 소개하다
- introduce a new product 신제품을 소개한다.
- ㉾ introduction 소개, introductory 소개하는

Rank 0943

[ìntrədʌkʃən]

introduction

n 소개
n 도입
n 전래

After the introduction [of our newest products], /
소개 후에   우리의 최신 제품들의

we will distribute / some free samples.
우리는 배포할 것이다   몇 개의 무료 샘플들을

- special introduction 특별한 소개
- ㉾ introduce 소개하다, introductory 소개하는

Rank 0427

[səksésfəl]

successful

a 성공적인
a 성공한
a 합격한

This sportswear is one [of the most successful products
이 스포츠웨어는 하나이다   가장 성공적인 제품들 중의

[at our company]].
우리 회사에서

- one of the most successful thing 가장 성공적인 것 중 하나
- successful advertising campaign 성공적인 광고 캠페인
- successful candidate 합격자
- ㉾ success 성공, successfully 성공적으로, succeed 성공하다

Rank 0487

[səksés]

success

n 성공
n 성과

We hope // your business continues / its success and growth.
우리는 바란다   당신의 사업이 계속된다   사업의 성공과 성장이

- ⊖ failure 실패
- ㉾ successful 성공한, successfully 성공적으로, succeed 성공하다

Rank 1081

[səksésfəli]

successfully

ad 성공적으로

They have successfully completed / the training program
그들은   성공적으로   완수했다   교육 프로그램을

[for the new accounting software].
새 회계 소프트웨어를 위한

- successfully complete 성공적으로 완수하다.
- successfully introduce 성공적으로 도입하다.
- ㉾ successful 성공한, success 성공, succeed 성공하다

Day 08 351~400

Rank 1118

[səksíːd]

succeed

v 성공하다
v 뒤를 잇다

———— 0374

They succeeded / in developing / a strategy [for improving /
그들은 성공했다 　　개발하는 것에 　　전략을 　　향상을 위한

productivity].
생산성

> 빈출 표현
> • succeed in ~에 성공하다
> 뜻 fail 실패하다
> 파 successful 성공한, success 성공, successfully 성공적으로

Rank 0140

[wélkəm]

welcome

v 환영하다
v 맞이하다
a 반가운

———— 0375

Welcome / to the lecture [entitled / Trends /
환영합니다 　　강좌에 온 것을 　　명명된 　　유행이라

in Contemporary Interior Design Style].
현대 실내 디자인 스타일의]

> 빈출 표현
> 유 greet, appreciate, receive 환영하다

Rank 0264

[méintənəns]

maintenance

n 보수
n 유지
n 지속
n 관리

———— 0376

All the power [in the factory] was turned off / to do /
모든 전원은 　　공장의 　　꺼졌다 　　하기 위해

routine maintenance.
정기 보수를

> 빈출 표현
> • routine maintenance 정기 보수(점검)
> • maintenance department 보수 관리 부서
> • a maintenance worker 관리 직원
> • for maintenance 보수 관리를 위한
> 유 repair 보수
> 파 maintain 유지하다

Rank 0512

[meintéin]

maintain

v 유지하다
v 주장하다

———— 0377

In order to maintain / our market share, / we are currently
유지하기 위해 　　우리의 시장 점유율을 　　우리는 　　최근에

developing / new products.
개발 중이다 　　새로운 상품들을

> 빈출 표현
> • well-maintained 유지(손질)가 잘 된
> 유 keep, preserve 유지하다
> 파 maintenance 유지

Rank 0142

[páləsi]

policy

n 정책
n 규정
n 방침
n 보험증서(증권)

———— 0378

None [of the groups] knew / the return policy / of Anetaco.
누구도 　　그 무리들 중 　　알지 못했다 　환불 정책을 　　Anetaco의

> 빈출 표현
> • return policy 환불 정책, 교환 정책
> • change in policy 정책의 변경
> • policy regarding ~에 관한 정책
> • foreign policy 외교 정책

Rank 0143

[weit]

wait

v 기다리다

———— 0379

Many buses are waiting / at the entrance [to our parking area].
많은 버스들이 기다리고 있다 　　입구에서 　　우리 주차장의

> 빈출 표현
> • wait in line 줄을 서서 기다리다
> • wait for a table 테이블에 자리가 나기를 기다리다
> 유 await, hold on 기다리다

Rank 0144 [meil]

mail

v 우편으로 보내다
v 메일을 보내다
n 메일
n 우편

If necessary, // we will mail / you the invoice [for the cost
만약 필요하다면   우리는 우편으로 보낼 것이다   당신에게 송장을   비용에 대한

[of the equipment]].
장비의

> 빈출표현
> • registered mail 등기 우편
> • mail order 우편 주문
> • regular mail 보통 우편
> • voice mail 음성 메일

Rank 0145 [ménʃən]

mention

v 언급하다
v 말하다
n 언급

Javier mentioned / to us that [//a new member had joined /
Javier는 언급했다   우리에게 그것을   새 멤버가 합류했다

our team].
우리의 팀에

> 빈출표현
> • mention that ~라고 언급하다
> 宙 speak 언급하다

.... 0382

Rank 0250 [inváit]

invite

v 초대하다
v 초청하다
v 요청하다

Mr. Dominguez is invited / to attend / the presentation /
Mr. Dominguez는 초대되었다   참석하도록   발표회에

on Tuesday.
화요일에

> 빈출표현
> • be invited to ~하도록 초대되다
> 冊 invitation 초대

.... 0383

Rank 0562 [ìnvitéiʃən]

invitation

n 초대
n 초대장

Thank you / for your invitation / to speak / at the convention.
감사합니다   당신의 초대에   연설하도록   그 집회에서

> 빈출표현
> • accept an invitation 초청을 수락하다
> • send an invitation 초대장을 보내다
> 冊 invite 초대하다

.... 0384

Rank 0146 [mətíəriəl]

material

n 재료
n 자료
n 직물
a 물질의

Our company's revenue will be boosted / by the decrease
우리 회사의 수익은 증가될 것이다   하락으로 인해

[in the prices [of raw materials]].
가격   원자재들의

> 빈출표현
> • raw material 원자재   • building material 건축 자재
> • training material 교육 자료   • reading material 읽을거리
> • construction material 건축 자재
> • teaching material 교육 자료
> 宙 substance 재료

Rank 0433 [régjulər]

regular

a 정기적인

You should call / back / during regular business hours.
당신은 전화해야 한다   다시   정규 업무 시간 내에

> 빈출표현
> • regular business(working/office) hours 정규 업무(근무) 시간
> • on a regular basis 정기적으로
> • regular customer 단골손님
> 宙 periodic 정기적인
> 冊 irregular 불규칙적인
> 冊 regulation 규정, regularly 정기적으로, regulate 조절하다

Day 08 351-400

Rank 0635

[règjuléiʃən]

regulation

n 규정
n 법규
n 규제

The lecturer described / the safety regulations /
강사는 설명했다　　　　　　　안전 규정들을

for the newcomer.
새로 온 사람들에게

빈출
표현
- safety regulation 안전 규정
- comply regulation 규정을 준수하다
- customs regulation 관세 규정
- 㵢 rule 규정
- 㴦 regular 정기적인, regularly 정기적으로, regulate 조절하다

Rank 0884

[régjulərli]

regularly

ad 정기적으로
ad 규칙적으로

The data [in the computer] is regularly stored /
자료는　　　　컴퓨터에 있는　　　　정기적으로　　저장된다

on other disks / for up to two years.
다른 디스크들에　　　최대 2년 동안

빈출
표현
- 㵢 periodically 정기적으로
- 㴦 regular 정기적인, regulation 규정, regulate 조절하다

Rank 1361

[régjulèit]

regulate

v 통제하다
v 조절하다

The outside consultants advised / us to regulate /
외부 자문 위원들은 조언했다　　　　우리가 통제할 것을

our foreign investments.
우리의 해외 투자를

빈출
표현
- 㵢 control, restrict 규제하다
- 㴦 regular 정기적인, regulation 규정, regularly 정기적으로

Rank 0147

[rizʌlt]

result

v 발생하다
n 결과

The success [of our promotion campaign] will result /
성공은　　　　홍보 캠페인의　　　　　　　　발생할 것이다

in a positive outcome / on our sales.
긍정적인 결과가　　　　우리의 매출에

빈출
표현
- result in ~을 야기하다
- as a result of ~의 결과로
- 㵢 cause, arise 발생하다

Rank 0205

[súːpərvàizər]

supervisor

n 관리자
n 감독관

I'm not able to sign / the contracts / without approval
나는 서명할 수 없다　　　　계약에　　　　　승인 없이

[from my immediate supervisor].
나의 직속 상사로부터의

빈출
표현
- immediate supervisor 직속 상사
- warehouse supervisor 창고 관리자
- contact a supervisor 상사에게 연락하다
- department supervisor 부서장
- 㵢 director, administrator, manager 관리자
- 㴦 supervise 관리하다, supervision 관리, supervisory 관리의

Rank 0983 [súːpərvàiz]

supervise

v 감독하다
v 지도하다
v 관리하다

0391

A foreign expert supervised / the construction
외국 전문가가 감독했다 　　　　　　　　　　　　　　건설을

 [of our new office building].
우리의 새로운 사옥의

> 빈출 표현
> - supervise construction 공사를 감독하다
> 윤 oversee 감독하다
> 파 supervisor 관리자, supervision 관리, supervisory 관리의

Rank 0271 [kɛər]

care

n 관리
n 돌봄
v 돌보다

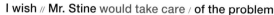
0392

I wish // Mr. Stine would take care / of the problem
나는 바란다　　Mr. Stine이 처리해 줄 것이다　　　그 문제를

[//that I'm trying / to solve].
그 문제 내가 노력하고 있는　해결하기 위해

> 빈출 표현
> - take care of 돌보다, 처리하다
> - health care 건강 관리
> - patient care 환자 치료
> - hair care 모발 관리
> - medical care 의료 서비스
> - skin care 피부 관리
> 윤 attention 돌봄
> 파 carefully 주의 깊게, careful 주의 깊은

Rank 0808 [kɛ́ərfəli]

carefully

ad 주의 깊게
ad 신중히

0393

Please read / the installation manual / carefully.
읽어주세요　　　설치 매뉴얼을　　　　　　주의 깊게

> 빈출 표현
> 파 care 돌봄, careful 주의 깊은

Rank 0970 [kɛ́ərfəl]

careful

a 주의 깊은
a 조심스러운

0394

You should be careful / to maintain / the quality
당신은 신중해야 한다　　　유지하기 위해　　품질을

[of our online service].
우리 온라인 서비스의

> 빈출 표현
> 윤 attentive, watchful, cautious 주의 깊은
> 반 careless 부주의한
> 파 care 돌봄, carefully 주의 깊게

Rank 0179 [índikèit]

indicate

v 나타내다
v 가리키다

0395

The records indicate / that [//profits [in the retail market]
그 기록은 나타낸다　　　　그것을　　이익은　　소매점의

are gradually being reduced].
점차　　　　줄어들고 있다

> 빈출 표현
> - indicate that ~라는 것을 나타내다
> - indicate a preference 선호도를 나타내다
> 윤 show, express 나타내다
> 파 indication 암시, indicative 나타내는, indicator 지표

Day 08 351-400

Rank 1589

[ìndikéiʃən]
indication

n 암시
n 징후

He gave no indication [//that the merger [of the two companies]
그는 암시를 주지 않았다   그 암시 합병이   두 회사의

will happen].
일어날 것이다

빈출표현	船 suggestion 암시
	邇 indicate 나타내다, indicative 나타내는, indicator 지표

Rank 0151

[dʒɔin]
join

v 가입하다
v 참가하다
v 연결하다
v 합류하다

He is looking / for people [to join / the labor union].
그는 찾고 있다   사람을   가입할   노동조합에

빈출표현	船 sign up 가입하다

Rank 0152

[plænt]
plant

n 공장
n 식물
v (식물을) 심다

The plant has been / in operation / for almost five decades.
그 공장은 있다   가동 중에   거의 50년 동안

빈출표현	• potted plant 화분에 심은 식물
	• power plant 발전소
	船 factory 공장

Rank 0219

[séifti]
safety

n 안전

The purpose [of the safety inspection] is to find /
목적은   안전 검사의   찾는 것이다

any risk factors [//that could lead / to work accidents].
모든 위험 요소를   그 위험 요소는 이어질 수 있다 산업 재해로

빈출표현	• safety inspection 안전 검사
	• safety procedure 안전 수칙
	• safety regulation 안전 규정
	• safety standard 안전 기준
	• safety feature 안전 조치
	船 security 안전
	邇 safe 안전한, safely 안전하게

Rank 0971

[seif]
safe

n 금고
a 안전한

When you travel, / be sure / to keep / your valuables /
당신이 여행할 때   확실하게 해라   보관하는 것을   당신의 귀중품들을

in the safe.
금고에

빈출표현	• safe place 안전한 장소
	邇 safety 안전, safely 안전하게

STEP 3 집중해서 풀어라!

워크북 39페이지부터 학습하면
됩니다.

STEP 4 주기적인 복습 '기억상자'

제대로 외웠는지 확인하고 싶다고요? 까먹기 전에 다시 복습하고
싶다고요? 지금 당장 QR 코드를 스캔해 보세요.

0401~0450 Words

- [ ] **safely** 안전하게, 무사히
- [ ] **minute** 잠깐, (시간의) 분
- [ ] **water** 물을 주다, 물
- [ ] **possible** 가능한
- [ ] **possibility** 가능성
- [ ] **possibly** 도저히, 아마
- [ ] **process** 과정, 절차
- [ ] **clean** 청소하다, 깨끗한
- [ ] **seat** 자리, 좌석
- [ ] **seating** 좌석, 자리
- [ ] **fee** 요금, 수수료
- [ ] **international** 국제적인
- [ ] **internationally** 국제적으로
- [ ] **feature** ~을 특징으로 다루다, 방영되다
- [ ] **record** 기록하다, 기록
- [ ] **bring** 가져오다, 데려오다
- [ ] **technology** (과학, 공업)기술
- [ ] **technological** (과학)기술의
- [ ] **detail** 세부사항, 자세하게 알리다
- [ ] **detailed** 상세한
- [ ] **president** 사장, 대통령
- [ ] **state** 말하다, 진술하다
- [ ] **statement** 명세서, 성명(서)
- [ ] **choose** 선택하다, 선정하다
- [ ] **choice** 선택, 선택권

- [ ] **representative** (판매) 대리인, 대표(자)
- [ ] **represent** 대표하다, 나타내다
- [ ] **class** 수업, 학급(반)
- [ ] **station** 방송국, 정거장
- [ ] **fill** 채우다
- [ ] **purpose** 목적, 의도
- [ ] **survey** 설문조사, 조사
- [ ] **medical** 의료의, 의학의
- [ ] **medicine** 약, 의학
- [ ] **medication** 약, 투약
- [ ] **access** 접근하다, 들어가다
- [ ] **accessible** 접근 가능한, 이용하기 쉬운
- [ ] **post** 게시하다, 공고하다
- [ ] **posting** 공시, 배치
- [ ] **postal** 우편의, 우체국의
- [ ] **postage** 우편요금
- [ ] **advise** 조언하다, 충고하다
- [ ] **advice** 조언, 충고
- [ ] **advisor** 고문, 전문가
- [ ] **advisable** 바람직한, 권할만한
- [ ] **advisory** 자문의, 고문의
- [ ] **magazine** 잡지
- [ ] **keep** 유지하다, 계속하다
- [ ] **display** 진열하다, 전시하다
- [ ] **expand** 확대하다, 확장하다

STEP 2 집중해서 읽어라!
암기는 나중에, 정독에 집중하세요! 한 번에 외워야 한다는 강박은
개나 줘버리고 편안한 마음으로 읽되, 집중하세요.

Rank 1635

[séifli]
safely

ad 안전하게
ad 무사히
ad 틀림없이

0401

In advance of the other training session, / you should
다른 교육 과정에 앞서   당신은

first learn / how [to use / this machine / safely].
먼저   배워야 한다 방법을   사용하는   이 기계를   안전하게

> 빈출
> 표현 | 쩐 safety 안전. safe 안전한

Rank 0154

[mínit]
minute

n 잠깐
n (시간의) 분
n 적은
n 회의록

0402

I apologize / for the sudden change [in the schedule] /
나는 사과한다   갑작스러운 변경에 대해   일정의

at the last minute.
막판에

> 빈출
> 표현 | · at the last minute 막판에
> 윤 moment 잠깐

Rank 0155

[wɔ́ːtər]
water

v 물을 주다
n 물

0403

The woman waters / the flower garden / two times / a week.
그녀는 물을 준다   꽃밭에   두 번   일주일에

> 빈출
> 표현 | · water a garden 정원에 물을 주다
> · water a plant 화초에 물을 주다 쩐
> · water level 수위
> · body of water 물줄기
> · water supply 급수

Rank 0196

[pásəbl]
possible

a 가능한

0404

We will do / everything [possible] / to achieve / our goal.
우리는 할 것이다   모든 것을   가능한   이루기 위해   우리의 목표를

> 빈출
> 표현 | · as soon as possible 가능한 빨리 쩐
> · if possible 가능하다면 쩐
> 쩐 impossible 불가능한
> 쩐 possibility 가능성. possibly 아마

Rank 1330

[pàsəbíləti]
possibility

n 가능성

0405

Local residents have / a major concern /
지역 주민들은 가지고 있다   큰 관심을

regarding the possibility [of regional redevelopment].
가능성에 관하여   지역 재개발의

> 빈출
> 표현 | 쩐 possible 가능한. possibly 아마

Rank 1920

[pásəbli]
possibly

ad 도저히
ad 아마
ad 어쩌면

0406

They couldn't have possibly expected / that
그들은   도저히   예상할 수 없었다   그것을

[//many of the flights would be canceled / owing to the typhoon].
수많은 항공편이 취소될 것이다   태풍 때문에

> 빈출
> 표현 | 쩐 possible 가능한. possibility 가능성

Rank 0164	[práses] **process** n 과정 n 절차 v 처리하다 v 가공하다

0407

The company is in the process [of recruiting / a new CEO].
그 회사는 과정에 있다   영입하는   새 CEO를

빈출표현
- in the process of ~의 과정에서 🔧
- manufacturing process 제조 과정 🔧
- application process 응용 프로세스 🔧
- hiring process 채용 과정 🔧
- ㈜ procedure 과정
- ㈜ processing 처리, procession 진행, processor 가공업자

Rank 0157	[kli:n] **clean** v 청소하다 a 깨끗한 a 순수한

0408

The streets [of Banghwa] will be cleaned up //
거리들은   Banghwa의   청소될 것이다

before the festival begins.
축제가 시작되기 전에

빈출표현
- clean up 청소하다 🔧
- ㈜ sweep 청소하다
- ㈜ dirty 더럽히다

Rank 0228	[si:t] **seat** n 자리 n 좌석 v 앉다

0409

You have to sit / in the seat [//that you reserved / in advance].
당신은 앉아야 한다   좌석에   그 좌석 당신이 예약했다   사전에

빈출표현
- aisle seat 통로 쪽 좌석 🔧   · fasten a seat belt 안전벨트를 매다
- ㈜ chair 자리
- ㈜ seating 자리

Rank 0781	[sí:tiŋ] **seating** n 좌석 n 자리

0410

I hope / to discuss / the seating arrangement
나는 희망한다 논의하기를   좌석 배치를

[for the conference].
그 회의의

빈출표현
- seating arrangement 좌석 배치 · seating plan 좌석 배치안
- ㈜ seat 자리

Rank 0160	[fi:] **fee** n 요금 n 수수료

0411

You will be able to use / the quick delivery service /
당신은 이용할 수 있을 것이다   빠른 배송 서비스를

by paying / an additional fee.
지불함으로써   추가 요금을

빈출표현
- additional fee 추가 요금 🔧   · membership fee 회비 🔧
- rental fee 임대료 🔧   · admission fee 입장료 🔧
- entry fee 참가비 🔧
- ㈜ rate, charge, price 요금

Rank 0182	[ìntərnǽʃənəl] **international** a 국제적인

0412

The shipment is transported / on an international flight /
그 화물은 수송되었다   국제 항공편으로

from Thailand.
태국으로부터

빈출표현
- international flight 국제선   · international trade 국제무역 🔧
- international travel 해외여행 🔧   · international client 해외 고객
- ㈜ domestic 국내의
- ㈜ internationally 국제적으로

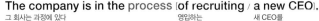

Day 09 401~450

Rank 1542

[ìntərnǽʃənəli]
internationally

ad 국제적으로

This exhibition is internationally famous /
이 전시회는 국제적으로 유명하다

for its unique works.
희귀한 작품들로

- 빈출 표현
  - 반 domestically 국내용으로
  - 파 international 국제적인

·· 0413

Rank 0162

[fí:tʃər]
feature

v ~을 특징으로 다루다
v 방영되다
n 특징
n 특색

The newly released camera features / portability and
새롭게 출시된 카메라는 특징으로 한다 휴대성과

high-definition.
고화질을

- 빈출 표현
  - • featured speaker 특별 연사
  - • safety feature 안전 기능

·· 0414

Rank 0163

[rikɔ́:rd]
record

v 기록하다
n 기록

The safety inspector recorded / the conditions
안전 감독관은 기록했다 상태들을

[of all the machines].
모든 기계들의

- 빈출 표현
  - • patient record 환자의 의료기록 ❀
  - • on record 기록적인
  - • set a record 기록을 세우다 ❀
  - 유 document 기록하다

·· 0415

Rank 0165

[briŋ]
bring

v 가져오다
v 데려오다

You ought to bring / the last meeting's minutes / with you.
당신은 가져와야 한다 지난 회의의 회의록을 당신이

- 빈출 표현
  - • bring A with B B가 A를 가져오다 ❀
  - 유 get 가져오다

·· 0416

Rank 0184

[teknάlədʒi]
technology

n (과학, 공업)기술

The company holds / a key position /
그 회사는 차지한다 중요한 위치를

in the information technology sector.
정보 기술 분야에서

- 빈출 표현
  - • Information technology 정보 기술 ❀
  - • technology conference 기술 회의 ❀
  - 파 technological 기술의, technologically 기술로

·· 0417

Rank 1590

[tèknəlάdʒikəl]
technological

a (과학)기술의

She has taken / great interest / in the technological
그녀는 가져왔다 큰 관심을 기술 향상에 대해

improvements [//we mentioned / at the meeting].
우리가 언급했다 회의에서

- 빈출 표현
  - • technological improvement 기술 향상
  - • technological innovation 기술 혁신
  - 파 technology 기술, technologically 기술로

·· 0418

0419

Rank 0248

[ditéil]

detail

n 세부사항
v 자세하게 알리다

Many customers are waiting / **for more details**
많은 고객들이 기다리고 있다   더 많은 세부사항들을 위해

[about our products].
우리의 제품들에 대한

> 빈출 표현
> • more detail 더 많은 세부사항 🎯
> • in detail 상세하게 🎯
> 파 detailed 상세한

0420

Rank 0673

[ditéild]

detailed

a 상세한

The tourist office provides / **detailed information** /
그 관광 안내소는 제공한다   상세한 정보를

for visitors.
방문객들을 위해

> 빈출 표현
> • detailed information 상세한 정보 🎯
> • detailed schedule 세부일정
> 파 detail 세부사항

0421

Rank 0168

[prézədənt]

president

n 사장
n 대통령
n 회장

Ms. Lanser was appointed / **the vice president**
Ms. Lanser는 임명되었다   부사장으로

[of our company].
우리 회사의

> 빈출 표현
> • vice president 부사장 🎯
> • company president 회장 🎯
> • bank president 은행장
> 유 boss 사장

0422

Rank 0257

[steit]

state

v 말하다
v 진술하다
n 상태
n (미국의) 주

He stated / **that** [/**the contract had been declared** / **invalid].**
그는 말했다   그것을   그 계약이 선언되었다   무효로

> 빈출 표현
> • state-of-the-art 최신식의 🎯
> 유 say, speak, talk 말하다
> 파 statement 성명

0423

Rank 0636

[stéitmənt]

statement

n 명세서
n 성명(서)
n 진술(서)

The board of directors shared / **the details**
이사회는   공유했다   세부사항들을

[of their financial statements] / **with the investors.**
그들의 재무제표의   투자자들과

> 빈출 표현
> • financial statement 재무제표
> • monthly statement 월별 명세서 🎯
> • billing statement 대금 청구서
> • bank statement 은행거래 내역서 🎯
> 파 state 말하다

Rank 0265

[tʃuːz]

choose

v 선택하다
v 선정하다
v 고르다

0424

Customers can choose / from two versions /
고객들은 선택할 수 있다　　　　두 가지 버전에서

[of the new camera [//which have / different functions]].
새 카메라의　　　　그 카메라는 가지고 있다 다른 기능들을

빈출
표현
- choose from ~에서 선택하다 🔰
- 㳙 pick, select, elect 선택하다
- 㴯 choice 선택, chosen 선택된

Rank 0604

[tʃɔis]

choice

n 선택
n 선택권

0425

I think // canceling [the contract] would be / the smart choice.
나는 생각한다 해지하는 것은 그 계약을 될 것이다 현명한 선택

빈출
표현
- smart choice 현명한 선택
- 㳙 selection, option 선택
- 㴯 choose 선택하다, chosen 선택된

Rank 0221

[rèprizéntətiv]

representative

n (판매) 대리인
n 대표(자)
a 대표하는
a 대리의

0426

The sales representative came up / to the customers //
판매 직원이 다가갔다　　　　손님들에게

when they entered / the store.
그들이 들어왔을 때　　가게에

빈출
표현
- sales representative 판매 직원 🔰
- customer service representative 고객 서비스 직원 🔰
- 㳙 delegate, agent 대리인
- 㴯 represent 대표하다, representation 대의권

Rank 0927

[rèprizént]

represent

v 대표하다
v 나타내다

0427

Harly Granger was chosen / to represent /
Harly Granger는 선택되었다　　　　대표하기 위해

our company / at the job fair.
우리 회사를　　직업 박람회에서

빈출
표현
㴯 representative 대표, representation 대의권

Rank 0170

[klæs]

class

n 수업
n 학급(반)
n 등급
n 종류

0428

They tried / to persuade / me to sign up / for the fitness class.
그들은 노력했다 설득하기 위해 내가 가입하도록 운동 교실에

빈출
표현
- fitness class 운동 교실(수업) 🔰
- first class (비행기의) 일등석 🔰
- business class (비행기의) 비즈니스석 🔰
- 㳙 lesson 수업

Rank 0171

[stéiʃən]

station

n 방송국
n 정거장
n 역
n 방송

0429

The local radio station only airs / in this area [of the country].
그 지역 라디오 방송국은 유일하게 방송한다 이 지역에서 국내의

빈출
표현
- radio station 라디오 방송국 🔰
- train station 기차역 🔰
- bus station 버스 정류장 🔰
- subway station 지하철역 🔰
- service station 주유소

Rank 0172 [fil]

fill

v 채우다

A receptionist showed / me how [to fill out /
예약 담당자는 보여줬다   나에게 방법을   기입하는

the reservation form].
예약 양식을

빈출표현
- fill out 기입하다
- fill a position 자리를 채우다
- fill an order 주문에 응하다
- fill A with B A를 B로 채우다
- 몐 empty 비우다

Rank 0176 [pə́:rpəs]

purpose

n 목적
n 의도

The purpose [of the notice] is / to advertise /
목적은   그 공고의   이다   광고하는 것

commercial services.
상업 서비스들을

빈출표현
- for security purpose 보안(안전)을 위해서
- 윤 aim, objective, goal 목적
- 몐 purposeful 고의적인, purposely 고의로

Rank 0173 [sərvéi]

survey

n 설문조사
n 조사
v (설문) 조사하다

We are going to conduct / a survey / at our local branch.
우리는 수행할 것이다   설문조사를   우리의 지역 지점에서

빈출표현
- conduct a survey 설문조사를 하다
- fill out a survey 설문지를 작성하다
- customer satisfaction survey 고객 만족도 조사
- 윤 poll 여론 조사

Rank 0291 [médikəl]

medical

a 의료의
a 의학의

Ms. Rolf works / at the reception desk [of this medical clinic].
Ms. Rolf는 근무한다   접수처에서   이 병원의

빈출표현
- medical clinic 병원
- medical device 의료 장비
- medical care 의료 혜택
- medical student 의대생
- 몐 medicine 약, medication 약, medicinal 약효가 있는

Rank 0928 [médsn]

medicine

n 약
n 의학

They collaborated / to develop / new medicines
그들은 협력했다   개발하기 위해   새로운 약들을

[/that have positive effects / on rare diseases].
그 약은 긍정적 효과가 있다   희귀병들에

빈출표현
- 윤 drug 약
- 몐 medical 의학의, medication 약, medicinal 약효가 있는

Rank 1019 [mèdikéiʃn]

medication

n 약
n 투약

I think // you need to take / the proper medication //
나는 생각한다   당신은 복용해야 한다   적절한 약을

as prescribed / by the doctor.
처방된 대로   의사에 의해

빈출표현
- prescription medication 처방약
- 몐 medical 의학의, medicine 약, medicinal 약효가 있는

Day 09
401-450

Rank 0225

[ǽkses]

access

v 접근하다
v 들어가다
n 접근
n 입장

---- 0436

A limited number [of staff members] can access /
한정된 수만 　　　　직원들 중 　　　　접근할 수 있다

the secret data.
비밀 자료에

> **빈출표현**
> • access to ~에의 접근
> • internet access 인터넷 접속
> • have access to ~에 접근할 수 있다
> • easy access 자유로운 출입
> • get access 접근하다
> ㉤ approach 접근하다
> ㉫ accessible 접근 가능한, accessibility 접근 가능성

Rank 1029

[æksésəbl]

accessible

a 접근 가능한
a 이용하기 쉬운

---- 0437

The secretary's office is / only accessible / to officials.
비서실은 이다 　　　　오직 접근가능한 　　　임원들에게만

> **빈출표현**
> • accessible to ~가 이용할 수 있는
> ㉤ reachable 도달 가능한
> ㉠ inaccessible 접근이 어려운
> ㉫ access 접근하다, accessibility 접근 가능성

Rank 0251

[poust]

post

v 게시하다
v 공고하다
n 우편
n 직책
n 기둥

---- 0438

The director plans / to post / an advertisement /
그 관리자는 계획이다 　　게시할 　　　광고를

[for the position [of consultant]].
직위에 대한 　　　컨설턴트의

> **빈출표현**
> • post office 우체국
> ㉤ put up 게시하다
> ㉫ posting 공시, postal 우편의, postage 우편요금

Rank 1200

[póustiŋ]

posting

n 공시
n 배치
n 파견
n (개제된) 글

---- 0439

According to the job posting, / they need /
구인 공고에 따르면 　　　　　그들은 필요하다

two qualified senior accountants.
두 명의 자격 있는 수석 회계사가

> **빈출표현**
> • job posting 구인 공고
> ㉫ post 우편, postal 우편의, postage 우편요금

Rank 1636

[póustl]

postal

a 우편의
a 우체국의

---- 0440

The postal service charges / an additional fee
그 우편 서비스는 부과한다 　　　　추가 요금을

[for using / its services / on the weekend].
사용하는 것에 대한 서비스들을 　　주말에

> **빈출표현**
> • postal service 우편 서비스
> • postal code 우편 번호
> • postal worker 우편 배달원, 우체부
> ㉫ post 우편, posting 공시, postage 우편요금

Rank 1795

[póustidʒ]

postage

n 우편요금

---- 0441

The postage [for the delivery [of orders / over $30]] is free.
우편요금은 　　　배송에 대한 　　주문들의 　30 달러가 넘는 무료이다

> **빈출표현**
> ㉫ post 우편, posting 공시, postal 우편의

Rank 0467

[ədváiz]

advise

v 조언하다
v 충고하다

The consulting company advises / us strongly to do /
컨설팅 회사는 조언한다   우리가 강력히   할 것을

business / with a reputable company.
사업을   평판이 좋은 회사와

> 빈출표현
> • advise A to B A에게 B하라고 조언하다
> ㈜ counsel, hint 조언하다
> ㈜ advice 조언, advisor 고문, advisable 바람직한

Rank 0588

[ədváis]

advice

n 조언
n 충고

I think // we should seek / professional legal advice /
나는 생각한다   우리는 찾아야 한다   전문적인 법률 조언을

on this matter.
이 문제에 대해

> 빈출표현
> • legal advice 법률 조언
> ㈜ counsel, hint 조언
> ㈜ advise 조언하다, advisor 고문, advisable 바람직한

Rank 1226

[ədváizər]

advisor

n 고문
n 전문가

The owner [of the company] deals / in stocks /
소유자는   그 회사의   취급한다   주식을

without consulting / a financial advisor.
조언없이   재정 고문의

> 빈출표현
> • financial advisor 재정 고문
> ㈜ advice 조언, advisable 바람직한, advisory 자문의

Rank 1691

[ədváizəbl]

advisable

a 바람직한
a 권할만한

It is advisable / to reserve / flights and hotels /
그것은 바람직하다   예약하는 것이   항공편과 호텔을

in advance / during the peak season.
미리   성수기에는

> 빈출표현
> • be advisable to ~하는 것이 바람직하다
> ㈜ desirable 바람직한
> ㈜ advice 조언, advisor 고문, advisory 자문의

Rank 1921

[ədváizəri]

advisory

a 자문의
a 고문의

A position [on a state advisory board] requires /
자리는   주립 자문 위원회의   요구한다

very strict qualifications.
매우 엄격한 자격들을

> 빈출표현
> • advisory board 자문 위원회
> ㈜ consulting 자문의
> ㈜ advice 조언, advisor 고문, advisable 바람직한

Rank 0183

[mǽgəzi:n]

magazine

n 잡지

I just read / a magazine article [on the latest technology
나는 읽었다   잡지 기사를   최신 기술에 관한

[for robots]].
로봇의

> 빈출표현
> • magazine article 잡지 기사
> • magazine subscription 잡지 구독
> • magazine advertisement 잡지 광고
> ㈜ journal 잡지

Day 09 401~450

Rank 0188

[ki:p]

keep

v 유지하다
v 계속하다
v 보유하다

.... 0448

The capacity [in our plant] couldn't keep up /
수용 능력은   우리 공장의   따라갈 수 없었다

with the demands [from our clients].
수요를   우리 고객들의

빈출
표현
- keep up with ~을 따라잡다 🌟
- keep in mind 명심하다 🌟
- keep track of ~을 추적하다, ~을 기록하다 🌟
- keep going 계속 살아가다, 계속 견디다
- 윤 maintain, retain, conserve 유지하다

Rank 0185

[displéi]

display

v 진열하다
v 전시하다
n 전시
n 진열

.... 0449

The clothes [/that are offered / at discounted rates]
의류들은   의류들은 제공된다   할인된 요금에

will be / on display / next week.
있을 것이다 진열대에   다음 주에

빈출
표현
- be on display 진열되어 있다, 전시 중이다 🌟
- display case 진열함 🌟
- window display 쇼윈도의 상품 진열
- product display 제품 진열
- 윤 exhibit, lay out 진열하다

Rank 0276

[ikspǽnd]

expand

v 확대하다
v 확장하다
v 팽창시키다

.... 0450

In order to expand / the business, / we have raised /
확장하기 위해   사업을   우리는 모아왔다

$65 million / to date.
6천 5백만 달러를   지금까지

빈출
표현
- expand a business 사업을 확장하다 🌟
- expand into ~로 확대하다 🌟
- expand a budget 예산을 늘리다
- 윤 enlarge, magnify, extend 확대하다
- 반 reduce, downsize, minimize 축소하다
- 파 expansion 확대, expansive 광범위한, expandable 확대할 수 있는

STEP 3 집중해서 풀어라!	STEP 4 **주기적인 복습 '기억상자'**
워크북 44페이지부터 학습하면 됩니다.	제대로 외웠는지 확인하고 싶다고요? 까먹기 전에 다시 복습하고 싶다고요? 지금 당장 QR 코드를 스캔해 보세요.

STEP 1 읽을 수 있을 때까지 들어라!

읽지 못하는 단어는 절대 외울 수 없습니다! 발음 기호 없이 자신있게
읽을 수 있을 때까지 원어민의 발음을 들으면서 반복해서 따라 읽으세요.

0451~0500 Words

- □ expansion 확장, 확대
- □ pick 선택하다, 따다
- □ short 짧은, 부족한
- □ shortly 얼마 안 되어, 곧 간략하게
- □ shortage 부족
- □ shorten 단축하다, 짧게 하다
- □ workshop 워크숍, 강습회
- □ following 그 다음의, 다음에 나오는
- □ follow 뒤를 잇다, 따라가다
- □ probably 아마, 아마도
- □ probable 가능성이 있는, 있음직한
- □ variety 여러 가지, 다양성
- □ various 다양한
- □ vary 다르다, 다양하다
- □ cancel 취소하다
- □ cancellation 취소, 무효화
- □ select 선택하다, 선정하다
- □ selection 선택, 선택된 것
- □ selected 선정된, 선발된
- □ renovation 보수, 개조
- □ renovate 보수하다, 개조하다
- □ respond 응답하다, 반응하다
- □ response 응답, 대답
- □ responsive 관심이 있는, 즉시 반응하는
- □ furniture 가구

- □ procedure 절차, 순서
- □ proceed 나아가다, 진행하다
- □ base ~에 기초(근거)를 두다, ~에 근거지(본사)를 두다
- □ basis 기준, 근거
- □ basic 기본적인, 기초적인
- □ final 마지막의
- □ finally 마침내, 드디어
- □ finalize 마무리 짓다, 결말을 짓다
- □ exhibit 전시(품), 전시회
- □ exhibition 전시(회)
- □ factory 공장
- □ file 제기하다, 보관하다
- □ filing 서류철, 서류 정리
- □ grow 성장하다
- □ growth 성장, 증가
- □ professional 전문적인, 직업의
- □ profession (전문적인) 직업, 종사자
- □ professionally 전문적으로
- □ accept 수락하다
- □ acceptable 받아들일 수 있는
- □ describe 설명하다, 묘사하다
- □ description 설명서, 설명
- □ happen 발생하다
- □ official 공식적인, 공무원
- □ officer 관리자, 담당자

STEP **2** 집중해서 읽어라!

암기는 나중에, 정독에 집중하세요! 한 번에 외워야 한다는 강박은
개나 줘버리고 편안한 마음으로 읽되, 집중하세요.

0451

Rank 0782

[ikspǽnʃn]
expansion

n 확장
n 확대

The attempt [at corporate expansion] is likely to result /
시도는 　　　　　기업 확장에 대한 　　　　　발생시킬 수 있다

in a lot of debt.
큰 빚을

> 빈출
> 표현
> - corporate expansion 기업 확장
> - expansion plan 확장 계획 ❄
> - expansion project 확장 계획 ❄
> - building expansion 건물 확장
> 유 extension, enlargement, magnification 확장
> 반 reduction, downsizing 축소
> 파 expand 확대하다, expansive 광범위한, expandable 확대할 수 있는

0452

Rank 0186

[pik]
pick

v 선택하다
v 따다

I have to pick up / a few supplies / from a stationery store.
나는 사야 한다 　　몇 가지 비품을 　　문구점에서

> 빈출
> 표현
> - pick up 사다, 집다, 태우다 ❄
> 유 select, choose, elect 선택하다

0453

Rank 0321

[ʃɔːrt]
short

a 짧은
a 부족한

The sales representative came down / to the entrance /
판매 직원이 내려왔다 　　　　　　　　입구로

on short notice.
급하게

> 빈출
> 표현
> - on short notice 급하게 ❄　　· in short 요약하면
> - for a short time 잠깐 동안
> 유 brief 짧은
> 반 long, lengthy 긴
> 파 shortly 곧, shortage 부족, shorten 짧게 하다

0454

Rank 0821

[ʃɔːrtli]
shortly

ad 얼마 안 되어
ad 곧
ad 간략하게

Shortly after takeoff, / the attendant informed / us /
이륙 직후에 　　　　　　　승무원은 알려주었다 　　우리에게

of the flight safety regulations.
비행 안전 규칙들을

> 빈출
> 표현
> - shortly after 직후에　　　· shortly before 직전에
> 유 soon, presently 곧
> 파 short 짧은, shortage 부족, shorten 짧게 하다

0455

Rank 1331

[ʃɔːrtidʒ]
shortage

n 부족

We should solve / a few problems, [such as the
우리는 해결해야 한다 　몇몇 문제들을 　　　　부족과 같은

shortage [of skilled employees]].
숙련된 직원들의

> 빈출
> 표현
> 유 lack, scarcity 부족
> 파 short 짧은, shortly 곧, shorten 짧게 하다

---

shorten
[ʃɔːrtn]
v 단축하다
v 짧게 하다

0456
Mr. Opitz recently added / a new system / to shorten /
Mr. Opitz는 최근에 추가했다 새로운 시스템을 단축하기 위해
the time [needed / to produce / products].
시간을 필요한 생산하기 위해 제품들을

빈출표현
㊦ abbreviate 단축하다
㊁ lengthen 연장하다
㊂ short 짧은, shortly 곧, shortage 부족

workshop
[wɜːrkʃɑːp]
n 워크숍
n 강습회
n 작업장

0457
After work / today, / the employees can attend /
일과 후에 오늘 직원들은 참석할 수 있다
the workshop or the banquet.
워크숍이나 연회에

빈출표현
• attend a workshop 워크숍에 참가하다
• lead a workshop 워크숍을 이끌다
• training workshop 교육 워크숍
• workshop evaluation 워크숍 평가서

following
[fɑːlouiŋ]
a 그 다음의
a 다음에 나오는
prep ~에 이어

0458
The press conference will be held / the following week.
기자 회견은 열릴 것이다 다음 주에

빈출표현
• following week 다음 주 • following day 다음날
• following year 이듬해, 다음해
㊦ next, subsequent, coming 다음의
㊁ preceding 이전의
㊂ follow 뒤를 잇다

follow
[fɑːlou]
v 뒤를 잇다
v 따라가다

0459
The company should have / its staff follow up /
회사는 해야 한다 회사 직원들이 후속 조치를 하도록
on those issues.
그 문제들에 관한

빈출표현
• follow up 후속 조치를 하다 • follow A to B A를 따라 B까지 가다
• easy to follow 따라 하기 쉬운
㊦ step into, come after 뒤를 잇다
㊁ precede 앞서다
㊂ following 다음의

probably
[prɑ́bəbli]
ad 아마
ad 아마도
ad 개연성 있게

0460
Ms. Han will probably be remembered /
Ms. Han은 아마 기억될 것이다
for the success / of the project.
성공으로 인해 프로젝트의

빈출표현
㊦ possibly, perhaps 아마
㊂ probable 개연성 있는, probability 개연성

probable
[prɑ́bəbl]
a 가능성 있는
a 있음직한

0461
It is probable / that [//Dr. Nova's lecture will be postponed].
그것은 가능성이 있다 그것은 Dr. Nova의 강의는 연기될 것이다

빈출표현
㊦ likely ~할 것 같은, possible 가능한
㊁ impossible 불가능한
㊂ probably 아마도, probability 개연성

Rank 0390

[vəráiəti]

variety

n 여러 가지
n 다양성
n 품종

You can try / on a wide variety of clothes / at this store.
당신은 입어볼 수 있다   여러 가지 옷들을   이 가게에서

> 빈출표현
> • wide(large) variety of 여러 가지, 매우 다양한 🔊
> 파 various 다양한, vary 다르다, variation 변화

Rank 0686

[vériəs]

various

a 다양한

Telephones [with various functions] have been placed /
전화기들이   다양한 기능을 가진   놓여 있다

on the shelves / with other goods.
선반 위에   다른 제품과 함께

> 빈출표현
> 파 variety 다양성, vary 다르다, variation 변화

Rank 1082

[véri]

vary

v 다르다
v 다양하다

The insurance clauses vary / according to the price
보험 약관은 다르다   가격과 옵션에 따라

and option [//you select].
당신이 선택하다

> 빈출표현
> • vary according to ~에 따라 다르다
> 유 differ 다르다
> 파 variety 다양성, various 다양한, variation 변화

Rank 0214

[kǽnsl]

cancel

v 취소하다

I want / to cancel / our Thursday appointment.
나는 원한다   취소하기를   우리의 목요일 약속을

> 빈출표현
> • cancel an appointment 약속을 취소하다 🔊
> • cancel an order 주문을 취소하다 🔊
> • cancel a reservation 예약을 취소하다 🔊
> • cancel a subscription 구독을 취소하다
> 유 revoke, retract, take back 취소하다
> 파 cancellation 취소

Rank 1176

[kænsəléiʃən]

cancellation

n 취소
n 무효화

According to our cancellation policy, /
우리의 취소 규정에 따르면,

your refund request must be rejected.
당신의 환불 요청은 거부되어야 한다

> 빈출표현
> • cancellation policy 취소 규정
> • cancellation fee 취소 수수료 🔊
> 파 cancel 취소하다

Rank 0375

[silékt]

select

v 선택하다
v 선정하다
a 엄선된

The agenda [of this meeting] is / to select / a candidate /
안건은   이 회의의   이다 선택하는 것   후보를

for the post [of chairperson].
직위의   의장의

> 빈출표현
> 유 choose, pick 선택하다
> 파 selection 선택, selected 선정된, selective 선택적인

Rank 0547

[silékʃən]
selection

n 선택
n 선택된 것
n 선정품

0468
The editor showed / me a wide selection / of book covers.
그 편집자는 보여줬다　　나에게 다양한 선택　　　책 표지들의

> 빈출 표현
> - a wide(large) selection 다양한 선택
> - a great selection 훌륭한 선택
> 囧 choice, option 선택
> 囧 selected 선정된, select 선택하다, selective 선택적인

Rank 1796

[siléktid]
selected

a 선정된
a 선발된

0469
The director has issued / corporate credit cards /
이사는 발급했다　　　　　법인 카드들을

to selected employees.
선정된 직원들에게

> 빈출 표현
> - selected employee 선정된 직원
> 囧 predetermined 선정된
> 囧 selection 선택, select 선택하다, selective 선택적인

Rank 0352

[renəvéiʃən]
renovation

n 보수
n 개조
n 개혁

0470
He is concerned / about the proposal
그는 관심을 가졌다　　제안에 대해

[for the renovation [of the shopping center]].
보수에 관한　　　　　　쇼핑센터의

> 빈출 표현
> - renovation project 보수 사업 　- building renovation 건물 보수
> 囧 repair 보수
> 囧 renovate 보수하다

Rank 0529

[rénəvèit]
renovate

v 보수하다
v 개조하다

0471
The plan [to renovate / our office building]
그 계획은　　보수할　　우리 사무실 건물을

was approved / by the CEO.
승인되었다　　CEO에 의해

> 빈출 표현
> - renovate a building 건물을 보수하다
> 囧 repair, fix 수리하다
> 囧 renovation 보수

Rank 0405

[rispánd]
respond

v 응답하다
v 반응하다

0472
The staff responded / to all of the manager's questions /
그 직원은 응답했다　　　매니저의 모든 질문에

honestly.
솔직하게

> 빈출 표현
> - respond to ~에 대응하다
> - respond to a request 요구에 응하다
> - respond to a survey 설문조사에 응답하다
> 囧 answer, reply 응답하다
> 囧 response 대답, responsive 즉시 반응하는, respondent 응답자

Rank 0548

[rispáns]
response

n 응답
n 대답

0473
In response / to the invitation / from the city council, /
응답으로　　　초대에 대한　　　시 의회로부터의

I attended / the meeting.
나는 참석했다　　회의에

> 빈출 표현
> - in response to ~에 대한 응답으로
> - written response 서면 답변, 응답서
> 囧 respond 응답하다, responsive 즉시 반응하는, respondent 응답자

Rank 1797 [rispánsiv]
responsive
a 관심이 있는
a 즉시 반응하는

The Planning Department is responsive / to new ideas.
기획부는 관심이 있다 　새로운 아이디어에

빈출표현	· be responsive to ~에 관심이 있다, 즉각 반응하다
	⊞ respond 응답하다, response 대답, respondent 응답자

Rank 0195 [fɔ́:rnitʃər]
furniture
n 가구

They removed / all the old furniture / in the office.
그들은 치웠다 　모든 낡은 가구를 　사무실에서

빈출표현	· old furniture 낡은 가구, 오래된 가구 ⚙
	· office furniture 사무용 가구 ⚙
	· furniture store 가구점 ⚙
	· furniture company 가구 회사

Rank 0272 [prəsí:dʒər]
procedure
n 절차
n 순서
n 방법

He is looking / for a suitable place / to describe /
그는 찾고 있다 　적당한 장소를 　설명하기 위해

the safety procedures.
안전 절차를

빈출표현	· safety procedure 안전 절차 ⚙	· procedure for ~의 절차 ⚙
	· hiring procedure 채용 절차	· operating procedure 작동 순서
	⊟ process 절차	
	⊞ proceed 진행하다, procedural 절차상의	

Rank 0904 [prəsí:d]
proceed
v 나아가다
v 진행하다
v 진척되다

All of the members [of our team] are reluctant /
모든 멤버들은 　우리 팀의 　꺼려한다

to proceed / to the next project / without a break.
나아가는 것을 　다음 프로젝트로 　휴식 없이

빈출표현	· proceed to ~로 나아가다 ⚙	· proceed from ~으로 계속 가다
	· proceed with ~와 계속하다	
	⊟ progress 나아가다	
	⊞ procedure 절차, procedural 절차상의	

Rank 0311 [beis]
base
v ~에 기초(근거)를 두다
v ~에 근거지(본사)를 두다
n 기반
n 토대
n 바닥

The promotion is based / on your job performance
승진은 기초를 둔다 　당신의 업무 성과와 행동에

and behavior / in the workplace.
　직장에서의

빈출표현	· be based on ~에 기초를 두다 ⚙	· customer base 고객층 ⚙
	⊞ basis 기초, basic 기초적인	

Rank 0944 [béisis]
basis
n 기준
n 근거
n 이유
n 기초

We had / a contract [to provide / them / with fresh fruit /
우리는 했다 　계약을 　제공하는 　그들에게 　신선한 과일을

on a regular basis].
정기적으로

빈출표현	· on a regular basis 정기적으로 ⚙	· on a daily basis 매일 단위로
	· on a weekly basis 주 단위로	· first-served basis 선착순으로
	· on a temporary basis 임시로	
	⊟ standard 기준	
	⊞ base ~에 기초를 두다, basic 기초적인	

Rank 1138 [béisik]

basic

a 기본적인
a 기초적인
a 근본적인

0480

She gave / me some basic information
그녀는 주었다　　　나에게 몇 가지 기본적인 정보를

[about personal financing].
개인 대출에 대한

> 빈출표현
> ㋠ fundamental, elementary 기본적인
> ㋡ base ~에 기초를 두다, basis 기초

Rank 0497 [fáinl]

final

a 마지막의

0481

The final step is to send / the completed form /
마지막 단계는 보내는 것이다　　　　완성된 양식을

by fax or e-mail.
팩스 또는 이메일로

> 빈출표현
> · final step 마지막 단계
> · final decision 최종 결정
> · final draft (원고 등의) 최종 원고
> · final destination 최종 목적지 ➊
> ㋠ last 마지막의
> ㋡ first 첫째의
> ㋣ finally 최종적으로, finalize 마무리 짓다, finality 최종

Rank 0670 [fáinəli]

finally

ad 마침내
ad 드디어
ad 최종적으로

0482

After two weeks [of discussion], / the proposal
2주 후에　　　　　토론의　　　　제안은

[to merge / the two companies] has finally been accepted.
합병하는　　두 회사를　　　　　　마침내　받아들여졌다.

> 빈출표현
> · finally decide 마침내 결정하다
> ㋠ eventually, at last 마침내
> ㋣ final 마지막의, finalize 마무리 짓다, finality 최종

Rank 0783 [fáinəlaiz]

finalize

v 마무리 짓다
v 결말을 짓다
v 완결하다

0483

We must arrange / a meeting / to finalize /
우리는 준비해야 한다　　　회의를　　　마무리하기 위해

the contracts / before the merger.
계약을　　　　　합병 전에

> 빈출표현
> · finalize a contract 계약을 마무리 짓다
> · finalize a plan 계획을 마무리 짓다 ➊
> ㋣ final 마지막의, finally 마침내, finality 최종

Rank 0308 [igzíbit]

exhibit

n 전시(품)
n 전시회
v 전시하다

0484

The Indiana State Museum is featuring / an exhibit
Indiana 주립 박물관은 특집으로 전시하고 있다　　　전시품을

[on Van Gogh].
반 고흐에 대한

> 빈출표현
> · exhibit on ~에 관한 전시품 ➊
> · art exhibit 미술 전시회 ➊
> · special exhibit 특별 전시회 ➊
> ㋠ showing, display 전시
> ㋣ exhibition 전시(회), exhibitor 출품자

Rank 0661

[èksibíʃn]
exhibition

n 전시(회)

He took / his drawings / to display / at the exhibition
그는 가져갔다   그의 그림들을   진열하기 위해   전시회에

[featuring / the works [of local artists]].
특징으로 하는   작품들을   지역 예술가들의

> 빈출표현
> • special exhibition 특별 전시회
> 〈유〉 show 전시회
> 〈파〉 exhibit 전시하다, exhibitor 출품자

Rank 0197

[fǽktəri]
factory

n 공장

A lot of raw materials were moved / into the factory.
많은 양의 원자재들이 옮겨졌다   공장 안으로

> 빈출표현
> • factory manager 공장 관리자 🔧
> • factory equipment 공장 장비 🔧
> 〈유〉 plant 공장

Rank 0238

[fail]
file

v 제기하다
v 보관하다
n 파일
n 서류철

He doesn't want / to file / a complaint / with the police.
그는 원하지 않는다   제기하는 것을   불만을   경찰에

> 빈출표현
> • file a complaint 불만을 제기하다 🔧
> • on file 정리·보관되어 🔧
> • file folder 서류철
> 〈유〉 pose, raise 제기하다
> 〈파〉 filing 서류 정리

Rank 1097

[fáiliŋ]
filing

n 서류철
n 서류 정리

The filing cabinet is full / of documents.
그 서류 캐비넷은 가득하다   문서들로

> 빈출표현
> • filing cabinet 서류 캐비넷
> • filing system 파일링 시스템
> 〈파〉 file 서류철

Rank 0328

[grou]
grow

v 성장하다

The company has grown / steadily / since its foundation.
그 회사는 성장해 왔다   꾸준히   설립 이후

> 빈출표현
> • grow steadily 꾸준히 성장하다
> 〈유〉 develop 성장하다
> 〈파〉 growth 성장, grower 재배자

Rank 0596

[grouθ]
growth

n 성장
n 증가

Many citizens called / for policies [to promote /
많은 시민들은 요청했다   정책을   촉진시킬

economic growth].
경제 성장을

> 빈출표현
> • economic growth 경제 성장
> • population growth 인구 증가
> • steady growth 꾸준한 성장
> • growth rate 성장률
> 〈유〉 development 성장
> 〈파〉 grow 성장하다, grower 재배자

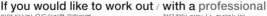

Rank 0255

[prəféʃənl]

professional

a 전문적인
a 직업의
n 전문가
n 직업

0491

If you would like to work out / with a professional
만약 당신이 운동하기를 원한다면　　　　전문적인 피트니스 트레이너와

fitness trainer, // please call / me.
　　　　　　　　　　연락하세요　　나에게

• professional development 전문성 신장, 직업 개발 🌀
• professional conference 전문가 회의 🌀
🔄 expert 전문적인
🔤 profession 직업, professionally 전문적으로, professionalism 전문성

Rank 1476

[prəféʃən]

profession

n (전문적인) 직업
n 종사자

0492

Mr. Wagner has / several years of experience /
Mr. Wagner는 갖고 있다　　수년의 경험을

in the legal profession.
법조계에서

• legal profession 법조계　　• medical profession 의료계
🔄 occupation 직업
🔤 professional 전문적인, professionally 전문적으로, professionalism 전문성

Rank 1741

[prəféʃənəli]

professionally

ad 전문적으로

0493

The professionally taken photographs are very sharp
전문적으로 찍은 사진들은　　　　　　　　　　　　무척 선명하고

and clean.
깨끗하다

• professionally taken 전문적으로 찍은
🔤 professional 전문적인, profession 직업, professionalism 전문성

Rank 0229

[æksépt]

accept

v 수락하다

0494

I think // my director will accept / the position
나는 생각한다　나의 상사는 수락할 것이다　　직위를

[of vice president].
부사장의

• accept a credit card 카드를 받다 🌀　• accept an offer 제안을 수락하다 🌀
• accept an order 주문을 수락하다　　• accept a job 일을 맡다 🌀
🔄 reject 거부하다
🔤 acceptable 받아들일 수 있는, acceptance 수락

Rank 1742

[ækséptəbl]

acceptable

a 받아들일 수 있는

0495

We need / a new vacation policy [/that is acceptable /
우리는 필요하다　새로운 휴가 정책이　　그 정책은　받아들일 수 있다

to all the members [of the staff]].
모든 구성원들이　　　　직원의

🔤 accept 수락하다, acceptance 수락

Rank 0371

[diskráib]

describe

v 설명하다
v 묘사하다
v 서술하다

0496

This announcement describes / the maintenance work /
이 발표는 설명한다　　　　유지보수 작업을

for our plant.
우리 공장의

• describe a problem 문제를 설명하다
• describe a policy 정책을 설명하다
• describe a plan 계획을 설명하다
🔄 explain, account for 설명하다
🔤 description 서술, descriptive 서술하는, descriptively 서술적으로

Rank
0557

[diskrípʃən]
description

n 설명서
n 설명
n 서술

The job description will be provided / from our website.
직무 설명서가 제공될 것이다   우리의 웹 사이트로부터

> 빈출표현
> - job description 직무(내용) 설명서
> - product description 제품 설명서
> directions, instructions, manual 설명서
> describe 서술하다, descriptive 서술하는, descriptively 서술적으로

Rank
0200

[hǽpən]
happen

v 발생하다

Something [like this case] has probably happened /
어떤 일이   이 경우와 같은   아마   발생해왔다

several times.
여러 번

> 빈출표현
> occur 발생하다

Rank
0415

[əfíʃl]
official

a 공식적인
n 공무원

The government office sent / us the official documents /
관공서는 보냈다   우리에게 공문서들을

as requested.
요청받은대로

> 빈출표현
> - official document 공문서
> - city official 시 공무원
> - government official 정부 관계자, 국가 공무원
> formal 공식적인
> officer 담당자, officially 공식적으로, office 사무소

Rank
0506

[ɔ́ːfisər]
officer

n 관리자
n 담당자
n 경찰
n 공무원

At this morning's staff meeting, / the vice president
오늘 아침 직원회의에서   부사장은 소개했다

introduced / our new chief executive officer, / Andrew Lee.
                우리의 신임 최고 경영자   Andrew Lee를

> 빈출표현
> - chief executive officer 최고 경영자(CEO)
> - loan officer 대출 담당자
> - police officer 경찰관
> - security officer 경비원, 경호원
> manager, director, supervisor 관리자
> official 공식적인, officially 공식적으로, office 사무소

STEP 3 집중해서 풀어라!	STEP 4 주기적인 복습 '기억상자'

워크북 49페이지부터 학습하면 됩니다.

제대로 외웠는지 확인하고 싶다고요? 까먹기 전에 다시 복습하고 싶다고요? 지금 당장 QR 코드를 스캔해 보세요.

STEP 1 읽을 수 있을 때까지 들어라!

읽지 못하는 단어는 절대 외울 수 없습니다! 발음 기호 없이 자신있게
읽을 수 있을 때까지 원어민의 발음을 들으면서 반복해서 따라 읽으세요.

0501~0550 Words

- [ ] **officially** 공식적으로, 정식으로
- [ ] **cover** 지불하다, 포함하다
- [ ] **coverage** 보도, 적용 범위
- [ ] **theater** 극장
- [ ] **break** 중단, 고장 나다
- [ ] **community** 지역사회, 공동체
- [ ] **manufacturing** 제조(업), 제조(업)의
- [ ] **manufacture** 제조하다, 생산하다
- [ ] **subject** ~하기 쉬운, ~의 대상인
- [ ] **inspection** 검사, 점검
- [ ] **inspect** 점검하다, 조사하다
- [ ] **inspector** 조사관, 감독관
- [ ] **lead** 이끌다, 지휘하다
- [ ] **bill** 청구서, 계산서
- [ ] **house** 위치하다, 소장하다
- [ ] **housing** 주택
- [ ] **stay** 머무르다, 유지하다
- [ ] **editor** 편집자
- [ ] **edition** (간행물의) 판
- [ ] **editorial** 편집의
- [ ] **edit** 수정하다, 편집하다
- [ ] **editing** 편집
- [ ] **approve** 승인(허가)하다, 찬성하다
- [ ] **approval** 승인, 허가
- [ ] **learn** 배우다, ~을 알다

- [ ] **trip** 여행
- [ ] **paper** 서류, 종이
- [ ] **health** 건강, (사회의) 번영, 안녕
- [ ] **healthy** 건강한, 건강에 좋은
- [ ] **note** 주목하다, 주의하다
- [ ] **instruction** 지시, 설명
- [ ] **instruct** 지시하다, 가르치다
- [ ] **instructional** 교육(용)의
- [ ] **once** 한 번, 언젠가
- [ ] **prefer** 선호하다, (더) 좋아하다
- [ ] **preference** 선호(도), 특혜
- [ ] **preferred** 우선의, 선호되는
- [ ] **support** 지원하다, 지지하다
- [ ] **transportation** 교통(수단), 운송(수단)
- [ ] **transport** 수송하다, 운송하다
- [ ] **front** 앞, 앞쪽
- [ ] **away** 즉시, 떨어져
- [ ] **although** 비록 ~에도 불구하고, 비록 ~일지라도
- [ ] **concern** 관심을 갖다, 걱정하다
- [ ] **advance** 전진, 진보
- [ ] **advanced** 고급의, 진보한
- [ ] **advancement** 진보, 진전
- [ ] **extra** 추가의, 여분의
- [ ] **actually** 실제로, 정말로
- [ ] **actual** 실제의, 사실상의

---0501

Rank 1922

[əfíʃəli]
officially

ad 공식적으로
ad 정식으로

At yesterday's press conference, / the company CEO,
어제 기자회견에서   회사 최고책임자는

[Margaret McMillan], officially announced //
Margaret Mcmillan   공식적으로   발표했다

they will exit / the food industry.
그들은 철수할 것이다   식품 산업에서

빈출 표현
- officially announce 공식적으로 발표하다
- 윤 formally, publicly 공식적으로
- 파 official 공식적인, officer 담당자, office 사무소

---0502

Rank 0243

[kʌvər]
cover

v 지불하다
v 포함하다
v 덮다
n 덮개

The extra charge [for delivery] will be covered /
추가 비용은   배송에 대한   지불될 것이다

by the manufacturer.
제조사에 의해

빈출 표현
- cover letter 자기 소개서   · cover for ~를 대신하다
- cover the costs 비용을 대다
- 윤 pay 지불하다
- 파 coverage 적용 범위

---0503

Rank 1201

[kʌvəridʒ]
coverage

n 보도
n 적용 범위

He is always busy / posting / interesting press coverage and
그는   항상   바쁘다   올리느라   흥미 있는   언론 보도와

news / on his social networking service.
뉴스들을   그의 SNS에

빈출 표현
- media(press) coverage 언론 보도
- 파 cover 포함하다

---0504

Rank 0209

[θíːətər]
theater

n 극장

The movie theater closed / on account of / the budget deficit.
그 영화관은 폐쇄했다   때문에   예산 부족

빈출 표현
- movie theater 영화관   · theater ticket 극장표
- 파 theatergoer 극장에 자주 가는 사람

---0505

Rank 0215

[breik]
break

n 중단
n 휴식
v 고장 나다
v 깨다

Premium cable channels show / their programs /
유료 케이블 채널들은 보여준다   그들의 프로그램들을

without any commercial breaks.
어떠한 광고 방송을 위한 중단 없이

빈출 표현
- commercial break 광고 방송을 위한 중단
- take a break 휴식을 취하다
- break down 고장 나다
- 윤 interruption, stop 중단
- 파 breakdown 고장, breakage 파손

Rank 0204

[kəmjúːnəti]

community

n 지역사회
n 공동체

---- 0506

My colleague visits / the community center / with her family /
나의 동료는 방문한다　　　　지역 문화 회관에　　　　그녀의 가족과 함께

every weekend.
주말마다

> 빈출표현
> • community center 시민(지역) 문화 회관
> • local community 지역 사회
> • community service 지역 봉사 활동

Rank 0283

[mænjufǽktʃəriŋ]

manufacturing

n 제조(업)
a 제조(업)의

---- 0507

He is scheduled / to visit / our car manufacturing plant /
그는 예정되어 있다　　　방문하기로　　우리의 자동차 제조 공장을

at five o'clock / in the evening.
5시 정각에　　　　오후

> 빈출표현
> • manufacturing plant 제조 공장
> • manufacturing facility 제조 설비
> • manufacturing process 제조 과정
> • manufacturing sector 제조업 부문
> 파 manufacture 제조하다, manufacturer 제조업체

Rank 0830

[mænjufǽktʃər]

manufacture

v 제조하다
v 생산하다
n 제조
n 생산

---- 0508

Many foreign workers manufacture / our products /
많은 외국인 근로자들이 제조한다　　　　우리의 제품들을

as subcontractors.
하청업자로서

> 빈출표현
> 유 make, produce 제조하다
> 파 manufacturing 제조업, manufacturer 제조업체

Rank 0206

[sʌ́bdʒikt]

subject

a ~하기 쉬운
a ~의 대상인
n 주제
n 문제

---- 0509

Interest rates are subject / to change / according to
이율은 하기 쉽다　　　　변하는 것이　　상황에 따라

the situation [in the market].
　　　　　　　시장에서의

> 빈출표현
> • be subject to ~하기 쉽다

Rank 0460

[inspékʃən]

inspection

n 검사
n 점검
n 조사

---- 0510

The boss want / to remind / all the workers / that
사장은 원한다　　　상기하길　　모든 직원들이　　그것을

[//our factory is scheduled / for a safety inspection /
우리 공장이 예정되었다　　　　안전 검사가

the next day].
내일

> 빈출표현
> • safety inspection 안전 검사
> • inspection of ~에 대한 조사
> • on-site inspection 현장 검사
> • vehicle inspection 차량 검사
> • building inspection 건물 (준공) 검사
> • annual inspection 연례 검사
> 유 test, check, examination 검사
> 파 inspect 조사하다, inspector 조사관, inspectional 조사의

Rank 0689

[inspékt]
inspect

v 점검하다
v 조사하다

---- 0511

All facilities are thoroughly inspected / to check / for damage.
모든 시설들은　　　철저히　　점검된다　　확인하기 위해　손상을

> 빈출 표현
> · inspect a facility 시설을 점검하다 ❸
> ⊕ check, survey 점검하다
> ⊞ inspection 조사, inspector 조사관, inspectional 조사의

Rank 0885

[inspéktər]
inspector

n 조사관
n 감독관

---- 0512

All of the arrangements / were completed // one day before /
모든 준비가　　　　　　완료되었다　　　　하루　　전에

the safety inspector arrives.
안전 조사관이 도착하다

> 빈출 표현
> · safety inspector 안전 조사관 ❸
> · building inspector 빌딩 조사관
> · quality control inspector 품질 관리 검사관
> ⊞ inspection 조사, inspect 조사하다, inspectional 조사의

Rank 0208

[li:d]
lead

v 이끌다
v 지휘하다

---- 0513

A lack [of skilled staff members] may lead / to an increase
부족은　　숙련된 직원들의　　　　　이끌 수도 있다　　증가를

[in the number of accidents].
사고 수의

> 빈출 표현
> · lead to ~로 이어지다 ❸
> · leading brand 선도하는 브랜드
> ⊞ leading 선도하는, leader 지도자, leadership 지도력

Rank 0211

[bil]
bill

n 청구서
n 계산서
v 청구하다

---- 0514

They recommended / receiving / the bill / by e-mail.
그들은 권했다　　　　받을 것을　　청구서를　　이메일로

> 빈출 표현
> · receive a bill 청구서를 받다 ❸
> · utility bill 공공요금 고지서 ❸
> · pay a bill 결제하다 ❸
> ⊕ account 청구서
> ⊞ billing 계산서 발부

Rank 0273

[haus]
house

v 위치하다
v 소장하다
n 집(주택)

---- 0515

Our office is housed / in an antique building
우리 사무실은 위치해 있다　　　　고풍스런 건물에

[/that was formerly used / as a museum].
그 건물은 이전에 사용되었다　　　박물관으로

> 빈출 표현
> ⊞ housing 주택

Rank 1030

[háuziŋ]
housing

n 주택

---- 0516

You really need to find / some affordable housing / in the city.
당신은 정말로　찾아야 한다　어떤 적당한 가격의 주택을　　　그 도시에서

> 빈출 표현
> · affordable housing 알맞은 가격의 주택
> · housing development 주택 개발
> ⊕ residence, home 주택
> ⊞ house 집

Rank 0212

[stei]

stay

v 머무르다
v 유지하다
n 머무름

0517

The tourists had to stay / at a hotel / for about three weeks.
그 여행객들은 머물러야 했다   호텔에   약 3주 동안

빈출표현
- stay at(in) a hotel 호텔에 묵다
- stay tuned 채널을 고정하다
- stay open 영업하다
- 유 remain 머무르다

Rank 0540

[éditor]

editor

n 편집자

0518

Could you help / me contact / the editor in chief
당신은 도와줄 수 있습니까?   내가 만나도록   편집장을

[of the newspaper]?
신문사의

빈출표현
- editor in chief 편집장
- copy editor 교정자
- 파 edition (간행물의) 판, editorial 편집의, edit 편집하다, editing 편집

Rank 0945

[idíʃən]

edition

n (간행물의) 판
n (간행물, 방송물의) 1회분

0519

They suddenly changed / the contents [of today's edition] /
그들은   갑작스럽게   바꿨다   그 내용들을   오늘 판의

to new articles.
새로운 기사들로

빈출표현
- special edition 특별판
- 파 editor 편집자, editorial 편집의, edit 편집하다, editing 편집

Rank 1139

[èditɔ́ːriəl]

editorial

a 편집의

0520

She heard // your company has / a vacant
그녀는 들었다   당신의 회사가 가지고 있다   비어 있는

editorial assistant position.
편집 보조원 자리를

빈출표현
- editorial assistant 편집 보조원
- editorial department 편집부
- editorial staff 편집 직원
- editorial team 편집팀
- 파 edition (간행물의) 판, edit 편집하다, editing 편집

Rank 1202

[édit]

edit

v 수정하다
v 편집하다

0521

Could you help / edit / my presentation file / by using /
당신은 도와줄 수 있습니까?   수정하는 것을   나의 발표 파일을   사용하여

your notebook computer?
당신의 노트북 컴퓨터를

빈출표현
- 유 revise, correct 수정하다
- 파 edition (간행물의) 판, editorial 편집의, editing 편집

Rank 1332

[éditiŋ]

editing

n 편집

0522

The programs [suited / for photo editing]
프로그램들이   적합한   사진 편집에

haven't been installed / on my computer / yet.
설치되지 않았다   내 컴퓨터에   아직

빈출표현
- photo editing 사진 편집
- editing software 편집 소프트웨어
- 유 compilation 편집
- 파 edition (간행물의) 판, editorial 편집의, edit 편집하다

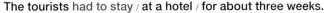

Day 11 501-550

0523

Rank 0298

[əprúːv]
approve

v 승인(허가)하다
v 찬성하다

The board of directors approved / next year's budget.
그 이사회는 승인했다   내년 예산을

빈출표현
- approve a budget 예산을 승인하다 🔊
- approve a request 요청을 승인하다 🔊
- approve a plan 계획에 찬성하다 🔊
- approve a proposal 제안을 승인하다
- ㈜ authorize 승인하다
- ㈜ approval 승인, approved 승인된

0524

Rank 0831

[əprúːvəl]
approval

n 승인
n 허가
n 인정

If you want / to obtain / approval / for several days
만약 당신이 원한다면 얻기를   승인을   며칠에 대한

[of paid vacation], // finish up / some [of your projects].
유급 휴가의   끝내라   몇 가지를   당신의 작업들 중

빈출표현
- obtain approval 승인을 얻다
- receive approval 승인을 받다 🔊
- ㈜ authorization, permission 승인
- ㈜ disapproval 반대
- ㈜ approve 승인하다, approved 승인된

0525

Rank 0216

[ləːrn]
learn

v 배우다
v ~을 알다
v 깨닫다

You will learn / about the history [of Korea] / in the next class.
당신은 배울 것이다   역사에 대해   한국의   다음 수업에서

빈출표현
- learn about ~에 대해 배우다 🔊
- learn to ~을 배우다
- ㈜ study 배우다

0526

Rank 0217

[trip]
trip

n 여행

She is going to be / on a business trip / until next Monday.
그녀는 있을 것이다   출장 중에   다음 주 월요일까지

빈출표현
- business trip 출장 🔊
- be on a trip 여행을 하다 🔊
- round trip 왕복 여행
- school trip 수학 여행
- ㈜ journey, tour 여행

0527

Rank 0220

[péipər]
paper

n 서류
n 종이
n 신문
n 문서

I keep / my important papers / in the cellar [at home].
난 보관한다   나의 중요한 서류들을   지하 저장고에   집의

빈출표현
- research paper 연구 논문 🔊
- piece of paper 한 장의 종이
- paper work 문서 업무
- ㈜ document 서류

0528

Rank 0322

[helθ]
health

n 건강
n (사회의) 번영, 안녕

In most countries, / it is not an obligation / to have /
대부분의 나라에서   그것은 의무는 아니다   가입하는 것이

health insurance.
건강 보험에

빈출표현
- health insurance 건강 보험   - health benefits 건강상의 이점들
- ㈜ fitness, wellness 건강
- ㈜ illness 병
- ㈜ healthy 건강한, healthful 건강에 좋은, healthcare 건강 관리

Rank 0842
[hélθi]

healthy

a 건강한
a 건강에 좋은

---- 0529

Sally is writing / a book [about healthy eating habits].
Sally는 쓰고 있다　　　책을　　　건강한 식사 습관들에 관한

> 빈출표현
> • healthy eating 건강한 식사 　　• healthy living 건강한 삶
> • healthy lifestyle 건강한 생활 방식
> 유 well, strong, fine, sound 건강한
> 반 ill 병든
> 파 health 건강, healthful 건강에 좋은, healthcare 건강 관리

Rank 0241
[nout]

note

v 주목하다
v 주의하다
v 언급하다
n 메모

---- 0530

Please note / that [/the deadline has been moved up].
주목해 주세요　　그것을　　마감일이 당겨졌다

> 빈출표현
> • please note that ~을 주목해 주세요
> • take note 주목하다
> • make (a) note of ~를 적어 두다
> 파 notable 주목할 만한, notably 현저히

Rank 0366
[instrʌkʃən]

instruction

n 지시
n 설명
n 교육

---- 0531

My supervisor wanted / me to follow / the instructions
나의 상사는 원했다　　　내가 따르기를　　　지시들을

[in the manual].
매뉴얼에 있는

> 빈출표현
> • follow an instruction 지시에 따르다 　• instruction manual 사용 설명서
> • detailed instruction 세부 설명서 　• leave an instruction 지시사항을 남기다
> 유 direction, instruction, order 지시
> 파 instruct 가르치다, instructional 교육의, instructor 강사

Rank 0792
[instrʌkt]

instruct

v 지시하다
v 가르치다

---- 0532

The staff was instructed / to remove / all the data
직원은 지시받았다　　　삭제할 것을　　모든 데이터를

[from the computer].
컴퓨터의

> 빈출표현
> • instruct A to do A가 ~하도록 지시하다
> 유 order, direct, command 지시하다
> 파 instruction 교육, instructional 교육의, instructor 강사

Rank 1923
[instrʌkʃənl]

instructional

a 교육(용)의

---- 0533

The instructional video has been enormously beneficial /
그 교육 영상은　　　　　　　　　대단히　　　유익했다

to us.
우리에게

> 빈출표현
> • instructional video 교육용 비디오
> • instructional manual 교육용 매뉴얼
> 파 instruction 교육, instruct 가르치다, instructor 강사

Rank 0226
[wʌns]

once

ad 한 번
ad 언젠가
ad 이전에
ad 일단
conj ~하자마자

---- 0534

I take / my clothes / to the dry cleaner's / once / a week.
나는 맡긴다　 내 옷들을　　　세탁소에　　　한 번　 일주일에

> 빈출표현
> • once a week 일주일에 한 번
> • once again 한 번 더
> • once a month 한 달에 한 번
> • once more 한 번 더

Rank 0373

[prifə́ːr]

prefer

v 선호하다
v (더) 좋아하다

My senior manager prefers / working / alone.
나의 수석 매니저는 선호한다 　　　　　일하는 것을 　혼자서

빈출표현
- prefer to ~보다 선호하다 🔺　　　• prefer A to B B보다 A를 선호하다
- 유 favor 선호하다
- 파 preference 선호, preferred 선호되는, preferable 선호하는

Rank 0972

[préfərəns]

preference

n 선호(도)
n 특혜

It surprised / officials // when the survey results revealed /
그것은 놀랐게 했다 　공무원들을 　　조사 결과가 나타냈을때

a strong preference [for the old-style heater].
강한 선호도를 　　　　　구식 난방기에 대한

빈출표현
- strong preference 강한 선호도　　　• preference for ~에 대한 선호 🔺
- 유 favor 선호
- 파 prefer 선호하다, preferred 선호되는, preferable 선호하는

Rank 1509

[priːfə́ːrd]

preferred

a 우선의
a 선호되는

As a preferred customer, / you will be able to receive /
우수 고객으로서 　　　　　　　너는 받을 수 있을 것이다

a special gift // if you visit / our store / during the summer sales.
특별한 선물을 　　만약 네가 방문한다면 우리 가게에 　여름 세일 동안

빈출표현
- preferred customer 우수고객
- 파 prefer 선호하다, preference 선호, preferable 선호하는

Rank 0246

[səpɔ́ːrt]

support

v 지원하다
v 지지하다
n 지원
n 지지

The company invested / money / to support /
회사는 투자했다 　　　돈을 　지원하기 위해

its regional branches.
지방 지사들을

빈출표현
- technical support 기술 지원 🔺
- in support of ~을 지지하여
- continued support 지속적인 지원
- 유 assist, aid 지원하다
- 파 supporter 지지자, supportive 지지하는

Rank 0284

[trænspərtéiʃən]

transportation

n 교통(수단)
n 운송(수단)

People [/who live / in suburbs] take / public transportation /
사람들은 　그들은 살고 있다 교외에 　　이용한다 대중교통을

to commute / to the city.
통근하기 위해 　도시로

빈출표현
- public transportation 대중교통 🔺
- transportation department 교통부 🔺
- transportation system 교통 시스템 🔺
- 파 transport 운송하다, transporter 운송자

Rank 1119

[trænspɔ́ːrt]

transport

v 수송하다
v 운송하다
n 수송
n 운송

If the workshop is flooded / with attendees, //
만약 워크숍이 가득찬다면 　　참석자들로

the company will provide / a bus / to transport / them.
회사는 제공할 것이다 　　　버스를 　수송하기 위해 　그들을

빈출표현
- public transport system 대중교통 시스템
- 유 convey 수송하다
- 파 transportation 운송, transporter 운송자

 — 0541

Rank 0230
[frʌnt]

front

n 앞
n 앞쪽
v 향하다
a 앞쪽의

His colleagues are gathered / in front of the bulletin board.
그의 동료들이 모여있다   게시판 앞에

> 빈출표현
> · in front of ~의 앞에
> · front desk 프런트
> · front door 현관
> ⊞ back 뒤

Rank 0231
[əwéi]

away

ad 즉시
ad 떨어져
ad 사라져

You need to check / the bus timetable / right away.
당신은 확인해야 한다   버스 시간표를   당장

> 빈출표현
> · right away 곧바로, 당장
> · throw away 버리다

Rank 0232
[ɔːlðóu]

although

conj 비록 ~에도 불구하고
conj 비록 ~일지라도

Although they had / a risk prevention policy, //
그들이 가졌음에도 불구하고   방지 대책을

they couldn't handle / the crisis.
그들은 대처할 수 없었다   위기를

> 빈출표현
> ⊞ though, while, even if, even though ~에도 불구하고

Rank 0233
[kənsə́:rn]

concern

v 관심을 갖다
v 걱정하다
v 관련되다
n 걱정
n 관심사

Local residents are concerned /
지역 주민들은 관심을 가졌다

about the new regional development planning.
새로운 지역 개발 계획에 대해

> 빈출표현
> · be concerned about ~에 대해 관심(또는 우려)을 가지다
> ⊞ concerning ~에 관한

Rank 0335
[ædvǽns]

advance

n 전진
n 진보
a 사전의
v 전진하다
v 진보하다

The resort requires / you to make / a reservation /
그 리조트는 요구한다   당신이 할 것을   예약을

at least one week / in advance.
적어도 일주일   전에

> 빈출표현
> · in advance 미리, 사전에
> · advance registration 사전 등록
> · advance reservation 사전 예약
> · advance notice 사전 공지
> ⊞ advanced 진보한, advancement 진보

Rank 0955
[ædvǽnst]

advanced

a 고급의
a 진보한

An advanced degree can help / you get / a job / more easily.
고급 학위는 도울 수 있다   당신이 얻도록 직업을   더 쉽게

> 빈출표현
> · advanced degree 고급 학위(석사, 박사)
> ⊞ deluxe 고급의
> ⊞ advance 진보하다, advancement 진보

Rank
1863

[ədvǽnsmənt]
advancement

n 진보
n 진전
n 승진

The advancement [in medical science] led to / an increase
진보는　　　　　　의료 과학의　　　　　　　이어졌다　　　증가로

[in people's life spans].
사람들의 수명의

빈출 표현
㈜ progress 진보
㈘ advance 진보하다, advanced 진보한

Rank
0235

[ékstrə]
extra

a 추가의
a 여분의

We have worked / extra hours / throughout the past month.
우리는 근무 했다　　　추가 시간을　　　지난 달 내내

빈출 표현
· work extra hours 초과 근무하다
· at no extra charge 추가 비용 없이
· extra time 추가 시간, 연장전
· extra money 여분의 돈
㈜ additional, further 추가의

Rank
0256

[ǽktʃuəli]
actually

ad 실제로
ad 정말로

Actually, / I believe // the vice president will assign /
실제로　　　나는 믿는다　　　부사장은 배정할 것이다

me the task [of supervising / the new project].
내게 업무를　　　감독하는　　　새 프로젝트를

빈출 표현
㈜ really 실제로
㈘ actual 실제의

Rank
1798

[ǽktʃuəl]
actual

a 실제의
a 사실상의

Their actual work didn't include / providing / progress reports.
그들의 실제 업무는 포함하지 않았었다　　　제공하는 것을　　　경과보고를

빈출 표현
㈜ real 실제의
㈘ actually 실제로

STEP 3 집중해서 풀어라!

워크북 54페이지부터 학습하면 됩니다.

STEP 4 주기적인 복습 '기억상자'

제대로 외웠는지 확인하고 싶다고요? 까먹기 전에 다시 복습하고 싶다고요? 지금 당장 QR 코드를 스캔해 보세요.

STEP 1 읽을 수 있을 때까지 들어라!

읽지 못하는 단어는 절대 외울 수 없습니다! 발음 기호 없이 자신있게
읽을 수 있을 때까지 원어민의 발음을 들으면서 반복해서 따라 읽으세요.

0551~0600 Words

- [ ] **effective** 효과적인, 실질적인
- [ ] **effect** 영향, 효과
- [ ] **effectively** 효과적으로
- [ ] **effectiveness** 유효성, 효과적임
- [ ] **issue** 발행하다, 발표하다
- [ ] **turn** 바꾸다, 돌리다
- [ ] **allow** 허락하다, 허용하다
- [ ] **identification** 신분증, 신원 확인
- [ ] **identify** 알아보다, 확인하다
- [ ] **paint** 페인트를 칠하다, 그리다
- [ ] **popular** 인기 있는, 대중적인
- [ ] **popularity** 인기, 대중성
- [ ] **credit** 입금하다, 믿다
- [ ] **region** 지역, 지방
- [ ] **regional** 지역의
- [ ] **satisfy** 만족시키다, 충족시키다
- [ ] **satisfaction** 만족(도), 충족(도)
- [ ] **satisfactory** 만족스러운
- [ ] **usually** 보통, 일반적으로
- [ ] **usual** 평소의, 보통의
- [ ] **clothes** 옷, 의복
- [ ] **permit** 허가증, 허락하다
- [ ] **permission** 허가, 인가
- [ ] **relation** 관계, 관련
- [ ] **related** 관련된, 연관된

- [ ] **relatively** 상대적으로, 비교적
- [ ] **relationship** 관계
- [ ] **relative** 친(인)척, 상대적인
- [ ] **resource** 자원, 자산
- [ ] **benefit** 혜택, 이익
- [ ] **beneficial** 유익한, 이로운
- [ ] **explain** 설명하다
- [ ] **explanation** 설명, 이유
- [ ] **past** 지나간, 과거의
- [ ] **resident** 주민, 거주민
- [ ] **residence** 주택, 거주지
- [ ] **residential** 주거의, 주거지의
- [ ] **revise** 수정하다, 변경하다
- [ ] **revised** 수정된, 변경된
- [ ] **revision** 수정, 변경
- [ ] **march** 행진하다, 3월
- [ ] **play** 놀다, (게임, 경기 등을) 하다
- [ ] **rate** 요금, 비율
- [ ] **refund** 환불, 환불액
- [ ] **collect** 수집하다, 모으다
- [ ] **collection** 수집품, 소장품
- [ ] **sample** 샘플, 견본
- [ ] **deadline** 마감일
- [ ] **associate** 동료, 관련시키다
- [ ] **association** 협회, 연관

집중해서 읽어라!

STEP 2

암기는 나중에, 정독에 집중하세요! 한 번에 외워야 한다는 강박은 개나 줘버리고 편안한 마음으로 읽되, 집중하세요.

0551

Rank 0563

[iféktiv]

effective

a 효과적인
a 실질적인

Using [/social networks] is a more effective way
사용하는 것은 소셜 네트워크를   좀 더 효과적인 방법이다

[of advertising] / than others.
광고의   다른 것들보다

> 빈출표현
> • effective advertising 효과적인 광고
> • effective strategy 효과적인 전략
> ⊞ ineffective 무효의
> ⊞ effect 효과, effectively 효과적으로, effectiveness 유효성

0552

Rank 0614

[ifékt]

effect

n 영향
n 효과
v ~을 초래하다
v (어떤 결과를) 가져오다

The measures have an effect / on small businesses //
그 조치들은 영향을 미친다   중소기업에

in that / they lighten / their tax burdens.
~라는 점에서 그것들이 가볍게 한다   그들의 세금 부담을

> 빈출표현
> • have an effect on ~에 영향이 미치다
> • in effect 효력 있는 ⊛
> • take effect 효력이 발생하다
> ⊞ influence, implication, impact, bearing 영향
> ⊞ effective 효과적인, effectively 효과적으로, effectiveness 유효성

0553

Rank 1292

[iféktivli]

effectively

ad 효과적으로

This book will help / you learn / management / more effectively.
이 책은 도울 것이다 당신이 배우도록 경영을   좀 더 효과적으로

> 빈출표현
> • more effectively 좀 더 효과적으로
> ⊞ effective 효과적인, effect 효과, effectiveness 유효성

0554

Rank 1864

[iféktivnis]

effectiveness

n 유효성
n 효과적임

The experiences [of other districts] have demonstrated /
경험들이   타 지역의   증명해 왔다

the effectiveness [of garbage cans [placed on streets]].
유효성을   쓰레기통의   거리 위에 놓아둔

> 빈출표현
> ⊞ effective 효과적인, effect 효과, effectively 효과적으로

0555

Rank 0236

[íʃuː]

issue

v 발행하다
v 발표하다
n 쟁점
n 문제
n 발행(물)

I was aware / that [/security officers do not issue /
나는 알았다   그것을   경비원들은 발행하지 않는다

passes / to people / without identification].
허가증을   사람들에게   신분증이 없는

> 빈출표현
> • issue a pass 통행증을 발행하다
> • issue a refund 환불하다 ⊛
> • issue a check 수표를 발행하다

152 _ PART 1 700점을 위한 빈출단어 2000

Rank 0237

[tə:rn]

turn

v 바꾸다
v 돌리다
n 회전
n 차례

0556

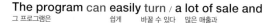

The program can easily turn / a lot of sale and
그 프로그램은 쉽게 바꿀 수 있다 많은 매출과

purchase records / into an accounting report.
매입 기록들을 회계 보고서로

빈출
표현
- turn into ~으로 바꾸다, 되게하다
- turn off 끄다, 벗어나다
- turn from ~를 그만두다, 버리다
- in turn 차례로, 다음에는
- turn down 거절하다
- ㉤ alter, change 바꾸다
- ㉣ turning 전환

Rank 0258

[əláu]

allow

v 허락하다
v 허용하다

0557

Only staff members [approved / by the director]
직원들만 승인받은 관리자에게

are allowed / to attend / the party.
허락된다 참석하는 것이 파티에

빈출
표현
- be allowed to ~하는 것이 허락된다
- allow for 고려하다
- ㉤ permit 허락하다
- ㉠ prohibit 금지하다
- ㉣ allowed 허가받은, allowable 허용되는, allowance 허용

Rank 0406

[aidèntifikéiʃən]

identification

n 신분증
n 신원 확인

0558

All employees have to have / their identification card //
모든 직원들은 가지고 있어야 한다 그들의 신분증을

when entering / the building.
들어갈 때 건물에

빈출
표현
- identification card(badge) 신분증
- identification number 신분증 번호
- form of identification 신분증 양식
- ㉣ identify 확인하다, identifiable 인식 가능한, identity 신원

Rank 0679

[aidéntifài]

identify

v 알아보다
v 확인하다

0559

We need to gather / more information / to identify /
우리는 모아야 한다 더 많은 정보를 알아보기 위해

a specific target population.
구체적인 목표 고객층을

빈출
표현
- ㉤ recognize 알아보다
- ㉣ identification 신분증, identifiable 인식 가능한, identity 신원

Rank 0239

[peint]

paint

v 페인트를 칠하다
v (물감 등으로) 그리다
n 페인트
n 물감

0560

So many different colors were painted / on the walls
매우 많은 여러 가지 색들이 칠해져 있었다 벽에

[of the gallery].
미술관의

빈출
표현
- oil paint 유성 페인트
- water-soluble paint 수성 페인트
- ㉤ draw 그리다
- ㉣ painting 그림, painter 화가

Rank 0267

[pápjulər]

popular

a 인기 있는
a 대중적인
a 일반인의

The cloud service is popular / with office workers
클라우드 서비스는 인기 있다　　　　　　직장인들에게.

[//who have / the ability [to control / the software]].
그들은 가지고 있다　능력을　　다루는　　소프트웨어를

> 빈출 표현
> · be popular with ~에게 인기 있다
> · popular music 대중음악 🔊
> · quite popular 꽤 인기 있는
> 반 unpopular 인기없는
> 파 popularity 대중성, popularly 일반적으로, popularize 대중화하다

Rank 1543

[pàpjulǽrəti]

popularity

n 인기
n 대중성

Due to the popularity [of the performance], /
인기로 인해　　　　　　　공연의

tickets are all sold out.
티켓이 모두 매진이다

> 빈출 표현
> 유 reputation 인기
> 파 popular 대중적인, popularly 일반적으로, popularize 대중화하다

Rank 0242

[krédit]

credit

v 입금하다
v 믿다
n 신용(거래)
n 칭찬

The interest [on your deposit] is credited / to your account /
이자는　　　당신의 예금에 대한　　입금된다　　당신의 계좌로

once a year.
1년에 한번

> 빈출 표현
> · be credited to ~에 입금되다
> · credit card 신용카드
> 유 deposit 입금하다
> 파 creditable 믿을만한

Rank 0445

[rí:dʒən]

region

n 지역
n 지방

The facilities [in the region] are under water /
시설이　　　　　지역의　　물에 잠겼다

due to the heavy rain.
폭우 때문에

> 빈출 표현
> 유 area, district 지역
> 파 regional 지역의, regionally 지역적으로

Rank 0576

[rí:dʒənl]

regional

a 지역의

The president will meet / the regional manager
사장은 만날 것이다　　　　　지역 담당자를

[in New York City] / the following afternoon.
뉴욕의　　　　　다음날 오후에

> 빈출 표현
> · regional manager 지역 담당자, 지점장 🔊
> · regional management team 지역 관리팀
> 유 local 지역의, provincial 지방의
> 파 region 지역, regionally 지역적으로

0561

0562

0563

0564

0565

Rank 0637 [sǽtisfài]

satisfy

v 만족시키다
v 충족시키다
v 납득시키다

---- 0566

They can't be sure / that [//their new service will satisfy /
그들은 확신할 수 없다   그것을   그들의 새로운 서비스가 만족시킬 것이다

current customers].
현재 고객들을

> 빈출 표현
> • satisfy customers 고객을 만족시키다
> 㳖 meet, please, gratify 만족시키다
> 㴤 satisfaction 만족, satisfactory 만족스러운, satisfied 만족한

Rank 0674 [sæ̀tisfǽkʃən]

satisfaction

n 만족(도)
n 충족(도)

---- 0567

The main focus [of this department] is to increase /
주요 목표는   이 부서의   증가시키는 것이다

customer satisfaction.
고객 만족도를

> 빈출 표현
> • customer satisfaction 고객 만족(도)
> • satisfaction survey 만족도 조사
> • employee satisfaction 직원 만족(도)
> 㴢 dissatisfaction 불만족
> 㴤 satisfy 만족시키다, satisfactory 만족스러운, satisfied 만족한

Rank 1177 [sæ̀tisfǽktəri]

satisfactory

a 만족스러운

---- 0568

The senior researcher said // the results [of the experiment]
수석 연구원은 말했다   결과들이   실험의

were not satisfactory.
만족스럽지 않았다

> 빈출 표현
> 㳖 pleasing 만족스러운
> 㴤 satisfy 만족시키다, satisfaction 만족, satisfied 만족한

Rank 0353 [júːʒuəli]

usually

ad 보통
ad 일반적으로

---- 0569

Mr. June usually shops / every weekend, // but this Sunday,
Mr. June은   보통   쇼핑한다   주말마다   하지만 이번주 일요일에

/ he will have to give / a presentation / at a seminar.
그는 해야 할 것이다   발표를   세미나에서

> 빈출 표현
> 㳖 normally, generally, commonly 보통
> 㴢 unusually 일반적이지 않은
> 㴤 usual 보통의

Rank 0854 [júːʒuəl]

usual

a 평소의
a 보통의
n 관행
n 늘 있는 일

---- 0570

The company recorded / a higher profit / than usual /
그 회사는 기록했다   높은 수익을   평소보다

in the third quarter.
3분기에

> 빈출 표현
> • as usual 평소와 다름없이
> 㳖 normal, general, common 보통의
> 㴢 unusual 보통이 아닌
> 㴤 usually 보통

0571

Rank 0252

[klouðz]

clothes

n 옷
n 의복

We don't have / a designer [/who has / experience
우리는 없다　　　디자이너　　　그는 가지고 있다　경험을

[making clothes [for various uses]]].
옷을 만든　　　　　　다양한 용도의

빈출표현	㉤ attire, apparel 의복
	㈜ cloth 옷감, clothing 의류

0572

Rank 0388

[pərmít]

permit

n 허가증
v 허락하다
v 허용하다

Visitors can submit / a receipt [issued / in this building] /
방문객들은 제출할 수 있다　　　영수증을　　발행된　　이 건물에서

instead of a parking permit.
주차증 대신에

빈출표현	• parking permit 주차증 ❷
	• permit A to do A가 ~하는 것을 허락하다 ❷
	㉤ authorization 허가증
	㈜ permission 허가, permissible 허가할 수 있는

0573

Rank 0832

[pərmíʃən]

permission

n 허가
n 인가

We copied / parts [of the book] / with the permission
우리는 복사했다　　일부를　　책의　　　　허가가 있는

[of the author].
저자의

빈출표현	• receive(get) permission 허가를 받다 ❷
	• written permission 서면 허가
	㉤ authorization 허가
	㈜ permit 허락하다, permissible 허가할 수 있는

0574

Rank 0683

[riléiʃən]

relation

n 관계
n 관련
n 친척

To have / excellent customer relations, / our boss wants /
갖기 위해　　탁월한 고객 관계를　　　　　　우리 사장은 원한다

us to be informed / about the reaction manual.
우리가 알게 되기를　　대응 매뉴얼에 대해

빈출표현	• customer relation 고객 관계(응대) ❷
	• public relation 홍보(PR) ❷
	• relation between A and B A와 B의 관계
	㉤ contact, regard 관계
	㈜ related 관련된, relatively 상대적으로, relationship 관계

0575

Rank 0855

[riléitid]

related

a 관련된
a 연관된

The company prefers / applicants [with experience
회사는 선호한다　　　　　지원자들을　　경험이 있는

[in engineering or related fields]].
공학이나 관련 분야에

빈출표현	• related field 관련 분야
	• related to ~와 관련 있는 ❷
	• related problem 관련 문제 ❷
	㉤ associated 관련된
	㈜ relation 관계, relatively 상대적으로, relationship 관계

Day 12 551-600

0576

Rank 1227

[rélətivli]

relatively

ad 상대적으로
ad 비교적

Although / he was relatively inexperienced, //
~에도 불구하고　　그는　　　상대적으로　　경험이 부족했다

his amazing presentation skills convinced / the interviewer.
그의 놀라운 발표 능력은 납득시켰다　　　　　　　　　　　면접관을

빈출
표현
· relatively inexperience 상대적으로 경험이 부족한
⊕ correspondingly, comparatively 상대적으로
⑪ related 관련된, relationship 관계, relative 상대적인

0577

Rank 1430

[riléiʃnʃip]

relationship

n 관계

It's important / to develop / business relationships
그것은 중요하다　　발전시키는 것은　　사업 관계를

[with other owners].
다른 사업주들과

빈출
표현
· business relationship 사업 관계
⊕ connection 관계
⑪ related 관련된, relatively 상대적으로, relative 상대적인

0578

Rank 1510

[rélətiv]

relative

n 친(인)척
a 상대적인
a 비교상의
a 관계된

I usually invite / my parents and relatives / to my home /
나는 보통　　　초대한다　　나의 부모님과 친척들을　　　　나의 집으로

a few days before / a big traditional holiday.
며칠 전에　　　　　　큰 명절

빈출
표현
⑪ related 관련된, relatively 상대적으로, relationship 관계

0579

Rank 0260

[ríːsɔːrs]

resource

n 자원
n 자산
n 자료
n 지략

I heard / that [/the Human Resources Department and
나는 들었다　그것을 //　인사부와

the Payroll Department will merge].
경리부가 합쳐질 것이다

빈출
표현
· human resources department 인사부
· human resources 인적 자원
· natural resources 천연 자원
⑪ resourceful 지원이 풍부한

0580

Rank 0299

[bénəfit]

benefit

n 혜택
n 이익
v 도움이 되다
v 유익하다

The employees could not negotiate /
직원들은 협상할 수 없었다

their benefits packages / with the company.
그들의 복리 후생 제도를　　　　　회사와

빈출
표현
· benefits package 복리 후생 제도
· employee benefits 직원의 복리 후생
· benefit from ~로부터 도움을 받다
⊕ advantage, merit 혜택
⑫ harm 피해
⑪ beneficial 유익한, beneficially 유익하게, beneficiary 수혜자

Rank 1592
[bènəfíʃəl]
beneficial
a 유익한
a 이로운

The city renovation project will be highly beneficial /
도시 보수 프로젝트는   매우   유익할 것이다

to the community.
지역사회에

> 빈출 표현
> • be beneficial to ~에게 유익하다
> ⊕ useful, helpful 유익한
> ⊛ harmful 유해한
> ㉵ benefit 유익하다, beneficially 유익하게, beneficiary 수혜자

Rank 0292
[ikspléin]
explain
v 설명하다

The salesperson explained / the new financial services / to me.
판매원은 설명했다   새로운 금융 서비스들을   나에게

> 빈출 표현
> • explain A to B A를 B에게 설명하다
> • explain A in detail A를 상세하게 설명하다
> ⊕ describe, account for 설명하다
> ㉵ explanation 설명

Rank 1431
[èksplənéiʃən]
explanation
n 설명
n 이유

I gave / an explanation [of why [//he was not allowed /
나는 했다   설명을   이유에 대한   그는 허락되지 않았다

to attend / the event]].
참석하는 것이   행사에

> 빈출 표현
> ⊕ account 설명
> ㉵ explain 설명하다

Rank 0259
[pæst]
past
a 지나간
a 과거의
n 과거
n 지난날

This equipment has been used / nonstop / over the past year.
이 장비는 사용되어 왔다   중단 없이   지난 1년 동안

> 빈출 표현
> • the past ~ years 지난 몇 년
> ⊕ former 과거의
> ⊛ future 미래의

Rank 0397
[rézədnt]
resident
n 주민
n 거주민

The residents [of this city] are moving / into nearby new towns.
주민들은   이 도시의   이주하고 있다   근처의 신도시들로

> 빈출 표현
> • city resident 도시 거주민
> ⊕ community, citizen, local, inhabitant 주민
> ㉵ reside 거주하다, residence 거주지, residential 주거지의

Rank 1162
[rézədəns]
residence
n 주택
n 거주지

Mr. Decker is well known / for a top designer [//who has built /
Mr. Decker는 잘 알려져 있다   최고의 디자이너로   그는 만들어 왔다

a number of private residences and public buildings].
수많은   개인 주택들과   공공건물들을

> 빈출 표현
> • private residence 개인 주택
> ⊕ housing 주택
> ㉵ reside 거주하다, resident 거주민, residential 주거지의

Rank 1394

[rèzədénʃəl]

residential

a 주거의
a 주거지의

0587

The real estate agency can conduct / transactions / for both /
그 부동산 중개소는 수행할 수 있다　　　　　　　　　　거래들을　　　　둘 다의

commercial and residential properties.
상업용뿐만 아니라 주거용 부동산

빈출
표현
· residential property 주거용 부동산
· residential area 주거 지역
画 reside 거주하다, resident 거주민, residence 거주지

Rank 0424

[riváiz]

revise

v 수정하다
v 변경하다
v 개정하다

0588

The contract has been revised / because of misspellings.
그 계약서는 수정되었다　　　　　　　　　잘못된 글자들 때문에

빈출
표현
· revise a contract 계약을 수정하다
· revise a budget 예산을 수정하다
· revise a schedule 일정을 수정하다
· revise a report 보고서를 수정하다
⊕ modify 변경하다
画 revised 수정된, revision 수정

Rank 0984

[riváizd]

revised

a 수정된
a 변경된
a 개정된

0589

I heard // Ms. Lee spent / a lot of time / preparing /
나는 들었다　Ms. Lee는 소모했다　많은 시간을　　준비하는데

the proposal [for the revised project].
제안서를　　　　　　수정된 프로젝트를 위한

빈출
표현
⊕ modified 수정된
画 revise 수정하다, revision 수정

Rank 1098

[rivíʒən]

revision

n 수정
n 변경

0590

The HR Department will make revisions /
인력개발부는 수정할 것이다

to the training manual [for new employees].
훈련 매뉴얼을　　　　　　　　신입 사원을 위한

빈출
표현
· make revision 수정하다
⊕ modification 수정
画 revise 수정하다, revised 수정된

Rank 0261

[mɑːrtʃ]

march

v 행진하다
n 3월
n 국경
n 경계

0591

Countless citizens are marching / through the streets / in rows.
수많은 시민들이 행진하고 있다　　　　거리들을 통과해서　　　줄지어

빈출
표현
⊕ parade 행진하다

Rank 0262

[plei]

play

v 놀다
v (게임, 경기 등을) 하다
n 연극
n 놀이
n 경기

0592

They are planning / to play / at the Lakeview Hotel /
그들은 계획중이다　　노는 것을　　Lakeview Hotel에서

all day long.
하루 종일

빈출
표현
· play on (경기 등을) 계속하다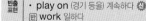
⊕ work 일하다
画 player 선수, playful 놀기 좋아하는

Day 12　551~600

Rank 0263

[reit]

rate

n 요금
n 비율
v 평가하다

Nowadays, / the Nha Trang Hotel, [located /
요즘　　　　　Nha Trang 호텔은　　　　　위치한

along the beautiful shore], is offering / all of its rooms /
아름다운 해변가를 따라　　　　　　제공하고 있다　　　모든 방들을

at a discounted rate.
할인된 요금에

> 빈출 표현
> - discounted rate 할인된 요금, 할인율 🎇
> - exchange rate 환율
> - room rate 객실요금
> - shipping rate 운송료 🎇
> 🔁 charge, fare, fee, toll 요금

Rank 0274

[rifʌnd]

refund

n 환불
n 환불액
v 환불하다

Buyers [at the department store] can return / items /
구매자들은　　그 백화점의　　　　　　반환할 수 있다　　제품들을

for a full refund.
전액 환불로

> 빈출 표현
> - full refund 전액환불 🎇
> - issue a refund 환불해주다 🎇
> - receive a refund 환불 받다 🎇
> - give a refund 환불해주다
> 🔁 refundable 환불 가능한

Rank 0589

[kálekt]

collect

v 수집하다
v 모으다

The information [//we collect] is used / to run / the company.
정보는　　　　　　우리가 수집한　　사용된다　　운영하는데　　회사를

> 빈출 표현
> 🔁 gather 수집하다
> 🔁 scatter 흩어지다
> 🔁 collection 수집품, collector 수집가

Rank 0597

[kəlékʃən]

collection

n 수집품
n 소장품

The museum has / a large collection [of rare antiquities
박물관은 가지고 있다　　　많은 수집품을　　　　희귀한 골동품의

[from Greece]].
그리스의

> 빈출 표현
> - unique collection 유일한(독특한) 소장품
> 🔁 collect 수집하다, collector 수집가

Rank 0266

[sǽmpl]

sample

n 샘플
n 견본
n 표본
v 시식하다

We have to prepare / hundreds of product samples /
우리는 준비해야 한다　　　　　수백 개의 제품 샘플들을

for the promotion.
홍보를 위해

> 빈출 표현
> - product sample 제품 샘플 🎇
> - free sample 무료 샘플 🎇

Rank 0268

[dédlain]

deadline

n 마감일

0598

In spite of having a workshop, / my team will be able to finish /
워크숍을 가졌음에도 불구하고　　　　　　　　　나의 팀은 끝낼 수 있을 것이다

the project / before the deadline.
그 과제를　　　마감일 전에

빈출
표현
- before a deadline 마감일 전
- meet a deadline 마감일자를 맞추다
- extend a deadline 마감일을 연장하다
- by a deadline 마감일까지

 Rank 0474

[əsóusièit]

associate

n 동료
v 관련시키다
v 연상하다

0599

The sales associates [working / with us] are well trained.
영업 사원들은　　　　　　　　　일하는　　우리와 함께　　잘　훈련되었다.

빈출
표현
- sales associate 영업 사원
- associated with ~와 관련된
- business associate 동업자
- ㈜ partner, colleague, companion 동료
- ㈜ association 협회

 Rank 0638

[əsóusièiʃən]

association

n 협회
n 연관

0600

He has always hoped / to join / the International
그는　　늘　　　희망했다　가입하는 것을　국제 기업 협회에

Business Association.

빈출
표현
- Business Association 기업 협회
- International Association 국제 협회
- ㈜ society, institute 협회
- ㈜ associate 동료

STEP 3 집중해서 풀어라!

워크북 59페이지부터 학습하면
됩니다.

STEP 4 주기적인 복습 '기억상자'

제대로 외웠는지 확인하고 싶다고요? 까먹기 전에 다시 복습하고
싶다고요? 지금 당장 QR 코드를 스캔해 보세요.

STEP 1 읽을 수 있을 때까지 들어라!

읽지 못하는 단어는 절대 외울 수 없습니다! 발음 기호 없이 자신있게
읽을 수 있을 때까지 원어민의 발음을 들으면서 반복해서 따라 읽으세요.

0601~0650 Words

- ☐ **clear** 트인, 깨끗한
- ☐ **clearly** 명확히, 분명히
- ☐ **clarify** 명확하게 하다, 분명하게 하다
- ☐ **fund** 기금, 자금
- ☐ **funding** 자금, 자금 제공
- ☐ **reference** 추천서, 참고
- ☐ **refer** 참고하다, 언급하다
- ☐ **distribute** 분배하다, 배포하다
- ☐ **distribution** 유통, 분배
- ☐ **distributor** 배급사, 판매자
- ☐ **merchandise** 상품, 물품
- ☐ **run** 운영하다, 달리다
- ☐ **running** 달리기, 운영
- ☐ **executive** 임원, 이사
- ☐ **pass** 건네주다, 통과하다
- ☐ **previous** 이전의, 사전의
- ☐ **previously** 미리, 이전에
- ☐ **convenient** 편리한, 가까운
- ☐ **convenience** 편의, 편리
- ☐ **conveniently** 편리하게
- ☐ **quarter** 1/4분기
- ☐ **quarterly** 분기별의, 1년 4회의
- ☐ **analyst** 분석가
- ☐ **analysis** 분석
- ☐ **analyze** 분석하다, 검토하다

- ☐ **condition** 상태, 상황
- ☐ **passenger** 승객
- ☐ **express** 급행의, 신속한
- ☐ **expression** 표현
- ☐ **regarding** ~에 관하여
- ☐ **regard** 고려, 관심
- ☐ **conduct** 수행하다, 지도하다
- ☐ **conductor** 지휘자, 안내원
- ☐ **attract** 유치하다, (마음을) 끌다
- ☐ **attraction** 명소, 매력
- ☐ **attractive** 매력적인
- ☐ **opportunity** 기회
- ☐ **real** 진짜의, 현실의
- ☐ **realize** 알아차리다, 깨닫다
- ☐ **realistic** 실제적인, 현실적인
- ☐ **forward** 앞으로, 보내다
- ☐ **demonstration** 시연, 설명
- ☐ **demonstrate** 설명하다, 증명하다
- ☐ **original** 원본의, 원래의
- ☐ **originally** 원래, 본래
- ☐ **reception** 접수처, 환영회
- ☐ **receptionist** 접수 담당자
- ☐ **campaign** 캠페인, 운동
- ☐ **colleague** 동료
- ☐ **economic** 경제의

집중해서 읽어라!

암기는 나중에, 정독에 집중하세요! 한 번에 외워야 한다는 강박은
개나 줘버리고 편안한 마음으로 읽되, 집중하세요.

Rank 0492

[kliər]
clear

a 트인
a 깨끗한
a 분명한
v 치우다
ad 완전히

0601

The 88 Expressway is currently clear /
88 고속도로는   현재   원활하다

after the completion / of the construction work.
완료된 후   공사가

> 빈출표현
> • clear off 치우다
> • clear A from B A를 B에서 치우다
> ⑪ clearly 분명하게, clarify 분명하게 하다, clearness 분명함

Rank 0912

[klíərli]
clearly

ad 명확히
ad 분명히

0602

The board of directors clearly stated / that
이사회는   명확히   말했다   그것을

[/we would not be acquiring / the Jupiter Company].
우리는 인수하지 않을 것이다   Jupiter Company를

> 빈출표현
> • clearly state 명확히 언급하다
> ⑪ definitely, distinctly 명확히
> ⑪ clear 분명한, clarify 분명하게 하다, clearness 분명함

Rank 1395

[klǽrəfài]
clarify

v 명확하게 하다
v 분명하게 하다

0603

I hoped / to clarify / some things [about the terms and
나는 희망했다   명확하게 할 것을   몇 가지 사항들을   조건에 대한

conditions [of my employment]].
내 고용의

> 빈출표현
> ⑪ clear 분명한, clearly 분명하게, clearness 분명함

Rank 0398

[fʌnd]
fund

n 기금
n 자금
v 자금을 제공하다
v 투자하다

0604

The purpose [of the banquet] was to raise / funds
목적은   연회의   모으는 것이었다   기금을

[for poor children [in Africa]].
가난한 아이들을 위한   아프리카의

> 빈출표현
> • raise funds 자금(기금)을 모으다
> • fund raiser 기금 조성자
> • fund raising 모금
> ⑪ funding 자금

Rank 0802

[fʌndiŋ]
funding

n 자금
n 자금 제공

0605

No one wanted / to provide / additional funding
아무도 원하지 않았다   제공하는 것을   추가 자금을

[to complete / the bridge].
완성하기 위한   다리를

> 빈출표현
> • additional funding 추가 자금
> ⑪ fund 기금

Rank 0454

[réfrəns]

reference

n 추천서
n 참고
n 언급
n 조회

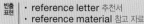 0606

I enclosed / my resume / in the envelope /
나는 동봉했다 나의 이력서를 봉투에

along with a reference letter.
추천서와 함께

> 빈출표현
> · reference letter 추천서 · reference number 조회 번호
> · reference material 참고 자료
> ㈜ testimonial 추천서
> ㈜ refer 참고하다

Rank 0675

[rifə́:r]

refer

v 참고하다
v 언급하다
v 조회하다

0607

Employees often refer / to their time sheets
직원들은 종종 참고한다 그들의 근무 시간 기록표를

[for the hours [//they worked]].
시간에 대해 그들이 일했다

> 빈출표현
> · refer to ~을 참고하다
> ㈜ reference 추천서

Rank 0425

[distríbju:t]

distribute

v 분배하다
v 배포하다
v 유통시키다

0608

He distributed / the new ID cards / to all the staff members //
그는 분배했다 새 ID 카드를 모든 직원들에게

as soon as / the security system was changed.
하자마자 보안 시스템이 변경되었다

> 빈출표현
> · be distributed to ~에게 분배되다
> ㈜ distribution 분배, distributor 배급업자

Rank 1064

[dìstribjú:ʃn]

distribution

n 유통
n 분배
n 배부

0609

The increase [in distribution costs] negatively
증가는 유통 비용들의 부정적으로

affected / the country's economic growth.
영향을 미쳤다 국가의 경제 성장에

> 빈출표현
> · distribution cost 유통 비용 · distribution center 유통 센터
> ㈜ circulation 유통
> ㈜ distribute 분배하다, distributor 배급업자

Rank 1228

[distríbjutər]

distributor

n 배급사
n 판매자
n 유통사

0610

The distributor was asked / to move up / the release date.
그 배급사는 요청받았다 앞당길 것을 출시일을

> 빈출표현
> ㈜ distribute 분배하다, distribution 분배

Rank 0278

[mə́:rtʃəndàiz]

merchandise

n 상품
n 물품
v 판매하다

0611

The tourist bought / several pieces of merchandise /
여행객은 샀다 몇 점의 상품을

at the store.
가게에서

> 빈출표현
> · defective merchandise 파손된 상품
> · discount on merchandise 상품 할인
> ㈜ goods, commodity, product 상품
> ㈜ merchant 상인

Rank **0461**

[rʌn]

run

v 운영하다
v 달리다
v 참가하다

---- 0612

Until now, / numerous people have run / businesses /
지금까지　　　수많은 사람들이 운영해 왔다　　　사업을

in Silicon Valley.
Silicon Valley에서

> 빈출
> 표현
> · run a business 사업을 운영하다
> · run out 다 써버리다
> · run for ~에 출마하다
> · run an article 기사를 게재하다
> 유 operate, manage, administer 운영하다
> 파 running 운영

Rank **0676**

[rʌniŋ]

running

n 달리기
n 운영
a 달리는
a 연속적인

---- 0613

Our latest running shoes earned / favorable reviews /
우리의 최근 런닝화는 얻었다　　　호의적인 평가를

by both the public as well as the athletes.
대중들뿐만 아니라　　　운동선수들에게도

> 빈출
> 표현
> · running shoes 운동화
> · up and running 사용되고 있는
> 유 race, sprint 달리기
> 파 run 운영하다

Rank **0279**

[igzékjətiv]

executive

n 임원
n 이사
a 경영의
a 행정의

---- 0614

He could gain / access / to the company executives /
그는 할 수 있었다　　접근　　회사 임원들에게

thanks to the work [//he did / with Delko Furnishings].
근무 덕분에　　　그가 했던　　Delko Furnishings에서

> 빈출
> 표현
> · company executive 회사 임원
> · chief executive officer 최고경영자(CEO) 신
> · executive director 전무
> · executive position 간부직
> · executive board 집행 이사회
> 유 official, director 임원

Rank **0288**

[pæs]

pass

v 건네주다
v 통과하다
v 합격하다
n 통과증

---- 0615

Could you pass out / these questionnaires
당신은 나눠줄 수 있나요　　　이 설문지들을

[about our workshop]?
우리의 워크숍에 관한

> 빈출
> 표현
> · pass out 나누어 주다 　　· boarding pass 탑승권
> · bus pass 버스 티켓　　　· parking pass 주차권
> · pass around 차례로 돌리다

Rank **0420**

[prí:viəs]

previous

a 이전의
a 사전의

---- 0616

The applicant has / previous work experience
그 지원자는 갖고 있다　　　이전의 근무 경험을

[as a sales manager [in this field]].
판매 관리자로서의　　　이 분야에서

> 빈출
> 표현
> · previous year 작년
> · previous experience 이전 경력
> · previous order 이전 주문
> 유 earlier, former, prior, past 이전의
> 파 previously 미리

0617

Rank 0747

[prí:viəsli]
previously

ad 미리
ad 이전에

Juan's new film was previously shown /
Juan의 새로운 영화는　　　　　　　미리　　　　　상영되었다

at the Braham Theater.
Braham 극장에서

빈출 표현
| ㈜ before 미리
| ㈜ previous 이전의

0618

Rank 0541

[kənví:njənt]
convenient

a 편리한
a 가까운

I would like to have / a meeting / with you / at a time
나는 갖고 싶다　　　　회의를　　　　당신과　　　시간에

[/that is convenient / for you].
그 시간은 편리하다　　　당신에게

빈출 표현
| · convenient for ~에게 편리한 ✿
| · convenient location 편리한 위치 ✿
| · convenient time 편리한 시간 ✿
| ㈜ handy 편리한
| ㈘ inconvenient 불편한
| ㈔ convenience 편리, conveniently 편리하게

0619

Rank 0708

[kənví:njəns]
convenience

n 편의
n 편리

I will send / you a copy [of the document] / by fax /
나는 보낼 것이다　　당신에게 사본을　　문서의　　　　팩스로

for your convenience.
당신의 편의를 위해

빈출 표현
| · for your convenience 귀하의 편의를 위해 ✿
| · convenience store 편의점
| ㈘ inconvenience 불편
| ㈔ convenient 편리한, conveniently 편리하게

0620

Rank 1396

[kənví:njəntli]
conveniently

ad 편리하게

Our new branch is conveniently located / in downtown Tokyo.
우리의 새 지사는　　　　　　편리하게　　　　위치해 있다　　도쿄 중심가에

빈출 표현
| · is conveniently located ~에 편리하게 위치해 있다 ✿
| ㈘ inconveniently 불편하게
| ㈔ convenient 편리한, convenience 편리

0621

Rank 0376

[kwɔ́:rtər]
quarter

n 1/4분기

I had not expected / that [/the company's revenue
나는 예상하지 못했다　　　　그것을　　회사의 수익이

[in the last quarter] would decrease / sharply].
지난 분기의　　　　　　감소할 것이다　　　급격하게

빈출 표현
| · last quarter 지난 분기 ✿ | · first quarter 제1사분기
| · next quarter 다음 분기 ✿ | · second quarter 제2사분기 ✿
| ㈔ quarterly 분기별의

0622

Rank 0985

[kwɔ́:rtərli]
quarterly

a 분기별의
a 1년 4회의
ad 1년에 4회
ad 계절마다

The steering committee publishes /
운영위원회는 게재한다

quarterly job performance reports.
분기별 업무 실적 보고서를

빈출 표현
| · quarterly report 분기 보고서 ✿
| ㈔ quarter 분기

Rank 0639

[ǽnəlist]

analyst

n 분석가

0623

Financial analysts predicted / that [//the stock will be
금융 분석가들은 예측했다   그것을   그 주식이 폭락할 것이다

taking a dive].

> 빈출 표현
> · financial analyst 금융 분석가 ❄
> 파 analysis 분석, analyze 분석하다, analytical 분석적인

Rank 0856

[ənǽləsis]

analysis

n 분석

0624

Ms. Parker performed / a statistical analysis
Ms. Parker는 수행했다   통계 분석을

[on the financial information].
재무 정보에 관한

> 빈출 표현
> · statistical analysis 통계 분석
> 파 analyst 분석가, analyze 분석하다, analytical 분석적인

Rank 0905

[ǽnəlàiz]

analyze

v 분석하다
v 검토하다

0625

The finance director asked / me to analyze / the sales charts.
재무이사는 요청했다   내게 분석할 것을   판매 현황표를

> 빈출 표현
> · analyze data 데이터를 분석하다 ❄
> 파 analyst 분석가, analysis 분석, analytical 분석적인

Rank 0280

[kəndíʃən]

condition

n 상태
n 상황
n 조건

0626

It looks like // the workers are keeping /
그것은 ~처럼 보인다   직원들은 유지하고 있다

the equipment / in good condition.
장비를   좋은 상태로

> 빈출 표현
> · good condition 양호한 상태 ❄
> · economic condition 경제 상황
> 유 situation 상태
> 파 conditional 조건부의, conditionally 조건부로

Rank 0281

[pǽsəndʒər]

passenger

n 승객

0627

The airline passengers are waiting / in line / to board /
비행기 승객들은 기다리는 중이다   줄서서   탑승하기 위해

their flight.
그들의 비행기에

Rank 0323

[iksprés]

express

a 급행의
a 신속한
v 표현하다
v 나타내다

0628

Several documents were sent / by express mail / on request.
몇 개의 문서가 보내졌다   빠른 우편으로   요청한 대로

> 빈출 표현
> · express mail 빠른 우편 ❄   · express delivery 신속 배달 ❄
> · express train 급행열차
> 유 fast, quick, rapid, speedy 빠른
> 파 expression 표현, expressive 표현하는, expressively 의미있게

Rank 1987

[ikspréʃən]

expression

n 표현

0629

Mr. Dean accepted / the expression [of their thanks
Mr. Dean은 받았다   표현을   그들의 감사

[for his contributions]].
그의 기부들에 대한

> 빈출 표현
> 파 express 표현하다, expressive 표현하는, expressively 의미있게

Rank 0507

[rigά:rdiŋ]

regarding

prep ~에 관하여

I want / to tell / my boss / about the new regulations
나는 원한다　말하는 것을　나의 상사에게　새로운 규정들에 관해

[regarding leave time].
휴가에 관한

빈출 표현
- ⓨ concerning ~에 관한
- ⓜ regard 간주하다

Rank 0630

[rigά:rd]

regard

n 고려
n 관심
n 존경
v 간주하다

I should talk / to the board / with regard [to this problem].
나는 말해야 한다　이사회에　관심에 대하여　이 문제에 대한

빈출 표현
- with(in) regard to ~에 관하여 ⚙
- ⓨ consideration 고려
- ⓜ regarding ~에 관하여

Rank 0330

[kάndʌkt]

conduct

v 수행하다
v 지도하다
v 지휘하다
n 수행
n 지도

The Sales Department conducted / a survey
판매부는 수행했다　조사를

[on customer satisfaction].
고객 만족에 대한

빈출 표현
- conduct a survey 설문조사를 실시하다 ⚙
- conduct an interview 인터뷰를 하다 ⚙
- conduct research 연구하다, 조사하다 ⚙
- ⓨ carry out, perform 수행하다
- ⓜ conductor 지휘자

Rank 1477

[kəndʌ́ktər]

conductor

n 지휘자
n 안내원
n 승무원

I received / a free concert ticket / from my friend,
나는 받았다　무료 콘서트 티켓을　나의 친구로부터

[//who is the conductor [of the local symphony orchestra]].
그 친구는 지휘자이다　　지방 교향악단의

빈출 표현
- train conductor 기차의 차장
- ⓜ conduct 지휘하다

Rank 0483

[ətrǽkt]

attract

v 유치하다
v (마음을) 끌다

We studied / marketing strategies / to attract / more customers.
우리는 연구했다　마케팅 전략을　유치하기 위해　더 많은 고객을

빈출 표현
- attract customers 고객을 유치하다 ⚙
- attract new business 새로운 사업을 유치하다
- ⓨ draw 유치하다
- ⓜ attraction 매력, attractive 매력적인

Rank 1045

[ətrǽkʃən]

attraction

n 명소
n 매력

This historic site is / the most popular tourist attraction /
이 유적지는 이다　　가장 인기 있는 관광 명소

in the city.
이 도시에서

빈출 표현
- tourist attraction 관광 명소 ⚙
- local attraction 지역 명소
- ⓨ sight 명소
- ⓜ attract (마음을) 끌다, attractive 매력적인

Rank 1099

[ətrǽktiv]

attractive

a 매력적인

- - - - - - - - - - - - - - - - - 0636

It is more attractive / to customers / to give /
그것은 더 매력적이다　　　　고객들에게　　　　주는 것이

them free samples.
그들에게 무료 샘플들을

> 빈출 표현
> · attractive salary 괜찮은 보수
> ⑥ charming 매력적인
> ⑩ attract (마음을) 끌다, attraction 매력

Rank 0287

[ὰpərtjúːnəti]

opportunity

n 기회

- - - - - - - - - - - - - - - - - 0637

Let / me take / this opportunity [to say / a word /
하게 해라 내가 갖도록　이 기회를　　　말할 수 있는　한 마디

about everyone].
모두에 대해

> 빈출 표현
> · opportunity to do ~할 기회
> · great opportunity 좋은 기회
> · employment opportunity 구직 기회
> · job opportunity 취업 기회
> · investment opportunity 투자 기회
> ⑥ chance, occasion 기회

Rank 0549

[ríːəl]

real

a 진짜의
a 현실의
a 실제의

- - - - - - - - - - - - - - - - - 0638

The domestic real estate industry has been facing /
국내의 부동산 업계는　　　　　　　　　　직면해 있다

repeated problems.
반복되는 문제들에

> 빈출 표현
> · real estate 부동산
> · real estate agent 부동산 중개인
> · real estate agency 부동산 중개소
> ⑥ true, actual, genuine 진짜의
> ⑩ realize 깨닫다, realistic 현실적인, reality 현실

Rank 0833

[ríːəlàiz]

realize

v 알아차리다
v 깨닫다
v 실현하다

- - - - - - - - - - - - - - - - - 0639

They didn't seem / to realize / what [//they had done]
그들은 ~처럼 보이지 않는다　　알아차린 것　무엇인지　그들이 했다

// and / didn't know / what [to do / next].
그리고　몰랐다　　　그것을　해야 할 것　다음에

> 빈출 표현 | ⑩ real 현실의, realistic 현실적인, reality 현실

Rank 1988

[rìːəlístik]

realistic

a 실제적인
a 현실적인

- - - - - - - - - - - - - - - - - 0640

The law only applies / to realistic replicas
그 법은　오직　적용된다　실제적인 복제품들에

[of designs, paintings, and programs].
도면, 그림, 그리고 프로그램의

> 빈출 표현 | ⑩ real 현실의, realize 깨닫다, reality 현실

Rank 0289

[fɔ́ːrwərd]

forward

ad 앞으로
v 보내다
v 전달하다

- - - - - - - - - - - - - - - - - 0641

We are looking forward / to meeting / you / again.
우리는 기대하고 있다　　　　만나는 것을　당신과　다시

> 빈출 표현
> · look forward to ~을 기대하다
> · move forward 앞으로 나아가다
> ⑥ ahead 앞으로

Rank 0446

[dèmənstréiʃn]
demonstration

n 시연
n 설명
n 증명

We will be ready / to make / a little product demonstration
우리는 준비할 것이다   열기 위해   작은 제품 시연을

[of our newest mobile phone] / in 2 days.
우리의 최신 핸드폰의   2일 뒤에

> 빈출표현
> • product demonstration 제품 설명(시연)
> • cooking demonstration 요리 시연
> 파 demonstrate 증명하다

Rank 0756

[démənstrèit]
demonstrate

v 설명하다
v 증명하다

The presenter demonstrated / how [to use] / the new system.
발표자가 설명했다   방법   사용하는   새 시스템을

> 빈출표현
> • demonstrate how to ~하는 방법을 설명하다
> 유 explain, account for 설명하다
> 파 demonstration 증명

Rank 0532

[ərídʒənl]
original

a 원본의
a 원래의
a 최초의

You must keep / the original receipt / as financial data.
당신은 보관해야 한다   원본 영수증을   재무자료로 쓰일

> 빈출표현
> • original receipt 원본 영수증
> 파 originally 원래, origin 근원, originate 시작되다

Rank 0822

[ərídʒənəli]
originally

ad 원래
ad 본래
ad 처음에는

The summer festival was originally planned /
여름 축제는   원래   계획되었다

for the next day // but / because of the bad weather, /
다음날로   하지만   나쁜 날씨 때문에

it has been rescheduled / for next Friday.
그것은 변경되었다   다음 주 금요일로

> 빈출표현
> • originally planned 원래 계획된
> • originally scheduled 원래 예정된
> 유 initially 원래
> 파 original 원본의, origin 근원, originate 시작되다

Rank 0439

[risépʃən]
reception

n 접수처
n 환영회

The interviewer asks / that [//all applicants submit / a resume /
면접관은 요청한다   그것을   모든 참가자들은 제출한다   이력서를

to the reception desk // before entering / the meeting room].
접수처에   들어오기 전에   회의실에

> 빈출표현
> • reception desk 접수처
> • reception area 연회장
> • welcome reception 환영식
> • formal reception 공식피로연
> 파 receptionist 접수 담당자

Rank 0809

[risépʃənist]
receptionist

n 접수 담당자

My doctor said // the receptionist will give /
나의 의사는 말했다   접수 담당자가 줄 것이다

me a new prescription / soon.
나에게 새 처방전을   곧

> 빈출표현
> 파 reception 접수처

Rank
0293

[kæmpéin]

campaign

n 캠페인

n 운동

0648

Our firm will launch / an advertising campaign /
우리 회사는 시작할 것이다   광고 캠페인을

to promote / our new camera.
홍보하기 위해   우리의 새 카메라를

빈출
표현
· advertising campaign 광고 캠페인
· marketing campaign 마케팅 캠페인
· publicity campaign 홍보 활동

 Rank
0294

[káli:g]

colleague

n 동료

0649

She was recommended / for the position
그녀는 추천 되었다   직책에

[of head of the Personnel Department] / by a colleague.
인사부장의   동료에 의해

빈출
표현
· former colleague 이전 동료
㈜ coworker, peer, associate 동료

 Rank
0605

[ì:kəná:mik]

economic

a 경제의

0650

Inflation is the main reason [for the recent economic
인플레이션은   주요 원인이다   최근 경제 침체에 대한

downturn].

빈출
표현
· economic downturn 경기 침체
· economic growth 경제 성장
㈜ financial 경제의
㊎ economy 경제, economist 경제학자, economical 경제적인

STEP 3 **집중해서 풀어라!**

워크북 64페이지부터 학습하면
됩니다.

STEP 4 **주기적인 복습 '기억상자'**

제대로 외웠는지 확인하고 싶다고요? 까먹기 전에 다시 복습하고
싶다고요? 지금 당장 QR 코드를 스캔해 보세요.

STEP 1 읽을 수 있을 때까지 들어라!

읽지 못하는 단어는 절대 외울 수 없습니다! 발음 기호 없이 자신있게
읽을 수 있을 때까지 원어민의 발음을 들으면서 반복해서 따라 읽으세요.

0651~0700 Words

- ☐ economy 경제, 경기
- ☐ economist 경제학자, 경제전문가
- ☐ case 용기(상자), 경우
- ☐ instead 대신에
- ☐ live 생방송의, 살아있는
- ☐ responsible 책임이 있는, 신뢰할 수 있는
- ☐ responsibility 의무, 책임
- ☐ share 공유하다, 나누다
- ☐ shareholder 주주
- ☐ volunteer 자원봉사자, 자원(봉사)하다
- ☐ celebrate 축하하다, 기념하다
- ☐ celebration 기념(축하)행사, 축하
- ☐ sincerely 진심으로, 마음을 담아
- ☐ weather 날씨
- ☐ expert 전문가, 전문가의
- ☐ expertise 전문적 지식, 전문적 기술
- ☐ hall 크고 넓은 방, 홀
- ☐ press 기자, 언론
- ☐ pressure 압박, 압력
- ☐ retirement 은퇴, 퇴직
- ☐ retire 은퇴하다, 퇴직하다
- ☐ traffic 교통(량), 수송
- ☐ vehicle 차량, 운송수단
- ☐ efficient 효율적인, 능률적인
- ☐ efficiency 효율, 능률

- ☐ efficiently 효율적으로
- ☐ reach ~에 이르다, (손, 팔을) 뻗다
- ☐ correct 정확한, 올바른
- ☐ correctly 정확하게
- ☐ correction 수정, 정정
- ☐ ease 덜어주다, 완화되다
- ☐ easily 쉽게, 용이하게
- ☐ impress 감동시키다, 깊은 인상을 주다
- ☐ impressive 인상적인, 감명 깊은
- ☐ impression 인상, 감명
- ☐ kind 종류, 친절한
- ☐ kindly 친절하게, 친절한
- ☐ view 경치, 시야
- ☐ assignment 할당된 일, 임무
- ☐ assign 배정하다, 맡기다
- ☐ skill 기술, 기량
- ☐ skilled 숙련된, 노련한
- ☐ study 연구, 공부
- ☐ wide 넓은, 폭넓은
- ☐ widely 널리, 폭넓게
- ☐ remain 유지하다, 남다
- ☐ remaining 남은, 남아있는
- ☐ resume 이력서, 다시 시작하다
- ☐ save 절약하다, 저축하다
- ☐ savings 저축, 절약

집중해서 읽어라!

암기는 나중에, 정독에 집중하세요! 한 번에 외워야 한다는 강박은
개나 줘버리고 편안한 마음으로 읽되, 집중하세요.

Rank
0771

[ikάːnəmi]
economy

n 경제
n 경기

0651

The new fiscal policy will affect / the local economy.
새로운 재정 정책은 　　　　　　　영향을 미칠 것이다　지역 경제에

빈출표현	• local economy 지역 경제
	• economy-sized car 값싸고 작은 차
	파 economic 경제의, economist 경제학자, economical 경제적인

Rank
1865

[ikάːnəmist]
economist

n 경제학자
n 경제전문가

0652

Sarah Churman [in the Accounting Department]
Sarah Churman은　　　　　경리부의

is a highly regarded economist.
매우 존경받는 경제학자이다.

빈출표현	파 economic 경제의, economy 경제, economical 경제적인

Rank
0295

[keis]
case

n 용기(상자)
n 경우

0653

A woman is looking / at a display case [full / of small dolls].
한 여자가 보고 있다　　　　진열장을　　　　가득찬　작은 인형들로

빈출표현	• display case 진열장
	• in that case 그런 경우에는
	• just in case 만약을 위해서
	• jewelry case 보석함
	유 container, receptacle 용기

Rank
0296

[instéd]
instead

ad 대신에

0654

Mind / your own affairs / instead of wasting / time
신경써라　당신의 일들을　　　낭비하는 대신에　　시간을

[with the previous contract].
이전 계약에

빈출표현	• instead of ~하는 대신에

Rank
0312

[laiv]
live

a 생방송의
a 살아있는
v 살다
v 거주하다

0655

Live performances are always very popular / with the public.
라이브 공연들은　　　　　항상　매우 인기 있다　　대중들에게

빈출표현	• live performance 라이브 공연
	파 living 살아 있는, lively 활발한

Rank
0598

[rispάːnsəbl]
responsible

a 책임이 있는
a 신뢰할 수 있는

0656

The director is responsible / for managing / investment risk.
그 관리자는 책임이 있다　　　관리하는 것에　　투자 위험을

빈출표현	• be responsible for ~에 책임이 있다
	유 accountable 책임이 있는
	파 responsibility 책임, responsibly 책임감 있게

---- 0657

Rank 0645

[rispὰːnsəbíləti]
responsibility

n 의무
n 책임

This guidebook informs / us / of the basic responsibilities
이 가이드북은 알려준다   우리에게   기본적인 의무들에 대해

[of all entry-level employees].
모든 초급직원들의

· basic responsibility 기본 책임
· social responsibility 사회적 책임
· assume responsibility 책임을 지다
圇 duty, accountability 의무
圃 responsible 책임지고 있는, responsibly 책임감 있게

---- 0658

Rank 0359

[ʃɛər]
share

v 공유하다
v 나누다
n 주식
n 지분(몫)

We believe // the plan will increase / our market share
우리는 믿는다   그 계획은 증가시킬 것이다   우리의 시장 점유율을

[in the European market].
유럽 시장에서

· market share 시장 점유율 ❸
· share information 정보를 공유하다 ❸
圃 shareholder 주주

---- 0659

Rank 1362

[ʃɛ́ərhòuldər]
shareholder

n 주주

You will be expected / to vote / on the agreement
당신은 기대될 것이다   투표할 것으로   협정에 대해

[with Karin Mining] / at the annual shareholders' meeting.
Karin Mining과의   연례 주주 회의에서

· shareholders' meeting 주주 회의
圇 stockholder 주주
圃 share 주식

---- 0660

Rank 0316

[vὰləntíər]
volunteer

n 자원봉사자
v 자원(봉사)하다

The government has advertised / that
정부는 광고해 왔다   그것을

[/it is recruiting / volunteers [for disaster relief]].
모집하고 있다   자원봉사자들을   재난 구조를 위한

· recruit volunteers 자원봉사자를 모집하다
· volunteer opportunity 자원봉사 기회 ❸
圃 voluntary 자발적인, voluntarily 자발적으로

---- 0661

Rank 0572

[séləbrèit]
celebrate

v 축하하다
v 기념하다

The company prepared / some free events /
그 회사는 준비했다   몇 가지 무료 행사들을

to celebrate / the 20th anniversary [of its founding].
축하하기 위해   20주년 기념일을   창립

· celebrate an anniversary 기념일을 축하하다
圇 commemorate 축하하다
圃 celebration 기념행사, celebratory 기념하는

---- 0662

Rank 0615

[séləbrèiʃən]
celebration

n 기념(축하)행사
n 축하

He didn't want / to join / the grand opening celebration.
그는 원하지 않았다   참석하는 것을   대규모의 개업 기념행사에

· opening celebration 개업 기념행사 ❸
· anniversary celebration 기념일 축하 행사 ❸
圇 occasion 행사
圃 celebrate 기념하다, celebratory 기념하는

Rank 0324

[sinsíərli]

sincerely

ad 진심으로
ad 마음을 담아

We sincerely apologize / that [//our branch office staff
우리는 진심으로   사과한다   그것을   우리 지사 직원이 저질렀다

made / a mistake [//that affected / you]].
실수를   그 실수는 영향을 미쳤다   당신에게

> 빈출표현
> · sincerely yours (편지 말미에) 마음을 담아 당신께
> ㈜ cordially 진심으로
> ㈜ sincere 진심의

Rank 0300

[wéðər]

weather

n 날씨

The fine weather helped / us to enjoy / a spectacular view
좋은 날씨는 도왔다   우리가 즐길 수 있도록   멋진 광경을

[of the mountain].
산의

> 빈출표현
> · weather condition 기상 조건
> · weather forecast 일기 예보
> · weather report 일기 예보

Rank 0418

[ékspə:rt]

expert

n 전문가
a 전문가의
a 전문적인

Some members [of our team] are experts
몇몇 멤버들은   우리 팀의   전문가들이다

[in marketing and sales].
마케팅과 판매에 있어

> 빈출표현
> · panel of experts 전문가 위원회
> ㈜ specialist, professional 전문가
> ㈜ amateur 아마추어
> ㈜ expertise 전문 기술, expertly 전문적으로

Rank 0973

[èkspərtí:z]

expertise

n 전문적 지식
n 전문적 기술

I am definitely sure / that [//this case involves /
나는   분명히   확신한다   그것을   이 사건은 관련 있다

your area [of expertise]].
당신의 분야와   전문적 지식에 관한

> 빈출표현
> · area of expertise 전문 분야
> · expertise in ~에 대한 전문 지식
> ㈜ knowledge 지식
> ㈜ expert 전문가, expertly 전문적으로

Rank 0302

[hɔ:l]

hall

n 크고 넓은 방
n 홀

The council's annual conference was held / at 5 P.M. /
의회의 연례 회의가   개최되었다   오후 5시에

at city hall.
시청에서

> 빈출표현
> · city hall 시청
> · banquet hall 연회장

Rank 0337

[pres]

press

n 기자
n 언론
n 보도기관
v 누르다

She mentioned / an important fact / at the press conference.
그녀는 말했다   중요한 사실을   기자 회견에서

> 빈출표현
> · press conference 기자 회견
> · press release 보도 자료
> ㈜ reporter 기자
> ㈜ pressure 압력

Day 14 651~700

Rank 1693

[préʃər]
pressure

n 압박
n 압력

The government applied / political pressure /
정부는 가했다　　　　　　　정치적인 압박을

to telecommunication corporations.
통신 회사들에게

빈출 표현 │ ⑪ press 누르다

Rank 0573

[ritáiərmənt]
retirement

n 은퇴
n 퇴직

The retirement banquet was held / to honor /
은퇴 연회가　　　　　　　　개최되었다　　　경의를 표하기 위해

her 20 years of dedication [to the company].
그녀의 20년간 헌신에　　　　　　　　회사에 대한

빈출 표현
- retirement banquet 은퇴 연회(만찬) 신
- retirement dinner 은퇴 기념식 신
- retirement planning 은퇴 설계
- early retirement 조기 퇴직
- retirement package 퇴직 수당
- ⑪ retire 은퇴하다, retiree 은퇴자

Rank 0646

[ritáiər]
retire

v 은퇴하다
v 퇴직하다

Mr. Kim announced / that [//he will retire / in July 2016].
Mr. Kim은 발표했다　　　　그것을　　　그는 은퇴할 것이다　　　2016년 7월에

빈출 표현
- retire from ~에서 은퇴하다 신
- ⑪ retirement 은퇴, retiree 은퇴자

Rank 0305

[træfik]
traffic

n 교통(량)
n 수송
n 운항

Many commuters complained / about the traffic
많은 통근자들이 불평했다　　　　　　　교통량에 대해

[on the Mapo Bridge].
Mapo Bridge의

빈출 표현 │ ⑨ transpotation 교통

Rank 0306

[víːikl]
vehicle

n 차량
n 운송수단
n 탈것

Anyone [//who has / a motor vehicle] must purchase /
누구나　　　그들은 갖고 있다　자동차를　　　　　　구입해야 한다

car insurance.
자동차 보험을

빈출 표현
- motor vehicle 자동차 신
- park a vehicle 차량을 주차하다 신
- rental vehicle 임대 차량
- ⑨ car 차량

Rank 0654

[ifíʃənt]
efficient

a 효율적인
a 능률적인
a 유능한

I think // the new financial transaction systems make /
나는 생각한다　새 금융 거래 시스템은　　　　　　　　　　만든다

our business more efficient.
우리의 사업을　　　좀 더 효율적으로

빈출 표현
- energy-efficient 에너지 효율이 좋은 신
- fuel efficient 연료 효율이 좋은
- ⑨ effective 효과적인
- ⑪ inefficient 효과 없는
- ⑪ efficiency 효율, efficiently 효율적으로

efficiency
[ifíʃənsi]

n 효율
n 능률

We need to consider / how [to improve / energy efficiency].
우리는 고려해야 한다　　　　방법을　향상시킬　　에너지 효율을

> 빈출
> 표현
> • energy efficiency 에너지 효율(성)
> • increase efficiency 효율(성)을 높이다
> 밴 effect 효과
> 파 efficient 효율적인, efficiently 효율적으로

efficiently
[ifíʃəntli]

ad 효율적으로

To work / efficiently, / they have to maintain /
일하기 위해　효율적으로　그들은 유지해야 한다

a positive work environment.
긍정적인 업무 환경을

> 빈출
> 표현
> 밴 effectively 효과적으로
> 파 efficient 효율적인, efficiency 효율

reach
[ri:tʃ]

v ~에 이르다
v (손, 팔을) 뻗다
n (영향력 등이 미치는) 범위
n (물건이 닿을 수 있는) 거리

She said // it is impossible / to reach / an agreement
그녀는 말했다　　그것은 불가능하다　이르는 것이　합의에

[about the price].
그 가격에 대한

> 빈출
> 표현
> • reach an agreement 합의에 이르다
> • reach for (~을 잡으려고) 손을 뻗다 ⚙
> 밴 attain 도달하다

correct
[kərékt]

a 정확한
a 올바른
v 정정하다
v 바로잡다

You can't change / your information /
당신은 변경할 수 없다　당신의 정보를

without the correct password.
정확한 비밀번호 없이

> 빈출
> 표현
> • correct password 정확한 비밀번호
> • correct an error 오류를 정정하다 ⚙
> • correct information 정확한 정보 ⚙
> • correct a mistake 실수를 정정하다 ⚙
> 밴 accurate, precise 정확한
> 파 correctly 정확하게, correction 정정, correctness 정확함

correctly
[kəréktli]

ad 정확하게

Our senior accountant is always estimating /
우리의 수석 회계사는　　　　　항상　추산하고 있다

the company's assets / correctly.
그 회사의 자산을　　　정확하게

> 빈출
> 표현
> 밴 accurately, precisely 정확하게
> 파 correct 정확한, correction 정정, correctness 정확함

correction
[kərékʃən]

n 수정
n 정정

This software has / some problems [/that need /
이 소프트웨어는 갖고 있다　몇 가지 문제들을　그 문제들은 필요하다

prompt correction].
즉각적인 수정이

> 빈출
> 표현
> 밴 revision, adjustment, modification, amendment 수정
> 파 correct 정확한, correctly 정확하게, correctness 정확함

Day 14 _ **177**

Rank 0566

[iːz]

ease

v 덜어주다
v 완화되다
n 쉬움
n 용이함

The construction [of the new road] should ease /
건설은 　　　　　　　　새 도로의 　　　　　　　덜어줄 것이다

traffic congestion [in the capital city].
교통 체증을 　　　　　　　　수도의

빈출표현
ⓡ save 덜어주다
ⓟ easily 쉽게, easy 쉬운

Rank 0655

[íːzili]

easily

ad 쉽게
ad 용이하게
ad 의심할 여지없이

The Leopot Museum is easily accessible /
Leopot 박물관은 　　　　　　쉽게 　　접근할 수 있다

from Seoul / by public transportation.
서울에서 　　　　대중교통을 이용하여

빈출표현
· be easily accessible 쉽게 접근할 수 있는 🔔
ⓡ readily 손쉽게
ⓟ ease 쉬움, easy 쉬운

Rank 0619

[imprés]

impress

v 감동시키다
v 깊은 인상을 주다

They are highly impressed / with his quality presentation.
그들은 　　매우 　　감동받았다 　　　그의 수준 높은 발표에

빈출표현
· be impressed with ~에 감명을 받다 🔔
ⓟ impressive 인상 깊은, impression 인상, impressively 인상적으로

Rank 0869

[imprésiv]

impressive

a 인상적인
a 감명 깊은

His sales performance [at his previous company]
그의 판매 실적은 　　　　　　　이전 회사에서의

was particularly impressive.
　　매우 　　　　　인상적이었다.

빈출표현
ⓡ dramatic 인상적인
ⓟ impress 인상을 주다, impression 인상, impressively 인상적으로

Rank 1293

[impréʃən]

impression

n 인상
n 감명
n 감동

People say / that [/a first impression is very important /
사람들은 말한다 　그것을 　첫인상이 　　　　　　매우 중요하다

for a successful interview].
성공적인 면접을 위해

빈출표현
· first impression 첫인상
· good(favorable) impression 좋은 인상
ⓟ impress 인상을 주다, impressive 인상 깊은, impressively 인상적으로

Rank 0355

[kaind]

kind

n 종류
a 친절한
a 다정한
a 부드러운

Different kinds of projects are run / by the company.
다른 종류의 프로젝트들이 　　　　　運営된다 　　그 회사에 의해

빈출표현
· different kinds of 다른 종류의
· what kind of 어떤 종류의 🔔
· all kinds of 모든 종류의
ⓡ type 종류
ⓟ kindly 친절하게, kindness 친절함

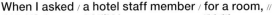

Rank 1743

[káindli]

kindly

ad 친절하게
a 친절한

0687

When I asked / a hotel staff member / for a room, //
내가 물어봤을 때   호텔 직원에게   방에 대해

he kindly showed / me the list [of rentable rooms].
그는 친절하게   보여줬다   내게 목록을   대여 가능한 방의

빈출 표현
Ⓤ pleasantly, warmly 친절하게
Ⓟ kind 친절한, kindness 친절함

Rank 0318

[vju:]

view

n 경치
n 시야
n 견해
v ～라고 여기다

0688

You can enjoy / a spectacular view [of the Sunshine
당신은 즐길 수 있다   멋진 경치를   Sunshine Coast의

Coast] / from our hotel.
        우리 호텔에서

빈출 표현
• spectacular view 멋진 경치
• have a good view 전망이 좋다
Ⓤ scene, landscape 경치
• enjoy a view 경치를 즐기다
• in view of ～을 고려하여

Rank 0583

[əsáinmənt]

assignment

n 할당된 일
n 임무

0689

Mr. Broum received / an e-mail / from his supervisor
Mr. Broum은 받았다   메일을   상사로부터

[notifying / him / of a work assignment] .
알리는   그에게 그에게 작업 할당을

빈출 표현
• work assignment 작업 할당
• on assignment 임무를 수행중인
Ⓟ assign 할당하다

Rank 0647

[əsáin]

assign

v 배정하다
v 맡기다
v 할당하다
v 선임하다

0690

A different task is assigned / to each staff member /
다른 작업이   배정되었다   각각의 직원들에게

by Mr. Martinez.
Mr. Martinez에 의해

빈출 표현
• assign A to B A를 B에게 배정하다
Ⓤ allocate 배정하다
Ⓟ assignment 할당된 업무

Rank 0421

[skil]

skill

n 기술
n 기량
n 능력

0691

The company demands / that [/its employees have /
회사는 요구한다   그것을   직원들이 가지다

the skills [needed / for each position]].
기술들을   필요한   각각의 위치에

빈출 표현
• communication skill 의사소통 능력
Ⓤ technique, craft, art, workmanship 기술
Ⓟ skilled 숙련된, skillful 숙련된, skillfully 능숙하게

Rank 1230

[skild]

skilled

a 숙련된
a 노련한

0692

Because they were in need / of highly skilled workers, //
이유는   그들은 필요한 처지에 있었다   매우 숙련된 노동자들이

their recruiter had to participate / in job fairs [in various countries].
그들의 채용담당자는 참여해야 했다   직업박람회에   다양한 국가들의

빈출 표현
• skilled worker(employee, staff) 숙련된 노동자(직원)
Ⓤ expert, practiced, experienced 숙련된
Ⓟ skill 기술, skillful 숙련된, skillfully 능숙하게

Day 14 651-700

Rank 0325
study [stʌdi]

n 연구
n 공부
v 공부하다
v 연구하다

The CEO asked / our team / for the results
CEO는 요청했다　　우리 팀에게　　결과를

[of the market research study].
시장 조사 연구의

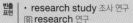

빈출표현
- research study 조사 연구
- results of a study 연구 결과
- (윤) research 연구

Rank 0488
wide [waid]

a 넓은
a 폭넓은

Our department store has / a wide variety of fashion brands /
우리 백화점은 가지고 있다　　　　매우 다양한 패션 브랜드를

to choose from.
선택할 수 있는

빈출표현
- a wide variety of 매우 다양한 　· a wide range of 광범위한
- (윤) broad, extensive, comprehensive 넓은
- (파) widely 폭넓게, widen 넓히다, widespread 광범위한, widening 확대

Rank 1020
widely [wáidli]

ad 널리
ad 폭넓게
ad 크게

Out team's performance [in the international market]
우리 팀의 실적은　　　　　　　　　국제 시장에서

has been widely publicized.
　　　　널리　　알려졌다.

빈출표현
- be widely recognized 널리 인정되다
- be widely used 널리 사용되다
- (파) wide 넓은, widen 넓히다, widespread 광범위한, widening 확대

Rank 0399
remain [riméin]

v 유지하다
v 남다

Despite the company [having been / in business / for ten years],
회사임에도 불구하고　　　　　　해오고 있는　　사업을　　10년 동안

/ the prices [of its services] have remained / the same.
가격이　　서비스의　　　　유지되고 있다　　　동일하게

빈출표현
- remain the same 똑같이 유지하다
- remain open 열어두다, 영업 중이다
- remain competitive 경쟁력을 유지하다
- remain steady 꾸준한 상태로 남아있다
- (윤) continue, go on 계속하다
- (파) remaining 남아있는, remainder 나머지

Rank 1363
remaining [riméiniŋ]

a 남은
a 남아있는

The store [in the alley] is selling / its remaining inventory /
그 가게는　　골목에 있는　　판매중이다　　남은 재고를

at cut rates.
할인된 가격에

빈출표현
- remaining inventory 남은 재고(량)
- (파) remain 남다, remainder 나머지

Rank 0327
resume [rézumei]

n 이력서
v 다시 시작하다[rizú:m]

The interviewer was impressed / with the resume
그 면접관은 깊은 인상을 받았다　　　　　이력서에서

[//he submitted].
그가 제출했다

빈출표현
- submit a resume 이력서를 제출하다

Rank 0520

[seiv]

save

v 절약하다
v 저축하다
v 구조하다

Several offices use / **solar power** / **to save** / **energy,** //
몇몇 사무실들은 사용한다　　태양열 발전을　　절약하기 위해　에너지를

but a solar panel is very expensive.
그러나 태양 전지판이　　　너무　비싸다

> 빈출
> 표현
> · save energy 에너지를 절약하다 🔧
> · save money 돈을 모으다 🔧
> 回 savings 절약

Rank 0834

[séiviŋ]

savings

n 저축
n 절약

She decided / **to withdraw** / **money** / **from her savings account.**
그녀는 결정했다　　인출할 것을　　　돈을　　그녀의 예금 계좌에서

> 빈출
> 표현
> · savings account 예금 계좌 🔧
> · savings bank 저축 은행
> · savings plan 저축 계획
> 回 save 절약하다

STEP 3 **집중해서 풀어라!**

워크북 69페이지부터 학습하면
됩니다.

STEP 4 **주기적인 복습 '기억상자'**

제대로 외웠는지 확인하고 싶다고요? 까먹기 전에 다시 복습하고
싶다고요? 지금 당장 QR 코드를 스캔해 보세요.

Day **14** 651-700

STEP 1 읽을 수 있을 때까지 들어라!

읽지 못하는 단어는 절대 외울 수 없습니다! 발음 기호 없이 자신있게
읽을 수 있을 때까지 원어민의 발음을 들으면서 반복해서 따라 읽으세요.

0701~0750 Words

☐ **property** 재산, 부동산	☐ **personally** 개인적으로, 사적으로
☐ **along** ~을 따라서	☐ **personalize** 개인화하다
☐ **architect** 건축가, 설계자	☐ **profit** 수익, 이익
☐ **architecture** 건축물, 건축학	☐ **profitable** 수익성이 있는, 유익한
☐ **architectural** 건축학의	☐ **reason** 이유, 근거
☐ **encourage** 장려하다, 격려하다	☐ **reasonable** 적당한, 합리적인
☐ **manual** 설명서, 안내서	☐ **reasonably** 합리적으로, 상당히
☐ **specific** 구체적인, 명확한	☐ **airline** 항공사
☐ **specifically** 특별히, 명확하게	☐ **engineer** 기술자, 기사
☐ **specification** 설명서, 명세서	☐ **fine** 벌금, 좋은
☐ **specify** 명시하다, 지정하다	☐ **inquire** 문의하다, 질문하다
☐ **branch** 지사, 지점	☐ **inquiry** 문의, 질문
☐ **committee** 위원회	☐ **assembly** 조립, 집회
☐ **spend** 지출하다, 쓰다	☐ **assemble** 모이다, 모으다
☐ **spending** 소비, 지출	☐ **drive** 운전하다, 몰다
☐ **brochure** (홍보용) 소책자	☐ **enough** 충분한, 충분히
☐ **except** 제외하고, 제외하다	☐ **excellent** 훌륭한, 탁월한
☐ **exceptional** 특별한, 이례적인	☐ **excellence** 뛰어남, 탁월함
☐ **exception** 제외, 예외	☐ **appreciate** 감사하다, 인식하다
☐ **hard** 열심히, 힘들게	☐ **appreciation** 감사, 감상
☐ **hardly** 거의 ~아니다, 거의 ~하지 않다	☐ **raise** 모으다, 올리다
☐ **across** 건너서, 가로질러	☐ **raiser** (자금을) 모으는 것
☐ **necessary** 필요한, 필연적인	☐ **candidate** 지원자, 후보자
☐ **necessarily** 반드시, 필연적으로	☐ **damage** 손상, 피해
☐ **personal** 개인적인, 개인의	☐ **damaged** 손상된, 피해를 입은

STEP **2** 집중해서 읽어라!
암기는 나중에, 정독에 집중하세요! 한 번에 외워야 한다는 강박은
개나 줘버리고 편안한 마음으로 읽되, 집중하세요.

---- 0701

Rank
0329

[prápərti]
property

n 재산
n 부동산

Companies have used / large parts [of their budgets] /
회사들은 사용해 왔다   많은 부분을   그들 예산의

to protect / their intellectual property.
보호하기 위해   그들의 지적 재산을

빈출
표현
- intellectual property 지적 재산
- property manager 재산 관리인
- property management 부동산 관리

---- 0702

Rank
0331

[əlɔ́ːŋ]
along

prep ~을 따라서

You should e-mail / me / with your details /
당신은 이메일을 보내야 한다   나에게   당신의 세부 정보를

along with an application form.
지원서와 함께

빈출
표현
- along with ~와 함께
- along a shore 해안가를 따라서
- along a street 길을 따라서
- bring along ~를 데리고 가다

---- 0703

Rank
0599

[áːrkətèkt]
architect

n 건축가
n 설계자

Ms. Han, [/who is in charge / as the senior architect],
Ms. Han은   그녀는 책임을 맡고 있다   수석 건축가로서

is describing / the project.
설명하고 있다   그 프로젝트를

빈출
표현
- senior architect 수석 건축가
- landscape architect 조경사
- lead architect 대표 건축가
圃 architecture 건축학, architectural 건축학의

---- 0704

Rank
1046

[áːrkitèktʃər]
architecture

n 건축물
n 건축학
n 건축 양식

The exhibition will show / over 80 photos [of the
그 전시회는 전시할 것이다   80개가 넘는 사진을

architectures [of famous sites [around the world]]].
건축물들의   유명한 장소의   전세계의

빈출
표현
- architecture firm 건축소 사무소
圀 construction 건축물
圃 architect 건축가, architectural 건축학의

---- 0705

Rank
1065

[àːrkitéktʃərəl]
architectural

a 건축학의

We asked / the architectural firm to send / a different design.
우리는 요청했다   건축 회사가   보내줄 것을   다른 설계도를

빈출
표현
- architectural firm 건축 회사
- architectural plan 건축 계획
- architectural style 건축 양식
圃 architect 건축가, architecture 건축물

Rank 0341

[inkə́ːridʒ]

encourage

v 장려하다
v 격려하다
v (용기를) 북돋우다

———— 0706

He encouraged / his employees to attend /
그는 장려했다　　　　그의 직원들이　　　　참석하도록

the workshop / on Tuesday [of next week].
워크숍에　　　　화요일에　　　　다음 주

> 빈출표현
> · encourage A to do A가 ~하도록 장려하다 🔵
> 🔐 favor 장려하다
> 🔁 discourage 막다
> 📖 encouragement 격려

Rank 0342

[mǽnjuəl]

manual

n 설명서
n 안내서
a 수동의

———— 0707

It is easy / for even a beginner to understand /
그것은 쉽다　　　초보자도　　　　이해하기가

the instruction manual.
사용 설명서를

> 빈출표현
> · instruction manual 사용 설명서 🔵
> 🔐 directions, instructions, specification 설명서
> 📖 manually 수동으로

Rank 0757

[spisífik]

specific

a 구체적인
a 명확한

———— 0708

They asked / the government / about the specific details
그들은 물었다　　　정부에게　　　구체적인 세부사항들에 대해

[of its new project].
정부의 새 프로젝트에 대한

> 빈출표현
> · specific detail 구체적인 세부사항
> 🔐 concrete, technical 구체적인
> 🔁 vague 모호한
> 📖 specifically 명확하게, specification 설명서, specify 명시하다

Rank 1140

[spisífikəli]

specifically

ad 특별히
ad 명확하게
ad 분명히

———— 0709

The tour packages are specifically designed /
그 여행 패키지는　　　　　특별히　　　설계되었다

for people [/who prefer / road trips].
사람들을 위해　　　그들은 선호한다　　도보 여행을

> 빈출표현
> · specifically design 특별히 설계하다
> · specifically request 특별히 요구하다
> 🔐 especially, particularly 특별히
> 📖 specific 명확한, specification 설명서, specify 명시하다

Rank 1141

[spèsifikéiʃən]

specification

n 설명서
n 명세서
n 사양

———— 0710

I didn't remember / where [/I put / the product specifications].
나는 기억하지 못했다　　　장소를　　내가 놓았다　　제품 설명서를

> 빈출표현
> · product specification 제품 설명서 🔵
> 🔐 manual, directions, instructions 설명서
> 📖 specific 명확한, specifically 명확하게, specify 명시하다

Rank 1178

[spésəfài]

specify

v 명시하다
v 지정하다

———— 0711

Don't forget / to specify / the type [of equipment
잊지 말아라　　　명시하는 것을　　유형　　장비의

[/you will use / in the boardroom]].
당신이 사용할 것이다　　회의실에서

> 빈출표현
> 📖 specific 명확한, specifically 명확하게, specification 설명서

Rank 0338

[bræntʃ]

branch

n 지사
n 지점
n 나뭇가지

0712

Our new branch was recently launched / in Hong Kong.
우리의 새로운 지사가　　　　최근에　　설립됐다　　홍콩에

빈출표현
- branch office 지점, 지사 　　• branch manager 지점장
- open a branch 지점을 개설하다
- 유 chain 지사
- 반 headquarters 본사

Rank 0339

[kəmíti]

committee

n 위원회

0713

I was nominated / for the planning committee /
나는 추천되었다　　　　기획 위원회에

by my colleagues.
내 동료들에 의해

빈출표현
- planning committee 기획 위원회
- steering committee 운영 위원회
- selection committee 선발 위원회
- 유 commission, board 위원회

Rank 0455

[spend]

spend

v 지출하다
v 쓰다
v 소비하다

0714

Rich people tend / to spend / more money /
부유한 사람들은 경향이 있다　지출하는　좀 더 많은 돈을

on luxury items / than others.
사치품에　　　　　다른 사람들보다

빈출표현
- spend A on B B에 A를 쓰다 　• spend money 돈을 쓰다
- 유 pay 지출하다
- 반 earn 벌다
- 파 spending 지출

Rank 0986

[spéndiŋ]

spending

n 소비
n 지출

0715

The chart showed / that [/spending patterns change /
그 차트는 보여줬다　그것을　소비 패턴은 변한다

as people age].
사람들 나이에 따라

빈출표현
- spending pattern 소비 패턴　　• consumer spending 소비자 지출
- 유 expenditure, expense 소비
- 반 revenue 수입
- 파 spend 소비하다

Rank 0343

[brouʃúər]

brochure

n (홍보용) 소책자

0716

The company will distribute / new product brochures /
그 회사는 나눠 줄 것이다　　　새로운 제품 설명서를

to customers.
고객들에게

빈출표현
- product brochure 제품 설명서　• travel brochure 여행안내 책자
- 유 booklet, pamphlet 소책자

Rank 0481

[iksépt]

except

prep 제외하고
v 제외하다

0717

We have / the detailed personal data [of everyone
우리는 갖고 있다　자세한 개인정보를　　　　모든 사람들의

[except for you]].
당신을 제외하고

빈출표현
- except for ~을 제외하고
- 유 excluding ~를 제외하고
- 파 exceptional 예외적인, exception 예외, exceptionally 예외적으로

Day 15 _ **185**

Rank 1364

[iksépʃənl]

exceptional

a 특별한
a 이례적인

They would never have become famous /
그들은 결코 유명해지지 못했을 것이다

without their exceptional effort.
그들의 특별한 노력 없이

빈출표현
· exceptional effort 특별한 노력
유 excellent, outstanding, remarkable 뛰어난
파 except 제외하다, exception 예외, exceptionally 예외적으로

Rank 1432

[iksépʃən]

exception

n 제외
n 예외

With the exception of **Mr. Gerrard**, / everyone's salaries are up.
Mr. Gerrard를 제외하고   모든 사람들의 연봉이 올랐다

빈출표현
· with the exception of ~을 제외하고
유 exclusion 제외
반 inclusion 포함
파 except 제외하다, exceptional 예외적인, exceptionally 예외적으로

Rank 0436

[hɑːrd]

hard

ad 열심히
ad 힘들게
a 단단한
a 힘든

We promised / to work / hard / to reach / our sales goal / this year.
우리는 약속했다   일하기로 열심히 달성하기 위해 우리의 판매 목표를   올해

빈출표현
· work hard 열심히 일하다   · hard work 힘든 일
· hard to find 찾기 힘든   · hard hat 안전모
유 diligently, strongly 열심히
파 hardly 거의 ~하지 않다

Rank 1047

[hɑːrdli]

hardly

ad 거의 ~아니다
ad 거의 ~하지 않다

The guide led / us / to a great place [to look /
가이드는 이끌었다   우리를   좋은 장소로   볼 수 있는

at the beautiful view] // but it was hardly visible /
아름다운 풍경을   하지만   거의 볼 수 없었다

because of the heavy fog.
짙은 안개 때문에

빈출표현
유 barely, scarcely 거의 ~않다
파 hard 어려운

Rank 0344

[əkrɔ́ːs]

across

prep 건너서
prep 가로질러
ad 맞은편에

A kind man helped / the old woman [across the street].
한 친절한 남자가 도와주었다   할머니를   길 건너의

빈출표현
· across a street 길 건너에
· across from ~의 맞은편에

Rank 0440

[nésəsèri]

necessary

a 필요한
a 필연적인

It's not absolutely necessary / to attend / the charity banquet.
그것이   반드시   필요하지는 않다   참석하는 것이   자선 행사에

빈출표현
· necessary to do ~할 필요가 있다
· necessary document 필요한 서류(문서)
유 requisite 필요한
반 unnecessary 불필요한
파 necessarily 필연적으로, necessitate 필요로 하다, necessity 필요(성)

0724

Rank 1544

[nèsəsérəli]
necessarily

ad 반드시
ad 필연적으로

I think // you need not necessarily fill /
나는 생각한다   당신은   반드시   채워야 하는 것은 아니다

in all those forms.
모든 그 양식들을

빈출표현
· not necessarily do 반드시 ~하는 것은 아니다
· necessary 필요한, necessitate 필요로 하다, necessity 필요(성)

0725

Rank 0441

[pə́:rsənl]
personal

a 개인적인
a 개인의

It's company policy / not to charge /
그것은 회사의 규정이다   부담시키지 않는 것은

employees anything [for personal office supplies].
직원들에게 아무것도   개인적인 사무 용품에 대한

빈출표현
· personal business 개인적인 일
· personal belongings 개인 물품들
· personally 개인적으로, personalize 개인적으로 하다, personality 성격

0726

Rank 1593

[pə́:rsənəli]
personally

ad 개인적으로
ad 사적으로

The employees could speak / to their boss /
직원들은 말할 수도 있다   그들의 상사에게

personally / about this issue.
개인적으로   이 문제에 대해

빈출표현
· individually 개인적으로
· personal 개인의, personalize 개인화하다, personality 성격

0727

Rank 1799

[pə́:rsənəlàiz]
personalize

v 개인화하다

Each computer is personalized / to meet / the needs
각각의 컴퓨터는 개인화 되어 있다   충족시키기 위해 요구를

[of individual staff members].
개별 직원들의

빈출표현
· personal 개인의, personally 개인적으로, personality 성격

0728

Rank 0448

[práfit]
profit

n 수익
n 이익
v 이익을 얻다

They are planning / to make / a profit [from packaging
그들은 계획중이다   내는 것을   수익을   포장과 배송에서

and shipping].

빈출표현
· make a profit 수익을 내다   · net profit 순이익
· quarter profit 분기 수익   · profit margin 수익률
· earnings, income 수익
· loss 손실
· profitable 수익성이 있는, profitability 수익성, profitably 이익이 되게

0729

Rank 1231

[práfitəbl]
profitable

a 수익성이 있는
a 유익한

Selling [groceries] is a highly profitable business /
판매하는 것은 식품품을   매우   수익성이 있는 사업이다

in the domestic market.
국내 시장에서

빈출표현
· profitable business 수익성이 있는 사업
· profitable company 수익이 있는 회사
· profit 이익, profitability 수익성, profitably 이익이 되게

Day 15 701-750

---- 0730

Rank
0521

[ríːzn]
reason

n 이유
n 근거
n 이성

If / for any reason / you damage / our facilities, //
만약 어떤 이유로든   당신이 손상시킨다면   우리 시설을

you will be fined.
당신은 벌금을 내게 될 것이다.

> 빈출표현
> · for any reason 어떤 이유로든 🔧
> · for safety reason 안정성의 이유로
> ⓨ cause 이유
> ⑩ reasonable 합리적인, reasonably 합리적으로

---- 0731

Rank
0987

[ríːzənəbl]
reasonable

a 적당한
a 합리적인
a 이유가 있는

The caterer guarantees / fresh, delicious, and quality food /
그 음식공급자는 보증한다   신선하고, 맛있는 양질의 음식을

at reasonable prices.
적당한 가격에

> 빈출표현
> · reasonable price 적당한 가격 🔧
> · reasonable rates 적당한 비율
> ⓨ fit, proper, modest 적당한
> ⑩ reason 이유, reasonably 합리적으로

---- 0732

Rank
1866

[ríːzənəbli]
reasonably

ad 합리적으로
ad 상당히
ad 꽤

Many people complained / about the subway fare, //
많은 사람들이 불평했다   지하철 요금에 대해

but the subway official said // it was reasonably priced.
그러나 지하철 역무원은 말했다   그것은   합리적으로   책정되었다.

> 빈출표현
> · be reasonably priced 합리적으로 책정되다 🔧
> ⑩ reason 이유, reasonable 합리적인

---- 0733

Rank
0347

[érlain]
airline

n 항공사

If you are looking / for the airline's lost and found office, //
만약 당신이 찾고 있다면   항공사의 분실물 보관소를

call / the reception desk [in the airport].
문의하세요 접수처에   공항의

> 빈출표현
> · airline industry 항공 산업
> · airline ticket 항공권 🔧
> · airline employee 항공사 직원
> ⓨ carrier 항공사

---- 0734

Rank
0348

[èndʒiníər]
engineer

n 기술자
n 기사
v 설계하다
v 제작하다

Our chief engineer and designer are opposed / to the project.
우리 수석 기술자와 디자이너는 반대한다   그 프로젝트에

> 빈출표현
> · chief engineer 수석 기술자, 기관장
> · mechanical engineer 기계 공학자
> ⑩ engineering 공학

---- 0735

Rank
0349

[fain]
fine

n 벌금
a 좋은
a 건강한
a 훌륭한

The security guard ordered / me to pay / a fine
경비원은 명령했다   내가 낼 것을   벌금을

[for illegal parking].
불법주차에 대한

> 빈출표현
> · pay a fine 벌금을 내다
> ⓨ penalty, forfeit 벌금

Rank 0522 [inkwáiər]

inquire

v 문의하다
v 질문하다
v 조사하다

—— 0736

I would like to inquire / about reserving /
나는 문의하고 싶다   예약하는 것에 대해

the auditorium [at your hotel].
강당을   당신 호텔의

빈출 표현	· inquire about ~에 대해 문의하다 🔊
	파 inquiry 문의

Rank 0843 [inkwáiəri]

inquiry

n 문의
n 질문

—— 0737

Thank you / for your inquiry [regarding our training courses].
감사합니다   당신의 문의에   우리의 교육 과정들에 대한

빈출 표현	파 inquire 문의하다

Rank 0600 [əsémbli]

assembly

n 조립
n 집회
n 의회

—— 0738

You should register / for the training course
당신은 등록해야 한다   교육 과정에

[regarding the new assembly line process].
새로운 조립 라인 공정에 관한

빈출 표현	· assembly line 조립 라인 🔊 · assembly plant 조립 공장
	· assembly area 집결지 · assembly hall 회의장, 강당
	파 assemble 모으다, assembled 모인, assembler 조립공

Rank 0725 [əsémbl]

assemble

v 모이다
v 모으다
v 조립하다

—— 0739

Several celebrities are assembled / in the conference hall /
몇 명의 저명인사들이 모였다   회의장에

to sit / on a committee.
참석하기 위해   위원회에

빈출 표현	유 gather, collect 모이다
	파 assembly 조립, assembled 모인, assembler 조립공

Rank 0356 [draiv]

drive

v 운전하다
v 몰다
n 드라이브
n (자동차) 여행

—— 0740

A few trucks are being driven / along the coastal road.
몇몇 트럭들은 운전되고 있다   해안도로를 따라

빈출 표현	· drive to ~로 차를 몰다 🔊
	파 driving 운전, driver 운전자

Rank 0357 [inʌf]

enough

a 충분한
ad 충분히

—— 0741

We don't have / enough time [to complete / the project / on time].
우리는 없다   충분한 시간이   완료하기 위한   프로젝트를   제 시간에

빈출 표현	유 sufficient, adequate, ample 충분한

Rank 0429 [éksələnt]

excellent

a 훌륭한
a 탁월한

—— 0742

The laundry shop offers / local residents excellent service /
그 세탁소는 제공한다   지역 주민들에게 훌륭한 서비스를

for low prices.
낮은 가격에

빈출 표현	· excellent service 훌륭한 서비스 🔊 · do an excellent job 훌륭하게 하다
	유 great, fine, splendid 훌륭한
	파 excellence 뛰어남, excel 뛰어나다, excellently 뛰어나게

Day 15 701-750

Rank 1433

[éksələns]

excellence

n 뛰어남

n 탁월함

I nominated / Mr. Donner / for the annual employee
나는 추천했다　　　Mr. Donner를　　　연례 직원 우수상에

excellence award.

| 빈출표현 | • excellence award 우수상
📖 excellent 훌륭한, excel 뛰어나다, excellently 뛰어나게 |

Rank 0484

[əprí:ʃièit]

appreciate

v 감사하다

v 인식하다

v 이해하다

I would appreciate / the opportunity [to collaborate /
나는 감사할 것이다　　　기회에　　　　　협력할 수 있는

with you / again].
당신과　　　다시

| 빈출표현 | • appreciate the opportunity to ~할 기회에 감사하다
📖 thank 감사하다
📖 appreciation 감사, appreciative 감사하는 |

Rank 1031

[əprì:ʃiéiʃən]

appreciation

n 감사

n 감상

I would like to express / my appreciation / for your help.
나는 표현하고 싶다　　　나의 감사를　　　당신의 도움에 대해

| 빈출표현 | • express appreciation 감사를 표하다
• appreciation dinner 감사 만찬
📖 gratitude, thanks 감사
📖 appreciate 감사하다, appreciative 감사하는 |

Rank 0403

[reiz]

raise

v 모으다

v 올리다

v 제기하다

n 인상

Volunteers held / an event / to raise / money / for a good cause.
자원봉사자들은 열었다　　행사를　　모으기 위해　돈을　　좋은 뜻으로

| 빈출표현 | • raise money 돈을 모으다
• pay raise 임금 인상
• raise fund 기금을 모으다
📖 collect 모으다
📖 raiser (자금) 조달자 |

Rank 1545

[réizər]

raiser

n (자금을) 모으는 것

n (자금) 조달자

n 일으키는 것(사람)

I happened / to meet / him / at the annual fund raiser / last year.
나는 우연히 했다　만나는 것　그를　연례 모금 행사에서　　　작년에

| 빈출표현 | • fund raiser 모금 행사
📖 raise 모으다 |

Rank 0361

[kǽndidèit]

candidate

n 지원자

n 후보자

Some employers will be checking / social networking
몇몇 고용주들은 확인할 것이다　　　　　　　SNS를

services / for information [about job candidates].
　　　　정보를 위해　　　　　입사 지원자들에 대한

| 빈출표현 | • job candidate 입사 지원자
• qualified candidate 자격을 갖춘 후보자
• ideal candidate 지원 적합자
• candidate for the position 그 직책에 지원한 사람
📖 applicant 지원자 |

Rank 0442 [dǽmidʒ]

damage

n 손상
n 피해
v 손상시키다
v 피해를 입히다

You should use / **the proper sized papers** / **to avoid** /
당신은 사용해야 한다   적절한 크기의 용지들을   피하기 위해

damage [to copy machine].
손상을   복사기의

- avoid damage 손상을 피하다
- prevent damage 손상을 막다
- harm, injury 손상
- damaged 손상된

Rank 1142 [dǽmidʒd]

damaged

a 손상된
a 피해를 입은

We will refund / **your money** / **without delay** // **if you received** /
우리는 환불할 것이다   너의 돈을   지체 없이   만약 네가 받았다면

a damaged product.
손상된 제품을

- damaged product(merchandise) 손상된 제품
- damaged item 손상된 물품
- impaired, injured 손상된
- damage 손상

STEP 3 **집중해서 풀어라!**

워크북 74페이지부터 학습하면
됩니다.

STEP 4 **주기적인 복습 '기억상자'**

제대로 외웠는지 확인하고 싶다고요? 까먹기 전에 다시 복습하고
싶다고요? 지금 당장 QR 코드를 스캔해 보세요.

STEP 1 읽을 수 있을 때까지 들어라!

읽지 못하는 단어는 절대 외울 수 없습니다! 발음 기호 없이 자신있게
읽을 수 있을 때까지 원어민의 발음을 들으면서 반복해서 따라 읽으세요.

0751~0800 Words

☐ **estimate** 견적(서), 견적 내다

☐ **upcoming** 곧 있을, 다가오는

☐ **convention** 대회(협의회), 모임

☐ **convene** 모이다, 소집하다

☐ **hand** 건네주다, 손

☐ **limit** 제한하다, 한정하다

☐ **limitation** 제한, 한계

☐ **environment** 환경

☐ **environmental** 환경의

☐ **environmentally** 환경적으로

☐ **release** 발행(물), 출시

☐ **consumer** 소비자

☐ **consume** 소비하다

☐ **consumption** 소비(량)

☐ **division** 부서, 분배

☐ **divide** 나누다, 분배하다

☐ **subscription** (정기)구독

☐ **subscribe** 구독하다, 가입하다

☐ **subscriber** 구독자, 가입자

☐ **remind** 상기시키다

☐ **contribute** 기여하다, 기부하다

☐ **contribution** 기여, 공헌

☐ **contributor** 기여자, 기부자

☐ **initial** 최초의, 처음의

☐ **initiative** 계획, 주도권

☐ **initially** 처음에

☐ **initiate** 시작하다, 착수하다

☐ **appliance** (가정용) 기기, 제품

☐ **fitness** 신체 단련, 건강

☐ **remove** 치우다, 제거하다

☐ **removal** 제거

☐ **cause** 야기하다, 일으키다

☐ **contain** 포함하다, 들어있다

☐ **container** 컨테이너, 용기

☐ **ensure** 보장하다, 확실하게 하다

☐ **investment** 투자

☐ **invest** 투자하다, 운용하다

☐ **laboratory** 실험실

☐ **option** 선택(권), 옵션

☐ **stock** 재고(품), 주식

☐ **attention** 주의, 주목

☐ **banquet** 연회, 축하연

☐ **carry** 수행하다, 운반하다

☐ **fix** 수리하다, 고정하다

☐ **fixture** (고정된) 설비, 경기

☐ **attach** 첨부하다, 붙이다

☐ **attachment** 첨부파일, 부착

☐ **attached** 첨부된

☐ **personnel** 인사의, 직원의

☐ **value** 가격, 가치

0751

Rank **0363**

[éstəmèit]

estimate

n 견적(서)
v 견적 내다
v 추정하다

Could you give / **me a price estimate** [for the order]?
당신은 주시겠어요?　　　나에게 가격 견적서를　　　그 주문에 대한

- price estimate 가격 견적서
- cost estimate 비용 견적서
- free estimate 무료 견적서
- estimation 평가, estimative 평가할 수 있는

0752

Rank **0364**

[ʌpkʌmiŋ]

upcoming

a 곧 있을
a 다가오는

This brochure includes / **a list**
이 소책자는 포함한다　　　　　명단을

[of all City Hall's [upcoming events]].
시청의 모든　　　　　곧 있을 행사들의

- upcoming event 곧(앞으로) 있을 행사
- upcoming election 다가오는 선거
- upcoming year 다가오는 해
- approaching 다가오는

0753

Rank **0394**

[kənvénʃən]

convention

n 대회(협의회)
n 모임
n 관습

A charity fair [for single mothers] **was held** /
자선행사가　　　　　미혼모들을 위한　　　　　열렸다

at the convention center.
컨벤션 센터에서

- convention center 컨벤션 센터
- council, conference 협의회
- convene 소집하다, conventional 관습적인

0754

Rank **1800**

[kənvíːn]

convene

v 모이다
v 소집하다

Each of the area managers will convene / **next Tuesday** /
각 지역의 매니저들이　　　　　　　모일 것이다　　　다음 화요일에

to discuss / **next year's marketing strategy.**
논의하기 위해　　　내년의 마케팅 전략을

- gather, assemble 모이다
- disperse 흩어지다
- convention 회의, conventional 관습적인

0755

Rank **0367**

[hænd]

hand

v 건네주다
n 손

I will hand out / **copies** [of the documents [//you requested]].
나는 나눠줄 것이다　　　사본들을　　　문서들의　　　당신이 요청했던

- hand out 나눠주다
- by hand 인편으로
- on hand 가까이에
- give a hand 도와주다
- hand in 제출하다
- give, pass, deliver 건네주다

Rank 0395

[límit]
limit

v 제한하다
v 한정하다
n 제한
n 경계

A cover letter should be limited / to 200 words or fewer.
자기소개서는　제한되어야 한다　200 단어 또는 그보다 적게

> 빈출 표현
> · be limited to ~에(으로) 제한되다
> · for a limited time 제한된 시간 동안
> · time limit 시간 제한
> 유 restrict, curb 제한하다
> 파 limitation 제한, limited 제한된

Rank 1801

[lìmitéiʃən]
limitation

n 제한
n 한계

There are limitations / on how many hours
제한이 있다　　　몇 시간에 대한

[//employees can work / on weekends].
직원들이 일할 수 있다　　주말에

> 빈출 표현
> 유 restriction 제한
> 파 limit 제한하다, limited 제한된

Rank 0734

[inváirənmənt]
environment

n 환경

There is rising / interest [in protecting / the environment].
증가하고 있다　　관심이　　보호하는 것에 대한　　환경을

> 빈출 표현
> · protect the environment 환경을 보호하다
> 파 environmental 환경의, environmentally 환경적으로

Rank 0974

[inváirənméntl]
environmental

a 환경의

Companies should have paid / attention / to reducing /
기업들은 가졌어야 했다　　　관심을　　줄이는 것에

environmental pollution.
환경오염을

> 빈출 표현
> · environmental pollution 환경오염
> · environmental group 환경 보호 단체
> 파 environment 환경, environmentally 환경적으로

Rank 1143

[inváirənméntli]
environmentally

ad 환경적으로

Our goal is to redesign / our existing products /
우리의 목표는 재설계하는 것이다　　우리의 기존 제품들을

to be environmentally friendly.
환경 친화적으로

> 빈출 표현
> · environmentally friendly 환경 친화적인
> 파 environment 환경, environmental 환경의

Rank 0370

[rilíːs]
release

n 발행(물)
n 출시
n 발매
v 발표하다

A daily newspaper issued / a press release [aimed /
일간 신문은 발표했다　　　　보도 자료를　　　겨냥한

at the president].
대통령을

> 빈출 표현
> · press release 보도 자료
> · release date 출시일
> · new release (영화 등의) 신규 개봉
> 유 issue, publish 발표하다

Rank 0485

[kənsú:mər]

consumer

n 소비자

········ 0762

The company is planning / to expand / the factory /
회사는 계획하고 있다　　　　　　확장하는 것을　　공장을

to meet / growing consumer demand.
충족시키기 위해　성장하는 소비자 수요를

- consumer demand 소비자 수요
- consumer spending 소비자 지출
- consumer survey 소비자 조사
- 윤 buyer 소비자
- 패 consume 소비하다, consumption 소비(량)

Rank 1294

[kənsú:m]

consume

v 소비하다

········ 0763

The electric cars [//that are currently produced] consume /
전기차들은　　　　　그것들은 최근에 생산되었다　　　　　소비한다

less fuel / than the old ones.
더 적은 연료를　　이전 것들보다

- 윤 spend, expend 소비하다
- 패 consumer 소비자, consumption 소비(량)

Rank 1989

[kənsʌ́mpʃən]

consumption

n 소비(량)

········ 0764

The sports utility vehicle is safer / than small cars //
SUV는 안전하다　　　　　　　　　　소형차들보다

although it has / high fuel consumption.
비록 그것이 가졌지만　　높은 연료 소비량을

- fuel consumption 연료 소비량
- 윤 expenditure, expense, spending 소비
- 패 consumer 소비자, consume 소모하다

Rank 0468

[divíʒən]

division

n 부서
n 분배
n 분할

········ 0765

We have no plans / to expand / the sales and
우리는 계획이 없다　　　확대할　　영업 마케팅 부서를

marketing division.

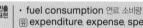
- sales and marketing division 영업 마케팅부
- sales division 영업부
- division manager(head) 부서장
- 윤 department 부서
- 패 divide 나누다, dividend 배당금

Rank 1232

[diváid]

divide

v 나누다
v 분배하다

········ 0766

Our company is divided / into six departments //
우리 회사는 나누어져 있다　　　　여섯 부서로

and provides / a professional work environment and
그리고 제공한다　　전문적인 작업 환경과 후한 복지 혜택을

generous benefits packages.

- be divided into ~로 나누어지다 🔄
- 윤 share, split 나누다
- 반 join 결합하다
- 패 division 분할, divided 분할된

Day 16 751-800

Rank 0590

[səbskrípʃən]

subscription

n (정기)구독

If you want / to buy / an annual subscription / at a discount, //
만약 당신이 원한다면 구입하는 것을 연간 정기구독을 할인된 가격에

complete / our questionnaire.
완성해라 우리의 설문지를

> 빈출표현
> • renew subscription 구독을 갱신하다
> • cancel subscription 구독을 취소하다
> • subscription to a magazine 잡지 정기 구독
> • subscription fee 구독료
> 파 subscribe 구독하다, subscriber 구독자

Rank 1179

[səbskráib]

subscribe

v 구독하다
v 가입하다
v 기부하다

If you want / to find / information [about the local
만약 당신은 원한다면 찾는 것을 정보를 지역 공동체에 대한

communities], // subscribe / to our newspaper.
구독해라 우리의 신문을

> 빈출표현
> • subscribe to a publication 발행물을 구독하다
> 파 subscription 구독, subscriber 구독자

Rank 1263

[səbskráibər]

subscriber

n 구독자
n 가입자

We are planning / to host / an event [for our subscribers] /
우리는 계획 중이다 주최하는 것을 행사를 우리의 구독자들을 위한

at a hotel.
호텔에서

> 빈출표현
> 파 subscription 구독, subscribe 구독하다

Rank 0377

[rimáind]

remind

v 상기시키다

I would like to remind / everyone / that [//one [of our
나는 상기시키고 싶다 모두에게 그것을 하나는 우리의 규정 중

regulations] is that [//each employee must wear /
그것이다 각 직원들이 착용해야 한다

an identification badge]].
신분 배지를

> 빈출표현
> • remind A that A에게 ~을 상기시키다
> • remind A to do A에게 ~할 것을 상기시키다
> • remind A of B A에게 B를 상기시키다
> 파 reminder 독촉장

Rank 0640

[kəntríbjuːt]

contribute

v 기여하다
v 기부하다

The success [of this project] will contribute / to the growth
성공은 이 프로젝트의 기여할 것이다 성장에

[of the company].
회사의

> 빈출표현
> • contribute to ~에 기여하다
> • contribute money 돈을 기부하다
> 유 serve 기여하다
> 파 contribution 기여, contributor 기여자

Rank 0929
[kəntribjúːʃən]
contribution
n 기여
n 공헌
n 기부

Your contribution will lead / to the expansion
당신의 기여는 이끌 것이다   확장으로

[of our company's business].
우리 회사 사업의

・ contribution to ~에 대한 기여
画 contribute 기여하다, contributor 기여자

───────────────────────────── 0772

Rank 1694
[kəntríbjutər]
contributor
n 기여자
n 기부자
n 기고자

Mary Adams is an important contributor /
Mary Adams는 중요한 기여자이다

to the new advertising campaign.
새 광고 캠페인의

・ contributor to ~의 기부(기여)자
画 contribute 기여하다, contribution 기여

───────────────────────────── 0773

Rank 0886
[iníʃəl]
initial
a 최초의
a 처음의
v 서명하다
n 머리글자

The initial plan [//my team drafted] is progressing / nicely, //
초기 계획이   나의 팀이 초안을 작성했다   진행되고 있다   잘

and we are ready / for the next step.
그리고 우리는 준비되어 있다   다음 단계를 위해

・ initial plan 초기 계획
・ initial cost 초기 비용
画 initiative 주도권, initially 처음에, initiate 착수하다

───────────────────────────── 0774

Rank 0930
[iníʃətiv]
initiative
n 계획
n 주도권
n 진취성

The event is the final step [in our initiative [to promote /
그 행사는 마지막 단계이다   우리의 계획에서   홍보하기 위한

my company's brand]].
내 회사의 브랜드를

画 plan 계획
画 initial 최초의, initially 처음에, initiate 착수하다

───────────────────────────── 0775

Rank 1264
[iníʃəli]
initially
ad 처음에

The Mercury HMD will initially be released
Mercury HMD는   처음으로   출시될 것이다

on the local market // before being sold / in other countries.
국내 시장에   판매되기 전에   다른 나라에서

画 initial 최초의, initiative 주도권, initiate 착수하다

───────────────────────────── 0776

Rank 1594
[iníʃièit]
initiate
v 시작하다
v 착수하다

The government has initiated / a campaign / to call /
정부는 시작해왔다   캠페인을   요청하기 위해

for the public / to participate / in the election.
대중들에게   참여할 것을   선거에

画 begin, start 시작하다
画 initial 최초의, initiative 주도권, initially 처음에

───────────────────────────── 0777

Rank 0380

[əpláiəns]

appliance

n (가정용) 기기, 제품
n 전기 제품

The rooms [at the hotel] are fully equipped /
방들은　　그 호텔의　　완전히　갖춰져 있다

with quality kitchen appliances.
품질 좋은 주방 용품들로

- kitchen appliance 주방 용품
- household appliance 가전 제품
- electrical appliance 가전 제품

Rank 0381

[fítnis]

fitness

n 신체 단련
n 건강
n 적합함

The company is offering / new employees free membership
그 회사는 제공하고 있다　　　　신입 사원들에게　　　무료 회원권을

[at the fitness center].
신체 단련장의

- fitness center 신체 단련장
- fitness trainer 운동 강사

Rank 0412

[rimúːv]

remove

v 치우다
v 제거하다

A young man is removing / some fruit / from a basket.
한 청년이 치우고 있다　　　　몇 개의 과일을　　바구니에서

- remove A from B B로부터 A를 제거하다
- 유 pick up, take away, clean up 치우다
- 반 insert 삽입하다
- 파 removal 제거, remover 제거제, removable 제거할 수 있는

Rank 1924

[rimúːvəl]

removal

n 제거

The neighbors requested / the removal [of the fence
이웃들이 요청했다　　　　제거를　　　　펜스의

[by the road]].
도로 옆의

- 유 elimination 제거
- 파 remove 제거하다, remover 제거제, removable 제거할 수 있는

Rank 0384

[kɔːz]

cause

v 야기하다
v 일으키다
n 원인

The traffic accident caused / the meeting to be delayed.
교통사고는 야기했다　　　　　　회의가　　　지연되는 것을

- cause A to do A가 ~하게 만들다
- cause delay 지연을 야기하다
- cause damage 피해를 야기하다
- cause malfunction 고장을 야기하다
- 유 lead to 야기하다

Rank 0606

[kəntéin]

contain

v 포함하다
v 들어있다

You must destroy / this document // because it contains /
당신은 파기해야 한다　　이 문서를　　　　이유는　　그것은 포함한다

confidential information [about our company].
기밀 정보를　　　　　　　우리 회사에 대한

- 유 include 포함하다
- 파 container 컨테이너

Rank 0823

[kəntéinər]

container

n 컨테이너
n 용기
n 그릇

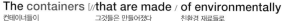 0784

The containers [/that are made / of environmentally
컨테이너들이 　　　　　 그것들은 만들어졌다 　　 친환경 재료들로

friendly materials] are being loaded / onto the plane.
　　　　　　　　　　　 실리고 있다 　　　　　　 비행기에

> 빈출표현
> · shipping container 배송 컨테이너
> · food container 포장 용기
> · plastic container 플라스틱 용기
> 回 contain 포함하다

Rank 0385

[inʃúər]

ensure

v 보장하다
v 확실하게 하다

0785

Steady exercise will help / ensure / that [/you have /
꾸준한 운동은 도울 것이다 　　　　 보장하는 것을 그것을 　 당신이 가진다

good health and a long life].
양호한 건강과 장수를

> 빈출표현
> · ensure that ~를 보장하다
> 回 guarantee, assure 보장하다

Rank 0550

[invéstmənt]

investment

n 투자

0786

As a result [of checking / many portfolios / several times], /
결과로서 　　　 확인한 　　　　 많은 포트폴리오를 　　 여러 번

we discovered / a good investment opportunity.
우리는 찾았다 　　　 좋은 투자 기회를

> 빈출표현
> · investment opportunity 투자 기회
> · investment in ~에의 투자
> · risky investment 위험한 투자
> 回 invest 투자하다, investor 투자자

Rank 0956

[invést]

invest

v 투자하다
v 운용하다

0787

The factory owner invested / a large amount of money /
그 공장주는 투자했다 　　　　　　 많은 양의 돈을

in new equipment.
새로운 장비에

> 빈출표현
> · invest in ~에 투자하다
> 回 investment 투자, investor 투자자

Rank 0386

[lǽbərətɔ̀ːri]

laboratory

n 실험실

0788

Some equipment [in the laboratory] has been replaced /
몇몇 장비들이 　　　　　 실험실의 　　　　　　　 교체되었다

with up-to-date equipment.
최신 장비로

> 빈출표현
> · laboratory equipment 실험실 장비(설비)
> · laboratory technician 실험실 기사
> · research laboratory 연구소

Day 16 751-800

option

[ɑ́:pʃən]

n 선택(권)

n 옵션

··· 0789

The Internet shopping mall supports /
그 인터넷 쇼핑몰은 지원한다

various kinds of payment options.
다양한 종류의 지불 방법들을

> 빈출표현
> • payment option 지불 방법 ✿ • delivery option 배송 선택사항(옵션)
> ㈜ choice, selection 선택
> ⑩ optional 선택적인, optionally 임의로

stock

[stɑ:k]

n 재고(품)

n 주식

··· 0790

I'm afraid // the merchandise [//you ordered] is currently
나는 유감이다   상품은   당신이 주문했다   현재

out of stock.
품절이다

> 빈출표현
> • out of stock 품절 ✿   • stock price 주가
> • stock market 주식 시장   • stock option 스톡옵션, 주식 매입 선택권
> ㈜ inventory 재고(품)
> ⑩ stockholder 주주

attention

[əténʃən]

n 주의

n 주목

n 관심

··· 0791

She paid / attention / to the people [//who bears / a grudge
그녀는 지불했다   주의를   사람들에게   그들은 품고 있다   원한을

[against her]].
그녀에 대해

> 빈출표현
> • pay attention to ~에 주의를 기울이다 ✿
> • attention to detail 세심한 주의 ✿   • call attention to ~의 주의를 환기시키다
> ⑩ attentive 주의를 기울이는, attentively 주의 깊게

banquet

[bǽŋkwit]

n 연회

n 축하연

n 만찬

··· 0792

The opening event [at the awards banquet]
오프닝 행사는   시상식 연회에서의

was a special performance [by a jazz band].
특별 공연이었다   재즈 밴드의

> 빈출표현
> • awards banquet 시상식 연회 ✿   • banquet hall 연회장 ✿
> • retirement banquet 퇴임 연회 ✿ • annual banquet 연례 연회
> ㈜ party, function 연회

carry

[kǽri]

v 수행하다

v 운반하다

v 나르다

··· 0793

I know // Ms. Sewell was one [of the members
나는 안다   Ms. Sewell은 한 명이었다   멤버들 중

[//who carried out / the project]].
그들은 수행했다   그 프로젝트를

> 빈출표현
> • carry out 수행하다 ✿
> ㈜ conduct, perform 수행하다

fix

[fiks]

v 수리하다

v 고정하다

··· 0794

Some name-brand watches and jewelry can't be fixed /
몇몇 유명 브랜드 시계와 보석류는   수리될 수 없다

in this nation.
국내에서

> 빈출표현
> • fix a machine 기기를 수리하다
> ㈜ repair 수리하다
> ⑩ fixture 설비

Rank 1511

[fíkstʃər]
fixture

n (고정된) 설비
n 경기

The light fixtures [installed / in huge sports stadiums]
조명 설비들은　　　　설치된　　　대형 스포츠 경기장들에

are not only expensive / but also high-energy-consuming.
비쌀 뿐만 아니라　　　　많은 에너지를 소비한다.

빈출표현
· light fixture 조명 설비 🔧
파 fix 고정하다

Rank 0656

[ətǽtʃ]
attach

v 첨부하다
v 붙이다

I have attached / the revised document / to this e-mail.
나는 첨부했다　　　수정된 문서를　　　이 이메일에

빈출표현
· attach A to B A를 B에 붙이다 🔧
파 attachment 부착, attached 첨부된

Rank 1048

[ətǽtʃmənt]
attachment

n 첨부파일
n 부착

I asked / him when [//he sent / me the application form /
나는 물었다　그에게 언제인지　그가 보냈다　나에게 지원서를

as an e-mail attachment].
이메일 첨부파일로

빈출표현
· e-mail attachment 이메일 첨부파일
파 attach 첨부하다, attached 첨부된

Rank 1595

[ətǽtʃt]
attached

a 첨부된

You have to send / Hightech, Inc. an e-mail /
당신은 보내야 한다　　하이테크 주식회사에 이메일을

with the attached documents [//that include / an invoice.]
첨부 문서들과 함께　　　　　　그 문서들은 포함하고 있다　송장을

빈출표현
· attached document 첨부 문서 🔧
파 attach 첨부하다, attachment 부착

Rank 0396

[pə̀ːrsənél]
personnel

a 인사의
a 직원의
n 전직원
n 총인원

Do not hesitate / to contact / the Personnel Department /
주저하지 마시오　　연락하는 것을　　인사부에

for details.
세부사항들을 위해

빈출표현
· personnel department 인사부 🔧
· sales personnel 영업사원 🔧
· personnel manager 인사담당 부장
· personnel change 인사 이동
· personnel director 인사 국장 🔧

Rank 0717

[vǽljuː]
value

n 가격
n 가치
v 가치 있게 여기다

You should pay / a tax [for luxury goods [//which have /
당신은 지불해야 한다　세금을　사치에 대한　　　그것들은 가진다

a market value [of over $10,000]]].
시장 가격을　　　10,000 달러가 넘는

빈출표현
· market value 시장 가격
· great value 매우 가치 있는
반 price 가격
파 valuable 소중한, valued 소중한, valuably 값비싸게

STEP 3 **집중해서 풀어라!**

워크북 79페이지부터 학습하면
됩니다.

STEP 4 **주기적인 복습 '기억상자'**

제대로 외웠는지 확인하고 싶다고요? 까먹기 전에 다시 복습하고
싶다고요? 지금 당장 QR 코드를 스캔해 보세요.

STEP 1

읽을 수 있을 때까지 들어라!

읽지 못하는 단어는 절대 외울 수 없습니다! 발음 기호 없이 자신있게
읽을 수 있을 때까지 원어민의 발음을 들으면서 반복해서 따라 읽으세요.

0801~0850 Words

- ☐ **valuable** 가치 있는, 소중한
- ☐ **valued** 소중한, 귀중한
- ☐ **complaint** 불만, 불평
- ☐ **complain** 항의하다, 불평하다
- ☐ **enclose** 동봉하다
- ☐ **enclosed** 동봉된, 둘러싸인
- ☐ **enclosure** (편지에) 동봉된 것
- ☐ **frequent** 단골의, 빈번한
- ☐ **frequently** 자주, 흔히
- ☐ **frequency** 빈도, 자주 일어남
- ☐ **obtain** 얻다, 획득하다
- ☐ **quite** 상당히, 꽤 매우
- ☐ **communication** 의사소통, 연락
- ☐ **communicate** 의사소통하다, 연락하다
- ☐ **immediately** 즉시, 곧
- ☐ **immediate** 직접적인, 즉각적인
- ☐ **national** 국가의, 국가적인
- ☐ **nation** 국가, 국민
- ☐ **reliable** 신뢰할 수 있는, 믿을 만한
- ☐ **rely** 의지(의존)하다, 신뢰하다
- ☐ **reliability** 신뢰성, 믿음직함
- ☐ **specialize** 전문적으로 하다, 전공하다
- ☐ **specialty** 전문, 전공
- ☐ **specially** 특별히, 특히
- ☐ **lecture** 강의, 강연

- ☐ **lecturer** 강사, 강연자
- ☐ **wall** 벽, 담
- ☐ **major** 중대한, 주요한
- ☐ **majority** 대다수, 다수
- ☐ **meal** 식사
- ☐ **merger** 합병
- ☐ **merge** 통합하다, 합병하다
- ☐ **reschedule** (일정을) 변경하다
- ☐ **intend** 의도하다, (~할) 작정하다
- ☐ **transfer** 이동시키다, 양도하다
- ☐ **stand** 서다, 세우다
- ☐ **mean** 의미하다, 의미이다
- ☐ **meaning** 의미, 뜻
- ☐ **period** 기간, 시기
- ☐ **periodically** 정기적으로
- ☐ **power** 전력, 힘, 능력
- ☐ **ride** 승차, 타기
- ☐ **dining** 식사, 오찬
- ☐ **diner** 식사하는 사람(손님)
- ☐ **fair** 박람회, 품평회
- ☐ **fairly** 상당히, 꽤
- ☐ **career** 직업, 경력
- ☐ **further** 추가의, 더 이상의
- ☐ **furthermore** 더욱이, 뿐만 아니라
- ☐ **recognize** 인정하다, 알아보다

집중해서 읽어라!

암기는 나중에, 정독에 집중하세요! 한 번에 외워야 한다는 강박은 개나 줘버리고 편안한 마음으로 읽되, 집중하세요.

Rank 0957

[væljuəbl]

valuable

a 가치 있는
a 소중한
a 귀중한

0801

Ms. Sanders said // she was so happy / to win /
Ms. Sanders는 말했다　　　그녀는 너무 행복했다　　　수상한 것이

the valuable prize.
가치 있는 상을

> 빈출표현
> · valuable experience 귀중한 경험
> 윤 desirable, worthful 가치 있는
> 반 worthless 가치 없는
> 파 value 가치, valued 소중한, valuably 값비싸게

Rank 1397

[vælju:d]

valued

a **소중한**
a 귀중한
a 평가된

0802

We are supposed to have / a meeting / with Mr. Jung,
우리는 하기로 되어 있다　　　회의를　　　Mr. Jung과

[//who is one [of our valued customers], / tomorrow afternoon.
그는 한 사람이다　우리의 소중한 고객들 중　　　내일 오후에

> 빈출표현
> · valued customer 소중한 고객
> · valued employee 소중한 직원
> 파 value 가치, valuable 소중한, valuably 값비싸게

Rank 0620

[kəmpléint]

complaint

n 불만
n 불평
n 항의

0803

They seemed / to be full / of complaints
그들은 ~처럼 보였다　가득한 것　불만들이

[about the noise level [in the apartment]].
소음 수준에 대해　　　아파트 내

> 빈출표현
> · complaint about ~에 대한 불만
> · respond to complaints 불만에 대응하다
> 윤 dissatisfaction 불만
> 파 complain 불평하다

Rank 0870

[kəmpléin]

complain

v 항의하다
v 불평하다

0804

He mailed / us / to complain / about our transportation service.
그는 메일을 보냈다　우리에게　항의하기 위해　우리의 운송 서비스에 대해

> 빈출표현
> · complain about ~에 대해 항의하다
> · complain that ~에 대해 불평하다
> 윤 protest 항의하다
> 파 complaint 불만

Rank 0748

[inklóuz]

enclose

v **동봉하다**

0805

A resume and two letters of recommendation were enclosed /
이력서와 두 장의 추천서가　　　　　　　　　　　　　동봉되었다

with his application.
그의 지원서와 함께

> 빈출표현
> · enclose A with B A를 B와 함께 동봉하다
> · enclose a brochure 안내책자를 동봉하다
> 파 enclosed 동봉된, enclosure 동봉

Rank 0871

[inklóuzd]
enclosed

a 동봉된
a 둘러싸인

You should first fill out / the enclosed form // and fax /
당신은　　　먼저　채워야 한다　동봉된 양식을　　　그리고 팩스로 보내야 한다

it / to headquarters [in Los Angeles].
그것을　　본사에　　　　　　　Los Angeles의

빈출
표현
- enclosed form 동봉된 양식
- enclosed survey 동봉된 설문조사
- enclosed envelope 동봉된 봉투
- 派 enclose 동봉하다, enclosure 동봉

Rank 1546

[inklóuʒər]
enclosure

n (편지에) 동봉된 것

He included / an invoice / as an enclosure [with the letter].
그는 포함했다　　청구서를　　동봉으로　　　　편지와 함께

빈출
표현
派 enclose 동봉하다, enclosed 동봉된

Rank 0735

[frí:kwənt]
frequent

a 단골의
a 빈번한
v 자주 가다

Special events [for our frequent guests] are being planned.
특별 행사가　　우리의 단골손님들을 위한　　계획되고 있는 중이다

빈출
표현
- frequent customer(guest) 단골손님
- 反 infrequent 드문
- 派 frequently 빈번하게, frequency 빈도

Rank 0835

[frí:kwəntli]
frequently

ad 자주
ad 흔히
ad 빈번하게

Blueline trains are frequently delayed / as a result
Blueline 열차는　　　자주　　지연된다　결과로서

[of the worn railways].
낡은 선로의

빈출
표현
同 often, regularly 자주
派 frequent 빈번한, frequency 빈도

Rank 1744

[frí:kwənsi]
frequency

n 빈도
n 자주 일어남

Many commuters prefer / the subway /
많은 통근자들은 선호한다　지하철을

because of the frequency [of the trains].
빈도 때문에　　　　　열차의

빈출
표현
- frequency of 잦음, ~의 빈도
- 派 frequent 빈번한, frequently 빈번하게

Rank 0400

[əbtéin]
obtain

v 얻다
v 획득하다

Employees must obtain / permission / to use /
직원들은 얻어야 한다　　　　허가를　　이용하기 위해

the conference rooms [in the building].
회의실을　　　　　건물 내의

빈출
표현
- obtain approval 승인을 받다
- obtain certification 인증을 받다
- 同 gain, acquire 얻다
- 反 lose 잃다
- 派 obtainable 획득할 수 있는

Rank 0401

[kwait]

quite

ad 상당히
ad 꽤
ad 매우

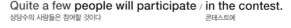0812

Quite a few people will participate / in the contest.
상당수의 사람들은 참여할 것이다   콘테스트에

> 빈출 표현
> • quite a few 상당수의 🔑
> • quite so 정말 그렇다
> ㈜ fairly, pretty 꽤

Rank 0476

[kəmjùːnikéiʃn]

communication

n 의사소통
n 연락
n 통신

0813

The objective [of this seminar] is to improve /
목적은   이번 세미나의   향상시키는 것이다

communication skills.
의사소통 능력을

> 빈출 표현
> • communication skill 의사소통 능력
> • clear communication 명확한 의사소통
> ㈜ contact 연락
> ㈜ communicate 의사소통하다, communicatively 수다스럽게

Rank 1478

[kəmjúːnikèit]

communicate

v 의사소통하다
v 연락하다

0814

The head [of the sales division] wants /
부장은   영업부의   원한다

to communicate / with consumers.
의사소통하는 것을   소비자들과

> 빈출 표현
> • communicate with ~와 의사소통(연락)하다 🔑
> ㈜ communication 의사소통, communicatively 수다스럽게

Rank 0574

[imíːdiətli]

immediately

ad 즉시
ad 곧

0815

The number [of people [taking / vacations]] increased /
수가   사람의   떠나는   휴가를   증가했다

immediately / after the altering [of the company's
즉시   변경 후   회사의 휴가 규정의

vacation policy].
휴가 규정의

> 빈출 표현
> • immediately after 직후에 🔑
> • effective immediately 즉시 효력이 발생하는
> ㈜ at once, promptly 즉시
> ㈜ immediate 즉각적인

Rank 0988

[imíːdiət]

immediate

a 직접적인
a 즉각적인
a 아주 가까이에 있는

0816

Employees need to have told / their vacation times /
직원들은 말해야 한다   그들의 휴가기간을

to their immediate supervisors / a week ago.
직속 상사들에게   한주 전에

> 빈출 표현
> • immediate supervisor 직속 상사
> ㈜ direct 직접적인
> ㈜ immediately 즉시

Rank 0482

[næʃənl]

national

a 국가의
a 국가적인
a 국영의
n 국민

0817

We have / five days off / because of the national holiday.
우리는 가진다   5일간의 휴가를   국경일 때문에

> 빈출 표현
> • national holiday 국경일
> • national bank 국립 은행
> ㈜ state 국가의
> ㈜ nation 국가, nationally 국가적으로, nationality 국적

Day 17 801~850

0818

Rank 1596

[néiʃən]

nation

n 국가
n 국민

The tree [//the man is leaning against] is among the oldest
그 나무는   남자가 기대어 있다   가장 오래된 것에 속한다

/ in the nation.
국가 안에서

| 빈출표현 | 倒 country, state 국가 |
| | 囲 national 국가의, nationally 국가적으로, nationality 국적 |

0819

Rank 0857

[riláiəbl]

reliable

a 신뢰할 수 있는
a 믿을만한

The BP Daily was ranked / the top newspaper /
BP Daily는 선정됐다   최고 신문사로

[in the city [of Budapest]] by reliable individuals.
시에서   부다페스트의   신뢰할 수 있는 사람들에 의해

빈출표현	• reliable source 믿을만한 소식통
	• reliable leader 믿을만한 지도자
	倒 dependable, trustworthy 믿을만한
	囲 unreliable 신뢰할 수 없는
	囲 rely 의존하다, reliability 신뢰성, reliably 신뢰할 수 있게

0820

Rank 1005

[rilái]

rely

v 의지(의존)하다
v 신뢰하다
v 믿다

Some startups rely / on government funding /
몇몇 신규업체들은 의존한다   정부 자금에

to establish / their firms.
설립하기 위해   그들의 회사를

빈출표현	• rely on ~에 의존하다
	倒 depend 의존하다
	囲 reliable 신뢰할 수 있는, reliability 신뢰성, reliably 신뢰할 수 있게

0821

Rank 1925

[rilàiəbíləti]

reliability

n 신뢰성
n 믿음직함

Everyone has / doubts [about the reliability
모든 사람이 가지고 있다   의심을   신뢰성에 대해

[of the National Weather Service predictions]].
국립 기상청 예보의

| 빈출표현 | 囲 reliable 신뢰할 수 있는, rely 의존하다, reliably 신뢰할 수 있게 |

0822

Rank 0591

[spéʃəlaiz]

specialize

v 전문적으로 하다
v 전공하다

One [of the teachers [in the new program]] specializes /
한 사람은   선생님들 중   새로운 프로그램의   전문으로 한다

in art history.
미술사를

빈출표현	• specialize in ~을 전문으로 하다 🔧
	• specialized program 특화된 프로그램
	囲 special 특별한, specialty 전문, specially 특별히

0823

Rank 1365

[spéʃəlti]

specialty

n 전문
n 전공

The small electric components can only be found /
그 작은 전자 부품들은   오직   찾을 수 있다

in specialty stores.
전문점들에서

빈출표현	• specialty store(shop) 전문점
	• specialty food 전문 음식
	囲 special 특별한, specialize 전문적으로 하다, specially 특별히

Rank 1638 [spéʃəli]
specially
ad 특별히
ad 특히
ad 임시로

The new motorcycle engine [developed / by the Ailian Motors]
새로운 모터사이클 엔진은   개발한   Ailian Motors에서

is specially designed / for people [/who enjoy / speed].
특별히   설계되었다   사람들을 위해   그들은 즐긴다   속도를

빈출표현
· specially designed 특별히 설계된
윤 especially 특별히
파 special 특별한, specialize 전문적으로 하다, specialty 전문

Rank 0430 [léktʃər]
lecture
n 강의
n 강연
v 강의하다
v 강연하다

Susan is scheduled / to give / a guest lecture
Susan은 예정되어 있다   하는 것이   초청 강의를

[on sales strategies] / at our company.
판매 전략에 대한   우리 회사에서

빈출표현
· guest lecture 초청 강의
· give a lecture 강의하다
· lecture hall 강당
파 lecturer 강사

Rank 1990 [léktʃərər]
lecturer
n 강사
n 강연자

The lecturer continued / to elaborate / on the questions
그 강사는 계속했다   자세히 설명하는 것을   문제들에 대해

[/the students couldn't understand] // until the lesson was over.
학생들이 이해하지 못했다   강의가 끝날때까지

빈출표현
· guest lecturer 초청 강사
파 lecture 강의

Rank 0407 [wɔ:l]
wall
n 벽
n 담

A woman is placing / a exhibition poster / on the wall.
한 여자가 붙이고 있다   전시 포스터를   벽에

빈출표현
윤 barrier 벽

Rank 0456 [méidʒər]
major
a 중대한
a 주요한

The replacing [of the company chairman] led /
교체는   회장의   이끌었다

to several major changes.
몇 가지 중대한 변화들을

빈출표현
· major change 중대한 변화
· major cause 주된 원인
· major airline 주요 항공사
· major road 주요 도로
파 majority 대다수

Rank 1802 [mədʒɔ́:rəti]
majority
n 대다수
n 다수
n 과반수
n 득표차

Management has concluded / that [/the majority
경영진은 결론지었다   그것이라고   대다수가

[of our employees] would benefit / from this support program].
우리 직원들의   이득을 얻을 것이다   이 지원 프로그램으로부터

빈출표현
파 major 주요한

Day 17 801~850

Rank 0409

[miːl]

meal

n 식사

.... 0830

I hope / that [//my wife prepares / a meal / every morning].
나는 바란다　그것을　나의 아내가 준비한다　식사를　매일 아침

빈출표현
- prepare a meal 식사 준비를 하다
- meal ticket 식권
- free meal 무료 식사
- order a meal 식사를 주문하다

Rank 0592

[mə́ːrdʒər]

merger

n 합병

.... 0831

The discussion [of a merger] has been scheduled /
논의가　　　합병에 대한　　　예정되어 있다

for this afternoon.
오늘 오후에

빈출표현
- company merger 회사 합병
- ㈜ consolidation, union, incorporation 합병
- ⑪ merge 합병하다

Rank 0989

[məːrdʒ]

merge

v 통합하다
v 합병하다

.... 0832

The boss stated / that [//the Accounting Department
사장은 언급했다　　　　그것을　회계부서가

will soon merge / with another department].
곧　통합할 것이다　다른 부서와

빈출표현
- merge with ~와 합병(통합)하다
- ⑪ merger 합병

Rank 0410

[rìːskédʒuːl]

reschedule

v (일정을) 변경하다

.... 0833

She told / me to call / the teammates / to reschedule /
그녀는 말했다　내가 연락하라고　팀 동료들에게　　일정 변경을 위해

the meeting [for next friday].
회의　　　　　다음 주 금요일

빈출표현
- reschedule a meeting 회의 일정을 변경하다
- reschedule an appointment 약속을 변경하다

Rank 0413

[inténd]

intend

v 의도하다
v (~할) 작정하다
v 의미하다

.... 0834

The product is intended / for people
그 제품은 의도되었다　　　　사람들을 위해

[//who are not able to move about / freely].
그들은 움직일 수 없다　　　　　　자유롭게

빈출표현
- be intended for ~을 위한 것이다
- intend to ~할 작정이다
- ㈜ mean 의도하다
- ⑪ intention 의도, intent 의도, intentional 의도적인

Rank 0422

[trænsfə́ːr]

transfer

v 이동시키다
v 양도하다
v 이동하다
n 이동 (수단)
n (인사) 이동

.... 0835

The CEO is going to transfer / several employees /
그 CEO는 전근시킬 예정이다　　　　몇몇 직원들을

to our Toronto branch [in Canada].
토론토 지점으로　　　　　캐나다의

빈출표현
- transfer A to B A를 B로 이동시키다(전근시키다)
- transfer to ~로 이동하다
- international money transfer 해외 송금
- ㈜ relocate, shift 이동하다
- ⑪ transferable 이동 가능한, transference 이동

Rank 0419

[stænd]

stand

v 서다
v 세우다
n 스탠드
n (물건을 얹어 놓는) ~대

A group of tourists is standing / in front of the entrance
한 무리의 관광객들이 서 있다   입구 앞에

[to the park].
공원

빈출 표현
- music stand 악보대
- stand out 두드러지다

Rank 0662

[miːn]

mean

v 의미하다
v 의미이다

Maybe / it means // they don't understand /
아마   그것은 의미한다   그들이 이해하지 못한다

the situation [in the domestic market].
상황을   국내 시장의

빈출 표현
- I(it) mean 무슨 말인가 하면(다시 말해)
- ⊕ signify 의미하다
- ⊞ meaning 의미

Rank 0913

[míːniŋ]

meaning

n 의미
n 뜻

The word "employment" is similar / in meaning /
단어 "employment(고용)"는 유사하다   의미에서

to "recruitment".
"recruitment(채용)"와

빈출 표현
- ⊕ sense 의미
- ⊞ mean 의미하다

Rank 0530

[píriəd]

period

n 기간
n 시기

After a trial period [of three months], / you will have to pay /
체험 기간 후에   3개월의   당신은 지불해야 할 것이다

$25 / a month.
25달러를   한 달에

빈출 표현
- trial period 체험 기간
- pay period 지불 기간
- warranty period 보증 기간
- ⊕ season, time 기간
- ⊞ periodically 정기적으로, periodical 정기 간행물, periodic 정기적인

Rank 1803

[pìəriádikəli]

periodically

ad 정기적으로

The clerk said // you should periodically rinse /
점원은 말했다   당신은   정기적으로   씻어내야 한다

the surface [of this product] / under running water.
표면을   이 제품의   흐르는 물 아래에서

빈출 표현
- ⊞ period 기간, periodical 정기 간행물, periodic 정기적인

Day 17 801-850

Rank 0423 — power
[páuər]

power

n 전력
n 힘
n 능력
v 전력(동력)을 공급하다

In spite of the risk [of a radiation leak], /
위험에도 불구하고　　　　　　방사능 누출의

nuclear power plants are the most effective way
원자력 발전소들은 가장 효과적인 방법이다

[to generate electricity].
전기를 생산하는

> 빈출표현
> • power plant 발전소
> • power outage 정전
> • power tool 전동 공구
> • electrical power 전력
> 파 powerful 강력한

Rank 0443 — ride
[raid]

ride

n 승차
n 타기
n 타고 달리기
v 타다

The number [of passengers [stealing rides / on trains]]
수가　　　　　　승객들의　　　　무임승차하는　　　　기차에

has increased / in recent years.
증가하고 있다　　　　최근에

> 빈출표현
> • ride to work 차로 통근하다
> • have a ride 타다, 타고 가다
> 파 rider 타는 사람

Rank 0542 — dining
[dáiniŋ]

dining

n 식사
n 오찬
n 만찬

The manager asked / the customers [/who gathered
관리자는 요청했다　　　　손님들이　　　　그들은 모여 있다

in the dining area] to vacate / the restaurant / by midnight.
식사 공간에　　　　비워주기를　　　식당을　　　　자정까지

> 빈출표현
> • dining area 식사 공간 신
> • dining room 식당
> • dining table 식탁
> 파 diner 식사하는 사람, dine 식사를 하다, dinner 식사

Rank 1695 — diner
[dáinər]

diner

n 식사하는 사람(손님)

The waitress took / the guests [coming / from headquarters]
그 점원은 안내했다　　　　손님들을　　　온　　　　본사에서

to their seats / separately / from the other diners.
그들의 자리에　　　별도로　　　　다른 손님들과

> 빈출표현
> 파 dining 식사, dine 식사를 하다, dinner 식사

Rank 0477 — fair
[fɛər]

fair

n 박람회
n 품평회
a 공정한
a 상당한

Ms. Scott, [the head [of human resources]],
Ms. Scott은　　　부서장인　　　인사부의

represented / our company / at the job fair.
대표했다　　　　우리 회사를　　　직업 박람회에서

> 빈출표현
> • job(career) fair 직업(취업) 박람회 신
> • trade fair 무역 박람회 신
> 유 exhibition, exposition 박람회
> 파 fairly 상당히

Rank 1867
[fέərli]
fairly

ad 상당히
ad 꽤

We thought // their assessments [of each business unit /
우리는 생각했다   그들의 평가들은   각 사업 부문의

last year] was fairly accurate, // so this year, /
작년   상당히   정확했다   그래서 올 해

we plan / to choose / the agency / again.
우리는 계획이다 / 선택할 / 그 대행사를 / 다시

> 빈출 표현
> ⓨ considerably, substantially 상당히
> ⓜ fair 상당한

Rank 0426
[kərír]
career

n 직업
n 경력

Our company is a regular attendee / at the annual career fair
우리 회사는 정기적인 참가자이다   연례 직업 박람회에

[held / in the Starex Building] .
개최되는   Starex Building에서

> 빈출 표현
> · career fair 취업 박람회 🔔
> ⓨ job, occupation 직업

Rank 0493
[fə́ːrðər]
further

a 추가의
a 더 이상의
ad 더 이상

The authorities have told // the Busan City Museum
당국은 밝혔다   부산 시립 박물관은

is closed / until further notice.
문을 닫는다   추후 공지가 있을 때까지

> 빈출 표현
> · until further notice 추후 공지가 있을 때까지
> · for further information 보다 상세한 것은
> · look no further 더 이상 볼 필요 없다
> ⓨ additional, extra 추가의
> ⓜ furthermore 더욱이

Rank 1696
[fə́ːrðərmɔ̀ːr]
furthermore

ad 더욱이
ad 뿐만 아니라
ad 게다가

Furthermore, / in addition / to the government officials, /
더욱이   포함하여   정부 관료들을

many people endorsed / the economic policies.
많은 사람들이 지지했다   그 경제 정책들을

> 빈출 표현
> ⓨ also 뿐만 아니라
> ⓜ further 추가의

Rank 0958
[rékəgnàiz]
recognize

v 인정하다
v 알아보다
v 인지하다

Hammer Film Productions recognized / Ms. Ahn /
Hammer Film Productions은 인정했다   Ms. Ahn을

for her significant contribution [to its performance
그녀의 상당한 기여에 대해   이번 분기 실적에

this quarter].

> 빈출 표현
> ⓨ acknowledge, concede 인정하다
> ⓜ recognized 인정받은, recognition 인정, recognizable 인식할 수 있는

Day 17 801-850

STEP 3 집중해서 풀어라!

워크북 84페이지부터 학습하면
됩니다.

STEP 4 주기적인 복습 '기억상자'

제대로 외웠는지 확인하고 싶다고요? 까먹기 전에 다시 복습하고
싶다고요? 지금 당장 QR 코드를 스캔해 보세요.

STEP 1 읽을 수 있을 때까지 들어라!

읽지 못하는 단어는 절대 외울 수 없습니다! 발음 기호 없이 자신있게
읽을 수 있을 때까지 원어민의 발음을 들으면서 반복해서 따라 읽으세요.

0851~0900 Words

☐ recognized 인정받은, 알려진
☐ recognition 인정, 인식
☐ promptly 정각, 즉시
☐ prompt 신속한, 즉각적인
☐ apologize 사과하다
☐ apology 사과
☐ appear ~인 것 같다, 나타나다
☐ appearance 외모, 외관
☐ demand 수요, 요구
☐ difficult 어려운, 힘든
☐ trade 무역, 거래
☐ shelf 선반
☐ donate 기부하다, 기증하다
☐ donation 기부, 기증
☐ effort 노력, 활동
☐ level 수준, 정도
☐ relocate 이전하다, 재배치하다
☐ relocation 재배치, 이전
☐ temporary 임시의, 일시적인
☐ temporarily 일시적으로, 임시로
☐ significant 상당한, 중요한
☐ significantly 상당히, 크게
☐ exercise 운동, 훈련
☐ warehouse 창고, 상품 보관소
☐ wish 바라다, 원하다

☐ contest 대회, 시합
☐ feedback 의견, 반응
☐ historic 역사적인, 역사적으로 중요한
☐ historical 역사적, 역사상의
☐ lower 낮추다, 내리다
☐ cash 현금, 자금
☐ cashier 계산원, 출납원
☐ counter 계산대, 반대의
☐ head 향하다, 이끌다
☐ patient 환자, 참을성 있는
☐ retail 소매, 소매하다
☐ win 받다, 이기다
☐ figure 수치, 인물
☐ handle 처리하다, 다루다
☐ mainly 주로, 대부분
☐ outdoor 야외의, 집 밖의
☐ outdoors 야외에서, 옥외에서
☐ solution 해결책, 용액(제)
☐ solve 해결하다, 풀다
☐ step 조치, 단계
☐ unable ~할 수 없는
☐ automobile 자동차
☐ automotive 자동차의
☐ certainly 확실히, 틀림없이
☐ certain 확신하는, 틀림없는

0851

Rank 0975

[rékəgnàizd]

recognized

a 인정받은
a 알려진

He is an internationally recognized expert / on economics.
그는　　　국제적으로　　　　　인정받은 전문가이다　　　경제학에서

빈출 표현 | 파 recognize 인정하다, recognition 인정, recognizable 인식할 수 있는

0852

Rank 1203

[rèkəgníʃən]

recognition

n 인정
n 인식

He will be able to take / an extended leave /
그는 얻을 수 있을 것이다　　　　장기 휴가를

in recognition [of his hard work].
인정받아　　　　　그의 노고를

빈출 표현 | · in recognition of ~을 인정하여
파 recognize 인정하다, recognized 인정받은, recognizable 인식할 수 있는

0853

Rank 0758

[prámptli]

promptly

ad 정각
ad 즉시
ad 지체 없이
ad 신속히

The entire lighting system [at the stadium] shut down /
전체 조명 시스템은　　　　　　　경기장의　　　　꺼진다

promptly at 11:00 P.M.
정각　　　　오후 11시에

빈출 표현 | · promptly at (시간) 정각에
파 prompt 즉각적인, promptness 신속

0854

Rank 0887

[prɑːmpt]

prompt

a 신속한
a 즉각적인
v 촉발하다
v 유도하다

The copy machine [//we offer] guarantees /
복사기는　　　　　　우리가 제공하다　보증한다

prompt service and repairs.
신속한 서비스와 수리를

빈출 표현 | · prompt service 신속한 서비스
파 promptly 신속히, promptness 신속

0855

Rank 0494

[əpáːlədʒàiz]

apologize

v 사과하다

Please allow / me to apologize / for the inconvenience
허락해 주세요　　　　내가 사과하도록　　　　불편에 대해

[caused / by our mistake].
야기된　　　우리의 실수로

빈출 표현 | · apologize for ~에 대해 사과하다
· apologize to ~에게 사과하다
파 apology 사과, apologetic 사과하는

0856

Rank 1991

[əpáːlədʒi]

apology

n 사과

We hope // you accept / our apology [for the late delivery].
우리는 바란다　　당신이 받아들인다　우리의 사과를　　　늦은 배송에 대한

빈출 표현 | · accept an apology 사과를 받아들이다
· apology for ~에 대한 사과
파 apologize 사과하다, apologetic 사과하는

Rank 0567

[əpíər]

appear

v ~인 것 같다
v 나타나다
v 출현하다

It doesn't appear / that [//they know / everything
그것은 ~인 것 같다　　　　그것　　그들이 알고 있다　모든 것을

[about the company]].
회사에 대해

빈출
표현
- It appears that ~인 것 같다
- appear on(at/in) ~에 나타나다
- appear to ~인 것 같다
- 유 look, seem ~인 것 같다
- 파 appearance 출현

Rank 1204

[əpíərəns]

appearance

n 외모
n 외관
n 출현
n 출연

A little effort will help / you make / a significant difference
작은 노력은 도울 것이다　　당신이 만들도록　　상당한 차이를

[in your appearance].
당신의 외모에

빈출
표현
- make an appearance 출현하다
- 유 form 외관
- 파 appear 나타나다

Rank 0431

[dimǽnd]

demand

n 수요
n 요구
v 요구하다

We need to hire / more employees / to meet /
우리는 고용해야 한다　　더 많은 직원들을　　충족시키기 위해

the demand [for new products].
수요를　　　　　신제품들에 대한

빈출
표현
- demand for ~에 대한 수요
- meet demand 수요를 충족시키다
- in demand 수요가 있는
- 반 supply 공급, provision 공급
- 파 demanding 요구가 많은

Rank 0432

[dífikʌlt]

difficult

a 어려운
a 힘든
a 곤란한

It is very difficult / to make / decisions / fairly /
그것은 매우　어렵다　　하는 것은　　결정을　　공평하게

regarding promotions.
승진에 대하여

빈출
표현
- difficult to ~하기 어렵다
- too difficult 너무 어렵다
- 반 easy 쉬운
- 파 difficulty 어려움

Rank 0478

[treid]

trade

n 무역
n 거래
v 무역하다
v 거래하다

Salespeople [from around the world] will attend /
판매원들이　　전 세계의　　　　　　　　　참가할 것이다

the international trade show.
국제 무역 박람회에

빈출
표현
- trade show(fair) 무역 박람회
- trade negotiation 무역 협상
- 유 commerce 무역
- 파 trading 거래, trader 상인

Rank 0434

[ʃelf]

shelf

n 선반

---0862

A blue basket fell / off the shelf // and broke.
파란 바구니가 떨어졌다　　선반에서　　그리고 망가졌다

| 빈출 표현 | · on the shelf 선반 위에 놓여 있는 |

Rank 0718

[dóuneit]

donate

v 기부하다
v 기증하다

---0863

As you know, / many people have donated / money /
당신도 알다시피　　많은 사람들은 기부해왔다　　돈을

to our less fortunate neighbors.
우리의 불우한 이웃들에게

| 빈출 표현 | · donate A to B A를 B에게 기부하다
유 contribute, subscribe 기부하다
파 donation 기부 |

Rank 0858

[dounéiʃən]

donation

n 기부
n 기증

---0864

Regional celebrities made / significant donations /
지역 명사들은 했다　　　상당한 기부를

to charities [helping / the disaster victims].
자선단체에　　돕는　　재해 피해자들을

| 빈출 표현 | · significant donation 상당한 기부
· make a donation 기증하다
· private donation 개인적인 기부
유 contribution 기부
파 donate 기부하다 |

Rank 0437

[éfərt]

effort

n 노력
n 활동

---0865

In an effort [to increase / the employment rate], /
노력으로　　　증가시키려는　　취업률을

the government announced / a new policy.
정부는 발표했다　　　새 정책을

| 빈출 표현 | · in an effort to ~해보려는 노력으로
· make every effort 최선의 노력을 하다
유 endeavor 노력
파 effortful 노력한 |

Rank 0438

[lévəl]

level

n 수준
n 정도

---0866

Consumers [//who have / high levels / [of satisfaction
소비자들은　　그들은 갖는다　높은 수준을　　만족감에

[with our products]]] often provide / us / with positive feedback.
우리 제품들에　　　종종　　제공한다　우리에게　긍정적인 피드백을

| 빈출 표현 | · high level of 높은 수준의
· level of service 서비스 수준
· water level 수위(水位) |

Rank 0709

[rì:lóukeit]

relocate

v 이전하다
v 재배치하다

---0867

The company's head office has been relocated /
회사의 본사가　　　　　　　　　이전되었다

to 64 Hanaro Road [in Daegu].
Hanaro Road 64로　　　대구의

| 빈출 표현 | · relocate to ~로 이전하다
파 relocation 이전 |

Day 18 851-900

Rank 0872

[rìːloukéiʃən]

relocation

n 재배치
n 이전
n 이주

I really appreciate / your understanding /
나는 정말로 감사한다　　　당신이 이해해준 것에

your relocation / to a job [in another city].
당신의 재배치를　　　일자리로의　　다른 도시의

> 빈출표현
> • relocation assistance 이전 지원
> • company relocation 회사 이전
> 동 relocate 이전하다

Rank 0621

[témpərèri]

temporary

a 임시의
a 일시적인

The meeting room [located / on the first floor]
회의실은　　　　　위치한　　　1층에

was used / as a temporary work space.
사용되었다　　임시 작업 공간으로

> 빈출표현
> • temporary work space 임시 작업 공간
> • temporary permit 임시 허가
> • temporary worker 계약 직원
> 유 provisional, interim 임시의
> 반 permanent 영구적인
> 파 temporarily 임시로

Rank 1083

[tèmpərérəli]

temporarily

ad 일시적으로
ad 임시로

The Golden Gate Bridge was temporarily closed /
Golden Gate Bridge는　　　　　　　일시적으로　　폐쇄되었다

owing to the heavy snow.
폭설 때문에

> 빈출표현
> • be temporarily closed 일시적으로 폐쇄되다
> • temporarily unavailable 일시적으로 이용 불가능한
> 반 permanently 영구히
> 파 temporary 임시의

Rank 0702

[signífikənt]

significant

a 상당한
a 중요한

The rail agency advised / customers to expect /
철도 공사는 알렸다　　　　　　고객들에게 예상된다고

significant delays [on subway line 1].
상당한 지연이　　　　지하철 1호선의

> 빈출표현
> • significant delay 상당한 지연
> • significant donation 상당한 기부
> • significant improvement 상당한 개선
> • significant increase 상당한 증가
> 유 considerable, substantial 상당한
> 파 significantly 상당히, significance 중요성

Rank 0990

[signífikəntli]

significantly

ad 상당히
ad 크게
ad 현저히

The chairperson [of the charity] expects /
의장은　　　　　　자선단체의　　　기대한다

the new system to increase / donations / significantly /
새로운 시스템이 증가시키기를　　　기부금을　　　상당히

in the next quarter.
다음 분기에

> 빈출표현
> 유 considerably, substantially 상당히
> 파 significant 중요한, significance 중요성

Rank 0450 [éksərsàiz]

exercise

n 운동
n 훈련
v 발휘하다
v 운동하다

We had / a conversation / with health experts / about exercise.
우리는 했다   대화를   건강 전문가들과   운동에 대해

빈출표현
- exercise equipment 운동 기구
- 유 activity, movement 운동

Rank 0451 [wérhaus]

warehouse

n 창고
n 상품 보관소

Three-fourths [of the applicants] lack / sufficient qualifications
3/4은   [지원자들의]   없다   충분한 자격이

[for the warehouse supervisor position].
창고 관리자 자리에 대한

빈출표현
- warehouse supervisor 창고 관리자
- warehouse staff 창고 직원
- 유 storehouse, depot, stockroom 창고

Rank 0452 [wiʃ]

wish

v 바라다
v 원하다
v 기원하다
n 소원

They wish // more people would take part /
그들은 바란다   더 많은 사람들이 참여할 것이다

in their event and the survey.
그들의 행사와 설문 조사에

빈출표현
- 유 desire, want, hope 바라다

Rank 0457 [ká:ntest]

contest

n 대회
n 시합
v 경쟁하다

Only people [//who have won / one or more prizes]
사람들만   그들은 수상했다   한 번 혹은 그 이상 상을

are eligible / to enter / the international contest.
자격이 있다   참가할   그 국제 대회에

빈출표현
- enter a contest 대회에 참가하다
- 유 competition 대회

Rank 0458 [fí:dbæk]

feedback

n 의견
n 반응

I think // it's really important / to receive /
나는 생각한다 그것은 정말로   중요하다   받는 것은

customer feedback / after purchases.
고객 의견을   구매 후

빈출표현
- customer feedback 고객 의견, 소비자 반응
- positive feedback 긍정적인 반응
- negative feedback 부정적인 반응

Rank 0684 [histɔ́:rik]

historic

a 역사적인
a 역사적으로 중요한

Could you take / some photos [of me] //
당신은 찍어줄 수 있습니까   몇 장의 사진을   나의

when we visit / the historic site?
우리가 방문할 때   유적지에

빈출표현
- historic site 유적지
- historic district 역사적인 지역
- 파 historical 역사의, history 역사, historically 역사적으로

Rank 1032

[histɔ́ːrikl]

historical

a **역사적**

a 역사상의

a 역사학의

The historical society suggested / that
역사 협회는 제안했다 / 그것을

[//the government should review / the textbooks].
정부는 검토해야 한다 / 교과서들을

빈출
표현
· historical society 역사 협회
· historical site 유적지
· historical building 역사적 건물
파 historic 역사적인, history 역사, historically 역사적으로

Rank 0459

[lóuər]

lower

v **낮추다**

v 내리다

a 더 낮은

a 하급의

As / raw material costs become cheaper, // we
~에 따라 / 원자재 가격이 싸졌다 // 우리는

can probably lower / the prices [of our products].
아마 / 낮출 수 있다 가격을 / 우리 제품들의

빈출
표현
· lower the price 가격을 낮추다
· lower price 더 낮은 가격
· lower level 더 낮은 수준
유 drop, reduce 낮추다
반 heighten, raise 높이다
파 low 낮은

Rank 0657

[kæʃ]

cash

n **현금**

n 자금

v 현금으로 바꾸다

I didn't offer / any explanation / as to why
나는 제공하지 않았다 / 어떠한 설명을 / 이유에 관해

[//the cash register broke].
현금 등록기가 고장났다

빈출
표현
· cash register 현금 등록기
· cash refund 현금 환불
· in cash 현금으로
파 cashier 계산원

Rank 1084

[kæʃiər]

cashier

n **계산원**

n 출납원

You must present / your original receipt / to the cashier //
당신은 제출해야 한다 / 당신의 원본 영수증을 / 계산원에게 //

before receiving / a refund.
받기 전에 / 환불을

빈출
표현
파 cash 현금

Rank 0462

[káuntər]

counter

n **계산대**

a 반대의

You must line up / to purchase / tickets [for the movie] /
당신은 줄을 서야 한다 / 구매하기 위해 / 티켓을 / 영화의 /

at the counter.
계산대에서

빈출
표현
· ticket counter 매표소
· service counter 서비스 카운터
· checkout counter 계산대

Rank 0463

[hed]

head

v 향하다
v 이끌다
n 머리
n 지도자

0884

You had better head back / to the office // because
당신은 돌아가는 것이 좋을 것이다   사무실로   이유는

your boss has been calling / you / for a while.
당신의 상사가 요청하고 있다   당신을   잠시

> 빈출
> 표현
> · head back 돌아가다
> · department head 부서장
> · head office 본사
> · head out ~으로 향하다

Rank 0489

[péiʃənt]

patient

n 환자
a 참을성 있는

0885

All the patient records [at our hospital] are strictly managed.
모든 환자 기록들은   우리 병원의   엄격히   관리된다.

> 빈출
> 표현
> · patient record 환자 기록
> · patient information 환자 정보
> 패 patiently 끈기 있게, patience 참을성

Rank 0464

[ríːteil]

retail

n 소매
v 소매하다

0886

GRND's special items are available / at local retail stores.
GRND의 특별한 상품들은 구할 수 있다   지역 소매점에서

> 빈출
> 표현
> · retail store(outlet) 소매점
> · retail price 소매가
> 유 wholesale 도매
> 패 retailer 소매업자

Rank 0465

[win]

win

v 받다
v 이기다
v 따다
n 승리

0887

He was proud / that [//his company won /
그는 자랑스러웠다   그것이   그의 회사가 받았다

a green energy award].
청정에너지 상을

> 빈출
> 표현
> · win an award 상을 받다
> 유 receive, get 받다
> 반 give 주다
> 패 winning 우승, winner 우승자

Rank 0469

[fígjər]

figure

n 수치
n 인물
n 모습
v 이해하다
v 생각하다

0888

Companies make / numerous efforts / to increase /
기업들은 한다   수많은 노력들을   증가시키기 위해

their sales figures.
그들의 매출액을

> 빈출
> 표현
> · sales figures 판매액
> · figure out 알아내다
> · attendance figures 참석자 수

Rank 0470

[hǽndl]

handle

v 처리하다
v 다루다
v 취급하다

0889

How do you handle / complaints [from your clients]?
당신은 어떻게 처리합니까   불만들을   고객들의

> 빈출
> 표현
> 유 treat, manage, take care of 처리하다
> 패 handling 처리, handler 취급하는 사람

Day **18** 851-900

0890

Rank 0471

mainly
[méinli]

ad 주로
ad 대부분

The conference attendees are mainly discussing /
그 회의 참석자들은   주로   토의하고 있다

urban development.
도시 개발에 대해

| 빈출 표현 | 🔁 mostly 대부분 | 🔁 main 주요한 |

0891

Rank 0601

outdoor
[áutdɔːr]

a 야외의
a 집 밖의

The workshop schedule is forcing / them to miss /
워크숍 일정이 만들고 있다   그들이 놓치게

their outdoor sports class.
그들의 야외 스포츠 수업을

| 빈출 표현 | • outdoor sports 야외 스포츠 | • outdoor activity 야외 활동 |
| | 🔁 indoor 실내의 | 🔁 outdoors 야외에서 |

0892

Rank 1265

outdoors
[áutdɔːrz]

ad 야외에서
ad 옥외에서

While / most of the staff members are setting up /
~하는 동안   대부분의 직원들이 설치하고 있다

tents / outdoors, // some of the directors,
텐트들을   야외에서   몇몇 관리자들은

[including Mr. Lee], are relaxing / inside the building.
Mr. Lee를 포함한   쉬는 중이다   건물 안에서

| 빈출 표현 | 🔁 indoors 실내에서 | 🔁 outdoor 야외의 |

0893

Rank 0577

solution
[səlúːʃən]

n 해결책
n 용액(제)

We need / more creative solutions / to overcome /
우리는 필요하다   좀 더 창의적인 해결책들이   극복하기 위해

the difficult situation.
어려운 상황을

빈출 표현	• creative solution 창의적인 해결책
	• solution to ~에 대한 해결책 ⚙
	🔁 answer 해결책
	🔁 solve 해결하다

0894

Rank 1366

solve
[salv]

v 해결하다
v 풀다

He attempted / to find / a way [to solve / the problem /
그는 시도했다   찾는 것을   방법을   해결할   그 문제를

on his own].
그의 힘으로

| 빈출 표현 | • solve a problem 문제를 해결하다 ⚙ |
| | 🔁 resolve 해결하다 | 🔁 solution 해결책 |

0895

Rank 0472

step
[step]

n 조치
n 단계
n 수단
n 걸음

We are ready / to take / steps [to finalize / the terms
우리는 준비되었다   취할   조치들을   마무리 짓기 위한   조건들을

[of the agreement]].
그 협약의

빈출 표현	• take a step 조치를 취하다 ⚙	• first step 첫 단계 ⚙
	• step down 물러나다	• step-by-step 단계적인 ⚙
	🔁 move 조치

Rank 0473

[ʌnéibl]

unable

a ~할 수 없는

Mr. Su was unable / to attend / the professor's lecture //
Mr. Su는 할 수 없었다   참석하는 것을   그 교수의 강의에

since he was so busy.
이유는   그가 매우 바빴다

빈출 표현
- be unable to ~할 수 없다
- 유 incapable 할 수 없는
- 반 able ~할 수 있는

Rank 0663

[ɔ́:təməbíːl]

automobile

n 자동차

The automobile industry [in our country] has experienced /
자동차 산업은   우리나라의   경험했다

a lot of trouble // entering / the global market.
많은 문제를   진입하는데   세계 시장에

빈출 표현
- automobile industry 자동차 산업
- automobile manufacturer 자동차 생산업체
- 유 car 자동차
- 파 automotive 자동차의

Rank 1101

[ɔ́:təmóutiv]

automotive

a 자동차의

A free trade agreement will boost / the automotive industry.
자유 무역 협정은 신장시킬 것이다   자동차 산업을

빈출 표현
- automotive industry 자동차 산업
- automotive repair 자동차 수리
- automotive company 자동차 제조 회사
- 파 automobile 자동차

Rank 0736

[sə́:rtnli]

certainly

ad 확실히
ad 틀림없이
ad 분명히

He certainly seems / to be / a qualified applicant
그는   확실히   보인다   될 것처럼   적합한 지원자가

[for the position [//we talked about]].
그 자리에   우리가 말했던

빈출 표현
- 유 definitely, surely, assuredly 확실히
- 파 certain 확실한

Rank 0914

[sə́:rtn]

certain

a 확신하는
a 틀림없는
a 특정한

I am almost certain / that [//they will reschedule /
나는   거의   확신한다   그것을   그들이 재조정할 것이다

the date [of the opening ceremony]].
날짜를   개업식의

빈출 표현
- 유 sure, convinced, confident 확신하는
- 파 certainly 틀림없이

STEP 3 집중해서 풀어라!

워크북 89페이지부터 학습하면 됩니다.

STEP 4 주기적인 복습 '기억상자'

제대로 외웠는지 확인하고 싶다고요? 까먹기 전에 다시 복습하고 싶다고요? 지금 당장 QR 코드를 스캔해 보세요.

최근 10년간
토익 빈도 46회 이상

읽을 수 있을 때까지 들어라!

STEP 1 읽지 못하는 단어는 절대 외울 수 없습니다! 발음 기호 없이 자신있게
읽을 수 있을 때까지 원어민의 발음을 들으면서 반복해서 따라 읽으세요.

0901~0950 Words

☐ **certificate** 증명서, 자격증

☐ **certification** 증명(서), 인증

☐ **certified** 증명된, 자격을 가진

☐ **confidential** 기밀의, 비밀의

☐ **confident** 확신하는, 자신 있는

☐ **confidence** 신뢰, 확신

☐ **launch** 출시, 개시

☐ **accommodate** 수용하다, 숙박시키다

☐ **accommodation** 숙소, 숙박

☐ **almost** 거의, 대부분

☐ **commercial** 상업적인, 상업의

☐ **commerce** 상업, 무역

☐ **screen** 거르다, 심사하다

☐ **screening** 선발, 심사

☐ **departure** 출발, 떠남

☐ **depart** 출발하다, 떠나다

☐ **fast** 빠른, 빨리

☐ **innovative** 혁신적인, 획기적인

☐ **innovation** 혁신

☐ **innovate** 혁신하다

☐ **unfortunately** 유감스럽게도, 불행하게도

☐ **mark** 표시하다, 기념하다

☐ **postpone** 연기하다, 미루다

☐ **amount** 양, 액수

☐ **foundation** 재단, 토대

☐ **found** 설립하다, 세우다

☐ **founder** 설립자, 창립자

☐ **involve** 관련시키다, 연루시키다

☐ **pharmaceutical** 제약의, 약학의

☐ **pharmacy** 약국, 약학

☐ **pharmacist** 약사

☐ **wear** 입다, 닳다

☐ **catalog** 카탈로그, 목록

☐ **code** 규범, 관례

☐ **evaluate** 평가하다, 감정하다

☐ **evaluation** 평가

☐ **feel** 느끼다, ~ 인 것 같다

☐ **piece** 한 부분, 조각

☐ **government** 정부, 정권

☐ **hang** 걸다, 걸리다

☐ **predict** 예측하다

☐ **prediction** 예측

☐ **renew** 갱신하다, 연장하다

☐ **renewal** 재개발, 갱신

☐ **term** 조건, 임기

☐ **chef** 주방장, 요리사

☐ **control** 관리, 통제

☐ **field** 분야, 영역

☐ **practice** 실행, 연습

☐ **practical** 실용적인, 현실적인

STEP **2** 집중해서 읽어라!

암기는 나중에, 정독에 집중하세요! 한 번에 외워야 한다는 강박은
개나 줘버리고 편안한 마음으로 읽되, 집중하세요.

0901

Rank 0759

[sərtífikeit]
certificate

n 증명서
n 자격증
v 증명하다

The store clerk gave / me a gift certificate [for $35 /
그 점원은 주었다   나에게 상품권을   35 달러에 달하는

in free stationery].
무료 문구류

빈출
표현
· gift certificate 상품권
蜱 certification 증명서, certified 증명된, certify 증명하다

0902

Rank 1434

[sə̀rtəfikéiʃən]
certification

n 증명(서)
n 인증

I have spent / a lot of time / obtaining /
나는 소비했다   많은 시간을   취득하는데

professional certification.
전문 자격증을

빈출
표현
· professional certification 전문 자격증
· obtain certification 자격증을 취득하다
蜱 certificate 증명서, certified 증명된, certify 증명하다

0903

Rank 1926

[sə́:rtəfàid]
certified

a 증명된
a 자격을 가진

Only a few job candidates [/who got certified /
몇몇 입사지원자들만   그들은 자격이 증명되었다

as instructors] were employed.
강사로서의   고용됐다

빈출
표현
· certified technician 공인된 기술자
蜱 certificate 증명서, certification 증명서, certify 증명하다

0904

Rank 0976

[kànfədénʃəl]
confidential

a 기밀의
a 비밀의

The former secretary accepted / responsibility
이전 비서는 받아들였다   책임을

[for the confidential documents [/which were exposed /
기밀문서들에 대한   그 문서들은 노출되었다

to the public]].
대중에게

빈출
표현
· confidential document 기밀문서
· highly confidential 극비의
· confidential information 기밀 정보
㊯ secret, classified 기밀의
蜱 confident 확신하는, confidence 신뢰

0905

Rank 1266

[kánfədənt]
confident

a 확신하는
a 자신있는

Mr. White was confident / that [/he would get /
Mr. White는 확신했다   그것을   그가 얻을 것이다

more sales / through his marketing plan].
더 많은 매출을   그의 판매 계획을 통하여

빈출
표현
· confident that ~를 확신하다
㊯ sure 확신하는
蜱 confidential 기밀의, confidence 신뢰

0906

Rank 1367

[kánfədəns]

confidence

n 신뢰
n 확신
n 자신

I want / to express / my gratitude [for your support
나는 원한다   표현하는 것을   나의 감사를   당신의 지원과

and confidence [in my business].
신뢰에 대한   나의 사업에

> 빈출 표현
> · confidence in ~에 대한 신뢰
> · consumer confidence 소비자 신뢰
> ㉨ trust, belief, reliance 신뢰
> ㉳ confidential 기밀의, confident 확신하는

0907

Rank 0475

[lɔ:ntʃ]

launch

n 출시
n 개시
v 출시하다
v 개시하다

We have to set / a date [for the new product launch] /
우리는 정해야 한다   날짜를   신제품 출시를 위한

as soon as possible.
가능한 한 빨리

> 빈출 표현
> · product launch 상품 출시
> · launch an advertising campaign 광고 캠페인을 시작하다
> ㉨ release 출시

0908

Rank 0622

[əkámədèit]

accommodate

v 수용하다
v 숙박시키다
v 받아들이다

We planned / to remodel / our hotel / to accommodate /
우리는 계획했다   개조하는 것을   우리의 호텔을   수용하기 위해

more people / than before.
더 많은 사람들을   이전보다

> 빈출 표현
> ㉳ accommodation 숙박

0909

Rank 1233

[əkàmədéiʃən]

accommodation

n 숙소
n 숙박

Transportation and accommodations are included /
교통편과 숙소는 포함되어 있다

in the price [of the tour].
경비에   여행의

> 빈출 표현
> · hotel accommodation 호텔 숙박(시설)
> · overnight accommodation 하룻밤 숙박
> ㉳ accommodate 수용하다

0910

Rank 0479

[ɔ́:lmoust]

almost

ad 거의
ad 대부분

Almost all of the employees receive / various benefits
거의 모든 직원들이 받는다   다양한 복지 혜택들을

packages, [including / an annual bonus].
포함한   연례 상여금을

> 빈출 표현
> · almost all 거의 모든
> · almost every 거의 모든
> ㉨ nearly, about, virtually 거의

0911

Rank 0616

[kəmə́:rʃəl]

commercial

a 상업적인
a 상업의
n 광고

This aircraft will be able to make / its first commercial
이 항공기는 할 수 있을 것이다   첫 번째 상업적인 비행을

flight / late next year.
            내년 말에

> 빈출 표현
> · commercial space 상업 공간
> · commercial break 광고 방송
> · commercial use 상업적 이용
> ㉳ commerce 상업, commercially 상업적으로

Rank 1267 [kámərs]

commerce

n 상업
n 무역
n 교역

The Korean Chamber of Commerce is assisting /
대한 상공회의소는 지원하고 있다

small and medium-sized businesses.
중소기업을

- chamber of commerce 상공회의소
- electronic commerce 전자상거래
- 유 trade, business 상업
- 파 commercial 상업의, commercially 상업적으로

Rank 0617 [skri:n]

screen

v 거르다
v 심사하다
n 화면
n 막

The interviewer screened / applicants [//who did not meet /
면접관은 걸러냈다   지원자들을   그 지원자들은 충족하지 못했다

the requirements].
자격 요건을

- screen to exclude 제외하기 위해 심사하다
- 유 filter 거르다
- 파 screening 심사

Rank 1333 [skrí:niŋ]

screening

n 선발
n 심사
n 상영

She finally passed / the screening test [to become /
그녀는 마침내   통과했다   선발 시험을   [되기 위한

a machine operator].
기계 기사가]

- screening test 선발 시험
- film(movie) screening 영화 상영
- 파 screen 심사하다

Rank 0680 [dipá:rtʃər]

departure

n 출발
n 떠남

Please accept / my apology [for the delay
받아주세요   나의 사과를   지연에 대한

[in the departure time [of the flight]]].
출발 시간의   비행기의

- departure time 출발 시간
- departure gate 탑승구
- departure date 출발일
- scheduled departure 예정된 출발
- 유 beginning, starting 출발
- 반 arrival 도착
- 파 depart 출발하다

Rank 1102 [dipá:rt]

depart

v 출발하다
v 떠나다

Inclement weather can cause / flight delays, // and it is why
궂은 날씨는 원인이 될 수 있다   비행기 지연의   그리고 그것이 이유다

[//we check / the weather // before we depart].
우리가 확인하다   날씨를   우리가 출발하기 전에

- depart from ~에서 출발하다
- 유 go, leave, start 출발하다
- 반 arrive 도착하다
- 파 departure 출발

Rank 0486

[fæst]

fast

a 빠른
ad 빨리
ad 빠르게

---- 0917

Because of its fast service, / the shipping company gained /
빠른 서비스 때문에   그 운송 회사는 얻었다

popularity / in the U.S.
인기를   미국에서

> 빈출표현
> - fast service 빠른 서비스
> - fast rate 빠른 속도
> - as fast as 최대한 빨리 🔊
> 🔵 quick, rapid, speedy 빠른
> 🔴 slow 느리게

Rank 0760

[ínəvèitiv]

innovative

a 혁신적인
a 획기적인

---- 0918

She underwent / our innovative treatment
그녀는 받았다   우리의 혁신적인 치료법을

[/that was developed / recently].
그 치료법은 개발되었다   최근에

> 빈출표현
> - innovative design 혁신적인 디자인
> - innovative solution 혁신적인 해결책
> - innovative product 혁신적인 제품
> 🔵 innovation 혁신, innovate 혁신하다, innovator 혁신자

Rank 1295

[ìnəvéiʃən]

innovation

n 혁신

---- 0919

The factory automated / its entire production line /
공장은 자동화했다   전체 생산 라인을

through technological innovation.
기술 혁신을 통해

> 빈출표현
> - technological innovation 기술혁신
> 🔵 innovative 혁신적인, innovate 혁신하다, innovator 혁신자

Rank 1927

[ínəvèit]

innovate

v 혁신하다

---- 0920

In order to innovate, / we will continue / to allocate /
혁신하기 위해   우리는 지속할 것이다   할당하는 것을

more money / for research and development.
더 많은 돈을   연구 개발에

> 빈출표현
> 🔵 innovative 혁신적인, innovation 혁신, innovator 혁신자

Rank 0498

[ʌnfɔ́ːrtʃənətli]

unfortunately

a 유감스럽게도
a 불행하게도

---- 0921

Unfortunately, / the advertised position was filled /
유감스럽게도   광고된 일자리는 채워졌다

this morning.
오늘 아침에

> 빈출표현
> 🔴 fortunately 다행스럽게도
> 🔴 unfortunate 불행한

Rank 0513

[mɑːrk]

mark

v 표시하다
v 기념하다
n 점수
n 표시

---- 0922

First, / we marked / our current location / on the map //
먼저   우리는 표시했다   우리의 현재 위치를   지도 위에

before losing / our way.
잃어버리기 전에   우리의 길을

> 빈출표현
> 🔵 indicate, signal, record 표시하다
> 🔴 marked 현저히, markedly 현저하게

Rank 0490

[poustpóun]

postpone

v 연기하다
v 미루다

The meeting has been postponed / until next Tuesday /
회의는 연기되었다   다음 화요일까지

at the request [of the supervisor].
요청에 의해   관리자의

빈출표현
- postpone until ~까지 연기하다
- postpone a meeting 회의를 연기하다
- postpone a deadline 기한을 연기하다
- 유 delay 연기하다
- 파 postponement 연기

Rank 0495

[əmáunt]

amount

n 양
n 액수
v 총계가 ~에 달하다

The construction equipment is able to transfer /
그 건설 장비는 옮길 수 있다

a limited amount [of materials] / at one time.
제한된 양을   자재들의   한 번에

빈출표현
- total amount 총합계
- payment amount 결제금액
- 유 quantity 양

Rank 0915

[faundéiʃən]

foundation

n 재단
n 토대
n 설립

The board members arranged / a date / to elect /
이사들은 정했다   날짜를   선출하기 위해

the chairman [of the foundation].
의장을   재단의

빈출표현
- 파 found 설립하다, founder 설립자

Rank 0931

[faund]

found

v 설립하다
v 세우다

Yokohama Industries has consistently generated /
Yokohama Industries는   끊임없이   발생시켜 왔다

profits // since it was founded.
수익들을   그것이 설립된 이후로

빈출표현
- since it was founded 설립된 이래로
- be founded in ~에 설립되다
- 유 establish, set up 설립하다
- 파 foundation 설립, founder 설립자

Rank 1928

[fáundər]

founder

n 설립자
n 창립자

Mr. Cho, [//who is the founder [of Deluxe Academy]],
Mr. Cho는   그는 설립자이다   Deluxe Academy의

called / his consultants / to discuss / the establishment
호출했다   그의 자문단을   상의하기 위해   설립을

[of a scholarship foundation].
장학재단의

빈출표현
- 파 foundation 설립, found 설립하다

Rank 0523

[inválv]

involve

v 관련시키다
v 연루시키다
v 포함하다

The activity [//the volunteer group is involved in]
활동은   자원봉사 단체가 관련된

is offering / training opportunities / to local children.
제공하고 있다   교육 기회들을   지역 아이들에게

빈출표현
- be involved in ~에 관련되다
- 유 relate 관련시키다
- 파 involvement 관련

Day 19 901-950

Rank 0932

[fɑ̀:rməsjúːtikəl]

pharmaceutical

a 제약의
a 약학의
n 제약
n 약

The pharmaceutical company more than doubled /
그 제약 회사는 두 배 이상 만들었다

its profits / in the last quarter.
수익을　　　　지난 분기에

빈출표현
- pharmaceutical company(corporation, firm) 제약 회사
- pharmaceutical packaging 약품 포장
- 파 pharmacy 약국, pharmacist 약사

Rank 0946

[fɑ́:rməsi]

pharmacy

n 약국
n 약학

The doctor had / the receptionist send /
그 의사는 시켰다　　　　접수담당자가 보내도록

the prescription / to the pharmacy / immediately.
처방전을　　　　약국에　　　　즉시

빈출표현
- 파 pharmaceutical 약학의, pharmacist 약사

Rank 1804

[fɑ́:rməsist]

pharmacist

n 약사

I ask / the pharmacist questions [/that I have had /
나는 물었다　약사에게 질문들을　　　　　　그 질문들은 내가 갖고 있었던

about my medication] // when visiting / the pharmacy.
나의 약에 대해　　　　　　방문했을 때　　　약국에

빈출표현
- 파 pharmaceutical 약학의, pharmacy 약국

Rank 0496

[wɛər]

wear

v 입다
v 닳다
n 착용
n 마모

We will wear / T-shirts [with the company's logo /
우리는 입을 것이다　　셔츠를　　　회사의 로고가 있는

on it] / at the conference.
그 위에　　그 컨퍼런스에서

빈출표현
- wear a hard hat 안전모를 쓰다
- 유 put on, dress 입다
- 파 wearable 착용하기 알맞은

Rank 0499

[kǽtəlɔ̀:g]

catalog

n 카탈로그
n 목록

The visitor requested / a catalog [of our new products], //
그 방문객은 요청했다　　　카탈로그를　　우리 신제품들의

but it had not been printed / yet.
하지만 그것은 인쇄 되지 않았었다　　　아직

빈출표현
- request a catalog 카탈로그를 요청하다
- check a catalog 카탈로그를 확인하다
- send a catalog 카탈로그를 보내다

Rank 0500

[koud]

code

n 규범
n 관례
n 암호

I think // the awards banquet [held / in the convention center]
나는 생각한다　시상식 만찬은　　　　열리는　　대회장에서

has / a strict dress code.
가지고 있다　엄격한 복장 규정을

빈출표현
- dress code 복장 규정
- access code 접근 코드
- security code 보안 코드
- postal code 우편 번호
- 유 rule, law, standard 규범

Rank 0844

[ivǽljuèit]

evaluate

v 평가하다
v 감정하다

Management announced / that [//a few managers
경영진은 알렸다　　　　　　　　　그것을　　몇몇 관리자들이

will evaluate / our performance].
평가할 것이다　　　우리의 실적을

> 빈출표현
> · evaluate performance 실적을 평가하다
> ㊟ estimate, calculate 평가하다
> ㊌ evaluation 평가, evaluative 평가하는, evaluator 평가자

Rank 0859

[ivǽljuéiʃən]

evaluation

n 평가

The discussion [of the performance evaluations]
회의가　　　　　　　　　　직무 평가에 대한

is scheduled / for the first day [of next year].
예정되어 있다　　　　첫째 날에　　　　내년의

> 빈출표현
> · performance evaluation 직무 평가
> · evaluation form 평가서
> ㊌ evaluate 평가하다, evaluative 평가하는, evaluator 평가자

Rank 0501

[fi:l]

feel

v 느끼다
v ~인 것 같다
n 감촉
n 느낌

You can feel free / to place / your luggage /
넌 마음대로 할 수 있다　　　놓는 것을　　너의 짐을

in the overhead compartments.
머리 위 짐칸에

> 빈출표현
> · feel free 마음대로 하다 　　· feel like ~을 하고 싶다
> ㊟ sense 느끼다

Rank 0502

[pi:s]

piece

n 한 부분
n 조각
n 작품

A woman is using / a forklift / to move / a piece
한 여자가 사용하고 있다　　지게차를　　옮기기 위해　　일부를

[of furniture] / into the container.
가구의　　　　　　컨테이너 안으로

> 빈출표현
> · a piece of ~의 일부
> ㊟ part, section, portion, fraction 부분

Rank 0503

[gʌ́vərnmənt]

government

n 정부
n 정권

If the government increases / the corporate income tax, //
만약 정부가 인상하면　　　　　　　　법인세를

small firms [across the country] will experience /
중소기업들은　　　전국의　　　　　경험할 것이다

a huge burden.
엄청난 부담을

> 빈출표현
> · local government 지방 자치
> · government office 관공서
> · government regulation 정부 규정
> ㊟ administration 정부
> ㊌ govern 통치하다, governor 주지사, governmental 정부의

Rank 0514

[hæŋ]

hang

v 걸다
v 걸리다

A man is hanging / **an illegal advertising poster** /
한 남자가 걸고 있다　　　　　불법 광고 포스터를

on the pole [in front of our store].
기둥에　　　　우리 가게 앞에

빈출 표현	㊎ suspend 걸다
	⍔ hanger 옷걸이

Rank 0685

[pridíkt]

predict

v 예측하다

Property experts predict / **that [/the real estate market**
부동산 전문가들은 예측한다　　　　　그것을　　부동산 시장이

will be showing / **signs [of recovery]].**
보일 것이다　　　　조짐을　회복의

빈출 표현	· analysts predict 분석가들이 예측하다
	㊎ expect, estimate 예상하다
	⍔ prediction 예측, predictive 예측의, predictable 예측할 수 있는

Rank 1639

[pridíkʃən]

prediction

n 예측

We invited / **financial experts** / **to make** / **predictions**
우리는 초대했다　　금융전문가들을　　　　하기 위해　　예측을

[about foreign investment trends].
외국인 투자 경향에 대한

빈출 표현	· make prediction 예측하다
	⍔ predict 예측하다, predictive 예측의, predictable 예측할 수 있는

Rank 0631

[rinjú:]

renew

v 갱신하다
v 연장하다

All members can renew / **their personal information** /
모든 회원들은 갱신할 수 있다　　　　그들의 개인 정보를

by visiting / **our Web site.**
방문하여　　　　우리의 웹사이트에

빈출 표현	· renew a membership 회원자격을 갱신하다
	· renew a subscription 구독을 갱신하다
	· renew a license 면허를 갱신하다
	㊎ update 갱신하다
	⍔ renewal 갱신, renewable 갱신 가능한

Rank 1697

[rinjú:əl]

renewal

n 재개발
n 갱신

The urban renewal project was promoted / **by the city council.**
도시 재개발 프로젝트는 홍보되었다　　　　　　시 의회에 의해

빈출 표현	· urban renewal 도시 재개발
	⍔ renew 갱신하다, renewable 갱신 가능한

Rank 0504

[təːrm]

term

n 조건
n 임기
n 기한
n 용어

His statement makes sense / **in terms of the effect [on tourism].**
그의 설명은 의미가 있다　　　　　　효과 측면에서　　　　관광에 대한

빈출 표현	· in terms of ~의 측면에서
	· long-term 장기간의
	· short-term 단기간의
	· terms of employment 고용 조건
	㊎ condition 조건

Rank 0508 [ʃef]
chef

n 주방장
n 요리사
n 쉐프

She has / a job [as the head chef
그녀는 갖고 있다 직업을 수석 주방장으로서의

[at the Urban Hotel Restaurant]].
Urban Hotel Restaurant에서

빈출표현
- head chef 수석 주방장
- executive chef 총괄 주방장

Rank 0536 [kəntróul]
control

n 관리
n 통제
v 관리하다
v 통제하다

Management thought // we need to concentrate /
경영진은 생각했다 우리는 집중해야 한다

on quality control.
품질 관리에

빈출표현
- quality control 품질 관리
- quality control department 품질 관리부
- remote control 원격 제어
- under control 통제 하에
- 유 management, supervision 관리
- 파 controller 관리자

Rank 0509 [fiːld]
field

n 분야
n 영역
n 현장

Mr. Landers is one [of the most influential experts
Mr. Landers는 한 명이다 가장 영향력 있는 전문가 중

[in the field of engineering]].
공학 기술 분야에서

빈출표현
- in the field of ~의 분야에서
- related field 관련 분야
- 유 area 분야

Rank 0575 [prǽktis]
practice

n 실행
n 연습
n 관행
v 실행하다
v 연습하다

They were determined / to put / their new project /
그들은 결심했다 놓기로 그들의 새로운 프로젝트를

into practice / within a week.
실행에 1주일 안에

빈출표현
- put ~ into practice ~을 실행에 옮기다
- 파 practical 현실적인, practically 사실상, practicality 실현 가능성

Rank 1929 [prǽktikəl]
practical

a 실용적인
a 현실적인

Do you know / where [/I can get / practical information
당신은 알고 있습니까 장소를 내가 얻을 수 있다 실용적인 정보를

[regarding jobs overseas]]?
해외 구직에 관한

빈출표현
- practical information 실용적인 정보
- 유 useful, functional, serviceable 실용적인
- 파 practice 실행, practically 사실상, practicality 실현 가능성

STEP 3 집중해서 풀어라!	STEP 4 주기적인 복습 '기억상자'
워크북 94페이지부터 학습하면 됩니다.	제대로 외웠는지 확인하고 싶다고요? 까먹기 전에 다시 복습하고 싶다고요? 지금 당장 QR 코드를 스캔해 보세요.

읽을 수 있을 때까지 들어라!

읽지 못하는 단어는 절대 외울 수 없습니다! 발음 기호 없이 자신있게
읽을 수 있을 때까지 원어민의 발음을 들으면서 반복해서 따라 읽으세요.

0951~1000 Words

- [ ] **strategy** 전략, 전술
- [ ] **wrong** 잘못된, 나쁜
- [ ] **chance** 기회, 가능성
- [ ] **educational** 교육의
- [ ] **education** 교육
- [ ] **individual** 개인의, 각각의
- [ ] **properly** 제대로, 올바로
- [ ] **proper** 적절한
- [ ] **recycling** 재활용, 재순환
- [ ] **recycled** 재활용된
- [ ] **recycle** 재활용하다
- [ ] **simply** 단순하게, 간단히
- [ ] **simple** 간단한, 단순한
- [ ] **standard** 기준, 표준
- [ ] **chief** 최고, 주된
- [ ] **entire** 전체의, 완전한
- [ ] **entirely** 완전히
- [ ] **invoice** 송장, 송장을 작성하다
- [ ] **journal** 신문, 잡지
- [ ] **journalist** 기자
- [ ] **journalism** 언론(학), 저널리즘
- [ ] **suppose** 생각하다, 추측하다
- [ ] **excite** 흥분시키다, 자극하다
- [ ] **exciting** 흥미진진한, 신나는
- [ ] **host** 주최하다, 진행하다

- [ ] **law** 법
- [ ] **lawyer** 변호사
- [ ] **protect** 보호하다, 지키다
- [ ] **protective** 보호하는, 방어적인
- [ ] **protection** 보호, 안전
- [ ] **topic** 주제, 화제
- [ ] **weekly** 매주의, 매주
- [ ] **headquarters** 본부
- [ ] **recruit** 모집하다, 신입사원
- [ ] **recruitment** 채용, 신규모집
- [ ] **recruiter** 채용담당자
- [ ] **warranty** 보증, 보증서
- [ ] **admission** 입장(료), 입학
- [ ] **admit** 들어가게 하다, 허락하다
- [ ] **connect** 연결하다
- [ ] **connection** 연결, 관련성
- [ ] **connecting** 연결하는
- [ ] **prior** 이전의, 먼저의
- [ ] **priority** 우선사항, 우선권
- [ ] **section** 부분, 구역
- [ ] **exchange** 환전, 교환
- [ ] **compare** 비교하다
- [ ] **comparable** 비교할 만한, 비슷한
- [ ] **comparison** 비교
- [ ] **critic** 비평가

집중해서 읽어라!

암기는 나중에, 정독에 집중하세요! 한 번에 외워야 한다는 강박은
개나 줘버리고 편안한 마음으로 읽되, 집중하세요.

0951

Rank 0607

[strǽtədʒi]

strategy

n 전략

n 전술

Some firms [//that specialize / in advertising] help /
몇몇 기업들은　　그 기업들은 전문으로 한다　광고를　　돕는다

other companies implement / marketing strategies.
다른 회사들이 수행하는 것을　　　　　마케팅 전략들을

빈출표현	• marketing strategy 마케팅 전략 　• advertising strategy 광고 전략
	• financial strategy 금융 전략
	유 tactic 전략
	파 strategic 전략적인, strategically 전략적으로, strategize 전략을 짜다

0952

Rank 0510

[rɔ́ːŋ]

wrong

a 잘못된

a 나쁜

ad 잘못하여

ad 나쁘게

The Wood's Shopping Mall sent / the products /
Wood's Shopping Mall은 보냈다　　　　제품들을

to the wrong address.
잘못된 주소로

빈출표현	• wrong address 잘못된 주소
	유 mistaken 잘못된
	반 right 옳은
	파 wrongly 잘못되게

0953

Rank 0515

[tʃæns]

chance

n 기회

n 가능성

The candidates [//who passed / the screening] have / a chance
그 후보자들은　　　그들은 통과했다　심사를　　　가진다　기회를

[to join / the committee].
가입할　위원회에

빈출표현	• have a chance 기회를 가지다 　　• by any chance 혹시라도
	유 opportunity, possibility 기회

0954

Rank 0906

[èdʒukéiʃənl]

educational

a 교육의

Because of the budget cuts, / some educational programs
예산 삭감 때문에　　　　　　　　몇 가지 교육 프로그램이

[at my academy] were canceled.
내 학원의　　　　　취소됐다

빈출표현	• educational program 교육 프로그램
	• educational background 학력
	• educational institution 교육 기관
	파 education 교육, educate 교육하다, educator 교육자

0955

Rank 0947

[èdʒukéiʃən]

education

n 교육

State school teachers must sign up /
주립 학교 선생님들은 참가해야 한다

for the education conference.
교육 학회에

빈출표현	• education conference 교육 학회　　• education program 교육 프로그램
	• public education 공교육　　　　　• education expert 교육 전문가
	유 learning 교육
	파 educational 교육의, educate 교육하다, educator 교육자

Rank 0584

[ìndəvídʒuəl]

individual

a 개인의
a 각각의
n 개인

The individual consultation [with my superior]
개인 상담은 　　　　　　　　　　　　　　　　내 상사와의

was a great help / to my life [at work].
큰 도움이 되었다 　　　　　내 생활에 　　　직장에서의

> 빈출표현
> · individual consultation 개인 상담 🔧
> ㋠ personal 개인의
> ㋙ individually 개별적으로

Rank 0784

[prápərli]

properly

ad 제대로
ad 올바로
ad 적절히

The engineer said / to me / that [//my computer doesn't seem /
기술자는 말했다 　　나에게 　그것을 　나의 컴퓨터가 　　　보이지 않는다

to be working / properly].
작동되는 것처럼 　　제대로

> 빈출표현
> · work properly 제대로 작동하다 🔧
> · function properly 제대로 기능하다 🔧
> · operate properly 제대로 작동하다 🔧
> ㋠ correctly, rightly 제대로
> ㋟ improperly 부적절하게
> ㋙ proper 적절한

Rank 0991

[prápər]

proper

a 적절한

We have to make sure // the workers are putting /
우리는 확실히 해야 한다 　　근로자들이 옮기고 있다

the proper safety procedures / into action.
적절한 안전 절차를 　　　　　실행으로

> 빈출표현
> · proper safety procedure 적절한 안전 절차
> · proper travel document 적절한 여행 서류
> ㋠ suitable, appropriate 적절한
> ㋟ improper 부적절한
> ㋙ properly 적절히

Rank 0772

[rì:sáikliŋ]

recycling

n 재활용
n 재순환

The manager sent / an official letter [indicating / that
매니저는 보냈다 　　　공문을 　　　　　명시된 　　　그것이

[//our company will soon implement / a recycling program]].
우리 회사가 　　　곧 　시행할 것이다 　　재활용 프로그램을

> 빈출표현
> · recycling program 재활용 프로그램 🔧
> ㋙ recycled 재활용된, recycle 재활용하다, recyclable 재활용할 수 있는

Rank 1334

[rì:sáikld]

recycled

a 재활용된

The exhibition displays / a variety of artwork [made /
전시회는 전시한다 　　　다양한 예술 작품을 　　　만들어진

from recycled materials].
재활용된 재료로

> 빈출표현
> · recycled material 재활용된 재료 🔧
> ㋙ recycling 재활용, recycle 재활용하다, recyclable 재활용할 수 있는

Rank 1868 · 0961

[riːsáikl]

recycle

v 재활용하다

The apartment manager has distributed / a list [of everything
아파트 관리자는 나눠줬다　　　　　　　　　　　　　　목록을　　모든 것들의

[//we can recycle]].
우리가 재활용할 수 있다

> 빈출표현 · 圓 recycling 재활용, recycled 재활용된, recyclable 재활용할 수 있는

Rank 0916 · 0962

[símpli]

simply

ad 단순하게
ad 간단히
ad 간소하게

He said / that [//our merchandise [//that has been damaged /
그는 말했다　그것을　　우리 상품을　　　　그 상품은 손상됐다

in transit] couldn't be simply accepted]].
배송 중에　　　　　　　　　　단순하게　받아 들일 수 없다

> 빈출표현 · 圓 simple 간단한, simplify 단순화하다, simplicity 간단함

Rank 1066 · 0963

[símpl]

simple

a 간단한
a 단순한

The course includes / some simple instructions [on the use
그 과정은 포함한다　　　몇 가지 간단한 설명들을　　　　사용에 관한

[of our facilities]].
우리 시설들의

> 빈출표현 · simple instruction 간단한 설명
> 圓 simply 간단히, simplify 단순화하다, simplicity 간단함

Rank 0524 · 0964

[stǽndərd]

standard

n 기준
n 표준
a 표준의
a 공인된

The inspector said / that [//some [of our facilities] failed /
검사관은 말했다　　　그것을　일부는　우리 시설들의　　실패했다

to meet / the new safety standards]].
충족시키는 데　새로운 안전 기준을

> 빈출표현 · safety standard 안전 기준 🔑
> · meet standards 기준을 충족시키다
> · conform to standards 기준에 맞추다
> 圓 standardize 표준화하다

Rank 0517 · 0965

[tʃiːf]

chief

a 최고
a 주된
n 최고위자

Our chief executive officer will be out / for a week /
우리 CEO는 비울 것이다　　　　　　　　　　　　1주일 동안

because of a business trip.
출장 때문에

> 빈출표현 · chief executive officer(CEO) 최고 경영자 🔑
> · chief financial officer 최고 재무 책임자 🔑
> · chief engineer 기관장 🔑
> 圓 chiefly 주로

Rank 0608 · 0966

[intáiər]

entire

a 전체의
a 완전한

The entire department has signed up / for the training course.
전 부서가 등록했다　　　　　　　　　　　　교육 과정에

> 빈출표현 · entire department 전 부서
> · entire staff 전 직원 🔑
> 圓 whole, total 전체의
> 圓 entirely 완전히, entirety 전체

---------- 0967

Rank 1745

[intáiərli]

entirely

ad 완전히

The customers were entirely satisfied / with our policies
고객들은 완전히 만족스러워 했다 우리의 정책에

[for refunds and exchanges].
환불과 교환에 대한

| 빈출 표현 | 유 completely, fully 완전히 |
| | 파 entire 전체의, entirety 전체 |

---------- 0968

Rank 0518

[ínvɔis]

invoice

n 송장
v 송장을 작성하다

Have you sent / an invoice / to the Lecton Corporation?
당신은 보냈습니까 송장을 Lecton 회사에

| 빈출 표현 | · submit an invoice 송장을 제출하다 |

---------- 0969

Rank 0873

[dʒə́ːrnl]

journal

n 신문
n 잡지
n 정기 간행물

The detailed information [of the government project]
세부정보가 정부 프로젝트의

was published / in many journals and magazines.
실렸다 많은 신문과 잡지에

빈출 표현	· journal article 신문 기사
	· science journal 과학 잡지
	유 newspaper, paper 신문
	파 journalist 기자, journalism 언론, journalistic 기자의

---------- 0970

Rank 1205

[dʒə́ːrnəlist]

journalist

n 기자

We insisted / upon inviting / Norah Jones, [who is known /
우리는 주장했다 초대할 것을 Norah Jones를 그는 알려져 있다

to be a terrific journalist].
대단한 기자로

| 빈출 표현 | · local journalist 지역 기자 |
| | 파 journal 신문, journalism 언론, journalistic 기자의 |

---------- 0971

Rank 1640

[dʒə́ːrnəlìzm]

journalism

n 언론(학)
n 저널리즘

The Internet has radically changed / the future [of journalism].
인터넷은 근본적으로 바꿨다 미래를 언론의

| 빈출 표현 | · journalism professor 언론학 교수 |
| | 파 journal 신문, journalist 기자, journalistic 기자의 |

---------- 0972

Rank 0519

[səpóuz]

suppose

v 생각하다
v 추측하다
v 가정하다

I wasn't supposed / to take / much longer / to finish /
나는 하지 않았어야 했다 걸리도록 아주 오래 끝내는데

the project.
그 프로젝트를

| 빈출 표현 | · be supposed to ~해야 한다, ~하기로 되어 있다 |
| | 유 think, imagine, expect 생각하다 |

---------- 0973

Rank 0888

[iksáit]

excite

v 흥분시키다
v 자극하다

We are so excited / that [//you have still remembered /
우리는 정말 흥분했다 그것에 당신이 아직도 기억하고 있다

our first product].
우리의 첫 번째 제품을

| 빈출 표현 | 파 exciting 흥미진진한, excitement 흥분 |

Rank 1049 · 0974

[iksáitiŋ]
exciting

a **흥미진진한**
a 신나는

The festival has / **many exciting programs**
축제는 갖고 있다 많은 흥미진진한 프로그램들을

[//**that everyone is free** / **to attend**].
그 프로그램은 모두가 자유롭다 참여하는 것이

빈출 표현
- exciting news 흥미진진한 소식 신
- 유 interesting, attractive 흥미진진한
- 파 excite 흥분시키다, excitement 흥분

Rank 0525 · 0975

[houst]
host

v **주최하다**
v 진행하다
n 주최자
n 진행자
n 주인

Bealach, Inc. is going to host / **an international trade fair** /
Bealach 주식회사는 주최할 예정이다 국제 무역 박람회를

in Japan.
일본에서

빈출 표현
- host a event 행사를 주최하다 신
- host a dinner 만찬회를 주최하다

Rank 0623 · 0976

[lɔː]
law

n **법**

He established / **a law firm** [**specializing** / **in corporate law**].
그는 설립했다 법률 사무소를 전문적으로 하는 회사법을

빈출 표현
- law firm(office) 법률 사무소 신
- corporate law 회사법 신
- zoning law 토지사용제한법
- law school 로스쿨 신
- 파 lawyer 변호사

Rank 1597 · 0977

[lɔ́ːjər]
lawyer

n **변호사**

The company's lawyers opposed / **any modification**
그 회사의 변호사들은 반대했다 어떠한 변경도

[**to the terms** [**of the contract**]].
조항에 대해 계약서의

빈출 표현
- 파 law 법

Rank 0761 · 0978

[prətékt]
protect

v **보호하다**
v 지키다

The Christie Corporation has strengthened / **its security** /
Christie Corporation는 강화했다 보안을

to protect / **confidential data.**
보호하기 위해 기밀 자료를

빈출 표현
- protect A from B B로부터 A를 보호하다 신
- 유 defend, preserve, guard 보호하다
- 파 protective 보호하는, protection 보호, protectively 방어적으로

Rank 1296 · 0979

[prətéktiv]
protective

a **보호하는**
a 방어적인

Researchers and assistants must wear / **protective clothing** //
연구원들과 보조원들은 착용해야 한다 보호복을

before entering / **the laboratory.**
들어가기 전에 실험실에

빈출 표현
- protective clothing 보호복
- protective glove 보호 장갑
- protective gear 보호 장비
- 파 protect 보호하다, protection 보호, protectively 방어적으로

Rank 1930

[prətékʃən]

protection

n 보호
n 안전

The service is designed / to offer / protection [from people
그 서비스는 설계되었다　　제공하기 위해　보호를　　사람으로부터

[trying / to obtain / others' personal information]].
시도하는　얻으려고　다른 사람의 개인 정보를

> 빈출표현
> ㈜ safeguard, shelter 보호
> ㈜ protect 보호하다, protective 보호하는, protectively 방어적으로

Rank 0526

[tá:pik]

topic

n 주제
n 화제

The topic [of the conversation] is about a new office procedure.
주제는　대화의　　　　　　　　새로운 사무 절차에 대한 것이다

> 빈출표현
> · topic of the conversation 대화의 주제 ✿
> · topic of the seminar 세미나의 주제
> · topic of the talk 이야기의 주제
> · interesting topic 흥미로운 주제
> ㈜ subject, theme 주제

Rank 0527

[wi:kli]

weekly

a 매주의
ad 매주

We shared / our marketing strategies / at the weekly meetings.
우리는 공유했다　우리의 마케팅 전략을　　　주간 회의에서

> 빈출표현
> · weekly meeting 주간 회의 ✿
> · on a weekly basis 주 단위로
> · weekly newspaper 주간 신문
> · weekly magazine 주간 잡지
> ㈜ week 일주일

Rank 0553

[hédkwɔ̀:rtərd]

headquarters

n 본부

Nick was transferred / from the local office /
Nick은 전출되었다　　　지방 사무실에서

to the company headquarters.
본사로

> 빈출표현
> · company headquarters 본사 ✿
> · move headquarters 본사를 이전하다
> · relocate headquarters 본사를 이전하다 ✿
> ㈜ headquarter 본사를 두다

Rank 0773

[rikrú:t]

recruit

v 모집하다
n 신입사원
n 신입회원

The Liman Association, [a nonprofit organization], has
Liman 협회는　　　　　　　비영리 조직인

recruited / volunteers / to improve / living standards [in Africa].
모집했다　자원봉사자를　항상시키기 위해　생활수준을　　아프리카의

> 빈출표현
> · recruit new employees(staff) 신입 사원을 모집하다
> · recruit a volunteer 자원봉사자를 모집하다
> ㈜ dismiss 해산시키다
> ㈜ recruitment 채용, recruiter 채용담당자

Rank 1368

[rikrú:tmənt]

recruitment

n 채용
n 신규모집

The Personnel Department plays / a crucial role
인사부는 한다　　　　　　　　　결정적인 역할을

[in employee recruitment].
직원 채용에 있어

> 빈출표현
> · employee recruitment 직원 채용
> ㈜ recruit 모집하다, recruiter 채용담당자

recruiter
Rank 1805

[rikrú:tər]

n 채용담당자

0986

A few candidates [//who go through / the job interviews]
몇 명의 후보자들이 　　　　그들은 통과하다 　　　　취업 면접을

got / a call / from the recruiter.
받았다 　전화를 　채용담당자로부터

- job recruiter 직업 채용담당자
- 画 recruit 모집하다, recruitment 채용

warranty
Rank 0531

[wɔ́:rənti]

n 보증
n 보증서

0987

I think // this copy machine should still be under warranty.
나는 생각한다 이 복사기는 　　　　　아직 　보증기간 중이어야 한다

빈출표현
- under warranty 보증기간 중인
- extended warranty 연장 보증 ⚡
- warranty period 보증 기간
- 逾 assurance, promise, pledge 보증

admission
Rank 0695

[ædmíʃən]

n 입장(료)
n 입학

0988

If you are a student // and have / a valid identification card, //
만약 당신이 학생이면 　　그리고 있다면 　유효한 신분증이

admission [to the museum] is free.
입장은 　　　　박물관에 대한 　　　무료다.

빈출표현
- admission to ~에 대한 입장 ⚡
- free admission 무료입장(=admission free)
- admission fee 입장료 ⚡
- admission ticket 입장권
- admission price 입장료
- 逾 entrance, entry 입장
- 画 admit 들어가게 하다, admittance 입장

admit
Rank 1297

[ædmít]

v 들어가게 하다
v 허락하다
v 받아들이다

0989

Young people [under the age of 19] will not be admitted /
젊은 사람들은 　19세 미만의 　　　　들어갈 수 없다

to the bar.
술집에

빈출표현
- 画 admission 입장(료), admittance 입장

connect
Rank 1033

[kənékt]

v 연결하다

0990

If you want / to install / the TV, // first, / connect / the cable /
만약 당신이 원한다면 설치하기를 TV를 　먼저 　연결해라 　케이블을

to the antenna.
안테나에

빈출표현
- 逾 link 연결하다
- 画 disconnect 끊다
- 画 connection 연결, connecting 연결하는

connection
Rank 1067

[kənékʃən]

n 연결
n 관련성

0991

The trouble is that [//my Internet connection is too slow].
문제는 그것이다 　　나의 인터넷 연결은 　　　너무 느리다

빈출표현
- internet connection 인터넷 연결 ⚡
- 逾 link 연결
- 画 connect 연결하다, connecting 연결하는

Rank 1479

[kənéktiŋ]
connecting
a 연결하는

Because of the unexpected accident, / I missed /
예기치 못한 사고로 인해   난 놓쳤다

my connecting flight [to Toronto].
나의 연결편 비행기를   토론토로 가는

빈출
표현
• connecting flight 연결편 비행기
回 connect 연결하다, connection 연결

Rank 0710

[práiər]
prior
a 이전의
a 먼저의

You have to read / the critic's review // prior to seeing /
당신은 읽어야 한다   비평가의 리뷰를   보기 전에

the movie.
그 영화를

빈출
표현
• prior to ~전에
• without prior authorization 사전 허가 없이
回 former, previous 이전의
回 priority 우선사항, prioritize 우선적으로 처리하다

Rank 1180

[praió:rəti]
priority
n 우선사항
n 우선권

We should consider / revenue growth / as the top priority.
우리는 고려해야 한다   수입 증가를   최우선사항으로

빈출
표현
• top(first) priority 최우선사항
回 prior 이전의, prioritize 우선적으로 처리하다

Rank 0533

[sékʃən]
section
n 부분
n 구역

An article [on the history [of the city]] was featured /
기사가   역사에 대한   도시의   실렸다

in the society section [of the Manhattan Daily].
사회 부분에   Manhattan Daily의

빈출
표현
• business section 경제면
• new section 새로운 분야(구역)
回 part, portion, area, piece 부분
回 sectional 부분적인

Rank 0537

[ikstʃéindʒ]
exchange
n 환전
n 교환
v 환전하다
v 교환하다

I asked / the bank teller / what [/the exchange rate
나는 문의했다   은행 직원에게   무엇인지   환율은

[for Chinese yuan to U.S. dollars] was].
중국 위안화에서   미국 달러로의

빈출
표현
• exchange rate(currency exchange) 환율

Rank 0690

[kəmpέər]
compare
v 비교하다

It is important / to compare / our products / with others /
그것은 중요하다   비교하는 것은   우리의 제품들을   다른 것들과

in quality control.
품질 관리에서

빈출
표현
• compare A with B A를 B와 비교하다
• compared to ~와 비교하여
回 comparable 비교할 만한, comparison 비교, comparably 비교할 수 있을 만큼

Rank 1992

[kámpərəbl]

comparable

a 비교할 만한
a 비슷한

0998

The appliance [made / in a small shop] was comparable /
그 기기는   만든   작은 가게에서   비교할 만했다

to some name-brand products.
일부 유명 브랜드 제품들과

빈출 표현 | 통 compare 비교하다. comparison 비교. comparably 비교할 수 있을 만큼

Rank 1993

[kəmpǽrisn]

comparison

n 비교

0999

His course [of lectures] is excellent / in comparison /
그의 강좌는   강의들 중   훌륭하다   비교하여

with mine.
내 것과

빈출 표현 | 통 compare 비교하다. comparable 비교할 만한. comparably 비교할 수 있을 만큼

Rank 0992

[krítik]

critic

n 비평가

1000

Sadly, / it is true / that [/most critics disparage / his paintings
슬프게도   그것은 사실이다   그것은   대부분의 비평가들이 폄하한다   그의 그림들을

[/that are exhibited / here]].
그 그림들은 전시되어 있다   여기

빈출 표현 | 유 reviewer 비평가
| 통 critical 비판적인. criticize 비평하다. critically 비판적으로

STEP 3 **집중해서 풀어라!**

워크북 99페이지부터 학습하면
됩니다.

STEP 4 **주기적인 복습 '기억상자'**

제대로 외웠는지 확인하고 싶다고요? 까먹기 전에 다시 복습하고
싶다고요? 지금 당장 QR 코드를 스캔해 보세요.

최근 10년간
토익 빈도 40회 이상

읽을 수 있을 때까지 들어라!

읽지 못하는 단어는 절대 외울 수 없습니다! 발음 기호 없이 자신있게
읽을 수 있을 때까지 원어민의 발음을 들으면서 반복해서 따라 읽으세요.

1001~1050 Words

- ☐ critical 비판적인, 중요한
- ☐ criticize 비판하다, 비평하다
- ☐ forget 잊다, 잊어버리다
- ☐ inventory 재고, 물품 목록
- ☐ point 가리키다, 의견
- ☐ potential 잠재적인, 가능성
- ☐ track 추적하다, 길
- ☐ tracking 추적, 조사
- ☐ administrative 관리상의, 행정상의
- ☐ administration 행정, 관리
- ☐ administrator 관리자, 행정관
- ☐ audience 청중, 관객
- ☐ central 중심의, 중앙의
- ☐ determine 알아내다, 결정하다
- ☐ highly 매우, 대단히
- ☐ authority 당국, 권한
- ☐ authorize 권한을 부여하다, 인가하다
- ☐ authorization 허가, 인가
- ☐ avenue 거리, ~가(도로 이름)
- ☐ expire 만료되다, 끝나다
- ☐ expiration (임기, 기간) 만료, 만기
- ☐ focus 집중시키다, 집중하다
- ☐ negotiation 협상, 교섭
- ☐ negotiate 협상하다, 교섭하다
- ☐ mine 광산, 나의 것

- ☐ mining 채굴, 채광
- ☐ rise 증가하다, 오르다
- ☐ bakery 제과점, 빵집
- ☐ bake (음식을) 굽다, 굽기
- ☐ capacity 용량, 능력
- ☐ capable ~을 할 수 있는
- ☐ capability 능력, 역량
- ☐ deal 처리하다, 거래하다
- ☐ dealership 대리점
- ☐ dealer 딜러, 상인
- ☐ natural 자연의, 타고난
- ☐ nature 성격, 자연
- ☐ wonder 궁금하다, 놀랄만한 것
- ☐ fax 팩스, 팩스로 보내다
- ☐ goal 목표, 목적
- ☐ suit 맞다, 어울리다
- ☐ suitable 적합한, 알맞은
- ☐ anticipate 예상하다, 기대하다
- ☐ establish 설립하다, 세우다
- ☐ establishment 설립, 기관
- ☐ reimbursement 변제, 상환
- ☐ reimburse 변제하다, 배상하다
- ☐ complex 단지, 집합체
- ☐ daily 매일의, 일상적인
- ☐ loan 대출, 대출금

STEP 2 집중해서 읽어라!

암기는 나중에, 정독에 집중하세요! 한 번에 외워야 한다는 강박은
개나 줘버리고 편안한 마음으로 읽되, 집중하세요.

1001

Rank 1335
[krítikəl]
critical
a 비판적인
a 중요한

Some managers [of local branches] were very critical /
몇몇 관리자들은   지점들의   매우   비판적이었다

of the decision [to move / the company's headquarters /
그 결정에   이전하려는   회사의 본사를

overseas].
해외로

> 빈출 표현
> • be critical of ~에 비판적이다
> • be critical to ~에 중요하다
> • be critical that that은 중요하다
> 및 critic 비평가, criticize 비평하다, critically 비판적으로

1002

Rank 1806
[krítəsàiz]
criticize
v 비판하다
v 비평하다

Although / he had been criticized / for his poor skills, //
비록 ~이지만   그는 비판받아 왔었다   그의 서툰 솜씨로

he didn't make / an effort / to improve / them.
그는 하지 않았다   노력을   향상시키기 위해   그것을

> 빈출 표현
> 윤 attack 비난하다
> 파 critic 비평가, critical 비판적인, critically 비판적으로

1003

Rank 0543
[fərgét]
forget
v 잊다
v 잊어버리다

It is possible / that [//she forgot / to bring / her documents /
그것은 가능성이 있다   그것은   그녀가 잊었다   가져오는 것을 그녀의 서류들을

to the office].
회사에

> 빈출 표현
> 반 remember 기억하다

1004

Rank 0544
[ínvəntɔ̀:ri]
inventory
n 재고
n 물품 목록

The warehouse manager will be supported / by software
창고 관리자는 지원받을 것이다   소프트웨어에 의해

[//that can manage / the inventory].
그 소프트웨어는 관리할 수 있다   재고를

> 빈출 표현
> • inventory of ~의 목록
> • inventory control(management) 재고 관리
> • take inventory 재고 조사를 하다
> 윤 stock 재고

1005

Rank 0545
[pɔint]
point
v 가리키다
n 의견
n 요점

The staff member pointed out / that [//we can purchase /
직원은 언급했다   그것을   우리가 구매할 수 있다

the items / at a discounted rate].
그 물품들을   할인된 가격으로

> 빈출 표현
> • point out 언급하다, 지적하다
> • at this point 이 시점에서

---- 1006

Rank 0593

[pəténʃl]

potential

a 잠재적인
n 가능성
n 잠재력

The first step [in all marketing strategies] is to identify /
첫 번째 단계는　　　　　모든 마케팅 전략에서　　　　　　　　　확인하는 것이다

potential customers.
잠재 고객들을

> 빈출표현
> · potential customer 잠재 고객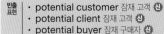
> · potential client 잠재 고객
> · potential buyer 잠재 구매자
> · potential employee 잠재적인 직원
> 🈩 prospective 잠재적인
> 📖 potentially 가능성 있게

---- 1007

Rank 0719

[træk]

track

v 추적하다
n 길
n 선로

The warehouse manager planned / to introduce /
창고 관리자는 계획했다　　　　　　　　　　도입하는 것을

a new system / to keep track / of inventory.
새로운 시스템을　　　추적하기 위해　　재고를

> 빈출표현
> · keep track of ~을 추적하다
> · on track 궤도에 올라
> 🈩 pursue, chase 추적하다
> 📖 tracking 추적

---- 1008

Rank 1206

[trækiŋ]

tracking

n 추적
n 조사
n 탐지

We can't check / our database / without a valid
우리는 확인할 수 없다　　　우리의 데이터베이스를　　유효한 추적 번호 없이는

tracking number, // so please, / check / one more time //
　　　　　　　　　그러니 부탁합니다　확인해라　한 번 더

before entering / the number [of your order].
입력하기 전에　　　번호를　　　당신의 주문

> 빈출표현
> · tracking number 추적 번호
> · tracking system 추적 시스템
> 📖 track 추적하다

---- 1009

Rank 0874

[ədmínistrèitiv]

administrative

a 관리상의
a 행정상의

The applicant [for the administrative assistant position]
그 지원자는　　　　　　　　관리 보조직의

impressed / the president / with all of his certificates.
깊은 인상을 주었다　사장에게　　　그의 모든 증명서로

> 빈출표현
> · administrative assistant position 관리 보조직
> · administrative staff 행정 직원
> · administrative position 관리직
> · administrative work 행정 사무
> 🈩 managerial, supervisory 관리의
> 📖 administration 관리, administrator 관리자, administer 관리하다

---- 1010

Rank 1512

[ədmìnistréiʃn]

administration

n 행정
n 관리

Please bring / the original documents /
가져오세요　　　원본 문서들을

to the administration office.
행정실로

> 빈출표현
> · administration office 행정실
> · administration building 행정 관사
> · business administration 경영학
> 🈩 government 행정
> 📖 administrative 관리상의, administrator 관리자, administer 관리하다

Rank 1698

[ədmínistrèitər]
administrator

n 관리자
n 행정관

The administrators couldn't have foreseen / that
관리자들은 예상할 수 없었다   그것을

[//domestic demand would increase / in the short term].
국내 수요가 증가할 것이다   단기간에

> 빈출표현
> ㈜ manager, director, supervisor 관리자
> ㈜ administrative 관리상의, administration 관리, administer 관리하다

Rank 0551

[ɔ́:diəns]
audience

n 청중
n 관객

He invited / the audience to sign up / for future lectures /
그는 요청했다   청중들이 등록할 것을   향후 강의들에

after the presentation.
발표 후에

> 빈출표현
> · intended audience 목표로 하는 청중
> · large audience 많은 청중

Rank 0585

[séntrəl]
central

a 중심의
a 중앙의

He was recently transferred / to the central office [in Paris].
그는   최근에   전출되었다   본사로   파리에 있는

> 빈출표현
> · central office 본사   · central bank 중앙 은행
> ㈜ centrally 중심으로, centre 중심, centralize 집중시키다

Rank 0568

[ditə́:rmin]
determine

v 알아내다
v 결정하다
v 확정하다

We need to determine / if [//the increase [in average income]
우리는 알아야 한다   그것인지를   증가가   평균 임금의

has / any influence / on the decrease [in job opportunities]].
미친다   어떤 영향을   감소에   고용 기회의

> 빈출표현
> ㈜ inform 알아내다
> ㈜ determination 결정

Rank 0552

[háili]
highly

ad 매우
ad 대단히

He highly recommended / that [//I visit / the Medria Center /
그는 적극 추천했다   그것을   나는 방문한다   Medira Center에

to see / the newest gadgets].
보기위해   최신 기기들을

> 빈출표현
> · highly recommend 적극 추천하다
> · highly successful 상당히 성공한
> · highly qualified 대단히 자격을 갖춘
> · highly sensitive 매우 민감한
> · highly trained 고도로 훈련된
> ㈜ very, greatly, extremely 매우

Rank 1144

[əθɔ́:rəti]
authority

n 당국
n 권한
n 승인

The transportation authority has / a mandate [to charge /
교통 당국은 가지고 있다   권한을   요금을 부과할

drivers / for the use [of certain roads and highways]].
운전자들에게   사용에 대한   특정 도로들이나 고속도로들의

> 빈출표현
> · transportation(transit) authority 교통 당국
> ㈜ administration 당국
> ㈜ authorize 권한을 부여하다, authorization 인가

Rank 1234

[ɔ́ːθràiz]

authorize

v 권한을 부여하다
v 인가하다
v 허가하다

1017

Only the head [of the Accounting Department] is authorized /
부장만   회계부의   권한이 있다

to spend / company funds.
사용할   회사 자금을

빈출표현 | 융 permit 허가하다, allow 허가하다
파 authority 승인, authorization 인가

Rank 1435

[ɔ̀ːθərizéiʃn]

authorization

n 허가
n 인가

1018

We couldn't do / anything / about the issue /
우리는 할 수 없었다   아무것도   그 문제에 대해

without prior authorization.
사전 허가 없이

빈출표현 | · prior authorization 사전 허가
· written authorization 서면 허가
융 license, permission 허가
파 authority 승인, authorize 권한을 부여하다

Rank 0554

[ǽvənjùː]

avenue

n 거리
n ~가(도로 이름)

1019

The theater [on Central Avenue] has been closed /
그 극장은   중심가에 있는   문을 닫았다

due to the decrease / in the number [of visitors].
감소 때문에   수의   방문객들의

빈출표현 | · central avenue 중심가 🔊

Rank 0664

[ikspáiər]

expire

v 만료되다
v 끝나다

1020

I'm afraid // your lease [for the office] has already expired.
나는 유감스럽다   당신의 임대차계약이 사무실에 대한   이미   만료되었다

빈출표현 | 파 expiration 만료

Rank 1641

[èkspəréiʃən]

expiration

n (임기, 기간) 만료
n 만기
n 종결

1021

The expiration date [of my driver's license] is coming / soon.
만료일이   나의 운전면허증의   다가올 것이다   곧

빈출표현 | · expiration date 만료일
파 expire 만료되다

Rank 0555

[fóukəs]

focus

v 집중시키다
v 집중하다
n 집중
n 초점

1022

The board of directors decided / to focus /
이사회는 결정했다   집중시키기로

all the ads / on brand imaging.
모든 광고를   브랜드 이미지에

빈출표현 | · focus A on B A를 B에 집중시키다 🔊
· focus on ~에 집중하다 🔊

Rank 0889

[nigòuʃiéiʃən]
negotiation

n 협상
n 교섭
n 절충

We are pleased / to have successfully concluded /
우리는 기쁘다 　　　　성공적으로 　　　끝내게 되어

the negotiations [for this acquisition].
협상들을 　　　　　　　이번 인수에 대한

>
> · contract negotiation 계약 협상
> · after months of negotiation 수 개월간의 협상 끝에 🔈
> · trade negotiation 무역 협상
> 📖 negotiate 협상하다, negotiator 협상자

Rank 1034

[nigóuʃièit]
negotiate

v 협상하다
v 교섭하다

We need to spend / hours // trying / to negotiate / a contract /
우리는 소비해야 한다 　시간을 　시도하는 데 　협상하는 것을 　계약을

with our clients.
우리의 고객들과

>
> · negotiate a contract 계약을 협상하다 🔈
> · negotiate a price 가격을 교섭하다 🔈
> 🤝 bargain 협상하다
> 📖 negotiation 협상, negotiator 협상자

Rank 0632

[main]
mine

n 광산
n 나의 것

People [in the village] said // it is colder / outside //
사람들은 　마을에 있는 　　말했다 　더 춥다 　　바깥쪽이

than it is inside the mine.
광산 안에 있는 것보다

>
> · friend of mine 나의 친구
> 📖 mining 채굴

Rank 1931

[máiniŋ]
mining

n 채굴
n 채광

They borrowed / some mining tools / from their company /
그들은 빌렸다 　　몇 개의 채굴 도구들을 　그들의 회사로부터

in order to dig / the tunnel.
파기 위하여 　　　터널을

> · mining tool 채굴 도구　　　· coal mining 석탄 채굴
> · mining company 채굴 회사
> 📖 mine 광산

Rank 0558

[raiz]
rise

v 증가하다
v 오르다
n 증가
n 상승

Investment [in our company] is expected / to rise / even higher /
투자는 　　　우리 회사에 대한 　예상된다 　증가할 것으로 　훨씬 더

in the next quarter.
다음 분기에

> · be on the rise 증가하고 있다　　· steady rise 꾸준한 증가
> 🤝 increase 증가하다

Rank 0917

[béikəri]
bakery

n 제과점
n 빵집

He told / me // this cake was purchased /
그는 말했다 　나에게 　이 케이크는 구매되었다

from your mother's bakery.
당신의 어머니의 제과점에서

> 📖 bake (음식을) 굽다

Rank 1120

[beik]

bake

v (음식을) 굽다
n 굽기

The small shop displays / freshly baked bread / every morning.
그 작은 가게는 진열한다 　갓 구운 빵을 　매일 아침

> 빈출표현
> • baked goods 구운 제품(제과)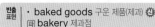
> 빠 bakery 제과점

Rank 1006

[kəpǽsəti]

capacity

n 용량
n 능력
n 수용력

Those shipments couldn't be loaded / on the cargo ship /
그 수송품들은 실릴 수 없었다 　화물선에

because of its low storage capacity.
그것의 작은 저장 용량 때문에

> 빈출표현
> • storage capacity 저장 용량　• production capacity 생산 능력
> 윤 volume 용량
> 빠 capable ~할 수 있는, capability 능력

Rank 1207

[kéipəbl]

capable

a ~을 할 수 있는

The institute developed / a new technology [//that is capable /
그 기관은 개발했다 　새 기술을 　그 기술은 할 수 있다

of purifying / the air [in the factory]].
정화하는 것을 　공기를 　공장의

> 빈출표현
> • be capable of ~을 할 수 있다.
> 윤 able ~할 수 있는
> 빠 capacity 용량, capability 능력

Rank 1642

[kèipəbíləti]

capability

n 능력
n 역량

The high-tech factory has / the capability [to be more efficient /
최첨단 공장은 갖고 있다 　능력을 　좀 더 효율적인

in energy consumption / than other places].
에너지 소비에 　다른 곳들보다

> 빈출표현
> 윤 ability, power 능력
> 빠 capacity 용량, capable ~할 수 있는

Rank 0762

[di:l]

deal

v 처리하다
v 거래하다
n 거래
n 처리

He expects / that [//the mechanic [//who was hired / yesterday]
그는 기대한다 　그것을 　기계공이 　그는 채용되었다 　어제

will deal / with our technical problems].
처리할 것이다 　우리의 기술적 문제들을

> 빈출표현
> • deal with ~을 처리하다, 다루다
> • a great deal of 다량의
> • good deal 좋은 거래
> 윤 handle 처리하다
> 빠 dealership 대리점, dealer 상인

Rank 1598

[di:lərʃip]

dealership

n 대리점

Free car maintenance [for VIP members] is provided /
무료 차량 정비는 　VIP 회원들을 위한 　제공된다

by a registered dealership.
등록된 대리점을 통해

> 빈출표현
> • registered dealership 등록된 대리점
> • car dealership 자동차 대리점
> 빠 deal 거래하다, dealer 상인

Rank 1932

[díːlər]

dealer

n 딜러
n 상인

---- 1035

In my country, / it is prohibited / for unauthorized
나의 지역에서는   그것은 금지된다   허가받지 않은

car dealers to buy and sell / foreign cars.
자동차 딜러들이 사고파는 것이   외제차들을

- car dealer 자동차 딜러 ⚙
- book dealer 서적상
- ⑪ deal 거래하다, dealership 대리점

Rank 0845

[nǽtʃərəl]

natural

a 자연의
a 타고난
n 재능을 타고난 사람

---- 1036

The researchers [who specialize / in the natural history]
그 연구원들은   그들은 전문으로 한다   자연사를

have focused / on the fossil.
집중했다   그 화석에

- museum of natural history 자연사 박물관
- ⑪ nature 자연, naturally 자연스럽게

Rank 1103

[néitʃər]

nature

n 성격
n 자연
n 유형

---- 1037

We limited / the access [to the information] to preserve /
우리는 제한했다   접근을   그 정보에 대한   유지하기 위해

the confidential nature [of it].
기밀성을   그것의

- confidential nature 기밀성   • sensitive nature 민감한 상태
- ⑭ character 성격
- ⑪ natural 자연의, naturally 자연스럽게

Rank 0564

[wʌndər]

wonder

v 궁금하다
n 놀랄만한 것

---- 1038

He was wondering / if [/you have / any problems /
그는 궁금해 하고 있었다   그것인지를 당신이 가지고 있다   어떤 문제들을

with the people / at the company].
사람들과   회사에서

- wonder if ~인지 궁금해 하다 ⚙
- ⑪ wonderful 멋진

Rank 0569

[fæks]

fax

n 팩스
v 팩스로 보내다

---- 1039

You have to receive / a duplicate copy
당신은 받아야 한다   사본을

[of the tax rebate application form and the receipt] /
세금 환급 신청서와 영수증의

from the customer / by fax.
그 손님으로부터   팩스로

- fax machine 팩스(기기) ⚙   • fax number 팩스 번호

Rank 0570

[goul]

goal

n 목표
n 목적

---- 1040

Unfortunately, / we didn't meet / our production goals /
불행하게도   우리는 충족시키지 못했다   생산 목표들을

due to the accident [at our plant].
사고 때문에   공장의

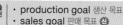
- production goal 생산 목표   • meet a goal 목표를 달성하다 ⚙
- sales goal 판매 목표 ⚙   • donation goal 기부 목표
- financial goal 재정 목표 ⚙
- ⑭ aim, target, object 목표

.... 1041

Rank 0948

[su:t]

suit

v 맞다
v 어울리다
n 정장

We already set up / a computer [//that suits / your requirements].
우리는 이미 ' 설치했다 컴퓨터를 그 컴퓨터는 맞는다 당신의 요구들에

> 빈출표현
> • best suit 가장 잘 어울리는 🔑 • nice suit 멋진 정장
> 📖 suitable 어울리는, suitability 어울림

.... 1042

Rank 1104

[súːtəbl]

suitable

a 적합한
a 알맞은
a 어울리는

No one thought // the candidate was suitable / for the post
아무도 생각하지 않았다 그 후보자가 적합했다 직책에

[of chairman].
의장의

> 빈출표현
> • be suitable for ~에 적합하다 🔑
> • suitable replacement 적절한 후임자
> • suitable location 적절한 장소
> 📖 proper, suited 적합한
> 📖 suit 어울리다, suitability 어울림

.... 1043

Rank 0609

[æntísipeit]

anticipate

v 예상하다
v 기대하다

It is anticipated / that [//the labor union will not negotiate /
그것은 예상된다 그것은 노동조합은 협상하지 않을 것이다

with the government].
정부와

> 빈출표현
> • be anticipated that that이 예상되다 🔑
> 📖 expect, predict 예상하다
> 📖 anticipation 예상

.... 1044

Rank 0691

[istǽbliʃ]

establish

v 설립하다
v 세우다

The committee established / a new department [composed /
위원회는 설립했다 새 부서를 구성된

of professionals [in various fields]].
전문가들로 다양한 분야들의

> 빈출표현
> 📖 institute 설립하다
> 📖 establishment 설립

.... 1045

Rank 1547

[istǽbliʃmənt]

establishment

n 설립
n 기관
n 회사

Many celebrities attended / the ceremony // and celebrated /
많은 저명인사들이 참석했다 행사에 그리고 축하했다

the establishment [of the new business].
설립을 새 사업의

> 빈출표현
> 📖 institution 설립
> 📖 establish 설립하다

.... 1046

Rank 0933

[rìːimbə́ːrsmənt]

reimbursement

n 변제
n 상환
n 배상

As you should know, / we can't accept / a request
당신이 알고 있듯이 우리는 수락할 수 없다 요청을

[for reimbursement [without a reasonable basis]].
변제에 대한 정당한 근거 없는

> 빈출표현
> • request for reimbursement 변제 요청
> • receive reimbursement 배상을 받다 🔑
> 📖 reimburse 변제하다

Rank 0993

[rìːimbə́ːrs]

reimburse

n 변제하다
n 배상하다
n 상환하다

-- 1047

Should you keep / the original receipts, // the company
당신이 가지고 있다면 　원본 영수증들을 　회사는

will reimburse / you / for all your expenses.
변제할 것이다 　당신에게 　당신의 모든 비용을

> 빈출표현
> · reimburse A for B A에게 B를 변제하다 🔧
> · reimburse for ~을 변제하다
> 파 reimbursement 변제

Rank 0610

[kəmpléks]

complex

n 단지
n 집합체
n 복합 건물
a 복잡한

-- 1048

The owner [of the office complex] required / tenants to pay /
주인은 　사무실 단지의 　요구했다 　세입자들이 지불할 것을

an additional charge [for remodeling].
추가요금을 　리모델링을 위한

> 빈출표현
> · office complex 사무실 단지 🔧
> · apartment complex 아파트 단지 🔧
> · shopping complex 쇼핑 단지
> 파 complexity 복잡성

Rank 0578

[déili]

daily

a 매일의
a 일상적인
ad 매일
ad 날마다

-- 1049

This issue [of the magazine] has introduced /
이번 호는 　잡지의 　소개했다

about the daily special [at a popular restaurant].
일일 특선 요리에 대해 　한 유명한 식당의

> 빈출표현
> · daily special 일일 특선 요리
> · on a daily basis 매일
> · daily newspaper 일간 신문
> · daily use 매일 사용하는
> · daily schedule 일과표 🔧
> 동 everyday 매일의

Rank 0579

[loun]

loan

n 대출
n 대출금

-- 1050

The businessperson went / to the bank / to request / a loan
사업가는 갔다 　은행에 　신청하기 위해 　대출을

[for his company].
그의 회사를 위한

> 빈출표현
> · business loan 기업 대출
> · loan application 대출 신청 🔧
> · bank loan 은행 대출
> 동 lending 대출

STEP 3 집중해서 풀어라!	STEP 4 주기적인 복습 '기억상자'
워크북 104페이지부터 학습하면 됩니다.	제대로 외웠는지 확인하고 싶다고요? 까먹기 전에 다시 복습하고 싶다고요? 지금 당장 QR 코드를 스캔해 보세요.

Day 21 1001-1050

STEP 1 읽을 수 있을 때까지 들어라!

읽지 못하는 단어는 절대 외울 수 없습니다! 발음 기호 없이 자신있게
읽을 수 있을 때까지 원어민의 발음을 들으면서 반복해서 따라 읽으세요.

1051~1100 Words

- ☐ **luggage** 짐, 수화물
- ☐ **pack** (짐을) 싸다, 짐
- ☐ **particular** 특별한, 특정한
- ☐ **particularly** 특히, 특별히
- ☐ **route** 경로, 길
- ☐ **acquire** (기업을) 인수하다, 얻다
- ☐ **acquisition** 인수, 획득
- ☐ **coordinator** 진행자, 기획자
- ☐ **coordinate** 조정하다, 편성하다
- ☐ **dish** 요리, 접시
- ☐ **vegetable** 채소, 야채
- ☐ **vegetarian** 채식주의자
- ☐ **affordable** (가격 등이) 알맞은
- ☐ **afford** 할 여유가 되다, 할 수 있다
- ☐ **alternative** 다른, 대신의
- ☐ **alternate** 대체의, 교체의
- ☐ **conversation** 대화
- ☐ **tire** 지치다, 피로하다
- ☐ **ceremony** (의식)
- ☐ **favor** 찬성, 호의
- ☐ **favorable** 호의적인
- ☐ **favorably** 호의적으로, 순조롭게
- ☐ **grand** 성대한, 웅대한
- ☐ **honor** 경의, 존경
- ☐ **measure** 조치, 수단

- ☐ **measurement** 측정, 치수
- ☐ **shift** 교대 근무, 교체
- ☐ **understand** 이해하다
- ☐ **understanding** 이해, 합의
- ☐ **vice** 부(副)의, 대리의
- ☐ **advantage** 이점, 장점
- ☐ **agenda** 의제, 안건
- ☐ **fresh** 신선한
- ☐ **general** 일반적인, 전반적인
- ☐ **generally** 보통, 일반적으로
- ☐ **similar** 비슷한, 같은 종류의
- ☐ **similarly** 비슷하게, 유사하게
- ☐ **vendor** 행상인, 노점상
- ☐ **vend** 팔다
- ☐ **catering** 음식 공급(업)
- ☐ **cater** (행사, 연회 등에) 음식을 제공하다
- ☐ **caterer** 음식 공급자(조달자)
- ☐ **council** 의회, 협의회
- ☐ **decorate** 장식하다, 꾸미다
- ☐ **decoration** 장식, 장식품
- ☐ **decorative** 장식용의, 장식이 된
- ☐ **range** 범위, 이르다
- ☐ **seek** 찾다, 구하다
- ☐ **stage** 단계, 무대
- ☐ **task** 일, 업무

STEP **2**

집중해서 읽어라!

암기는 나중에, 정독에 집중하세요! 한 번에 외워야 한다는 강박은
개나 줘버리고 편안한 마음으로 읽되, 집중하세요.

Day **22** 1051-1100

1051

Rank 0580

[lʌɡidʒ]

luggage

n 짐

n 수화물

He forgot / to bring / one piece [of luggage].
그는 잊었다　가져오는 것을　하나를　짐의

> 빈출
> 표현
> · piece of luggage 짐 하나
> 🔁 baggage 짐

1052

Rank 0581

[pæk]

pack

v (짐을) 싸다

n 짐

You have to pack / your luggage // and leave /
당신은 싸야 한다　당신의 짐을　그리고 떠나야 한다

your room / before checkout time.
당신의 방을　체크아웃 시간 전에

> 빈출
> 표현
> · pack up 짐을 싸다 ⚙

1053

Rank 0846

[pərtíkjulər]

particular

a 특별한

a 특정한

In particular, / the organizers [of the event] banned /
특히　주최 측이　행사의　금지했다

the use [of electronic devices].
사용을　전자기기들의

> 빈출
> 표현
> · in particular 특히 ⚙
> · particular area 특정 지역
> 🔁 special 특별한
> 📝 particularly 특히

1054

Rank 1145

[pərtíkjulərli]

particularly

ad 특히

ad 특별히

We were particularly impressed /
우리는　특히　감명 받았었다

with your professional presentation.
당신의 전문적인 발표에

> 빈출
> 표현
> · particularly impress 특히 감명을 주다
> 🔁 especially, specially 특히
> 📝 particular 특별한

1055

Rank 0582

[ru:t]

route

n 경로

n 길

n 노선

The traffic reporter advised / commuters to find /
교통 리포터는 조언했다　통근자들이 찾을 것을

alternate routes / to avoid / traffic jam.
대체 경로들을　피하기 위해　교통 체증을

> 빈출
> 표현
> · alternate route 대체 경로
> · different route 다른 경로

Rank 0803

[əkwáiər]

acquire

v (기업을) 인수하다
v 얻다
v 매입하다
v 취득하다

The board decided / to inform / the staff that
이사회는 결정했다　　　　알리기로　　　직원들에게　　그것을

[//the firm was going to be acquired / by a foreign company].
회사는 인수될 것이다　　　　　　　　　　외국 회사에

빈출표현 | 때 acquisition 인수

Rank 1208

[ækwizíʃən]

acquisition

n 인수
n 획득

They finally completed / the acquisition
그들은　마침내　끝마쳤다　　　인수를

[of Stella Industries Ltd].
Stella Industries 주식회사의

빈출표현 | · company acquisition 회사 인수
때 acquire 인수하다

Rank 0785

[kouɔ́:rdənèitər]

coordinator

n 진행자
n 기획자
n 조정자

We need to employ / a new program coordinator
우리는 고용해야 한다　　　새 프로그램 진행자를

[//who will run / the event].
그 진행자는 진행할 것이다　행사를

빈출표현 | · program coordinator 프로그램 진행자
· event coordinator 행사 진행자
· volunteer coordinator 자원 봉사 코디네이터
때 coordinate 조정하다, coordination 조정

Rank 1398

[kouɔ́:rdəneit]

coordinate

v 조정하다
v 편성하다
a 동등한

The steering committee will be coordinating /
운영위원회는 조정하고 있을 것이다

the schedule [for the project].
일정을　　　　　　프로젝트의

빈출표현 | 유 mediate 조정하다
때 coordinator 조정자, coordination 조정

Rank 0586

[diʃ]

dish

n 요리
n 접시

The restaurant is offering / several dishes /
그 레스토랑은 제공하고 있다　　　　몇몇 요리들을

at discounts / for the entire month.
할인하여　　　　한 달 내내

빈출표현 | · main dish 메인 요리
· vegetable dish 야채 요리

Rank 0726

[védʒətəbl]

vegetable

n 채소
n 야채

A variety of seasonal fruits and vegetables were laid out /
다양한 계절 과일들과 채소들이　　　　　　　　　　진열되어 있었다

in the market stall.
시장 가판대에

빈출표현 | · vegetable garden 채소밭
때 vegetarian 채식주의자

Rank 1436
[vèdʒətéəriən]
vegetarian
n 채식주의자

--- 1062

I am looking / for a restaurant [/that serves /
나는 찾고 있다   레스토랑을   그 레스토랑은 제공한다

different kinds of vegetarian dishes].
다양한 종류의 채식 요리들을

> 빈출표현
> • vegetarian dish 채식 요리
> 📖 vegetable 채소

Rank 0860
[əfɔ́:rdəbl]
affordable
a (가격 등이) 알맞은

--- 1063

The Mars Company is committed / to refining / its product line
Mars Company는 전념한다   개선하는 것에   제품라인을

/ to offer / quality appliances / at affordable prices.
제공하기 위해   양질의 전자제품을   합리적인 가격으로

> 빈출표현
> • affordable price 합리적인 가격 🔄   • affordable housing 적당한 가격의 주택
> 📎 reasonable 알맞은
> 📖 afford 할 여유가 되다

Rank 1268
[əfɔ́:rd]
afford
v 할 여유가 되다
v 할 수 있다

--- 1064

We can't afford / to hire / more permanent employees //
우리는 여유가 없다   고용할   더 많은 정규직을

even though / we have / a great deal of work [to do].
비록 ~일지라도   우리가 갖고 있다   많은 일을   해야 할

> 빈출표현
> • afford to ~할 여유가 되다
> 📖 affordable 알맞은

Rank 0934
[ɔ:ltə́:rnətiv]
alternative
a 다른
a 대신의
n 대안
n 대체

--- 1065

Due to the price increase / by the subcontractor, /
가격 인상 때문에   하도급업체로 인한

we are finding / an alternative manufacturing company.
우리는 찾고 있는 중이다   다른 제조회사를

> 빈출표현
> • alternative arrangement 차선책
> • alternative route 대체 경로
> • alternative energy 대체 에너지 🔄
> • alternative to ~에 대한 대안
> 📎 different 다른
> 📖 alternate 대체의, alternation 교체, alternatively 그 대신에

Rank 1181
[ɔ́:ltərnèit]
alternate
a 대체의
a 교체의
a 교대의

--- 1066

A policeman is helping / drivers take / alternate routes /
한 경찰관이 돕고 있다   운전자들이 취하도록   대체 경로를

because of the construction [in nearby areas].
건설 때문에   인근 지역의

> 빈출표현
> • alternate route 대체 경로
> 📖 alternative 대신의, alternation 교체, alternatively 그 대신에

Rank 0594
[kénvərsèiʃən]
conversation
n 대화

--- 1067

You should store / every telephone conversation
당신은 저장해야 한다   모든 통화를

[with your clients] / in our database.
당신의 고객들과의   우리의 데이터베이스에

> 빈출표현
> • telephone conversation 통화 🔄
> 📎 talk 대화
> 📖 converse 대화를 나누다, conversational 대화의

Rank 0595 [taiər]
tire
v 지치다
v 피로하다
n 타이어

I am tired / of working overtime / three month / in a row.
나는 지쳤다　초과 근무로　3개월　연이은

빈출표현
- be tired of ~에 지치다, 싫증내다
- flat tire 펑크 난 타이어
- 衍 tiring 지루한

Rank 0602 [sérəmòuni]
ceremony
n (의)식

The awards ceremony will take place /
시상식은 열릴 것이다

in the company's reception hall / next weekend.
회사의 연회장에서　다음 주말에

빈출표현
- awards ceremony 시상식 🏅
- opening ceremony 개업식
- graduation ceremony 졸업식
- dedication ceremony 준공식
- 衍 ceremonial 의식의

Rank 0959 [féivər]
favor
n 찬성
n 호의
v 찬성하다

The local residents voted / in favor / of building /
지역 주민들은 투표를 했다　찬성하는　건설하는 것에

a theme park / by the river.
테마 파크를　강가에

빈출표현
- in favor of ~에 찬성하여
- 衍 favorable 호의적인, favorably 호의적으로

Rank 1269 [féivərəbl]
favorable
a 호의적인

Our performance received / favorable reviews /
우리의 공연은 받았다　호평을

from the audience.
청중으로부터

빈출표현
- favorable review 호평
- 類 positive 호의적인
- 衍 favor 호의, favorably 호의적으로

Rank 1869 [féivərəbli]
favorably
ad 호의적으로
ad 순조롭게
ad 유리하게

The draft [of the contract [//he submitted]]
초안은　계약서의　그가 제출했다

was favorably reviewed / by management.
호의적으로　평가받았다　경영진에게

빈출표현
- be favorably reviewed 호평을 받았다
- 類 positively 호의적으로
- 衍 favor 호의, favorable 호의적인

Rank 0624 [grænd]
grand
a 성대한
a 웅대한
a 위엄이 있는

They didn't come / to celebrate / the grand opening
그들은 오지 않았다　축하하기 위해　개점을

[of my store].
내 가게의

빈출표현
- grand opening 개점 🏅
- 類 great 성대한
- 衍 grandeur 웅장함

Rank 0611

[ánər]

honor

n 경의
n 존경
v 존경하다
v 명예를 주다

We will offer / special discounted rates /
우리는 제공할 것이다   특별한 할인가를

in honor / of our 30th anniversary.
기념하여   우리의 30주년을

빈출 표현	· in honor of ~을 기념하여
	⑩ honorable 명예로운

Rank 0763

[méʒər]

measure

n 조치
n 수단
n 측정
v 측정하다
v 평가하다

The consulting firm advised / us to take /
컨설팅 회사는 조언했다   우리가 취할 것을

cost-cutting measures.
비용 절감 조치들을

빈출 표현	· cost-cutting measure 비용 절감 조치
	⑩ measurement 측정

Rank 1437

[méʒərmənt]

measurement

n 측정
n 치수

First, / you should ask / them if [//we can take /
먼저   당신은 물어봐야 한다   그들에게 그것인지를 우리가 할 수 있다

the measurements [of the room]].
측정을   방의

빈출 표현	· take measurement 측정하다
	⑩ measure 측정하다

Rank 0612

[ʃift]

shift

n 교대 근무
n 교체
v 옮기다
v 바꾸다

My co-worker [//who was scheduled / for the night shift]
나의 동료는   그 동료는 예정되었다   야간 근무가

is on leave, // so I have to substitute / for him.
휴가 중이다   그래서 나는 대신해야 한다   그를

빈출 표현	· night shift 야간 근무
	· evening shift 오후 근무
	· morning shift 오전 근무
	· shift supervisor 교대 근무 책임자

Rank 0810

[ʌndərstǽnd]

understand

v 이해하다

I understand / why [//they charged / additional fees
나는 이해한다   이유를   그들이 청구했다   추가 요금을

[for their services]].
그들의 서비스들에 대한

빈출 표현	㉾ comprehend, realize 이해하다
	⑩ understanding 이해, understandable 이해할 수 있는

Rank 1480

[ʌndərstǽndiŋ]

understanding

n 이해
n 합의
a 이해심 있는

The event wouldn't have been able to be a great success /
그 행사는 큰 성공을 거두지 못했을 것이다

without the understanding and cooperation
이해와 협조 없이는

[of the club members].
클럽 회원들의

빈출 표현	㉾ grasp, appreciation 이해
	⑩ understand 이해하다, understandable 이해할 수 있는

Day 22 1051~1100

Rank 0613

[vais]

vice

a 부(副)의

a 대리의

The senior vice president [of product development]
그 수석 부사장은   제품 개발의

ignored / my opinion.
무시했다   내 의견을

> 빈출표현 | • vice president 부사장

Rank 0641

[ædvǽntidʒ]

advantage

n 이점

n 장점

I didn't realize // we could take advantage /
나는 깨닫지 못했다   우리는 이용할 수 있다

of the opportunity [to be offered / gift vouchers].
기회를   제공받을   상품권을

> 빈출표현 | • take advantage of ~을 이용하다
> 파 advantageous 유리한

Rank 0618

[ədʒéndə]

agenda

n 의제

n 안건

n 의사일정

The second item [on the agenda] is the subject
두 번째 항목은   의제의   사안이다

[of cost cutting].
비용 절감에 대한

> 빈출표현 | • meeting agenda 회의 안건

Rank 0711

[freʃ]

fresh

a 신선한

We usually bring / fresh vegetables / from the farm
우리는 보통   가져온다   신선한 야채들을   농장으로부터

[near the city] / every morning.
도시 근처의   매일 아침

> 빈출표현 | • fresh vegetable 신선한 야채   • fresh fruit 신선한 과일
> 파 freshly 신선하게, freshness 신선함

Rank 0774

[dʒénərəl]

general

a 일반적인

a 전반적인

Employees [at the company] can receive /
직원들은   그 회사의   받을 수 있다

the special 40 percent discount offers [not available /
특별한 40% 할인 혜택을   이용할 수 없는

to the general public].
일반 대중은

> 빈출표현 | • general public 일반 대중   • general manager 총지배인
> • general meeting 총회
> 유 usual, normal 일반적인
> 반 unusual, abnormal 비정상적인
> 파 generally 일반적으로, generalize 일반화하다

Rank 1438

[dʒénərəli]

generally

ad 보통

ad 일반적으로

I generally stay / at this hotel //
나는 보통   머무른다 이 호텔에

when I'm on a business trip [in Las Vegas].
내가 출장 중일때   라스베가스에

> 빈출표현 | • generally satisfy 일반적으로 만족시키다
> 유 usually, normally 보통
> 반 unusually, abnormally 특이하게
> 파 general 일반적인, generalize 일반화하다

Rank 0692 [símələr]

similar

a 비슷한
a 같은 종류의

---- 1086

The board didn't like / **the new product design** // **because**
이사회는 좋아하지 않았다   신제품 디자인을   이유는

it looks similar / **to our competitor's.**
그것이 비슷해 보인다   경쟁사의 것과

> 빈출 표현
> · similar to ~와 유사하다
> · similar product 유사한 제품
> 유 alike 비슷한
> 반 different 다른
> 파 similarly 비슷하게, similarity 유사점

Rank 1870 [símələrli]

similarly

ad 비슷하게
ad 유사하게

---- 1087

The performance [of these two models] **is much better** /
성능이   이 두 모델의   훨씬 좋다

than that [of similarly sized cars].
그것보다   비슷한 크기의 차량들의

> 빈출 표현
> · similarly sized 비슷한 크기의
> 파 similar 비슷한, similarity 유사점

Rank 0712 [véndər]

vendor

n 행상인
n 노점상
n 판매회사

---- 1088

The new branch manager arranged / **the store** /
그 신임 지점장은 마련했다   상점을

by taking inspiration / **from street vendors.**
영감을 얻어   노점상들로부터

> 빈출 표현
> · street vendor 노점상 ❀
> · outside vendor 외부 행상인

Rank 1699 [vend]

vend

v 팔다

---- 1089

Coins aren't always necessary / **to buy** / **things** /
동전이   항상   필요한 것은 아니다   사는데   무엇을

from vending machines.
자동판매기에서

> 빈출 표현
> · vending machine 자동판매기(자판기)

Rank 0890 [kéitəriŋ]

catering

n 음식 공급(업)

---- 1090

Our catering company occasionally hires /
우리 음식 공급 회사는   때때로   고용한다

temporary staff members // **when intending** / **to prepare** /
임시직원들을   하려고 할 때   준비하는 것을

food [for large events].
음식을   큰 행사들을 위해

> 빈출 표현
> · catering company 음식 공급 회사 ❀
> · catering service 출장 연회 서비스 ❀
> 파 cater 음식을 제공하다, caterer 요리 공급자

Rank 1513 [kéitər]

cater

v (행사, 연회 등에) 음식을
제공하다

---- 1091

We will help / **cater** / **your upcoming wedding banquet.**
우리는 도울 것이다   음식 제공하는 것을   당신의 다가오는 결혼식 피로연에

> 빈출 표현
> 파 catering 음식 공급(업), caterer 음식 공급자

Rank 1933

[kéitərər]

caterer

n 음식 공급자(조달자)

Could you ask / the caterers to send / us some samples
당신은 물어봐 줄 수 있습니까   음식 공급업자들이 보내 주는 것을   우리에게 몇 가지 샘플들을

[of their culinary specialties [featured / in the catalog]].
그들의 전문 요리 중   표시된   카탈로그에

> 빈출표현 | 圃 catering 음식 공급(업), cater 음식을 제공하다

Rank 0625

[káunsəl]

council

n 의회
n 협의회
n 이사회

The city council will hold / a meeting / to discuss /
시의회는 개최할 것이다   회의를   논의하기 위해

urban development.
도시 개발을

> 빈출표현
> • city council 시의회
> • council meeting 협의회
> • council member 위원
> 圇 assembly 의회

Rank 1068

[dékərèit]

decorate

v 장식하다
v 꾸미다

The window [in my room] is being decorated /
창문이   내 방의   장식되고 있다

with ornamental stickers / by my sister.
장식용 스티커로   나의 여동생에 의해

> 빈출표현
> • decorate with ~로 장식하다
> • decorate an office 사무실을 꾸미다
> 圇 decoration 장식(품), decorative 장식용의, decor (실내) 장식

Rank 1514

[dèkəréiʃən]

decoration

n 장식
n 장식품

The workers took / a lot of effort / to arrange /
작업자들은 기울였다   많은 노력을   배치하는데

the interior decorations [for the event].
실내 장식을   행사를 위한

> 빈출표현
> • interior decoration 실내 장식
> 圇 ornament 장식
> 圇 decorate 장식하다, decorative 장식용의, decor (실내) 장식

Rank 1934

[dékəreitiv]

decorative

a 장식용의
a 장식이 된

I asked / my assistant to drape / the decorative cover /
나는 요청했다   나의 조수가 씌울 것을   장식용 커버를

over the table.
테이블 위에

> 빈출표현
> • decorative cover 장식용 커버(가리개)
> 圇 decorate 장식하다, decoration 장식품, decor (실내) 장식

Rank 0626

[reindʒ]

range

n 범위
v 이르다
v 배치하다

You can see / a wide range of animals and flowers /
당신은 볼 수 있다   다양한 동물들과 식물들을

at Seoul Grand Park.
서울 대공원에서

> 빈출표현
> • a wide range of 다양한, 광범위한
> • price range 가격대
> 圇 scale 범위

Rank 0681

[siːk]

seek

v 찾다
v 구하다

.... 1098

Many people are seeking / **employment** /
많은 사람들이 찾고 있다   직장을

through an online recruitment site.
온라인 채용 사이트를 통해

> 빈출표현
> · seek employment 일자리를 구하다
> 🔁 find, look for 찾다
> 📖 seeker 찾는 사람

Rank 0627

[steidʒ]

stage

n 단계
n 무대

.... 1099

We are ready / **to move** / **onto the** next stage
우리는 준비되어 있다   이동하기 위해   다음 단계로

[of the construction project].
건설 사업의

> 빈출표현
> · next stage 다음 단계
> · stage fright 무대 공포증
> · first stage 1단계, 첫 무대
> 🔁 step 단계

Rank 0628

[tæsk]

task

n 일
n 업무
n 과제
v 일을 맡다

.... 1100

I used to assign / **my secretary some of the** tasks
나는 맡기곤 했다   내 비서에게 약간의 일들을

[/that required / her skills].
그 일들은 필요로 한다   그녀의 능력들을

> 빈출표현
> · assign a task 업무를 배정하다(맡기다)
> · job task 직무
> 🔁 business, duty, affair 일

STEP 3 집중해서 풀어라!	STEP 4 주기적인 복습 '기억상자'
워크북 109페이지부터 학습하면 됩니다.	제대로 외웠는지 확인하고 싶다고요? 까먹기 전에 다시 복습하고 싶다고요? 지금 당장 QR 코드를 스캔해 보세요.

Day 23 최근 10년간 토익 빈도 34회 이상

STEP 1 읽을 수 있을 때까지 들어라!

읽지 못하는 단어는 절대 외울 수 없습니다! 발음 기호 없이 자신있게
읽을 수 있을 때까지 원어민의 발음을 들으면서 반복해서 따라 읽으세요.

1101~1150 Words

- [ ] **guarantee** 보장하다, 약속하다
- [ ] **monitor** 통제하다, 감시하다
- [ ] **automatically** 자동으로
- [ ] **automatic** 자동의, 반사적인
- [ ] **automated** 자동화된, 자동의
- [ ] **goods** 상품
- [ ] **private** 개인의, 민간의
- [ ] **teach** 가르치다
- [ ] **author** 작가, 저자
- [ ] **claim** 청구, 주장
- [ ] **commit** 전념하다, 헌신하다
- [ ] **commitment** 전념, 약속
- [ ] **estate** 부동산, 소유지
- [ ] **examine** 조사하다, 검토하다
- [ ] **examination** 검사, 조사
- [ ] **familiar** 익숙한, 친숙한
- [ ] **familiarize** 익숙하게 하다
- [ ] **mayor** 시장
- [ ] **newsletter** 회보, 소식지
- [ ] **surprise** 놀라게 하다, 놀라운 일
- [ ] **commute** 통근하다, 통학하다
- [ ] **commuter** 통근자
- [ ] **downtown** 시내, 도심지
- [ ] **search** 찾다, 검색하다
- [ ] **tax** 세금

- [ ] **adjust** 조정하다, 조절하다
- [ ] **approximately** 거의, 대략
- [ ] **approximate** 대략적인, 근사치의
- [ ] **avoid** 피하다, 회피하다
- [ ] **speech** 연설
- [ ] **especially** 특히
- [ ] **exactly** 정확히, 틀림없이
- [ ] **exact** 정확한, 정밀한
- [ ] **extremely** 매우, 극도로
- [ ] **extreme** 극심한, 심각한
- [ ] **implement** 시행하다, 이행하다
- [ ] **insurance** 보험
- [ ] **mind** 언짢아하다, 조심하다
- [ ] **gallery** 미술관, 화랑
- [ ] **prevent** 방지하다, 예방하다
- [ ] **affect** 영향을 미치다, 작용하다
- [ ] **congratulation** 축하
- [ ] **congratulate** 축하하다
- [ ] **dedication** 헌신, 전념
- [ ] **dedicate** 헌신하다, (~을/에게) 바치다
- [ ] **folder** 서류철, 폴더
- [ ] **fold** 접다, 개다
- [ ] **function** 기능, 행사
- [ ] **complimentary** 무료의, 칭찬하는
- [ ] **compliment** 칭찬, 찬사

STEP 2 집중해서 읽어라!
암기는 나중에, 정독에 집중하세요! 한 번에 외워야 한다는 강박은
개나 줘버리고 편안한 마음으로 읽되, 집중하세요.

Day 23 1101-1150

1101

Rank 0633

[gærəntíː]

guarantee

v 보장하다
v 약속하다
n 보장
n 담보

We guarantee / that [//your order will arrive /
우리는 보장한다 　　　그것을 　　당신의 주문품이 도착할 것이다

within five working days].
5일 근무일 안에

> 빈출 표현 | ㊁ ensure, assure 보장하다

1102

Rank 0634

[mánətər]

monitor

v 통제하다
v 감시하다
n 화면
n 모니터

The supervisors not only monitor / the progress
감독관들은 통제할 뿐만 아니라 　　　　　　　　과정을

[of the project] // but also deal / with clients.
프로젝트의 　　　　또한 　　　상대한다 고객들을

> 빈출 표현 | ㊁ control 통제하다

1103

Rank 1298

[ɔ̀ːtəmǽtikəli]

automatically

ad 자동으로

Your subscription rate was debited / automatically, //
당신의 구독료는 인출되었다 　　　　　　　자동으로

and we sent / the receipt / by e-mail / a few days ago.
그리고 우리는 보냈다 　영수증을 　이메일로 　며칠 전에

> 빈출 표현 | · automatically create 자동으로 만들다
> ㈜ automatic 자동의, automated 자동화된, automate 자동화하다

1104

Rank 1369

[ɔ̀ːtəmǽtik]

automatic

a 자동의
a 반사적인

You need to open / an account / in your name //
당신은 개설해야 한다 　　계좌를 　　당신의 이름으로

before activating / the automatic payment plan.
활성화시키기 전에 　　자동 결제 방식을

> 빈출 표현 | · automatic payment 자동 결제
> ㈜ automatically 자동으로, automated 자동화된, automate 자동화하다

1105

Rank 1515

[ɔ̀ːtəmèitid]

automated

a 자동화된
a 자동의

As a result [of the investment [in the facilities]], / our
결과로 　　　　투자의 　　　　　설비들에 대한

factory was able to introduce / automated equipment.
우리 공장은 도입할 수 있었다 　　　　자동화 장비를

> 빈출 표현 | ㈜ automatically 자동으로, automatic 자동의, automate 자동화하다

1106

Rank 0642

[gudz]

goods

n 상품

The institute covers / work [on importing and exporting /
그 기관은 담당한다 　　　업무를 　수출입하는

goods / to neighboring countries].
상품을 　　주변 국가에

> 빈출 표현 | · baked goods 구운 제품, 구운 음식

Rank 0703

[práivət]

private

a 개인의
a 민간의
a 사적인

We can't provide / **copies** [**of private personnel records**] /
우리는 제공할 수 없다　　　사본을　　개인 인사 기록들의

according to regulations.
규정에 따라

> 빈출표현
> • private personnel record 개인 인사 기록
> • private residence 사택
> • in private 개인적으로, 비밀리에
> 윤 individual, personal 개인의
> 반 public 대중
> 파 privacy 사생활, privately 개인적으로

Rank 0643

[tiːtʃ]

teach

v 가르치다

At that time, / **Ms. Coleman was teaching** /
그 당시　　Ms. Coleman은 가르치고 있었다

an environmental science course / **at a college.**
환경 공학 과정을　　　　　　대학에서

> 빈출표현
> 윤 instruct, educate, train 가르치다
> 반 learn 배우다
> 파 teacher 교사, teaching 교육

Rank 0648

[ɔ́ːθər]

author

n 작가
n 저자

We invited / **a best-selling author** / **to be one**
우리는 초대했다　　베스트셀러 작가를　　한 사람으로

[**of the guest speakers**].
초청 연사들 중에

> 빈출표현
> • best-selling author 베스트셀러 작가 ⚙
> 윤 writer 작가

Rank 0649

[kleim]

claim

n 청구
n 주장
v 청구하다
v 주장하다

I will visit / **the department store** / **to file** / **a claim**
나는 방문할 것이다　백화점을　　　　　　제기하기 위해　청구를

[**for compensation**].
보상에 대한

> 빈출표현
> • file a claim 청구하다
> • baggage claim 수하물 찾는 곳 ⚙
> • claim that that을 주장하다 ⚙

Rank 0960

[kəmít]

commit

v 전념하다
v 헌신하다
v 저지르다
v 범하다

The Customer Service Department is committed /
고객 서비스 부서는 전념한다

to handling / **customer complaints.**
처리하는 것에　　고객 불만들을

> 빈출표현
> • be committed to ~에 전념하다 ⚙
> 파 commitment 전념

Rank 1121

[kəmítmənt]

commitment

n 전념
n 약속
n 헌신

I made a commitment / **to helping** / **with the economic**
나는 노력했다　　　　돕는 것에　　경기 회복을

recovery / **to enhance** / **people's standard** [**of living**].
　　　　향상시키기 위해　사람들의 수준을　　生활

> 빈출표현
> • make a commitment 노력하다
> 윤 dedication 전념
> 파 commit 전념하다

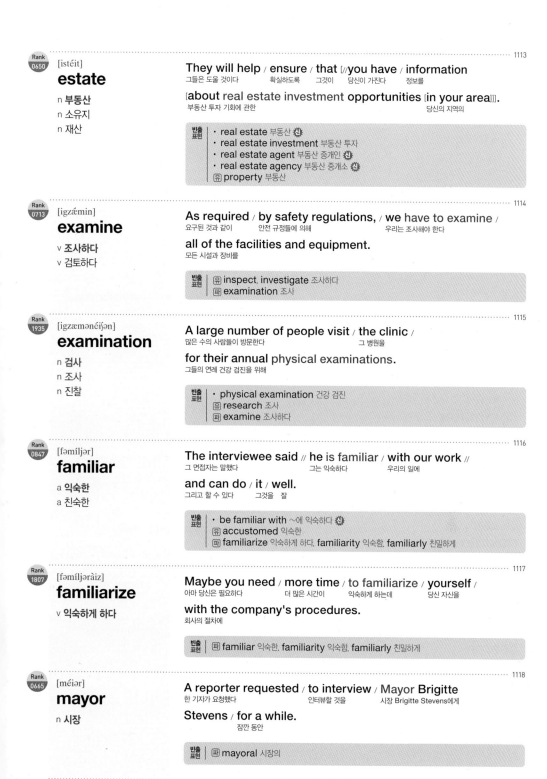

Rank 0650 [istéit]

estate

n 부동산
n 소유지
n 재산

---- 1113

They will help / **ensure** / **that** [//**you have** / **information**
그들은 도울 것이다   확실하도록   그것이   당신이 가진다   정보를

[**about real estate investment opportunities** [**in your area**]]].
부동산 투자 기회에 관한   당신의 지역의

> 빈출표현
> · real estate 부동산 🔧
> · real estate investment 부동산 투자
> · real estate agent 부동산 중개인 🔧
> · real estate agency 부동산 중개소 🔧
> 🔄 property 부동산

Rank 0713 [igzǽmin]

examine

v 조사하다
v 검토하다

---- 1114

As required / **by safety regulations,** / **we have to examine** /
요구된 것과 같이   안전 규정들에 의해   우리는 조사해야 한다

all of the facilities and equipment.
모든 시설과 장비를

> 빈출표현
> 🔄 inspect, investigate 조사하다
> 🔄 examination 조사

Rank 1935 [igzæmənéiʃən]

examination

n 검사
n 조사
n 진찰

---- 1115

A large number of people visit / **the clinic** /
많은 수의 사람들이 방문한다   그 병원을

for their annual physical examinations.
그들의 연례 건강 검진을 위해

> 빈출표현
> · physical examination 건강 검진
> 🔄 research 조사
> 🔄 examine 조사하다

Rank 0847 [fəmíljər]

familiar

a 익숙한
a 친숙한

---- 1116

The interviewee said // **he is familiar** / **with our work** //
그 면접자는 말했다   그는 익숙하다   우리의 일에

and can do / **it** / **well.**
그리고 할 수 있다   그것을   잘

> 빈출표현
> · be familiar with ~에 익숙하다 🔧
> 🔄 accustomed 익숙한
> 🔄 familiarize 익숙하게 하다, familiarity 익숙함, familiarly 친밀하게

Rank 1807 [fəmíljəràiz]

familiarize

v 익숙하게 하다

---- 1117

Maybe you need / **more time** / **to familiarize** / **yourself** /
아마 당신은 필요하다   더 많은 시간이   익숙하게 하는데   당신 자신을

with the company's procedures.
회사의 절차에

> 빈출표현
> 🔄 familiar 익숙한, familiarity 익숙함, familiarly 친밀하게

Rank 0665 [méiər]

mayor

n 시장

---- 1118

A reporter requested / **to interview** / **Mayor Brigitte**
한 기자가 요청했다   인터뷰할 것을   시장 Brigitte Stevens에게

Stevens / **for a while.**
잠깐 동안

> 빈출표현
> 🔄 mayoral 시장의

Rank 0651

[núːzletər]

newsletter

n 회보
n 소식지

1119

Our company has published / a monthly newsletter
우리 회사는 출판해 왔다   월간지를

[about computer parts] / for the past two years.
컴퓨터 부품들에 관한   지난 2년 동안

빈출
표현
· monthly newsletter 월간지
· company newsletter 사보 🔧
· weekly newsletter 주간지

Rank 0652

[sərpráiz]

surprise

v 놀라게 하다
n 놀라운 일

1120

I'm surprised / that [/I was nominated / for the best
나는 놀랐다   그것에   내가 추천되었다   최우수 작품상에

picture award].

빈출
표현
🔄 startle, amaze 놀라게 하다
🔄 surprisingly 놀랍게도

Rank 0727

[kəmjúːt]

commute

v 통근하다
v 통학하다
n 통근
n 통학

1121

Mr. Yang commutes / to work / by the train / every morning.
Mr. Yang은 통근한다   직장에   기차로   매일 아침

빈출
표현
· commute to ~로 통근하다
· commute by ~으로 통근하다 🔧
🔄 commuter 통근자

Rank 1871

[kəmjúːtər]

commuter

n 통근자

1122

A lot of passengers complained / that
많은 승객들이 불평했다   그것을

[/the commuter train is behind schedule].
통근 열차가 예정보다 늦어지다

빈출
표현
· commuter train(rail) 통근 열차
· commuter pass 정기(승차)권
🔄 commute 통근하다

Rank 0658

[dàuntáun]

downtown

n 시내
n 도심지
n 번화가
ad 시내에

1123

The construction [of the downtown shopping mall]
건설은   시내 쇼핑몰의

has been postponed / until the beginning [of next month].
미뤄졌다   초까지   다음 달

빈출
표현
· downtown area 도심 지역 🔧

Rank 0659

[səːrtʃ]

search

v 찾다
v 검색하다
n 찾기
n 검색

1124

I have been attending / every recruiting fair /
나는 참석해 오고 있다   모든 취업 박람회에

to search / for a job.
찾기 위해   직업을

빈출
표현
· search for ~을 찾다 🔧
🔄 seek, find 찾다

Rank 0660

[tæks]

tax

n 세금

Due to the revised law, / our tax liability will decrease /
개정된 법률 때문에   우리의 세금 부담은 감소할 것이다

by 20% / next year.
20%   내년에

빈출표현
- tax liability 세금 부담
- sales tax 판매세
- plus tax 세금에 포함하여

Rank 0737

[ədʒʌst]

adjust

v 조정하다
v 조절하다
v 적응하다

He is trying / to set up / the projector // and adjust /
그는 노력하고 있다   설치하려고   프로젝터를   그리고 조정한다

the angle [of the screen].
각도를   화면의

빈출표현 | 파 adjustment 조정, adjustable 조정 가능한

Rank 0977

[əpráksəmətli]

approximately

ad 거의
ad 대략
ad 대체로

They spent / approximately ten days // changing /
그들은 걸렸다   거의 10일이   교환하는데

the heels [of my shoes].
굽을   내 신발의

빈출표현
유 almost, roughly 거의
파 approximate 대략적인, approximation 근사치

Rank 1336

[əpráksəmət]

approximate

a 대략적인
a 근사치의
v 비슷하다
v 근사치를 내다

You will receive / an approximate estimate
당신은 받을 것이다   대략적인 견적서를

[of the construction costs] / within a month.
공사비용의   한 달 안에

빈출표현 | 파 approximately 대략, approximation 근사치

Rank 0666

[əvɔ́id]

avoid

v 피하다
v 회피하다
v 방지하다

We had to take / a detour / to avoid / the traffic jam
우리는 사용해야 했다   우회로를   피하기 위해   교통 혼잡을

[on the highway].
고속도로의

빈출표현
- avoid rush hour 혼잡시간대를 피하다
- 유 escape, avert 피하다
- 파 avoidable 피할 수 있는

Rank 0667

[spiːtʃ]

speech

n 연설

The host [of the symposium] postponed /
주최자는   심포지엄의   연기했다

the keynote speech / because of a technical issue.
기조연설을   기술적 문제 때문에

빈출표현
- keynote speech 기조연설
- make a speech 연설하다
- 유 address, lecture 연설
- 파 speak 말하다, speaker 연설자

Rank 0671

[ispéʃəli]

especially

ad 특히

He was especially disappointed / in the actions
그는　　　　특히　　　　실망했다　　　　　　　활동들에 대해서

[of the government].
정부의

> 빈출 표현
> • especially interest 특히 관심을 보이다
> • especially important 특히 중요한
> ㊨ specially, particularly 특히

Rank 0824

[igzǽktli]

exactly

ad 정확히
ad 틀림없이

I had to check / the order form // so I knew / exactly /
나는 확인 했어야 했다　　주문서를　　　　　　내가 알도록　　정확히

what [//the clients were looking for].
그것을　　　고객들이 찾고 있었다

> 빈출 표현
> • know exactly 정확히 알다
> • exactly fit 정확히 맞다
> ㊨ precisely, accurately 정확히
> ㊟ exact 정확한

Rank 1516

[igzǽkt]

exact

a 정확한
a 정밀한
v 요구하다

You have to tell / me the exact number
당신은 말해야 한다　　　나에게 정확한 수를

[of workshop participants] / beforehand.
워크숍 참가자들의　　　　　　사전에

> 빈출 표현
> • exact number 정확한 수
> • exact date 정확한 날짜
> ㊨ accurate, precise 정확한
> ㊫ approximate 대략적인
> ㊟ exactly 정확히

Rank 0891

[ikstríːmli]

extremely

ad 매우
ad 극도로
ad 극히

The chemical industry has to follow / extremely /
화학 산업은 따라야 한다　　　　　　　　　매우

strict antipollution policies.
엄격한 오염방지 정책을

> 빈출 표현
> ㊨ terribly, highly 매우
> ㊟ extreme 극심한, extremity 극단

Rank 1481

[ikstríːm]

extreme

a 극심한
a 심각한
n 극단
n 극도

The Mars Entertainment Group has experienced /
Mars Entertainment Group은 경험했다

extreme fluctuations [in its stock price].
극심한 변동을　　　　　　주가의

> 빈출 표현
> ㊟ extremely 극도로, extremity 극단

Rank 0696

[ímpləmənt]

implement

v 시행하다
v 이행하다
n 도구
n 기구

The minister [of strategy and finance] announced /
장관은　　　　　　기획 재정부　　　　　　　발표했다

that [//a new investment policy will be implemented].
그것을　　　새 투자 방침은　　　　　　　시행될 것이다

> 빈출 표현
> ㊨ enforce 시행하다
> ㊟ implementation 실행

Rank 0693

[inʃúərəns]

insurance

n 보험

The healthier / you are, // the more cheaply /
더 건강할수록　　당신이　　　더 싸게

you can purchase / health insurance.
당신은 구매할 수 있다　　건강 보험을

> 빈출 표현
> · health insurance 건강 보험
> · insurance company 보험 회사
> · insurance policy 보험 증서(증권)
> · insurance premium 보험료
> 때 insure 보험에 들다

Rank 0672

[maind]

mind

v 언짢아하다
v 조심하다
n 마음
n 생각

Would you mind // if I brought / your assistant /
괜찮겠습니까　　만약 내가 데려간다면　당신의 조수를

up to the meeting room?
회의실로

> 빈출 표현
> · would you mind 괜찮습니까
> · keep in mind 명심하다
> 때 mindful 염두에 두는

Rank 0677

[gǽləri]

gallery

n 미술관
n 화랑

The art gallery is looking / for part-time staff members
미술관은 찾는 중이다　　　　시간제 직원들을

[to assist / them / at the festival].
도와줄　　그들을　축제에서

> 빈출 표현
> · art gallery 미술관

Rank 0861

[privént]

prevent

v 방지하다
v 예방하다
v 막다

The government implemented / strict regulations /
정부는 시행했다　　　　엄격한 규정들을

to prevent / a similar accident / from happening / again.
방지하기 위해　비슷한 사고가　　발생하는 것을　또 다시

> 빈출 표현
> · prevent A from B A가 B하는 것을 막다
> · prevent damage 손상을 방지하다
> 때 prevention 예방. preventable 예방할 수 있는. preventive 예방을 위한

Rank 0682

[əfékt]

affect

v 영향을 미치다
v 작용하다

The government spokesperson notified / us / of some changes
정부 대변인은 알렸다　　　　우리에게　몇 가지 변화들을

[//that will affect / our business].
그 변화들은 영향을 미칠것이다　우리의 사업에

> 빈출 표현
> 유 influence 영향을 미치다

Rank 1050

[kəngrætʃuléiʃən]

congratulation

n 축하

I received / a letter [of congratulations [on becoming /
나는 받았다　　편지를　　축하의　　　　된 것에 대한

a registered member [of the Young Leaders Association]].
정식 회원이　　　　Young Leaders Association의

> 빈출 표현
> 때 congratulate 축하하다

Rank 1105

[kəngrǽtʃulèit]
congratulate

v 축하하다

Thankfully, / they had a party [to congratulate / me /
고맙게도   그들은 파티를 열었다   축하하는   나를

on my promotion / to vice president].
승진에 대해   부사장으로

> 빈출표현 · congratulate A on B B에 대해 A를 축하하다
> 파 congratulation 축하

Rank 1021

[dèdikéiʃən]
dedication

n 헌신
n 전념

We sincerely appreciate / your dedication [to our company].
우리는 진심으로   감사한다   당신의 헌신에   우리 회사에 대한

> 빈출표현 · dedication to ~에 대한 헌신
> 유 commitment 헌신
> 파 dedicate 헌신하다

Rank 1146

[dédikèit]
dedicate

v 헌신하다
v (~을/에게) 바치다

Plenty of staff members [at the company]
많은 직원들이   회사의

were dedicated / to reaching / the goal.
전념하였다   달성하는 것에   목표를

> 빈출표현 · be dedicated to ~에 전념하다
> 유 devote 헌신하다
> 파 dedication 헌신

Rank 1007

[fóuldər]
folder

n 서류철
n 폴더

If you receive / any signed file folders, // copy / them // and
만약 당신이 받았다면   어떤 서명된 서류철들을   복사하라   그것들을   그리고

place / both the original and the copy / in the cabinet.
두어라   원본과 복사본 모두를   캐비닛에

> 빈출표현 · file folder 서류철
> 파 fold 접다

Rank 1270

[fould]
fold

v 접다
v 개다
v 끼다

A woman is folding / many documents [/that are scattered /
한 여자가 정리하고 있다   많은 서류를   그 서류들은 흩어졌다

all around the office].
사무실 전체에

> 빈출표현 · fold up 접어 개다
> 파 folder 서류철

Rank 0764

[fʌŋkʃən]
function

n 기능
n 행사
v 작동하다
v 기능을 하다

The equipment [/that is installed / in the operating room]
그 장비는   그 장비는 설치되었다   수술실에

has / many important functions.
갖고 있다   많은 중요한 기능들을

> 빈출표현 · function properly 제대로 작동하다   · private function 사적인 행사
> 유 capacity 기능
> 파 functional 기능상의, functionally 기능적으로

Rank 0794

[kàmpləméntəri]

complimentary

a **무료의**

a 칭찬하는

All residents [in the apartment] are provided /
모든 거주자들은　　　　아파트 내의　　　　　　제공받았다

complimentary wireless Internet.
무료 무선 인터넷을

> 빈출 표현
> ・ complimentary breakfast 무료 아침식사
> ・ complimentary service 무료 서비스
> 윤 free, courtesy 무료의
> 파 compliment 칭찬

Rank 1808

[kámpləmənt]

compliment

n **칭찬**

n 찬사

v 칭찬하다

We have often received / compliments
우리는　　　종종　　받아왔다　　　칭찬을

[on our personalized service].
우리의 개인전용 서비스에 대해

> 빈출 표현
> 윤 praise 칭찬
> 파 complimentary 칭찬하는

Day 23 1101~1150

STEP 3 **집중해서 풀어라!**

워크북 114페이지부터 학습하면
됩니다.

STEP 4 **주기적인 복습 '기억상자'**

제대로 외웠는지 확인하고 싶다고요? 까먹기 전에 다시 복습하고
싶다고요? 지금 당장 QR 코드를 스캔해 보세요.

Day 24 최근 10년간 토익 빈도 32회 이상

STEP 1 읽을 수 있을 때까지 들어라!

읽지 못하는 단어는 절대 외울 수 없습니다! 발음 기호 없이 자신있게
읽을 수 있을 때까지 원어민의 발음을 들으면서 반복해서 따라 읽으세요.

1151~1200 Words

- □ achieve 달성하다. 성취하다
- □ achievement 업적. 성취
- □ cooperation 협력
- □ cooperate 협력하다. 협동하다
- □ cooperative 협력적인. 협동의
- □ exceed 넘어서다. 초과하다
- □ former 이전의, 예전의
- □ formerly 이전에
- □ refreshment 다과, 간단한 식사
- □ accomplish 달성하다. 성취하다
- □ accomplishment 업적. 성취
- □ accomplished 숙련된, 노련한
- □ label 라벨을 붙이다. 적다
- □ cafeteria 구내식당. 카페테리아
- □ creative 창의적인, 독창적인
- □ creativity 창의성. 창조성
- □ elect 선출하다
- □ election 선거
- □ fit 맞다. 적합하다
- □ institute 기관. 협회
- □ institution 기관, 시설
- □ machinery 기계(류)
- □ observe 관찰하다. 준수하다
- □ revenue 수익, 수입
- □ disappoint 실망시키다

- □ disappointment 실망, 낙심
- □ fabric 직물. 천
- □ professor 교수
- □ sponsor 후원하다. 보증하다
- □ treat 치료하다. 다루다
- □ treatment 치료(법), 대우
- □ ahead 미리. 앞서
- □ chemical 화학 물질. 화학
- □ collaborate 협력하다
- □ collaboration 공동 작업. 협력
- □ exclusively 독점적으로, 배타적으로
- □ exclusive 독점적인, 배타적인
- □ exclude 제외하다. 배제하다
- □ mechanic 정비사. 기계공
- □ mechanical 기계적인 . 기계의
- □ object 물건. 목적
- □ objective 목표. 목적
- □ remodel 개조하다. 형태를 바꾸다
- □ remodeling (주택 등의) 개보수. 개조
- □ rest 나머지. 휴식
- □ unavailable (사람을) 만날 수 없는. 이용할 수 없는
- □ accurate 정확한, 틀림없는
- □ accurately 정확하게. 정밀하게
- □ accuracy 정확. 정확도
- □ beverage (물 이외의) 음료

STEP 2 집중해서 읽어라!

암기는 나중에, 정독에 집중하세요! 한 번에 외워야 한다는 강박은 개나 줘버리고 편안한 마음으로 읽되, 집중하세요.

1151

[ətʃíːv]

achieve

v 달성하다
v 성취하다

I really appreciate / your hard work [to achieve /
나는 진심으로 감사한다　　당신의 노고에　　달성하기 위한

our sales goals / this year].
우리의 판매 목표를　　올해

 · achieve a goal 목표를 달성하다 ⚙
　뜻 accomplish, attain 달성하다
　파 achievement 업적, achievable 달성할 수 있는

1152

[ətʃíːvmənt]

achievement

n 업적
n 성취
n 달성

The president gave / Mr. Allen a special gift / to recognize /
사장은 주었다　　　　　Mr. Allen에게 특별한 선물을　　표창하기 위해

his achievements.
그의 업적들을

 · lifetime achievement award 공로상
　뜻 triumph, accomplishment 업적
　파 achieve 달성하다, achievable 달성할 수 있는

Day 24 1151~1200

1153

[kouὰpəréiʃən]

cooperation

n 협력

We were so satisfied / with your close cooperation
우리는　　　매우 만족했다　　당신의 긴밀한 협력에

[on this project].
이번 프로젝트에 대한

 뜻 partnership, collaboration 협력
　파 cooperate 협력하다, cooperative 협력적인

1154

[kouάpərèit]

cooperate

v 협력하다
v 협동하다

We had to cooperate / with the Sales Department / to collect /
우리는 협력해야 했다　　영업부와　　　　　　　　수집하기 위해

customer responses.
고객 반응을

 · cooperate with ~와 협력하다
　뜻 collaborate 협력하다
　파 cooperation 협력, cooperative 협력적인

1155

[kouάpərètiv]

cooperative

a 협력적인
a 협동의

The fiscal policy is difficult / to implement / without
그 재정 정책은 어렵다　　　　수행하기

cooperative efforts [between different departments].
협력적인 노력 없이는　　　　　다른 부서들 간의

 · cooperative effort 협력적인 노력
　파 cooperation 협력, cooperate 협력하다

Rank 0875

[iksí:d]

exceed

v 넘어서다
v 초과하다

My teammates said / that [/it was difficult /
내 팀원들은 말했다   그것을   그것은 어려웠다

for them to exceed / their sales goal].
그들이 넘어서는 것은   그들의 판매목표를

- exceed a budget 예산을 초과하다
- surpass 넘어서다
- excess 초과, excessive 지나친, excessively 지나치게

Rank 0876

[fɔ́:rmər]

former

a 이전의
a 예전의
n 전자

My former supervisor wrote / a letter of recommendation / for me.
나의 이전 상사는 작성했다   추천서를   나를 위해

- former supervisor 이전 상사
- former colleague 이전 동료
- previous 이전의
- formerly 이전에

Rank 1517

[fɔ́:rmərli]

formerly

ad 이전에

Chris Simms, formerly [a vice president [at Baylor Industry]],
Chris Simms가   이전에   부사장인   Baylor Industry의

was appointed / the president [of our company].
임명되었다   사장으로   우리 회사의

- previously 이전에
- former 이전의

Rank 0738

[rifréʃmənt]

refreshment

n 다과
n 간단한 식사
n 원기회복

During the intermission, / you can enjoy /
휴식시간 동안   당신은 즐길 수 있다

complimentary refreshments // or visit / our gift shop.
무료 다과를   또는 방문할 수 있다   우리의 기념품 판매점에

- complimentary refreshment 무료 다과
- light refreshment 가벼운 다과
- refresh 생기를 되찾게 하다

Rank 1209

[əkámpliʃ]

accomplish

v 달성하다
v 성취하다
v 완수하다

We should reduce / our expenditures [on raw materials] /
우리는 줄여야 한다   우리의 지출들을   원자재들에 대한

in order to accomplish / our financial goals.
달성하기 위해   우리의 재무 목표를

- achieve 달성하다
- accomplishment 업적, accomplished 숙련된

Rank 1337

[əkámpliʃmənt]

accomplishment

n 업적
n 성취
n 성과

That ad firm's numerous accomplishments have been
저 광고 회사의 수많은 업적들은

widely recognized / in the industry.
널리   인정받아왔다   업계에서

- numerous accomplishments 수많은 업적
- achievement 업적
- accomplish 달성하다, accomplished 숙련된

Rank 1746

[əkámpliʃt]

accomplished

a 숙련된

a 노련한

The entertainment firm has / a few accomplished musicians
그 엔터테인먼트 회사는 보유하고 있다   몇몇 숙련된 음악가들을

[//who have won / many prizes].
그 음악가들은 받아왔다   많은 상을

> 빈출 표현
> - 윤 skilled 숙련된
> - 반 unskilled 미숙한
> - 파 accomplish 달성하다, accomplishment 업적

Rank 0694

[léibəl]

label

v 라벨을 붙이다

v 적다

n 라벨

n 상표

The workers labeled / each shipping container /
작업자들은 라벨을 붙였다   각 선적용 컨테이너에

with the arrival date and contents.
도착일과 내용물들에 대한

> 빈출 표현
> - mailing label 주소표
> - price label 가격표

Rank 0697

[kæfətíriə]

cafeteria

n 구내식당

n 카페테리아

Many of the employees choose / to have / lunch /
많은 직원들이 선택한다   먹는 것을   점심

in the cafeteria / every day.
구내식당에서   매일

> 빈출 표현
> - in a cafeteria 구내식당에서 🔊
> - employee cafeteria 직원 식당 🔊
> - company cafeteria 회사 구내식당 🔊

Day 24 1151-1200

Rank 0978

[kriéitiv]

creative

a 창의적인

a 독창적인

The artwork [made / by Ms. Orham] is famous / for her usage
예술작품은   만들어진   Ms. Orham에 의해   유명하다   사용으로

[of a creative and unique method].
창의적이고 독특한 방법의

> 빈출 표현
> - 윤 imaginative, inventive 창의적인
> - 파 creativity 창의성, create 만들다, creator 창작자, creatively 창의적으로

Rank 1747

[krìːeitívəti]

creativity

n 창의성

n 창조성

Our work environment will be changed / to encourage /
우리의 작업환경은 바뀔 것이다   격려하기 위해

employees to focus / on their creativity.
직원들이 집중하도록   그들의 창의성에

> 빈출 표현
> - 파 creative 창의적인, create 만들다, creator 창작자, creatively 창의적으로

Rank 1086

[ilékt]

elect

v 선출하다

I suppose // it is possible / for him to be elected / chairman
나는 생각한다   그것은 가능하다   그가 선출되는 것은   의장으로

[of the board].
이사회의

> 빈출 표현
> - elect chairman 의장을 선출하다
> - elect mayor 시장을 선출하다
> - 파 election 선거, elective 선거의

Rank 1147

[ilékʃən]
election

n 선거

The board said // it is considering / holding / an election
이사회는 말했다 　　　그것은 고려중이다 　　실시하는 것을 　선거를

[to choose / a new CEO].
선출하기 위한 　새 CEO를

> 빈출표현
> · hold an election 선거를 실시하다
> 🔑 poll 선거
> 📖 elect 선출하다, elective 선거의

Rank 0698

[fit]
fit

v 맞다
v 적합하다
a 알맞은
a 적합한

You could choose / one [of the various models [//that fit /
당신은 선택할 수 있다 　하나를 　다양한 모델들 중 　　　　그 모델들은 맞는다

your needs]].
당신의 요구에

> 빈출표현
> · fit for ~에 적임인
> · fit into ~에 맞다

Rank 0907

[ínstətjùːt]
institute

n 기관
n 협회
v (정책, 제도 등을) 만들다
v (협회, 기관 등을) 세우다

I have / experience [teaching / students / at a culinary institute
나는 갖고 있다 　경험을 　　가르친 　학생들을 　요리 학원에서

[in Japan]].
일본의

> 빈출표현
> · culinary institute 요리 학원 🔧
> · technical institute 기술원 🔧
> · technology institute 기술 연구소
> 📖 institution 기관

Rank 1518

[ìnstətjúːʃən]
institution

n 기관
n 시설
n 설립

According to reports [from financial institutions], /
보고서에 따르면 　　　　　금융 기관들의

bank interest rates are expected / to fall / next year.
은행 금리는 예상된다 　　　　　떨어질 것으로 　내년에

> 빈출표현
> · financial institution 금융 기관 🔧
> · research institution 연구 기관
> · educational institution 교육 기관
> 🔑 establishment 기관
> 📖 institute 기관

Rank 0699

[məʃíːnəri]
machinery

n 기계(류)

After installing / the new machinery, // the technicians explained /
설치한 후 　　　새 기계를 　　　　　기술자들은 설명했다

how [to use / it] / to some company employees.
방법을 　사용하는 　그것을 　몇몇 회사 직원들에게

> 빈출표현
> · factory machinery 공장 기계
> 🔑 equipment, instrument 기계
> 📖 machine 기계

Rank 1051

[əbzɔ́ːrv]
observe

v 관찰하다
v 준수하다
v 주시하다

My assistant will help / you observe / the animation production
나의 조수는 도울 것이다 　　당신이 관찰하는 것을 　애니메이션 제작 과정을

process.

> 빈출표현
> 🔑 watch 관찰하다
> 📖 observance 준수, observation 관찰, observant 관찰력 있는

Rank 0700 [révənjù:]

revenue

n 수익
n 수입
n 세입

—————————————————— 1174

We anticipate / that [//next year's revenue will significantly
우리는 예상한다   그것을   내년의 수익이   상당히

increase].
증가할 것이다

빈출표현
· to increase revenue 수익을 증가시키기 위해
유 income, profit 수익
반 expenditure 지출

Rank 0811 [dìsəpɔ́:int]

disappoint

v 실망시키다

—————————————————— 1175

They were disappointed / to hear / that [//the tickets had
그들은 실망했다   듣고서   그것을   티켓들이

already sold out].
이미   매진됐다

빈출표현
파 disappointment 실망

Rank 1936 [dìsəpɔ́intmənt]

disappointment

n 실망
n 낙심

—————————————————— 1176

The chairman expressed / disappointment
회장은 표현했다   실망을

[regarding the performance [of our department]].
성과에 대해   우리 부서의

빈출표현
파 disappoint 실망시키다

Rank 0704 [fǽbrik]

fabric

n 직물
n 천

—————————————————— 1177

The material looks like // it is composed / of regular fabric, //
그 재료는 ~처럼 보인다   그것이 구성되어 있다   일반적인 직물로

but it is made / of recycled plastics.
하지만 그것은 만들어진다   재활용 플라스틱으로

빈출표현
유 cloth 직물

Rank 0705 [prəfésər]

professor

n 교수

—————————————————— 1178

Mr. Carl is a professor [at the state university] //
Mr. Carl은 교수이다   주립 대학의

and a management consultant [at our firm].
그리고 경영 컨설턴트이다   우리 회사의

빈출표현
· university professor 대학 교수
· visiting professor 초빙 교수

Rank 0749 [spá:nsər]

sponsor

v 후원하다
v 보증하다
n 후원자
n 보증인

—————————————————— 1179

The HR Department will organize / a special event /
인사과는 준비할 것이다   특별한 행사를

on July 10 / [sponsored / by the local community].
7월 10일에   후원되는   지역 사회에 의해

빈출표현
유 patron, benefactor 후원자
파 sponsorship 후원

Rank 1035

[tri:t]

treat

v 치료하다
v 다루다
v 간주하다
n 위로회

The university hospital / decided / to purchase /
대학병원은　　　　　　결정했다　　구입하는 것을

some new equipment [to treat / rare illnesses].
몇몇 새 장비를　　　　　치료하기 위한　희귀한 질병들을

> 빈출
> 표현
> 🔁 handle, deal with 다루다
> 📝 treatment 치료

1180

Rank 1236

[trí:tmənt]

treatment

n 치료(법)
n 대우

Some treatments [for the disease] are already
몇몇 치료법들이　　　그 질병에 대한　　　이미

under development.
개발 중에 있다

> 빈출
> 표현
> • treatment facility 치료 시설
> 🔁 therapy 치료
> 📝 treat 치료하다

1181

Rank 0714

[əhéd]

ahead

ad 미리
ad 앞서
ad 앞에

Some groups arrived / at the conference site /
몇몇 그룹은 도착했다　　　회의장에

two hours ahead of time.
2시간 전에

> 빈출
> 표현
> • ahead of time 미리
> • ahead of ~에 앞서, 전에
> • go ahead 앞서 가다
> 🔁 beforehand, previously 미리

1182

Rank 0918

[kémikəl]

chemical

n 화학 물질
n 화학
a 화학의

The president said // his company handles /
그 대표는 말했다　　　　그의 회사는 취급한다

only relatively safe toys [/that don't contain /
비교적 안전한 장난감만을　　　그 장난감들은 포함하지 않는다

any harsh chemicals].
어떠한 유독한 화학물질도

> 빈출
> 표현
> • harsh chemical 유독 화학물질
> • chemical engineering 화학 공학
> • chemical product 화학제품
> 📝 chemistry 화학, chemically 화학적으로, chemist 화학자

1183

Rank 1271

[kəlǽbərèit]

collaborate

v 협력하다

We are collaborating / with a research team [at the University
우리는 협력하고 있다　　　　연구팀과　　　　　　　플로리다 대학의

of Florida] / on the development [of a new product].
개발에 대해　　　　　　신제품의

> 빈출
> 표현
> • collaborate with ~와 협력하다
> • collaborate on ~에 대해 협력하다
> 🔁 cooperate 협력하다
> 📝 collaboration 협력, collaborative 협력적인

1184

---

278 _ **PART 1** 700점을 위한 빈출단어 2000

Rank 1440

[kəlæbəréiʃən]

collaboration

n 공동 작업
n 협력
n 공동

I am planning / to publish / a book / in collaboration /
나는 예정이다   출판할   책을   공동 작업으로

with my cousin William Gibson.
나의 사촌 William Gibson과

> 빈출
> 표현
> · in collaboration with ~와 공동으로, ~와 협력하여 🔧
> 유 cooperation 협력
> 파 collaborate 협력하다, collaborative 협력적인

Rank 1339

[iksklú:sivli]

exclusively

ad 독점적으로
ad 배타적으로
ad 오로지

Their products [exhibited / at the trade show] are available /
그들의 제품들은   전시된   무역 박람회에   이용가능하다

exclusively / through domestic distributors.
독점적으로   국내 배급사들을 통해

> 빈출
> 표현
> · be available exclusively 독점적으로 이용가능하다
> 파 exclusive 독점적인, exclude 배제하다, exclusion 배제

Rank 1548

[iksklú:siv]

exclusive

a 독점적인
a 배타적인

Next week's edition will contain / an exclusive interview
다음 주 판은 포함할 것이다   독점 인터뷰를

[with famous actors and actresses].
유명한 남녀 배우들과의

> 빈출
> 표현
> · exclusive interview 독점 인터뷰
> 파 exclusively 독점적으로, exclude 배제하다, exclusion 배제

Day 24 1151~1200

Rank 1643

[iksklú:d]

exclude

v 제외하다
v 배제하다
v 쫓아내다

The vice president stated / that [/he did not want / to exclude /
부사장은 말했다   그것을   그가 원하지 않았다   제외시키는 것을

any [of the employees] / from the meeting].
누구도 직원 중   회의에서

> 빈출
> 표현
> · exclude A from B A를 B에서 제외시키다
> 유 cut out of 제외하다
> 파 exclusively 독점적으로, exclusive 독점적인, exclusion 배제

Rank 1182

[məkǽnik]

mechanic

n 정비사
n 기계공

I called / a mechanic [to help / repair / the heating system
나는 불렀다   정비사를   도와줄   수리하는 것을   난방 시스템을

[in our building]].
우리 건물의

> 빈출
> 표현
> · automobile mechanic 자동차 정비사
> · aircraft mechanic 항공 정비사
> 파 mechanical 기계적인

Rank 1237

[məkǽnikəl]

mechanical

a 기계적인
a 기계의

The assembly line has / some kind of mechanical problem /
그 조립 라인은 가지고 있다   약간의 기계적인 문제를

because of overheating.
과열 때문에

> 빈출
> 표현
> · mechanical problem 기계적인 문제
> · mechanical engineer 기계 공학자
> 파 mechanic 정비사

Rank
1148

[ábdʒikt]
object

n 물건
n 목적
n 대상
v 반대하다

The workers have been told / to sort / the objects /
작업자들은 들었다   분류하라고   물건들을

according to the area [of the country [they are from]].
지역에 따라서   국가의   그것들이 들어온

> 빈출 표현
> · object to ~에 반대하다 🔊
> 📵 thing, stuff 물건
> 📖 objective 목표

Rank
1400

[əbdʒéktiv]
objective

n 목표
n 목적
a 객관적인

The research shows / that [/young employees focus /
그 연구는 보여 준다   그것을   젊은 직원이 집중한다

on their objectives / twice // as much as / older employees do.
그들의 목표들에   두 배만큼   ~보다 많이   나이든 직원들이 한다

> 빈출 표현
> 📵 goal, aim, target 목표
> 📖 object 대상

Rank
0961

[rìːmáːdl]
remodel

v 개조하다
v 형태를 바꾸다

He hired / an architectural firm / to remodel / his house.
그는 고용했다   건축 회사를   개조하기 위해   그의 집을

> 빈출 표현
> 📵 renovate 개조하다
> 📖 remodeling 개조

Rank
1441

[rìːmáːdəliŋ]
remodeling

n (주택 등의) 개보수
n 개조
n 재형성

We were disappointed / at the news
우리는 실망했다   소식에

[/that our company's executives decided / to cancel /
그 소식 우리 회사의 경영진들이 결정했다   취소하는 것을

the office remodeling project].
사무실 리모델링 사업을

> 빈출 표현
> · remodeling project 리모델링 사업 🔊
> 📖 remodel 개조하다

Rank
0715

[rest]
rest

n 나머지
n 휴식
v 쉬다
v 휴식을 취하다

The rest [of your order] will be delivered / within three days.
그 나머지는   당신 주문의   배달될 것이다   3일 이내에

> 빈출 표현
> · rest of ~의 나머지 🔊
> 📵 remainder, surplus 나머지

Rank
0716

[ʌnəvéiləbl]
unavailable

a (사람을) 만날 수 없는
a 이용할 수 없는
a 손에 넣을 수 없는

Mr. Wright is unavailable // because he is out / of the office /
Mr. Wright는 만날 수 없다   이유는   그가 밖에 있다   사무실의

on business / now.
업무로   지금

> 빈출 표현
> 📵 available 만날 수 있는

1197

Rank 1149

[ǽkjurət]

accurate

a 정확한
a 틀림없는

We were requested / to provide / more accurate information
우리는 요청 받았다　　　　제공할 것을　　　더 정확한 정보를

[on the report [//we had submitted]].
보고에 관한　　　　우리가 제출했었다

> **빈출 표현**
> · accurate information 정확한 정보
> · accurate temperature 정확한 온도
> ㊌ precise, correct 정확한
> ㊨ inaccurate 부정확한
> ㊫ accurately 정확하게, accuracy 정확도

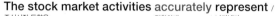 1198

Rank 1549

[ǽkjurətli]

accurately

ad 정확하게
ad 정밀하게

The stock market activities accurately represent /
주식시장 동향은　　　　　　　　　　정확하게　　나타낸다

the present economic situation.
현재 경제 상황을

> **빈출 표현**
> · accurately represent 정확하게 나타내다
> · accurately reflect 정확하게 반영하다
> ㊌ precisely, correctly 정확하게
> ㊨ inaccurately 부정확하게
> ㊫ accurate 정확한, accuracy 정확도

 1199

Rank 1809

[ǽkjurəsi]

accuracy

n 정확
n 정확도

The new medical machine helped / doctors diagnose /
새로운 의료 기기는 도왔다　　　　　　　　의사들이 진료하는 것을

patients / with more accuracy.
환자들을　　더 정확하게

> **빈출 표현**
> · with accuracy 정확하게
> ㊫ accurate 정확한, accurately 정확하게

1200

Rank 0720

[bévəridʒ]

beverage

n (물 이외의) 음료

The restaurant provides / free refills [on all beverages] /
그 레스토랑은 제공한다　　　　　무료 리필을　　　모든 음료에 대해

to customers [//who purchase / a meal / from the dinner menu].
고객들에게　　　　그들은 구매한다　　식사를　　저녁 메뉴에서

> **빈출 표현**
> · food and beverage 음식과 음료
> ㊌ drink 음료

STEP 3 **집중해서 풀어라!**	STEP 4 **주기적인 복습 '기억상자'**
워크북 119페이지부터 학습하면 됩니다.	제대로 외웠는지 확인하고 싶다고요? 까먹기 전에 다시 복습하고 싶다고요? 지금 당장 QR 코드를 스캔해 보세요.

Day 24 1151-1200

STEP 1 읽을 수 있을 때까지 들어라!

읽지 못하는 단어는 절대 외울 수 없습니다! 발음 기호 없이 자신있게
읽을 수 있을 때까지 원어민의 발음을 들으면서 반복해서 따라 읽으세요.

1201~1250 Words

- □ comment 논평, 의견
- □ ground 지면, 이유
- □ lease 임대하다, 임차하다
- □ outstanding 뛰어난, 두드러진
- □ taxi 택시, (비행기가 유도로를) 이동하다
- □ aware 알고 있는, 인식하는
- □ awareness 의식, 인식
- □ brief 간단한, 간단히 설명하다
- □ briefly 간단히, 짧게
- □ custom 맞춤의, 관습
- □ customize 맞춤 제작하다, 주문 제작하다
- □ eligible 자격이 있는
- □ enroll 등록하다, 입학하다
- □ enrollment 등록, 입학
- □ fall 떨어지다, 하락하다
- □ gather 모으다, 모이다
- □ gathering 모임
- □ landscaping 조경
- □ landscape 풍경, 경관
- □ legal 법률의, 합법적인
- □ neighborhood 이웃, 근처
- □ reader 독자, 구독자
- □ trend 동향, 경향
- □ approach 접근(법), 다가가다(오다)
- □ broadcast 방송하다, 방송

- □ drop 떨어지다, 하락하다
- □ enthusiastic 열정적인, 열렬한
- □ enthusiasm 열정, 열광
- □ enthusiastically 열정적으로
- □ enthusiast 열광적인 팬, 열렬한 지지자
- □ face 직면하다, 향하다
- □ favorite 아주 좋아하는, 잘하는
- □ friendly 친한, 친절한
- □ graduate 졸업하다, 졸업생
- □ incorrect 부정확한, 맞지 않는
- □ incorrectly 부정확하게
- □ unit 장치, 단위
- □ conclude 결론짓다, 체결하다
- □ conclusion 결론, 결말
- □ definitely 분명히, 확실히
- □ define 규정하다, 정의하다
- □ district 지역, 지구
- □ draw 끌다, 인출하다
- □ earn 얻다, 벌다
- □ earning 수입, 소득
- □ grant 수여하다, 주다
- □ instrument 기구, 악기
- □ normal 정상의, 보통의
- □ normally 보통, 정상적으로
- □ overseas 해외로, 해외의

STEP **2** 집중해서 읽어라!

암기는 나중에, 정독에 집중하세요! 한 번에 외워야 한다는 강박은
개나 줘버리고 편안한 마음으로 읽되, 집중하세요.

Rank 0728

[kάment]
comment

n 논평
v 의견
v 논평하다
v 언급하다

1201

In spite of many positive comments [from critics], /
많은 긍정적인 논평에도 불구하고   비평가들의

the movie fell flat.
영화는 실패했다.

> 빈출
> 표현
> • customer comment 고객 의견
> • comment on(about) ~에 대해 말하다
> ㈜ review 논평
> ㈜ commentary 논평

Rank 0721

[graund]
ground

n 지면
n 이유

1202

The transportation official said // an electric pole
교통 공무원은 말했다   전신주가

will be pounded / into the ground / here.
박힐 것이다   지면에   여기

> 빈출
> 표현
> • ground floor 1층

Rank 0722

[li:s]
lease

v 임대하다
v 임차하다
n 임대차 계약

1203

Could you show / me an automobile [/that I can lease]?
당신은 보여 줄 수 있나요?   나에게 자동차를   그 자동차 내가 임대할 수 있다

> 빈출
> 표현
> • lease agreement 임대 계약
> ㈜ rent, hire 임대하다

Rank 0723

[autstάndiŋ]
outstanding

a 뛰어난
a 두드러진
a 미지불된
a 미결제의

1204

Due to his outstanding job performance, /
그의 뛰어난 업무 실적 때문에

Mr. Poole will be promoted / to senior sales manager.
Mr. Poole은 승진될 것이다   수석 판매 관리자로

> 빈출
> 표현
> • outstanding performance 뛰어난 실적
> • outstanding balance 미결제액, 체납액
> • outstanding employee 뛰어난 직원
> ㈜ prime, excellent, brilliant, great 뛰어난

Rank 0724

[tάksi]
taxi

n 택시
v (비행기가 유도로를)
이동하다

1205

The manager will arrange / for a taxi / to take /
관리자는 준비할 것이다   택시를   데려오기 위해

the guests / from the airport / to the hotel.
손님들을   공항에서   호텔로

> 빈출
> 표현
> • take a taxi 택시를 타다
> • taxi stand 택시 승강장

Day 25 1201-1250

Rank 0892

[əwέər]

aware

a 알고 있는
a 인식하는

They aren't aware / of the responsibilities [of my position].
그들은 알지 못한다   책무를   내 직위의

빈출표현
- be aware of ~를 알다
- be aware that ~라는 것을 알다
- 반 unaware 알지 못하는
- 파 awareness 인식

Rank 1748

[əwέərnis]

awareness

n 의식
n 인식
n 자각

The purpose [of the campaign] is to promote /
목적은   캠페인의   증진하기 위한 것이다

environmental awareness.
환경 의식을

빈출표현
- environmental awareness 환경 의식
- 파 aware 알고 있는

Rank 0935

[bri:f]

brief

a 간단한
v 간단히 설명하다

After a brief announcement [concerning behavior
간단한 안내 후에   행동에 관한

[for takeoff]], / the plane left / the airport.
이륙 시   비행기는 출발했다   공항을

빈출표현
- 유 simple 간단한
- 파 briefly 간단히

Rank 1599

[brí:fli]

briefly

ad 간단히
ad 짧게
ad 잠시

We would briefly go over / the internal regulations //
우리는   간단히   살펴볼 것이다   내부 규정들을

before getting down / to our main business.
들어가기 전에   우리의 주요 사업으로

빈출표현
- briefly go over 간단히 살펴보다
- 파 brief 간단한

Rank 1163

[kʌstəm]

custom

a 맞춤의
n 관습
n 세관

I should contact / Ms. Lion / for information
나는 연락해야 한다   Ms. Lion에게   정보를 위해

[about custom orders [from her company]].
맞춤 주문들에 관한   그녀 회사의

빈출표현
- custom order 맞춤 주문
- custom design 맞춤 설계
- 파 customize 맞춤 제작하다

Rank 1550

[kʌstəmàiz]

customize

v 맞춤 제작하다
v 주문 제작하다

We started / to make / customized products /
우리는 시작했다   만드는 것을   맞춤형 제품들을

to make / ourselves [more competitive].
만들기 위해   우리 자신을   좀 더 경쟁력 있는

빈출표현
- customized product 맞춤형 제품
- 파 custom 맞춤의

Rank
0804

[élidʒəbl]
eligible

a 자격이 있는

Only applicants [//who have / a driver's licence]
참가자들만   그들은 가지고 있다   운전 면허증을

are eligible / to take / the test.
자격이 있다   치를 수 있는   그 시험을

> 빈출
> 표현
> · be eligible to ~할 자격이 있다 🔊
> · be eligible for ~에 자격이 있다 🔊
> 阁 qualified 자격이 있는
> 剛 ineligible 자격이 없는
> 冊 eligibility 적격

Rank
0949

[inróul]
enroll

v 등록하다
v 입학하다

He recommended / that [//I enroll / in the experimental
그는 추천했다   그것을   나는 등록해야 한다 실험적인 교육 프로그램에

education program [//that my university is noted for]].
                    그 프로그램 나의 대학에서 주목받는다

> 빈출
> 표현
> · enroll in ~에 등록하다 🔊
> 阁 sign up, register 등록하다
> 冊 enrollment 등록

Rank
1551

[inróulmənt]
enrollment

n 등록
n 입학

Enrollment [in the automatic payment plan] deserves /
등록은   자동지불제도를 통한   할 만하다

careful consideration.
신중한 고려를

> 빈출
> 표현
> 冊 enroll 등록하다

Rank
0729

[fɔːl]
fall

v 떨어지다
v 하락하다
n 가을
n 쇠락

As a result [of the rising / dollar exchange rate], /
결과로서   인상의   달러 환율

the prices [of imports] continue / to fall.
가격이   수입품의   계속한다   떨어지는 것을

> 빈출
> 표현
> 阁 drop 떨어지다

Rank
0994

[gǽðər]
gather

v 모으다
v 모이다

The Sales and Marketing Department has gathered /
판매&마케팅 부서는 모아왔다

intelligence [on customer interest].
정보를   소비자 기호에 대한

> 빈출
> 표현
> · gather intelligence 정보를 모으다
> · gather around ~의 주위에 모이다
> 阁 assemble, collect 모으다
> 剛 scatter 흩어지다
> 冊 gathering 모임

Rank
1442

[gǽðəriŋ]
gathering

n 모임

Around 200 people attended / the social gathering
약 200명의 사람들이 참석했다   사교 모임에

[of business owners].
기업가들의

> 빈출
> 표현
> · social gathering 사교 모임
> 冊 gather 모이다

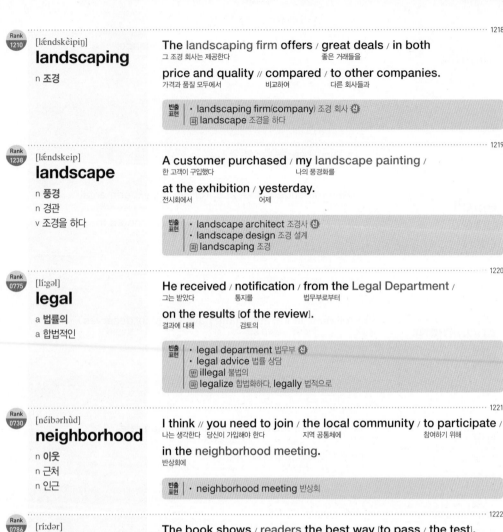

Rank 1210 [lǽndskèipiŋ]

landscaping

n 조경

The landscaping firm offers / great deals / in both
그 조경 회사는 제공한다　　　　　　　　좋은 거래들을

price and quality // compared / to other companies.
가격과 품질 모두에서　　　　비교하여　　　다른 회사들과

빈출표현
· landscaping firm(company) 조경 회사 신
回 landscape 조경을 하다

Rank 1238 [lǽndskeip]

landscape

n 풍경
n 경관
v 조경을 하다

A customer purchased / my landscape painting /
한 고객이 구입했다　　　　나의 풍경화를

at the exhibition / yesterday.
전시회에서　　　어제

빈출표현
· landscape architect 조경사 신
· landscape design 조경 설계
回 landscaping 조경

Rank 0775 [líːgəl]

legal

a 법률의
a 합법적인

He received / notification / from the Legal Department /
그는 받았다　　통지를　　　법무부로부터

on the results [of the review].
결과에 대해　　　검토의

빈출표현
· legal department 법무부 신
· legal advice 법률 상담
凹 illegal 불법의
回 legalize 합법화하다, legally 법적으로

Rank 0730 [néibərhùd]

neighborhood

n 이웃
n 근처
n 인근

I think // you need to join / the local community / to participate /
나는 생각한다　당신이 가입해야 한다　　지역 공동체에　　　참여하기 위해

in the neighborhood meeting.
반상회에

빈출표현
· neighborhood meeting 반상회

Rank 0786 [ríːdər]

reader

n 독자
n 구독자

The book shows / readers the best way [to pass / the test].
그 책은 보여준다　　　독자들에게 최선의 방법을　　　통과하기 위한　시험에

빈출표현
凹 read 읽다

Rank 0731 [trend]

trend

n 동향
n 경향
n 추세

I have to summarize / the latest investment trends /
나는 요약해야 한다　　　최근 투자 동향을

for working [with report].
작업을 위해　　　보고서

빈출표현
· investment trend 투자 동향
· recent trend 최근 동향

Rank 0739

[əpróutʃ]

approach

n 접근(법)
v 다가가다(오다)
v 접근하다

His new approach [to management issues] attracted /
그의 새로운 접근법은　　　　경영 문제에 대한　　　　　　　끌어냈다

our admiration.
우리의 감탄을

> 빈출표현
> · approach to ~에(로)의 접근
> ㈜ access 접근

Rank 0765

[brɔ́:dkæst]

broadcast

v 방송하다
n 방송

You can broadcast / your presentation /
당신은 방송할 수 있다　　　당신의 발표를

to our overseas branches / by using /
우리의 해외 지사들로　　　사용하여

the video conference system.
화상 회의 시스템을

> 빈출표현
> · radio broadcast 라디오 방송
> · live broadcast 생방송
> · television broadcast 텔레비전 방송
> ㈜ broadcaster 방송인, broadcasting 방송업계

Rank 0740

[drɑ:p]

drop

v 떨어지다
v 하락하다
n 하락
n 감소

The workers will drop off / the appliances / for repair or
노동자들은 내려놓을 것이다　　　기기들을　　　　　　수리 또는 보강을 위해

reinforcement / in front of the garage.
　　　　　　　　차고 앞에

> 빈출표현
> · drop off 내려놓다, 줄어들다 ⚙
> ㈜ fall 떨어지다

Rank 1522

[inθù:ziǽstik]

enthusiastic

a 열정적인
a 열렬한

Jenny Norman is the most dedicated and enthusiastic
Jenny Norman은 가장 헌신적이고 열정적인 영어 강사다

English instructor [/I have ever met].
　　　　　　　　　　　　내가　　지금까지 만나왔던

> 빈출표현
> ㈜ intense 열정적인
> ㈜ enthusiasm 열정, enthusiastically 열정적으로, enthusiast 열렬한 지지자

Rank 1810

[inθú:ziæzəm]

enthusiasm

n 열정
n 열광

They were deeply moved / by his enthusiasm
그들은　　　깊이　　감동 받았다　그의 열정에

[for the construction [of the school]].
건설에 대한　　　　　　학교의

> 빈출표현
> ㈜ passion 열정
> ㈜ enthusiastic 열정적인, enthusiastically 열정적으로, enthusiast 열렬한 지지자

Rank 1811

[inθù:ziǽstikəli]

enthusiastically

ad 열정적으로

The news reporters responded / enthusiastically /
뉴스 기자들은 반응했다　　　　　　열정적으로

to the president's remarks.
대통령의 발언에

> 빈출표현
> ㈜ intensely 열정적으로
> ㈜ enthusiastic 열정적인, enthusiasm 열정, enthusiast 열렬한 지지자

Day 25　1201-1250

Rank 1937

[inθúːziæst]

enthusiast

n 열광적인 팬
n 열렬한 지지자

The football enthusiasts were very disappointed /
열광적인 축구 팬들은　　　　　　　매우　실망했다

by the news [//that the game was canceled].
뉴스에　　　　　그 뉴스 게임이 취소되었다

빈출표현
- ㋴ fan 팬
- ㋵ enthusiastic 열정적인, enthusiasm 열정, enthusiastically 열정적으로

1230

Rank 0741

[feis]

face

v 직면하다
v 향하다
n 얼굴
n 표면

Unfortunately, / our company is facing / a budget deficit.
불행하게도　　　우리의 회사는 직면해 있다　　재정 적자에

빈출표현
- · in the face of ~에 직면하여
- ㋴ confront, encounter 직면하다
- ㋵ facial 얼굴의

1231

Rank 0742

[féivərit]

favorite

a 아주 좋아하는
a 잘하는
n 좋아하는 사람(것)

My favorite cake [at the bakery] was always sold out //
내가 아주 좋아하는 케이크는　빵집에서　　　　　항상　품절이었다

and now isn't made / any more.
그리고 지금은 만들어지지 않는다　더 이상

1232

Rank 0743

[fréndli]

friendly

a 친한
a 친절한
a 다정한

The building is being constructed /
그 건물은 건설되고 있다

with environmentally friendly materials.
친환경 소재들로

빈출표현
- · environmentally friendly 친환경 ⚙
- · eco-friendly 친환경
- · user-friendly 사용하기 쉬운 ⚙
- ㋴ familiar 친한

1233

Rank 0848

[grǽdʒuət]

graduate

v 졸업하다
n 졸업생

Mr. Hanson, [//who recently joined / our club],
Mr. Hanson은　　　　그는 최근에 가입했다　　우리 클럽에

graduated / from Wilhelm College / last February.
졸업했다　　Wilhelm College를　　　지난 2월에

빈출표현
- · graduate from ~를 졸업하다 ⚙
- ㋵ graduation 졸업

1234

Rank 0936

[ìnkərékt]

incorrect

a 부정확한
a 맞지 않는

If the address [//you entered] is incorrect, //
만약 주소가　　　당신이 입력했다　부정확하다면

your shipment will be delivered / to the wrong house.
당신의 배송품은 배달될 것이다　　　잘못된 집으로

빈출표현
- ㋴ inaccurate 부정확한
- ㋵ incorrectly 부정확하게

1235

Rank 1644

[ìnkəréktli]
incorrectly

ad 부정확하게

---- 1236

I think // you have to revise / the report // because
나는 생각한다 당신이 수정해야 한다   보고서를   이유는

some graphs were printed / incorrectly.
몇몇 그래프들이 인쇄되었다   부정확하게

빈출표현
- be printed incorrectly 잘못 인쇄되다
- be entered incorrectly 잘못 입력되다
- 뗑 incorrect 부정확한

Rank 0744

[júːnit]
unit

n 장치
n 단위
n 한 개

---- 1237

You should send / me a completed order form /
당신은 보내야 한다   나에게 완성된 주문 양식을

with the measurements [of the storage unit].
측정치와 함께   창고의

빈출표현
- storage unit 창고
- shelving unit 선반
- 윤 equipment, installation, device 장치

Rank 1052

[kənklúːd]
conclude

v 결론짓다
v 체결하다
v 끝나다

---- 1238

After much consideration, / they concluded / that
많은 고민 후에   그들은 결론을 내렸다   그것이라고

[//they would continue / working [on the project]].
그들은 계속할 것이다   작업을   프로젝트에 관한

빈출표현
- conclude that ~라고 결론짓다
- conclude with ~로 결론짓다
- 뗑 conclusion 결론, conclusive 결정적인, conclusively 결정적으로

Rank 1600

[kənklúːʒn]
conclusion

n 결론
n 결말
n 종료

---- 1239

The board has reached / the conclusion [//that
이사회는 도달했다   결론에   그 결론은

the company need to hire / more experienced designers].
회사가 고용해야 한다   더 경험 있는 디자이너들을

빈출표현
- 뗑 conclude 결론짓다, conclusive 결정적인, conclusively 결정적으로

Rank 0893

[défənitli]
definitely

ad 분명히
ad 확실히
ad 명확하게

---- 1240

The plane is definitely going to arrive / sometime
그 비행기는   분명히   도착할 예정이다   머지않아

within the next half hour.
앞으로 30분 내

빈출표현
- 윤 clearly, certainly, specifically, surely 분명히
- 뗑 indefinitely 불명확하게
- 뗑 define 정의하다, definition 정의, definite 명백한, definitive 확정적인

Rank 1872

[difáin]
define

v 규정하다
v 정의하다

---- 1241

The commercial program is only used /
상업용 프로그램은   오로지   사용된다

for limited purposes // as defined / by law.
제한된 목적을 위해   규정된 대로   법률에 의해

빈출표현
- 뗑 definitely 분명히, definition 정의, definite 명백한, definitive 확정적인

Rank
0750

[dístrikt]
district

n **지역**
n 지구

This city's business district is famous /
이 도시의 상업지역은 유명하다

for its many tall buildings and the old plaza.
많은 고층 빌딩들과 오래된 광장으로

> 빈출표현
> · business district 상업지역 ✿
> · historic district 역사지구 ✿
> · shopping district 상점가 ✿
> · school district 학군
> · financial district 금융가
> · theater district 극장가
> 㥮 area, region 지역

Rank
0751

[drɔ:]
draw

v **끌다**
v 인출하다
v 그리다

The residents committee is pleased / that
주민 위원회는 기쁘다   그것이

[//the local festival has been drawing / visitors / to the city].
지역 축제가 끌어 오고 있다   방문객들을   도시로

> 빈출표현 | 㥮 attract 끌다

Rank
1087

[3:rn]
earn

v **얻다**
v 벌다

The company's high level [of quality control] has earned /
그 회사의 높은 수준은   품질 관리의   얻게 했다

it a considerable reputation.
그들에게 상당한 명성을

> 빈출표현
> · earn a reputation 명성을 얻다
> · earn points 점수를 얻다 ✿
> 㥮 get, gain 얻다
> 㴯 earning 소득

Rank
1300

[ə́:rniŋ]
earning

n **수입**
n 소득

Although / Mr. Anold doesn't have a college degree, //
~에도 불구하고   Mr. Anold는 대학 학위를 갖고 있지 않다

his earnings are higher / than his friends,
그의 수입은 더 높다   그의 친구들보다

[//who have / degrees [from famous colleges]].
그 친구들은 갖고 있다   학위를   유명 대학의

> 빈출표현
> · earnings report 수익 보고서 ✿
> 㥮 revenue, profit, income 수입
> 㴯 earn 얻다

Rank
0752

[grænt]
grant

v **수여하다**
v 주다
n 보조금

To celebrate / the reaching / of their goals, /
축하하기 위해   달성한 것을   그들의 목표를

the directors will grant / bonuses / to all of the employees
이사들은 수여할 것이다   상여금을   모든 직원에게

[at the company].
회사의

> 빈출표현
> · grant A to B B에게 A를 주다
> · grant funding 지원 자금
> 㥮 give 주다

Rank 0787

[ínstrəmənt]

instrument

n 기구
n 악기
n 도구

The music shop has donated / some musical instruments /
그 악기점은 기부해 왔다   몇몇 악기들을

to local schools / in the past few years.
지역 학교들에   지난 몇 년 동안

> 빈출표현
> · musical instrument 악기
> ⊛ device 기구
> ㉠ instrumental 악기에 의한

Rank 1122

[nɔ́:rməl]

normal

a **정상의**
a 보통의
a 평범한
n 보통

The factory resumed / its normal business operations //
공장은 재개했다   정상적인 업무를

after being inspected / for five hours.
점검된 후에   5시간 동안

> 빈출표현
> · normal business operation 정상적인 업무
> · normal business hours 정상적인 영업시간
> ㉠ abnormal 비정상적인
> ㉠ normally 보통

Rank 1301

[nɔ́:rməli]

normally

ad **보통**
ad 정상적으로

The store doesn't normally offer / discount coupons /
상점은   보통   제공하지 않는다   할인 쿠폰을

to new customers.
신규 고객에게

> 빈출표현
> ⊛ usually 보통
> ㉠ normal 보통의

Rank 0753

[òuvərsí:z]

overseas

ad **해외로**
a 해외의

The company has been searching / for a staff member
회사는 찾는 중이다   직원을

[/who is willing / to be transferred / overseas].
그 직원은 자발적이다   전근되는 것에   해외로

> 빈출표현
> · travel overseas 해외로 여행을 가다 ⚙
> · overseas market 해외시장

Day 25
1201~1250

STEP 3 집중해서 풀어라!	STEP 4 주기적인 복습 '기억상자'
워크북 124페이지부터 학습하면 됩니다.	제대로 외웠는지 확인하고 싶다고요? 까먹기 전에 다시 복습하고 싶다고요? 지금 당장 QR 코드를 스캔해 보세요.

Day 26 최근 10년간 토익 빈도 28회 이상

STEP 1 읽을 수 있을 때까지 들어라!

읽지 못하는 단어는 절대 외울 수 없습니다! 발음 기호 없이 자신있게 읽을 수 있을 때까지 원어민의 발음을 들으면서 반복해서 따라 읽으세요.

1251~1300 Words

- □ promise 약속하다, 약속
- □ separate 분리되다, 떨어지다
- □ separately 별도로, 개별적으로
- □ appropriate 알맞은, 적절한
- □ appropriately 알맞게, 적절하게
- □ depend 의존하다, 의지하다
- □ inconvenience 불편, 불편하게 하다
- □ method 방법, 방식
- □ payroll 임금대장, 급여대상자명단
- □ repeat 반복하다, 반복
- □ repeatedly 반복적으로, 되풀이하여
- □ reward 상을 주다, 보상하다
- □ salary 급여
- □ ability 능력, 재능
- □ deposit 보증금, 예금
- □ destination 목적지, 도착지
- □ source 원천, 출처
- □ strongly 강하게, 튼튼하게
- □ strength 힘, 장점
- □ strengthen 강화하다
- □ thoroughly 철저하게, 완전히
- □ thorough 철저한
- □ wireless 무선의, 무선
- □ wire (전기용) 선, 철사
- □ wiring 배선

- □ worry 걱정하다, 걱정시키다
- □ anniversary 기념일
- □ defective 결함이 있는
- □ defect 결함, 결점
- □ knowledge 지식
- □ knowledgeable 많이 아는, 아는 것이 많은
- □ nominate 추천하다, 지명하다
- □ nomination 추천, 지명
- □ resolve 해결하다, 풀다
- □ comfortable 편안한, 편리한
- □ comfort 편안(함), 안락
- □ degree 학위, 정도
- □ enterprise 기업, 회사
- □ inside 안에, 이내에
- □ matter 문제, 일
- □ redesign 재설계하다, 디자인을 고치다
- □ senior 상급자, 상급의
- □ auditorium 강당, 객석
- □ lane 길, 차선
- □ prize 상, 상품
- □ reflect 반영하다, 나타내다
- □ artwork 예술품, 삽화
- □ artistic 예술적인, 예술의
- □ culture 문화
- □ cultural 문화의

Rank 0754

[prάːmis]
promise

v **약속하다**
n 약속

1251

We promised / to deliver / the vegetables / to his restaurant.
우리는 약속했다　배달하기로　야채들을　그의 레스토랑에

> 빈출 표현
> · promise to ~하겠다고 약속하다
> · as promised 약속대로
> 유 pledge 약속하다
> 파 promissory 약속의

Rank 1106

[sépərèit]
separate

v **분리되다**
v 떨어지다
a 분리된
a 독립된

1252

The director separated / our team /
관리자는 분리했다　우리 팀을

into the Sales Department and the HR Department.
판매부와 인사부로

> 빈출 표현
> · separate A from B A를 B로부터 분리시키다
> 파 separately 별도로, separation 분리

Rank 1401

[sépərətli]
separately

ad **별도로**
ad 개별적으로
ad 따로따로

1253

If you have ordered / some items / since 5 p.m. /
만약 당신이 주문했다면　일부 제품들을　오후 5시 이후에

yesterday, // they will be shipped / separately.
어제　그것들은 배송될 것이다　별도로

> 빈출 표현
> · be shipped separately 개별 발송되다
> 유 individually 개별적으로
> 반 together 함께
> 파 separate 분리되다, separation 분리

Rank 0937

[əpróupriət]
appropriate

a **알맞은**
a 적절한
v 충당하다

1254

I definitely need / a new suit [/that is appropriate /
나는 꼭　필요하다　새 정장이　그 정장은 알맞다

for the job [I will do]].
일에　나는 할 것이다

> 빈출 표현
> · appropriate for ~에 알맞은(적합한)
> 유 suitable 알맞은
> 반 inappropriate 부적한
> 파 appropriately 알맞게

Rank 1749

[əpróupriətli]
appropriately

ad **알맞게**
ad 적절하게

1255

All residents should nominate / appropriately /
모든 주민들은 지명해야 한다　알맞게

qualified candidates [to lead / the next council].
자격이 있는 후보자들을　이끌　다음 의회를

> 빈출 표현
> 유 properly, suitably 알맞게
> 반 inappropriately 부적당하게
> 파 appropriate 알맞은

Rank 0849

[dipénd]

depend

v 의존하다
v 의지하다
v 신뢰하다

A lot of business owners depend / on the Internet /
많은 사업주들은   의존한다   인터넷에

to collect / information [about new items].
수집하기 위해   정보를   새로운 아이템들에 대한

빈출
표현
· depend on ~에 의존하다
· dependent 의존적인

 Rank 0812

[ìnkənví:njəns]

inconvenience

n 불편
v 불편하게 하다

I sincerely apologize / for the inconvenience [//you suffered /
나는 진심으로   사과한다   불편함에 대해   당신이 겪었다

because of the noise [caused / by the fireworks]].
소음 때문에   야기된   불꽃놀이에 의해

빈출
표현
· apologize for the inconvenience 불편함에 대해서 사과하다
· convenience 편리
· inconvenient 불편한

 Rank 0766

[méθəd]

method

n 방법
n 방식

We will try / to use / a different method [of payment] /
우리는 시도할 것이다   사용하는 것을   다른 방법을   지불의

to solve / the previous problems.
해결하기 위해   이전의 문제들을

빈출
표현
· method of payment 지불 방식
· effective method 효과적인 방법
· way, means, manner 방법

 Rank 0767

[péiroul]

payroll

n 임금대장
n 급여대상자명단
n 급여총액

Ms. Akame will be holding / a seminar
Ms. Akame는 개최할 것이다   세미나를

[on the automated payroll system] / in a few weeks.
자동 급여 시스템에 관한   몇 주 뒤에

빈출
표현
· payroll system 급여 시스템
· payroll department 급여 담당 부서
· on the payroll 고용되어
· payroll date 급여 지급일

 Rank 1053

[ripí:t]

repeat

v 반복하다
n 반복

We asked / him to repeat / the instructions
우리는 요청했다   그가 반복할 것을   지시사항을

[on what to do / in an emergency].
할 것에 관한   긴급 상황에서

빈출
표현
· repeat order 재주문
· repeatedly 반복적으로

 Rank 1938

[ripí:tidli]

repeatedly

ad 반복적으로
ad 되풀이하여

The salesperson has repeatedly demonstrated /
그 판매원은   반복적으로   설명했다

the new products.
새 제품들을

빈출
표현
· repeat 반복하다

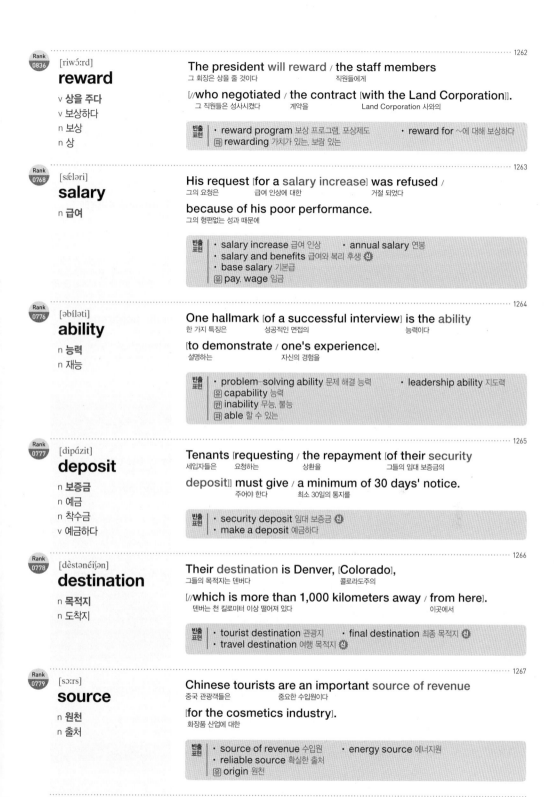

Rank 0836

[riwɔ́:rd]

reward

v 상을 주다
v 보상하다
n 보상
n 상

The president will reward / the staff members
그 회장은 상을 줄 것이다   직원들에게

[/who negotiated / the contract [with the Land Corporation]].
그 직원들은 성사시켰다   계약을   Land Corporation 사와의

> **빈출 표현**
> · reward program 보상 프로그램, 포상제도   · reward for ~에 대해 보상하다
> ⑩ rewarding 가치가 있는, 보람 있는

Rank 0768

[sǽləri]

salary

n 급여

His request [for a salary increase] was refused /
그의 요청은   급여 인상에 대한   거절 되었다

because of his poor performance.
그의 형편없는 성과 때문에

> **빈출 표현**
> · salary increase 급여 인상   · annual salary 연봉
> · salary and benefits 급여와 복리 후생 ⚙
> · base salary 기본급
> ㊞ pay. wage 임금

Rank 0776

[əbíləti]

ability

n 능력
n 재능

One hallmark [of a successful interview] is the ability
한 가지 특징은   성공적인 면접의   능력이다

[to demonstrate / one's experience].
설명하는   자신의 경험을

> **빈출 표현**
> · problem-solving ability 문제 해결 능력   · leadership ability 지도력
> ㊞ capability 능력
> ⑩ inability 무능, 불능
> ⑩ able 할 수 있는

Rank 0777

[dipázit]

deposit

n 보증금
n 예금
n 착수금
v 예금하다

Tenants [requesting / the repayment [of their security
세입자들은   요청하는   상환을   그들의 임대 보증금의

deposit]] must give / a minimum of 30 days' notice.
주어야 한다   최소 30일의 통지를

> **빈출 표현**
> · security deposit 임대 보증금 ⚙
> · make a deposit 예금하다

Rank 0778

[dèstənéiʃən]

destination

n 목적지
n 도착지

Their destination is Denver, [Colorado],
그들의 목적지는 덴버다   콜로라도주의

[/which is more than 1,000 kilometers away / from here].
덴버는 천 킬로미터 이상 떨어져 있다   이곳에서

> **빈출 표현**
> · tourist destination 관광지   · final destination 최종 목적지 ⚙
> · travel destination 여행 목적지 ⚙

Rank 0779

[sɔ:rs]

source

n 원천
n 출처

Chinese tourists are an important source of revenue
중국 관광객들은   중요한 수입원이다

[for the cosmetics industry].
화장품 산업에 대한

> **빈출 표현**
> · source of revenue 수입원   · energy source 에너지원
> · reliable source 확실한 출처
> ㊞ origin 원천

Day 26 1251-1300

Rank 1302 [strɔ́:ŋli]

strongly

ad 강하게
ad 튼튼하게

The advisory group strongly recommended / that
고문단은 　 강하게 권고했다 그것을

[//the company stop / excessively expanding].
회사는 중단하다 지나치게 확장하는 것을

> 빈출표현
> • strongly recommend 강하게 권고하다
> • strongly advise 강하게 충고하다
> • strongly encourage 강하게 격려하다
> 때 strength 강점, strengthen 강화하다, strong 강한

Rank 1482 [streŋθ]

strength

n 힘(역량)
n 장점
n 강점

The college provides / professionals / with training courses /
그 대학은 제공한다 전문가들에게 교육 과정들을

to enhance / their strength.
향상시키기 위해 그들의 역량을

> 빈출표현
> 유 power, might 힘
> 때 strongly 강하게, strengthen 강화하다, strong 강한

Rank 1873 [stréŋkθən]

strengthen

v 강화하다

To strengthen / the relationships [between the departments /
강화하기 위해 관계를 부서들 간

at our company], / the head [of each department]
우리 회사의 책임자는 각 부서의

was required / to attend / the workshop.
요구된다 참석하는게 워크숍에

> 빈출표현
> 유 reinforce 강화하다
> 때 strongly 강하게, strength 강점, strong 강한

Rank 1164 [θə́:rouli]

thoroughly

ad 철저하게
ad 완전히

He has thoroughly reviewed / the resumes [of the candidates
그는 철저하게 검토했다 이력서를 후보자들의

[//who were nominated / by the committee members]].
그들은 추천받았다 위원회 구성원들에게

> 빈출표현
> 유 completely 완전히
> 때 thorough 철저한, thoroughness 철저함

Rank 1239 [θə́:rou]

thorough

a 철저한

A technician [from headquarters] said // we need to perform /
기술자는 본사의 말했다 우리는 수행해야 한다

a thorough inspection.
철저한 검사를

> 빈출표현
> • thorough inspect 철저한 검사 • thorough analysis 철저한 분석
> 때 thoroughly 철저하게, thoroughness 철저함

Rank 1183 [wáiərlis]

wireless

a 무선의
n 무선
n 라디오

The hotel receptionist will notify / you / of the password
호텔 접수담당자는 알려줄 것이다 당신에게 비밀번호를

[//that will let / you connect / to wireless Internet].
그 비밀번호는 해줄것이다 당신이 연결하도록 무선 인터넷에

> 빈출표현
> • wireless internet 무선 인터넷 • wireless communication 무선 통신
> • wireless technology 무선 기술
> 유 cordless 무선의
> 때 wire 전선, wiring 배선

Rank 1701

[wáiər]

wire

n (전기용) 선
n 철사
v 배선 공사를 하다

---- 1274

If you pull / much harder / on the copper wire, //
만약 당신이 당긴다면 더 세게 구리선을

it will probably be broken down.
그것은 아마 끊어질 것이다

> 빈출표현
> · copper wire 구리선
> ㈜ cord, line 선
> ㈜ wireless 무선의, wiring 배선

Rank 1812

[wáiəriŋ]

wiring

n 배선

---- 1275

I was aware / that [/the problem was caused /
나는 알았다 그것을 그 문제가 야기되었다

by a wrong diagram [of the electrical wiring]].
잘못된 도해 때문에 전기배선의

> 빈출표현
> · electrical wiring 전기배선
> ㈜ wireless 무선의, wire 전선

Rank 0780

[wɔ́:ri]

worry

v 걱정하다
v 걱정시키다
n 걱정
n 근심

---- 1276

We don't have to worry / about paying / for it.
우리는 걱정할 필요가 없다 지불하는 것에 대해 그것을

> 빈출표현
> · worry about ~에 대해 걱정하다 ㈜

Rank 0788

[ænivə́:rsəri]

anniversary

n 기념일

---- 1277

We used / a high-priced catering service /
우리는 이용했다 고가의 출장연회 서비스를

for our company's 13th anniversary celebration.
우리 회사의 13주년 기념행사를 위해

> 빈출표현
> · anniversary celebration(event) 기념행사 ㈜

Rank 1123

[diféktiv]

defective

a 결함이 있는

---- 1278

If you bring back / any defective merchandise [/we made], //
만약 당신이 도로 가져온다면 어떤 결함 있는 상품을 우리가 만들었다

we will refund / your money // or exchange / it /
우리는 환불할 것이다 당신의 돈을 또는 교환해 줄 것이다 그것을

immediately.
즉시

> 빈출표현
> · defective merchandise(product) 결함 있는 상품 ㈜
> · defective equipment 결함 있는 장비 ㈜
> ㈜ faulty 결함 있는
> ㈜ defect 결함, defectively 불완전하게

Rank 1338

[dí:fekt]

defect

n 결함
n 결점

---- 1279

It was finally concluded / that [/their new car had /
그것은 마침내 결론지어 졌다 그것이라고 그들의 새 차는 가지고 있었다

a defect [/that happened // when it was manufactured]].
결함을 그 결함은 발생했다 그것이 제조되었을 때

> 빈출표현
> · manufacturing defect 제조상의 결함
> ㈜ fault, flaw 결함
> ㈜ defective 결함이 있는, defectively 불완전하게

Rank 1036

[nάːlidʒ]

knowledge

n 지식

You should consider / the problem [//that beginners
당신은 고려해야 한다　　　문제를　　　　　　그 문제는 초보자들이 가지고 있지 않다

don't have / enough knowledge [of technical matters].
　　　　충분한 지식을　　　　　　기술적 문제들에 관한

빈출표현
- knowledge of ~에 관한 지식
- ㈜ understanding 지식
- ㈜ knowledgeable 아는 것이 많은, know 알다

Rank 1645

[nάːlidʒəbl]

knowledgeable

a 많이 아는
a 아는 것이 많은

The company representative was very knowledgeable /
그 회사 대표는　　　　　　　　　　　매우　많이 알고 있었다

about the domestic market.
국내 시장에 대해

빈출표현
- ㈜ knowledge 지식, know 알다

Rank 1124

[nάːmineit]

nominate

v 추천하다
v 지명하다

I'm glad / to see / that [//I have been nominated /
나는 기쁘다　알게 되어　그것을　　내가 추천되었다

for the New Writer Prize].
신인 작가상에

빈출표현
- nominate A for(to) B A를 B로 추천하다 🔔
- ㈜ suggest, recommend 추천하다
- ㈜ nomination 추천

Rank 1339

[nὰːminéiʃən]

nomination

n 추천
n 지명
n 임명

We are now accepting / nominations / to the post
우리는　　지금　받고 있는 중이다　추천을　　　직책에

[of senior director] / from shareholders.
수석 관리인의　　　　　　주주들로부터

빈출표현
- ㈜ recommendation 추천
- ㈜ nominate 추천하다

Rank 0877

[rizάːlv]

resolve

v 해결하다
v 풀다

She has / an outstanding ability [to resolve /
그녀는 가지고 있다　뛰어난 능력을　　　　해결할

any complaints [reported / by clients]].
어떤 불만이라도　　　제출된　　고객들에 의해

빈출표현
- resolve a problem 문제를 해결하다 🔔
- resolve an issue 문제를 해결하다
- resolve a complaint 불만을 해결하다
- ㈜ resolution 해결

Rank 1069

[kʌmfərtəbl]

comfortable

a 편안한
a 편리한

While the receptionist deals / with another customer's
접수처 직원이 처리하는 동안　　　　다른 손님들의 요청을

request, // sit / in a chair // and make / yourself comfortable.
　　　　　앉아라 의자에　　　　그리고 만들어라　당신 자신을 편안히

빈출표현
- ㈜ restful 편안한
- ㈜ uncomfortable 불편한
- ㈜ comfort 편안(함), comfortably 편안하게

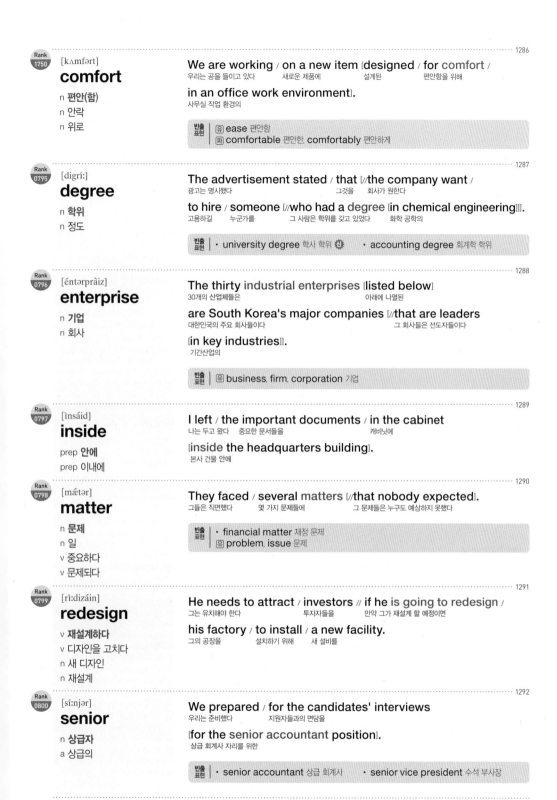

Rank 1750
[kʌmfərt]
comfort
n 편안(함)
n 안락
n 위로

— 1286
We are working / on a new item [designed / for comfort /
우리는 공을 들이고 있다   새로운 제품에   설계된   편안함을 위해
in an office work environment].
사무실 작업 환경의

빈출
표현
㊤ ease 편안함
㊌ comfortable 편안한, comfortably 편안하게

Rank 0795
[digríː]
degree
n 학위
n 정도

— 1287
The advertisement stated / that [//the company want /
광고는 명시했다   그것을   회사가 원한다
to hire / someone [//who had a degree [in chemical engineering]]].
고용하길   누군가를   그 사람은 학위를 갖고 있었다   화학 공학의

빈출
표현
• university degree 학사 학위 🜚   • accounting degree 회계학 학위

Rank 0796
[éntərpràiz]
enterprise
n 기업
n 회사

— 1288
The thirty industrial enterprises [listed below]
30개의 산업체들은   아래에 나열된
are South Korea's major companies [//that are leaders
대한민국의 주요 회사들이다   그 회사들은 선도자들이다
[in key industries]].
기간산업의

빈출
표현
㊤ business, firm, corporation 기업

Rank 0797
[insáid]
inside
prep 안에
prep 이내에

— 1289
I left / the important documents / in the cabinet
나는 두고 왔다   중요한 문서들을   캐비닛에
[inside the headquarters building].
본사 건물 안에

Rank 0798
[mǽtər]
matter
n 문제
n 일
v 중요하다
v 문제되다

— 1290
They faced / several matters [//that nobody expected].
그들은 직면했다   몇 가지 문제들에   그 문제들은 누구도 예상하지 못했다

빈출
표현
• financial matter 재정 문제
㊤ problem, issue 문제

Rank 0799
[riːdizáin]
redesign
v 재설계하다
v 디자인을 고치다
n 새 디자인
n 재설계

— 1291
He needs to attract / investors // if he is going to redesign /
그는 유치해야 한다   투자자들을   만약 그가 재설계 할 예정이면
his factory / to install / a new facility.
그의 공장을   설치하기 위해   새 설비를

Rank 0800
[síːnjər]
senior
n 상급자
a 상급의

— 1292
We prepared / for the candidates' interviews
우리는 준비했다   지원자들과의 면담을
[for the senior accountant position].
상급 회계사 자리를 위한

빈출
표현
• senior accountant 상급 회계사   • senior vice president 수석 부사장

Rank 0805

[ɔ:ditɔ́:riəm]

auditorium

n 강당
n 객석

In spite of the cost, / many club members argued /
비용에도 불구하고　　　　　　　많은 클럽 회원들은 주장했다

in favor [of the reconstruction [of the auditorium]].
찬성을　　　　　재건축에　　　　　　　　　강당의

빈출 표현	• in an auditorium 강당에서

1293

Rank 0806

[lein]

lane

n 길
n 차선
n 도로

The lane is blocked / due to a truck [/that spilled /
길이 막힌다　　　　　트럭 때문에　　　　　그 트럭은 쏟았다

its cargo / on the road].
화물을　　　　도로에

빈출 표현	• bicycle lane 자전거 전용 도로
	• traffic lane 차선
	윤 road, path, way 길

1294

Rank 0807

[praiz]

prize

v 상
n 상품
v 소중하게 여기다

Many people are wondering / how much
많은 사람들이 궁금해 하고 있다　　　　얼마인지를

[/Mr. Zimmer won / as the cash prize].
Mr. Zimmer가 받았다　　　　상금으로

빈출 표현	• cash prize 상금 ⚙
	• first prize 1등상 ⚙
	윤 award 상

1295

Rank 0950

[riflékt]

reflect

v 반영하다
v 나타내다
v 반사하다

A social critic said // teenage crime is reflected /
한 사회 평론가는 말했다　　　　십대 범죄는 반영된다

in bad home and school environments.
나쁜 가정과 학교 환경들이

빈출 표현	• be reflected in 반영되다, ~에 나타나다 ⚙
	파 reflection 반영, reflective 반영하는

1296

Rank 1022

[á:rtwɜ:rk]

artwork

n 예술품
n 삽화

Mr. Olsen began / to acquire / a reputation
Mr. Olsen은 시작했다　　　얻기　　　명성을

[for his original artworks [made / from recyclable materials]].
그의 독창적인 예술품들에 대한　　　만들어진　　재활용품들로

빈출 표현	파 artistic 예술적인, art 예술, artist 예술가, artistry 예술적 재능

1297

Rank 1874

[ɑ:rtístik]

artistic

a 예술적인
a 예술의

Students [/who want / to attend / the art college]
학생들은　　　그들은 원한다　　다니는 것을　　예술 대학에

should have / special artistic talents.
가져야 한다　　　특별한 예술적인 재능들을

빈출 표현	• artistic talent 예술적 재능
	• artistic director 예술 감독
	파 artwork 예술품, art 예술, artist 예술가, artistry 예술적 재능

1298

Rank 1240

[kʌltʃər]

culture

n 문화

The author decided / to write / an adventure story
그 작가는 결정했다   쓰는 것을   모험 이야기를

[based on / his experiences [in Egyptian culture]].
바탕으로 한   그의 경험을   이집트 문화의

빈출표현 | 圖 cultural 문화의

Rank 1272

[kʌltʃərəl]

cultural

a 문화의

Events [based on / local cultural traditions] are valuable /
행사는   기반으로 한   지역 문화적 전통을   가치 있다

to all local residents and visitors.
모든 지역 주민과 방문객들에게

빈출표현
· cultural tradition 문화적 전통
· cultural event 문화 행사
· cultural heritage 문화 유산
· cross-cultural 여러 문화가 섞인
圖 culture 문화

STEP 3 집중해서 풀어라!

워크북 129페이지부터 학습하면 됩니다.

STEP 4 주기적인 복습 '기억상자'

제대로 외웠는지 확인하고 싶다고요? 까먹기 전에 다시 복습하고 싶다고요? 지금 당장 QR 코드를 스캔해 보세요.

Day 26 1251-1300

STEP 1 읽을 수 있을 때까지 들어라!

읽지 못하는 단어는 절대 외울 수 없습니다! 발음 기호 없이 자신있게
읽을 수 있을 때까지 원어민의 발음을 들으면서 반복해서 따라 읽으세요.

1301~1350 Words

- ☐ **device** 장치, 기구
- ☐ **directory** 안내책자
- ☐ **dress** (옷을) 입다, 옷
- ☐ **heating** 난방(장치)
- ☐ **heat** 열, 열기
- ☐ **lake** 호수
- ☐ **orientation** 오리엔테이션, 지향
- ☐ **paperwork** 서류, 서류 업무
- ☐ **path** 길, 방향
- ☐ **positive** 긍정적인, 호의적인
- ☐ **beach** 해변
- ☐ **row** (옆으로 늘어서 있는) 줄, (옆으로 늘어서 있는) 열
- ☐ **structure** 구조물, 구조
- ☐ **structural** 구조상의, 구조적인
- ☐ **challenge** 도전하다, 이의를 제기하다
- ☐ **entertainment** 연예, 오락
- ☐ **entertain** 접대하다, 즐겁게 하다
- ☐ **modern** 현대의, 최신의
- ☐ **modernize** 현대화하다
- ☐ **otherwise** 다르게, 달리
- ☐ **paragraph** 단락, 절
- ☐ **crowd** 붐비다, 밀려오다
- ☐ **garage** 차고
- ☐ **patron** 고객, 후원자
- ☐ **traditional** 전통의, 전통적인

- ☐ **tradition** 전통
- ☐ **comply** 준수하다, 따르다
- ☐ **compliance** (법, 명령 등의) 준수, 따름
- ☐ **coworker** 동료, 협력자
- ☐ **duty** 직무, 의무
- ☐ **farm** 농장, 농사를 짓다
- ☐ **newly** 새로, 최근
- ☐ **occasion** 경우, 때
- ☐ **occasionally** 때때로, 가끔
- ☐ **prescription** 처방전, 시효
- ☐ **prove** 증명하다, 밝혀지다
- ☐ **proof** 증명(서), 증거물
- ☐ **temperature** 온도
- ☐ **calendar** 달력
- ☐ **content** 내용물, 만족하는
- ☐ **decrease** 감소, 하락
- ☐ **gain** 얻다, 획득하다
- ☐ **progress** 진전, 진행
- ☐ **restore** 복구(복원)하다, 회복시키다
- ☐ **restoration** 복원, 복구
- ☐ **scenic** 경치가 좋은
- ☐ **scene** 장면, 풍경
- ☐ **society** 사회, 협회
- ☐ **stack** 쌓아 올리다, 채우다
- ☐ **fuel** 연료

집중해서 읽어라!

암기는 나중에, 정독에 집중하세요! 한 번에 외워야 한다는 강박은 개나 줘버리고 편안한 마음으로 읽되, 집중하세요.

1301

Rank 0813
[diváis]
device

n 장치
n 기구

The students were allowed / to use / their electronic devices /
학생들에게 허락되었다 　　　　　　　　　 사용하는 것이 그들의 전자 장치들을

on the accounting examination.
회계 시험에

> 빈출 표현
> • electronic device 전자 장치
> • mobile device 모바일 장치
> • audio device 오디오 장치
> 嗯 machine, appliance 장치

1302

Rank 0814
[diréktəri]
directory

n 안내책자

The updated employee directory can be found /
최신의 직원 명부는 확인할 수 있다

in the Personnel Department.
인사과에서

> 빈출 표현
> • employee(staff) directory 직원 명부
> • telephone directory 전화번호부

1303

Rank 0815
[dres]
dress

v (옷을) 입다
n 옷
n 의복

I think // you ought to dress / more formally / for work.
나는 생각한다 당신은 입어야 한다 　　 좀 더 격식을 갖춰어 　 일하는 동안

> 빈출 표현
> • dress code 복장 규정
> 嗯 wear 입다

1304

Rank 1070
[hí:tiŋ]
heating

n 난방(장치)

When winter was just around the corner, //
겨울이 임박했을 때

the man took / the heating system / out of storage.
그 남자는 꺼냈다 　　 난방기기를 　　　　 창고 밖으로

> 빈출 표현
> • heating system 난방기기
> 嗯 heat 열, heater 난방기

1305

Rank 1553
[hi:t]
heat

n 열
n 열기
v 뜨겁게 만들다

You should carefully operate / the machine //
당신은 　　 조심스럽게 관리해야 한다 　 그 기계를

because it generates / a lot of heat.
이유는 　 그것은 발생시킨다 　 많은 열을

> 빈출 표현
> 嗯 heating 난방, heater 난방기

1306

Rank 0816
[leik]
lake

n 호수

A small group [of tourists] are enjoying / swimming /
작은 그룹이 　　 여행객들의 　　 즐기고 있다 　　 수영을

in the lake [encircled / by mountains].
호수에서 　　 둘러싸인 　 산으로

Rank
0817

[ɔ:riəntéiʃən]

orientation

n 오리엔테이션
n 지향
n 방향

The orientation material included / the manual
오리엔테이션 자료는 포함하고 있었다   매뉴얼을

[needed / to operate / the complex machine].
필요한   작동하기 위해   복잡한 기계를

> 빈출
> 표현
> • orientation material 오리엔테이션 자료
> • employee(new hire) orientation 신입사원 오리엔테이션
> • orientation session 오리엔테이션, 예비 교육 회의

Rank
0818

[péipərwə̀:rk]

paperwork

n 서류
n 서류 업무

He wasn't offered / a travel reimbursement // because
그는 받지 못했다   여행 변상을   이유는

his paperwork had not been submitted / correctly.
그의 서류가 제출되지 않았다   올바르게

> 빈출
> 표현
> • fill out paperwork 서류를 작성하다

Rank
0908

[pæθ]

path

n 길
n 방향
n 경로

Several teenagers [//who are riding / bikes]
몇몇 십대들이   그들은 타고 있다   자전거를

are on the narrow path.
좁은 길에 있다

> 빈출
> 표현
> • narrow path 좁은 길
> • career path 진로
> 유 way, road 길

Rank
0862

[pázətiv]

positive

a 긍정적인
a 호의적인

Positive feedback and reviews are great ways [to help /
긍정적인 반응과 의견은 좋은 방법이다   [돕는

improve / the quality [of a product]].
향상시키는 것을 품질을   제품의

> 빈출
> 표현
> • positive feedback 긍정적인 반응
> • positive review 긍정적인 의견
> • positive response 긍정적인 응답
> • positive attitude 긍정적인 태도
> 유 optimistic 긍정적인
> 파 positively 긍정적으로

Rank
0825

[bi:tʃ]

beach

n 해변

Follow / the path / by the beach, // and you'll find /
따라가라   길을   해변가의   그러면 당신은 발견할 것이다

somebody [//who is renting / boats and tubes].
누군가를   그는 빌려주고 있다   보트들과 튜브들을

> 빈출
> 표현
> 유 coast, seaside 해변

Rank
0826

[rou]

row

n (옆으로 늘어서 있는) 줄
n (옆으로 늘어서 있는) 열

People [in swimsuits] are lying /
사람들이   수영복을 입은   누워있다

beneath a row of beach umbrellas.
한 줄로 늘어선 파라솔들 아래에

> 빈출
> 표현
> • a row of 한 줄로, 일련의
> • in a row 잇달아, 연이어
> • front row 앞 줄

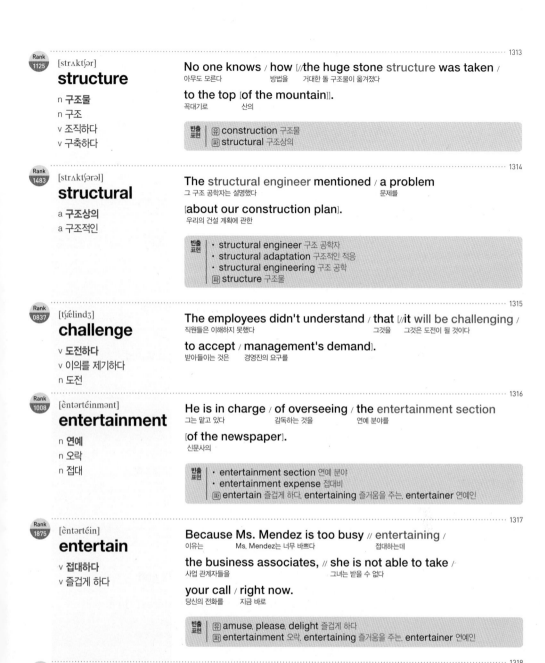

Rank 1125 [strʌ́ktʃər]

structure

n 구조물
n 구조
v 조직하다
v 구축하다

.... 1313

No one knows / how [//the huge stone structure was taken /
아무도 모른다   방법을   거대한 돌 구조물이 옮겨졌다

to the top [of the mountain]].
꼭대기로   산의

> 빈출 표현
> 㕮 construction 구조물
> 㴯 structural 구조상의

Rank 1483 [strʌ́ktʃərəl]

structural

a 구조상의
a 구조적인

.... 1314

The structural engineer mentioned / a problem
그 구조 공학자는 설명했다   문제를

[about our construction plan].
우리의 건설 계획에 관한

> 빈출 표현
> • structural engineer 구조 공학자
> • structural adaptation 구조적인 적응
> • structural engineering 구조 공학
> 㴯 structure 구조물

Rank 0837 [tʃǽlindʒ]

challenge

v 도전하다
v 이의를 제기하다
n 도전

.... 1315

The employees didn't understand / that [//it will be challenging /
직원들은 이해하지 못했다   그것을   그것은 도전이 될 것이다

to accept / management's demand].
받아들이는 것은   경영진의 요구를

Rank 1008 [èntərtéinmənt]

entertainment

n 연예
n 오락
n 접대

.... 1316

He is in charge / of overseeing / the entertainment section
그는 맡고 있다   감독하는 것을   연예 분야를

[of the newspaper].
신문사의

> 빈출 표현
> • entertainment section 연예 분야
> • entertainment expense 접대비
> 㴯 entertain 즐겁게 하다, entertaining 즐거움을 주는, entertainer 연예인

Rank 1875 [èntərtéin]

entertain

v 접대하다
v 즐겁게 하다

.... 1317

Because Ms. Mendez is too busy // entertaining /
이유는   Ms. Mendez는 너무 바쁘다   접대하는데

the business associates, // she is not able to take /
사업 관계자들을   그녀는 받을 수 없다

your call / right now.
당신의 전화를   지금 바로

> 빈출 표현
> 㕮 amuse, please, delight 즐겁게 하다
> 㴯 entertainment 오락, entertaining 즐거움을 주는, entertainer 연예인

Rank 0979 [mɑ́dərn]

modern

a 현대의
a 최신의
a 선구적인

.... 1318

The architect's attempt has had / a great influence /
그 건축가의 시도는 미쳤다   큰 영향을

on trends [in modern architecture].
유행에   현대 건축물의

> 빈출 표현
> • modern sculpture 현대 조각
> 㴯 modernize 현대화하다, modernization 현대화

1319

Rank 1994

[mɑ́dərnàiz]
modernize

v 현대화하다

Some outside accountants said // the company
몇몇 외부 회계사들은 말했다   회사는

needs to modernize / its financial structure.
현대화 해야 한다   재정 구조를

빈출표현 | 파 modern 현대의, modernization 현대화

1320

Rank 0838

[ʌðərwàiz]
otherwise

ad 다르게
ad 달리
ad 그렇지 않으면

Unless otherwise indicated, / supervisors [working /
별도의 지시가 없는 한   감독관들은   일하는

in the field] have / a tremendous amount [of discretion].
현장에서   갖고 있다   상당한 양을   재량권의

빈출표현 | · unless otherwise 별도의 ~이 없으면 🏷

1321

Rank 0839

[pǽrəgræf]
paragraph

n 단락
n 절

You should comprehend / the meaning
당신은 이해해야 한다   의미를

[of the second paragraph] // before time is over.
두 번째 단락의   시간이 끝나기 전에

1322

Rank 0850

[kraud]
crowd

v 붐비다
v 밀려오다
n 군중
n 무리

Every day around noon, / the hospital is crowded /
매일 정오쯤에   그 병원은 붐빈다

with a lot of nearby office workers.
많은 인근의 회사원들로

빈출표현 | · large crowd 많은 군중
| 파 crowded 붐비는

1323

Rank 0851

[gərɑ́:dʒ]
garage

n 차고

I have [repeatedly] told / him not to park / his car /
나는   여러 차례   말해왔다 그가 주차하지 말 것을   그의 차를

in front of the door [to the parking garage].
문 앞에   주차장의

빈출표현 | · parking garage 주차장 🏷

1324

Rank 0951

[péitrən]
patron

n 고객
n 후원자
n 단골

We will soon launch / a new product line, // and
우리는   곧   출시할 것이다 신제품 라인을   그리고

many of our patrons have / a particular interest / in it.
많은 우리의 고객들은 갖고 있다   특별한 관심을   그것에

빈출표현 | 유 customer 고객
| 파 patronize 후원하다

1325

Rank 1071

[trədíʃənl]
traditional

a 전통의
a 전통적인

Various kinds of traditional clothing [redesigned /
다양한 종류의 전통 의상은   재설계된

by famous artists] will be presented / at this fashion show.
유명한 예술가들에 의해   보여 질 것이다   이 패션쇼에서

빈출표현 | 파 tradition 전통, traditionally 전통적으로

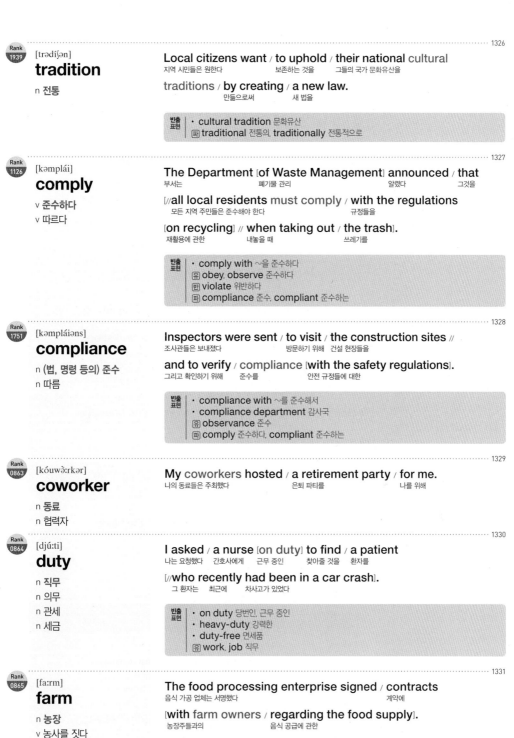

Rank 1939 [trədíʃən]

tradition

n 전통

1326

Local citizens want / to uphold / their national cultural
지역 시민들은 원한다　　　　보존하는 것을　　　그들의 국가 문화유산을

traditions / by creating / a new law.
　　　　　만듦으로써　　새 법을

> 빈출
> 표현
> · cultural tradition 문화유산
> ⑪ traditional 전통의, traditionally 전통적으로

Rank 1126 [kəmplái]

comply

v 준수하다
v 따르다

1327

The Department [of Waste Management] announced / that
부서는　　　　　　폐기물 관리　　　　　　알렸다　　　　그것을

[//all local residents must comply / with the regulations
모든 지역 주민들은 준수해야 한다　　　　　　규정들을

[on recycling] // when taking out / the trash].
재활용에 관한　　　내놓을 때　　쓰레기를

> 빈출
> 표현
> · comply with ~을 준수하다
> ⑧ obey, observe 준수하다
> ⑪ violate 위반하다
> ⑪ compliance 준수, compliant 준수하는

Rank 1751 [kəmpláiəns]

compliance

n (법, 명령 등의) 준수
n 따름

1328

Inspectors were sent / to visit / the construction sites //
조사관들은 보내졌다　　　　방문하기 위해 건설 현장들을

and to verify / compliance [with the safety regulations].
그리고 확인하기 위해　준수를　　　안전 규정들에 대한

> 빈출
> 표현
> · compliance with ~를 준수해서
> · compliance department 감사국
> ⑧ observance 준수
> ⑪ comply 준수하다, compliant 준수하는

Rank 0863 [kóuwə̀ːrkər]

coworker

n 동료
n 협력자

1329

My coworkers hosted / a retirement party / for me.
나의 동료들은 주최했다　　　은퇴 파티를　　　나를 위해

Rank 0864 [djúːti]

duty

n 직무
n 의무
n 관세
n 세금

1330

I asked / a nurse [on duty] to find / a patient
나는 요청했다　간호사에게　근무 중인　찾아줄 것을　환자를

[//who recently had been in a car crash].
그 환자는　　최근에　　차사고가 있었다

> 빈출
> 표현
> · on duty 당번인, 근무 중인
> · heavy-duty 강력한
> · duty-free 면세품
> ⑧ work, job 직무

Rank 0865 [faːrm]

farm

n 농장
v 농사를 짓다

1331

The food processing enterprise signed / contracts
음식 가공 업체는 서명했다　　　　　　　　계약에

[with farm owners / regarding the food supply].
농장주들과의　　　　음식 공급에 관한

> 빈출
> 표현
> · farm owner 농장주
> · farm worker 농장 일꾼

Rank 0866

[njúːli]

newly

ad 새로
ad 최근

1332

He is ready / to run / the mentoring program
그는 준비되었다　　운영할　　멘토링 프로그램을

[for newly hired staff members].
새로 고용된 직원들을 위한

빈출표현 ㈜ new 새로운

Rank 1273

[əkéiʒən]

occasion

n 경우
n 때
n 행사

1333

The updated versions [of this security program]
최신 버전이　　　　　　이 보안 프로그램의

will be set up / to prevent / access
설치될 것이다　　막기 위해　　접근을

[by unauthorized individuals] / on any occasion.
인가되지 않은 사람들의　　　　　　어떤 경우에도

빈출표현
· special occasion 특별한 경우 🔔
㈜ instance, case 경우
㈜ occasionally 가끔, occasional 가끔의

Rank 1646

[əkéiʒənəli]

occasionally

ad 때때로
ad 가끔

1334

Occasionally, / our company employees enjoy / climbing /
때때로　　　　우리 회사 직원들은 즐긴다　　　　오르는 것을

a mountain / together / instead of attending a workshop.
산에　　　　함께　　　워크숍에 참석하는 것 대신에

빈출표현 ㈜ occasion 경우, occasional 가끔의

Rank 0867

[priskrípʃən]

prescription

n 처방전
n 시효

1335

The prescription [//my doctor wrote / about an hour ago]
처방전은　　　　　　내 의사가 작성했다　　약 한 시간 전에

was sent / to this pharmacy.
보내졌다　　이 약국으로

빈출표현 · fill a prescription 약을 조제하다　　· refill a prescription 약을 다시 조제하다
㈜ prescribe 처방하다

Rank 1274

[pruːv]

prove

v 증명하다
v 밝혀지다

1336

Although he lacks / practical experience [in the fields
비록 그는 부족하지만　　실제적인 경험이　　　　　분야에서

[of sales and marketing]], // he proved /
판매와 마케팅의　　　　　　　　그는 증명했다

himself to be talented and competent.
그 자신이 재능 있고 유능하다는 것을

빈출표현 · prove to be ~라고 입증하다 🔔
㈜ proof 증명, proven 증명된

Rank 1370

[pruːf]

proof

n 증명(서)
n 증거(물)

1337

If you lose / proof of payment [such as your receipt
만약 당신이 잃어버리면　　지불 증명서를　　　영수증이나 티켓 조각과 같은

or ticket stub], // visit / our counter // and show /
　　　　　　　　　　방문하세요　우리 카운터에　　그리고 보여주세요

the credit card [//you used / to make / the purchase].
신용카드를　　　　　　당신이 사용했다　하는데　　구매

빈출표현 · proof of payment 지불 증명서　· proof of employment 재직 증명서
㈜ evidence 증거
㈜ prove 증명하다, proven 증명된

Rank 0868

[témpərətʃər]

temperature

n 온도

--- 1338

Unlike an adult, / an infant is very sensitive /
어른과 다르게   아기는   매우   민감하다

to changes [in temperature].
변화에   온도의

> 빈출표현
> · average temperature 평균 기온
> · room temperature 상온
> · low temperature 저온

Rank 0878

[kǽləndər]

calendar

n 달력

--- 1339

You should make sure // our next workshop is marked /
당신은 확인해야 한다   우리의 다음 워크숍이 표시되어 있다

on your calendar.
당신의 달력에

Rank 0879

[kántent]

content

n 내용물
a 만족하는

--- 1340

I filed / a reimbursement claim [for the package
난 제기했다 보상 청구를   소포에 대한

[/whose contents were damaged // when I received / it]].
그 소포의 내용물들이 손상되었다   내가 받았을때   그것을

Rank 0880

[dikrí:s]

decrease

n 감소
n 하락
v 줄이다
v 감소하다

--- 1341

The president expressed / her deep regret /
회장은 표현했다   그녀의 깊은 유감을

about the decrease [in our department's performance].
감소에 대해   우리 부서의 실적의

> 빈출표현
> ㊎ decline, reduction 감소
> ㊫ increase 증가
> ㊨ decreasing 감소하는, decreasingly 점점 감소하여

Rank 0881

[gein]

gain

v 얻다
v 획득하다
n 이익
n 수익

--- 1342

Management is very satisfied / that
경영진은   매우   만족한다   그것에

[/the company have gained / a larger share [of the market]].
회사가 얻었다   더 큰 점유율을   시장의

> 빈출표현
> · gain experience 경험을 쌓다
> ㊎ get 얻다

Rank 0962

[prágres]

progress

n 진전
n 진행
v 진행하다
v 진척시키다

--- 1343

The investors hope / that [/they will make / progress
투자자들은 희망한다   그것을   그들은 만들 것이다   진전을

[on their new expansion plan]].
그들의 새 확장 계획에 대한

> 빈출표현
> · progress in ~에 있어서의 진전 🔄
> · in progress 진행 중인
> ㊎ advance, movement 진전
> ㊨ progressive 진보적인, progressively 계속해서, progression 진전

Rank 1072

[ristɔ́:r]

restore

v 복구(복원)하다
v 회복시키다

--- 1344

The government is trying / to restore / destroyed
정부는 노력하고 있다   복구하기 위해   파괴된 사적지들을

historical sites / to their original appearances.
그들의 원래 모습으로

> 빈출표현
> · restore A to B A를 B의 상태로 복구하다
> ㊨ restoration 복원, restorative 복원하는

Rank 1813

[rèstəréiʃən]
restoration

n 복원
n 복구

The restoration [of the historic sites] will be led /
복원은　　　　　　　유적지의　　　　　　　　이끌어질 것이다

by prominent historians and local builders.
저명한 역사학자들과 지역 건축업자들에 의해

> 빈출 표현 | 파 restore 복원하다, restorative 복원하는

Rank 1443

[síːnik]
scenic

a 경치가 좋은

We are planning / to spend / a large part
우리는 계획하고 있다　　　보내는 것을　　　대부분을

[of our vacation] // cycling / on a scenic route.
우리 휴가의　　　　　　자전거 타는데　경치 좋은 길에서

> 빈출 표현 | • scenic route 경치 좋은 길
> 파 scene 풍경, scenery 경치

Rank 1601

[síːn]
scene

n 장면
n 풍경

We are recording / a scene / at the Grand Canyon,
우리는 기록하고 있다　　　한 장면을　　　그랜드 캐니언에서

[//which is one [of the natural wonders [of the world]]].
그것은 하나이다　　　자연 경관 중　　　　　세계의

> 빈출 표현 | 파 scenic 경치가 좋은, scenery 경치

Rank 0882

[səsáiəti]
society

n 사회
n 협회

The society [in that country] is one [based /
사회는　　　　　그 지역의　　　　하나다　바탕으로 한

on agriculture and family relationships].
농업과 가족 관계를

> 빈출 표현 | • historical society 역사 협회
> • international society 국제 사회
> 파 social 사회의

Rank 0883

[stæk]
stack

v 쌓아 올리다
v 채우다
n 더미
n 많음

Several books have been stacked / on the floor.
몇몇 책들이 쌓여져 있다　　　　　　　바닥에

> 빈출 표현 | • be stacked on(in, by) ~에 쌓다
> • stack of ~의 더미
> 유 pile 쌓다

Rank 0894

[fjúːəl]
fuel

n 연료

I heard / that [//the products [made / by the EE Company] had /
나는 들었다　그것을　제품들이　　　만들어진　EE Company에 의해　　가졌다

excellent fuel efficiency].
우수한 연료 효율을

> 빈출 표현 | • fuel efficiency 연료 효율, 연비
> • fuel consumption 연료 소비

STEP 3 집중해서 풀어라!	STEP 4 주기적인 복습 '기억상자'
워크북 134페이지부터 학습하면 됩니다.	제대로 외웠는지 확인하고 싶다고요? 까먹기 전에 다시 복습하고 싶다고요? 지금 당장 QR 코드를 스캔해 보세요.

1351~1400 Words

☐ **fully** 충분히, 완전히

☐ **load** 적재하다, 장전하다

☐ **nutrition** 영양

☐ **panel** 토론 참석자, (금속, 유리, 목재 등의) 판

☐ **regret** 유감스럽게 생각하다, 후회하다

☐ **sheet** 종이, 시트

☐ **whole** 모든, 전부의

☐ **flexible** 유연한, 융통성 있는

☐ **flexibility** 유연성, 융통성

☐ **occupy** 차지하다, 바쁘게 하다

☐ **occupation** 직업, 점령

☐ **photocopy** 복사, 복사하다

☐ **photocopier** 복사기

☐ **plenty** 많음, 풍부한 양

☐ **remark** 발언, 주목

☐ **remarkable** 주목할 만한, 놀랄 만한

☐ **role** 역할

☐ **slide** (현미경, 환등기의) 슬라이드, 하락

☐ **steady** 꾸준한, 지속적인

☐ **steadily** 꾸준히, 끊임없이

☐ **afraid** 걱정하는, 불안한

☐ **baggage** 짐, 수화물

☐ **charity** 자선(단체)

☐ **charitable** 자선(단체)의

☐ **cold** 추운, 감기

☐ **delicious** 맛있는

☐ **grocery** 식료품, 식료품점

☐ **itinerary** 일정(표), 여정

☐ **primarily** 주로, 원래

☐ **prime** 최고의, 주된

☐ **primary** 주요한, 최초의

☐ **spite** 악의, 앙심

☐ **summary** 요약, 개요

☐ **summarize** 요약하다

☐ **balance** 잔액, 균형

☐ **bit** 조금, 약간

☐ **decline** 하락, 감소

☐ **dramatically** 급격하게, 극적으로

☐ **dramatic** 급격한, 극적인

☐ **opinion** 의견, 견해

☐ **outline** 개요를 설명하다, 윤곽을 보여주다

☐ **refrigerator** 냉장고

☐ **surround** 둘러싸다, 에워싸다

☐ **surrounding** 주변의, 주위의

☐ **common** 흔한, 공통의

☐ **generate** 만들어 내다, 발생시키다

☐ **lose** 분실하다, 잃어버리다

☐ **loss** 손실, 손해

☐ **rare** 희귀한, 드문

☐ **rarely** 거의 ~하지 않는, 드물게

STEP **2** 집중해서 읽어라!

암기는 나중에, 정독에 집중하세요! 한 번에 외워야 한다는 강박은
개나 줘버리고 편안한 마음으로 읽되, 집중하세요.

1351

Rank 0895

[fúlli]
fully

ad **충분히**
ad **완전히**

Mr. Hanson's factory is already fully equipped, //
Mr. Hanson의 공장은　　　　　　이미 충분히　　갖춰져 있다

so he doesn't need / a new facility.
그래서 그는 필요하지 않다　　　새로운 시설이

> 빈출표현
> • fully equipped 충분히 갖춰진
> ⊕ completely, perfectly, totally 완전히
> ⊞ full 가득 찬

1352

Rank 0896

[loud]
load

v **적재하다**
v **장전하다**
n **작업량**
n **짐**

Two workers were loading / my refrigerator, cabinet,
두 명의 일꾼들이 적재하고 있었다　　　　나의 냉장고, 캐비넷, 그리고 다른 짐들을

and other stuff / into the baggage car.
　　　　　　　　　화물차에

> 빈출표현
> • load A into(onto) B A를 B에 싣다
> ⊕ carry, freight 적재하다

1353

Rank 1211

[njuːtríʃən]
nutrition

n **영양**

Eating [various vegetables and fruits] provides /
먹는 것은　　다양한 채소들과 과일들을　　　　　　제공한다

your body / with enough nutrition.
당신의 몸에　　충분한 영양을

1354

Rank 0897

[pǽnl]
panel

n **토론 참석자**
n **(금속, 유리, 목재 등의) 판**
v **판으로 덮다**

They announced / that [//the visitors [participating /
그들은 방송했다　　그것을　　방문자들은　　참여하는

in the panel discussion] should assemble /
공개 토론회에　　　　　　　모여야 한다

in the conference hall].
회의장에

> 빈출표현
> • panel discussion 공개 토론회
> • solar panel 태양 전지판

1355

Rank 1165

[rigrét]
regret

v **유감스럽게 생각하다**
v **후회하다**
n **유감**
n **후회**

I regret / to inform / you // that [//the prices [of our products]
나는 유감이다　　알리게 되어　　당신에게　그것을　가격이　　우리 제품들의

will rise / by 10% / next year].
오를 것이다　　10%　　내년에

> 빈출표현
> • regret to inform you that ~을 알리게 되어 유감이다
> ⊞ regrettably 유감스럽게도, regrettable 유감스러운, regretful 유감스러워 하는

1356

Rank 0898

[ʃiːt]
sheet

n **종이**
n **시트**

You should submit / your time sheets / by using /
당신은 제출해야 한다　　당신의 근무시간 기록표를　　사용하여

the computer program / starting tomorrow.
컴퓨터 프로그램을　　　　내일부터

> 빈출표현
> • time sheet 근무시간 기록표

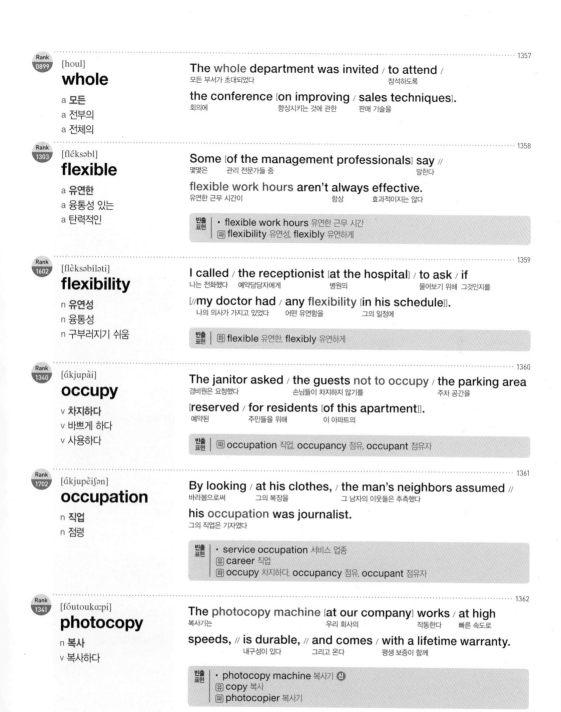

Rank 0899

[houl]

whole

a 모든
a 전부의
a 전체의

1357

The whole department was invited / to attend /
모든 부서가 초대되었다   참석하도록

the conference [on improving / sales techniques].
회의에   향상시키는 것에 관한   판매 기술을

Rank 1303

[fléksəbl]

flexible

a 유연한
a 융통성 있는
a 탄력적인

1358

Some [of the management professionals] say //
몇몇은   관리 전문가들 중   말한다

flexible work hours aren't always effective.
유연한 근무 시간이   항상   효과적이지는 않다

> 빈출표현 · flexible work hours 유연한 근무 시간
> 圏 flexibility 유연성, flexibly 유연하게

Rank 1602

[flèksəbíləti]

flexibility

n 유연성
n 융통성
n 구부러지기 쉬움

1359

I called / the receptionist [at the hospital] / to ask / if
나는 전화했다   예약담당자에게   병원의   물어보기 위해 그것인지를

[/my doctor had / any flexibility [in his schedule]].
나의 의사가 가지고 있었다   어떤 유연함을   그의 일정에

> 빈출표현 | 圏 flexible 유연한, flexibly 유연하게

Rank 1340

[ákjupài]

occupy

v 차지하다
v 바쁘게 하다
v 사용하다

1360

The janitor asked / the guests not to occupy / the parking area
경비원은 요청했다   손님들이 차지하지 않기를   주차 공간을

[reserved / for residents [of this apartment]].
예약된   주민들을 위해   이 아파트의

> 빈출표현 | 圏 occupation 직업, occupancy 점유, occupant 점유자

Rank 1702

[ákjupèiʃən]

occupation

n 직업
n 점령

1361

By looking / at his clothes, / the man's neighbors assumed //
바라봄으로써   그의 복장을   그 남자의 이웃들은 추측했다

his occupation was journalist.
그의 직업은 기자였다

> 빈출표현 · service occupation 서비스 업종
> 圏 career 직업
> 圏 occupy 차지하다, occupancy 점유, occupant 점유자

Rank 1341

[fóutoukɑːpi]

photocopy

n 복사
v 복사하다

1362

The photocopy machine [at our company] works / at high
복사기는   우리 회사의   작동한다   빠른 속도로

speeds, // is durable, // and comes / with a lifetime warranty.
내구성이 있다   그리고 온다   평생 보증이 함께

> 빈출표현 · photocopy machine 복사기 🔊
> 圏 copy 복사
> 圏 photocopier 복사기

Rank 1402

[fóutəkàpiər]

photocopier

n 복사기

Until a photocopier is installed / on our floor, //
복사기가 설치될 때까지 　　　　　　　　　 우리 층에

we have to go / downstairs / to copy / documents.
우리는 가야한다 　　아래층으로 　　복사하기 위해 　문서를

> 빈출표현 　🖨 photocopy 복사하다

Rank 0963

[plénti]

plenty

n 많음
n 풍부한 양
n 풍요로움
a 풍부한

I have spent / plenty of time // walking / along the beach //
나는 보냈다 　　많은 시간을 　　　　　걸으면서 　해변을 따라

and looking out / at the horizon.
그리고 바라보면서 　수평선을

> 빈출표현 　· plenty of 많은 ⚙
> 　유 lot 많음

Rank 1241

[rimá:rk]

remark

n 발언
n 주목
v 발언하다

We appreciate / your supportive remarks and comments
우리는 감사한다 　　　당신의 격려하는 발언과 의견들에

[regarding our medical aid activities [in Africa]].
우리의 의료 지원 활동들에 관한 　　　　　　　　아프리카에서의

> 빈출표현 　유 comment 발언
> 　🖨 remarkable 주목할 만한, remarkably 두드러지게

Rank 1876

[rimá:rkəbl]

remarkable

a 주목할 만한
a 놀랄 만한

The resorts [on the southern coast] are remarkable /
리조트들은 　　　남쪽 해안에 있는 　　　　　　주목할 만하다

because of their beautiful views and clean water.
그들의 아름다운 경관과 맑은 물 때문에

> 빈출표현 　유 notable, noteworthy 주목할 만한
> 　🖨 remark 주목, remarkably 두드러지게

Rank 0909

[roul]

role

n 역할

The role [of a professor] isn't only to do / research /
역할은 　　교수의 　　　　　　하는 것 뿐만 아니라 　연구를

but also to teach / students.
또한 가르치는 것이다 　　학생들을

> 빈출표현 　· play a role 역할을 하다 　　· lead role 주인공 역할
> 　· crucial role 결정적 역할 　　· important role 중요한 역할

Rank 0980

[slaid]

slide

n (현미경, 환등기의) 슬라이드
n 하락
n 미끄러짐
v 미끄러지다

I asked / my boss to arrange / for someone [to redesign /
나는 요청했다 　나의 상사가 마련해 줄 것을 　　누군가를 　　　재설계할

the slide show [//that is used / for the annual meeting]].
슬라이드 쇼를 　　　그 슬라이드쇼는 사용된다 　연례회의에서

Rank 1275

[stédi]

steady

a 꾸준한
a 지속적인
a 안정된

I don't understand / how [//discounts [on admission fees]
나는 이해할 수 없다 　　방법을 　할인이 　　입장료의

will be able to lead / to steady growth and profits].
이끌 수 있을 것이다 　　꾸준한 성장과 이익으로

> 빈출표현 　· steady growth 꾸준한 성장
> 　🖨 steadily 꾸준히, steadiness 견실함

Rank 1603

[stédili]

steadily

ad 꾸준히
ad 끊임없이
ad 점차

Since the expansion [of the business], /
확장 이후로   사업의

sales have been increasing / steadily.
매출이 증가하고 있다   꾸준히

> 빈출표현
> · steadily increase 꾸준히 증가하다
> 파 steady 꾸준한, steadiness 견실함

Rank 0919

[əfréid]

afraid

a 걱정하는
a 불안한
a 두려워하는

I'm afraid // I don't have / enough time [to help /
유감스럽다   나는 가지고 있지 않다 충분한 시간을   도울

you / with your project] / because /
당신을   당신의 프로젝트에 대해   이유는

my job is not entirely finished / yet.
내 업무가   완전히   끝나지 않았다   아직

> 빈출표현
> · I'm afraid 유감스럽다 ✿
> 유 worried 걱정하는

Rank 0920

[bǽgidʒ]

baggage

n 짐
n 수화물

An additional fee will be added / to your fare // because
추가 요금이 더해질 것이다   당신의 운임에   이유는

your baggage surpassed / the weight limit.
당신의 짐이 초과했다   무게 제한을

> 빈출표현
> 유 luggage 짐

Rank 1127

[tʃǽrəti]

charity

n 자선(단체)

Countless people help / those [in need] /
셀 수 없는 사람들이 돕는다   그들을   어려움에 처한

through their donations [to charity] / every day.
기부를 통해   자선단체에   매일

> 빈출표현
> · charity event 자선 행사
> 파 charitable 자선의

Rank 1814

[tʃǽritəbl]

charitable

a 자선(단체)의

Charitable organizations don't pursue / profits, /
자선 단체들은 추구하지 않는다   이윤을

unlike regular companies.
일반 회사들과 달리

> 빈출표현
> · charitable organization 자선 단체
> 파 charity 자선

Rank 0921

[kould]

cold

a 추운
n 감기
n 추위

I turned up / the heat // and pushed / the Max button, //
나는 켰다   난방기를   그리고 눌렀다   Max 버튼을

but the office's atmosphere is still cold.
그러나 사무실의 공기는   여전히   춥다

> 빈출표현
> · cold water 찬물
> · common cold 감기
> 반 warm 따뜻한

Rank 0922

[dilíʃəs]

delicious

a 맛있는

The restaurant [down the street] is gaining / a reputation /
식당은　　　　　　길 아래의　　　　　　얻고 있다　　　　명성을

for making / delicious pasta.
만드는 것으로　　　맛있는 파스타

> 빈출표현
> · delicious food 맛있는 음식
> · delicious meal 맛있는 식사
> 윤 tasty 맛있는

Rank 0923

[gróusəri]

grocery

n 식료품
n 식료품점

Our new grocery store reported /
우리의 새로운 식료품점은 보고했다

its last few months' performance / to the board.
지난 몇 달의 실적을　　　　　　　　　이사회에

> 빈출표현
> · grocery store 식료품점
> · grocery bag 쇼핑백

Rank 0924

[aitínərèri]

itinerary

n 일정(표)
n 여정

You should have / a detailed itinerary and the original receipts
당신은 가지고 있어야 한다　　　세부 일정표와 원본 영수증을

/ for reimbursement requests.
배상 요청을 위해

> 빈출표현
> · detailed itinerary 세부 일정표
> · travel(trip, tour) itinerary 여행 일정표
> 윤 schedule 일정, timetable 일정표

Rank 1484

[praimérəli]

primarily

ad 주로
ad 원래

They will be required / to provide / evidence
그들은 요구될 것이다　　　　제공하도록　　　증거를

[/that this bank account is primarily used / by the managers].
그 증거는　　이 은행 계좌가　　　주로　　　사용된다　매니저들에 의해

> 빈출표현
> · primarily visit 주로 방문하다
> 윤 mainly, mostly 주로
> 펜 prime 주요한, primary 주요한

Rank 1752

[praim]

prime

a 최고의
a 주된
a 주요한
a 뛰어난

Congress was looking / for a suitable person [to take /
의회는 찾고 있었다　　　　　　적합한 사람을　　　　　맡을

charge [as the prime minister]].
책임을　　　수상으로서의

> 빈출표현
> · the prime minister 수상, 국무총리
> 윤 supreme, superb, premier 최고의
> 펜 primarily 주로, primary 주요한

Rank 1940

[práimeri]

primary

a 주요한
a 최초의

The primary duty [of a politician] is to reflect /
주요한 의무는　　　　　　정치인의　　　　　반영하는 것이다

the residents' opinions [regarding law and policy].
주민들의 의견을　　　　　　법과 정책에 관한

> 빈출표현
> · primary goal 주요 목표
> 윤 chief, main 주요한
> 펜 primarily 주로, prime 주요한

Rank 0925

[inːspaitəv]

in spite of

prep ~에도 불구하고

1382

In spite of falling profits, / they have begun / investing /
줄어드는 이익에도 불구하고 　　　　그들은 시작했다　　　 투자하는 것을

aggressively / in research and development.
공격적으로　　　 연구와 개발에

Rank 1184

[sʌməri]

summary

n 요약
n 개요

1383

The financial summary should be reviewed /
재무 요약은 검토되어야 한다

by the head accountant // before it is submitted.
수석 회계사에 의해　　　　　 그것이 제출되기 전에

> 빈출표현
> · in summary 요약하면
> 파 summarize 요약하다

Rank 1647

[sʌməràiz]

summarize

v 요약하다

1384

Here is the information [on our staff] [//that the personnel
이것이 정보이다　　　　　　　　 우리 직원에 대한　　　 그 정보 인사 부장이 요약했다

manager summarized / for your reference].
　　　　　　　　　　 당신의 참고를 위해

> 빈출표현
> 파 summary 요약

Rank 0938

[bǽləns]

balance

n 잔액
n 균형
v 균형을 잡다

1385

They confirmed / that [//some customers still have not paid /
그들은 확인했다　　 그것을　 몇몇 고객들이　　 아직　 지불을 하지 않았다

their balances, [//which are long overdue]].
그들의 잔액을　　　　 그 잔액은 지불 기한이 한참 지났다

> 빈출표현
> · balance due 잔금 🔧
> · outstanding balance 미납 잔액
> · account balance 계좌 잔액 🔧

Rank 0939

[bit]

bit

n 조금
n 약간
n 잠깐

1386

Could you give / me a bit more time / to introduce /
당신은 줄 수 있습니까?　 나에게 조금 더 시간을　　 소개하기 위해

our other products / to you?
우리의 다른 제품들을　　 당신에게

> 빈출표현
> · little bit 아주 조금 🔧
> · quite a bit 상당히 🔧
> 유 little 조금

Rank 0940

[dikláin]

decline

n 하락
n 감소
v 하락하다
v 거절하다

1387

A sharp decline [in the stock market] can lead /
급격한 하락은　　　　 주식 시장의　　　　 이끌 수 있다

to the bankruptcy [of many companies [in the nation]].
파산을　　　　　　 많은 회사들을　　　　 국내의

> 빈출표현
> · sharp decline 급격한 하락
> · decline in ~의 하락
> 유 decrease, drop 하락

Rank 1276

[drəmǽtikəli]

dramatically

ad 급격하게
ad 극적으로

Due to the war [involving / arab countries], / oil prices began /
전쟁 때문에　　　관련된　　아랍 국가들이　　　기름 가격이 시작했다

to increase / dramatically.
인상되기　　　급격하게

> 빈출 표현 · increase dramatically 극적으로 증가하다
> 囲 dramatic 극적인

Rank 1554

[drəmǽtik]

dramatic

a 급격한
a 극적인
a 인상적인

High inflation is one [of many reason [//that can explain /
높은 인플레이션은 하나이다　　　많은 이유 중　　　그 이유는 설명할 수 있다

the dramatic decrease [in birth rates]]].
급격한 감소를　　　　출산율의

> 빈출 표현 · dramatic increase 급격한 증가 🌡
> 囲 dramatically 극적으로

Rank 0941

[əpínjən]

opinion

n 의견
n 견해

Maybe he will show / you a summary report [on the study] /
아마도 그는 보여줄 것이다　당신에게 요약된 보고서를　　　그 연구에 관한

to get / your opinion.
얻기 위하여　당신의 의견을

> 빈출 표현 🉐 suggestion, comment, idea 의견

Rank 0942

[áutlain]

outline

v 개요를 설명하다
v 윤곽을 보여주다
n 개요
n 윤곽

The presentation [at this IT conference] will outline /
발표는　　　이번 IT 학회에서의　　　개요를 설명할 것이다

the new network system.
새로운 네트워크 시스템의

Rank 1037

[rifrídʒərèitər]

refrigerator

n 냉장고

The instruction manual said // when you wipe off /
사용 설명서는 말한다　　　　당신이 닦을 때

this refrigerator, // you must only use / a sponge.
이 냉장고를　　　당신은　　오직　사용해야 한다 스폰지를

Rank 1403

[səráund]

surround

v 둘러싸다
v 에워싸다
v 포위하다

I saw / some musicians [surrounded / by fans
나는 보았다 몇몇 음악가들을　　　둘러싸인　　　팬들에

[//who were passing / by the square]].
그 팬들은 지나가고 있었다　　광장 옆을

> 빈출 표현 · surrounded by ~에 둘러싸인
> 囲 surrounding 주위의

Rank 1404

[səráundiŋ]

surrounding

a 주변의
a 주위의

Only one person is needed / to maintain /
오직 한 사람이 필요하다　　　보수하기 위해

the surrounding gardens.
주변의 정원을

> 빈출 표현 囲 surround 둘러싸다

Rank 1054

[kámən]

common

a 흔한
a 공통의
n 공통점

It appears / that [//apartments [without security guards] have /
그것은 나타났다　　그것으로　아파트들은　　경비원들이 없는　　　　　갖고 있다

common problems [such as receiving / lots of unwanted mail].
흔한 문제들을　　　　　받는 것과 같은　　　　많은 원하지 않는 우편물을

 | 유 usual 흔히　　　　　반 uncommon 흔치 않은

Rank 1055

[dʒénərèit]

generate

v 만들어 내다
v 발생시키다

The supervisor said // we should generate / ideas [to solve /
감독관은 말했다　　　　우리가 만들어 내야 한다　　아이디어를　해결할

the problem [//we are facing]].
문제를　　　　우리가 직면해 있는

 | 유 create 만들어 내다　　　　반 generation 발생, generator 발전기

Rank 1242

[luːz]

lose

v 분실하다
v 잃어버리다

Staff members [//who lose / their security card] have to tell /
직원들은　　　그들은 분실하다　　그들의 보안 카드를　　　말해야 한다

the worker [in the building's security office] // and apply /
직원에게　　건물의 경비실에 있는　　　　　　그리고 신청해야 한다

for a new one.
새로운 하나를

 | • lose weight 살이 빠지다
| 유 misplace 잃어버리다　　　　반 loss 손실

Rank 1648

[lɔːs]

loss

n 손실
n 손해

The sudden power failure [last night] resulted / in the loss
갑작스런 정전은　　　　　　지난밤의　　초래했다　　손실을

[of lots of data [on the server]].
대량의 데이터의　　　서버에 있는

 | 반 lose 잃어버리다

Rank 1277

[rɛər]

rare

a 희귀한
a 드문

The zoo is well known / to local residents /
동물원은　　　잘　알려져 있다　지역 주민들에게

for its rare and exotic animals.
희귀한 그리고 이국적인 동물들로

 | • rare book 희귀한 책
| 유 scarce 희귀한　　　　반 rarely 거의 ~하지 않는, rarity 희박

Rank 1604

[rɛ́ərli]

rarely

ad 거의 ~하지 않는
ad 드물게

Unfortunately, / they rarely saw / any passing cars //
불행히도　　　　그들은 거의 보지 못했다　어떤 지나다니는 차들도

after they got lost.
그들이 길을 잃은 이후

유 hardly, barely, scarcely 거의 ~ 않다　　　　반 rare 드문, rarity 희박

Day 28　1351~1400

STEP 3 집중해서 풀어라!

워크북 139페이지부터 학습하면
됩니다.

STEP 4 주기적인 복습 '기억상자'

제대로 외웠는지 확인하고 싶다고요? 까먹기 전에 다시 복습하고
싶다고요? 지금 당장 QR 코드를 스캔해 보세요.

1401~1450 Words

- [ ] reputation 명성, 평판
- [ ] unique 독특한, 유일한
- [ ] athletic 체육의, 운동 경기의
- [ ] athlete 운동선수
- [ ] crew (특정 분야에서 일하는) 직원, 승무원
- [ ] hesitate 망설이다, 주저하다
- [ ] ideal 이상적인, 이상
- [ ] occur 발생하다, 생기다
- [ ] restrict 제한하다, 한정하다
- [ ] restriction 제한, 규제
- [ ] sculpture 조각, 조각품
- [ ] sense 의미, 감각
- [ ] sensitive 기밀을 요하는, 민감한
- [ ] sharp 급격한, 날카로운
- [ ] verify 확인하다, 증명하다
- [ ] drawer 서랍
- [ ] existing 기존의, 현행의
- [ ] textile 섬유, 직물
- [ ] accident 사고
- [ ] accidentally 뜻하지 않게, 우연히
- [ ] caution 주의를 주다, 경고
- [ ] county 자치주(군)
- [ ] enhance 강화하다, 향상시키다
- [ ] frame 틀, 액자
- [ ] global 세계적인, 전체적인

- [ ] inn 여관
- [ ] jewelry 보석
- [ ] photographer 사진사, 사진작가
- [ ] pile 쌓다, 쌓은 더미
- [ ] vote 투표하다, 투표
- [ ] accompany 동반하다, 동행하다
- [ ] borrow 빌리다, 차용하다
- [ ] clerk 점원, 직원
- [ ] correspond 일치하다, 부합하다
- [ ] correspondence 서신, 편지
- [ ] fish 물고기, 어류
- [ ] fishing 낚시
- [ ] handbook 안내서, 편람
- [ ] leather 가죽
- [ ] oversee 감독하다, 감시하다
- [ ] pair 한 쌍, 한 쌍이 되다
- [ ] reply 대답하다, 답장을 보내다
- [ ] unexpected 예기치 않은, 예상 밖의
- [ ] attempt 시도하다, 노력하다
- [ ] consistently 지속적으로, 끊임없이
- [ ] consistent 한결같은, 일관된
- [ ] dessert 디저트, 후식
- [ ] draft 원고, 초안
- [ ] furnishing 가구, 비품
- [ ] interpreter 통역사

1401

Rank 0995

[répjutèiʃən]
reputation

n 명성
n 평판

The excellent faculty helped / the college build / its reputation /
훌륭한 교수진은 도왔다　　　　　　　　　그 대학이 쌓아 올리도록　　명성을

as a prestigious educational institute.
명문 교육 기관으로의

> 빈출표현
> • excellent reputation 훌륭한 평판
> • earn a reputation 명성을 얻다
> 郾 reputable 평판이 좋은

1402

Rank 0952

[juːníːk]
unique

a 독특한
a 유일한

We are planning / to arrange / a unique service /
우리는 계획중이다　　마련하는 것을　　독특한 서비스를

for our regular customers.
단골 고객들을 위해

> 빈출표현
> • unique service 독특한 서비스
> • unique opportunity 독특한 기회
> 郾 different, unusual, characteristic 독특한
> 郾 uniquely 독특하게

1403

Rank 1371

[æθlétik]
athletic

a 체육의
a 운동 경기의
a 경기용의

Many people [involved / in the athletic event] were injured /
많은 사람들이　　　관련된　　　체육 행사에　　　　　　부상을 입었다

by the collapsed building.
붕괴된 건물로 인해

> 빈출표현
> • athletic event 체육 행사　　　　• athletic club 운동부
> • athletic equipment 운동장비　　• athletic shoe 운동화
> 郾 athlete 운동 선수, athletics 운동경기

1404

Rank 1519

[æθliːt]
athlete

n 운동선수

Some famous athletes make / a lot of money /
일부 유명한 운동선수들은 번다　　　　　많은 돈을

through product endorsements and advertisements.
제품 홍보와 광고를 통해

> 빈출표현
> • professional athlete 프로 선수
> 郾 sportsperson, player 운동선수
> 郾 athletic 체육의, athletics 운동경기

1405

Rank 0964

[kruː]
crew

n (특정 분야에서 일하는) 직원
n 승무원
n 선원

Despite the work [of the utility crew], / we couldn't find / what
작업에도 불구하고　　　　설비보수 직원의　　　　우리는 찾을 수 없었다　　무엇인지를

[/the problem was].
문제가 있었다

> 빈출표현
> • crew member 승무원
> • work crew 작업반
> • maintenance crew 정비사

Rank 1150

[hèzətéit]
hesitate

v 망설이다
v 주저하다

I hope // they don't hesitate / to express / their opinions /
나는 희망한다 / 그들이 망설이지 않는다   표현하는데   그들의 의견을

at the upcoming meeting / next Monday morning.
다가오는 회의에서   다음 월요일 아침

> 빈출 표현
> • hesitate to ~하는 것을 망설이다 🔊
> 📖 hesitation 주저, hesitant 주저하는

Rank 1304

[aidíːəl]
ideal

a 이상적인
n 이상

The position [in the Sales Department] is ideal /
그 직위는   판매부의   이상적이다

for someone [//who is available / for outside work].
누군가에게   그는 가능하다   외근이

> 빈출 표현
> • ideal for ~에 이상적인 🔊   • ideal candidate 이상적인 후보 🔊
> • ideal location 이상적인 위치 🔊
> 🔁 perfect 이상적인
> 📖 real 실제의
> 📖 ideally 이상적으로, idealize 이상화하다, idealistic 이상주의적인

Rank 1056

[əkə́ːr]
occur

v 발생하다
v 생기다

Business owners should always be prepared // because
사업주들은   항상   준비돼야 한다   이유는

problems can occur / at any time / and in unexpected ways.
문제들이 발생할 수 있다   언제든지   그리고 예상치 못한 방법들로

> 빈출 표현
> • problem occurs 문제가 발생하다
> 🔁 happen, begin 발생하다
> 📖 occurrence 발생

Rank 1485

[ristríkt]
restrict

v 제한하다
v 한정하다

In order to update / the operating system, / access
업데이트하기 위해   운영 시스템을   접근이

[to the server] will be restricted / this afternoon.
서버로의   제한될 것이다   오늘 오후

> 빈출 표현
> • restricted area 제한 구역
> 🔁 limit, curb, confine, restrain 제한하다
> 📖 restriction 제한, restrictive 제한하는

Rank 1649

[ristríkʃn]
restriction

n 제한
n 규제

I hear // there are / several restrictions [regarding taking /
나는 들었다   거기에 있다   몇 가지 제한들이   가져가는 것에 대하여

a bicycle / on the subway].
자전거를   지하철에

> 빈출 표현
> 🔁 limitation 제한
> 📖 restrict 제한하다, restrictive 제한하는

Rank 1009

[skʌ́lptʃər]
sculpture

n 조각
n 조각품
v 조각하다

My friend heard / on the grapevine / that [//an international
나의 친구는 들었다   소문으로   그것을   국제 조각 전시회가

sculpture exhibition will be held / this winter].
개최될 것이다   이번 겨울에

> 빈출 표현
> • sculpture exhibition 조각 전시회   • sculpture garden 조각 공원
> • modern sculpture 현대 조각
> 📖 sculptor 조각가

Rank 1372

[sens]

sense

n 의미
n 감각
v 감지하다
v 탐지하다

At this morning's meeting, / I couldn't make any sense /
오늘 아침 회의에서　　　　　나는　　　　　어떤 것도 이해할 수 없었다

of her explanation [of the issue].
그녀의 설명을　　　　그 주제에 대한

> 빈출표현
> · make sense 이해가 되다
> 유 meaning 의미
> 파 sensitive 민감한, sensitivity 세심함, sensitively 민감하게

Rank 1650

[sénsətiv]

sensitive

a 기밀을 요하는
a 민감한
a 예민한
a 세심한

The sensitive financial data will be stored /
기밀을 요하는 회계 자료들은 저장될 것이다

safely and securely / by the security program.
안전하고 확실하게　　　　보안 프로그램에 의해

> 빈출표현
> · sensitive data 기밀을 요하는 자료
> · sensitive nature 민감한 성격
> 파 sense 감지하다, sensitivity 세심함, sensitively 민감하게

Rank 1405

[ʃɑːrp]

sharp

a 급격한
a 날카로운

The sales figures [in the division] represent / a sharp decline
매출액은　　　　　그 부서의　　　　보여준다　　　　급격한 감소를

[in market share].
시장 점유율의

> 빈출표현
> · sharp decline 급격한 감소
> · sharp increase 급격한 증가
> 유 rapid, steep 급격한
> 파 sharply 날카롭게, sharpen 날카롭다, sharpness 날카로움

Rank 1023

[vérifài]

verify

v 확인하다
v 증명하다

You must present / an ID card / to verify / your identity //
당신은 제시해야 한다　　　신분증을　　　확인하기 위해　　　당신의 신분을

before entering / the building.
들어가기 전에　　　　건물에

> 빈출표현
> 유 check, confirm 확인하다
> 파 verification 확인, verifiable 확인할 수 있는

Rank 0981

[drɔːr]

drawer

n 서랍

The file drawer didn't shut / well / because of the large amount
그 파일 서랍은 닫히지 않았다　　　잘　　　많은 양의 문서들 때문에

of documents [kept / in it].
　　　　보관된　　그곳에

> 빈출표현
> · file drawer 파일 서랍
> · desk drawer 책상 서랍

Rank 1243

[igzístiŋ]

existing

a 기존의
a 현행의

The existing health center offers / local residents much better
기존의 건강 센터는 제공한다　　　　지역 주민들에게　　　훨씬 더 좋은 서비스를

service / than the other one [/that recently opened].
다른 곳보다　　　　　　그곳은 최근에 개업했다

> 빈출표현
> 파 exist 존재하다, existence 존재, existent 존재하는

Day **29** 1401~1450

Rank 0982

[tékstail]

textile

n 섬유
n 직물
a 직물의

Mr. Drake started / his career [in the textile industry /
Mr. Drake는 시작했다　　　그의 경력을　　　섬유 업계에서

as a senior engineer].
상급 기술자로

 빈출 표현
· textile industry 섬유 업계(산업)
· textile company 섬유 회사
· textile manufacturing 섬유 제조
· textile plant 섬유 공장

Rank 1520

[ǽksidənt]

accident

n 사고

We expect / the safety inspector [//who was recently hired]
우리는 기대한다　　안전 검사관이　　　　　그는 최근에 고용되었다

to help / reduce / the number [of accidents [in the factory]].
돕기를　　　줄이는 것을　　수를　　　　사고의　　　　공장에서

빈출 표현
· factory accident 공장 사고
⟨유⟩ disaster, mishap 사고
⟨파⟩ accidentally 우연히, accidental 우연한

Rank 1753

[æ̀ksədéntəli]

accidentally

a 뜻하지 않게
a 우연히
a 실수로

A lot of money was withdrawn / accidentally /
많은 돈이 인출되었다　　　　　　　　　　뜻하지 않게

from my personal account.
나의 개인 계좌에서

빈출 표현
⟨파⟩ accident 사고, accidental 우연한

Rank 1444

[kɔ́ːʃn]

caution

v 주의를 주다
n 경고
n 주의
n 조심

Before the meeting begins, // I would like to caution / you /
회의를 시작하기 전에　　　　　나는 주의를 주고 싶다　　당신에게

about unauthorized absences.
무단 결근에 대해

빈출 표현
⟨파⟩ cautious 조심스러운, cautionary 경고성의

Rank 0996

[káunti]

county

n 자치주(군)

After buying / real estate, // residents [of Yorkshire County] have
구입한 후　　　부동산을　　　주민들은　　　Yorkshire 자치주　　　갖는다

/ sixty days / to notify / the local government office // and
60일을　　　신고하는데　　지역 관공서에　　　　　　그리고

pay / taxes.
지불하는데 세금을

빈출 표현
⟨유⟩ province (행정단위) 주(州)

Rank 1088

[inhǽs]

enhance

v 강화하다
v 향상시키다

In spite of the difficult situation, / my sister made
어려운 상황에도 불구하고　　　　　　　나의 여동생은 했다

a concentrated effort / to enhance / her career.
집중적인 노력을　　　　　강화하기 위해　　그녀의 경력을

빈출 표현
⟨유⟩ reinforce, strengthen, consolidate 강화하다
⟨파⟩ enhancement 강화

Rank 0997

[freim]

frame

n 틀
n 액자

We broke / the picture frame // while cleaning / it / yesterday.
우리는 망가뜨렸다　액자를　　　　　청소하는 동안　　그것을　어제

> 빈출 표현
> · picture frame 액자
> · window frame 창틀

Rank 1038

[glóubl]

global

a 세계적인
a 전체적인

The biggest stockholder [in the company] decided / to attract /
최대 주주는　　　　　　그 회사의　　　　결정했다　끌어들이는 것을

other investors / to enter / the global market.
다른 투자자들을　진출하기 위해　세계 시장에

> 빈출 표현
> · global market 세계 시장
> · global warming 지구 온난화
> · global economy 세계 경제
> ⊕ world 세계적인
> ⊛ globally 세계적으로

Rank 0998

[in]

inn

n 여관

The owner [of the inn] changed / the date [//when it would
주인은　　　여관의　　변경했다　날짜를　　그 날짜에 재개장 할 것이다

reopen // after being renovated].
　　　보수 후에

Rank 0999

[dʒúːəl]

jewelry

n 보석

The necklace [displayed / in the jewelry store] is the most
그 목걸이는　　　　전시된　　　　보석 가게에　　　　가장 아름다운 것이다

beautiful thing [//I have ever seen / in my life].
　　　　　　　　내가 지금까지 봤았다　나의 인생에서

> 빈출 표현
> · jewelry store(shop) 보석 가게

Rank 1000

[fətágrəfər]

photographer

n 사진사
n 사진작가

The director is planning / to post / the ad
관리자는 계획하고 있다　　　게재하는 것을　광고를

[for a new photographer] / on several Web sites.
새로운 사진사를 위한　　　　몇몇 웹사이트에

> 빈출 표현
> ⊞ photograph 사진. photography 사진촬영술

Rank 1001

[pail]

pile

v 쌓다
n 쌓은 더미

Broken furniture and glass were piled / in the vacant lot /
부서진 가구와 유리가 쌓여져 있었다　　　　　　　공터에

for months.
몇 달 동안

> 빈출 표현
> · in a pile 수북이 쌓인
> ⊕ stack 쌓다

Rank 1002

[vout]

vote

v 투표하다
n 투표
n 투표권

They asked / the council members to vote /
그들은 요청했다　의회 의원들이 투표할 것을

on the proposal [//that the law should be changed].
안건에 대해　　　　　그 안건은 법안이 변경되어야 한다

> 빈출 표현
> · vote in favor of ~에 찬성투표를 하다

Day 29 1401-1450

Rank 1010

[əkʌ́mpəni]

accompany

v 동반하다
v 동행하다

Mr. Reynolds was accompanied / by several members
Mr. Reynolds에게 동반되었다   몇 명이

[of his staff] // when he attended / the meeting.
그의 직원   그가 참석했을 때   회의에

빈출표현 · be accompanied by ~를 동반하다

Rank 1011

[bárou]

borrow

v 빌리다
v 차용하다

You should submit / your student ID card // if
당신은 제출해야 한다   당신의 학생 신분증을   만약

you'd like to borrow / a notebook / at the university library.
당신이 빌리고 싶다면   노트북을   대학 도서관에서

빈출표현 | 圏 rent, hire 빌리다

Rank 1012

[klə:rk]

clerk

n 점원
n 직원
n 사원

The sales clerk [named / Mr. Natzler] will help / you perform /
판매점원이   이름을 가진   Mr. Natzler라는   도와줄 것이다   당신이 수행하는 것을

the following procedures.
다음 절차들을

빈출표현 | · sales clerk 판매점원   · store clerk 점원
　　　　| · hotel clerk 호텔 종업원   · bank clerk 은행원

Rank 1486

[kɔ̀:rəspánd]

correspond

v 일치하다
v 부합하다

He said // the copies [of the documents [//we sent over]]
그는 말했다   사본들이   문서들의   우리가 보냈다

don't correspond / with the original.
일치하지 않는다   원본과

빈출표현 | · correspond with ~과 부합하다
　　　　| 圏 correspondence 일치, corresponding 일치하는

Rank 1703

[kɔ̀:rəspándəns]

correspondence

n 서신
n 편지
n 일치

All correspondence [regarding the contract] is kept / safely /
모든 서신은   그 계약과 관련된   보관된다   안전하게

in the human resources office.
인사과에

빈출표현 | 圏 letter, mail 서신
　　　　| 圏 correspond 일치하다, corresponding 일치하는

Rank 1305

[fiʃ]

fish

n 물고기
n 어류
v 낚시하다

If you pay / only 20 dollars, // you can enjoy /
만약 당신이 지불한다면   20달러만   당신은 즐길 수 있다

a variety of delicious fish and pasta dishes.
다양한 맛있는 물고기와 파스타 요리들을

빈출표현 | 圏 fishing 낚시

Rank 1754

[fiʃiŋ]

fishing

n 낚시

In the central lakes [of the city], / fishing is banned /
중앙 호수에서   도시의   낚시는 금지된다

for everyone / except local residents.
모두에게   지역주민들을 제외하고

빈출표현 | 圏 fish 물고기

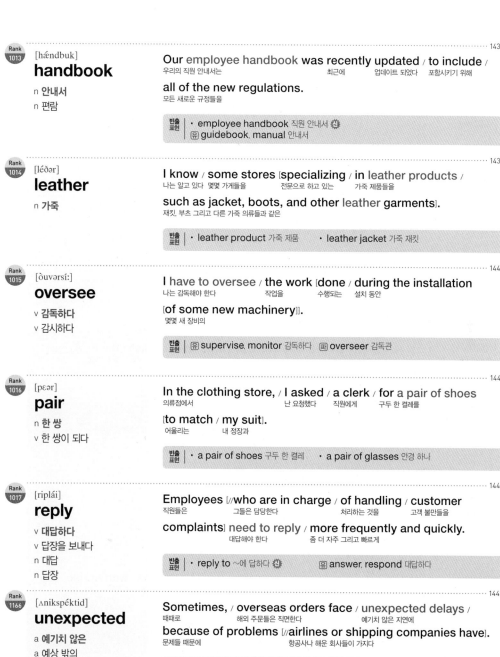

Rank 1013 [hǽndbuk]
handbook
n 안내서
n 편람

── 1438

Our employee handbook was recently updated / to include /
우리의 직원 안내서는　　　　　　　　　　최근에　　　　업데이트 되었다　포함시키기 위해

all of the new regulations.
모든 새로운 규정들을

> 빈출 표현 | · employee handbook 직원 안내서 🔥
> 傻 guidebook, manual 안내서

Rank 1014 [léðər]
leather
n 가죽

── 1439

I know / some stores [specializing / in leather products /
나는 알고 있다　몇몇 가게들을　　　전문으로 하고 있는　　가죽 제품들을

such as jacket, boots, and other leather garments].
재킷, 부츠 그리고 다른 가죽 의류들과 같은

> 빈출 표현 | · leather product 가죽 제품　　· leather jacket 가죽 재킷

Rank 1015 [òuvərsí:]
oversee
v 감독하다
v 감시하다

── 1440

I have to oversee / the work [done / during the installation
나는 감독해야 한다　　　작업을　　　수행되는　　　설치 동안

[of some new machinery]].
몇몇 새 장비의

> 빈출 표현 | 傻 supervise, monitor 감독하다　圈 overseer 감독관

Rank 1016 [pɛər]
pair
n 한 쌍
v 한 쌍이 되다

── 1441

In the clothing store, / I asked / a clerk / for a pair of shoes
의류점에서　　　　　　난 요청했다　직원에게　　구두 한 켤레를

[to match / my suit].
어울리는　　내 정장과

> 빈출 표현 | · a pair of shoes 구두 한 켤레　　· a pair of glasses 안경 하나

Rank 1017 [riplái]
reply
v 대답하다
v 답장을 보내다
n 대답
n 답장

── 1442

Employees [who are in charge / of handling / customer
직원들은　　　　그들은 담당한다　　처리하는 것을　　고객 불만들을

complaints] need to reply / more frequently and quickly.
대답해야 한다　　좀 더 자주 그리고 빠르게

> 빈출 표현 | · reply to ~에 답하다 🔥　　　　傻 answer, respond 대답하다

Rank 1166 [ʌnikspéktid]
unexpected
a 예기치 않은
a 예상 밖의

── 1443

Sometimes, / overseas orders face / unexpected delays /
때때로　　　　해외 주문들은 직면한다　　예기치 않은 지연에

because of problems [airlines or shipping companies have].
문제들 때문에　　　　　　　항공사나 해운 회사들이 가지다

> 빈출 표현 | · unexpected delay 예기치 않은 지연

Rank 1024 [ətémpt]
attempt
v 시도하다
v 노력하다
n 시도
n 노력

── 1444

The supervisor warned / the visitors [who were attempting /
그 관리자는 경고했다　　　　방문객들에게　　　그들은 시도하고 있었다

to get over / the fence].
넘으려고　　　울타리를

> 빈출 표현 | · in an attempt to ~하기 위하여　傻 try 시도하다

Day 29 1401~1450

Rank 1445

[kənsístəntli]

consistently

ad **지속적으로**
ad 끊임없이
ad 일관되게

She has consistently surpassed / her co-workers /
그녀는　　　지속적으로　　　능가해 왔다　　　그녀의 동료들을

with her sales performance.
그녀의 판매 실적으로

> 빈출표현 | 📖 consistent 일관된, consistency 일관성

Rank 1815

[kənsístənt]

consistent

a **한결같은**
a 일관된
a 일치하는

Ms. Hong has won / an award / for her consistent excellence /
Ms. Hong은 받았다　　　상을　　　그녀의 한결같은 우수함에 대해

in each [of the last ten years].
내내　　　지난 십년

> 빈출표현 | 📖 consistently 일관되게, consistency 일관성

Rank 1025

[dizə́:rt]

dessert

n **디저트**
n 후식

Sometimes, / my sister asks / me / for desserts /
때때로　　　나의 여동생은 부탁한다　　나에게　　디저트들을

such as cake, ice cream, and pie.
케이크, 아이스크림, 그리고 파이 같은

Rank 1026

[dræft]

draft

n **원고**
n 초안
v 초안을 잡다

She visited / my office / to urge / me to finish / the final draft
그녀는 방문했다　　나의 사무실을　　재촉하기 위해　내가 마무리 짓는 것을　　최종 원고를

[of my book [on the Roman Empire]].
내 책의　　　　　로마 제국에 관한

> 빈출표현 |
> • final draft 최종 원고
> • first draft 초안 🔔

Rank 1167

[fə́:rniʃiŋz]

furnishing

n **가구**
n 비품

Would you introduce / an importer
당신은 소개해 줄 수 있나요?　　수입업자를

[of luxurious furnishings] / to me?
고급스러운 가구들의　　　　　나에게

> 빈출표현 | • home furnishing 가정용 가구 🔔
> 📖 furnish (가구를) 비치하다

Rank 1651

[intə́:rpritər]

interpreter

n **통역사**

I am recruiting / an interpreter [to help / me / with Arabic /
나는 모집하고 있다　　통역사를　　　도와줄　나를　아랍어로

at the convention].
협의회에서

> 빈출표현 | 📖 interpret 해석하다, interpretation 해석

STEP 3 집중해서 풀어라!	STEP 4 주기적인 복습 '기억상자'
워크북 144페이지부터 학습하면 됩니다.	제대로 외웠는지 확인하고 싶다고요? 까먹기 전에 다시 복습하고 싶다고요? 지금 당장 QR 코드를 스캔해 보세요.

읽을 수 있을 때까지 들어라!

읽지 못하는 단어는 절대 외울 수 없습니다! 발음 기호 없이 자신있게
읽을 수 있을 때까지 원어민의 발음을 들으면서 반복해서 따라 읽으세요.

1451~1500 Words

- [ ] **interpret** 해석하다, 통역하다
- [ ] **numerous** 수많은, 다수의
- [ ] **suitcase** 여행 가방
- [ ] **talented** 재능 있는, 유능한
- [ ] **talent** 재능, 재능 있는 사람
- [ ] **absence** 부재, 결석
- [ ] **belongings** 소지품, 소유물
- [ ] **belong** ~에 속하다, ~할 자격이 있다
- [ ] **distinguish** 구분하다, 구별하다
- [ ] **judge** 심사위원, 판사
- [ ] **loyal** 충성스러운, 충실한
- [ ] **loyalty** 충성(심)
- [ ] **pull** 당기다, 끌다
- [ ] **routine** 일상적인, 보통의
- [ ] **routinely** 정기적으로, 일상적으로
- [ ] **statistic** 통계, 통계치
- [ ] **statistical** 통계의, 통계적인
- [ ] **status** 상태, 지위
- [ ] **suite** 스위트룸, 세트(한 벌)
- [ ] **transit** 교통, 수송
- [ ] **chairperson** 의장
- [ ] **closet** 벽장
- [ ] **combine** 합병하다, 결합하다
- [ ] **combination** 조합, 결합
- [ ] **decade** 10년

- [ ] **dock** 부두, 선창
- [ ] **explore** 조사하다, 탐험하다
- [ ] **lean** 기대다, 기울이다
- [ ] **nurse** 간호사, 간호하다
- [ ] **nursing** 간호, 간호학
- [ ] **plumbing** 배관, 수도 설비
- [ ] **plumber** 배관공
- [ ] **prospective** 장래의, 유망한
- [ ] **railing** 난간
- [ ] **rail** 기차, 철도
- [ ] **substantial** 상당한, 실질적인
- [ ] **substantially** 상당히, 크게
- [ ] **superior** 우수한, 뛰어난
- [ ] **united** 연합한, 통합된
- [ ] **valid** 유효한, 타당한
- [ ] **academy** 학원, 학교
- [ ] **academic** 학교의, 학업의
- [ ] **appeal** 관심을 끌다, 매력적이다
- [ ] **assume** (직책을) 맡다, 가정하다
- [ ] **emergency** 비상(사태), 긴급(사태)
- [ ] **fence** 울타리
- [ ] **inspire** 영감을 주다, 격려하다
- [ ] **interruption** 중단, 방해
- [ ] **interrupt** 중단시키다, 방해하다
- [ ] **preserve** 보존하다, 보호하다

1451

Rank 1816

[intə́ːrprit]

interpret

v 해석하다
v 통역하다
v 설명하다

I think // you and your foreign buyers are interpreting /
나는 생각한다   당신과 당신의 외국 바이어들은 해석하고 있다

the clauses [in the contract] / differently.
조항들을   계약서의   다르게

> 빈출표현
> 鬩 translate 해석하다
> 派 interpreter 통역사, interpretation 해석

1452

Rank 1128

[njúːmərəs]

numerous

a 수많은
a 다수의
a 무수한

Ms. Short has written / numerous books
Ms. Short는 저술해 왔다   수많은 책을

[on the international economy], // and she is now an economic
국제 경제에 관한   그리고 그녀는 현재 경제 고문이다

adviser [to the Global Bank].
      Global Bank의

> 빈출표현
> • numerous quotations 수많은 인용구
> 鬩 countless 수많은
> 凡 few 거의 없는
> 派 numerously 수없이

1453

Rank 1027

[súːtkeis]

suitcase

n 여행 가방

I lost / my suitcase [containing / my passport and other forms
나는 잃어버렸다 나의 여행 가방을 들어있는   나의 여권과   다른 신분증명서가

of identification] // while I was flying back / from Washington.
                          내가 회항하는 동안   워싱턴에서

> 빈출표현
> • pull a suitcase 여행 가방을 끌다

1454

Rank 1406

[tǽləntid]

talented

a 재능 있는
a 유능한

The purpose [of participating / in the job fair] is to find /
목적은   참가하는   취업 박람회에   찾는 것이다

talented people [//who will work / with us].
재능 있는 사람들을   그들은 근무할 것이다 우리와 함께

> 빈출표현
> • talented people 재능 있는 사람들
> • talented team 유능한 팀
> 鬩 gifted, able 재능 있는
> 派 talent 재능

1455

Rank 1652

[tǽlənt]

talent

n 재능
n 재능 있는 사람

During the job interview, / you should specifically demonstrate
취직 면접 동안   당신은   구체적으로   설명해야 한다

/ your talent / for only a brief amount of time.
  당신의 재능을   단지 짧은 시간 동안

> 빈출표현
> • artistic talent 예술적 재능
> 鬩 ability, gift, capacity, aptitude 재능
> 派 talented 재능 있는

Rank 1278

[ǽbsəns]
absence

n 부재
n 결석
n 결근

---- 1456

He asked / for a leave of absence / from work /
그는 요청했다　　휴가를　　　　　　일로부터

because of his workplace injury.
그의 산업재해 때문에

· a leave of absence 휴가
· absence from work 결근
· in one's absence ～의 부재중에
圓 absent 결석한

Rank 1342

[bilɔ́:ŋiŋz]
belongings

n 소지품
n 소유물
n 재산

---- 1457

You have to check / thoroughly / to see / if //you have /
당신은 점검해야 한다　　철저히　　　알기 위해　그것인지를　당신은 있다

any belongings [missing] // before getting off / the train].
어떤 소지품이　　　분실한　　　　내리기 전에　　　　기차에서

빈출표현 | 圙 possessions 소지품, property 소유물
圓 belong ～에 속하다

Rank 1817

[bilɔ́:ŋ]
belong

v ～에 속하다
v ～할 자격이 있다

---- 1458

Mr. Green and Mr. White belong / to the same fitness club, //
Mr. Green과 Mr. White는 속한다　　　같은 피트니스 클럽에

and they have taken part / in the competition / together.
그리고 그들은 참가해왔다　　　시합에　　　　　함께

빈출표현 | · belong to ～에 속하다
圓 belongings 소지품

Rank 1555

[distíŋgwiʃ]
distinguish

v 구분하다
v 구별하다
v 식별하다

---- 1459

Some imitations [created / by experts] are difficult /
몇몇 모조품들은　　제작된　　전문가들에 의해　어렵다

to be distinguished / from an original.
구분되기　　　　　　진품과

빈출표현 | · distinguish A from B A를 B로부터 구별하다
圙 sort, divide 구분하다
圓 distinguished 구별되는, distinctively 구별하여

Rank 1089

[dʒʌdʒ]
judge

n 심사위원
n 판사
v 판단하다
v 심사하다

---- 1460

Before the competition, / the judge mentioned / that
경기 전에　　　　　　심사위원은 말했다　　　　그것을

[//the screening process should be / as fair as possible].
심사 과정은 해야 한다　　　　가능한 한 공정하게

빈출표현 | · judge by ～으로 판단하다
圓 judgment 판단

Rank 1407

[lɔ́iəl]
loyal

a 충성스러운
a 충실한
a 충성된

---- 1461

Most sales representatives believe / that [//it's more important
대부분의 영업 사원들은 믿는다　　　　그것을　　　더 중요하다

to retain / loyal customers / than to add / new ones].
유지하는 것이　단골 고객들을　　　추가하는 것보다　새로운 고객들을

빈출표현 | · loyal customer 단골 고객
· loyal to ～에 충실한
圓 loyalty 충성(심)

Rank 1877

[lɔ́iəlti]

loyalty

n 충성(심)

I'd like to take / this opportunity / to thank / all of my employees
나는 갖고 싶다　　　이 기회를　　　감사하기 위해　　모든 내 직원들에게

/ for their loyalty [to my company / for the past twenty years].
그들의 충성심에 대해　　나의 회사에 대한　　지난 20년간

> 빈출 표현
> • customer loyalty 고객 충성도
> ㎨ loyal 충성스러운

Rank 1039

[pul]

pull

v 당기다
v 끌다
v 뽑다

When replacing / the light bulb [from the ceiling], //
교체할 때　　　전구를　　　　천장의

turn / it / in a clockwise direction // and avoid / pulling /
돌려라　그것을 시계 방향으로　　　　그리고 피해라　당겨지는 것을

on the electric cord.
전기 코드가

> 빈출 표현
> • pull down 끌어내리다
> • pull up 멈추다, 서다
> ㎨ stretch 당기다
> ㎨ push 밀다

Rank 1244

[ruːtíːn]

routine

a **일상적인**
a 보통의
n 일상
n 일과

The system operator announced / that
시스템 운용자는 공지했다　　　　　　그것을

[//the Web site would be shut down / for routine maintenance /
웹사이트가 정지될 것이다　　　　　정기 보수 때문에

for one hour // starting / at noon].
1시간 동안　　시작하여　정오에

> 빈출 표현
> • routine maintenance 정기 보수
> ㎨ informal, ordinary 일상적인
> ㎨ routinely 일상적으로

Rank 1995

[ruːtíːnli]

routinely

ad 정기적으로
ad 일상적으로
ad 관례대로

A recent survey discovered / that [//the department store
최근 조사는 알아냈다　　　　　그것을　백화점은

[//which did not attract / many shoppers / to its sales] has failed
그 백화점은 유치하지 못했다　　많은 고객들을　　판매에　　　실패해 왔다

/ to routinely hand out / flyers / to local residents].
정기적으로 나누어 주는 것을　전단지를　지역 주민들에게

> 빈출 표현
> ㎨ periodically, regularly 정기적으로
> ㎨ routine 일상적인

Rank 1653

[stətístik]

statistic

n 통계
n 통계치
n 통계학

Magazines [intended / for professionals] have to contain /
잡지들은　　대상으로 하는　전문직들을　　　포함해야 한다

specific examples and descriptive statistics.
구체적인 예시와 기술적인 통계들을

> 빈출 표현
> • descriptive statistic 기술적인 통계
> ㎨ statistical 통계의, statistically 통계로, statistician 통계학자

statistical

Rank 1818

[stətístikəl]

a 통계의
a 통계적인

1467

In order to save / money, / instead of hiring / an outside expert,
줄이기 위해　　　　비용을　　　고용하는 대신　　　외부 전문가를

/ the senior accountant performed / the statistical analysis /
상급 회계사는 수행했다　　　　　　　　　　통계분석을

himself.
그 스스로

> 빈출표현 | · statistical analysis 통계분석
> 圈 statistic 통계, statistically 통계로, statistician 통계학자

status

Rank 1040

[stéitəs]

n 상태
n 지위

1468

Only people [//who remain / in the departure terminal] will be
사람들만이　　　　그들은 남아 있다　　출발 터미널에　　　　들을 수 있을 것이다

able to hear / announcements [regarding the status
　　　　　　　　공지를　　　　　　　상태에 대한

[of their flights]] // when the flight schedules are changed.
그들의 항공기의　　　　　　　항공 일정이 변경될 때

> 빈출표현 | · status of an order 주문 상태
> 圈 state, condition, situation 상태

suite

Rank 1041

[swiːt]

n 스위트룸
n 세트(한 벌)

1469

To mark / the 20th anniversary [of the opening [of our hotel]], /
기념하기 위해　　20번째 기념일을　　　　　개점의　　　　우리 호텔의

we are planning / to offer / a stay
우리는 계획 중이다　　제공하는 것을　　숙박을

[in a complimentary deluxe suite] / to regular customers.
무료의 호화스런 스위트룸에　　　　　　단골 고객들에게

transit

Rank 1042

[trǽnsit]

n 교통
n 수송
n 통과

1470

Commuters faced / delays / on the road / this morning /
통근자들은 직면했다　　지연에　　도로위에서　　오늘 아침에

due to the malfunctioning [of traffic lights], // but
고장 때문에　　　　　　　　신호등의　　　　　하지만

transit authorities predict / that [//the mechanical problems
교통 당국은 예측한다　　　　　그것을　　　기계적 문제들은

will be fixed / by five o'clock].
고쳐질 것이다　　5시까지

> 빈출표현 | · transit authority 교통 당국
> · in transit 수송 중에
> · transit system 교통 시스템, 수송 체계
> 圈 traffic, transport 교통

chairperson

Rank 1446

[tʃérpɜ̀ːrsn]

n 의장

1471

I wrote / his name / on the paper / to nominate / him /
나는 적었다　　그의 이름을　　종이에　　　　추천하기 위해　　그를

for the position [of chairperson [of the association]].
자리에　　　　　　　의장의　　　　　　협회의

> 빈출표현 | 圈 chairman 의장

Rank 1057

[klázit]

closet

n 벽장

A hotel staff member is being handed / visitors' coats and
호텔 직원은 건네받고 있다   손님들의 코트와 재킷을

jackets / to hang / in the closet [next to the entrance].
     걸기 위해   벽장에   입구 옆에

빈출표현
- storage closet 수납장, 벽장
- supply closet 물품 보관실

Rank 1373

[kəmbáin]

combine

v 합병하다

v 결합하다

The three companies [combined] are expected / to form /
세 개의 회사는   합병된   예상된다   구성할 것으로

the largest organization [in the nation].
가장 큰 조직을   국내에서

빈출표현
- 윤 merge 합병하다
- 파 combination 결합

Rank 1819

[kàmbanéiʃən]

combination

n 조합

n 결합

The most qualified applicant [for this position] has to possess /
가장 적격인 지원자는   이 직위에   갖추고 있어야 한다

a combination [of education and field experience].
조합을   교육과 현장 경험의

빈출표현
- 윤 union, blending 조합
- 파 combine 결합하다

Rank 1058

[dékeid]

decade

n 10년

The directors anticipated / that [/the revenue would be
임원들은 예측했다   그것을   수익이 두 배가 될 것이다

doubled / within the next decade / in this project].
     앞으로 10년 안에   이 프로젝트로

빈출표현
- within the next decade 앞으로 10년 안에

Rank 1059

[dɑːk]

dock

n 부두

n 선창

If you tell / me your ticket number / at the dock, //
만약 당신이 말한다면 나에게 당신의 티켓 번호를   부두에서

you can board / the boat / at once / without delay.
당신은 탑승할 수 있다   배에   즉시   지체 없이

빈출표현
- loading dock 하역장
- 윤 pier 부두

Rank 1107

[iksplɔ́ːr]

explore

v 조사하다

v 탐험하다

v 탐구하다

The executives want / to explore / new alternative solutions,
경영진들은 원한다   조사하는 것을   새로운 대체 가능한 해결책들을

// not follow / traditional ways.
   따르길 원하지 않는다   전통적인 방법들을

빈출표현
- 윤 survey, search, study 조사하다
- 파 exploration 탐험, exploratory 탐험의

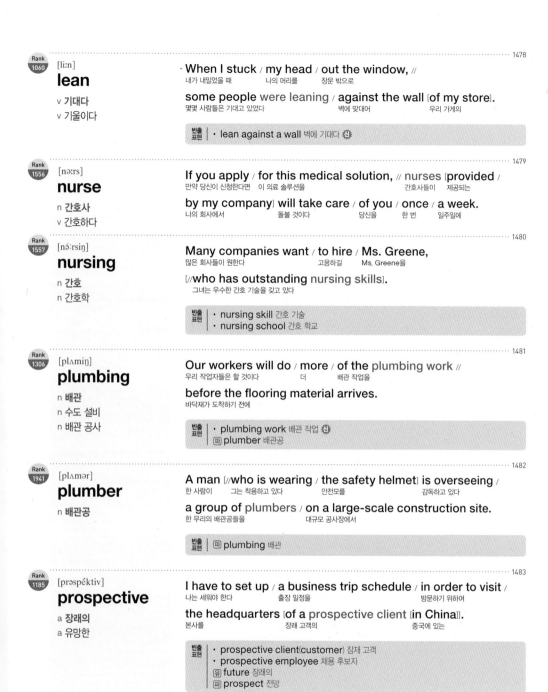

Rank 1060

[liːn]

lean

v 기대다
v 기울이다

1478

· When I stuck / my head / out the window, //
내가 내밀었을 때   나의 머리를   창문 밖으로

some people were leaning / against the wall [of my store].
몇몇 사람들은 기대고 있었다   벽에 맞대어   우리 가게의

빈출표현 · lean against a wall 벽에 기대다

Rank 1556

[nəːrs]

nurse

n 간호사
v 간호하다

1479

If you apply / for this medical solution, // nurses [provided /
만약 당신이 신청한다면   이 의료 솔루션을   간호사들이   제공되는

by my company] will take care / of you / once / a week.
나의 회사에서   돌볼 것이다   당신을   한 번   일주일에

Rank 1557

[nɔ́ːrsiŋ]

nursing

n 간호
n 간호학

1480

Many companies want / to hire / Ms. Greene,
많은 회사들이 원한다   고용하길   Ms. Greene을

[//who has outstanding nursing skills].
그녀는 우수한 간호 기술을 갖고 있다

빈출표현 · nursing skill 간호 기술
· nursing school 간호 학교

Rank 1306

[plʌmiŋ]

plumbing

n 배관
n 수도 설비
n 배관 공사

1481

Our workers will do / more / of the plumbing work //
우리 작업자들은 할 것이다   더   배관 작업을

before the flooring material arrives.
바닥재가 도착하기 전에

빈출표현 · plumbing work 배관 작업
回 plumber 배관공

Rank 1941

[plʌmər]

plumber

n 배관공

1482

A man [//who is wearing / the safety helmet] is overseeing /
한 사람이   그는 착용하고 있다   안전모를   감독하고 있다

a group of plumbers / on a large-scale construction site.
한 무리의 배관공들을   대규모 공사장에서

빈출표현 回 plumbing 배관

Rank 1185

[prəspéktiv]

prospective

a 장래의
a 유망한

1483

I have to set up / a business trip schedule / in order to visit /
나는 세워야 한다   출장 일정을   방문하기 위하여

the headquarters [of a prospective client [in China]].
본사를   장래 고객의   중국에 있는

빈출표현 · prospective client(customer) 잠재 고객
· prospective employee 채용 후보자
윤 future 장래의
回 prospect 전망

Rank 1521

[réiliŋ]

railing

n 난간

The railing [along the path] will be repaired // as soon as /
난간은   길을 따라 이어진   수리될 것이다   ~하자마자

the long rain ends.
장마가 끝나다

> 빈출표현 | 画 rail 철도

Rank 1605

[reil]

rail

n 기차
n 철도
n 난간

A rail pass [//which is an economical option / for commuters]
기차 승차권은   그것은 경제적인 선택이다   통근자들에게]

can be bought / at the ticket counter.
구매할 수 있다   매표소에서

> 빈출표현
> · rail line 철도
> ㊥ train 기차
> 画 railing 난간

Rank 1343

[səbstǽnʃəl]

substantial

a 상당한
a 실질적인

I'm surprised / to hear / that [//the book store offers /
나는 놀랐다   듣고서   그것을   그 서점이 제공한다

a substantial discount / to visitors [//who have /
상당한 할인을   방문자들에게   그들은 갖고 있다

the membership card].
멤버십 카드를

> 빈출표현
> · substantial discount 상당한 할인
> ㊥ considerable, fair 상당한
> 画 substantially 상당히

Rank 1878

[səbstǽnʃəli]

substantially

ad 상당히
ad 크게
ad 실제적으로

The report [submitted / by the Marketing Department] predicts
보고서는   제출된   마케팅 부서에 의해   예측했다

/ that [//the number [of travelers / to foreign countries]
그것을   수가   여행자들의   외국으로 가는

is going to decline / substantially].
감소할 것이다   상당히

> 빈출표현
> ㊥ considerably, quite, fairly 상당히
> 画 substantial 상당한

Rank 1108

[səpíəriər]

superior

a 우수한
a 뛰어난

Our latest model is superior / to those products / in quality
우리의 최신 모델은 우수하다   그 제품들에 비해   품질에서

[//that are currently on the market].
그 제품들은   현재   시중에 있다

> 빈출표현
> · superior to ~보다 우수한
> · superior quality 우수한 품질
> · superior customer service 우수한 고객 서비스
> ㊥ excellent 우수한
> 画 superiority 우수

Rank 1061

united [juːnáitid]

a 연합한
a 통합된

1489

As a number of countries, [including the United States],
많은 국가들에 의해 　　　　　　　　　　　　미국을 포함하는

have increased / their demand / for oil, //
증가시켜왔다　　　　수요를　　　　기름에 대한

the international oil prices are on the advance.
국제 유가가　　　　　　　　　상승 중에 있다

빈출표현
· United States 미국
· United Kingdom 영국
· United Arab Emirates 아랍에미리트
⑧ allied 연합한
⑪ separate 분리된

 Rank 1062

valid [vǽlid]

a 유효한
a 타당한

1490

You should check / the backs [of the tickets [/that are handed
당신은 확인해야 한다　　　　뒷면을　　　　티켓의　　　　그 티켓은 나눠진다

out / to visitors]] / to make sure // they're valid.
　　방문객들에게　　　　확실히 하기 위해　　　그것들이 유효하다

빈출표현
· valid ticket 유효한 티켓
· valid form of identification 유효한 신분증명서
· valid for ~동안 유효한
· valid driver's license 유효한 운전면허증
⑧ available, effective 유효한
⑪ invalid 무효한
⑪ validate 입증하다, validity 타당성

 Rank 1487

academy [əkǽdəmi]

n 학원
n 학교

1491

If you enroll / in this academy, // you will be able to have /
만약 당신이 등록한다면　이 학원에　　　　당신은 가질 수 있을 것이다

a chance [to work / with some well-known actors].
기회를　　　일 할　　　몇 명의 유명한 배우들과 함께

빈출표현
⑪ academic 학교의

 Rank 1704

academic [ækədémik]

a 학교의
a 학업의

1492

His academic background influenced / his decision
그의 학력은 영향을 줬다　　　　　　　그의 결정에

[on his choice [of occupations]].
선택에 대한　　　　직업

빈출표현
· academic background 학력
· academic record 성적표
⑪ academy 학교

Rank 1073

appeal [əpíːl]

v 관심을 끌다
v 매력적이다
n 매력
n 호소

1493

We produce / two types of toys / to appeal / both to kids and
우리는 생산한다　두 가지 유형의 장난감을　관심을 끌기 위해　아이들과 어른들 모두

adults [looking / for unusual tools / for creative play].
　　　찾는　　　특이한 도구를　　　창의적인 놀이를 위해

빈출표현
· appeal to ~의 관심을 끌다, ~에 호소하다
⑧ attract 관심을 끌다
⑪ appealing 매력적인

Rank 1074

[əsúːm]

assume

v (직책을) 맡다
v 가정하다

They claim // their department assumes no responsibility
그들은 주장한다 　　그들의 부서는 책임이 없다

[for the results [of the project]].
결과들에 대한 　　그 프로젝트의

빈출 표현
- assume responsibilities 책임을 지다
- take over, take on 맡다

Rank 1488

[imɔ́ːrdʒənsi]

emergency

n 비상(사태)
n 긴급(사태)

The Grand Metro has been installed / with emergency exits
Grand Metro에는 설치되었다 　　비상구와 비상 대피소가

and shelters / over the underground roads.
지하도로 전체에 걸쳐

빈출 표현
- emergency exit 비상구
- emergency evacuation 긴급 피난
- emergency repair 긴급 수리
- emergency meeting 긴급 회의
- emergency contact 비상 연락

Rank 1075

[fens]

fence

n 울타리

The carpenter told / me // he didn't know / exactly / how long
목수는 말했다 　나에게 　그는 몰랐다 　　정확히 　얼마나 오래 ~인지를

[//it would take / to fix / the broken fence].
그것은 걸릴 것이다 　고치는데 　망가진 울타리를

Rank 1245

[inspáiər]

inspire

v 영감을 주다
v 격려하다

In my youth, / I produced / numerous works of art, [/which
젊은 시절에 　나는 만들었다 　많은 미술 작품들을 　　그 미술품들은

[in large measure] were inspired / by my dreams and nature].
대부분의 　　　　영감 받았다 　　내 꿈과 자연에

빈출 표현
- be inspired by ~에 의해 영감을 받다
- inspiration 영감, inspired 영감을 받은

Rank 1447

[ìntərʌ́pʃən]

interruption

n 중단
n 방해

The cable company posted / a public apology
그 케이블 회사는 게재했다 　　공식적인 사과를

[for the temporary interruption [of service]] / on its homepage.
일시적인 중단에 대한 　　　　　서비스의 　　그 회사의 홈페이지에

빈출 표현
- interruption of service 서비스의 중단
- interrupt 중단시키다

Rank 1755

[ìntərʌ́pt]

interrupt

v 중단시키다
v 방해하다

The production schedule was interrupted /
생산 일정이 중단되었다

by the malfunctioning and overheating [of some machinery].
오작동과 과열로 　　　　　　　　　몇몇 기계의

빈출 표현
- cease, halt 중단시키다
- interruption 중단

Rank 1307

[prizə́ːrv]

preserve

v 보존하다

v 보호하다

 1500

The ancient Greek and Egyptian antiquities [/**that are carefully**
고대 그리스와 이집트 유물들은   그 유물들은   조심스럽게

preserved / **by our museum]** **have always been popular** /
보존되어 있다   우리 박물관에   항상   인기 있다

with guests.
손님들에게

빈출표현 | ⊛ conserve 보존하다
| ⊞ preservation 보존, preservable 보존할 만한

| STEP 3 **집중해서 풀어라!** | STEP 4 **주기적인 복습 '기억상자'** |

워크북 149페이지부터 학습하면
됩니다.

제대로 외웠는지 확인하고 싶다고요? 까먹기 전에 다시 복습하고
싶다고요? 지금 당장 QR 코드를 스캔해 보세요.

Day 30 1451-1500

STEP 1 읽을 수 있을 때까지 들어라!

읽지 못하는 단어는 절대 외울 수 없습니다! 발음 기호 없이 자신있게
읽을 수 있을 때까지 원어민의 발음을 들으면서 반복해서 따라 읽으세요.

1501~1550 Words

- [ ] shut 닫다, 감다
- [ ] stadium 경기장
- [ ] vacuum 진공, 공백
- [ ] workplace 작업장, 직장
- [ ] adequate 충분한, 적절한
- [ ] adequately 충분히, 적절히
- [ ] broad 넓은, 광대한
- [ ] broaden 넓히다, 퍼지다
- [ ] durable 내구성이 있는, 오래가는
- [ ] durability 내구성, 내구력
- [ ] envelope 봉투
- [ ] fare (교통) 요금
- [ ] import 수입, 수입품
- [ ] master 숙련자, 주인
- [ ] partial 부분적인, 편파적인
- [ ] pot 냄비, 항아리
- [ ] recipe 요리법, 조리법
- [ ] recreation 레크리에이션, 오락
- [ ] recreational 레크리에이션의, 오락의
- [ ] respect 존중, 존경
- [ ] volume 양, 부피
- [ ] wrap 마치다, 싸다
- [ ] absolutely 절대적으로, 물론
- [ ] assure 확신하다, 보장하다
- [ ] confuse 혼란시키다

- [ ] discontinue 중단하다
- [ ] eager 열망하는, 열렬한
- [ ] eagerly 간절히, 열망하여
- [ ] enable ~을 할 수 있게 하다, ~을 가능하게 하다
- [ ] forecast 예보, 예측
- [ ] land 착륙하다, 내려앉다
- [ ] luncheon 오찬, 점심
- [ ] permanent 영구적인, 상임의
- [ ] permanently 영구적으로, 불변으로
- [ ] shade 그늘, 그늘지게 하다
- [ ] vacant 비어 있는
- [ ] vacancy 공석, 공간
- [ ] worth 가치, ~의 가치가 있는
- [ ] calculate 계산하다, 추정하다
- [ ] commission 수수료, 위원회
- [ ] imply 암시하다, 의미하다
- [ ] ingredient 재료, 성분
- [ ] lend 빌려주다
- [ ] match 일치하다, 어울리다
- [ ] strict 엄격한
- [ ] strictly 엄격히
- [ ] trail (목적을 위해 따라가는) 코스, 오솔길(산길)
- [ ] unusual 특이한
- [ ] unusually 비정상적으로, 대단히
- [ ] visible 보이는, 눈에 띄는

STEP 2 집중해서 읽어라!

암기는 나중에, 정독에 집중하세요! 한 번에 외워야 한다는 강박은
개나 줘버리고 편안한 마음으로 읽되, 집중하세요.

1501

Rank 1246

shut [ʃʌt]

v 닫다
v 감다
a 닫힌
a 감긴

Since all of the assembly lines will be shut down /
모든 조립 라인이   정지될 것이기 때문에

in the afternoon, // the supervisor told / the staff members to
오후에   관리자는 말했다   직원들이 퇴근할 것을

leave / early today.
오늘 일찍

> 빈출 표현 · shut down 정지하다, 문을 닫다
> 뺸 open 열다

1502

Rank 1076

stadium [stéidiəm]

n 경기장

The city officials invited / several landowners / to secure /
시 공무원들은 초대했다   몇몇 지주들을   확보하기 위해

a location [for the new sports stadium].
장소를   새로운 스포츠 경기장을 위한

> 빈출 표현 · sports stadium 스포츠 경기장

1503

Rank 1077

vacuum [vǽkjuəm]

n 진공
n 공백
v (진공청소기로) 청소하다

The directors are concerned / that [//our competitor's recently
관리자들은 걱정한다   그것을   우리 경쟁사에서   최근에

released vacuum cleaner is superior / to ours].
출시한 진공청소기가 우수하다   우리 것보다

> 빈출 표현 · vacuum cleaner 진공청소기

1504

Rank 1078

workplace [wɔ́ːrkpleis]

n 작업장
n 직장

The construction supervisor ordered / me to distribute /
건설 감독관은 지시했다   내가 나눠줄 것을

the booklet [//that is about the workplace safety regulations].
소책자를   그 책자는 작업장 안전 규정들에 관한 것이다

> 빈출 표현 · workplace safety 작업장 안전

1505

Rank 1448

adequate [ǽdikwət]

a 충분한
a 적절한

We will not meet / the tight construction deadline /
우리는 지키지 못할 것이다   빠듯한 공사 기한을

without an adequate supply [of the equipment [required]].
충분한 공급 없이   장비의   필요한

> 빈출 표현 유 enough 충분한
> 파 adequately 충분히, adequacy 충분함

Rank 1996

[ǽdikwitli]
adequately

ad 충분히
ad 적절히

1506

Laboratory assistants must be trained / adequately / to use /
연구실 조수들은 훈련되어야 한다　　　　　　충분히　　　　사용하기 위해

delicate equipment // before accepting / assignments.
정교한 장비를　　　　받아들이기 전에　　　임무를

> **빈출 표현** | 🅟 adequate 충분한, adequacy 충분함

Rank 1606

[brɔːd]
broad

a 넓은
a 광대한

1507

The job fair will offer / a broad range of opportunities /
직업 박람회는 제공할 것이다　　다양한 기회들을

for people [//who hope / to obtain / jobs or careers].
사람들을 위해　　그들은 희망한다　얻기를　　직장이나 직업을

> **빈출 표현** | · broad range of 다양한 ⚙
> | 🅢 spacious, wide 넓은
> | 🅐 narrow 좁은
> | 🅟 broaden 넓히다, broadly 폭넓게

Rank 1997

[brɔːdn]
broaden

v 넓히다
v 퍼지다

1508

The board of directors intends / to pursue / takeovers
이사회는 작정이다　　　　밀고 나갈　　인수를

[of related companies] / to broaden / its customer base.
관련 회사들의　　　　넓히기 위해　　그들의 고객층을

> **빈출 표현** | 🅢 extend 넓히다
> | 🅟 broad 넓은, broadly 폭넓게

Rank 1607

[djúərəbl]
durable

a 내구성이 있는
a 오래가는

1509

The researchers are committed / to finding /
연구원들은 전념한다　　　　찾는 것에

a more durable material / than plastic.
좀 더 내구성이 있는 재료를　　플라스틱보다

> **빈출 표현** | · durable material 내구성 있는 재료
> | 🅟 durability 내구성

Rank 1820

[djùərəbíləti]
durability

n 내구성
n 내구력

1510

Hundreds [of our new gadgets] were distributed / to our staff /
수백 대가　　우리의 새로운 장치들　　분배되었다　　우리 직원에게

to test / their durability and quality.
검사하기 위해　그것들의 내구성과 품질을

> **빈출 표현** | 🅟 durable 내구성이 있는

Rank 1090

[énvəlòup]
envelope

n 봉투

1511

You should complete / the application form [in the enclosed
당신은 완성해야 한다　　지원서 양식을　　　　동봉된 봉투에 있는

envelope] // and return / it / within 30 days [of receiving / it].
　　　　그리고 반송해야 한다　그것을　30일 이내에　　　받은 것의　　그것을

> **빈출 표현** | · enclosed envelope 동봉된 봉투
> | · stamped envelope 우표를 붙인 봉투

1512

1512

Rank 1091

[fɛər]
fare
n (교통) 요금

The fare [to take / a taxi / from downtown to the airport]
요금은   타기 위한   택시를   시내에서   공항까지

is around $40.
약 40달러이다

빈출 표현 | ㈌ fee 요금

Rank 1168

[impɔ́:rt]
import
n **수입**
n 수입품
v 수입하다
v 들여오다

To start / an import-export business, / it is necessary / to sign /
시작하기 위해서는   수출입 사업을   그것이 필요하다   서명하는 것이

a contract / with both [domestic and foreign distributors].
계약서에   양쪽과   국내외 배급사들

빈출 표현 | · import-export business 수출입 사업
㈘ export 수출
㈜ importer 수입업자

1514

Rank 1092

[mǽstər]
master
n **숙련자**
n 주인
v 숙달하다
v 주인이 되다

To get / the promotion / at the company, / he obtained /
하기 위해   승진을   회사에서   그는 취득했다

a master's degree [in international law] /
석사 학위를   국제법 분야의

from Shippensburg University [in Pennsylvania].
Shippensburg 대학에서   펜실베이니아에 있는

빈출 표현 | · master's degree 석사 학위
㈘ amateur 아마추어

1515

Rank 1408

[pá:rʃəl]
partial
a **부분적인**
a 편파적인

They are offering / partial subsidies [for a college education]
그들은 제공하고 있다   부분적인 보조금을   대학 교육을 위한

to those [//who grew up / in difficult circumstances].
그들에게   그들은 자랐다   어려운 환경에서

빈출 표현 | · partial payment 부분 상환
㈜ partially 부분적으로

1516

Rank 1093

[pat]
pot
n **냄비**
n 항아리
n 화분
v 화분에 심다

A salesperson conducted / a demonstration
판매원이 했다   시연을

[of the new pots and pans] / to show / us their quality.
새 냄비들과 팬들의   보여주기 위해   우리에게 그것들의 품질을

빈출 표현 | · potted plant 화분에 심은 식물 ✿
· coffee pot 커피포트

1517

Rank 1094

[résəpi]
recipe
n **요리법**
n 조리법

You will receive / a free set [of bowls] / with a purchase
당신은 받을 것이다   무료 세트를   그릇의   구매와 함께

[of her new cookbook [containing / recipes
그녀의 새로운 요리책의   포함되어 있는   요리법들이

[for the Korean favorite]]].
한국인이 선호하는

빈출 표현 | · recipe for ~을 만들기 위한 요리법 ✿
· recipe book 요리책

Rank 1489

[rèkriéiʃən]

recreation

n 레크리에이션
n 오락
n 휴양

The new recreation center will provide / a ideal place
새 레크리에이션 센터는 제공할 것이다   이상적인 장소를

[for both [parents and children]].
둘 모두를 위한   부모님과 아이들

빈출표현
- recreation center 레크리에이션 센터
- recreation area 휴양지
- ⓟ recreational 레크리에이션의

Rank 1756

[rèkriéiʃənəl]

recreational

a 레크리에이션의
a 오락의
a 휴양의

Often referred to / as the best vacation spot, // Grand Park
흔히 불리는   최고의 휴가 장소로   대공원은 제공한다

offers / plenty of attractions and recreational activities.
충분한 매력과 여가 활동들을

빈출표현
- recreational activity 여가 활동
- recreational area 휴양지
- ⓟ recreation 레크리에이션

Rank 1129

[rispékt]

respect

n 존중
n 존경
v 존중하다
v 존경하다

Conflicts [in opinions / between co-workers] are unavoidable,
갈등은   의견에 있어   동료들 사이에   피할 수 없다

// but we must at least learn / to have / respect
그러나 우리는   적어도   배워야 한다   갖는 것을   존중을

[for our colleagues' ideas].
우리 동료의 생각에 대해

빈출표현
- respect for ~에 대한 존중
- ⓟ respectable 존경할 만한, respectful 공손한

Rank 1095

[válju:m]

volume

n 양
n 부피
n (책의) 권

The store [under the direct management [of Harmony, Inc.]]
매장은   직접적인 관리 하에 있는   Harmony사의

has been growing / in sales volume.
증가하고 있다   판매량이

빈출표현
- sales volume 판매량
- high volume of 다량의
- ⓢ amount, quantity 양

Rank 1130

[ræp]

wrap

v 마치다
v 싸다
v 포장하다

Three days ago, / I visited / the headquarters building [in Paris] /
3일 전에   나는 방문했다   본사 건물에   파리에 있는

to wrap up / some business.
매듭짓기 위해   몇몇 사업을

빈출표현
- wrap up 매듭짓다
- wrap a gift 선물을 포장하다

Rank 1212

[æbsəlú:tli]

absolutely

ad 절대적으로
ad 물론

If you want / to receive / a leather case / absolutely free, //
만약 당신이 원한다면   받기를   가죽 케이스를   완전 무료로

you should complete / a brief questionnaire.
당신은 완성해야 한다   간단한 설문지를

빈출표현
- absolutely free 완전 무료
- ⓟ absolute 절대적인

Rank 1344

assure [əʃúər]

v 확신하다
v 보장하다
v 안심하다

1524

I was assured / that [//work [on the project] will resume //
나는 확신했다   그것을   작업은   그 프로젝트에 대한   재개할 것이다

when the fall arrives].
가을이 올때

빈출표현
- be assured that ~하는 것을 확신하다
- 파 assurance 보장, assured 확실한

Rank 1705

confuse [kənfjúːz]

v 혼란시키다

1525

I heard // the manager confused / employees /
나는 들었다   매니저는 혼란하게 했다   직원들을

with his unclear directions.
그의 불명확한 지시로

빈출표현
- be confused about ~에 혼란을 겪다
- 파 confusion 혼란, confused 혼란스러운

Rank 1109

discontinue [dìskəntínjuː]

v 중단하다

1526

The sales clerk said / that [//the model had been discontinued /
판매원은 말했다   그것을   그 모델은 중단되었다

by the company / because of its poor durability].
회사에 의해   그것의 형편없는 내구성 때문에

빈출표현
- 유 stop, suspend, interrupt 중단하다

Rank 1490

eager [íːgər]

a 열망하는
a 열렬한
a 열심인

1527

I am eager / to present / my opinion / at the annual conference
나는 열망한다   발표하기를   나의 의견을   연례 회의에서

[//I am attending / soon].
내가 참석할   곧

빈출표현
- be eager to ~을 열망하다
- 유 anxious 열망하는
- 파 eagerly 간절히, eagerness 열망

Rank 1942

eagerly [íːgərli]

ad 간절히
ad 열망하여
ad 열심히

1528

E-sports fans are eagerly waiting / for the Global League
E-스포츠팬들은   간절히   기다리고 있다   국제 리그 챔피언쉽을

Championship, [//which will be held / in Beijing / on April 1].
그것은 개최될 것이다   베이징에서   4월 1일에

빈출표현
- 파 eager 열망하는, eagerness 열망

Rank 1110

enable [inéibl]

v ~을 할 수 있게 하다
v ~을 가능하게 하다

1529

I don't think // the new water circulating system enables /
나는 생각하지 않는다   새로운 물 순환 시스템이 할 수 있게 한다

us to reduce / waste water / more efficiently / than the old one.
우리가 줄이는 것을   폐수를   더 효과적으로   그 전에 것보다

빈출표현
- enable A to B A가 B할 수 있게 하다

Rank 1111

[fɔ́ːrkæst]

forecast

n 예보
n 예측
v 예측하다

Tomorrow morning, / many commuters will bring /
내일 아침   많은 통근자들이 가져갈 것이다

their umbrellas // when they go out // because
그들의 우산을   그들이 나갈 때   이유는

the weather forecast says // it will rain.
일기 예보가 말한다   비가 올 것이다

> 빈출 표현
> · weather forecast 일기 예보
> ㈜ prediction 예보

.... 1531

Rank 1112

[lænd]

land

v 착륙하다
v 내려앉다
n 땅
n 지역

Our flight will be landing / at Inchon Airport, //
우리 비행기는 착륙할 것이다   Inchon Airport에

so please / don't leave / your seat // until this flight comes /
그러니 부탁합니다 떠나지 마라   너의 자리를   이 비행기가 될 때까지

to a complete stop.
완전한 정지가

> 빈출 표현
> ㈜ fly in 착륙하다
> ㈊ take off 이륙하다
> ㈔ landing 착륙

.... 1532

Rank 1113

[lʌ́ntʃən]

luncheon

n 오찬
n 점심

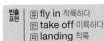

I received / a call / from the client // and realized / that
나는 받았다   전화를   고객으로부터   그리고 깨달았다   그것을

[//I had forgotten / to attend / the luncheon / with him / today].
내가 잊고 있었다   참석하는 것을   오찬에   그와 함께   오늘

> 빈출 표현
> · business luncheon 비즈니스 오찬
> · department luncheon 부서 오찬
> · invited to a luncheon 오찬에 초대되다

.... 1533

Rank 1374

[pə́ːrmənənt]

permanent

a 영구적인
a 상임의

Although he served / as a intern / for 2 years, //
비록 그는 근무했지만   인턴으로   2년 동안

the company didn't offer / him permanent position.
회사는 제공하지 않았다   그에게 정규직을

> 빈출 표현
> · permanent position 정규직
> · permanent employee 정규직 사원
> ㈜ lasting, perpetual 영구적인
> ㈊ temporary 일시적인
> ㈔ permanently 영구적으로

.... 1534

Rank 1998

[pə́ːrmənəntli]

permanently

ad 영구적으로
ad 불변으로

Please note / that [//all messages [//which have not been
유념하세요   그것을   모든 메시지들이   그 메시지들은

previously saved] will be deleted / permanently].
미리   저장되지 않았다   삭제될 것이다   영구적으로

> 빈출 표현
> ㈔ permanent 영구적인

Rank 1308	[ʃeid] **shade** n 그늘 v 그늘지게 하다	1535 The principal planted / a huge maple tree / in the school's 교장은 심었다　거대한 단풍나무를　학교 정원에 garden // and set up / some benches / in the shade / beneath it. 그리고 설치했다　몇 개의 벤치를　그늘에　그 아래

> **빈출 표현**
> · in the shade 그늘에
> · window shade 블라인드

Rank 1757	[véikənt] **vacant** a 비어 있는	1536 Colin Farrell, [/who was one / of the applicants], seemed / Colin Farrell은　그는 한 사람이었다　지원자들 중　보였다 the most qualified person [for the vacant position]. 가장 적임자로　그 공석에

> **빈출 표현**
> · vacant position 공석 🔔
> 逮 empty 비어 있는
> 逮 occupied 사용 중인
> 逮 vacancy 공석, vacate 비우다

Rank 1999	[véikənsi] **vacancy** n 공석 n 공간 n 빈 방	1537 We posted / an advertisement [about the vacancy 우리는 게재했다　광고를　공석에 대한 [in the Sales and Marketing Department]]. 영업 마케팅부의

> **빈출 표현**
> 逮 vacant 비어 있는, vacate 비우다

Rank 1114	[wəːrθ] **worth** n 가치 a ~의 가치가 있는	1538 We are sending / $20 worth of gift certificates / to customers 우리는 보낼 것이다　20달러 가치가 있는 상품권을　손님들에게 [/who sign up / for a subscription [to our magazine / this month]]. 그들은 신청한다　구독을　우리 잡지의　이번 달에

> **빈출 표현**
> · $금액 worth 몇 달러 가치가 있는
> · worth ~ing ~할 가치가 있는 🔔
> 逮 value 가치
> 逮 worthy 가치 있는, worthwhile 가치 있는

Rank 1558	[kǽlkjulèit] **calculate** v 계산하다 v 추정하다	1539 We need to calculate / how much [/the construction 우리는 계산해야 한다　얼마인지를　공사가 [/we planned] will cost] // before beginning / the work. 우리가 계획했다　비용이 들 것이다　시작하기 전에　작업을

> **빈출 표현**
> 逮 count 계산하다
> 逮 calculation 계산, calculator 계산기

Rank 1131	[kəmíʃən] **commission** n **수수료** n 위원회 v 의뢰하다 v 주문하다	1540 The financial firm receives / commissions / 그 금융 회사는 받는다　수수료를 in return [for arbitrating / between banks and companies]. 대가로　중재를 하는　은행들과 기업들 사이에서

> **빈출 표현**
> · transportation commission 교통 위원회 🔔
> 逮 fee 수수료
> 逮 commissioner 위원

1541

[implái]

imply

v 암시하다

v 의미하다

v 함축하다

At a press conference, / the mayor's statement clearly implied
기자 회견에서　　　　　　시장의 성명은　　　　　분명히　　　암시했다

/ that [//she didn't endorse / the city council's proposals].
그것을　　그녀가 지지하지 않았다　　　시 의회의 제안들을

빈출 표현	㉦ suggest 암시하다
	㉠ implication 영향

1542

[ingrí:diənt]

ingredient

n 재료

n 성분

The restaurant is supplied / with fresh ingredients /
그 식당은 제공 받는다　　　　　　신선한 재료들을

from nearby farms / every morning.
근처 농장들로부터　　매일 아침

빈출 표현	· fresh ingredient 신선한 재료
	㉠ material 재료

1543

[lend]

lend

v 빌려주다

Sometimes / community members are glad /
때때로　　　지역 주민들은 기쁘다

to lend a hand / by volunteering.
도움을 주게 되어　　자원봉사를 함으로써

빈출 표현	· lend a hand 도움을 주다 ⚙
	㉦ borrow 빌리다
	㉠ lender 빌려주는 사람

1544

[mætʃ]

match

v 일치하다

v 어울리다

v 맞추다

n 경기

If you visit / the front desk / downstairs, // a nurse can provide /
만약 당신이 방문한다면　안내데스크를　　아래층의　　　간호사가 제공할 수 있다

you / with the proper medicine [//that matches /
당신에게 알맞은 약을　　　　　　　그 약은 일치한다

your prescription].
당신의 처방전과

빈출 표현	· sports match 스포츠 경기
	· soccer match 축구 경기
	㉦ coincide 일치하다

1545

[strikt]

strict

a 엄격한

The company has been strengthened / by an advertisement
그 회사는 더 튼튼해져 왔다　　　　　　광고를 통해

[showing / its strict quality control standards].
보여주는　　그 회사의 엄격한 품질 관리 기준들을

빈출 표현	· strict quality control 엄격한 품질 관리
	· strict regulation 엄격한 규칙 ⚙
	㉦ severe, stern 엄격한
	㉠ strictly 엄격히

Rank 1655

[stríktli]

strictly

ad 엄격히

1546

You must not forget / that [//using [/wireless communication
당신은 잊지 말아야 한다   그것을   사용하는 것은   무선 통신 장치를

equipment] is strictly prohibited / during takeoff].
엄격히 금지된다   이륙하는 동안

빈출 표현	· strictly prohibit 엄격히 금지하다
	파 strict 엄격한

Rank 1135

[treil]

trail

n (목적을 위해 따라가는) 코스
n 오솔길(산길)
n 자국
v 끌다

1547

I heard / that [//the city recently made / some new hiking trails
나는 들었다   그것을   도시는   최근에   만들었다   몇몇 새로운 등산로들을

/ to encourage / residents to exercise / outside].
장려하기 위해   주민들이 운동하는 것을   야외에서

빈출 표현	· hiking trail 등산로 ⚙
	유 course 코스

Rank 1522

[ʌnjúːʒuəl]

unusual

a 특이한

1548

On the culinary program, / Mr. Orin introduced / BullBap,
요리 프로그램에서   Mr. Orin은 소개했다   BullBap을

[//which was one [of his unusual dishes]].
그 요리는 하나이다   그의 특이한 요리 중

빈출 표현	· unusual dish 특이한 요리 ⚙
	유 different, particular, unique 특이한
	파 unusually 비정상적으로

Rank 1821

[ʌnjúːʒuəli]

unusually

ad 비정상적으로
ad 대단히

1549

Due to the unusually high temperatures / this summer, /
비정상적으로 높은 기온 때문에   이번 여름

authorities ordered / elderly people and children to stay /
당국은 지시했다   노인과 아이들은 머무는 것을

at home / during the daytime.
집에   낮 동안에

빈출 표현	파 unusual 특이한

Rank 1656

[vízəbl]

visible

a 보이는
a 눈에 띄는

1550

All food labels must be clearly visible // so that /
모든 식품 라벨은   분명히   보여야 한다   그래서

customers can easily read / them.
고객들이   쉽게   읽을 수 있다   그것들을

빈출 표현	파 visibly 눈에 띄게, visibility 눈에 보임

STEP 3 집중해서 풀어라!	STEP 4 주기적인 복습 '기억상자'
워크북 155페이지부터 학습하면 됩니다.	제대로 외웠는지 확인하고 싶다고요? 까먹기 전에 다시 복습하고 싶다고요? 지금 당장 QR 코드를 스캔해 보세요.

읽을 수 있을 때까지 들어라!

읽지 못하는 단어는 절대 외울 수 없습니다! 발음 기호 없이 자신있게
읽을 수 있을 때까지 원어민의 발음을 들으면서 반복해서 따라 읽으세요.

1551~1600 Words

- [ ] **wheel** 움직이다, 바퀴
- [ ] **aim** 목표하다, 겨누다
- [ ] **aside** 따로, 한쪽으로
- [ ] **besides** ~외에, 게다가
- [ ] **block** (도로로 나뉘는) 구역, (나무, 돌 등의) 덩어리
- [ ] **distance** 거리
- [ ] **keynote** (연설 등의) 기조, 기본 방침
- [ ] **overall** 전반적인, 전체의
- [ ] **pursue** 추구하다, 뒤쫓다
- [ ] **seasonal** 계절적인, 계절에 따른
- [ ] **sink** (부엌 등의) 싱크대, 시궁창
- [ ] **square** 평방, 제곱
- [ ] **taste** 맛, 취향
- [ ] **tight** 빡빡한, 단단한
- [ ] **translation** 번역, 번역물
- [ ] **trust** 신뢰, 신임
- [ ] **trustee** 피신탁인, 신탁관리자
- [ ] **walkway** 보도, 통로
- [ ] **apparel** 의류, 의복
- [ ] **average** 평균의, 평균
- [ ] **courtesy** 무료의, 공손
- [ ] **courteous** 예의 바른, 공손한
- [ ] **essential** 필수적인, 본질적인
- [ ] **generous** 관대한, 후한
- [ ] **meantime** 그 동안, 그 동안에

- [ ] **political** 정치적인, 정당의
- [ ] **politician** 정치인
- [ ] **praise** 칭찬하다, 칭찬
- [ ] **reorganize** 재편성하다, 재조직하다
- [ ] **reorganization** 재편성, 개편
- [ ] **stain** 얼룩
- [ ] **bay** (바다, 강의) 만(灣), 구역
- [ ] **ceiling** 천장
- [ ] **congestion** (교통의) 혼잡, (인구의) 밀집
- [ ] **delight** 기쁘게 하다, 기쁨
- [ ] **dental** 치과의, 이(치아)의
- [ ] **dentist** 치과의사
- [ ] **emphasize** 강조하다
- [ ] **fire** 해고하다, 불
- [ ] **force** 강요하다, 힘
- [ ] **impact** 영향, 충격
- [ ] **lack** 부족, 결핍
- [ ] **librarian** 사서
- [ ] **lift** 들어 올리다
- [ ] **neighbor** 이웃
- [ ] **opposite** 반대편의 , 반대
- [ ] **overtime** 초과근무
- [ ] **prohibit** 금지하다
- [ ] **reveal** 밝히다, 드러내다
- [ ] **climb** 오르다, 상승하다

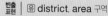

STEP 2 집중해서 읽어라!

암기는 나중에, 정독에 집중하세요! 한 번에 외워야 한다는 강박은 개나 줘버리고 편안한 마음으로 읽되, 집중하세요.

1551

Rank 1409

[wiːl]
wheel

v 움직이다
n 바퀴

The clerk wheeled / a lot of shopping carts / into the store /
그 점원은 움직였다　　　　많은 양의 쇼핑 카트들을　　　　가게 안으로

at the same time.
한꺼번에

> 빈출표현 | 圓 move 움직이다

1552

Rank 1151

[eim]
aim

v 목표하다
v 겨누다
n 목표
n 목적

The strategy [aimed / at strengthening / the efficiency
전략은　　　　목표로 한　　　강화하는 것을　　　효율성을

[of the operation]] is designed / to have /
운영의　　　　　　　　설계되었다　　　　갖도록

positive long-term effects.
긍정적이고 장기적인 효과들을

> 빈출표현 | • aimed at ~을 목표로 한
> 　　　　　 | 圓 target 목표하다

1553

Rank 1152

[əsáid]
aside

ad 따로
ad 한쪽으로
ad 곁에

We have to set aside / a large part [of our budget] /
우리는 모아둬야 한다　　　많은 부분을　　　우리 예산의

in advance [to deal / with hostile takeovers].
앞서서　　　　처리하기　　 적대적 인수들을

> 빈출표현 | • set aside 모아두다
> 　　　　　 | • aside from ~을 제외하고 🔧
> 　　　　　 | 圓 separately, apart 따로

1554

Rank 1153

[bisáidz]
besides

prep ~외에
ad 게다가
ad 그밖에

Besides taking care / of old people [living / alone], /
돌보는 것 외에　　　　　노인들을　　　　살고 있는　 혼자]

there are many ways [to volunteer / to help / the community].
그들에게는 많은 방법이 있다　　　 자원 봉사하는 것에는　 돕기 위해　 공동체를

1555

Rank 1154

[blɑk]
block

n (도로로 나뉘는) 구역
n (나무, 돌 등의) 덩어리
n 큰 건물
v 막다

The new department store is located / a couple of blocks /
새 백화점은 위치해 있다　　　　　　　　　　두 구역

away / from City Bank.
떨어져　　City Bank로부터

> 빈출표현 | 圓 district, area 구역

Rank 1155

[dístəns]

distance

n 거리

———————————————————————— 1556

The bank is / within walking distance / of our office, //
그 은행은 있다　　걸어서 갈 수 있는 거리 안에　　우리 사무실에서

so you had better not use / your car.
그래서 당신은 사용하지 않는 게 좋을 것이다　　당신의 차를

> 빈출표현
> - within walking distance 걸어서 갈 수 있는 거리 안에
> - long distance 장거리
> ㉙ distant 멀리 떨어진, distantly 멀리

Rank 1156

[kí:nout]

keynote

n (연설 등의) 기조
n 기본 방침

———————————————————————— 1557

The keynote speaker [//who is invited / here / today] is the
기조 연설자는　　　　　그는 초대된다　　여기　　오늘　　　　회장이다

chairperson [of the committee [on human rights violations]].
　　　　　　　　위원회의　　　　　　　인권 침해에 관한

> 빈출표현
> - keynote speaker 기조 연설자 🔊
> - keynote address 기조 연설 🔊
> - keynote speech 기조 연설

Rank 1157

[òuvərɔ́:l]

overall

a 전반적인
a 전체의
ad 전반적으로

———————————————————————— 1558

Steady physical exercise will help / you improve /
꾸준한 육체적 운동은 도울 것이다　　　　당신이 향상시키는 것을

your overall health // and maintain / a healthy weight.
당신의 전반적인 건강을　　　그리고 유지하는 것을　　건강한 체중을

> 빈출표현
> ㊒ general 전반적인

Rank 1247

[pərsú:]

pursue

v 추구하다
v 뒤쫓다

———————————————————————— 1559

Some communities are inconvenienced // when people pursue
몇몇 공동체들은　　　　　불편해진다　　　　　사람들이 추구할 때

/ individual interests.
개인적인 이익들을

> 빈출표현
> - pursue interests 이익을 추구하다
> ㉙ pursuit 추구

Rank 1410

[sí:zənl]

seasonal

a 계절적인
a 계절에 따른

———————————————————————— 1560

We think / that [//price changes [//that reflect /
우리는 생각한다　그것을　　가격 변화들이　　그 변화는 반영한다

high seasonal demand] are not acceptable /
높은 계절적인 수요를　　　　　　받아들여지지 않는다

to regular customers].
단골손님들에게

> 빈출표현
> - seasonal demand 계절적인 수요
> - seasonal fruit 계절 과일
> ㉙ season 계절, seasonally 계절 따라

Rank 1158

[siŋk]

sink

n (부엌 등의) 싱크대
n 시궁창
v 가라앉다
v 침몰하다

———————————————————————— 1561

The restaurant manager said // the drain pipe [for the sink
식당 관리자는 말했다　　　　　　배수관이　　　　　싱크대의

[in the kitchen]] was clogged / this morning.
부엌에 있는　　　　막혔다　　　오늘 아침에

square
[skwɛər]

n 평방
n 제곱
n 광장
n 정사각형

········· 1562

4,000 square meters of land [in a suburban area] will be used
4,000 평방미터의 부지가 　　　　교외에 있는 　　　사용될 것이다

/ to construct / an apartment complex [for urban workers].
건설에 　　아파트 단지 　　도시 근로자들을 위한

> 빈출표현 · square meter 평방미터

taste
[teist]

n 맛
n 취향
v 맛을 보다
v 시식하다

········· 1563

To improve / the taste [of my coffee], / I tried / to blend /
향상시키기 위해 　맛을 　나의 커피의 　나는 시도했다 섞는 것을

coffee beans [from various countries].
커피콩들을 　　다양한 국가들의

> 빈출표현 · taste of ~의 맛
> ⓤ flavor 맛
> ⓟ tasty 맛있는

tight
[tait]

a 빡빡한
a 단단한
a 꽉 조인

········· 1564

Morgan Solutions can effectively promote / your business /
Morgan Solutions은 　　효과적으로 　홍보할 수 있다 당신의 사업을

on a tight budget / thanks to its highly skilled professionals.
빠듯한 예산으로 　　그들의 고도로 숙련된 전문가들 덕분에

> 빈출표현 · on a tight budget 빠듯한 예산으로
> · little tight 조금 끼는
> · tight schedule 빠듯한 일정

translation
[trænsléiʃən]

n 번역
n 번역물

········· 1565

You can easily use / the translation service
당신은 　쉽게 　사용할 수 있다 번역 서비스를

[for foreign visitors] / by accessing / the sound system
외국인 방문자를 위한 　접근함으로써 　음향 시스템에

[in each seat].
각 좌석의

> 빈출표현 · translation service 번역 서비스
> ⓟ translate 번역하다, translator 번역가

trust
[trʌst]

n 신뢰
n 신임
v 믿다

········· 1566

In this gloomy atmosphere, / it looks / pretty hard /
이런 우울한 분위기에서 　　그것은 보인다 꽤 　어려운

to establish / trust [with one's colleagues].
구축하는 것은 　신뢰를 　동료들과

> 빈출표현 · ⓤ confidence, belief, faith 신뢰
> ⓟ trustee 피신탁인

trustee
[trʌstíː]

n 피신탁인
n 신탁관리자

········· 1567

The board of trustees will meet / sometime / next month /
이사회가 열릴 것이다 　　언젠가 　다음 달

to discuss / moving / our head office.
논의하기 위해 　이전을 　우리의 본사

> 빈출표현 · board of trustees 이사회
> ⓟ trust 신뢰

Rank 1160

[wɔːkwei]

walkway

n 보도
n 통로

Many construction vehicles are being used / to build /
많은 건설 차량들이 사용되고 있다   짓기 위해

a walkway [surrounding / the golf course].
보도를   둘러싸는   골프장을

빈출표현
· sweep a walkway 통로를 쓸다
㊒ sidewalk, pavement 보도

Rank 1169

[əpǽrəl]

apparel

n 의류
n 의복

An efficient way [to advertise] is to have / celebrities wearing /
효율적인 방법은   광고하는   하도록 하는 것이다   유명 인사들이 입는 것을

sporting apparel // and then appear / on TV.
스포츠 의류를   그러고는 나온다   TV에

빈출표현
· sports apparel 스포츠 의류
· leather apparel 가죽 의류
㊒ clothing, garment 의류

Rank 1170

[ǽvəridʒ]

average

a 평균의
n 평균

Everybody knows / that [//due to the destruction
누구나 알고 있다   그것을   파괴 때문에

[of the environment], / the average temperature [on the Earth]
환경의   평균 온도가   지구의

has slightly increased].
조금씩   증가해 왔다

빈출표현
· average temperature 평균 온도
· average consumer 일반적인 소비자

Rank 1706

[kə́ːrtəsi]

courtesy

a 무료의
n 공손
n 예의

If you are locked / in an elevator, // first calm down // and then
만약 당신이 갇힌다면   엘리베이터에   먼저   진정하라   그런 다음

use / the white courtesy phone / to call / for help.
이용해라 흰색 무료 전화를   요청하기 위해 도움을

빈출표현
· courtesy phone 무료 전화
㊒ complimentary, free 무료의
㊙ courteous 예의 바른, courteously 예의 바르게

Rank 2000

[kə́ːrtiəs]

courteous

a 예의 바른
a 공손한
a 정중한

According to the call center's information booklet, /
콜센터의 정보 소책자에 따르면

all inquiries and complaints must be handled /
모든 문의와 불만사항들은 처리되어야 한다

in a courteous manner.
예의 바른 태도로

빈출표현
㊒ polite, pleasant, respectful 예의 바른
㊙ courtesy 예의, courteously 예의 바르게

Rank 1171

[isénʃəl]
essential

a 필수적인
a 본질적인

———————————————— 1573

The safety officer reminded / the machine operators / that [/]it
안전 책임자는 상기시켰다　　　　　　　기계 운용사들에게　　　　　그것을

was essential / to wear / protective clothing / in the workplace].
그것은 필수이다　　착용하는 것은　보호복을　　　　　　작업장에서

> 빈출표현
> · essential for(to) ~에 있어 필수적인 ❋
> 유 imperative, necessary 필수적인
> 파 essentially 본질적으로

Rank 1492

[dʒénərəs]
generous

a 관대한
a 후한

———————————————— 1574

We couldn't have accomplished / this / without the aid
우리는 달성할 수 없었다　　　　　이것을　　도움 없이

[of our generous sponsors].
우리의 관대한 후원자들의

> 빈출표현
> · generous sponsor 관대한 후원자
> 유 tolerant 관대한
> 파 generously 관대하게

Rank 1172

[míːntàim]
meantime

n 그 동안
ad 그 동안에

———————————————— 1575

In the meantime, / we gathered / materials [on their reputation
그 동안에　　　　　　　우리는 수집했다　　자료들을　　그들의 평판에 관한

[with other companies]] / for the negotiation.
다른 회사들에서의　　　　　　　협상을 위해

> 빈출표현
> · In the meantime 그 동안(사이)에, 한편 ❋

Rank 1823

[pəlítikəl]
political

a 정치적인
a 정당의

———————————————— 1576

Ms. Smith is known / as a critic [/who has written / articles
Ms. Smith는 알려져 있다　　비평가로　　　그녀는 써왔다　　　기사를

[about economic issues] / from a political perspective].
경제 문제들에 대해　　　　　　정치적인 관점으로

> 빈출표현
> · political perspective 정치적인 관점
> 파 politician 정치인, politics 정치, politically 정치적으로

Rank 1879

[pàlitíʃən]
politician

n 정치인

———————————————— 1577

A magazine featured / a very interesting article
잡지는 특집으로 다뤘다　　　매우 흥미로운 기사를

[about a politician [on the blacklist [recently released /
정치인에 대한　　　　　블랙리스트에 올라온　　최근에 공개된

by a civic group]]].
시민 단체에 의해

> 빈출표현
> 유 stateperson 정치인
> 파 political 정치적인, politics 정치, politically 정치적으로

Rank 1173

[preiz]
praise

v 칭찬하다
n 칭찬

———————————————— 1578

Juan Garcia, [the senior accountant], was praised /
Juan Garcia는　　　수석 회계사　　　　　　칭찬받았다

for his excellent asset management.
그의 훌륭한 자산 관리로

> 빈출표현
> 유 admire, commend, compliment 칭찬하다
> 반 criticize, blame 비난하다

1579

Rank 1609

[rióːrgənaiz]

reorganize

v 재편성하다
v 재조직하다

I saw / an advertisement [stating / that [//a company can help /
나는 보았다 광고를 말하는 그것을 회사가 도울 수 있다

reorganize / my workspace / to make / it more comfortable /
재편성 하는 것을 나의 작업공간을 만들기 위해 그것을 더 편리하게

for a 50% discount]].
50% 할인된 가격으로

빈출표현 | 파 reorganization 재편성

1580

Rank 1824

[rìːɔːrgənizéiʃən]

reorganization

n 재편성
n 개편

The approved reorganization plan is predicted / to cause /
승인된 재편성 계획은 예상된다 원인이 될 것으로

the company to reduce / its workforce.
회사가 줄이는 그들의 노동자들을

빈출표현 | 파 reorganize 재편성하다

1581

Rank 1345

[stein]

stain

n 얼룩

I'm surprised / that [//I can get / the red stain / out of my shirt /
나는 놀랐다 그것에 내가 가질 수 있다 붉은 얼룩을 나의 셔츠 밖으로

at once / by this detergent].
한 번에 이 세제로

1582

Rank 1186

[bei]

bay

n (바다, 강의) 만(灣)
n 구역

The growth [in the number [of tourists]] is hindering /
증가는 수의 관광객들의 방해하고 있다

the preservation [of the environment [around the bay]].
보존을 환경의 만 주위의

1583

Rank 1187

[síːliŋ]

ceiling

n 천장

With no one [available / to fix / the ceiling], / water will continue
사람이 없어서 가능한 고치는 것이 천장을 물이 계속될 것이다

/ to drip / from it // until a repairperson comes.
떨어지는 것이 그곳으로부터 수리공이 올 때까지

1584

Rank 1346

[kəndʒéstʃən]

congestion

n (교통의) 혼잡
n (인구의) 밀집

Although many commuters use / public transportation /
많은 통근자들이 이용함에도 불구하고 대중교통을

every day, // the traffic congestion hasn't really been alleviated.
매일 교통 혼잡은 정말로 완화되지 않았다

빈출표현 | • traffic congestion 교통 혼잡
유 jam, rush 혼잡
파 congest 혼잡하게 하다, congested 혼잡한

1585

Rank 1188

[diláit]

delight

v 기쁘게 하다
n 기쁨
n 즐거움

I suppose / that [//most customers will be delighted / to hear /
나는 추측한다 그것을 대부분의 고객들이 기뻐할 것이다 듣고서

this news [about our bargain prices]].
이 소식을 우리의 특가에 관한

빈출표현 | • be delighted to ~하는 것에 기뻐하다 신
유 please 기쁘게 하다
파 delightful 매우 기쁜

Rank 1707

[déntl]
dental

a 치과의
a 이(치아)의

1586

Because I have / a dental appointment / on Thursday, //
나는 있기 때문에　　치과 예약이　　　　　　목요일에

I can't attend / the banquet.
나는 참석할 수 없다　연회에

> 빈출
> 표현
> · dental appointment 치과 예약 🔧
> · dental associate 치과 협회
> ⊞ dentist 치과의사

Rank 1758

[déntist]
dentist

n 치과의사

1587

When I called / to confirm / his appointment [with the dentist],
내가 전화했을 때　　확인하기 위해　　예약을　　　　　치과의사와의

// he asked / to move / it / to 9:00 A.M. / on Monday.
그는 요청했다　옮길 것을　그것을　오전 9시로　　월요일

> 빈출
> 표현 ⊞ dental 치과의

Day 32
1551~1600

Rank 1279

[émfəsàiz]
emphasize

v 강조하다

1588

For a peaceful resolution, / it is not good / to just emphasize /
평화로운 해결책을 위해　　그것은 좋지 않다　단지 강조하는 것은

only / each other's requests / in a labor dispute.
오직　각자의 요청들을　　　　노동 분쟁에서

> 빈출
> 표현 ⊛ stress 강조하다
> ⊞ emphasis 강조

Rank 1189

[faiər]
fire

v 해고하다
n 불
n 화재

1589

Unfortunately, / the workers, [including me], didn't realize /
불행하게도　　작업자들은　　나를 포함한　　깨닫지 못했다

that [//a couple of our colleagues had been fired / a month ago].
그것을　두 사람의 우리 동료가　　　　해고됐다　　한 달 전에

> 빈출
> 표현 ⊛ discharge, dismiss 해고하다

Rank 1190

[fɔːrs]
force

v 강요하다
n 힘
n 영향력

1590

Management is being forced / to abandon / the project /
경영진은 강요받고 있다　　　그만두는 것을　프로젝트를

against their will // because the project is making / progress
그들의 의지에 반하여　　　이유는　　프로젝트가 하고 있다　진행을

too slowly.
너무 느리게

> 빈출
> 표현
> · be forced 강요받다
> · work force 노동력
> · task force 대책 위원회
> ⊛ compel, enforce, impose 강요하다

Rank 1191

[impækt]
impact

n 영향
n 충격
n 효과

1591

His faulty remark [criticizing / their products] had /
그의 잘못된 발언은　　비판하는　　그들의 제품들을　미쳤다

a negative impact [on the deal [with the potential client]].
부정적인 영향을　　　거래에　　　잠재적인 고객과

> 빈출
> 표현
> · have an impact on ~에 영향을 미치다 🔧
> ⊛ effect, influence 영향

Rank 1192

[læk]

lack

n 부족
n 결핍
v ~이 없다

The major complaint [about this country] [/that is made /
주요 불만은 　　　　　　이 나라에 대한 　　　　　　그것은 만들어졌다

by visitors] is the lack [of street signs].
방문객들에 의해 　부족이다 　거리 표지판들의

빈출표현 | ㈮ shortage 부족

Rank 1193

[laibrɛəriən]

librarian

n 사서

When I found him, // he was looking / for a librarian / to renew /
내가 그를 찾았을 때 　그는 찾고 있었다 　사서를 　갱신하기 위해

the books [/that are due / tomorrow].
책들을 　그 책들은 만기이다 　내일이

빈출표현 | · reference librarian 열람실 사서
　　　　| ㈜ library 도서관

Rank 1194

[lift]

lift

v 들어 올리다

Many people started / looking / at the crane [/that is lifting /
많은 사람들이 시작했다 　보는 것을 　크레인을 　그 크레인이 들어 올리고 있다

heavy items].
무거운 물건들을

빈출표현 | ㈮ raise, elevate 들어 올리다

Rank 1310

[néibər]

neighbor

n 이웃

His neighbors complained / that [/the construction has
그의 이웃들은 불평했다 　그것을 　공사가 발생시켜왔다

generated / a lot of noise / for several months].
　　　　　많은 소음을 　몇 달 동안

빈출표현 | ㈜ neighboring 이웃의

Rank 1759

[ápəzit]

opposite

a 반대편의
n 반대

I'm waiting / for the traffic signal / to make / my car face /
나는 기다리고 있다 　교통 신호를 　하기 위해서 　나의 차가 향하도록

the opposite direction.
반대 방향으로

빈출표현 | · opposite direction 반대 방향
　　　　| · directly opposite 바로 맞은편에
　　　　| ㈮ reverse, adverse 반대의
　　　　| ㈜ oppose 반대하다, opposition 반대

Rank 1195

[óuvərtaim]

overtime

n 초과근무

Employees [/who work / overtime] should be careful /
직원들은 　그들은 일한다 　초과근무를 　주의해야 한다

about entering / other department offices / without permission.
들어가는 것에 대해 　다른 부서 사무실들에 　허가 없이

빈출표현 | · work overtime 초과근무를 하다
　　　　| · overtime pay 초과근무 수당

Rank 1196

[prouhíbit]
prohibit

v 금지하다

---- 1598

Animal testing [for cosmetics and medicine] should be
동물 실험은   화장품과 의약품에 대한   금지되어야 한다

prohibited // because it can cause / many problems.
         이유는   그것은 야기할 수 있다 / 많은 문제들을

> 빈출 표현
> • prohibit A from B A가 B하는 것을 금지하다
> • be strictly prohibited 엄격히 금지된다
> ㊌ suppress 금지하다

Rank 1197

[riví:l]
reveal

v 밝히다
v 드러내다
v 폭로하다

---- 1599

Independent tests revealed / that [//certain fruits and
독자적인 연구는   밝혀냈다   그것을   특정 과일과

vegetables can help / regulate / blood circulation and
야채들이 도움을 줄 수 있다   조절하도록   혈액 순환과

body temperature].
체온을

> 빈출 표현
> • reveal that ~를 밝히다
> ㊌ unveil 밝히다
> 囲 revelation 폭로

---- 1600

Rank 1214

[klaim]
climb

v 오르다
v 상승하다

The domestic economy has been picking up //
국내 경제가 회복되고 있다

since stock prices begin / to climb / dramatically.
주가가 시작한 후   오르기   급격하게

> 빈출 표현
> • climb into ~에 올라가다
> • climb up ~에 오르다
> ㊌ go up 오르다

STEP 3 집중해서 풀어라!	STEP 4 주기적인 복습 '기억상자'
워크북 161페이지부터 학습하면 됩니다.	제대로 외웠는지 확인하고 싶다고요? 까먹기 전에 다시 복습하고 싶다고요? 지금 당장 QR 코드를 스캔해 보세요.

Day 32 1551-1600

STEP 1 읽을 수 있을 때까지 들어라!

읽지 못하는 단어는 절대 외울 수 없습니다! 발음 기호 없이 자신있게
읽을 수 있을 때까지 원어민의 발음을 들으면서 반복해서 따라 읽으세요.

1601~1650 Words

- [ ] **desire** 욕망, 욕구
- [ ] **desired** 바라던, 훌륭한
- [ ] **discover** 발견하다, 찾다
- [ ] **empty** 빈, 비어있는
- [ ] **income** 소득, 수입
- [ ] **inexpensive** 값싼, 비싸지 않은
- [ ] **narrow** 좁은, 좁히다
- [ ] **quantity** 양, 수량
- [ ] **recipient** 수령인
- [ ] **rush** 혼잡, 급한 움직임(상태)
- [ ] **transaction** 거래, 매매
- [ ] **worldwide** 전 세계적으로, 전 세계적인
- [ ] **aid** 도움, 원조
- [ ] **cheap** (값이) 싼, 저렴한
- [ ] **conservation** 절약, 보존
- [ ] **conserve** 절약하다, 보호하다
- [ ] **eliminate** 없애다, 제거하다
- [ ] **flavor** 맛, 풍미
- [ ] **foreign** 외국의
- [ ] **highlight** 강조하다, 강조
- [ ] **ladder** 사다리
- [ ] **minister** 장관, 각료
- [ ] **ministry** (정부의) 부처
- [ ] **misplace** 잃어버리다, 잘못 잡다
- [ ] **modify** 수정하다, 변경하다

- [ ] **owe** 빚지다, 빚지고 있다
- [ ] **platform** 승강장
- [ ] **rearrange** 재배치하다, 재조정하다
- [ ] **recover** 회복하다
- [ ] **relevant** 관련 있는, 적절한
- [ ] **situation** 상태, 상황
- [ ] **tray** 상자, 쟁반
- [ ] **trial** 시험, 재판
- [ ] **venue** 장소
- [ ] **category** 범주, 부분
- [ ] **compose** 구성하다, 작곡하다
- [ ] **experiment** 실험, 실험하다
- [ ] **labor** 노동, 노동하다
- [ ] **malfunction** 고장, 오작동
- [ ] **mount** 고정하다, 올라가다
- [ ] **outdated** 구식의, 낡은
- [ ] **profile** (인물을) 소개하다, 윤곽을 그리다
- [ ] **reopen** 다시 문을 열다, 재개하다
- [ ] **sort** 분류하다, 종류
- [ ] **spot** 찾다, 발견하다
- [ ] **switch** 바꾸다, 스위치
- [ ] **utility** 공공시설, 공익사업
- [ ] **acknowledge** 인정하다, 받았음을 알리다
- [ ] **amazing** 놀라운
- [ ] **ancient** 고대의, 먼 옛날의

암기는 나중에, 정독에 집중하세요! 한 번에 외워야 한다는 강박은
개나 줘버리고 편안한 마음으로 읽되, 집중하세요.

1601

Rank 1880

[dizáiər]
desire

n 욕망
n 욕구
v 바라다
v 원하다

Some psychologists said / that [//people have / the desire
몇몇 심리학자들은 말했다   그것이라고 사람들이 가지고 있다 욕망을

[to destroy / everything] since birth].
파괴하려는   모든 것을   태어날 때부터

> 빈출표현 | ⑩ desired 바라던, desirable 바람직한, desirably 바람직하게

1602

Rank 1881

[dizáiərd]
desired

a 바라던
a 훌륭한
a 바람직한

We did / many experiments / to have / the desired effect //
우리는 했다   많은 실험들을   얻기 위해   바라던 효과를

but we didn't have / much success.
하지만 우리는 갖지 못했다   많은 성공을

> 빈출표현 | · desired effect 바라던 효과
> ⑩ desire 욕망, desirable 바람직한, desirably 바람직하게

1603

Rank 1347

[diskʌ́vər]
discover

v 발견하다
v 찾다

One promising applicant has been eliminated // because
한 명의 유망한 지원자가   탈락되었다   이유는

we discovered / that [//she is related / to the person
우리가 발견했다   그것을   그녀가 연관되어 있다   그 사람과

[//who manages / the company's main competitor]].
그 사람은 관리한다   회사의 주요 경쟁사를

> 빈출표현 | ㈜ find 발견하다
> ⑩ discovery 발견

1604

Rank 1215

[émpti]
empty

a 빈
a 비어있는
v 비우다

We had / an empty office / a few days ago, // but,
우리는 갖고 있었다   빈 사무실을   몇 일전에   그러나

unfortunately, it has already been sold.
유감스럽게도   그건   이미   팔렸다

> 빈출표현 | · empty office 빈 사무실
> · empty chair 빈 의자
> ㈜ vacant 빈
> ⑪ full 가득한

1605

Rank 1216

[ínkʌm]
income

n 소득
n 수입

The income statement can help / determine /
손익 계산서는 도움이 될 수 있다   알아내는데

the financial status [of the company].
재정 상태를   회사의

> 빈출표현 | · income statement 손익 계산서
> ㈜ revenue, earnings 소득
> ⑪ expense 지출

Rank 1280

[ìnikspénsiv]

inexpensive

a 값싼

a 비싸지 않은

In the commercial district, / tourists can buy /
상업 지구에서   관광객들은 구입할 수 있다

various traditional souvenirs / at inexpensive prices.
다양한 전통 기념품들을   값싼 가격에

빈출표현	㕦 cheap 값싼
	반 expensive 비싼

Rank 1523

[nǽrou]

narrow

a 좁은

v 좁히다

v 좁아지다

The apartment manager asked / residents to remove /
아파트 관리인은 요청했다   주민들이 치울 것을

their stuff [/that was piled up / in the narrow corridors].
그들의 물건을   그것들은 쌓여있었다   좁은 복도에

빈출표현	· narrow corridor 좁은 복도
	· narrow down 좁히다, 줄이다 🔋
	반 wide, broad 넓은

Rank 1217

[kwá:ntəti]

quantity

n 양

n 수량

Without your cooperation, / it is impossible / to manufacture /
당신의 협조 없이   그것은 불가능하다   생산하는 것은

the ordered goods / in large quantities / by using / only /
주문된 상품들을   대량으로   사용해서   오직

our facilities.
우리의 설비를

빈출표현	· large quantity of 대량의
	㕦 amount 양

Rank 1218

[risípiənt]

recipient

n 수령인

It is truly my honor / to introduce / the recipient
그것은 진심으로 나의 영광이다   소개하는 것은   수령인을

[of the singer of the year award].
올해의 가수상

빈출표현	삐 recipient of ~의 수령인

Rank 1219

[rʌʃ]

rush

n 혼잡

n 급한 움직임(상태)

v 서두르다

The government is searching / for a way [to promote
정부는 찾고 있다   방법을   활성화시킬

public transportation] / in order to reduce /
대중교통을   줄이기 위하여

rush hour traffic jams.
혼잡한 시간대의 교통 체증을

빈출표현	· rush hour 러시아워, 혼잡한 시간 🔋
	· rush order 급한 주문
	㕦 congestion 혼잡

Rank 1220

[trænzǽkʃn]

transaction

n 거래

n 매매

The client gave / his broker the authority [to make /
그 고객은 주었다   그의 중개인에게 권한을   할 수 있는

transactions / without his permission].
거래를   그의 허가 없이

빈출표현	㕦 deal 거래

Rank 1221

[wə́:rldwaid]

worldwide

ad 전 세계적으로
a 전 세계적인

It is a well-known fact / worldwide / that
그것은 잘 알려진 사실이다　　　전 세계적으로　　　그것은

[//the semiconductor industry is a quite promising field].
반도체 산업은　　　　　　　상당히 유망한 분야이다

빈출 표현 | 㛃 global 세계적인

Rank 1411

[eid]

aid

n 도움
n 원조
v 돕다

Schools [in the country] have / a duty [to include /
학교들은　　그 지역의　　가지고 있다　의무를　　포함해야 할

first-aid training / as part [of their safety education classes].
응급처치 교육을　　　　　일부로　　　그들의 안전 교육 수업의

빈출 표현
· first-aid 응급처치의
· visual aid 시각 자료
㛃 help 도움

Rank 1248

[tʃiːp]

cheap

a (값이) 싼
a 저렴한

Customers [//who place / large orders] can buy / our products /
고객들은　　　그들은 한다　대량 주문을　　살 수 있다　우리의 제품들을

for cheaper prices.
더 싼 가격에

빈출 표현
㛃 inexpensive 값이 싼
㕥 expensive 비싼
㖋 cheaply 싸게, cheapen 낮추다

Rank 1760

[kɑ̀:nsərvéiʃn]

conservation

n 절약
n 보존

As / worldwide interest [in energy conservation] is growing, //
~에 따라　전 세계의 관심이　　에너지 절약에 대한　　증가하고 있다

people have begun / to prefer / energy efficient products.
사람들은 시작했다　　선호하기　에너지 효율적인 제품들을

빈출 표현
· energy conservation 에너지 절약
㛃 saving 절약
㖋 conserve 보호하다, conservative 보수적인

Rank 1825

[kənsə́:rv]

conserve

v 절약하다
v 보호하다

In order to conserve / energy, / electric appliances should be
절약하기 위하여　　에너지를　　전기 제품들은 플러그가 뽑혀져야 한다

unplugged // when they are not in use.
　　　그들이 사용 중이 아닐 때

빈출 표현
· conserve energy 에너지를 절약하다
㛃 economize, save 절약하다
㖋 conservation 절약, conservative 보수적인

Rank 1249

[ilímineit]

eliminate

v 없애다
v 제거하다

Recently, / modern manufacturing plants tend / to eliminate /
최근에　　현대적인 제조 공장들은 경향이 있다　　없애는

manual machines / in favor / of automated ones.
수동식 기계들을　　선호하여　자동화된 기계들을

빈출 표현
㛃 get rid of ~을 없애다
㖋 elimination 제거

Rank 1311 [fléivər]
flavor
n 맛
n 풍미
v 맛을 내다

1618

The Food Delivery Inc. has / container trucks [with built-in /
음식 배달 회사는 가지고 있다   컨테이너 트럭들을   내장되어 있는

refrigeration units] / in order to retain /
냉장 설비들이   유지하기 위하여

the freshness and flavor [of foods].
신선함과 맛을   음식들의

Rank 1250 [fɔ́:rən]
foreign
a 외국의

1619

The teacher says // we have to memorize /
선생님은 말한다   우리가 암기해야 한다

more than 10,000 words / in order to understand / lectures
10,000개 이상의 단어들을   이해하기 위해서는   강의를

[in a foreign language].
외국어로 된

> 빈출 표현
> · foreign language 외국어
> · foreign currency 외국 통화
> · foreign policy 외교 정책

Rank 1251 [háilait]
highlight
v 강조하다
n 강조
n 가장 중요한 부분

1620

The purpose [of the presentation] is to introduce /
목적은   발표의   소개하는 것이다

revolutionary products // and to highlight / the importance
획기적인 제품들을   그리고 강조하는 것이다   중요성을

[of investing [in research and development]].
투자의   연구와 개발에 대한

> 빈출 표현
> 윤 emphasize 강조하다

Rank 1252 [lǽdər]
ladder
n 사다리

1621

Each ladder [manufactured / at a different facility] is inspected
각각의 사다리는   제작된   다른 시설에서   검사된다

/ through rigorous tests / to measure up / to our standards.
엄격한 테스트들을 거쳐   맞추기 위해   우리 기준에

> 빈출 표현
> · carry a ladder 사다리를 옮기다

Rank 1708 [mínəstər]
minister
n 장관
n 각료
n 성직자
n 목사

1622

The prime minister came / to an agreement
총리는 했다   합의를

[on tariffs and trade] / with the neighboring countries.
관세와 무역에 관한   주변국들과

> 빈출 표현
> · prime minister 총리, 수상
> 때 ministry (정부의) 부처

Rank 1882 [mínistri]
ministry
n (정부의) 부처

1623

Sponsored / by the Ministry of Culture and Arts, /
후원을 받는   문화예술부의

the exhibition will be held / from February 27.
전시회가 열릴 것이다   2월 27일부터

> 빈출 표현
> 윤 department 부처
> 때 minister 장관

Rank 1253

[mìspléis]
misplace

v 잃어버리다
v 잘못 잡다

---- 1624

Mr. Ward has misplaced / several important documents
Mr. Ward는 잃어버렸다   몇몇 중요한 서류들을

[containing / commercially confidential information].
포함되어 있는   상업적으로 기밀의 정보가

 빈출표현 | ㈔ lose 분실하다

Rank 1610

[mádifài]
modify

v 수정하다
v 변경하다

---- 1625

I asked / the architect / for advice / on how [to modify /
나는 요청했다   건축가에게   조언을   방법에 대해   수정하는

the courtyard design].
마당 설계를

빈출표현 | ㈔ correct, amend, revise 수정하다
| ㈜ modification 수정

Rank 1254

[ou]
owe

v 빚지다
v 빚지고 있다

---- 1626

To pay off / a part [of my debt], I went / to the bank /
갚기 위해   일부를   내 빚의   나는 갔다   은행에

with 3,000 dollars [/that I owed / my friend].
3,000 달러를 가지고   그 달러 내가 빚졌다   나의 친구에게

 빈출표현 | · owing to ~ 때문에

Rank 1255

[plǽtfɔ:rm]
platform

n 승강장

---- 1627

The passengers were told / to go / to platform 10 // and that
승객들은 들었다   가라고   10번 승강장으로   그리고 그것을

[/the train would arrive / soon].
기차가 도착할 것이다   곧

빈출표현 | · platform number 승강장 번호

Rank 1256

[rì:əréindʒ]
rearrange

v 재배치하다
v 재조정하다

---- 1628

The furniture [in my office] was rearranged //
가구가   나의 사무실의   재배치되었다

while I was on a business trip.
내가 출장 중이었던 동안

 빈출표현 | ㈜ rearrangement 재배치

Rank 1412

[rikʌvər]
recover

v 회복하다

---- 1629

It was unclear / whether [/the domestic economy
그것은 불명확했다   그것인지가   국내 경제가

could recover / from the long recession].
회복할 수 있다   오랜 경기 침체에서

빈출표현 | · recover from ~에서 회복하다
| ㈔ restore, regain, renew 회복하다
| ㈜ recovery 회복

Rank 1493

[rélәvәnt]

relevant

a 관련 있는
a 적절한

.... 1630

Could you collect / all of the **relevant information**
당신은 수집할 수 있습니까   모든 관련 정보를

[about the contract [with Mr. Dean]] // and send it / to me?
계약에 관한   Mr. Dean과의   그리고 그것을 보낼 수 있습니까 나에게

> 빈출표현
> · relevant information 관련 정보
> · relevant to ~에 관련된
> 동 related to ~와 관련 있는
> 반 irrelevant 무관한
> 파 relevance 관련성, relevantly 관련되어

Rank 1257

[sìtʃuéiʃən]

situation

n 상태
n 상황

.... 1631

Our financial situation isn't very stable, // so we hired /
우리의 재정 상태는   매우 안정적이지 않다 그래서 우리는 고용했다

an outside consultant [//who will analyze / our finances].
외부 고문을   그 고문은 분석할 것이다   우리의 재정을

> 빈출표현
> · financial situation 재정 상태
> 동 status, state, condition 상태
> 파 situate 위치시키다

Rank 1258

[trei]

tray

n 상자
n 쟁반
n 받침접시

.... 1632

Please complete / an application form [to attend /
완성하세요   신청서 양식을   참석하기 위한

the conference] // and place / it / in the tray
회의에   그리고 넣으세요 그것을 상자 안에

[next to the copy machine].
복사기 바로 옆의

> 빈출표현
> · on a tray 쟁반(접시)에

Rank 1259

[tráiәl]

trial

n 시험
n 재판

.... 1633

After the three-month trial period is over, // you can decide /
3개월의 체험 기간이 끝난 후   당신은 결정할 수 있다

whether [to buy / this software / or not].
할 것인지를 살지   이 소프트웨어를   또는 아닌지

> 빈출표현
> · trial period 시험 기간
> 동 test, experiment 시험

Rank 1260

[vénjuː]

venue

n 장소

.... 1634

She is actively looking / for a **venue**
그녀는   활발히   찾고 있다   장소를

[for our annual symposium [being held / this month]].
우리의 연례 토론회를 위한   잡혀 있는   이번 달

Rank 1281

[kǽtәgɔ̀ːri]

category

n 범주
n 부분

.... 1635

She can easily calculate / our investments [in each **category**] /
그녀는   쉽게   계산할 수 있다 우리의 투자액을   각 범주의

by using / the new accounting system.
사용하여 새 회계 시스템을

> 빈출표현
> 파 categorize 분류하다

Rank 1559

[kəmpóuz]

compose

v 구성하다
v 작곡하다

···· 1636

The Shining Star, [/which is a series [of children's books
The Shining Star는   그것은 시리즈이다   아동용 도서의

[written / by Ms. Red]], is composed / of five books.
쓴   Ms. Red가   구성된다   5권의 책으로

빈출
표현
· be composed of ~로 구성되다
@ constitute, make up 구성하다
@ composition 구성

Rank 1375

[ikspérimənt]

experiment

n 실험
v 실험하다

···· 1637

The chemical experiment was ended // because the scientists
화학 실험은   끝났다   이유는   과학자들이 찾았다

found / something [dangerous] / in the middle [of the process].
무언가를   위험한   도중에   진행의

빈출
표현
@ test, trial 실험
@ experimental 실험적인, experimentally 실험적으로

Rank 1282

[léibər]

labor

n 노동
v 노동하다

···· 1638

In spite of rising / labor and material costs, / the company is
인상에도 불구하고   노동과 자재 비용의   그 회사는

still making / a lot of money.
여전히 벌고 있다   많은 돈을

빈출
표현
· labor department 노동부
· labor dispute 노동 분쟁

Rank 1283

[mælfʌŋkʃn]

malfunction

n 고장
n 오작동
v 오작동하다

···· 1639

The plant suffered / considerable losses / from the shutdown
공장은 겪었다   상당한 손실을   폐쇄로부터

[caused / by the malfunction [of the computer equipment]].
야기된   고장으로   컴퓨터 장비의

빈출
표현
· computer malfunction 컴퓨터 고장
· equipment malfunction 장비 오작동

Rank 1284

[maunt]

mount

v 고정하다
v 올라가다
n 산
n 판

···· 1640

A large solar panel is being mounted / on the roof
큰 태양열 전지판이 고정되고 있다   지붕에

[of my house].
나의 집의

Rank 1285

[aùtdéitid]

outdated

a 구식의
a 낡은

···· 1641

I recommended / that [/the outdated equipment be replaced] //
나는 권고했다   그것을   구식 장비가 교체되어야 한다

even though it's very expensive.
비록 매우 많은 비용이 들지라도

빈출
표현
· outdated equipment 구식 장비
@ old-fashioned 구식의

Rank 1286

[próufail]
profile

v (인물을) 소개하다

v 윤곽을 그리다

n 개요(서)

n (얼굴의) 옆모습

Mr. Hong is profiled / in this month's issue [of Korbes,
Mr. Hong은 소개됐다   이번 달 호에   Korbes의

[one / of Korea's leading business magazines]].
하나인   한국의 주요 비즈니스 잡지 중

빈출표현	· high-profile 눈에 띄는

Rank 1287

[ri:óupən]
reopen

v 다시 문을 열다

v 재개하다

Our gallery will be closed / for renovations /
우리 미술관은 닫을 것이다   보수를 위하여

until next summer // and will reopen / in September /
내년 여름까지   그리고 재개장할 것이다   9월에

with a beautiful and impressive building.
아름답고 인상 깊은 건물과 함께

Rank 1611

[sɔːrt]
sort

v 분류하다

n 종류

The computerized personnel management system make /
전산화된 인사 관리 시스템은   만든다

it easier / to sort / through the flood of job applications.
그것을 더 쉽게   분류하는 것을   밀려드는 취업 지원서들을

빈출표현	㊌ divide, class 분류하다

Rank 1288

[spɑːt]
spot

v 찾다

v 발견하다

n 얼룩점

n 장소

We drove / around the building / for half an hour /
우리는 운전했다   건물 주변을   30분 동안

in an attempt / to spot / a parking space.
해보려고   찾는 것을   주차장을

빈출표현	㊌ find, seek 찾다

Rank 1289

[switʃ]
switch

v 바꾸다

n 스위치

For switching / to another mobile telecommunications company, /
바꾸기 위해   다른 이동통신 회사로

I received / a free coupon [for a wireless Internet connection].
나는 받았다   무료 쿠폰을   무선 인터넷 연결을 위한

빈출표현	· switch to ~로 바꾸다 ⚙ · switch off 스위치를 끄다 ⚙ · switch on 스위치를 켜다 · light switch 조명 ㊌ change 바꾸다

Rank 1290

[ju:tíləti]
utility

n 공공시설

n 공익사업

n 유용성

If you don't pay / your utility bills, [including / the late fees], //
만약 당신이 지불하지 않는다면 당신의 공공요금을   포함한   연체료를

your water and electricity will be shut off / this week.
당신의 수도와 전기는 차단 될 것이다   이번 주에

빈출표현	· utility bill 공공요금 ⚙ · utility company 공공기업 ⚙ ㈜ utilize 이용하다, utilization 이용

Rank 1376

[æknɑ́lidʒ]

acknowledge

v 인정하다
v 받았음을 알리다
v 감사를 표하다

I would like / you to acknowledge / that [//more people
나는 원한다   당신이 인정하는 것을   그것을   더 많은 사람들이

[than you think] took part / in the special campaign].
당신이 생각한 것보다   참여했다   특별 캠페인에

빈출표현	유 recognize 인정하다
	반 deny 부정하다
	파 acknowledged 인정된, acknowledgment 인정

Rank 1657

[əméiziŋ]

amazing

a 놀라운

We expect / that [//Ms. Yellow will show /
우리는 기대한다   그것을   Ms. Yellow가 보여줄 것이다

her amazing creativity and skill / in the exhibit].
그녀의 놀라운 창조성과 기술을   전시회에서

| 빈출표현 | 유 incredible 놀라운 |
| | 파 amaze 놀라게 하다, amazement 놀라움 |

Day 33 1601~1650

Rank 1312

[éinʃənt]

ancient

a 고대의
a 먼 옛날의

Professor Kim Changho [from Miami University] will give /
교수 Kim Chang-ho는   마이애미 대학의   할 것이다

a lecture [on the history [of ancient civilizations]] / at 3 P.M. /
강의를   역사에 대한   고대 문명들의   오후 3시에

in the lecture hall.
강당에서

| 빈출표현 | · ancient civilization 고대 문명 |
| | 반 modern 현대의 |

STEP 3 집중해서 풀어라!	STEP 4 주기적인 복습 '기억상자'
워크북 167페이지부터 학습하면 됩니다.	제대로 외웠는지 확인하고 싶다고요? 까먹기 전에 다시 복습하고 싶다고요? 지금 당장 QR 코드를 스캔해 보세요.

Day 34 최근 10년간 토익 빈도 18회 이상

STEP 1 읽을 수 있을 때까지 들어라!

읽지 못하는 단어는 절대 외울 수 없습니다! 발음 기호 없이 자신있게
읽을 수 있을 때까지 원어민의 발음을 들으면서 반복해서 따라 읽으세요.

1651~1700 Words

- attribute ~의 덕분으로 돌리다. 속성
- behalf 자기편, 이익
- bulletin 게시, 뉴스 단신
- checkout 체크아웃, 계산대
- compensation 보상(금)
- comprehensive 포괄적인, 종합적인
- conflict 충돌, 갈등
- hallway 복도
- hospitality 환대, 접대
- interactive 상호적인, 대화형의
- novel 소설
- overhead 간접비의, 머리 위에
- physical 신체적인, 물리적인
- port 항구
- roll (소매 등을) 걷어 올리다, 구르다
- shore (바다, 호수 등) 해안, (바다, 호수 등) 물가
- sufficient 충분한, 넉넉한
- suspend 중단하다, 연기하다
- tenant 세입자, 임차인
- tie 묶다, 매다
- typically 일반적으로, 보통
- adhere 고수하다, 고집하다
- apparently 아무래도, 겉보기에
- bureau 사무소(국), 안내소
- counselor 상담전문가

- edge 가장자리, 장점
- failure 실패, 고장
- gym 체육관
- investigate 조사하다, 수사하다
- lawn 잔디밭, 잔디
- paycheck 급여, 지불 수표
- plate 번호판, 접시
- projection 예상, 추정
- react 반응하다
- reaction 반응
- regardless 상관하지 않고, 개의치 않고
- renowned 유명, 명성
- retain 유지하다, 보유하다
- target 대상, 목표
- unload 내리다
- apart 떨어져, 따로따로
- briefcase 서류 가방
- convert 개조하다, 전환하다
- forest 숲, 삼림
- influence 영향(력), 권력
- laundry 세탁(물), 세탁소
- minimum 최저의, 최소한의
- ocean 바다, 대양
- ongoing 계속 진행 중인
- pour 붓다, 따르다

집중해서 읽어라!

암기는 나중에, 정독에 집중하세요! 한 번에 외워야 한다는 강박은
개나 줘버리고 편안한 마음으로 읽되, 집중하세요.

1651

Rank 1313

[ətríbjuːt]

attribute

v ~의 덕분으로 돌리다
n 속성
n 자질

It seems / that ///the sluggish business situation
그것은 보인다   그것처럼   부진한 사업 상황은

[at the company] can be attributed /
[회사의]   탓으로 돌려질 수 있다

to the current economic recession].
현재의 경기 침체의

빈출 표현 | · attribute A to B A를 B 덕분으로 돌리다

1652

Rank 1314

[biháf]

behalf

n 자기편
a 이익

On behalf of the board of directors, / I want / to express /
이사회를 대신하여   나는 원한다   표현하기를

my appreciation [for your support and partnership].
나의 감사를   당신의 지원과 협력에 대한

빈출 표현 | · on behalf of ~를 대신하여

1653

Rank 1315

[búlitən]

bulletin

n 게시
n 뉴스 단신

We posted / an advertisement [for a secretary] /
우리는 게시했다   광고를   비서를 구하는

on the bulletin board [on the college's online recruitment site].
게시판에   대학의 온라인 채용 사이트의

빈출 표현 | · bulletin board 게시판

1654

Rank 1316

[tʃékaut]

checkout

n 체크아웃
n 계산대

At checkout, / payment [for a room] must be made / in full.
체크아웃 시   지불은   [방에 대한]   납부되어야 한다   완전히

빈출 표현 | · checkout counter 계산대

1655

Rank 1709

[kámpənsèiʃən]

compensation

n 보상(금)

Management is discussing / a cost-effective compensation
경영진은 논의하고 있다   비용 효율적인 보수를

package / to make / the employees more satisfied.
package / 만들기 위해   직원들이 더 만족하도록

빈출 표현 | · compensation package (급여와 복리후생이 포함된) 보수
유 reward, reparation 보상
파 compensate 보상하다, compensatory 보상의

Day 34 1651-1700

Rank 1449

[kámprihènsiv]

comprehensive

a 포괄적인
a 종합적인

─────────────────────────────── 1656

Most people [looking / for jobs] want / to be employed /
대부분의 사람들은   찾고 있는   일자리들을   원한다   고용되는 것을

at large companies [//that offer / competitive salaries and
대기업들에   그 대기업들은 제공한다   경쟁력 있는 급여와

comprehensive benefits].
포괄적인 혜택을

> 빈출표현
> · comprehensive benefit 포괄적인 혜택(복지)
> 유 inclusive 포괄적인
> 파 comprehension 이해력, comprehensively 포괄적으로

Rank 1317

[kənflíkt]

conflict

n 충돌
n 갈등
v 충돌하다

─────────────────────────────── 1657

Because of scheduling conflicts, /
일정의 충돌 때문에

the institute needed to change / the date / to the next day.
협회는 변경해야 했다   날짜를   다음 날로

> 빈출표현
> · scheduling conflict 일정의 충돌
> · conflict with ~와의 충돌(갈등)
> 유 collision 충돌

Rank 1318

[hɔːlwei]

hallway

n 복도

─────────────────────────────── 1658

I smelled / an abnormal odor [coming / from the hallway
나는 맡았다   이상한 냄새를   오고 있는   복도로부터

[in my apartment]], // and, after a short while, / I realized / that
나의 아파트의   그리고   잠시 뒤에   나는 깨달았다   그것을

[//there was a fire].
불이 났다

Rank 1319

[hὰspətǽləti]

hospitality

n 환대
n 접대

─────────────────────────────── 1659

The review [//I read] said // the visitor was so impressed / that
후기는   내가 읽었다 말한다   방문객은 깊은 인상을 받았다   그것에

[//the hotel clerks showed / him a considerable amount of
호텔 직원들이 보여줬다   그에게 상당한 환대를

hospitality].

> 빈출표현
> 파 hospitable 환대하는

Rank 1826

[ìntərǽktiv]

interactive

a 상호적인
a 대화형의

─────────────────────────────── 1660

The Gilbut Education Laboratory provides /
Gilbut Education Laboratory는 제공한다

various video lectures / as well as interactive learning
다양한 비디오 강의들을   게다가 상호적인 교육 활동들도

activities, // which will help / you pass / the test / easily.
            그것은 도울 것이다   당신이 통과하도록 시험에   쉽게

> 빈출표현
> 파 interact 상호작용하다

Rank 1320

[návəl]

novel

n 소설

─────────────────────────────── 1661

The novels [by author Kanobu Kurama] are prohibited /
소설들은   작가 Kanobu Kurama의   금지되었다

from being published / in the nation.
출간되는 것이   국내에

> 빈출표현
> · mystery novel 추리 소설
> · graphic novel 만화 소설
> 유 fiction 소설

Rank 1321

[òuvərhéd]

overhead

a 간접비의
ad 머리 위에

The city council decided / to continue / to cover /
시 의회는 결정했다   계속하기로   감당하는 것을

the overhead costs [of the private social welfare facilities].
간접비용을   민간 사회 복지 시설들의

1662

> 빈출표현
> · overhead cost 간접비용
> · overhead bin (항공기 좌석 위의) 짐 넣는 곳

Rank 1377

[fízikəl]

physical

a 신체적인
a 물리적인

The director [of the physical fitness program [//I participate in]],
지도자인   신체 단련 프로그램의   내가 참여한다

Mr. Arms, recommended / that [//I avoid / heavy exercise /
Mr. Arms이 권했다   그것을   내가 피한다   심한 운동을

for a while].
한동안

1663

> 빈출표현
> · physical fitness 신체 단련
> · physical therapy 물리 치료
> · physical examination 신체검사
> physically 육체적으로

Rank 1322

[pɔːrt]

port

n 항구

The port expansion project has enriched / the lives [of people
항구 확장 사업은 풍요롭게 했다   삶을   사람들의

[living / in coastal towns]].
사는   해안 마을들에

1664

> 빈출표현
> seaport 항구

Rank 1378

[roul]

roll

v (소매 등을) 걷어 올리다
v 구르다
n 통
n 두루마리

Before / I begin / the cooking class, // I want / you all to roll up /
이전에   나는 시작한다   요리 수업을   나는 원한다   당신들 모두가 걷어 올릴 것을

your sleeves // and wash / your hands.
당신들의 소매를   그리고 씻을 것을   당신들의 손을

1665

Rank 1413

[ʃɔːr]

shore

n (바다, 호수 등) 해안
n (바다, 호수 등) 물가

The night [before my trip], / I imagined / that
그 밤에   나의 여행 전   나는 상상했다   그것을

[//my journey would end / on a beautiful, unspoiled shore].
나의 여행은 끝날 것이다   아름답고, 훼손되지 않은 해안에서

1666

> 빈출표현
> beach, coast, seashore 해변

Rank 1323

[səfíʃənt]

sufficient

a 충분한
a 넉넉한

The large project [headed / by Ms. Choi] is due / to start /
대형 프로젝트는   이끌어지는   Ms. Choi에 의해   하기로 되어있다   시작하는 것을

as soon as possible // provided / that
가능한 빨리   제공된다면   그것이

[//a sufficient amount [of funds] is available].
충분한 양이   자금의   사용 가능하다

1667

> 빈출표현
> · a sufficient amount(number) of 충분한 양(수)의
> 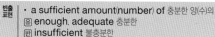 enough, adequate 충분한
> insufficient 불충분한
> sufficiently 충분히

Day 34 _ 373

Day 34 1651~1700

Rank 1324

[səspénd]

suspend

v 중단하다
v 연기하다
v 보류하다

.... 1668

The operation [of the water circulating pump [on the rooftop]]
작동이　　　　　　물 순환 펌프의　　　　　　　　　　　옥상에 있는

will be suspended / all day / tomorrow; //
중단될 것이다　　　　　하루 종일　　내일

therefore, / all residents should store / water / in advance.
그러므로　　　모든 주민들은 저장해야 한다　　　물을　　　미리

> 빈출표현
> 圈 discontinue 중단하다
> 圓 suspension 중지

Rank 1325

[ténənt]

tenant

n 세입자
n 임차인

.... 1669

The building owner is afraid / that [/he can't find / tenants
건물 소유자는 걱정이다　　　　그것이　　그는 찾지 못했다　　세입자들을

[for his building [/that is recently built]].
그의 빌딩에　　　　그 빌딩은 최근 지어졌다

> 빈출표현
> 圈 landlord 주인

Rank 1326

[tai]

tie

v 묶다
v 매다

.... 1670

The group of people is tying / pieces [of yellow cloth] /
한 무리의 사람들이 묶고 있다　　　　　조각들을　　노란색 천의

to the trees [near the railroad tracks].
나무들에　　　　철로 근처에 있는

> 빈출표현
> 圈 fasten, bind 묶다

Rank 1612

[típikəli]

typically

ad 일반적으로
ad 보통

.... 1671

Wholesale stores typically offer / retail stores large quantities
도매점들은　　　　일반적으로　　제공한다　소매점들에게 대량의 상품들을

of merchandise / instead of selling / to individuals.
파는 것 대신에　　　　　　개인들에게

> 빈출표현
> 圈 normally, generally 일반적으로
> 圓 typical 일반적인

Rank 1658

[ædhíər]

adhere

v 고수하다
v 고집하다
v 들러붙다

.... 1672

Unlike construction sites, [/which strictly adhere / to safety
건설 현장과는 다르게　　　　　　그 건설 현장들은 엄격하게 고수한다　　안전 규정들을

rules], / most small carpenters don't follow / the regulations.
대부분의 작은 목공소들은 따르지 않는다　　규정들을

> 빈출표현
> · adhere to ~를 고수하다 ✿
> 圈 observe, follow, obey 준수하다

Rank 1524

[əpǽrəntli]

apparently

ad 아무래도
ad 겉보기에
ad 분명히

.... 1673

Apparently, / they sent / the shipment / to my former address,
아무래도　　　　그들은 보냈다　　　수송품을　　　　나의 이전 주소로

// so I had to go / there / yesterday.
그래서 나는 가야 했다　　　거기에　　어제

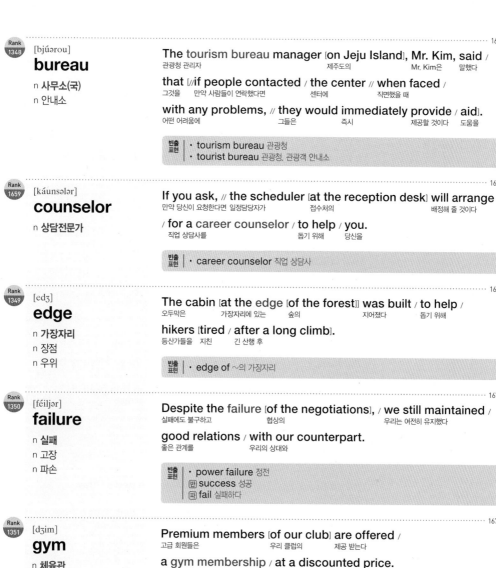

Rank 1348

[bjúərou]

bureau

n 사무소(국)
n 안내소

---- 1674

The tourism bureau manager [on Jeju Island], Mr. Kim, said /
관광청 관리자   제주도의   Mr. Kim은   말했다

that [/if people contacted / the center // when faced /
그것을   만약 사람들이 연락했다면   센터에   직면했을 때

with any problems, // they would immediately provide / aid].
어떤 어려움에   그들은   즉시   제공할 것이다 도움을

빈출 표현	• tourism bureau 관광청
	• tourist bureau 관광청, 관광객 안내소

Rank 1659

[káunsələr]

counselor

n 상담전문가

---- 1675

If you ask, // the scheduler [at the reception desk] will arrange
만약 당신이 요청한다면 일정담당자가   접수처의   배정해 줄 것이다

/ for a career counselor / to help / you.
직업 상담사를   돕기 위해   당신을

빈출 표현	• career counselor 직업 상담사

Rank 1349

[edʒ]

edge

n 가장자리
n 장점
n 우위

---- 1676

The cabin [at the edge [of the forest]] was built / to help /
오두막은   가장자리에 있는   숲의   지어졌다   돕기 위해

hikers [tired / after a long climb].
등산가들을 지친   긴 산행 후

빈출 표현	• edge of ~의 가장자리

Rank 1350

[féiljər]

failure

n 실패
n 고장
n 파손

---- 1677

Despite the failure [of the negotiations], / we still maintained /
실패에도 불구하고   협상의   우리는 여전히 유지했다

good relations / with our counterpart.
좋은 관계를   우리의 상대와

빈출 표현	• power failure 정전
	⊞ success 성공
	⊞ fail 실패하다

Rank 1351

[dʒim]

gym

n 체육관

---- 1678

Premium members [of our club] are offered /
고급 회원들은   우리 클럽의   제공 받는다

a gym membership / at a discounted price.
체육관 회원권을   할인된 가격에

빈출 표현	• gym membership 체육관 회원권

Rank 1560

[invèstəgéit]

investigate

v 조사하다
v 수사하다
v 연구하다

---- 1679

It was proposed / that [/we should investigate / the problems
그것이 제안되었다   그것은   우리가 조사해야 한다   문제들을

[concerning contracts [with the government]].
계약과 관련된   정부와의

빈출 표현	⊞ inspect, examine 조사하다
	⊞ investigation 조사, investigator 조사관

Rank 1352

[lɔːn]

lawn

n 잔디밭
n 잔디

----- 1680

The sprinklers [//I bought / this morning] have been installed /
스프링클러가　　　　내가 샀다　　오늘 아침에　　　　　설치되었다

in the lawn // because the old ones were / in poor condition.
잔디밭에　　　이유는　　　　예전 것이 있었다　　　나쁜 상태에

Rank 1353

[pèitʃék]

paycheck

n 급여
n 지불 수표

----- 1681

I found / a problem / with my April paycheck, //
나는 찾았다　문제를　　나의 4월 급여에서

so now I'm carefully calculating / it / one more time.
그래서 지금　나는 신중하게　계산중이다　그것을　한 번 더

 ㈜ salary, wage 급여

Rank 1354

[pleit]

plate

n 번호판
n 접시
n 그릇

----- 1682

I was surprised / that [//the license plate number [of my car]
나는 놀랐다　　　그것에　차량 등록 번호가　　　　　　　　내 자동차의

was written / on the warning].
쓰여져 있었다　경고장에

 · license plate 자동차 번호판

Rank 1660

[prədʒékʃən]

projection

n 예상
n 추정

----- 1683

This morning, / EFG, Inc. reported / that
오늘 아침　　　EFG 주식회사는 보고했다　그것을

[//its earnings projections [for this quarter] have already been
그들의 수입 예상이　　　　　　　이번 분기의　　　　　이미　　　초과되었다

exceeded / with a month [still remaining / in this period]].
　　　　　한 달과 함께　아직 남은　　　이 기간에

· budget projection 예산안
㈜ forecast 예상
㊙ project 계획

Rank 1827

[riǽkt]

react

v 반응하다

----- 1684

The employees reacted / favorably / to the news [//that
직원들은 반응했다　　　호의적으로　소식에　　　그 소식

the executives [from headquarters] would visit / our office].
임원들이　　　본사의　　　　　　　방문할 것이다　우리 사무실을

 ㈜ respond 반응하다
㊙ reaction 반응

Rank 1944

[riǽkʃən]

reaction

n 반응

----- 1685

We monitored / posts [on our homepage and SNS] / to get /
우리는 관찰했다　게시글들을　우리 홈페이지와 SNS의　　　　　얻기 위해

reactions [from consumers [all around the world]].
반응들을　　　고객들로부터　　　전 세계의

 ㈜ response, feedback 반응
㊙ react 반응하다

Rank 1355

[rigá:rdlis]

regardless

ad 상관하지 않고
ad 개의치 않고

Regardless of whether [//you buy / any merchandise], //
그것인지에 상관없이   당신이 구입한다   어떤 상품을

the membership card will provide / you / with a 10% discount
멤버쉽 카드는 제공할 것이다   당신에게   10%의 할인과

and bonus points.
보너스 포인트를

**빈출
표현**   · regardless of ~에 상관없이

Rank 1356

[rináund]

renowned

n 유명
n 명성

A tourist bus drove / past the mountain village [renowned /
관광버스가 운행했다   산촌을 지나서   유명한

for its spectacular night views].
그것의 화려한 야경으로

Rank 1414

[ritéin]

retain

v 유지하다
v 보유하다

Management professionals stated / that [//business owners
경영 전문가들은 말했다   그것을   사업주들은

must not neglect / efforts [to attract and retain /
무시하면 안된다   노력을   끌어 들이고 유지하기 위한

competitive staff members]].
경쟁력 있는 직원들을

**빈출
표현**   㐀 maintain, keep 유지하다
   㴾 retention 유지

Day 34 1651-1700

Rank 1357

[tá:rgit]

target

n 대상
n 목표
n 표적

Our new vacuum cleaner is designed / to appeal /
우리의 새로운 진공청소기는 설계되었다   관심을 끌기 위해

to target customers [//who work / in large offices].
대상 고객들에게   그 고객들은 일한다   큰 사무실에서

**빈출
표현**   · target customer 대상 고객
   · sales target 판매 목표
   㐀 aim 대상

Rank 1358

[ʌnlóud]

unload

v 내리다

One employee is supervising / other workers
한 직원이 감독하고 있다   다른 노동자들을

[//who are unloading / a shipment / from a vessel].
그들은 내리고 있다   수송품을   선박에서

Rank 1379

[əpá:rt]

apart

ad 떨어져
ad 따로따로
a 떨어진

Since her garment brand came out, // she has tried / to set /
그녀의 의류 브랜드가 생산된 이후   그녀는 노력했다   되도록

her clothes / apart from those [of her competitors] /
그녀의 의류가   그것들과 구별되게   그녀의 경쟁자들의

by using / unique designs.
사용함으로써   독특한 디자인을

**빈출
표현**   · set A apart from B A가 B와 구별되다
   · take apart 분해하다
   㐀 away 떨어져

Rank 1380

[bríːfkeis]
briefcase
n 서류 가방

---- 1692

The deluxe briefcase [made / by a renowned artisan]
고급 서류 가방이　　　만들어진　　유명한 장인에 의해

is displayed / in a luxurious glass case.
진열되어 있다　　　호화로운 유리 상자 안에

Rank 1561

[kənvə́ːrt]
convert
v 개조하다
v 전환하다
v 변환하다

---- 1693

I know // it's hard / to believe // they can convert /
나는 알고 있다　그것은 어렵다　믿는 것은　　그들이 개조할 수 있다

empty land / into a village / in a short period of time.
공터를　　　마을로　　　　짧은 시간 안에

> 빈출표현
> · convert A into B A를 B로 전환하다
> ⊕ renovate, remodel 개조하다
> ⊞ conversion 개조

Rank 1381

[fɔ́ːrist]
forest
n 숲
n 삼림

---- 1694

It's not good / to limit / the number [of trees
그것은 좋지 않다　제한하는 것은　수를　　　나무들의

[/the villagers can cut down]] // because they earn /
마을 사람들이 벌목할 수 있다　　　　이유는　　그들은 번다

their livings / by logging / the forest.
그들의 생계를　　벌목하는 것으로　숲을

Rank 1525

[ínfluəns]
influence
n 영향(력)
n 권력
v 영향을 주다

---- 1695

Negative reviews [of products] have / a much more significant
부정적인 의견은　　제품에 대한　　끼친다　훨씬 더 중대한 영향을

influence // than you think.
　　　　　당신이 생각한 것 보다

> 빈출표현
> · have a influence 영향을 주다
> · influence on ~에 대한 영향
> ⊕ effect, impact 영향
> ⊞ influential 영향력 있는

Rank 1382

[lɔ́ːndri]
laundry
n 세탁(물)
n 세탁소

---- 1696

Unlike other laundry centers, / our store not only uses /
다른 세탁소들과는 달리　　　　우리 가게는 사용할 뿐만 아니라

a natural laundry detergent // but also / offer / a discount
천연 세탁용 세제를　　　　　　또한　　제공한다　할인을

to our customers.
우리의 고객들에게

> 빈출표현
> · laundry detergent 세탁용 세제
> · laundry service 세탁 서비스

Rank 1562

[míniməm]
minimum
a 최저의
a 최소한의

---- 1697

The purpose [of the law, [/which has been / in place
목적은　　　　그 법의　　　그 법은 있어왔다　그 자리에

since December 31, / 1986]], is to keep / the minimum wage /
12월 31일부터　　　　1986년　유지하는 것이다　최저 임금을

at a certain level.
일정 수준에서

> 빈출표현
> ⊕ lowest 최저의
> ⊞ maximum 최고의
> ⊞ minimize 최소화 하다, minimal 최소의, minimally 최소한으로

Rank 1383 [óuʃən]

ocean

n 바다
n 대양

I would like to make / a reservation / at the hotel /
나는 하기를 원한다 　　　　 예약을 　　　　 그 호텔에

for our summer vacation, // but the rooms [/which have /
우리의 여름휴가 동안 　　　　 하지만 방들은 　　　 그 방들은 가지고 있다

an ocean view] are fully booked.
바다가 보이는 전망을 　　모두 　예약되었다.

1698

> 빈출
> 표현
> · ocean view 바다가 보이는 전망
> · ocean blue 바다색

Rank 1384 [á:ngouiŋ]

ongoing

a 계속 진행 중인

The manager stated / that [/it's more important / to focus /
관리자는 말했다 　　　 그것을 　 그것이 더 중요하다 　　 집중하는 것이

on managing / the two ongoing projects / than on starting /
관리하는 것에 　　 두 개의 진행 중인 과제를 　　 시작하는 것보다

a new one].
새로운 과제를

1699

> 빈출
> 표현
> ㉤ underway 진행 중인

Rank 1385 [pɔ:r]

pour

v 붓다
v 따르다

I'm pouring / a mixture [of equal parts vinegar and fruit liquid]
나는 붓는 중이다 　 혼합물을 　　 같은 양의 식초와 과일즙의

into a pot // as shown / in this cookbook.
냄비 안에 　　 나온 대로 　 이 요리책에

1700

STEP 3 집중해서 풀어라!	STEP 4 주기적인 복습 '기억상자'
워크북 173페이지부터 학습하면 됩니다.	제대로 외웠는지 확인하고 싶다고요? 까먹기 전에 다시 복습하고 싶다고요? 지금 당장 QR 코드를 스캔해 보세요.

STEP 1 읽을 수 있을 때까지 들어라!

읽지 못하는 단어는 절대 외울 수 없습니다! 발음 기호 없이 자신있게
읽을 수 있을 때까지 원어민의 발음을 들으면서 반복해서 따라 읽으세요.

1701~1750 Words

- [ ] **quote** 견적을 내다, 인용하다
- [ ] **resign** 사임하다, 사직하다
- [ ] **serious** 심각한, 중대한
- [ ] **slightly** 조금, 약간
- [ ] **voucher** 상품권, 할인권
- [ ] **waste** 폐기물, 쓰레기
- [ ] **wing** 별관, 날개
- [ ] **capital** 자본, 수도
- [ ] **cargo** 화물
- [ ] **enlarge** 확장하다, 확대하다
- [ ] **entitle** 자격을 주다, 제목을 붙이다
- [ ] **eventually** 결국, 마침내
- [ ] **evident** 분명한, 명백한
- [ ] **export** 수출하다, 수출
- [ ] **factor** 요소, 요인
- [ ] **harvest** 수확하다, 수확
- [ ] **independent** 독립한, 독자적인
- [ ] **leak** 누출하다, 새다
- [ ] **overnight** 밤사이에, 하룻밤 동안
- [ ] **pastry** (파이 껍질용) 가루 반죽, 과자
- [ ] **population** 인구, 주민수
- [ ] **surface** 표면
- [ ] **sweep** 쓸다, 청소하다
- [ ] **timely** 시기적절한, 적시의
- [ ] **trim** 다듬다, 손질하다

- [ ] **undergo** 받다, 겪다
- [ ] **affair** 일, 사건
- [ ] **afterward** 나중에, 후에
- [ ] **aircraft** 비행기, 항공기
- [ ] **aisle** 통로
- [ ] **assess** 평가하다, 부과하다
- [ ] **coast** 해안(지방)
- [ ] **component** 부품, (구성) 요소
- [ ] **craft** 공예(품), 기술
- [ ] **ferry** 여객선, 나룻배
- [ ] **fiscal** 회계의, 재정상의
- [ ] **flyer** 전단, 광고지
- [ ] **fortunately** 다행스럽게도, 운 좋게도
- [ ] **gear** 장비, (자동차의) 변속 기어
- [ ] **grass** 잔디, 풀
- [ ] **greet** 맞이하다, 환영하다
- [ ] **huge** 거대한, 막대한
- [ ] **incident** (우발적인) 사고, 사건
- [ ] **intensive** 집중적인, 강한
- [ ] **layout** 배치, 구성
- [ ] **manuscript** 원고
- [ ] **minor** 사소한, 작은
- [ ] **mostly** 대부분, 주로
- [ ] **peak** 절정, 절정에 달하다
- [ ] **phase** 단계, 국면

STEP **2**

집중해서 읽어라!

암기는 나중에, 정독에 집중하세요! 한 번에 외워야 한다는 강박은
개나 줘버리고 편안한 마음으로 읽되, 집중하세요.

Rank
1450

[kwout]
quote

v 견적을 내다
v 인용하다
n 견적
n 인용

1701

I asked / the construction office to quote / us its lowest price /
나는 요청했다　건축사무소가 견적 내도록　　　　　　우리에게 최저가를

for a building design.
빌딩 설계에 대한

빈출
표현　· price quote 견적서

Rank
1613

[rizáin]
resign

v 사임하다
v 사직하다

1702

People [in the industry] were surprised / by the news
사람들은　업계의　　　　놀랐다　　　　소식에

[//that Mr. Durahan resigned / as CEO].
그 소식　Mr. Durahan이 사임했다　　CEO를

빈출
표현　· resign as ~의 직을 그만두다
　　　· resign from 사임하다
　　　回 resignation 사임

Rank
1661

[síəriəs]
serious

a 심각한
a 중대한
a 진지한

1703

They need to realize / exactly / how serious
그들은 깨달아야 한다　정확히　얼마나 심각한지를

[//our company's financial condition is].
우리 회사의 재정 상태가 이다

빈출
표현　· serious accident 심각한 사고
　　　윤 important 중요한
　　　回 seriously 심각하게

Rank
1386

[sláitli]
slightly

ad 조금
ad 약간

1704

According to this post, / it seems / that [//the legal age [for
이 게시에 따르면　　　　그것은 보인다　그것처럼　법적 연령은　　운전을 위한

driving / a vehicle] varies / slightly / from country to country].
차량　　다르다　조금　　국가마다

빈출
표현　윤 somewhat, a little 약간
　　　回 slight 약간의

Rank
1387

[váutʃər]
voucher

n 상품권
n 할인권

1705

Travelers [//who are staying / at our hotel] can receive /
여행자들은　그 여행자들은 머물고 있는　우리 호텔에　받을 수 있다

a discount voucher / at the reception desk / to help / to reduce /
할인 쿠폰을　　　　접수처에서　　　도움을 주는　줄일 수 있도록

the cost [of shopping [at stores [on nearby streets]]].
비용을　　쇼핑의　　가게들에서　근처 거리의

빈출
표현　· discount voucher 할인 쿠폰
　　　윤 gift certificate 상품권

Day 35 1701-1750

Rank 1388

[weist]

waste

n 폐기물
n 쓰레기
v 낭비하다

Some companies spend / a lot of money / on hauling /
몇몇 회사들은 소비한다　　　　　　매우 많은 돈을　　　　운반하는데

their manufacturing waste / away.
그들의 생산 폐기물을　　　　　　멀리

> 빈출표현
> · manufacturing waste 생산 폐기물
> ㈜ wasteful 낭비하는

Rank 1389

[wiŋ]

wing

n 별관
n 날개

I heard // the council agreed / to finance / the reconstruction
나는 들었다　　의회가 동의했다　　자금을 대는 것에　　개축에

[of the east wing [of the convention center]].
동쪽 별관의　　　　　　컨벤션 센터의

Rank 1526

[kǽpətl]

capital

n 자본
n 수도
a 주요한
a 자본의

The failure [to expand / into overseas markets] caused /
실패는　　　　확장의　　　　해외 시장으로의　　　　야기했다

us to incur / a huge capital loss.
우리가 처하게 되는 것을　　막대한 자본 손실에

> 빈출표현
> · capital loss 자본 손실
> · capital city 수도

Rank 1415

[kɑ́ːrgou]

cargo

n 화물

We took / our time / to thoroughly check / the plane /
우리는 보냈다　　우리의 시간을　　철저히 점검하는데　　비행기를

to transport / the passengers and cargo / quickly and safely.
수송하기 위해　　　승객들과 화물을　　　　　빠르고 안전하게

> 빈출표현
> · cargo terminal 화물 터미널
> ㈜ load 화물

Rank 1527

[inlɑ́ːrdʒ]

enlarge

v 확장하다
v 확대하다

We are pleased / to announce / that [//we have enlarged /
우리는 기뻤다　　　발표하게 되어　　　그것을　　우리가 확장했다

our resort].
우리의 리조트를

> 빈출표현
> ㈜ expand 확장하다
> ㈜ enlargement 확장

Rank 1416

[intáitl]

entitle

v 자격을 주다
v 제목을 붙이다

You will be entitled / to free medical benefits and paid vacation
당신에게는 자격이 주어질 것이다　　　무료 의료 혜택과 유급 휴가의

// only if you become / a full-time staff member.
당신이 되어야만　　　　　정규직 사원이

> 빈출표현
> · be entitled to ~를 받을 자격이 있다 ⚙
> ㈜ entitlement 자격

Rank 1528

[ivéntʃuəli]

eventually

ad 결국
ad 마침내

The interest rate [in the country] is highly volatile / these days
이자율이 　　　　 국가의 　　　　 매우 　 불안정하다 　 요즘

// but it will eventually stabilize.
하지만 그것은 　결국 　　 안정될 것이다

빈출표현 | ㈜ finally, ultimately 결국

Rank 1945

[évədənt]

evident

a 분명한
a 명백한

It seems evident / that [/businesses [like trucking and shipping
그것은 분명해 보인다 　　　 그것은 　 사업들은 　　　　 트럭운송과 선박운송 회사들 같은

companies] suffer / heavily / from high oil prices].
　　　　　 고통 받는다 　 심하게 　　 고유가로

빈출표현 | ㈜ obvious, plain, clear 분명한
| ㈜ evidence 증거, evidently 분명히

Rank 1417

[ikspɔ́ːrt]

export

v 수출하다
n 수출

Half [of all the items [produced / at our factory]] are exported
절반은 　 모든 상품의 　　　 생산된 　　　 우리 회사에서 　　 수출된다

/ to a foreign country // while the other half are sent /
외국으로 　　　　　　　　　 다른 절반은 보내지는 반면에

to domestic distributors.
국내 유통사들에게

빈출표현 | · import-export business 수출입업
| ㈜ import 수입하다

Rank 1418

[fǽktər]

factor

n 요소
n 요인

Of course, / the superior quality is the most important factor //
물론 　　　 우수한 품질은 　　　　　 가장 중요한 요소이다

when it comes / to making / a buying decision, // if the price
도달할 때 　　　 하는 것에 　　 구매 결정을 　　　　　 만약 가격이

[of the product] isn't far higher / than that [of the others].
그 제품의 　　　　　 훨씬 더 높지 않다면 　 그것보다 　　 다른 제품의

빈출표현 | · key factor 핵심 요소, 주요한 요인
| ㈜ element 요소

Rank 1419

[háːrvist]

harvest

v 수확하다
n 수확

Once several tons of tomatoes are harvested, // the workers
몇 톤의 토마토가 　　　　　　　 수확되자마자 　　　 노동자들은

[at Red Wood Farms] washed // and sorted / them // so that
Red Wood Farms의 　　　　　 씻었다 　　　 그리고 분류했다 　 그것들을 　 그래서

they could be sold.
그들이 팔릴 수 있다

Rank 1614

[ìndipéndənt]

independent

a 독립한
a 독자적인

We are doing / our best / to be / more financially independent /
우리는 하고 있다 　 우리의 최선을 　 되기 위해 　 좀 더 재정적으로 독립한

from our parent company.
우리의 모회사로부터

빈출표현 | ㈜ dependent 의존하는
| ㈜ independently 독립하여, independence 독립

Day 35 _ **383**

Rank 1494

[li:k]

leak

v 누출하다
v 새다
n 누출

.... 1718

A large quantity of water [in the tank] is leaking /
많은 양의 물이   탱크의   누출되고 있다

through the broken pipe.
터진 파이프를 통해

빈출 표현 | leaky 새는

.... 1719

Rank 1420

[ouvərnáit]

overnight

ad 밤사이에
ad 하룻밤 동안

The head [of the Technical Department] asked /
부장은   기술부   요청했다

all the employees not to shut down / their computers // so that
모든 직원들이   끄지 말 것을   그들의 컴퓨터를   그래서

the system upgrade work could be done / overnight.
시스템 업그레이드 작업이 끝날 수 있다   밤사이에

.... 1720

Rank 1421

[péistri]

pastry

n (파이 껍질용) 가루 반죽
n 과자

I hope / to join / the class [//Ms. Lee teaches] // since she is /
난 원한다   들어가길   수업에   Ms. Lee가 가르친다   이유는   그녀는 이다

a famous pastry chef and an award-winning restaurant owner.
유명한 제빵사고   수상경력이 있는 식당 주인

빈출 표현 | · pastry chef 제빵사

.... 1721

Rank 1422

[pápjuléiʃən]

population

n 인구
n 주민수

The politician said // he will solve / the problem
그 정치인은 말했다   그가 해결할 것이다   문제를

[of the low rate [of population growth [in the country]]].
낮은 비율   인구 증가의   이 지역의

빈출 표현 | · population growth 인구 증가
| populous 인구가 많은

.... 1722

Rank 1423

[sə́:rfis]

surface

n 표면

A few volunteers are collecting / the garbage [//that is floating /
몇몇의 자원봉사자들이 수거하고 있다   쓰레기를   그 쓰레기는 떠있다

on the surface of the water].
수면에

빈출 표현 | · surface of the water 수면
| · road surface 노면

.... 1723

Rank 1424

[swi:p]

sweep

v 쓸다
v 청소하다

A construction worker has been sweeping / the pavement
한 건설 노동자가 쓸고 있다   포장도로를

[covered / with asphalt] / all day long.
덮인   아스팔트로   하루 종일

빈출 표현 | · sweep a floor 바닥을 쓸다

Rank 1425

[táimli]

timely

a 시기적절한
a 적시의
a 때맞춘

We are closely monitoring / the market conditions /
우리는　면밀히　주시하고 있다　　시장 상황을

in order to release / our service / in a timely manner.
공개하기 위해　우리의 서비스를　적절한 시기에

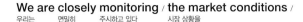

> 빈출 표현
> · in a timely manner(fashion) 적절한 시기에
> ⊕ seasonable 시기적절할
> ⊞ untimely 때 아닌
> ⊞ time 시간

Rank 1426

[trim]

trim

v 다듬다
v 손질하다
n 다듬기

The gardeners are trimming / the overgrown bushes //
정원사들은 다듬고 있다　　너무 크게 자란 덤불들을

and cutting / the long branches / off the trees.
그리고 자르고 있다　긴 가지들을　나무들에서

Rank 1427

[ʌndərgóu]

undergo

v 받다
v 겪다
v 경험하다

Employees [//who are required / to undergo / the promotion test]
직원들은　그 직원들은 요구된다　받을 것이　승진 시험을

have to assemble / in the boardroom / at 3 o'clock /
모여야 한다　회의실에　3시에

this afternoon.
오늘 오후

> 빈출 표현 ⊕ take, receive 받다

Rank 1451

[əféər]

affair

n 일
n 사건

Mr. Lion has / considerable experience / in dealing /
Mr. Lion은 가지고 있다　많은 경험을　처리하는데

with public affairs.
공무를

> 빈출 표현
> · public affairs 공무
> ⊕ business, thing, task 일

Rank 1452

[ǽftərwərd]

afterward

ad 나중에
ad 후에

Effective architects spend / many hours // reviewing /
효율적인 건축가들은 소비한다　많은 시간을　검토하면서

their designs / to prevent / them / from being modified /
그들의 설계들을　방지하기 위해　그것들을　수정되는 것으로부터

afterward / during the construction process.
나중에　건설 과정 동안

Rank 1453

[éərkræft]

aircraft

n 비행기
n 항공기

The police officers [at a British airport] stopped /
경찰관들은　영국 공항의　멈춰 세웠다

some passengers [//who disembarked / from an aircraft] /
몇몇 승객들을　그 승객들은 내렸다　비행기에서

to ask / them / some questions.
묻기 위해　그들에게　몇 가지 질문을

Day 35　1701-1750

1730

Rank 1454
[ail]
aisle
n 통로

I asked / them if [//they would prefer / aisle or window seats] //
나는 물어봤다   그들에게   그것인지를   그들이 선호할 것이다   통로 아니면 창가쪽 좌석을

when they made / their reservations.
그들이 했을 때   예약을

| 빈출표현 | • aisle seat 통로(쪽) 좌석 |

1731

Rank 1615
[əsés]
assess
v 평가하다
v 부과하다

The consultant will help / us accurately assess / the values
그 고문은 도울 것이다   우리가 정확하게 평가하도록   가치들을

[associated / with our intellectual properties].
관련된   우리의 지적 재산들과

| 빈출표현 | 유 rate, value, estimate 평가하다
파 assessment 평가 |

1732

Rank 1710
[koust]
coast
n 해안(지방)

The old lighthouse [located / on the southern coast] was built /
오래된 등대는   위치한   남쪽 해안에   지어졌다

more than 100 years ago.
100여년 전에

| 빈출표현 | • east coast 동해안
유 seaside 해안
파 coastal 해안의 |

1733

Rank 1455
[kəmpóunənt]
component
n 부품
n (구성) 요소

The shops [//that carry / electronic components] are located /
가게들은   그 가게들은 취급한다   전자 부품들을   위치해 있다

close / to the subway station [on that street].
가까이   지하철역에   그 거리에 있는

| 빈출표현 | • electronic component 전자 부품 🔧
• product component 제품 구성 요소 |

1734

Rank 1456
[kræft]
craft
n 공예(품)
n 기술
v 공예품을 만들다

Some artists express / their country's history / by making /
몇몇 예술가들은 표현한다   그들 나라의 역사를   만드는 것으로서

traditional and handmade crafts.
전통적이고 손으로 만든 공예품들을

1735

Rank 1457
[féri]
ferry
n 여객선
n 나룻배
v (배로) 건너다
v (배로) 나르다

Due to a technical problem, / the ferry [to Eastern Island]
기술적인 문제 때문에   여객선은   동쪽 섬으로 가는

will not be / in service // until the repairs are finished.
없을 것이다   운항이   수리 작업이 완료될 때까지

| 빈출표현 | • ferry terminal 여객선 터미널
• ferry boat 여객선 |

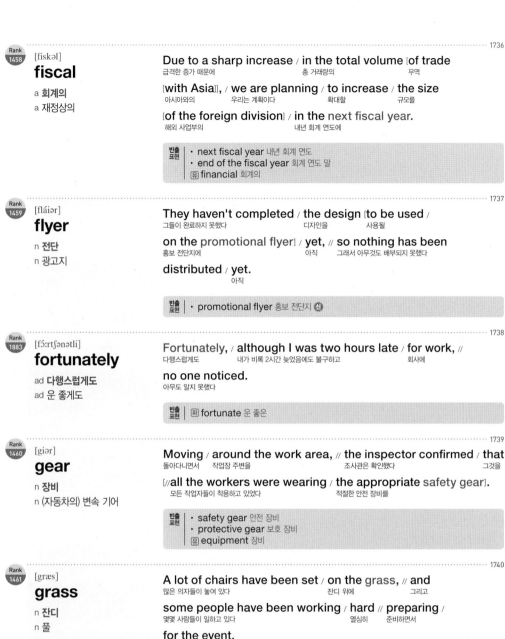

Rank 1458

[fiskəl]

fiscal

a 회계의
a 재정상의

Due to a sharp increase / in the total volume [of trade
급격한 증가 때문에   총 거래량의   무역

[with Asia], / we are planning / to increase / the size
아시아와의   우리는 계획이다   확대할   규모를

[of the foreign division] / in the next fiscal year.
해외 사업부의   내년 회계 연도에

빈출
표현
- next fiscal year 내년 회계 연도
- end of the fiscal year 회계 연도 말
- ㈜ financial 회계의

Rank 1459

[fláiər]

flyer

n 전단
n 광고지

They haven't completed / the design [to be used /
그들이 완료하지 못했다   디자인을   사용될

on the promotional flyer] / yet, // so nothing has been
홍보 전단지에   아직   그래서 아무것도 배부되지 못했다

distributed / yet.
아직

빈출
표현
- promotional flyer 홍보 전단지 🔊

Rank 1883

[fɔ́ːrtʃənətli]

fortunately

ad 다행스럽게도
ad 운 좋게도

Fortunately, / although I was two hours late / for work, //
다행스럽게도   내가 비록 2시간 늦었음에도 불구하고   회사에

no one noticed.
아무도 알지 못했다

빈출
표현
- ㈜ fortunate 운 좋은

Rank 1460

[giər]

gear

n 장비
n (자동차의) 변속 기어

Moving / around the work area, // the inspector confirmed / that
돌아다니면서   작업장 주변을   조사관은 확인했다   그것을

[//all the workers were wearing / the appropriate safety gear].
모든 작업자들이 착용하고 있었다   적절한 안전 장비를

빈출
표현
- safety gear 안전 장비
- protective gear 보호 장비
- ㈜ equipment 장비

Rank 1461

[græs]

grass

n 잔디
n 풀

A lot of chairs have been set / on the grass, // and
많은 의자들이 놓여 있다   잔디 위에   그리고

some people have been working / hard // preparing /
몇몇 사람들이 일하고 있다   열심히   준비하면서

for the event.
행사를

Rank 1462

[griːt]

greet

v 맞이하다
v 환영하다

The host [of this party] was greeting / visitors /
주인은   이 파티의   맞이하는 중이었다   방문객들을

in front of the entrance [to this building].
입구 앞에서   이 건물의

빈출
표현
- ㈜ welcome 맞이하다

Rank 1563

[hju:dʒ]

huge

a 거대한
a 막대한

Two [of the reasons / for our huge success] are that
두 가지는 이유의 　　　　우리의 대성공에 대한 　　　그것 이다

[//we don't limit / our employees' creativity] // and that
우리는 제한하지 않는다 　우리 직원들의 창조성을 　　　　그리고 그것

[//we also maintain / a comfortable work environment].
우리는 또한 　유지한다 　편안한 작업 환경을

빈출표현
· huge success 대성공 🌱
📘 hugely 엄청나게

Rank 1946

[ínsədənt]

incident

n (우발적인) 사고
n (우발적인) 사건

Because of the incident / last year, / half [of the staff members
사고 때문에 　　　　지난해의 　　절반이 직원들의

[on our team]] lost / their jobs.
우리 팀 　　일었다 　그들의 직장들을

빈출표현
유 accident 사고
📘 incidental 부수적인, incidentally 부수적으로

Rank 1947

[inténsiv]

intensive

a 집중적인
a 강한

The intensive training session is going to be led /
집중 교육 과정은 주도될 것이다

by several experts / in both / sales and marketing.
여러 전문가들에 의해 　둘 다의 　판매와 마케팅

빈출표현
· intensive training session 집중 교육 과정
📘 intense 강렬한, intensity 강렬함, intensely 강렬하게

Rank 1463

[léiaut]

layout

n 배치
n 구성

She may not be familiar / with the layout
그녀는 익숙하지 않을 수도 있다 　　배치에

[of our elementary school] // because she just started /
우리 초등학교의 　　　　이유는 　그녀는 막 시작했다

working / here / a few days ago.
일하는 것을 　여기서 　며칠 전에

Rank 1464

[mǽnjuskript]

manuscript

n 원고

The manuscript was carefully scrutinized //
그 원고는 　　　　　면밀히 　검토되었다

before it was sent / to the magazine office.
그것이 보내지기 전에 　　잡지사에

빈출표현
· manuscript review 원고 검토

Rank 1465

[máinər]

minor

a 사소한
a 작은

We are unable / to provide / you / with a refund //
우리는 할 수 없다 　제공하는 것을 　당신에게 　환불을

because we are not responsible / for any minor scratches
우리는 책임이 없기 때문에 　　　　어떤 사소한 상처들에 대해

[on our products] [//that happen / during transport].
우리 제품들의 　　　그 상처는 발생했다 　배송 중에

빈출표현
· minor scratch 사소한 상처
· minor change 약간의 변화 🌱
유 small 사소한

Rank 1466

[móustli]

mostly

ad 대부분
ad 주로

.... 1748

They seemed / **to be mostly satisfied** /
그들은 보였다   대부분   만족스러워

with the advertisement [/**they had ordered**].
광고에 대해   그들이 주문했었다

> 빈출 표현 | ㈌ mainly, largely 대부분

Rank 1467

[piːk]

peak

n 절정
v 절정에 달하다
a 절정의
a 피크의

.... 1749

Subway trains arrive / **at ten-minute intervals** /
지하철 열차는 도착한다   10분 간격으로

during the peak morning hours.
절정의 아침 시간 동안

> 빈출 표현 | · mountain peak 산봉우리

Rank 1468

[feiz]

phase

n 단계
n 국면

.... 1750

The final phase [**of software development**] **is to test** / **it** /
마지막 단계는   소프트웨어 개발의   검사하는 것이다   그것을

inside the company / **on a trial basis.**
회사 내부에서   시험 삼아서

> 빈출 표현 | · phase of ~의 단계
> | ㈌ stage 단계

STEP 3 집중해서 풀어라!	STEP 4 주기적인 복습 '기억상자'
워크북 179페이지부터 학습하면 됩니다.	제대로 외웠는지 확인하고 싶다고요? 까먹기 전에 다시 복습하고 싶다고요? 지금 당장 QR 코드를 스캔해 보세요.

Day **35** 1701-1750

Day 36 최근 10년간 토익 빈도 16회 이상

STEP 1 읽을 수 있을 때까지 들어라!

읽지 못하는 단어는 절대 외울 수 없습니다! 발음 기호 없이 자신있게
읽을 수 있을 때까지 원어민의 발음을 들으면서 반복해서 따라 읽으세요.

1751~1800 Words

- [ ] **portfolio** 포트폴리오(작품집), 투자 자산 구성
- [ ] **rack** 걸이, 선반
- [ ] **rapid** 빠른, 신속한
- [ ] **sector** 부문, 분야
- [ ] **telecommunication** 전기통신
- [ ] **visual** 시각의
- [ ] **warn** 경고하다
- [ ] **adopt** 채택하다, 입양하다
- [ ] **alter** 변경하다, 바꾸다
- [ ] **antique** 골동품의, 골동품
- [ ] **complicated** 복잡한
- [ ] **consent** 동의, 허락
- [ ] **convince** 확신시키다, 납득시키다
- [ ] **crop** 농작물, 수확량
- [ ] **cruise** 유람선 여행
- [ ] **deserve** ~할 만하다, ~할 가치가 있다
- [ ] **florist** 꽃집 주인, 꽃재배 전문가
- [ ] **heavily** 심하게, 몹시
- [ ] **mission** 임무, 사명
- [ ] **overlook** 내려다보다, 바라보다
- [ ] **pedestrian** 보행자
- [ ] **pollution** 오염, 공해
- [ ] **portion** 일부, 부분
- [ ] **province** 지방, 도(道)
- [ ] **reject** 거부하다

- [ ] **relieve** 완화시키다, 경감시키다
- [ ] **shake** 흔들다
- [ ] **weekday** 평일
- [ ] **argue** 주장하다, 논쟁하다
- [ ] **cosmetic** 화장품, 겉치레의
- [ ] **cuisine** (고급, 독특한) 요리, 요리법
- [ ] **gradually** 점차적으로, 서서히
- [ ] **household** 가정, 가족
- [ ] **packet** 한 묶음, 소포
- [ ] **passport** 여권
- [ ] **retreat** 수련(회), 휴양지
- [ ] **retrieve** 회수하다, 되찾다
- [ ] **spread** 퍼지다, 펴다
- [ ] **staircase** (난간이 있는) 계단
- [ ] **unlike** ~과 달리
- [ ] **venture** (모험적인) 사업, 투자
- [ ] **voice** 음성, 발언(권)
- [ ] **wildlife** 야생 동물
- [ ] **withdraw** 인출하다, 취소하다
- [ ] **allocate** 할당하다, 배분하다
- [ ] **anyway** 어쨌든, 게다가
- [ ] **conditioner** 공기 조절 장치, 조절하는 사람
- [ ] **contemporary** 현대의, 당대의
- [ ] **duplicate** 사본의, 중복의
- [ ] **encounter** 직면하다, 맞닥뜨리다

집중해서 읽어라!

암기는 나중에, 정독에 집중하세요! 한 번에 외워야 한다는 강박은
개나 줘버리고 편안한 마음으로 읽되, 집중하세요.

Rank 1469

[pɔːrtfóuliòu]
portfolio

n 포트폴리오(작품집)
n 투자 자산 구성

1751

We expected / to get / more detailed information
우리는 기대했다   얻는 것을   더 자세한 정보를

[on investments and individual portfolios] / at the colloquium.
투자들과 개인적인 포트폴리오들에 관한   그 세미나에서

> 빈출표현 · investment portfolio 투자 포트폴리오

Rank 1470

[ræk]
rack

n 걸이
n 선반

1752

After taking your shoes off, // place / your coat / on the rack //
당신의 신발을 벗은 뒤   놓아라   당신의 코트를   걸이에

and follow / our staff member's instructions.
그리고 따라라   우리 직원의 지시를

Rank 1471

[rǽpid]
rapid

a 빠른
a 신속한

1753

The rapid growth [of the global mobile phone market] is also
빠른 성장은   세계 휴대폰 시장의   또한

bringing / prosperity / to many different industries.
가지고 오는 중이다   번영을   많은 다른 산업들에

> 빈출표현 · rapid growth 빠른 성장 ⚙
> 유 speedy 빠른
> 파 rapidity 급속, rapidness 신속, rapidly 빨리

Rank 1472

[séktər]
sector

n 부문
n 분야
n 구역

1754

Last year, / the government was criticized /
지난해   정부는 비난 받았다

for its insufficient investment [in the education sector].
그것의 불충분한 투자에 대해   교육 부문의

> 빈출표현 · education sector 교육 부문
> · manufacturing sector 제조업 부문

Rank 1616

[tèləkəmjùːnikéiʃən]
telecommunication

n 전기통신

1755

Excessive competition [between huge telecommunications
과도한 경쟁은   거대한 통신 회사들 간의

corporations] is regulated / by law.
규제된다   법률에 의해

> 빈출표현 · telecommunications corporation 통신 회사(업체)
> · telecommunications industry 통신 업계

Rank 1711

[víʒuəl]
visual

a 시각의

1756

She majored / in visual arts // when she was studying /
그녀는 전공했다   시각 예술을   그녀가 공부하고 있었을 때

at her college [located / in California].
그녀의 대학에서   위치한   캘리포니아에

> 빈출표현 · visual art 시각 예술   · audio-visual 시청각의
> 유 optical 시각적인
> 파 visually 시각적으로, visualize 시각화하다

Day 36 1751~1800

Rank 1473

[wɔːrn]

warn

n 경고하다

A security guard warned / people [remaining / in the park]
경비원은 경고했다　사람들에게　남아있는　공원에

that [/it would be closed / in about an hour].
그것을　그것은 닫힐 것이다　약 한 시간 후에

Rank 1712

[ədápt]

adopt

v 채택하다
v 입양하다

Companies [in this industry] have adopted /
회사들은　이 업계의　채택했다

common standards / due to compatibility issues.
공통의 기준들을　호환성 문제들 때문에

빈출표현 | 폐 adoption 입양

Rank 1948

[ɔ́ːltər]

alter

v 변경하다
v 바꾸다
v 고치다

We have had to alter / the meeting schedule // because
우리는 변경해야 했다　회의 일정을　이유는

some attendees are expected / to arrive / late.
몇몇 참석자들이 예상된다　도착할 것이다　늦게

빈출표현 | 유 change, modify, vary 변경하다
폐 alteration 변경, alterative 바꾸는

Rank 1495

[æntíːk]

antique

a 골동품의
n 골동품

I heard // she works / at a store [specializing /
나는 들었다　그녀가 일한다　가게에서　전문적으로 하는

in antique furniture, carpets, and jewelry].
골동품 가구, 카펫 그리고 보석을

빈출표현 | · antique furniture 골동품 가구

Rank 1496

[kámpləkèitid]

complicated

a 복잡한

We had to go / through a complicated procedure / to be issued /
우리는 가야 했다　복잡한 절차를 거쳐서　발급 받기 위해

a visa, // which resulted / in a travel delay.
비자를　그것은 야기했다　여행 지연을

빈출표현 | 유 intricate 복잡한
폐 complication 복잡

Rank 1761

[kənsént]

consent

n 동의
n 허락
v 동의하다
v 허락하다

The documents can't be taken / out of the company /
서류들은 가지고 갈 수 없다　회사 밖으로

without your superior's written consent.
당신 상사의 서면 동의 없이

빈출표현 | · written consent 서면 동의
유 agreement, approval, permission 동의
반 objection 반대, refusal 거절
폐 consensus 합의

Rank 1497

[kənvíns]

convince

v 확신시키다
v 납득시키다
v 설득하다

My parents are convinced // I will get / a wide variety of
나의 부모님은 확신한다   내가 얻을 것이다   매우 다양한 경험을

experiences / from the internship program.
                인턴쉽 프로그램에서

빈출
표현
· be convinced that ~을 확신하다
 persuade 확신시키다

Rank 1498

[krɑp]

crop

n 농작물
n 수확량

I spread / other kinds of fertilizers / on my crops / this year, //
나는 뿌렸다   다른 종류의 비료들을   내 농작물들에   올해

but I couldn't obtain / good results.
하지만 나는 얻지 못했다   좋은 결과들을

빈출
표현
 produce 농작물

Rank 1499

[kru:z]

cruise

n 유람선 여행

When I was young, // cruises were the preserve
내가 어렸을 때   유람선 여행은 전유물 이었다

[of rich people] / only.
부자들의   오로지

빈출
표현
· cruise ship 유람선

Rank 1500

[dizə́:rv]

deserve

v ~할 만하다
v ~할 가치가 있다

The head [of the Overseas Marketing Department] deserves /
부장은   해외 마케팅 부서의   할 만하다

to be honored / with the employee of the year award.
수여받는 것을   올해의 사원 상을

빈출
표현
· be deserving of ~을 받을 만하다
 merit 받을 만하다
deserved 당연한

Rank 1762

[flɔ́:rist]

florist

n 꽃집 주인
n 꽃재배 전문가

We ordered / flowers / from the florist shop [across the street] /
우리는 주문했다   꽃들을   꽃집에서   길 건너

in preparation [for the banquet].
준비로   만찬회의

빈출
표현
· florist shop 꽃집

Day 36 1751-1800

Rank 1617

[hévili]

heavily

ad 심하게
ad 몹시
ad 무겁게

Countries [/that are dependent / on international trade] are
나라들은   그 나라들은 의존한다   국제 무역에

heavily affected / by customs duties.
심하게   영향 받는다   관세에

빈출
표현
 excessively 심하게
heavy 무거운

Rank 1501 [míʃən]
mission

n 임무
n 사명
n 사절단

1769

We have made / a commitment / to accomplish / our mission
우리는 해 왔다　　　전념을　　　　달성하기 위해　　　우리의 임무를

[of establishing / nursing homes [for the elderly
설립하는 것에 대한　　　요양원을　　　　　노인들을 위한

[all over the country]]].
전국의

Rank 1713 [òuvərlúk]
overlook

v 내려다보다
v 바라보다
v 간과하다

1770

Keep in mind / that [/only 5 rooms [out of 46 / in our hotel]
명심하세요　　　그것을　　　오직 5개 방만　　46개 방 중에서　우리 호텔의

overlook / the entire city].
내려다 본다　　도시 전경을

> 빈출 표현
> · overlook a river 강을 굽어보다 🔊
> · overlook a water 호수를 굽어보다

Rank 1502 [pədéstriən]
pedestrian

n 보행자

1771

Follow / the pedestrian walkway / along the river // and
따라가라　　보행자 통로를　　　　강가를 따라　　　그리고

when you find / the travel agency, // wait / there.
네가 찾았을 때　　여행사를　　　　　기다려라　그곳에서

> 빈출 표현
> · pedestrian walkway 보행자 전용 도로
> · pedestrian bridge 보행자 전용 육교
> ⑧ walker 보행자

Rank 1763 [pəlúːʃən]
pollution

n 오염
n 공해

1772

The company actively encourages / employees to ride /
회사는　　　적극적으로　　장려한다　　　직원들이　　　타는 것을

with their colleagues / to work / in order to help / reduce /
동료들과 함께　　　직장까지　　돕기 위해　　　줄이는 것을

environmental pollution.
환경 오염을

> 빈출 표현
> · environmental pollution 환경 오염
> · reduce pollution 오염을 줄이다
> ⑩ pollute 오염시키다

Rank 1503 [pɔ́ːrʃən]
portion

n 일부
n 부분

1773

Customers can take / advantage [of our new installment plan
고객들은 취할 수 있다　　　이득을　　　우리의 새로운 할부 제도의

[/in which they can pay / a portion [of the total cost
그 할부 제도는 그들이 지불할 수 있다　　일부를　　　총 비용의

[of certain products]] / at no extra charge / each month]].
특정 제품의　　　　　　추가 수수료 없이　　　매달

> 빈출 표현
> · portion of ~의 일부 🔊
> ⑧ part, fraction, some 일부

Rank 1714 [právins]
province

n 지방
n 도(道)
n 주(州)

1774

Lufeng, [/which is the largest city / in the province], borders /
Lufeng은　　Lufeng은 가장 큰 도시이다　　　그 지방에서　　　접하고 있다

the South China Sea.
남중국해를

> 빈출 표현
> ⑩ provincial 지방의

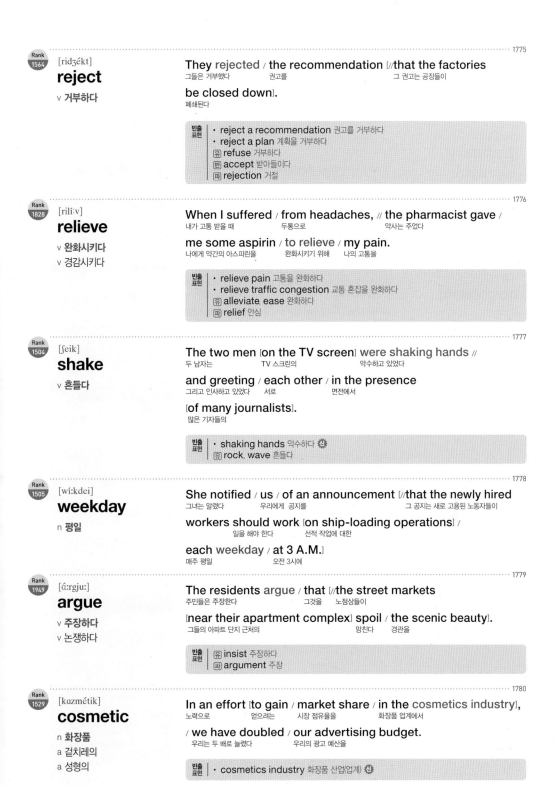

Rank 1564

[ridʒékt]

reject

v 거부하다

They rejected / the recommendation [//that the factories
그들은 거부했다　　　권고를　　　　　　　　　그 권고는 공장들이

be closed down].
폐쇄된다

빈출 표현
· reject a recommendation 권고를 거부하다
· reject a plan 계획을 거부하다
유 refuse 거부하다
반 accept 받아들이다
파 rejection 거절

Rank 1828

[rilíːv]

relieve

v 완화시키다
v 경감시키다

When I suffered / from headaches, // the pharmacist gave /
내가 고통 받을 때　　　두통으로　　　　　　　약사는 주었다

me some aspirin / to relieve / my pain.
나에게 약간의 아스피린을　　완화시키기 위해　나의 고통을

빈출 표현
· relieve pain 고통을 완화하다
· relieve traffic congestion 교통 혼잡을 완화하다
유 alleviate, ease 완화하다
파 relief 안심

Rank 1504

[ʃeik]

shake

v 흔들다

The two men [on the TV screen] were shaking hands //
두 남자는　　　　TV 스크린의　　　　　　　악수하고 있었다

and greeting / each other / in the presence
그리고 인사하고 있었다　서로　　　면전에서

[of many journalists].
많은 기자들의

빈출 표현
· shaking hands 악수하다 🔔
유 rock, wave 흔들다

Rank 1505

[wíːkdei]

weekday

n 평일

She notified / us / of an announcement [//that the newly hired
그녀는 알렸다　우리에게　공지를　　　　　　　그 공지는 새로 고용된 노동자들이

workers should work [on ship-loading operations] /
일을 해야 한다　　　선적 작업에 대한

each weekday / at 3 A.M.]
매주 평일　　　오전 3시에

Rank 1949

[áːrgjuː]

argue

v 주장하다
v 논쟁하다

The residents argue / that [//the street markets
주민들은 주장한다　　　그것을　　노점상들이

[near their apartment complex] spoil / the scenic beauty].
그들의 아파트 단지 근처의　　　　　　망친다　경관을

빈출 표현
유 insist 주장하다
파 argument 주장

Rank 1529

[kɑzmétik]

cosmetic

n 화장품
a 겉치레의
a 성형의

In an effort [to gain / market share / in the cosmetics industry],
노력으로　　　얻으려는　시장 점유율을　　화장품 업계에서

/ we have doubled / our advertising budget.
우리는 두 배로 늘렸다　　　우리의 광고 예산을

빈출 표현
· cosmetics industry 화장품 산업(업계) 🔔

Day 36 1751-1800

1781

Rank 1530 [kwizíːn]

cuisine

n (고급, 독특한) 요리

n 요리법

Advance reservations are required / **to order** /
사전 예약이 요구된다   주문하기 위해

traditional Italian cuisine / **at the restaurant.**
전통 이탈리아 요리를   그 식당에서

1782

Rank 1715 [grǽdʒuəli]

gradually

ad 점차적으로

ad 서서히

In order to maximize / **work efficiency,** / **the board decided** /
최대화하기 위해   업무 효율을   이사회는 결정했다

that [/the two departments would be gradually integrated /
그것을   두 부서는   점차적으로   통합될 것이다

into one].
하나로

> 빈출 표현
> ㊥ steadily 서서히
> ㉔ gradual 점차적인

1783

Rank 1531 [háushòuld]

household

n 가정

n 가족

Why don't most men read / **the instruction manual** //
왜 대부분의 남자들은 읽지 않습니까?   사용 설명서를

when setting up / **a household appliance?**
설치할 때   가전제품을

> 빈출 표현
> · household appliance 가전제품 🔌
> · household item/goods 가정용품

1784

Rank 1532 [pǽkit]

packet

n 한 묶음

n 소포

The instructor told / **the students to make** / **a presentation** //
강사는 말했다   학생들이 하라고   발표를

after reviewing / **the information packet.**
검토한 후에   자료집을

> 빈출 표현
> · information packet 자료집
> ㊥ package 묶음

1785

Rank 1533 [pǽspɔːrt]

passport

n 여권

Large hotels [/that target / **foreign visitors] sometimes ask** /
대형 호텔들은   그 호텔들은 대상으로 한다   외국인 방문객들을   종종   요청한다

them to show / **their passports.**
그들이 보여줄 것을   그들의 여권을

1786

Rank 1534 [ritríːt]

retreat

n 수련(회)

n 휴양지

v 후퇴하다

For the two-week corporate retreat,
2주간의 회사 수련회를 위해

all the scheduled programs have been postponed.
모든 예정된 프로그램이 연기되었다

> 빈출 표현
> · corporate retreat 회사 수련회

1787

Rank 1618 [ritríːv]

retrieve

v 회수하다

v 되찾다

v (정보를) 검색하다

If you don't retrieve / **your papers** / **today,** // **they will be thrown**
당신이 회수하지 않는다면   당신의 서류들을   오늘   그것들은 버려질 것이다

away, // **so please come and get** / **them** / **now.**
    그러니 와서 가져가세요   그것들을   당장

> 빈출 표현
> · retrieve a lost item 잃어버린 물건을 되찾다
> ㊥ regain, get back 되찾다
> ㉔ retrieval 회수

Rank 1535

[spred]

spread

v 퍼지다
v 펴다
v 뿌리다

.... 1788

A really good hotel doesn't need / advertisements // because
정말 좋은 호텔은 필요하지 않다   광고가   이유는

guests [/who stayed there] will post / reviews [/that will help /
손님들이   그 손님들은 그곳에 머물렀다   게재 할 것이다   비평들을   그 비평들은 도움이 될 것이다

spread the word].
소문을 퍼뜨리는데

> 빈출 표현
> · spread the word 소문을 퍼뜨리다
> · spread out 몸을 뻗다, 차지하다 🔊

Rank 1829

[stέərkèis]

staircase

n (난간이 있는) 계단

.... 1789

There was no more space / in front of the staircase // because
더 이상의 공간이 없었다   계단 앞쪽에는   이유는

the garbage truck hadn't taken / the abandoned furniture / yet.
쓰레기차가 가져가지 않았다   버려진 가구를   아직

> 빈출 표현 | 🔄 stair 계단

Rank 1536

[ʌnláik]

unlike

prep ~과 달리

.... 1790

Unlike our competitors' products, / our products can be paid
우리 경쟁자들의 제품들과 달리   우리 제품들은 대금이 지불될 수 있다

for / with an interest-free installment plan.
        무이자 할부로

Rank 1537

[vέntʃər]

venture

n (모험적인) 사업
n (모험적인) 투자
n 모험
v 위험을 무릅쓰고 하다

.... 1791

At a recent interview, / the spokesperson said // the company
최근 인터뷰에서   대변인은 말했다   회사는 계획하고 있다

is planning / to create / a joint venture / with another firm.
만드는 것을   합작 사업을   다른 회사와

> 빈출 표현 | · joint venture 합작 사업(투자) 🔊

Rank 1538

[vɔis]

voice

n 음성
n 발언(권)
v (말로) 표현하다

.... 1792

I received / a voice mail / from my client [asking / if
나는 받았다   음성 메일을   나의 고객으로부터   물어보는   그것인지를

[/we would amend / the contract // before signing / it]].
우리가 수정할 것이다   그 계약을   서명하기 전에   그것에

> 빈출 표현 | · voice mail 음성 메일

Rank 1539

[waildlaif]

wildlife

n 야생 동물

.... 1793

To protect / wildlife habitats, / the government proposed /
보호하기 위해   야생 동물 서식지를   정부는 제안했다

the creation [of a green belt].
설치를   그린벨트의

> 빈출 표현
> · wildlife habitat 야생 동물 서식지
> · wildlife conservation 야생 동물 보호

Rank 1764

[wiðdrɔ́]

withdraw

v 인출하다
v 취소하다

.... 1794

I will withdraw / three hundred dollars // and spend / most
난 인출할 것이다   300달러를   그리고 쓸 것이다   대부분을

[of it] / to pay back / my loan.
그것의   갚기 위해   나의 대출금을

> 빈출 표현 | 📖 withdrawal 인출

Rank 1884

[ǽləkèit]
allocate

v 할당하다
v 배분하다

The chairperson [of the board of directors] announced / that
의장은   이사회의   발표했다   그것을

[//the company had allocated / $20 million / to open /
회사가 할당했다   2천만 달러를   열기 위해

some new branches].
몇 개의 새 지사들을

> 빈출 표현
> · allocate A to B A를 B에게 할당하다 🔔
> · allocate A for B B를 위해 A를 할당하다
> ⓤ assign 할당하다   ⓜ allocation 할당

Rank 1565

[éniwèi]
anyway

ad 어쨌든
ad 게다가

Their performance is not very good //
그들의 실적은   대단히   좋지는 않았다

compared / to other teams, // but it looks fine / anyway.
비교하여   다른 팀과   하지만 그것은 좋아보였다   어쨌든

Rank 1566

[kəndíʃənər]
conditioner

n 공기 조절 장치
n 조절하는 사람
n 유연제

The manufacturers [of air conditioners] said //
제조업자들은   에어컨   말했다

their sales figures [in this summer] have surpassed /
그들의 판매 수치는   이번 여름의   능가했다

their expectations.
그들의 기대를

> 빈출 표현
> · air conditioner 에어컨 🔔

Rank 1567

[kəntémpərèri]
contemporary

a 현대의
a 당대의
a 동시대의

People [//who love / contemporary art] will regret / not seeing /
사람들은   그 사람들은 좋아한다 현대 미술을   후회할 것이다   보지 않은 것을

this exhibition.
이 전시회를

> 빈출 표현
> · contemporary art 현대 미술 🔔
> ⓤ modern 현대의

Rank 1662

[djúːplikət]
duplicate

a 사본의
a 중복의
n 사본
v 복사하다
v 중복되다

This duplicate copy [of the document] will be sent /
이 사본은   문서의   전달될 것이다

to the management team // and kept / by them.
관리팀에   그리고 보관될 것이다 그들에 의해

> 빈출 표현
> · duplicate order 중복 주문
> ⓜ duplication 복사

Rank 1568

[inkáuntər]
encounter

v 직면하다
v 맞닥뜨리다

Our function is to help / people [//who encounter / any problems
우리의 역할은 돕는 것이다   사람들을   그 사람들은 직면한다 어떠한 문제에

/ with their retirement pay].
그들의 퇴직금과 관련된

STEP 3 집중해서 풀어라!	STEP 4 주기적인 복습 '기억상자'
워크북 185페이지부터 학습하면 됩니다.	제대로 외웠는지 확인하고 싶다고요? 까먹기 전에 다시 복습하고 싶다고요? 지금 당장 QR 코드를 스캔해 보세요.

Day 37 최근 10년간 토익 빈도 15회 이상

 STEP 1

읽을 수 있을 때까지 들어라!

읽지 못하는 단어는 절대 외울 수 없습니다! 발음 기호 없이 자신있게
읽을 수 있을 때까지 원어민의 발음을 들으면서 반복해서 따라 읽으세요.

1801~1850 Words

- [ ] **grill** 석쇠, 석쇠에 굽다
- [ ] **habit** 습관, 버릇
- [ ] **handout** 유인물
- [ ] **illustration** 삽화, 실례
- [ ] **lodge** 오두막, 산장
- [ ] **loud** (소리가) 큰, 시끄러운
- [ ] **manner** 방식, 태도
- [ ] **mentor** 조언자
- [ ] **native** 원주민의, 출생지의
- [ ] **outlet** 직판점, 콘센트
- [ ] **pavement** 포장 도로, 인도
- [ ] **rear** 뒤(쪽)의, 뒤(쪽)
- [ ] **relax** 쉬다, 긴장을 풀다
- [ ] **settle** 해결하다, 처리하다
- [ ] **stick** 움직이지 않다, 붙이다
- [ ] **sudden** 갑작스러운
- [ ] **symphony** 교향곡, 심포니
- [ ] **tend** ~하는 경향이 있다, ~하기 쉽다
- [ ] **tune** (라디오, TV의 채널을) 맞추다
- [ ] **vase** 꽃병
- [ ] **alone** 혼자, 단독으로
- [ ] **aspect** 측면, 국면
- [ ] **await** 기다리다
- [ ] **contrast** 대조, 차이
- [ ] **debate** 토론, 논쟁

- [ ] **harbor** 항구, 은신처
- [ ] **incomplete** 불완전한
- [ ] **lie** 눕다, 거짓말하다
- [ ] **luxury** 고급품, 사치
- [ ] **mill** 공장
- [ ] **morale** 사기, 의욕
- [ ] **plaza** 광장, 쇼핑센터
- [ ] **portable** 휴대용의
- [ ] **remote** 원격의, (시간적으로) 먼
- [ ] **subsequent** 그 후의, 다음의
- [ ] **urban** 도시의
- [ ] **auction** 경매, 경매로 팔다
- [ ] **audit** (회계) 감사, 심사
- [ ] **bid** 입찰 가격, 입찰
- [ ] **boutique** 양품점, 부티크
- [ ] **brick** 벽돌
- [ ] **celebrity** 연예인, 유명 인사
- [ ] **consist** 구성되다, 이루어져 있다
- [ ] **conveyor** 수송(운반) 장치, 운반인
- [ ] **crack** 갈라지다, 금이 가다
- [ ] **deteriorate** 악화되다, 나빠지다
- [ ] **domestic** 국내의, 가정의
- [ ] **engage** 종사하다, 관여하다
- [ ] **entrepreneur** 사업가, 기업가
- [ ] **equally** 동등하게, 똑같이

STEP 2 집중해서 읽어라!

암기는 나중에, 정독에 집중하세요! 한 번에 외워야 한다는 강박은
개나 줘버리고 편안한 마음으로 읽되, 집중하세요.

1801

Rank 1569

[gril]
grill

n 석쇠
v 석쇠에 굽다
v 불에 굽다
v 다그치다

Guests [who are staying / at our hotel] may use / the grills
손님들은   그 손님들은 머무르고 있다   우리 호텔에   사용할 수 있다   석쇠를

[in the area [behind the hotel]].
구역의   호텔 뒤의

1802

Rank 1570

[hǽbit]
habit

n 습관
n 버릇

His doctor said / that [/the deterioration [of his health] is /
그의 의사는 말했다   그것을   악화는   그의 건강의   이다

mainly due to his bad dietary habits].
주로   그의 나쁜 식습관들 때문에

> 빈출 표현
> · dietary habit 식습관
> 🔁 custom 습관
> 🔁 habitual 습관적인, habitually 습관적으로

1803

Rank 1571

[hǽndaut]
handout

n 유인물

You have to bring / enough copies [of the handouts
당신은 가져와야 한다   충분한 사본들을   유인물들의

[for the meeting]] // before the attendees arrive.
회의를 위한   참석자들이 도착하기 전에

1804

Rank 1950

[iləstréiʃn]
illustration

n 삽화
n 실례

I showed / all of the illustrations [/I had ever designed] /
나는 보여주었다   모든 삽화들을   내가   지금까지 디자인했다

to the publisher, // but they didn't like / them.
출판사에   하지만 그들은 좋아하지 않았다   그것들을

> 빈출 표현
> 🔁 illustrate 삽화를 넣다

1805

Rank 1572

[lɑːdʒ]
lodge

n 오두막
n 산장
v 하숙하다
v 숙박하다

They stayed / at the lodge [located / in the southwestern part
그들은 머물렀다   오두막에   위치한   남서부 지역에

[of the Andes Mountains]] / for three nights.
Andes 산맥의   3일 동안

> 빈출 표현
> 🔁 cabin 오두막

1806

Rank 1765

[laud]
loud

a (소리가) 큰
a 시끄러운
a 야단스러운

The children [/who live / upstairs [in this building]] make /
아이들은   그 아이들은 산다 위층에   이 빌딩의   낸다

loud noises / every night, // so I don't sleep / very well.
큰 소음들을   매일 밤   그래서 나는 잠을 못 잔다   잘

> 빈출 표현
> · loud noise 큰 소음
> 🔁 noisy 시끄러운
> 🔁 loudly 큰 소리로

Rank 1573

[mǽnər]

manner

n 방식

n 태도

Because the work wasn't completed / in a timely manner, //
작업이 완료되지 못했기 때문에　　　　　적시에

the boss blamed / the employees / at the meeting / today.
상사는 탓했다　　　직원들을　　　회의에서　　　오늘

빈출 표현
· in a timely manner 적시에, 적절한 시기에
· 㓞 style, fashion, way 방식

Rank 1574

[méntɔːr]

mentor

n 조언자

We need to start / a mentoring program [for new employees],
우리는 시작해야 한다　　멘토링 프로그램을　　　　신입 사원들을 위한

// but if we do / that, // who will be / their mentors?
하지만 우리가 한다면　그것을　　누가 될 것인가　　그들의 멘토는

빈출 표현
· mentoring program 멘토링 프로그램
· 㓞 adviser 조언자

Rank 1575

[néitiv]

native

a 원주민의

a 출생지의

They started / the construction [on the new road] / without the
그들은 시작했다　　　건설을　　　　　새로운 도로에 관한　　　동의 없이

consent [of the native people [living / in this region]].
　　　　원주민의　　　　　　　살고 있는　이 지역에

빈출 표현
· native people 원주민

Rank 1576

[áutlet]

outlet

n 직판점

n 콘센트

n 할인점

Harmony Mart, [one [of the largest major retail outlets /
하모니 마트는　　　하나인　가장 큰 주요 소매점들 중

in the country]], had to face / the fact [/that its business abroad
국내에서　　　　　직면해야 했다　　사실에　　　그 사실은 그들의 해외 사업이 실패했다

was a failure].

빈출 표현
· retail outlet 소매점
· electrical outlet 전기 콘센트

Rank 1885

[péivmənt]

pavement

n 포장 도로

n 인도

I actually think // it's really unfair / to hold / the shop owner
나는 정말로　생각한다　그것은 진짜로　불공평하다　갖는 것은　그 가게 주인이

financially responsible / for repairing / the pavement
재정적으로　　책임이 있다　　수리하는 것에 대해　　도로를

[in front of his shop].
그의 가게 앞쪽의

빈출 표현
· 㓞 pave (도로를) 포장하다

Rank 1577

[riər]

rear

a 뒤(쪽)의

n 뒤(쪽)

Only cars [/that have / a yellow sticker / in the rear window] /
차들만　　　그 차들은 가지고 있다　노란색 스티커를　　뒷 창문에

can park / on company property.
주차할 수 있다　회사 소유지에

빈출 표현
· rear window 뒷창
· rear door 뒷문
· 㓞 back 뒤의
· 㓞 front 앞의

Day 37 1801~1850

Rank 1830

[riláeks]

relax

v 쉬다
v 긴장을 풀다
v 완화하다

Some children are playing / on the playground [in the park], //
몇몇 아이들은 놀고 있다   놀이터에서   공원의

and some elderly people are relaxing / on benches.
그리고 몇몇 노인은 쉬고 있다   벤치에서

**빈출
표현** | 파 relaxation 휴식

Rank 1578

[sétl]

settle

v 해결하다
v 처리하다
v 결정하다

The dispute [between the two companies] was finally settled /
분쟁이   두 회사 간의   마침내   해결됐다

in court.
법정에서

**빈출
표현** | 유 resolve 해결하다
      | 파 settlement 해결

Rank 1579

[stik]

stick

v 움직이지 않다
v 붙이다
v 집어넣다
n 지팡이

Because I was stuck / in traffic / for over two hours, //
이유는   나는 움직이지 못했다   교통 체증에   2시간 이상

the meeting [scheduled / for this morning] has been postponed
회의가   예정된   오늘 오전에   연기되었다

/ until this afternoon.
오늘 오후까지

**빈출
표현** | • be stuck in traffic 교통 체증에 꼼짝하지 못하다

Rank 1951

[sʌdn]

sudden

a 갑작스러운

The sudden increase [in Chinese exports] is expected /
갑작스러운 증가는   중국 수출의   기대된다

to bring / substantial changes / to the domestic market.
가져올 것으로   상당한 변화를   국내 시장에

**빈출
표현** | 파 suddenly 갑자기

Rank 1580

[símfəni]

symphony

n 교향곡
n 심포니

When the symphony conductor appear / on the stage, //
교향곡 지휘자가 등장할 때   무대 위에

the audience enthusiastically applauded.
청중들은   열광적으로   갈채를 보냈다

**빈출
표현** | • symphony orchestra 교향악단 🔊

Rank 1581

[tend]

tend

v ~하는 경향이 있다
v ~하기 쉽다

Consumers tend / to prefer / more reputable brand products
소비자들은 경향이 있다   선호하는   좀 더 이름 있는 브랜드 제품을

// even if they must pay / more / for them.
그들은 지불해야 함에도 불구하고   더   그것들을 위해

**빈출
표현** | • tend to ~하는 경향이 있다 🔊
      | 파 tendency 경향

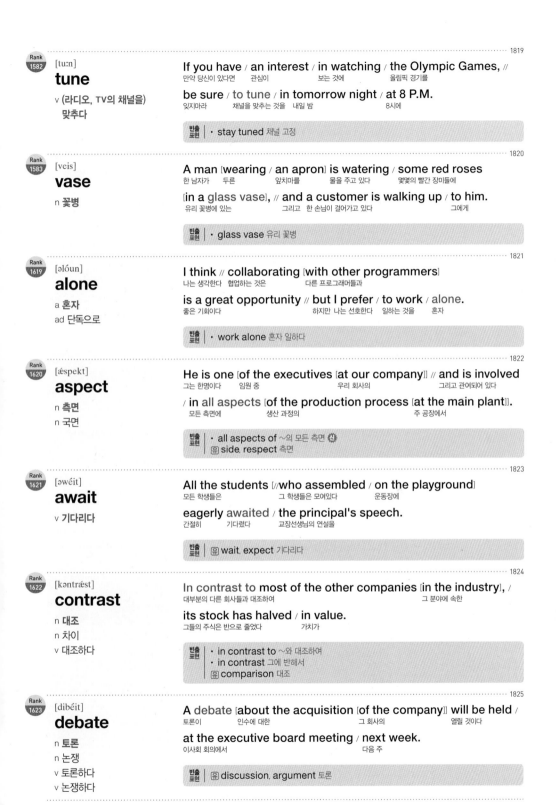

Rank 1582

[tu:n]

tune

v (라디오, TV의 채널을) 맞추다

If you have / an interest / in watching / the Olympic Games, //
만약 당신이 있다면　관심이　보는 것에　올림픽 경기를

be sure / to tune / in tomorrow night / at 8 P.M.
잊지마라　채널을 맞추는 것을　내일 밤　8시에

빈출 표현 · stay tuned 채널 고정

Rank 1583

[veis]

vase

n 꽃병

A man [wearing / an apron] is watering / some red roses
한 남자가　두른　앞치마를　물을 주고 있다　몇몇의 빨간 장미들에

[in a glass vase], // and a customer is walking up / to him.
유리 꽃병에 있는　그리고 한 손님이 걸어가고 있다　그에게

빈출 표현 · glass vase 유리 꽃병

Rank 1619

[əlóun]

alone

a 혼자
ad 단독으로

I think // collaborating [with other programmers]
나는 생각한다　협업하는 것은　다른 프로그래머들과

is a great opportunity // but I prefer / to work / alone.
좋은 기회이다　하지만 나는 선호한다　일하는 것을　혼자

빈출 표현 · work alone 혼자 일하다

Rank 1620

[ǽspekt]

aspect

n 측면
n 국면

He is one [of the executives [at our company]] // and is involved
그는 한명이다　임원 중　우리 회사의　그리고 관여되어 있다

/ in all aspects [of the production process [at the main plant]].
모든 측면에　생산 과정의　주 공장에서

빈출 표현 · all aspects of ~의 모든 측면 신
윤 side, respect 측면

Rank 1621

[əwéit]

await

v 기다리다

All the students [//who assembled / on the playground]
모든 학생들은　그 학생들은 모였다　운동장에

eagerly awaited / the principal's speech.
간절히　기다렸다　교장선생님의 연설을

빈출 표현 · 윤 wait, expect 기다리다

Rank 1622

[kəntrǽst]

contrast

n 대조
n 차이
v 대조하다

In contrast to most of the other companies [in the industry], /
대부분의 다른 회사들과 대조하여　그 분야에 속한

its stock has halved / in value.
그들의 주식은 반으로 줄었다　가치가

빈출 표현 · in contrast to ~와 대조하여
· in contrast 그에 반해서
윤 comparison 대조

Rank 1623

[dibéit]

debate

n 토론
n 논쟁
v 토론하다
v 논쟁하다

A debate [about the acquisition [of the company]] will be held /
토론이　인수에 대한　그 회사의　열릴 것이다

at the executive board meeting / next week.
이사회 회의에서　다음 주

빈출 표현 · 윤 discussion, argument 토론

Rank 1624
[háːrbər]
harbor

n 항구
n 은신처

---- 1826

We should drive / about 40 miles / more / along the harbor /
우리는 운전해야 한다　　　약 40마일　　　더　　　항구를 따라서

to reach / Sunset Beach.
도착하기 위해　Sunset Beach에

> 빈출표현 | 鼎 port, haven 항구

---- 1827

Rank 1625
[ìnkəmplíːt]
incomplete

a 불완전한

We don't accept or deal / with wrong or incomplete forms; //
우리는 받거나 처리하지 않는다　　잘못된 또는 불안전한 양식들은

therefore, / you have to check / your application / carefully //
그러므로　　당신은 확인해야 한다　　당신의 신청서를　　신중히

before sending / it.
보내기 전에　　그것을

> 빈출표현 | 鼎 partial, defective 불완전한
> 飯 complete 완전한

---- 1828

Rank 1626
[lai]
lie

v 눕다
v 거짓말하다
n 거짓말

When I arrived / here, // papers and stationery were lying /
내가 도착했을 때　　여기에　　종이들과 문구류가 널려 있었다

around / all over the place.
주변　　모든 곳에

---- 1829

Rank 1886
[lʌkʃəri]
luxury

n 고급품
n 사치
n 호화로움

While consumers tend / to purchase / luxury sedans /
소비자들은 경향이 있는데 반하여　　구입하려는　　고급 승용차를

during times [of economic prosperity], // when the economy
시기 동안　　　경제 번영의　　　경제가 좋지 않을 때

isn't doing well, // people prefer / to buy / compact cars.
　　　　사람들은 선호한다　　사는 것을　　소형 승용차를

> 빈출표현 | · luxury sedan 고급 대형 승용차
> 飯 luxurious 호화로운

---- 1830

Rank 1627
[mil]
mill

n 공장

The inspector warned / that [//the old machinery [in the paper
감독관은 경고했다　　　그것을　　오래된 기계는　　　종이 공장의

mill] needed to be removed / immediately].
제거됐어야 했다　　　즉시

> 빈출표현 | 鼎 factory, plant 공장

---- 1831

Rank 1628
[mərǽl]
morale

n 사기
n 의욕

Engaging [in community service] can help / boost /
참여하는 것은　　사회 봉사활동에　　　도울 수 있다　　진작시키는 것을

employee morale // when they volunteer / to help /
직원들의 사기를　　　그들이 자원봉사할 때　　돕기 위해

their neighbors [in need].
그들의 이웃들　　　어려움에 처한

> 빈출표현 | · employee morale 직원들의 사기

Rank 1629	[plǽzə] **plaza** n 광장 n 쇼핑센터	The parade is moving / across the crowded plaza, // and 가두행진이 이동하고 있다　　　　혼잡한 광장을 가로질러　　　그리고 a lot of the people are following / it. 많은 사람들이 뒤따르고 있다　　　　그것을	1832

Rank 1630	[pɔ́:rtəbl] **portable** a 휴대용의	The sign [across the entrance] said / that 표지판은　　입구에 걸려있는　　말했다　그것을 [//no portable devices could be taken / into the testing center]. 휴대용 장치들은 가져올 수 없다　　　　시험장 안으로	1833

> 빈출표현 · portable device 휴대용 장치
> · portable computer 휴대용 컴퓨터

Rank 1831	[rimóut] **remote** a 원격의 a (시간적으로) 먼 a (거리가) 멀리 떨어진	The customer complained / that [//the remote control wasn't 고객은 불평했다　　　　그것을　리모컨이 호환되지 않는다 compatible / with her television]. 그녀의 텔레비전과	1834

> 빈출표현 · remote control 리모컨
> 윤 distant 원격의
> 파 remotely 멀리서

Rank 1766	[sʌbsikwənt] **subsequent** a 그 후의 a 다음의	We can't see / why [//the subsequent experiments didn't have / 우리는 알 수 없었다　이유를　그 이후의 실험들은　　　　갖지 못했다 the same results [as first one]]. 동일한 결과를　　첫 번째 것과 같이	1835

> 빈출표현 파 subsequently 나중에, subsequence 다음

Rank 1631	[ə́:rbən] **urban** a 도시의	The expert [on urban renewal] explained / the council's plans 전문가들은　도시 재개발에 관한　설명했다　의회의 계획을 [for the city] / to the audience. 도시에 대한　청중에게	1836

> 빈출표현 · urban renewal 도시 재개발
> 윤 civic 도시의
> 파 suburban 교외의

Rank 1663	[ɔ́:kʃn] **auction** n 경매 v 경매로 팔다	The family was frustrated / with the news 그 가족은 좌절했다　　　그 소식에 [//that their property was sold / at an auction]. 그 소식 그들의 부동산이 팔렸다　경매에서	1837

> 빈출표현 · charity auction 자선 경매

Rank 1887	[ɔ́:dit] **audit** n (회계) 감사 n 심사	The external auditing agency will perform / an audit [designed / 외부 감사 기관은 수행할 것이다　　　　감사를　설계된 to check / for compliance [with the energy-saving plan]]. 확인하기 위해　준수를　　에너지 절약 계획에 대한	1838

> 빈출표현 · energy audit 에너지 감사(진단)
> 파 auditor 회계 감사원

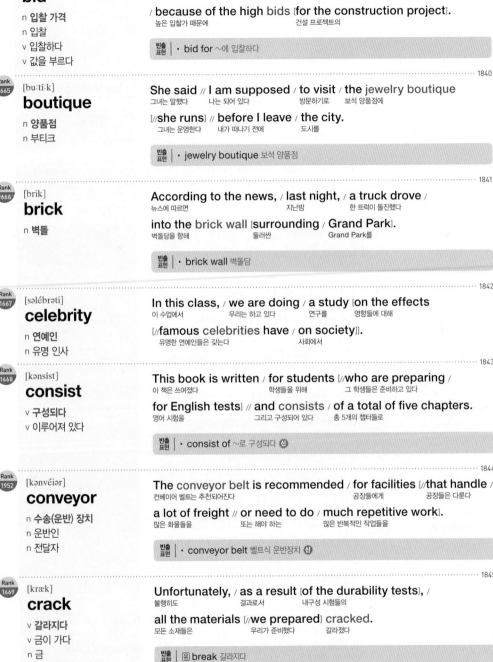

Rank 1664 [bid]
bid
n 입찰 가격
n 입찰
v 입찰하다
v 값을 부르다

---- 1839

Only a few contractors [//who have / sufficient budget] were left
단지 몇몇의 도급업자들이 　그 도급업자들은 가진다 충분한 예산을 　남았다

/ because of the high bids [for the construction project].
높은 입찰가 때문에 　건설 프로젝트의

빈출표현 · bid for ~에 입찰하다

Rank 1665 [buːtíːk]
boutique
n 양품점
n 부티크

---- 1840

She said // I am supposed / to visit / the jewelry boutique
그녀는 말했다 　나는 되어 있다 　방문하기로 　보석 양품점에

[//she runs] // before I leave / the city.
그녀는 운영한다 　내가 떠나기 전에 　도시를

빈출표현 · jewelry boutique 보석 양품점

Rank 1666 [brik]
brick
n 벽돌

---- 1841

According to the news, / last night, / a truck drove /
뉴스에 따르면 　지난밤 　한 트럭이 돌진했다

into the brick wall [surrounding / Grand Park].
벽돌담을 향해 　둘러싼 　Grand Park를

빈출표현 · brick wall 벽돌담

Rank 1667 [səlébrəti]
celebrity
n 연예인
n 유명 인사

---- 1842

In this class, / we are doing / a study [on the effects
이 수업에서 　우리는 하고 있다 　연구를 　영향들에 대해

[//famous celebrities have / on society]].
유명한 연예인들은 갖는다 　사회에서

Rank 1668 [kənsíst]
consist
v 구성되다
v 이루어져 있다

---- 1843

This book is written / for students [//who are preparing /
이 책은 쓰여졌다 　학생들을 위해 　그 학생들은 준비하고 있다

for English tests] // and consists / of a total of five chapters.
영어 시험을 　그리고 구성되어 있다 　총 5개의 챕터로

빈출표현 · consist of ~로 구성되다

Rank 1952 [kənvéiər]
conveyor
n 수송(운반) 장치
n 운반인
n 전달자

---- 1844

The conveyor belt is recommended / for facilities [//that handle /
컨베이어 벨트는 추천되어진다 　공장들에게 　공장들은 다룬다

a lot of freight // or need to do / much repetitive work].
많은 화물들을 　또는 해야 하는 　많은 반복적인 작업들을

빈출표현 · conveyor belt 벨트식 운반장치

Rank 1669 [kræk]
crack
v 갈라지다
v 금이 가다
n 금

---- 1845

Unfortunately, / as a result [of the durability tests], /
불행히도 　결과로서 　내구성 시험들의

all the materials [//we prepared] cracked.
모든 소재들은 　우리가 준비했다 　갈라졌다

빈출표현 · 유 break 갈라지다

Rank 1670

[ditíriərèit]

deteriorate

v 악화되다
v 나빠지다

---- 1846

Using [/a container car [//that is installed / with a refrigeration
사용하는 것은   컨테이너 차를   그 차는 설치되어 있다   냉장 장치가

unit]] can help / your shipments not deteriorate.
도울 수 있다   당신의 화물들이 악화되지 않도록

ⓤ worsen 악화되다
ⓜ deterioration 악화

Rank 1671

[dəméstik]

domestic

a 국내의
a 가정의

---- 1847

It's very common / for companies to focus / on overseas
그것은 매우 일반적이다   회사들이   해외 시장들에

markets / instead of relying / on meager domestic sales.
의존하는 것 대신에   빈약한 국내 판매에

· domestic sales 국내 판매
· domestic market 국내 시장
ⓤ internal 국내의
ⓜ foreign, overseas 해외의

Rank 1672

[ingéidʒ]

engage

v 종사하다
v 관여하다

---- 1848

This month only, / it is possible / to join / the nonprofit
이번 달에만   그것은 가능하다   가입하는 것은 비영리 단체에

organization [engaged / in volunteering activities / overseas].
종사하는   자원 봉사 활동에   해외에서

· be engaged in ~에 종사(관여)하다

Rank 1673

[à:ntrəprənə́:r]

entrepreneur

n 사업가
n 기업가

---- 1849

The successful entrepreneur said / that [//people
성공한 사업가는 말했다   그것을   사람들은

[//who are serious / about their own businesses]
그 사람들은 진지하다   그들 자신의 사업에

shouldn't hesitate / to take / on new challenges].
주저하지 말아야 한다   하는 것을   새로운 도전들을

· successful entrepreneur 성공한 사업가
ⓜ entrepreneurial 기업가의, entrepreneurship 기업가 정신

Rank 1888

[íːkwəli]

equally

ad 동등하게
ad 똑같이

---- 1850

I have / an overly demanding job, // so I have requested / that
나는 맡고 있다   너무 힘든 일을   그래서 나는 요청했다   그것을

[//the tasks [//I'm working on] be distributed / equally /
일들은   내가 하고 있다   분배되어야 한다   동등하게

to other staff members].
다른 직원들에게

ⓜ equal 동등한, equality 동등

STEP 3 집중해서 풀어라!

워크북 191페이지부터 학습하면
됩니다.

STEP 4 주기적인 복습 '기억상자'

제대로 외웠는지 확인하고 싶다고요? 까먹기 전에 다시 복습하고
싶다고요? 지금 당장 QR 코드를 스캔해 보세요.

Day 37 1801-1850

Day 38 최근 10년간 토익 빈도 14회 이상

STEP 1 읽을 수 있을 때까지 들어라!

읽지 못하는 단어는 절대 외울 수 없습니다! 발음 기호 없이 자신있게
읽을 수 있을 때까지 원어민의 발음을 들으면서 반복해서 따라 읽으세요.

1851~1900 Words

- ☐ **flow** 흐름, 이동
- ☐ **fulfill** 이행하다, 만족시키다
- ☐ **incentive** 인센티브, 장려금, 혜택
- ☐ **internal** 내부의, 국내의
- ☐ **lighthouse** 등대
- ☐ **metro** 지하철, 대도시권의
- ☐ **negative** 부정적인, 비관적인
- ☐ **prototype** 시제품, 원형
- ☐ **reluctant** 꺼리는, 마음이 내키지 않는
- ☐ **scale** 규모, 저울
- ☐ **straight** 똑바로, 곧바로
- ☐ **toll** 요금, 통행료
- ☐ **unlimited** 무제한의, 제한 없는
- ☐ **unpack** 짐을 풀다
- ☐ **upstairs** 위층(2층)의, 위층(2층)으로
- ☐ **wage** 임금, 급료
- ☐ **waive** (권리, 주장 등을) 적용하지 않다, 포기하다
- ☐ **wipe** 닦다, 훔쳐내다
- ☐ **alike** 똑같이, 마찬가지로
- ☐ **blueprint** 청사진, 계획
- ☐ **boost** 부양시키다, 증가시키다
- ☐ **carton** 종이상자(통, 곽)
- ☐ **cast** 출연진, 배역
- ☐ **chamber** 조직체, (의회의) 원(院)
- ☐ **cinema** 영화관, 영화

- ☐ **concentrate** 집중하다, 전념하다
- ☐ **currency** 화폐, 통화
- ☐ **elegant** 우아한, 품격 있는
- ☐ **lounge** 휴게실, 대합실
- ☐ **mortgage** (담보) 대출
- ☐ **municipal** 시(市)의, 지방 자치제의
- ☐ **physician** (내과) 의사
- ☐ **polish** 광내다, 닦다
- ☐ **possess** 지니다, 소유하다
- ☐ **recall** 회수하다, 기억하다
- ☐ **sail** 항해하다, 요트를 타다
- ☐ **screw** 나사, (나사로) 죄다
- ☐ **shape** 모양, 형체
- ☐ **somewhat** 다소, 약간
- ☐ **stationery** 문구(류)
- ☐ **wedding** 결혼(식)
- ☐ **workforce** 직원(노동자), 노동력
- ☐ **alert** 알리다, 경고하다
- ☐ **ambitious** 야심적인, 의욕적인
- ☐ **arena** 경기장
- ☐ **asset** 자산
- ☐ **atmosphere** 분위기, 대기
- ☐ **blade** (칼 등의) 날
- ☐ **deliberate** 심사숙고하다, 신중한
- ☐ **downstairs** 아래층으로, 아래층의

1851

Rank 1674

[flou]

flow

n **흐름**
n 이동
v 흐르다

The construction [of a new highway] will positively affect /
건설은　　　　　　　새 고속도로의　　　　　긍정적으로　　영향을 미칠 것이다

traffic flow // and help / relieve / congestion [in the area].
교통 흐름에　　　그리고 도울 것이다　완화하는 것을　혼잡을　　그 지역의

> 빈출
> 표현 ・ traffic flow 교통 흐름

1852

Rank 1767

[fulfil]

fulfill

v **이행하다**
v 만족시키다

The governor didn't fulfill / his promise [to improve /
주지사는 이행하지 않았다　　　　그의 약속을　　　개선한다는

the urban environment].
도심 환경을

1853

Rank 1675

[inséntiv]

incentive

n **인센티브**
n 장려금
n 혜택

We need / an incentive program [for our sales representatives]
우리는 필요하다　인센티브 프로그램이　　　　우리의 판매 대리인들을 위한

/ to encourage / them to be enthusiastic / about working.
격려하기 위해　　그들이 열정적이도록　　　일하는 것에

> 빈출
> 표현 ・ incentive program 인센티브 프로그램

1854

Rank 1676

[intə́ːrnl]

internal

a **내부의**
a 국내의

The internal audit is not over / yet , // and no one knows /
내부 감사는　　　　끝나지 않았다　아직　그리고 아무도 모른다

when [/it is likely / to be completed].
시간을　　그것은 ~할 것 같다　완료되어 질 것

> 빈출
> 표현 ・ internal audit 내부 감사
> 유 inner, inside 내부의
> 반 external 외부의
> 파 internally 내면적으로

1855

Rank 1677

[láithaus]

lighthouse

n **등대**

Since the lighthouse was demolished / by the typhoon, //
등대가 파괴된 이후　　　　　　　　태풍에 의해

it has been less frequented // and less popular / with tourists.
그곳은　　덜　자주 다니게 되었다　그리고 덜　인기 있게 되었다 관광객들에게

1856

Rank 1678

[métrou]

metro

n **지하철**
a 대도시권의

In order to replace / the old subway tracks [/that were built /
교체하기 위하여　　　낡은 지하철 선로들을　　　그 선로들은 건설되었다

more than 20 years ago], / line number 1 [of the Metro]
20년 전 보다 더 이전에　　　　1호선은　　　　지하철 중

will be closed / for two months.
폐쇄될 것이다　　두 달 동안

Rank 1832

[négətiv]

negative

a 부정적인
a 비관적인

While I was watching / the movie, // I thought / that
내가 보고 있던 동안 　　　　영화를 　　　　나는 생각했다 　그것을

[//the makers [of this film] will get / a lot of negative reviews /
제작자들은 　　　이 영화의 　　받을 것이다 　　많은 부정적인 평가들을

from audiences].
관객들로부터

> 빈출 표현
> - negative review 부정적인 평가
> - negative impact 악영향
> - negative feedback 부정적인 반응
> - negative comment 부정적인 견해
> - optimistic 낙관적인

Rank 1679

[próutətaip]

prototype

n 시제품
n 원형
n 모델

The prototype will be able to help / us attract /
시제품은 도울 수 있을 것이다 　　　　우리가 끌어들이도록

a much larger number [of investors and clients].
훨씬 더 많은 수를 　　　투자자들과 고객들의

Rank 1680

[rilʌktənt]

reluctant

a 꺼리는
a 마음이 내키지 않는
a 마지못해 하는

He was reluctant / to renew / his subscription // since
그는 꺼렸다 　　　갱신하는 것을 　그의 구독을 　　　　이유는

he wasn't satisfied / with the contents [of the magazine].
그가 만족하지 못했다 　　내용들에 　　　　그 잡지의

> 빈출 표현
> - be reluctant to ~을 꺼리다
> - unwilling, disinclined 꺼리는

Rank 1681

[skeil]

scale

n 규모
n 저울
n 눈금
v (크기를) 변경하다

We couldn't easily anticipate / what effect [//the large-scale
우리는 　　쉽게 　예상할 수 없었다 　어떤 영향을 　　　대규모 고용이

employment [of the elderly] would have /
　　　　　　　노인들의 　　가져올 것이다

on the domestic economy].
국내 경제에

> 빈출 표현
> - large-scale 대규모의
> - scale back 축소하다

Rank 1768

[streit]

straight

ad 똑바로
ad 곧바로
a 곧은

Keep going / straight / on this street // until you get /
계속 가세요 　　똑바로 　이 길을 　　　당신이 도착할 때까지

to the next intersection.
다음 교차로에

> 빈출 표현
> - keep going straight 계속 똑바로 가다
> - directly 똑바로
> - straightly 곧게

Rank 1682

[toul]

toll

n 요금
n 통행료

If you want / to make / more orders / with us, // please call /
만약 당신이 원한다면 　하는 것을 　더 많은 주문들을 　우리에게 　　전화하세요

our toll-free number [given below].
우리의 무료 전화번호로 　　아래에 제시된

> 빈출 표현
> - toll-free number 무료 전화번호

Rank 1683

[ʌnlímitid]

unlimited

a 무제한의
a 제한 없는

It is dangerous / to allow / new staff members to have /
그것은 위험하다　　　허락하는 것은　　신입 사원들이 갖도록

unlimited access / to the company's sensitive information.
자유로운 접근을　　　　회사의 기밀 정보에

· unlimited access 자유로운 접근/출입

Rank 1684

[ʌnpǽk]

unpack

v 짐을 풀다

He didn't even unpack / his luggage // but instead ran /
그는　　조차　풀지 않았다　그의 짐을　　하지만 대신에　　달렸다

to the beach // as soon as / he arrived / at the resort.
해변으로　　　하자마자　　그가 도착했다　리조트에

Rank 1685

[ʌpstɛ́ərz]

upstairs

a 위층(2층)의
ad 위층(2층)으로
n 위층(2층)

He brought back / the proposal [with the director's signature
그는 찾아 왔다　　　제안서를　　　　관리자의 사인이 포함된

on it] / from the upstairs department.
그 위에　　위층의 부서로부터

빈출
표현 | 🏭 downstairs 아래층의

Rank 1686

[weidʒ]

wage

n 임금
n 급료

Recently, / our local factory has hired / many foreign workers /
최근에　　우리의 지방 공장은 고용했다　　　많은 외국인 근로자들을

due to their low wages.
그들의 낮은 임금 때문에

빈출
표현
· wage increase 임금 인상
· good wage 후한 임금　　　유 salary. pay 임금

Rank 1687

[weiv]

waive

v (권리, 주장 등을) 적용하지
않다
v (권리, 주장 등을) 포기하다
v 보류(연기)하다

I fell behind / on my loan payments, // but they said /
나는 지불하지 못했다　나의 융자 상환금을　　　그러나 그들은 말했다

that [/if payment was made / in full / within two weeks, //
그것을　　만약 상환금이 만들어지면　　전부　　2주 안에

they would waive / the penalty].
그들은 적용하지 않을 것이다　위약금을

빈출
표현
· waive a penalty 벌금(위약금)을 면제하다
· waive a fee 수수료를 면제하다 💰　　파 waiver 포기

Rank 1688

[waip]

wipe

v 닦다
v 훔쳐내다

The clerks [wearing / the pink uniforms] are wiping /
점원들이　　　입은　　　핑크색 유니폼을　　　닦고 있다

the glass walls and tables / early / in the morning.
유리벽과 테이블들을　　　　일찍　　아침에

빈출
표현 | · wipe off ~을 닦다　　　유 clean 닦다

Rank 1716

[əláik]

alike

ad 똑같이
ad 마찬가지로
a 비슷한

The city decided / to make / a amusement park [/that could be
그 도시는 결정했다　　　만드는 것을　　놀이공원을　　　　그 놀이공원은 즐길 수 있다

enjoyed / by both adults and children / alike].
　　　　어른과 아이들 모두가　　　　똑같이

빈출
표현 | 유 equally 똑같이　　　파 differently 다르게

Day 38 1851-1900

Rank 1717

[blú:print]

blueprint

n 청사진
n 계획

·· 1870

The director asked / the architect to revise / the blueprints /
감독관은 요청했다   건축가가 수정할 것을   청사진들을

to reflect / the client's suggestions.
반영하기 위해   고객의 제안을

Rank 1718

[bu:st]

boost

v 부양시키다
v 증가시키다
n 증가
n 부양(책)

·· 1871

The city is trying / to find / a way [to boost / the economy
시는 노력하고 있다   찾기 위해   방법을   부양시킬   경제를

[in the area [//that has been depressed / for the past five years]]].
그 지역의   그 지역은 침체되어 있다   지난 5년 동안

Rank 1719

[ká:rtn]

carton

n 종이상자(통, 곽)

·· 1872

You should separate / plastic bottles and cartons / from the
당신은 분리해야 한다   플라스틱 병들과 종이상자들을   나머지 것들에서

rest [of the garbage] // as they are recyclable resources.
쓰레기의   그것들은 재활용 할 수 있는 자원이기 때문이다

> 빈출
> 표현
> ⊕ box, container 상자

Rank 1720

[kæst]

cast

n 출연진
n 배역
v 던지다
v 드리우다

·· 1873

Two [of the reasons [the movie was able to gain / popularity /
두 가지는 이유들 중   그 영화가 얻을 수 있었다   인기를

with the public]] were / that [//it had /
대중에게   이었다   그것   그것은 갖고 있었다

amazing plot twists and an excellent cast].
놀라운 반전과   훌륭한 출연진을

Rank 1721

[tʃéimbər]

chamber

n 조직체
n (의회의) 원(院)
n (특정 목적용) 방

·· 1874

The chamber of commerce not only supports / local small
상공회의소는   지원할 뿐만 아니라   지역의 중소기업들을

businesses / but also people [//who are looking / for jobs].
또한 사람들도   그 사람들은 찾고 있다   직업을

> 빈출
> 표현
> · chamber of commerce 상공회의소

Rank 1722

[sínəmə]

cinema

n 영화관
n 영화

·· 1875

Many citizens felt bad / about the news [regarding the closure
많은 시민들은 상심했다   소식에   폐쇄에 대한

[of the historic cinema [on Central Avenue]]].
역사적인 영화관의   중심가에 있는

> 빈출
> 표현
> ⓜ cinematic 영화의

Rank 1723

[ká:nsntreit]

concentrate

v 집중하다
v 전념하다

·· 1876

The loud music [coming / from the next house] is one
시끄러운 음악은   들려오는   옆집에서   하나이다

[of the factors [//that interferes / with my ability [to concentrate /
요소들 중   그 요소들은 방해한다   나의 능력을   집중하려는

on my work]]].
내 일에

> 빈출
> 표현
> · concentrate on ~에 집중하다
> ⊕ focus 집중하다
> ⓜ concentration 집중

Rank 1724

[kə́ːrənsi]

currency

n 화폐
n 통화

I asked / a teller how [to exchange / some currency], // and then
나는 물었다　금전 출납 직원에게 방법을　교환하는　몇몇 화폐를　그런 다음

I exchanged / an adequate amount of money / in my account /
나는 교환했다　적절한 양의 돈을　나의 계좌에서

for yen.
엔화로

빈출 표현 · currency exchange 환전

Rank 1725

[éligənt]

elegant

a 우아한
a 품격 있는
a 멋진

The house was decorated / with furniture /
그 집은 꾸며졌다　가구들로

[with elegant and sophisticated features].
우아하고 세련된 특징을 가진

빈출 표현 〈유〉 exquisite 우아한

Rank 1726

[laundʒ]

lounge

n 휴게실
n 대합실

Visitors can't enter / the staff lounge or meeting room /
방문자들은 들어갈 수 없다　직원 휴게실이나 회의실에

without permission // unless it is a special case.
허가 없이　그것이 특별한 경우가 아니면

빈출 표현 · staff(employee) lounge 직원 휴게실

Rank 1727

[mɔ́ːrgidʒ]

mortgage

n (담보) 대출

The congress agreed / to eliminate / the restrictions /
의회는 동의했다　철폐하는 것을　규제를

[on mortgage rates] / next year.
담보대출 이율에 대한　내년에

빈출 표현 · mortgage loan 담보대출
〈유〉 loan 대출

Rank 1833

[mjuːnísəpəl]

municipal

a 시(市)의
a 지방 자치제의

Local residents presented / a proposal / for building / a huge
지역 주민들은 제출했다　제안서를　건설하기 위해

municipal parking structure [/that is available / to the public].
거대한 시립 주차건물을　그 주차건물은 이용할 수 있다　대중이

빈출 표현 · municipal parking structure 시립 주차건물
· municipal library 시립 도서관
〈파〉 municipality 지방 자치제

Rank 1728

[fizíʃən]

physician

n (내과) 의사

The physician needed to check / his medical records /
의사는 확인해야 했다　그의 의료 기록들을

to make / an accurate diagnosis.
하기 위해　정확한 진단을

빈출 표현 〈유〉 doctor 의사

Rank 1729

[póuliʃ]

polish

v 광내다
v 닦다
n 광택
n 윤

The splendid chandeliers [//that are suspended /
멋진 샹들리에들은   그 샹들리에들은 매달려 있다

from the ceiling] are being polished.
천장에   광을 내고 있다

빈출표현 | ㊛ gloss 광택

Rank 1730

[pəzés]

possess

v 지니다
v 소유하다

The company is looking / for someone [//who possesses /
회사는 찾고 있다   누군가를   그는 지니다

strong communications skills and the ability] / to work /
뛰어난 의사소통 기술과 능력을   작업하기 위해

on multiple projects.
여러 프로젝트들을

빈출표현 | • possess a skill 능력을 지니다
         ㊱ possession 소유

Rank 1731

[rikɔ́:l]

recall

v 회수하다
v 기억하다
n 회수
n 회상

Because of a manufacturing defect, / they had to issue /
제조상의 결함 때문에   그들은 발표해야 했다

an apology // and recall / the product.
사과문을   그리고 회수해야 했다 상품을

Rank 1732

[seil]

sail

v 항해하다
v 요트를 타다
n 돛
n 항해

The ship is sailing / across the ocean /
그 배는 항해하고 있다   대양을 가로 질러

despite the bad weather conditions.
악천후에도 불구하고

빈출표현 | • sail boat 범선

Rank 1889

[skru:]

screw

n 나사
v (나사로) 죄다
v (나사로) 고정시키다

Over five dozen screws were used / to assemble / the parts /
60개 이상의 나사들이   사용되었다   조립하는데   부품들을

[of the motor], // but I am not sure / that
모터의   하지만 나는 확신할 수 없다   그것을

[//the screws were properly placed].
그 나사들이   제대로   배치되었다

Rank 1733

[ʃeip]

shape

n 모양
n 형체
v 모양으로 만들다

Because of the irregular shape [of the sculpture [made /
비정상적인 모양 때문에   조각품의   만들어진

by our group]], / we have arranged / for it / to be rebuilt //
우리 그룹에 의해   우리는 준비했다   그것을   다시 만들기 위해

so that it looks better.
그것이 더 나아 보이도록

빈출표현 | ㊱ shaper 모양을 만드는 사람, shapely 균형 잡힌

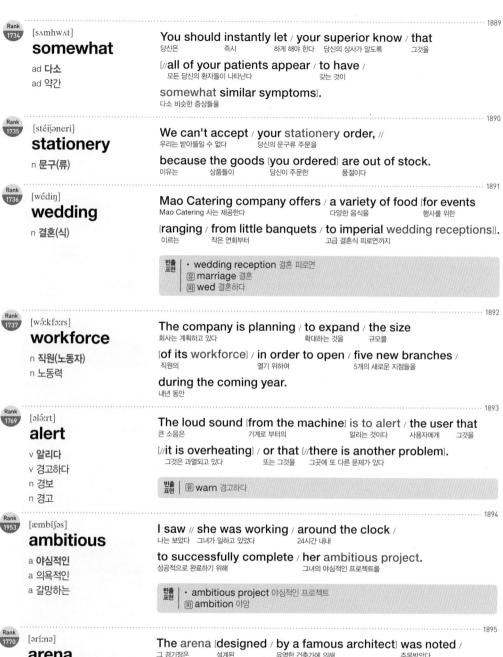

Rank 1734

[sʌmhwʌt]

somewhat

ad 다소
ad 약간

---- 1889

You should instantly let / your superior know / that
당신은   즉시   하게 해야 한다 당신의 상사가 알도록 그것을

[//all of your patients appear / to have /
모든 당신의 환자들이 나타난다   갖는 것이

somewhat similar symptoms].
다소 비슷한 증상들을

Rank 1735

[stéiʃəneri]

stationery

n 문구(류)

---- 1890

We can't accept / your stationery order, //
우리는 받아들일 수 없다   당신의 문구류 주문을

because the goods [you ordered] are out of stock.
이유는   상품들이   당신이 주문한   품절이다

Rank 1736

[wédiŋ]

wedding

n 결혼(식)

---- 1891

Mao Catering company offers / a variety of food [for events
Mao Catering 사는 제공한다   다양한 음식을   행사를 위한

[ranging / from little banquets / to imperial wedding receptions]].
이르는   작은 연회부터   고급 결혼식 피로연까지

> 빈출 표현
> · wedding reception 결혼 피로연
> 윤 marriage 결혼
> 파 wed 결혼하다

Rank 1737

[wɔ́ːkfɔːrs]

workforce

n 직원(노동자)
n 노동력

---- 1892

The company is planning / to expand / the size
회사는 계획하고 있다   확대하는 것을   규모를

[of its workforce] / in order to open / five new branches /
직원의   열기 위하여   5개의 새로운 지점들을

during the coming year.
내년 동안

Rank 1769

[əlɔ́ːrt]

alert

v 알리다
v 경고하다
n 경보
n 경고

---- 1893

The loud sound [from the machine] is to alert / the user that
큰 소음은   기계로 부터의   알리는 것이다 사용자에게 그것을

[//it is overheating] / or that [//there is another problem].
그것은 과열되고 있다   또는 그것을   그곳에 또 다른 문제가 있다

> 빈출 표현 | 윤 warn 경고하다

Rank 1953

[æmbíʃəs]

ambitious

a 야심적인
a 의욕적인
a 갈망하는

---- 1894

I saw // she was working / around the clock /
나는 보았다 그녀가 일하고 있었다   24시간 내내

to successfully complete / her ambitious project.
성공적으로 완료하기 위해   그녀의 야심적인 프로젝트를

> 빈출 표현
> · ambitious project 야심적인 프로젝트
> 파 ambition 야망

Rank 1770

[əríːnə]

arena

n 경기장

---- 1895

The arena [designed / by a famous architect] was noted /
그 경기장은   설계된   유명한 건축가에 의해   주목받았다

for its creative and sophisticated shape.
그것의 창조적이고 세련된 모양으로

> 빈출 표현 | 윤 stadium 경기장

Day **38** 1851~1900

Rank 1771

[ǽset]

asset

n 자산

I must learn / Spanish, [//which will be an asset //
나는 배워야 한다   스페인어를   스페인어는 자산이 될 것이다

when I am transferred / to the branch office [in Spain].
내가 전근을 갈 때   지사로   스페인에 있는

빈출표현 | ㊦ property 자산

Rank 1772

[ǽtməsfiər]

atmosphere

n 분위기

n 대기

This café was my favorite resting place /
이 카페는 내가 가장 좋아하는 휴식 장소였다

because of its soothing and relaxing atmosphere.
진정시키고 안정을 주는 분위기 때문에

빈출표현 | · soothing atmosphere 진정하는 분위기
· elegant atmosphere 우아한 분위기

Rank 1773

[bleid]

blade

n (칼 등의) 날

The replacement cost [of the rotary blade [in the engine]]
교체 비용은   회전 날   엔진에 있는

is more expensive / than the purchasing cost
더 비싸다   구매 비용 보다

[of the same kind of engine].
같은 종류 엔진의

빈출표현 | · rotary blade 회전 날
㊦ edge 날

Rank 1774

[dilíbərət]

deliberate

v 심사숙고하다

a 신중한

a 고의적인

The board of directors deliberated / on the company's
이사회는 심사숙고했다   회사의 다음 목표에 대해

next goal / with management / for three days.
경영진들과   3일 동안

빈출표현 | ㊦ reflect 심사숙고하다
㊟ deliberation 신중함, deliberately 신중하게

Rank 1775

[dàunstέərz]

downstairs

ad 아래층으로

a 아래층의

n 아래층

By tomorrow morning, / you should send /
내일 아침까지   당신은 보내야 한다

each client one copy [of the documents] // and bring /
각 고객들에게 한 부를   그 서류들의   그리고 가져와야 한다

the original documents / back / to the office / downstairs.
원본 서류들을   다시   사무실로   아래층의

빈출표현 | ㊥ upstairs 위층으로

STEP 3 집중해서 풀어라!	STEP 4 주기적인 복습 '기억상자'
워크북 197페이지부터 학습하면 됩니다.	제대로 외웠는지 확인하고 싶다고요? 까먹기 전에 다시 복습하고 싶다고요? 지금 당장 QR 코드를 스캔해 보세요.

STEP 1 읽을 수 있을 때까지 들어라!

읽지 못하는 단어는 절대 외울 수 없습니다! 발음 기호 없이 자신있게 읽을 수 있을 때까지 원어민의 발음을 들으면서 반복해서 따라 읽으세요.

1901~1950 Words

- ☐ **flat** (타이어에) 펑크 난, 평평한
- ☐ **fragile** 깨지기 쉬운, 허약한
- ☐ **gourmet** 고급, 미식가
- ☐ **hurry** 서두름, 급함
- ☐ **interfere** 방해하다, 간섭하다
- ☐ **lay** 놓다, 두다
- ☐ **noisy** 시끄러운, 떠들썩한
- ☐ **pottery** 도자기
- ☐ **rank** (등급, 순위 등을) 매기다, 계급
- ☐ **refrain** 삼가다, 자제하다
- ☐ **restock** 보충하다, 다시 채우다
- ☐ **satellite** 위성, 인공위성
- ☐ **solicit** 구하다, 요청하다
- ☐ **souvenir** 기념품
- ☐ **steering** 조종, 조종 장치
- ☐ **surpass** 능가하다, 뛰어넘다
- ☐ **tentative** 임시적인, 잠정적인
- ☐ **theme** 주제, 테마
- ☐ **transition** 전환, 변화
- ☐ **abroad** 해외로, 해외에서
- ☐ **amenity** 편의 시설
- ☐ **compartment** (물건 보관용) 칸, 구획
- ☐ **detergent** 세제
- ☐ **discard** 폐기하다, 버리다
- ☐ **dispute** 분쟁, 논쟁

- ☐ **fountain** 분수
- ☐ **garment** 옷, 의류
- ☐ **impossible** 불가능한
- ☐ **inaccurate** 부정확한
- ☐ **lifetime** 평생, 일생
- ☐ **outage** 정전
- ☐ **penalty** 처벌, 벌금
- ☐ **perhaps** 아마, 어쩌면
- ☐ **preliminary** 예비의
- ☐ **premier** 최고의, 제1의
- ☐ **raw** 원자재의, 가공하지 않은
- ☐ **ream** 연(連, 종이 세는 단위, 1연=500장)
- ☐ **somewhere** 어딘가에, 어떤 장소
- ☐ **stroll** 산책하다, 거닐다
- ☐ **supplement** 보충, 추가
- ☐ **tailor** (목적, 사람 등에) 조정하다, 재단사
- ☐ **tall** 높은, 키가 큰
- ☐ **tear** 찢어진 곳, 구멍
- ☐ **truly** 정말로, 진심으로
- ☐ **waterfront** 해안가, 물가
- ☐ **wooden** 나무의, 목재의
- ☐ **apron** 앞치마
- ☐ **bowl** 그릇
- ☐ **carrier** 항공기, 항공사
- ☐ **circumstance** 상황, 환경

STEP 2 집중해서 읽어라!

암기는 나중에, 정독에 집중하세요! 한 번에 외워야 한다는 강박은
개나 줘버리고 편안한 마음으로 읽되, 집중하세요.

.... 1901

Rank 1776

[flæt]

flat

a (타이어에) 펑크난
a 평평한
a (요금이) 균일한
n 아파트식 주거지

The mechanic is examining / my car //
정비사는 점검하고 있다　　　　　　　　내 차를

while the other one is replacing / the flat tire.
다른 사람이 교체하고 있는 동안　　　　　　펑크 난 타이어를

> 빈출 표현 · flat tire 펑크 난 타이어

.... 1902

Rank 1777

[frǽdʒəl]

fragile

a 깨지기 쉬운
a 허약한

The fragile items had better be adequately wrapped /
그 깨지기 쉬운 물건들은　　　　　　　　충분히　　　　포장되는게 좋다

to protect / them / from breakage / during the trip.
보호하기 위해　　그것들을　파손으로부터　　여행하는 동안

> 빈출 표현 · fragile item 깨지기 쉬운 물건 🎯
> 🔄 breakable 깨지기 쉬운

.... 1903

Rank 1778

[gúərmei]

gourmet

n 고급
n 미식가

I'm going to give / lessons / to everyone [//who wants / to learn /
나는 할 예정이다　　　수업들을　　모두에게　　　그 사람들은 원한다　　배우는 것을

how [to cook / gourmet food]].
방법을　조리하는　　고급 요리를

> 빈출 표현 · gourmet food 고급 요리

.... 1904

Rank 1779

[hə́ːri]

hurry

n 서두름
n 급함
v 서두르다
v 급히 하다

They don't seem / to be in a hurry / to set / any new strategies /
그들은 보이지 않았다　　서두르는 것처럼　　설정하는데　새로운 전략들을

in spite of the large fluctuation [in their market share].
큰 변동에도 불구하고　　　　　　그들의 시장 점유율의

> 빈출 표현 · in a hurry 서둘러, 급히 🎯
> 🔄 rush 서두르다

.... 1905

Rank 1780

[ìntərfíər]

interfere

v 방해하다
v 간섭하다

The noise [from the construction site [near our company]] has
소음은　　　　건설 현장으로부터의　　　　우리 회사 근처

constantly interfered / with our work / since last month.
꾸준히　　　　방해해 왔다　　우리의 일을　　지난달부터

> 빈출 표현 · interfere with ~을 방해하다 🎯
> 🔄 block, disrupt 방해하다

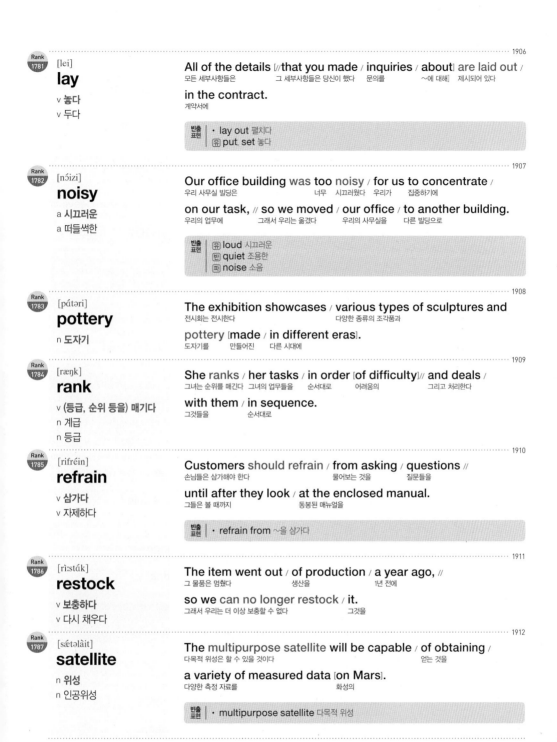

Rank 1781 [lei]

lay

v 놓다
v 두다

---- 1906

All of the details [//that you made / inquiries / about] are laid out /
모든 세부사항들은   그 세부사항들은 당신이 했다   문의를   ~에 대해]   제시되어 있다

in the contract.
계약서에

> 빈출표현 · lay out 펼치다
> 유 put, set 놓다

Rank 1782 [nɔ́izi]

noisy

a 시끄러운
a 떠들썩한

---- 1907

Our office building was too noisy / for us to concentrate /
우리 사무실 빌딩은   너무 시끄러웠다 우리가   집중하기에

on our task, // so we moved / our office / to another building.
우리의 업무에   그래서 우리는 옮겼다   우리의 사무실을   다른 빌딩으로

> 빈출표현 · 유 loud 시끄러운
> 반 quiet 조용한
> 파 noise 소음

Rank 1783 [pátəri]

pottery

n 도자기

---- 1908

The exhibition showcases / various types of sculptures and
전시회는 전시한다   다양한 종류의 조각품과

pottery [made / in different eras].
도자기를   만들어진   다른 시대에

Rank 1784 [ræŋk]

rank

v (등급, 순위 등을) 매기다
n 계급
n 등급

---- 1909

She ranks / her tasks / in order [of difficulty]// and deals /
그녀는 순위를 매긴다 그녀의 업무들을   순서대로   어려움의   그리고 처리한다

with them / in sequence.
그것들을   순서대로

Rank 1785 [rifréin]

refrain

v 삼가다
v 자제하다

---- 1910

Customers should refrain / from asking / questions //
손님들은 삼가해야 한다   물어보는 것을   질문들을

until after they look / at the enclosed manual.
그들은 볼 때까지   동봉된 매뉴얼을

> 빈출표현 · refrain from ~을 삼가다

Rank 1786 [rìːsták]

restock

v 보충하다
v 다시 채우다

---- 1911

The item went out / of production / a year ago, //
그 물품은 멈췄다   생산을   1년 전에

so we can no longer restock / it.
그래서 우리는 더 이상 보충할 수 없다   그것을

Rank 1787 [sǽtəlàit]

satellite

n 위성
n 인공위성

---- 1912

The multipurpose satellite will be capable / of obtaining /
다목적 위성은 할 수 있을 것이다   얻는 것을

a variety of measured data [on Mars].
다양한 측정 자료를   화성의

> 빈출표현 · multipurpose satellite 다목적 위성

Rank
1788

[səlísit]

solicit

v 구하다
v 요청하다
v 간청하다

They are soliciting / individual investments
그들은 구하고 있다   개인 투자자들을

[for their new computer program] / through SNS.
그들의 새 컴퓨터 프로그램을 위한   SNS를 통해

빈출
표현
- solicit A for B A에게 B를 구하다
- solicit A from B B로부터 A를 구하다
- 윤 seek 구하다
- 파 solicitation 간청

Rank
1789

[sù:vəníər]

souvenir

n 기념품

Tourists [//who want / to visit / the souvenir shop // before leaving
여행객들은   그 여행객들은 원한다 방문하기를 기념품 가게에   떠나기 전에

/ here] will have / a chance [to do / that / at the end [of the tour]].
여기를   가질 것이다   기회를   할   그것을 마지막에   여행의

빈출
표현
- souvenir shop 기념품 가게
- 윤 reminder 기념품

Rank
1790

[stíəriŋ]

steering

n 조종
n 조종 장치

Mr. Donner, [//who is chairing / the local steering committee],
Mr. Donner는   그는 의장을 맡고 있다   지역 운영 위원회의

is planning / to participate / in some activities [hosted /
계획하고 있다   참가하는 것을   몇몇 활동에   주최되는

by members [of the local community]].
회원들에 의해   지역 공동체의

빈출
표현
- steering committee 운영 위원회 🔔
- power steering 동력 조종 장치
- 윤 handling 조종

Rank
1791

[sərpǽs]

surpass

v 능가하다
v 뛰어넘다

To surpass / our competitor / in market share, / we decided /
능가하기 위하여   우리의 경쟁자를   시장 점유율면에서   우리는 결정했다

to release / our new product / ahead of schedule.
출시하는 것을   우리의 신제품을   예정보다 먼저

Rank
1890

[téntətiv]

tentative

a 임시적인
a 잠정적인
a 일시적인

The tentative schedule is subject / to change /
임시 일정은 되기 쉽다   변경이

depending on circumstances / at the company.
상황들에 따라   회사의

빈출
표현
- tentative schedule 임시 일정
- 윤 temporary 임시적인
- 파 tentatively 잠정적으로

Rank
1792

[θíːm]

theme

n 주제
n 테마

The main theme [of his speech] is / that
주요 주제는   그의 연설의   이다 그것

[//an estate tax must reflect / real land prices, //
부동산세는 반영해야 한다   실제 땅값을

not individually announced public land prices].
개별적으로 발표된 공시지가가 아니라

빈출
표현
- 윤 subject, topic 주제

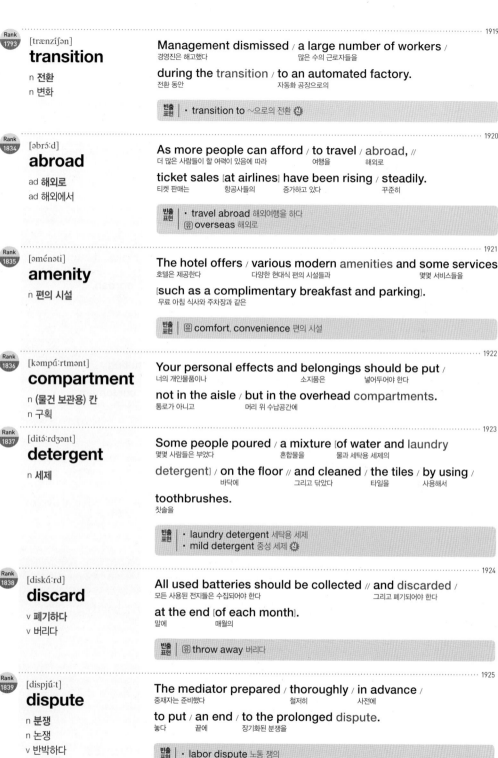

Rank 1793

[trænzíʃən]

transition

n 전환
n 변화

1919

Management dismissed / a large number of workers /
경영진은 해고했다　　　　　　많은 수의 근로자들을

during the transition / to an automated factory.
전환 동안　　　　　　자동화 공장으로의

빈출 표현 | · transition to ~으로의 전환 🔔

Rank 1834

[əbrɔ́ːd]

abroad

ad 해외로
ad 해외에서

1920

As more people can afford / to travel / abroad, //
더 많은 사람들이 할 여력이 있음에 따라　　여행을　해외로

ticket sales [at airlines] have been rising / steadily.
티켓 판매는　　항공사들의　　증가하고 있다　　꾸준히

빈출 표현 | · travel abroad 해외여행을 하다
🔁 overseas 해외로

Rank 1835

[əménəti]

amenity

n 편의 시설

1921

The hotel offers / various modern amenities and some services
호텔은 제공한다　　다양한 현대식 편의 시설과　　　　　몇몇 서비스들을

[such as a complimentary breakfast and parking].
무료 아침 식사와 주차장과 같은

빈출 표현 | 🔁 comfort, convenience 편의 시설

Rank 1836

[kəmpáːrtmənt]

compartment

n (물건 보관용) 칸
n 구획

1922

Your personal effects and belongings should be put /
너의 개인물품이나　　　　　　소지품은　　　넣어두어야 한다

not in the aisle / but in the overhead compartments.
통로가 아니고　　　　머리 위 수납공간에

Rank 1837

[ditɔ́ːrdʒənt]

detergent

n 세제

1923

Some people poured / a mixture [of water and laundry
몇몇 사람들은 부었다　　혼합물을　물과 세탁용 세제의

detergent] / on the floor // and cleaned / the tiles / by using /
　　　　바닥에　　　그리고 닦았다　타일을　사용해서

toothbrushes.
칫솔을

빈출 표현 | · laundry detergent 세탁용 세제
· mild detergent 중성 세제 🔔

Rank 1838

[diskáːrd]

discard

v 폐기하다
v 버리다

1924

All used batteries should be collected // and discarded /
모든 사용된 전지들은 수집되어야 한다　　　그리고 폐기되어야 한다

at the end [of each month].
말에　　　매월의

빈출 표현 | 🔁 throw away 버리다

Rank 1839

[dispjúːt]

dispute

n 분쟁
n 논쟁
v 반박하다
n 논쟁하다

1925

The mediator prepared / thoroughly / in advance /
중재자는 준비했다　　철저히　　사전에

to put / an end / to the prolonged dispute.
놓다　끝에　　장기화된 분쟁을

빈출 표현 | · labor dispute 노동 쟁의

Day 39 1901-1950

Rank 1840

[fáuntən]
fountain
n 분수

Your suggestion [to add / a fountain / to the central square]
너의 제의는 　　　　　추가하는　분수를　　　중앙 광장에

has been incorporated / in our proposal.
포함되었다　　　　　　　우리의 제안에

빈출표현 | · water fountain 식수대

Rank 1841

[gáːrmənt]
garment
n 옷
n 의류

After you read / the warning [written / on a tag [attached /
당신이 읽은 후에　　주의사항을　　적힌　　태그에　　부착된

to the garment]], // iron or clean / it.
그 옷에　　　　　　　다림질하거나 세탁해라　그것을

빈출표현 | 유 apparel, clothing 의류

Rank 1954

[impásəbl]
impossible
a 불가능한

The government's excessive regulations make / it impossible /
정부의 과도한 규제들은 만든다　　　　　　　　그것을 불가능하게

for companies to extend / their business / abroad.
기업들이 확장하는 것을　　　　그들의 사업을　　해외로

빈출표현 | 파 impossibly 불가능하게

Rank 1955

[inǽkjərit]
inaccurate
a 부정확한

We are not responsible / for anything [resulting /
우리는 책임이 없다　　　　어떤 것에도　　　발생한

from inaccurate information [entered / by customers]].
부정확한 정보로부터　　　　　　　입력된　　손님들에 의해

빈출표현 | · inaccurate information 부정확한 정보
유 incorrect 부정확한
반 accurate 정확한
파 inaccurately 부정확하게

Rank 1842

[laiftaim]
lifetime
n 평생
n 일생
n 생애

She said // it was a great honor / to receive / the special award
그녀는 말했다　　큰 영광이었다　　　　받은 것은　　특별상을

[for lifetime achievement [in journalism]].
평생 공로에 대해　　　　　언론계에서

빈출표현 | · lifetime achievement 평생 공로

Rank 1843

[áutidʒ]
outage
n 정전

The electric pole [in our neighborhood] collapsed //
전봇대가　　　　　우리 이웃의　　　　　무너졌다

and caused / a power outage.
그리고 초래했다　정전을

빈출표현 | · power outage 정전
유 blackout, power cut, power failure 정전

Rank 1844

[pénəlti]
penalty
n 처벌
n 벌금

If you don't get / to work / on time, //
만약 당신이 하지 않는다면　일을　　제시간에

you won't be able to avoid / a penalty [for lateness].
당신은 피할 수 없다　　　　　　처벌을　늦은 것에 대한

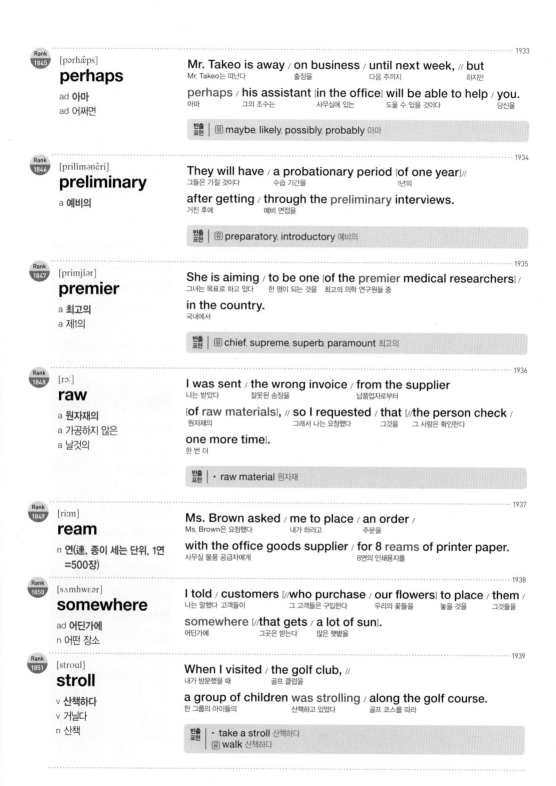

Rank 1845

[pərhǽps]

perhaps

ad 아마
ad 어쩌면

········· 1933

Mr. Takeo is away / on business / until next week, // but
Mr. Takeo는 떠난다   출장을   다음 주까지   하지만

perhaps / his assistant [in the office] will be able to help / you.
아마   그의 조수는   사무실에 있는   도울 수 있을 것이다   당신을

빈출 표현 | ㊦ maybe, likely, possibly, probably 아마

Rank 1846

[prilímənèri]

preliminary

a 예비의

········· 1934

They will have / a probationary period [of one year]//
그들은 가질 것이다   수습 기간을   1년의

after getting / through the preliminary interviews.
거친 후에   예비 면접을

빈출 표현 | ㊦ preparatory, introductory 예비의

Rank 1847

[primjíər]

premier

a 최고의
a 제1의

········· 1935

She is aiming / to be one [of the premier medical researchers] /
그녀는 목표로 하고 있다   한 명이 되는 것을   최고의 의학 연구원들 중

in the country.
국내에서

빈출 표현 | ㊦ chief, supreme, superb, paramount 최고의

Rank 1848

[rɔː]

raw

a 원자재의
a 가공하지 않은
a 날것의

········· 1936

I was sent / the wrong invoice / from the supplier
나는 받았다   잘못된 송장을   납품업자로부터

[of raw materials], // so I requested / that [//the person check /
원자재의   그래서 나는 요청했다   그것을   그 사람은 확인한다

one more time].
한 번 더

빈출 표현 | · raw material 원자재

Rank 1849

[riːm]

ream

n 연(連, 종이 세는 단위, 1연
=500장)

········· 1937

Ms. Brown asked / me to place / an order /
Ms. Brown은 요청했다   내가 하라고   주문을

with the office goods supplier / for 8 reams of printer paper.
사무실 물품 공급자에게   8연의 인쇄용지를

Rank 1850

[sʌmhwɛər]

somewhere

ad 어딘가에
n 어떤 장소

········· 1938

I told / customers [//who purchase / our flowers] to place / them
나는 말했다 고객들이   그 고객들은 구입한다   우리의 꽃들을   놓을 것을   그것들을

somewhere [//that gets / a lot of sun].
어딘가에   그곳은 받는다   많은 햇볕을

Rank 1851

[stroul]

stroll

v 산책하다
v 거닐다
n 산책

········· 1939

When I visited / the golf club, //
내가 방문했을 때   골프 클럽을

a group of children was strolling / along the golf course.
한 그룹의 아이들의   산책하고 있었다   골프 코스를 따라

빈출 표현 | · take a stroll 산책하다
㊦ walk 산책하다

Rank 1852

[sʌpləmənt]
supplement

n 보충
n 추가
v 보충하다
v 추가하다

Could you recommend / some nutritional supplements /
당신은 추천할 수 있나요?　　　　　　　몇 가지 영양제를

for my child [//who is / in elementary school]?
나의 아이를 위해　　　나의 아이는 있다　　초등학교에

빈출 표현
· nutritional supplement 영양제
· vitamin supplement 비타민제

Rank 1853

[téilər]
tailor

v (목적, 사람 등에) 조정하다
n 재단사

The steering committee tailored / the program's schedule /
운영 위원회는 조정했다　　　　　　　프로그램의 일정을

to fit / the participants' request.
맞추기 위해　　참가자들의 요구를

빈출 표현 | ㋓ adjust, coordinate 조정하다

Rank 1854

[tɔːl]
tall

a 높은
a 키가 큰

Because of the accident, / the upper part [of the tall building]
사고 때문에　　　　　　　상층 부분은　　　　고층 빌딩의

was completely destroyed / by the fire.
완전히　　　파손되었다　　　화재로

빈출 표현
· tall building 고층 빌딩
㋓ high 높은

Rank 1855

[tiər]
tear

n 찢어진 곳
n 구멍
v 찢다

Because my favorite suitcase couldn't stand / the wear and
이유는　　　내가 좋아하는 여행 가방이 견디지 못했다　　　마모를

tear [of aging and our long journey], // I had to discard / it.
노후와 우리의 오랜 여행의　　　　　나는 버려야 했다　　그것을

빈출 표현 | · wear and tear 마모

Rank 1856

[trúːli]
truly

ad 정말로
ad 진심으로

His report [on his research] was truly outstanding and
그의 보고는　　그의 연구에 관한　　　정말로　뛰어나고 획기적이었다

innovative, // and it surprised / the world of medical science.
　　　　　　그리고 그것은 놀라게 했다　　의학계를

빈출 표현 | ㋓ really 정말로

Rank 1857

[wɔ́ːtərfrʌnt]
waterfront

n 해안가
n 물가

Villages [on the waterfront] were concerned /
마을들은　　해안가에 있는　　　　　우려했다

about the decline [in the number [of tourists]].
감소에 대해　　　　　수의　　　　관광객들

빈출 표현 | ㋓ shoreline 해안가

Rank 1858

[wúdn]

wooden

a **나무의**
a **목재의**
a **딱딱한**

.... 1946

Due to the storm / yesterday, / broken pieces [of wooden
폭풍우 때문에 　　어제 　　부서진 조각들 　　나무 울타리의

fences] and debris are spread / all over town.
　　그리고 잔해들이 널려져 있다 　　　　마을 전체에

빈출
표현 | · wooden fence 나무 울타리

Rank 1891

[éiprən]

apron

n **앞치마**

.... 1947

Yesterday, / I saw // a shop [on the street] was selling / aprons
어제 　　나는 보았다 　한 가게에서 　거리에 있는 　　팔고 있었다 　앞치마를

[featuring / our company's logo].
박힌 　　우리 회사의 로고가

Rank 1892

[boul]

bowl

n **그릇**

.... 1948

I placed / the small plates and soup bowls / on the bottom shelf
나는 놓았다 　작은 접시들과 수프 그릇들을 　　　아래 선반에

[of the oven].
오븐의

빈출
표현 | · soup bowl 수프 그릇

Rank 1893

[kǽriər]

carrier

n **항공기**
n **항공사**
n **수송회사**

.... 1949

The entire shipment must be loaded / into the cargo bay //
모든 화물들은 실어져야 한다 　　　　화물칸에

before the carrier leaves / the airport.
화물 수송기가 떠나기 전에 　　　공항을

Rank 1894

[sə́:rkəmstæns]

circumstance

n **상황**
n **환경**

.... 1950

It's forbidden / to enter / the security control room /
그것은 금지된다 　들어가는 것은 　보안 통제실에

except under special circumstances.
특별한 상황들을 제외하고

빈출
표현 | 윤 situation 상황

STEP 3 **집중해서 풀어라!**

워크북 203페이지부터 학습하면
됩니다.

STEP 4 **주기적인 복습 '기억상자'**

제대로 외웠는지 확인하고 싶다고요? 까먹기 전에 다시 복습하고
싶다고요? 지금 당장 QR 코드를 스캔해 보세요.

Day 40 최근 10년간 토익 빈도 13회 이상

STEP 1 읽을 수 있을 때까지 들어라!

읽지 못하는 단어는 절대 외울 수 없습니다! 발음 기호 없이 자신있게
읽을 수 있을 때까지 원어민의 발음을 들으면서 반복해서 따라 읽으세요.

1951~2000 Words

☐ **concept** 컨셉트, 개념

☐ **costume** 의상, 복장

☐ **dairy** 유제품의

☐ **devote** 헌신하다, 바치다

☐ **evenly** 고르게, 균등하게

☐ **excursion** 소풍, (짧은) 여행

☐ **expedite** 신속히 처리하다, 촉진시키다

☐ **fasten** 매다, 잠그다

☐ **fiction** 소설, 허구

☐ **mandatory** 의무적인

☐ **parade** 퍼레이드, 가두 행진

☐ **prestigious** 명성이 있는

☐ **ramp** 램프(고속도로 진입로), 경사로

☐ **secretary** 비서

☐ **spice** 향신료, 양념

☐ **streamline** 간소화하다, 유선형의

☐ **substitute** 대체하다, 대신하다

☐ **tablet** 태블릿(휴대용 컴퓨터), 정제(알약)

☐ **teller** 금전 출납 직원

☐ **thrill** 흥분시키다, 감동시키다

☐ **utensil** (부엌에서 사용하는) 기구, 도구

☐ **adjacent** 가까운, 인접한

☐ **anymore** 더 이상, 요즘은

☐ **archive** 기록 보관소, (기록 보관소 등에) 보관하다

☐ **autograph** 사인, 서명

☐ **bush** 관목

☐ **cabin** 객실, 오두막집

☐ **cite** 인용하다, 언급하다

☐ **climate** 분위기, 기후

☐ **compatible** 호환 가능한, 양립할 수 있는

☐ **compile** 편집하다, 모으다

☐ **contrary** 반대되는, 정반대의

☐ **crate** (나무, 철제) 상자

☐ **delicate** 민감한, 섬세한

☐ **deluxe** 고급의, 호화로운

☐ **duration** (지속되는) 기간, 지속

☐ **faculty** (대학의) 교수, 교직원

☐ **hook** 고리, 걸이

☐ **insulation** 단열재, 절연체

☐ **memorandum** 회람

☐ **necklace** 목걸이

☐ **organic** 유기농의, 유기의

☐ **outcome** 결과

☐ **percentage** 비율, 백분율

☐ **pose** 포즈를 취하다, (문제 등을) 제기하다

☐ **refill** 다시 채우다, 리필하다

☐ **soap** 비누, 비누칠을 하다

☐ **spectacular** 멋진, 장관의

☐ **subsidiary** 자회사, 부수적인

☐ **wallet** 지갑

STEP 2 집중해서 읽어라!

암기는 나중에, 정독에 집중하세요! 한 번에 외워야 한다는 강박은
개나 줘버리고 편안한 마음으로 읽되, 집중하세요.

Rank 1895
[kánsept]
concept
n 컨셉트
n 개념

1951

Because we have yet to win / approval
이유는   우리가 아직 얻지 못했다   승인을

[for the design concept], // the project has not been able to
그 디자인 컨셉트에 대한   프로젝트는 진행할 수 없었다

progress / as planned.
          계획대로

Rank 1896
[kástju:m]
costume
n 의상
n 복장

1952

To look / for costumes [for the dinner show], / I visited /
알아보기 위해   의상들을   디너쇼를 위한   나는 방문했다

the clothing boutique [/that my cousin runs].
의류 양품점에   그 양품점은 내 사촌이 운영한다

> 빈출 표현 | 윤 clothes 의류

Rank 1897
[déəri]
dairy
a 유제품의

1953

One [of my duties [at the company]] is to perform /
하나는   나의 임무들 중   회사에서   수행하는 것이다

quality control tests / on milk and other dairy products.
품질 관리 검사를   우유와 다른 유제품들에 대해

> 빈출 표현 | · dairy product 유제품
> · dairy farm 낙농장

Rank 1898
[divóut]
devote
v 헌신하다
v 바치다

1954

Although he devotes / most [of his time] / to his business, //
비록 그는 헌신했지만   대부분을   그의 시간의   그의 사업에

he has not been very successful / in the field.
그는   그다지   성공하지는 못했다   그 분야에서

> 빈출 표현 | · be devoted to ~에 전념하다
> 윤 dedicate 헌신하다
> 패 devoted 헌신적인

Rank 1899
[í:vənli]
evenly
ad 고르게
ad 균등하게

1955

You have to make / the wood smooth // and distribute /
당신은 만들어야 한다   나무를 부드럽게   그리고 발라야 한다

this liquid / evenly / over the surface.
이 용액을   고르게   표면 위에

> 빈출 표현 | 패 even 평평한

Rank 1900
[ikskə́:rʒən]
excursion
n 소풍
n (짧은) 여행

1956

I organized / an excursion [to a nearby park] /
나는 준비했다   소풍을   근처 공원으로의

for young students [at my school].
어린 학생들을 위해   나의 학교의

Rank 1901	[ékspədàit] **expedite**	v 신속히 처리하다 v 촉진시키다

1957

We will introduce / a new system [for rapid-order processing] /
우리는 도입할 것이다　　　새로운 시스템을　　　빠른 주문 처리를 위한

to expedite / deliveries / to customers.
신속히 처리하기 위해　배달들을　손님들에게

Rank 1902	[fǽsn] **fasten**	v 매다 v 잠그다 v 고정하다

1958

When riding / in a car / in this country, // you must fasten /
몰려고 할 때　　차로　이 나라에서　　당신은 매야 한다

your seatbelt // if you don't want / to pay / a penalty.
당신의 안전벨트를　만약 당신이 원하지 않는다면　지불하는 것을　벌금을

> 빈출 표현 ｜ 帝 tie 매다

Rank 1903	[fíkʃən] **fiction**	n 소설 n 허구

1959

I discovered / the book [//I couldn't find / the last time] /
나는 발견했다　책을　나는 찾지 못했다　지난번에

right behind the fiction section [in a bookstore
소설 코너 바로 뒤에서　　　　　서점의

[on Main Street]].
중심가

> 빈출 표현 ｜ 帝 tale, story 소설
> ｜ 反 nonfiction 비소설
> ｜ 派 fictional 허구의

Rank 1904	[mǽndətɔ̀ːri] **mandatory**	a 의무적인

1960

All of the mechanics [at the company] have to attend /
모든 정비사들은　　　　회사의　　　참석해야 한다

a mandatory training session / quarterly.
의무적인 교육 과정에　　분기마다

> 빈출 표현 ｜ · mandatory training 의무 교육
> ｜ 帝 compulsory 의무적인
> ｜ 派 mandate 명령하다

Rank 1905	[pəréid] **parade**	n 퍼레이드 n 가두 행진

1961

The holiday parade was scheduled / for this afternoon, //
휴일 퍼레이드는 예정되었다　　오늘 오후에

but it will be canceled / because of the rain.
그러나 그것은 취소될 것이다　비로 인해

Rank 1906	[prestídʒəs] **prestigious**	a 명성이 있는

1962

She received / a prestigious award / from the prime minister
그녀는 받았다　권위 있는 상을　총리로부터

/ for her outstanding achievements
그녀의 뛰어난 업적들에 대해

[in the information technology industry].
정보 기술 산업에서의

> 빈출 표현 ｜ · prestigious award 권위 있는 상

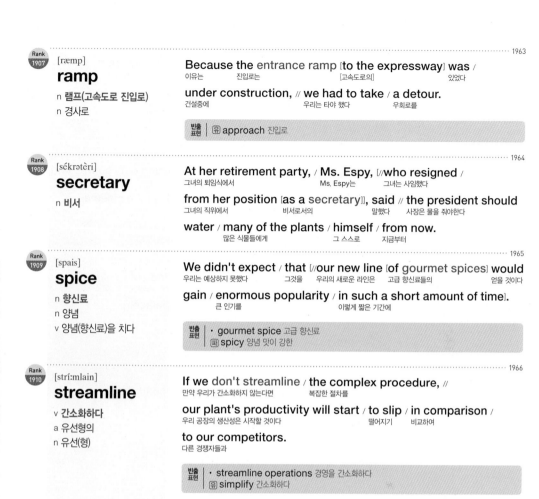

---------- 1963

Rank 1907

[ræmp]

ramp

n 램프(고속도로 진입로)
n 경사로

Because the entrance ramp [to the expressway] was /
이유는　　　진입로는　　　　　[고속도로의]　　　있었다

under construction, // we had to take / a detour.
건설중에　　　　　　우리는 타야 했다　　우회로를

> 빈출 표현 | 逾 approach 진입로

---------- 1964

Rank 1908

[sékrətèri]

secretary

n 비서

At her retirement party, / Ms. Espy, [//who resigned /
그녀의 퇴임식에서　　　Ms. Espy는　　　그녀는 사임했다

from her position [as a secretary]], said // the president should
그녀의 직위에서　　　　비서로서의　　　말했다　사장은 물을 줘야한다

water / many of the plants / himself / from now.
많은 식물들에게　　　그 스스로　　지금부터

---------- 1965

Rank 1909

[spais]

spice

n 향신료
n 양념
v 양념(향신료)을 치다

We didn't expect / that [//our new line [of gourmet spices] would
우리는 예상하지 못했다　　그것을　우리의 새로운 라인은　고급 향신료들의　얻을 것이다

gain / enormous popularity / in such a short amount of time].
큰 인기를　　　　　이렇게 짧은 기간에

> 빈출 표현 | • gourmet spice 고급 향신료
> | 逾 spicy 양념 맛이 강한

---------- 1966

Rank 1910

[strí:mlain]

streamline

v 간소화하다
a 유선형의
n 유선(형)

If we don't streamline / the complex procedure, //
만약 우리가 간소화하지 않는다면　　복잡한 절차를

our plant's productivity will start / to slip / in comparison /
우리 공장의 생산성은 시작할 것이다　　떨어지기　비교하여

to our competitors.
다른 경쟁자들과

> 빈출 표현 | • streamline operations 경영을 간소화하다
> | 逾 simplify 간소화하다

---------- 1967

Rank 1911

[sʌbstətjùːt]

substitute

v 대체하다
v 대신하다
n 대용품
n 대리인

If the part gets worn out or lost, // you can substitute /
만약 부품이 낡았거나 잃어버렸다면　　당신은 대체할 수 있다

it / with a similar one [//that a nearby hardware store sells].
그것을　유사한 것으로　　그 유사한 것을 근처 철물점은 판다

> 빈출 표현 | 逾 replace 대체하다

---------- 1968

Rank 1912

[tǽblit]

tablet

n 태블릿(휴대용 컴퓨터)
n 정제(알약)

Melon Industries' latest tablet appeals / to young people, //
Melon Industries의 최신 태블릿은　　관심을 끈다　젊은 사람들에게

which has resulted / in pretty good sales figures.
그것은 초래했다　　상당히 좋은 매출 수치를

> 빈출 표현 | • tablet computer 태블릿 컴퓨터

Rank 1913

[télər]
teller
n 금전 출납 직원

Ms. Strathie began / working / as a bank teller / in 1981, //
Ms. Strathie는 시작했다　　일하는 것을　　은행원으로　　1981년부터

and now / she is a bank president.
그리고 지금　　그녀는 은행장이다

> 빈출 표현 | · bank teller 은행원

Rank 1914

[θril]
thrill
v 흥분시키다
v 감동시키다
n 흥분
n 전율

They are thrilled / that [//his new film is coming out / soon] // and
그들은 흥분했다　　그것에　　그의 새 영화가 나온다　　곧　　그리고

that [//a preview [of the movie] will be held / at the cinema].
그것에　　시사회가　　그 영화의　　열릴 것이다　　그 영화관에서

> 빈출 표현 | · thrill to ~에 흥분을 느끼다

Rank 1915

[ju:ténsəl]
utensil
n (부엌에서 사용하는) 기구,
도구

At the exhibition / you can see / various kinds of cooking
전시회에서　　당신은 볼 수 있다　　다양한 종류의 조리 기구들을

utensils [//that were used / in the ancient palace].
그것들은 사용되었다　　고대 왕궁에서

> 빈출 표현 | · cooking utensil 조리 기구
> ⊕ machine, device 기구

Rank 1956

[ədʒéisnt]
adjacent
a 가까운
a 인접한

We bought / a property [adjacent / to our headquarters] /
우리는 구매했다　　부동산을　　가까운　　우리의 본사에

for the extension [of the building].
확장을 위해　　빌딩의

> 빈출 표현 | · adjacent to ~에 가까운
> ⊕ nearby, neighboring 가까운

Rank 1957

[ènimɔ́:r]
anymore
ad 더 이상
ad 요즘은
ad 이제는

He said / that [//the matter [with the CEO] was already done] //
그는 말했다　　그것을　　문제가　　CEO와의　　이미　　끝났다

and that [//he didn't want / to talk / about it / anymore].
그리고 그것을　　그는 원하지 않았다　　말하기를　　그것에 대해　　더 이상

Rank 1958

[á:rkaiv]
archive
n 기록 보관소
v (기록 보관소 등에) 보관하다

Important papers [such as official government and diplomatic
중요한 서류들이　　공식적인 정부 그리고 외교의 문서 같은

documents] are kept / in the city archives.
보존되어 있다　　도시 기록보관소들에

Rank 1959

[ɔ́:təgræf]
autograph
n 사인
n 서명
v 사인을 해주다

He spent / a lot of time // signing autographs [for his fans] //
그는 보냈다　　많은 시간을　　사인하면서　　그의 팬들을 위해

and answering / questions [about his latest film].
그리고 답하면서　　질문에　　그의 최근 영화에 관한

> 빈출 표현 | · sign an autograph 사인하다

Rank 1960 [buʃ]

bush

n 관목

My husband worked / on the roof [of the house] //
나의 남편은 일했다　　　지붕에서　　　집의

while I trimmed / the garden and overgrown bushes.
내가 손질하는 동안　　　정원과 무성하게 자란 관목들을

1976

Rank 1961 [kǽbin]

cabin

n 객실
n 오두막집

There must be more / than one flight attendant / on both sides
더 있어야 한다　　　한 명의 승무원보다　　　양 옆에

[of the cabin] / in order to help / passengers.
객실의　　　돕기 위해　　　승객들을

1977

Rank 1962 [sait]

cite

v 인용하다
v 언급하다

The labor union cited / the unfair labor contracts and
노동조합은 인용했다　　　부당한 노동 계약들과

insufficient compensation / as the reason [for the dispute].
불충분한 보상을　　　이유로　　　분쟁의

1978

> 빈출표현 | 위 quote 인용하다
> | 파 citation 인용

Rank 1963 [kláimit]

climate

n 분위기
n 기후

It is clearly not desirable / to target / the domestic market /
그것은 명백하게　　　바람직하지 않다　　　겨냥하는 것은　　　국내 시장을

in today's economic climate.
오늘날의 경제 분위기에서

1979

> 빈출표현 | · dry climate 건조 기후

Rank 1964 [kəmpǽtəbl]

compatible

a 호환 가능한
a 양립할 수 있는

Most components [of the earlier models] are compatible /
대부분의 부품들은　　　이전 모델들의　　　호환된다

with the new products [released / onto the market].
새 제품들과　　　출시된　　　시장에

1980

> 빈출표현 | · be compatible with ~와 호환되다
> | 파 compatibility 호환성

Rank 1965 [kəmpáil]

compile

v 편집하다
v 모으다
v 수집하다

The manual has been compiled / to help /
그 매뉴얼은 편집되었다　　　도와주기 위해

new employees adjust / to their positions.
새로운 직원들이 적응하도록　　　그들의 직위에

1981

> 빈출표현 | 파 compilation 편집

Rank 1966 [kántreri]

contrary

a 반대되는
a 정반대의
n 반대

Contrary to the expectations [of many analysts], /
예상과는 반대로　　　많은 분석가들의

the country didn't recover / easily / from the recession.
그 국가는 회복하지 못했다　　　쉽게　　　경기불황으로부터

1982

> 빈출표현 | · contrary to ~에 반해서
> | · on the contrary 그와는 반대로 🔊

········· 1983

Rank 1967

[kreit]

crate

n (나무, 철제) 상자

A great deal of crates were stacked / on the dock, // and
엄청난 양의 상자들이　　　쌓여 있었다　　　부두에　　　그리고

a lot of workers worked / around the clock / to move / them.
많은 일꾼들이 일했다　　　하루 종일　　　옮기기 위해　그것을

빈출 표현 | ㊀ box 상자

········· 1984

Rank 1968

[délikət]

delicate

a 민감한
a 섬세한
a 연약한

Because of the delicate mechanism [of the camera], /
민감한 구조 때문에　　　　　　카메라의

it shouldn't be dismantled / without specialized tools.
그것은 분해되어서는 안된다　　　전문 도구들 없이

········· 1985

Rank 1969

[dəlʌks]

deluxe

a 고급의
a 호화로운
a 사치스런

The customer didn't indicate / on the application form //
그 손님은 표시하지 않았다　　　신청 양식에

whether he wanted / the regular or deluxe package.
그는 원했는지를　　　일반 또는 고급 패키지를

빈출 표현 | ㊀ luxurious 고급의

········· 1986

Rank 1970

[djuréiʃən]

duration

n (지속되는) 기간
n 지속

He will be in charge / of the guides / temporarily /
그는 담당하게 될 것이다　　경비를　　　일시적으로

for the duration [of the international conference].
기간 동안　　　국제회의의

········· 1987

Rank 1971

[fǽkəlti]

faculty

n (대학의) 교수
n (대학의) 교직원
n 능력

Several universities [//that have / famous and experienced
몇몇 대학들은　　　　그 대학들은 가지고 있다　유명하고 경험 있는 교수진들을

faculty members] want / to add / their names / to the world
　　　　　　원한다　추가하는 것을 그들의 이름들을　　세계 대학 순위에

university rankings.

빈출 표현 | · faculty members 교수진
ㅤㅤㅤㅤ ㊀ professor 교수

········· 1988

Rank 1972

[huk]

hook

n 고리
n 걸이
n 바늘
v 걸다

The clerk removed / the "closed" sign [hanging / on the hook
점원은 제거했다　　　"닫힘" 표지를　　　걸려있는　　　고리에

[beside the doorway]].
출입문 옆의

········· 1989

Rank 1973

[ìnsəléiʃən]

insulation

n 단열재
n 절연체

The owners [of buildings [//that have / the new type
주인들은　　　건물들의　　　그 빌딩들은 사용한다　새로운 종류를

[of insulation material]]] can reduce / the costs
단열재의　　　　　　　줄일 수 있다　　비용을

[of heating and air conditioning].
난방과　　　　냉방의

빈출 표현 | · insulation material 단열재

---- 1990

Rank 1974

[mèmərǽndəm]
memorandum

n 회람

I asked / my assistant to send / my investors the memorandum
나는 요청했다   나의 조수가 보낼 것을   나의 투자자들에게 회람을

[//that contained / detailed information [about my new project]].
그 회람은 포함하고 있다   상세한 정보를   나의 새로운 프로젝트에 관한

---- 1991

Rank 1975

[néklis]
necklace

n 목걸이

Ancient people treated / artisans, [//who made / accessories /
고대인들은 대우했다   장인들을   그 장인들은 만들었다   장신구들을

like necklaces and rings], / very well.
목걸이들과 반지들 같은   매우 잘

> 빈출 표현 | ㈜ chain 목걸이

---- 1992

Rank 1976

[ɔːrgǽnik]
organic

a 유기농의
a 유기의

The store has / many kinds of fresh organic fruits and
그 가게는 가지고 있다   많은 종류들의   신선한 유기농 과일들과

vegetables [grown / on suburban farms].
채소들을   재배된   교외 농장들에서

> 빈출 표현 | · organic vegetable 유기농 야채 ⚙

---- 1993

Rank 1977

[áutkʌm]
outcome

n 결과

The expectations [of the investors / for our company's
기대는   투자자들의   우리 회사의 향후 프로젝트에 대한

upcoming project] will be high / due to the unexpectedly good
높아질 것이다   예상외로 좋은 결과들 때문에

outcomes [of some previous projects].
몇 개의 이전 프로젝트들의

> 빈출 표현 | ㈜ result 결과

---- 1994

Rank 1978

[pərséntidʒ]
percentage

n 비율
n 백분율
n 퍼센트

An overwhelming percentage [of participants [in the survey]]
압도적인 비율이   참가자들의   설문 조사

answered / the sensitive questions / honestly.
대답했다   민감한 질문들에   솔직히

> 빈출 표현 | · percentage of ~의 비율 ⚙

---- 1995

Rank 1979

[pouz]
pose

v 포즈를 취하다
v (문제 등을) 제기하다
n 포즈
n 자세

After discussing / the merger, // the representatives
논의한 후   합병을   대표자들은

[of the two companies] posed / for photographs.
두 회사의   포즈를 취했다 사진을 위해

---- 1996

Rank 1980

[riːfíl]
refill

v 다시 채우다
v 리필하다
n 리필

The empty food trays will be refilled / soon / with something
빈 음식 그릇들은   다시 채워질 것이다   곧   것들로

[more delicious], // so please wait / a moment.
더 맛있는   그러니 기다려주세요   잠시만

Rank 1981

[soup]

soap

n 비누
v 비누칠을 하다

The company has developed / a new line [of soaps [//that have /
회사는 개발했다   새로운 라인을   비누들의   그 비누들은 가지고 있다

a delicate fragrance [of roses]].
은은한 향기를   장미의

Rank 1982

[spektǽkjulər]

spectacular

a 멋진
a 장관의
a 극적인

I can see / a spectacular view [of Seoul] / through the window
나는 볼 수 있다   멋진 경관을   서울의   창문을 통해

[in my house [located / by the river]].
나의 집의   위치한   강 옆에

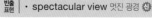
빈출
표현 | · spectacular view 멋진 광경 🔊

Rank 1983

[səbsídièri]

subsidiary

n 자회사
a 부수적인
a 보조금의

The reporter announced / that [//the company will liquidate /
리포터는 알렸다   그것을   그 회사가 매각할 것이다

all of its subsidiaries [in Germany] / by the end of the year].
모든 자회사들을   독일에 있는   연말까지

빈출
표현 | [파] subsidy 보조금, subsidize 보조금을 지급하다

Rank 1984

[wɑ́lit]

wallet

n 지갑

I called / the customer service center [for the Seoul Metro] /
난 전화했다   고객 서비스 센터에   서울 메트로의

to see / if [//anyone had found / my wallet / on a subway
알아보기 위해 그것인지를   누군가 찾았다   내 지갑을   지하철에서

[//I took / to Seoul Station]].
나는 탔다   서울역으로 가는

STEP 3 집중해서 풀어라!	STEP 4 주기적인 복습 '기억상자'
워크북 209페이지부터 학습하면 됩니다.	제대로 외웠는지 확인하고 싶다고요? 까먹기 전에 다시 복습하고 싶다고요? 지금 당장 QR 코드를 스캔해 보세요.

memo

2
PART

800점을 향한
고급단어 **2000**

토익 단어 분포도

	PART 1		PART 2		PART 3(부록)

일차

Day 41	2001~2200	Day 44	2601~2800	Day 47	3201~3400	Day 50	3801~4000
Day 42	2201~2400	Day 45	2801~3000	Day 48	3401~3600		
Day 43	2401~2600	Day 46	3001~3200	Day 49	3601~3800		

Day 41 최근 10년간 토익 빈도 10회 이상

단어	의미		단어	의미
☐ incorporated	법인 조직의, 병합한		☐ helpful	도움이 되는
☐ email	이메일, 이메일을 보내다		☐ limited	제한된, 한정된
☐ without	~없이		☐ publisher	출판사, 출판업자
☐ monthly	매달의, 한 달에 한 번의, 매월		☐ bookstore	서점
☐ quickly	빠르게, 신속히		☐ intern	인턴사원, 연수생
☐ designer	디자이너, 설계자		☐ instructor	강사, 교사
☐ lost	잃어버린, 분실한		☐ investor	투자자
☐ manufacturer	제조업자		☐ CEO	최고 경영자 (Chief Executive Officer)
☐ whose	누구의		☐ auto	자동차, 자동차의
☐ password	암호		☐ experienced	경험 있는, 숙달한
☐ graphic	그래픽의, 그래픽		☐ musical	음악의, 뮤지컬
☐ driver	운전자		☐ booth	부스, 작은 방
☐ studio	스튜디오, 작업실		☐ ordering	주문, 배치
☐ writer	작가, 저자		☐ winner	우승자, 수상자
☐ badge	배지, 인식표		☐ winning	우승의, 승리의, 승리, 성공
☐ logo	로고, 상표		☐ coat	코트, 외투, 표면을 덮다
☐ photography	사진 촬영, 사진술		☐ greatly	대단히, 크게
☐ highway	고속도로		☐ ad	광고(advertisement)
☐ user	사용자		☐ internship	인턴 프로그램, 인턴 연수 기간
☐ clinic	병원		☐ salon	미용실, (고급) 상점
☐ shuttle	왕복편(열차, 버스, 비행기), 왕복의		☐ concerning	~에 대하여, ~에 관한
☐ laptop	노트북 컴퓨터		☐ server	시중드는 사람, 종업원, (컴퓨터) 서버

단어	의미	단어	의미
☐ operator	조작자, 운영자, (전화) 교환원	☐ whichever	어느 것이든, 아무튼
☐ orchestra	관현악단		
☐ whoever	누구_		

PART 2는 PDF 파일과 기억상자 프로그램으로 제공합니다.

PART 2 '800점을 향한 고급단어 2000'은 하루에 200개씩 10일 차, 총 2,000개의 단어를 학습하도록 구성되어 있으며, PDF 파일과 기억상자 프로그램으로 제공합니다. 다음을 참고하여 학습하세요.

PDF 파일 다운받기

❶ 시나공 토익(cafe.gilbut.co.kr/toeic)에 접속하여 아이디와 패스워드를 넣고 로그인 하세요.

❷ 화면 왼쪽의 [시나공 도서관] → [부록&자료실]을 클릭하세요.

❸ 도서찾기 란에 '기적의 토익 보카'를 입력하여 검색한 후 첨부된 자료를 다운받아 학습하세요.

기억상자 프로그램에 접속하기

❶ 스마트폰이나 컴퓨터에서 http://membox.co.kr에 접속한 후 로그인을 수행하세요.

❷ 기억상자 메인 창에서 '시나공 기적의 토익 보카'를 클릭하세요.

❸ 상단 탭에서 'PART 2'를 클릭하세요.

❹ 일차별로 학습이 가능합니다. 학습 프로그램 사용법은 46페이지를 참조하세요.

왼쪽의 QR 코드를 스캔해도 접속할 수 있습니다.

어? 목차에 표시된 PART 2와 PART 3의 내용이 다르네요~

3
PART

부록

1		2		3		4
만점단어 1000	→	빈출표현 2625	→	기초단어 1000	→	1회 출제단어 2030

토익 단어 분포도

만점단어 1000

Day 01	0001~0200	Day 02	0201~0400	Day 03	0401~0600	Day 04	0601~0800	Day 05	0801~1000

빈출표현 2625

Day 01	0001~0200	Day 02	0201~0400	Day 03	0401~0600	Day 04	0601~0800	Day 05	0801~1000
Day 06	1001~1200	Day 07	1201~1400	Day 08	1401~1600	Day 09	1601~1800	Day 10	1801~2000
Day 11	2001~2200	Day 12	2201~2400	Day 13	2401~2600	Day 14	2601~2625		

기초단어 1000

Day 01	0001~0200	Day 02	0201~0400	Day 03	0401~0600	Day 04	0601~0800	Day 05	0801~1000

1회 출제단어 2030

Day 01	0001~0200	Day 02	0201~0400	Day 03	0401~0600	Day 04	0601~0800	Day 05	0801~1000
Day 06	1001~1200	Day 07	1201~1400	Day 08	1401~1600	Day 09	1601~1800	Day 10	1801~2030

Day 01

만점단어는 최근 10년간 토익 시험에 1~3회 출제된 단어 중에서 또 나올 수도 있다고 선정된 1,000개의 단어들입니다. 시간적으로 여유가 될 때만 공부하세요.

단어	의미	단어	의미
☐ abide	준수하다, 따르다	☐ aerobics	에어로빅
☐ abrupt	갑작스러운, 뜻밖의	☐ aesthetically	심미적으로
☐ abruptly	갑자기	☐ affection	애정, 애착
☐ absenteeism	장기 결근	☐ affiliate	제휴하다, 가입하다
☐ acceleration	가속(도)	☐ agreeably	기꺼이, 기분 좋게
☐ accent	억양, 강조하다	☐ ailing	병든, 병약한
☐ accessibly	접근 가능하게	☐ alignment	정렬, 제휴
☐ acclaim	호평, 호평하다	☐ alkaline	알칼리성의
☐ accountability	책임, 의무	☐ allo	할당하다, 배당하다
☐ achiever	성취한 사람, 성공한 사람	☐ amazement	놀라움, 경악
☐ acknowledgment	승인, 인정	☐ ambassador	대사, 사절
☐ acute	심한, 중대한	☐ amenable	순종하는
☐ acutely	몹시, 날카롭게	☐ amendment	수정, 개정
☐ adamantly	단호하게, 굳세게	☐ analytical	분석적인
☐ adaptable	적응할 수 있는, 융통성 있는	☐ animate	움직이다, 생명을 주다
☐ adjourn	휴회하다, 연기하다	☐ animation	애니메이션, 동화(動畵)
☐ admirable	존경스러운	☐ aperture	구멍, 틈, (렌즈의) 구경
☐ admiration	존경, 감탄	☐ apprehension	불안, 걱정
☐ admiringly	감탄하여	☐ appropriateness	타당성, 적합성
☐ admittance	입장, 입장 허가	☐ approvingly	찬성하여, 만족스러운 듯이
☐ adventurous	모험적인, 대담한	☐ arbitrate	중재하다, 조정하다
☐ adversary	상대방, 적, 반대하는	☐ archaeologist	고고학자

단어	의미		단어	의미
☐ ash	재, 회색		☐ bliss	환희, 지복
☐ asparagus	아스파라거스		☐ blog	(인터넷) 블로그
☐ asphalt	아스팔트		☐ bookkeeper	부기 계원
☐ aspirin	아스피린		☐ boom	호황, 갑작스런 인기
☐ assembler	조립 기술자		☐ botany	식물학
☐ assertively	단호히, 단정적으로		☐ boulevard	대로, 도로
☐ atrium	중앙 홀, 안마당		☐ bounty	너그러움, 상금
☐ attentiveness	정중함, 조심성		☐ brainstorm	브레인스토밍을 하다
☐ authentically	확실히, 진짜처럼		☐ broadcaster	방송인, 방송사
☐ authenticate	확증을 세우다, 진짜임을 입증하다		☐ bronze	동, 청동
☐ authenticity	신뢰성		☐ bulky	부피가 큰, 거대한
☐ automaker	자동차 제조업자		☐ burner	가열하는 것(사람)
☐ automation	자동화		☐ busily	바쁘게
☐ automative	자동화의, 자동의		☐ cabbage	양배추
☐ avert	피하다, 막다		☐ caliber	역량, 지름
☐ awfully	몹시, 상당히		☐ calmness	고요, 평온
☐ ballot	투표(용지), 선거		☐ camel	낙타
☐ beachfront	해변, 해변의		☐ candle	양초
☐ beaker	큰 잔		☐ canvas	캔버스, 유화
☐ beautify	아름답게 하다		☐ canyon	협곡
☐ bedspread	침대 덮개		☐ captivate	매혹하다, 사로잡다
☐ beige	베이지색, 베이지색의		☐ cardboard	두꺼운 종이, 판지
☐ beloved	사랑하는, 소중한		☐ cardiac	심장의
☐ bestseller	베스트셀러, 잘 팔리는 것		☐ carelessly	부주의하게
☐ best-selling	베스트셀러의, 잘 팔리는		☐ carpentry	목공(품), 목수일
☐ billboard	게시판, 광고판		☐ categorize	분류하다
☐ biochemistry	생화학		☐ celebratory	기념하는, 축하하는
☐ blackboard	칠판		☐ centennial	100년째의, 100주년의

단어	의미		단어	의미
□ centralize	집중하다, 중앙화하다		□ comparative	비교의, 상대적인
□ certifiable	증명할 수 있는, 보증할 수 있는			
□ charm	매료시키다, 매력			

만점단어는 PDF 파일과 기억상자 프로그램으로 제공합니다.

만점단어는 하루에 200개씩 5일 차, 총 1,000개의 단어를 학습하도록 구성되어 있으며, PDF 파일과 기억상자 프로그램으로 제공합니다. 다음을 참고하여 학습하세요.

PDF 파일 다운받기

❶ 시나공 토익(cafe.gilbut.co.kr/toeic)에 접속하여 아이디와 패스워드를 넣고 로그인 하세요.

❷ 화면 왼쪽의 [시나공 도서관] → [부록&자료실]을 클릭하세요.

❸ 도서찾기 란에 '기적의 토익 보카'를 입력하여 검색한 후 첨부된 자료를 다운받아 학습하세요.

기억상자 프로그램에 접속하기

❶ 스마트폰이나 컴퓨터에서 http://membox.co.kr에 접속한 후 로그인을 수행하세요.

❷ 기억상자 메인 창에서 '시나공 기적의 토익 보카'를 클릭하세요.

❸ 상단 탭에서 '만점단어'를 클릭하세요.

❹ 일차별로 학습이 가능합니다. 학습 프로그램 사용법은 46페이지를 참조하세요.

왼쪽의 QR 코드를 스캔해도 접속할 수 있습니다.

어? 목차에 표시된 PART 2와 PART 3의 내용이 다르네요~

힘을 내요
슈퍼파월~

빈출표현 2625

빈출표현은 교재에 수록된 빈출표현을 모두 모아놓은 것입니다. 이미 PART 1을 공부할 때 한 번씩 봤던 단어들과 관계된 표현들이므로 어렵지 않게 암기할 수 있습니다. 우리말과 일대일로 정확하게 암기하지 말고 의미를 파악할 수 있으면 암기한 것으로 간주하고 다음 표현으로 넘어가도 됩니다. 시간될 때 틈틈이 암기하세요.

단어	의미
☐ $금액 worth	몇 달러 가치가 있는
☐ ~years of experience	~년의 경험
☐ 25 years of service	근속 25년
☐ a collection of	수집품의 모음
☐ a great deal of	다량의
☐ a pair of glasses	안경 하나
☐ a pair of shoes	구두 한 켤레
☐ a piece of	~의 일부
☐ a piece of equipment	장비 하나
☐ a row of	일련의, 한 줄로
☐ a sheet of	~한 장
☐ a sufficient amount/number of	충분한 양/수의
☐ a wide range of	광범위한
☐ a wide(large) selection of	다양하게 선택된
☐ a wide(large) variety of	매우 다양한
☐ absence from work	결근
☐ absolutely free	완전 무료
☐ academic background	학력
☐ academic record	성적표
☐ accept a credit card	카드를 받다
☐ accept a job	일을 맡다
☐ accept a position	일자리를 수락하다

단어	의미
☐ accept an apology	사과를 받다
☐ accept an invitation	초청을 수락하다
☐ accept an offer	제안을 수락하다
☐ accept an order	주문을 수락하다
☐ access code	접근 코드
☐ access to	~에의 접근
☐ accessible to	이용할 수 있는
☐ according to a message	메시지에 따르면
☐ according to a recent survey	최근의 조사에 따르면
☐ according to a speaker	발표자에 따르면
☐ according to an announcement	공지에 따르면
☐ according to an article	기사에 따르면
☐ account balance	계정 잔액
☐ account for	~을 설명하다, 차지하다
☐ account number	계좌 번호
☐ accounting degree	회계학 학위
☐ accounting department	경리부
☐ accounting firm	회계 사무소
☐ accurate information	정확한 정보
☐ accurate temperature	정확한 온도
☐ accurately reflect	정확하게 반영하다
☐ accurately represent	정확하게 나타내다
☐ achieve a goal	목표를 달성하다
☐ across a street	길 건너에
☐ across from	~의 맞은편에
☐ act as	~로서의 역할을 하다
☐ acting class	연기 수업
☐ activate an account	계정을 활성화시키다

단어	의미
☐ add A to B	A를 B에 추가하다
☐ add up	합산하다
☐ added benefit	부가적인
☐ addition to	
☐ additional charge	

빈출표현은 PDF 파일과 기억상자 프로그램으로 제공합니다.

빈출표현은 하루에 200개씩 14일 차, 총 2,625개의 표현들을 학습하도록 구성되어 있으며, PDF 파일과 기억상자 프로그램으로 제공합니다. 다음을 참고하여 학습하세요.

PDF 파일 다운받기

❶ 시나공 토익(cafe.gilbut.co.kr/toeic)에 접속하여 아이디와 패스워드를 넣고 로그인 하세요.

❷ 화면 왼쪽의 [시나공 도서관] → [부록&자료실]을 클릭하세요.

❸ 도서찾기 란에 '기적의 토익 보카'를 입력하여 검색한 후 첨부된 자료를 다운받아 학습하세요.

기억상자 프로그램에 접속하기

❶ 스마트폰이나 컴퓨터에서 http://membox.co.kr에 접속한 후 로그인을 수행하세요.

❷ 기억상자 메인 창에서 '시나공 기적의 토익 보카'를 클릭하세요.

❸ 상단 탭에서 '빈출표현'을 클릭하세요.

❹ 일차별로 학습이 가능합니다. 학습 프로그램 사용법은 46페이지를 참조하세요.

왼쪽의 QR 코드를 스캔해도 접속할 수 있습니다.

기초단어는 토익 시험에는 자주 출제되지만 대부분 알 수 있는 기초단어라고 판단되어 제외한 단어 1,000개입니다. 단어라는 게 아무리 길고 복잡해도 알면 쉽고 모르면 어려운법이죠. 기초단어에 약한 학습자들은 우선적으로 학습할 것을 권합니다.

단어	의미	단어	의미
☐ able	할 수 있는, 유능한	☐ animal	동물, 짐승
☐ above	위에, 위의	☐ answer	답하다, 대답
☐ abuse	남용, 악용, 남용하다	☐ ant	개미
☐ accumulate	모으다, 늘다	☐ antemeridiem	오전, 오전에 (AM)
☐ administrate	관리하다, 취급하다	☐ anxiety	걱정, 불안, 염려
☐ adult	성인, 성인의	☐ anybody	누군가, 아무나
☐ afternoon	오후, 점심	☐ anyone	누구
☐ again	한 번 더	☐ anything	무엇이든, 아무것도
☐ against	~에 반대하여	☐ anywhere	어디든
☐ age	나이, 나이가 들다	☐ apartment	아파트
☐ ago	이전, 지난	☐ apple	사과, 사과나무
☐ air	공기, 항공의	☐ arch	아치형, 아치형 구조물
☐ airplane	비행기	☐ arm	팔, 무장하다
☐ airport	공항, 비행장	☐ around	주변에, 근처에
☐ album	앨범, 음반	☐ art	예술, 미술
☐ also	또한, 뿐만 아니라	☐ artist	예술가, 화가, 미술가
☐ always	항상	☐ ask	묻다, 요청하다
☐ among	~사이에	☐ asleep	잠든, 자고 있는
☐ analyse	분석하다, 조사하다	☐ astonish	놀라운, 놀라게 하다
☐ anger	분노, 화, 화나게 하다	☐ attain	달성하다, 얻다
☐ angle	각도, 모퉁이	☐ audio	음성, 음성의
☐ angry	화난, 격렬한	☐ august	8월

단어	의미	단어	의미
☐ autumn	가을	☐ become	~이 되다
☐ awake	깨우다, 자각시키다	☐ bed	침대
☐ baby	아기, 새끼, 아이용의	☐ bedroom	침실, 방
☐ background	배경, 배후 사정	☐ behind	뒤에
☐ bad	나쁜, 심한	☐ believe	믿다, 신뢰하다
☐ bag	가방, 봉지, 주머니	☐ bell	종, 신호
☐ balcony	발코니	☐ below	아래에
☐ ball	공, 구기	☐ belt	허리띠, 띠
☐ ballet	발레	☐ bench	의자
☐ balloon	풍선, 부풀다	☐ berry	베리, 열매
☐ band	(음악) 밴드, 끈, 끈으로 묶다	☐ beside	곁에, ~에 비해
☐ bang	굉음, 쾅 하고 닫다	☐ bet	돈을 걸다, 내기
☐ bank	은행	☐ better	더 나은, 더 좋은
☐ bar	술집	☐ beyond	저편에, 건너편에
☐ barber	이발사	☐ bicycle	자전거
☐ bare	노출된, 드러내다	☐ big	큰, 중요한, 대단한
☐ barrel	통, 한 통의 양	☐ bike	자전거, 오토바이
☐ baseball	야구	☐ bind	묶다, 결합하다
☐ basin	대야, 그릇	☐ bird	새, 조류
☐ basket	바구니	☐ birth	출생, 출산, 낳다
☐ basketball	농구	☐ birthday	생일
☐ bath	목욕, 욕실	☐ bitter	쓴, 쓴맛, 씁쓸한
☐ bathroom	욕탕, 화장실	☐ black	검은, 어두운
☐ battery	전지, 건전지	☐ blame	비난하다, 책임
☐ beam	광선, 들보, 기둥	☐ blood	피, 혈액
☐ beautiful	아름다운, 훌륭한	☐ blue	파란, 우울한
☐ beauty	아름다움	☐ blueberry	블루베리
☐ because	~때문에	☐ boat	배

단어	의미	단어	의미
□ body	몸, 신체	□ businesspeople	사업가들
□ boil	끓이다, 익히다	□ busy	분주한, 바쁜
□ bond	채권, 유대, 결합되다		버터, 버터를 바르다
□ bonus	상여금, 특별 수당		

기초단어는 PDF 파일과 기억상자 프로그램으로 제공합니다.

기초단어는 하루에 200개씩 5일 차, 총 1,000개의 단어를 학습하도록 구성되어 있으며, PDF 파일과 기억상자 프로그램으로 제공합니다. 다음을 참고하여 학습하세요.

PDF 파일 다운받기

❶ 시나공 토익(cafe.gilbut.co.kr/toeic)에 접속하여 아이디와 패스워드를 넣고 로그인 하세요.

❷ 화면 왼쪽의 [시나공 도서관] → [부록&자료실]을 클릭하세요.

❸ 도서찾기 란에 '기적의 토익 보카'를 입력하여 검색한 후 첨부된 자료를 다운받아 학습하세요.

기억상자 프로그램에 접속하기

❶ 스마트폰이나 컴퓨터에서 http://membox.co.kr에 접속한 후 로그인을 수행하세요.

❷ 기억상자 메인 창에서 '시나공 기적의 토익 보카'를 클릭하세요.

❸ 상단 탭에서 '기초단어'를 클릭하세요.

❹ 일차별로 학습이 가능합니다. 학습 프로그램 사용법은 46페이지를 참조하세요.

왼쪽의 QR 코드를 스캔해도 접속할 수 있습니다.

힘을내요
슈퍼파월~

1회 출제단어 2030

Day 01

1회 출제단어는 만점단어, 기초단어에 포함되지는 않았지만 토익 시험에 한 번이라도 출제된 어려운 단어들입니다. 정말 시간 있을 때만 공부하세요.

단어	의미	단어	의미
☐ abnormal	비정상적인	☐ adaptability	적응성, 융통성
☐ abolish	폐지하다, 없애다	☐ adaptive	적응할 수 있는
☐ abound	가득차다, 풍부하다	☐ addressable	다룰 수 있는
☐ abreast	나란히, 바로 옆에	☐ adept	숙련된, 능숙한
☐ abridge	요약하다, 단축하다	☐ adequateness	충분함, 적절함
☐ absently	무심코, 멍하니	☐ adjoin	인접하다
☐ absolution	용서, 면제	☐ adjustability	적응력, 조절 능력
☐ absolve	용서하다, 면제하다	☐ admirably	훌륭하게
☐ abyss	심연, 나락, 혼돈	☐ admissible	인정되는, 허용되는
☐ acceptant	받아들이는, 수락자	☐ admonish	훈계하다, 충고하다
☐ acceptingly	받아들여, 인정하여	☐ adversarial	반대의, 대립 관계에 있는
☐ accessor	접근하는 것(사람)	☐ advert	언급하다, 주의를 돌리다
☐ accolade	칭찬, 표창	☐ advisability	권할 만함
☐ accomplice	공범, 한패	☐ advisably	타당하게, 현명하게
☐ accountably	책임이 있어	☐ aerial	항공기의, 공기의
☐ accrue	발생하다, 누적되다	☐ aesthetics	미적 감각, 미학
☐ accurateness	정확함	☐ affective	감정의, 정서적인
☐ acid	산, 산성의	☐ affiliation	가입, 제휴
☐ acknowledgement	감사, 인정	☐ affirm	확인하다, 단언하다
☐ acoustic	소리의, 음향학의	☐ affirmative	긍정의, 긍정
☐ activeness	활발함, 적극성	☐ affluent	부유한, 풍족한
☐ acupuncture	침술, 침을 놓다	☐ aficionado	애호가, 팬

단어	의미	단어	의미
☐ aforementioned	앞서 언급한	☐ antenna	안테나, 첨탑
☐ aggressor	침략자	☐ antiquarian	고서의, 골동품의, 골동품 수집가
☐ agronomic	농경법의	☐ antiquity	고대, 오래됨
☐ ahistoric	역사와 무관한	☐ anyplace	어딘가에, 어느 곳도
☐ airlift	공수하다, 공수	☐ apparentness	분명함, 겉보기
☐ airy	바람이 잘 통하는	☐ appealable	항소할 수 있는
☐ alarmingly	놀랄 만큼	☐ applicator	작은 도구, 바르기 위한 도구
☐ ale	맥주	☐ appointee	임명된 사람, 지정된 사람
☐ alertly	기민하게, 경계하여	☐ appose	나란히 놓다, 덧붙이다
☐ alienate	멀리하다, 양도하다	☐ appraise	평가하다, 감정하다
☐ allege	주장하다, 단언하다	☐ appraiser	감정인, 평가인
☐ allegedly	주장에 의하면, 이른바	☐ apprehensive	걱정되는, 불안한
☐ alloy	합금, 합금하다	☐ apprentice	견습생, 도제
☐ alphabetize	알파벳순으로 배열하다	☐ apprenticeship	견습 기간, 견습직
☐ alterative	변화하는, 변질하는	☐ appropriation	사용, 전용
☐ alternately	번갈아, 교대로	☐ aquatic	수생의, 물의
☐ alternation	교대, 교체	☐ arbitrarily	마음대로, 임의대로
☐ alumni	졸업생들	☐ arbitration	중재, 조정
☐ amazingly	놀랍게도, 놀랍게	☐ arbitrator	중재자, 조정자
☐ ambitiously	야심차게, 의욕적으로	☐ arguable	논증할 수 있는, 논쟁의 소지가 있는
☐ amplify	증폭시키다, 확대하다	☐ argumentative	논쟁적인, 논쟁을 좋아하는
☐ amply	충분히, 상세하게	☐ argumentatively	따지고 들어, 시비를 걸며
☐ analyzer	분석자, 분석기	☐ arid	건조한, 불모의
☐ anecdotally	일화로, 일화적으로	☐ arrest	붙잡다, 주의를 끌다, 붙잡음, 정지
☐ anecdote	일화, 기담	☐ articulate	분명히 표현하다, 똑똑히 말하다
☐ annex	병합하다, 덧붙이다	☐ ascend	오르다, 승진하다
☐ annoy	짜증나게 하다, 괴롭히다	☐ ascertain	확인하다, 찾아내다
☐ anonymously	익명으로	☐ assail	공격하다, 괴롭히다

단어	의미	단어	의미
☐ assent	찬성, 동의, 찬성하다	☐ banister	난간
☐ assimilation	동화, 흡수	☐ barge	바지선
☐ assumption	추정, 가정	☐ bark	짖다, 고함을 치다, 나무껍질
☐ assuredly	틀림없이, 분명히		
☐ astute	기민한, 영악한		

1회 출제단어는 PDF 파일과 기억상자 프로그램으로 제공합니다.

1회 출제단어는 하루에 200개씩 10일 차, 총 2,030개의 단어를 학습하도록 구성되어 있으며, PDF 파일과 기억상자 프로그램으로 제공합니다. 다음을 참고하여 학습하세요.

PDF 파일 다운받기

❶ 시나공 토익(cafe.gilbut.co.kr/toeic)에 접속하여 아이디와 패스워드를 넣고 로그인 하세요.

❷ 화면 왼쪽의 [시나공 도서관] → [부록&자료실]을 클릭하세요.

❸ 도서찾기 란에 '기적의 토익 보카'를 입력하여 검색한 후 첨부된 자료를 다운받아 학습하세요.

기억상자 프로그램에 접속하기

❶ 스마트폰이나 컴퓨터에서 http://membox.co.kr에 접속한 후 로그인을 수행하세요.

❷ 기억상자 메인 창에서 '시나공 기적의 토익 보카'를 클릭하세요.

❸ 상단 탭에서 '1회 출제단어'를 클릭하세요.

❹ 일차별로 학습이 가능합니다. 학습 프로그램 사용법은 46페이지를 참조하세요.

왼쪽의 QR 코드를 스캔해도 접속할 수 있습니다.

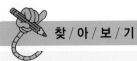

시험에 나오는 것만 공부한다!

시나공 토익

따라만 하면 무조건 외워지는

기적의
토익 보카

〈시나공 토익연구소〉 저

길벗
이지:톡

Contents

워크북

STEP 3 집중해서 풀어라!

- 정확하게 맞히려고 노력하지 마세요. 단어의 개념이 와 닿으면 외운 것이라고 판단하세요. 예를 들어, available이 책에는 "이용 가능한", 이렇게 나와 있지만 "이용할 수 있는, 사용할 수 있는, 할 수 있는, 사용 가능한" 등으로 의미가 통하면 책에 쓰인 정확한 의미와 일치하지 않아도 맞힌 것으로 간주하세요.

- 모르는 단어는 해당 일차의 STEP 2에서 꼭 찾아 써야 합니다. 모르는 단어를 찾을 때는 예문도 같이 한 번 읽어보세요.

- 단어의 우리말 뜻을 쓰는 문제에서 1번 문제는 무조건 풀어야 하고, 2번 문제부터는 선택입니다. 즉 2번 문제를 90% 이상 맞혔으면 더 이상 풀지 않고 바로 기억상자 프로그램을 실행해도 됩니다.

- 단어의 우리말 뜻을 쓰는 문제는 기본적으로 4회가 제공됩니다. 평균적으로 4회까지 풀고 나면 대부분 다 맞힐 수 있기 때문이죠. 문제가 더 필요하면 cafe.gilbut.co.kr/TOEIC에서 다운받아 사용하세요.

- 되도록 하루치 분량을 한 번에 온전하게 마치세요. 중간에서 멈췄다면, 처음부터 다시 학습하는 게 바람직합니다.

Day 01 STEP 3 집중해서 풀어라!

단기기억을 만드는 단계입니다. 문장에서 해당하는 단어에 밑줄을 긋고 단어의 의미를 찾아 쓰다 보면 보통 3번이나 4번 문제에서 90% 이상 맞힐 수 있습니다.

※ 노란색으로 표시된 영단어에 해당하는 우리말에 밑줄을 그으세요. 생각나지 않는 단어는 STEP 2에서 찾아보세요.

문제 1

01 We have to place an advertisement for the launch of the **new product**.
우리는 신제품 출시를 위해 광고를 실어야 한다.

02 This new machine will increase our **production** and profit margins.
이 새로운 기계는 우리의 생산과 이윤 폭을 증가시킬 것이다.

03 La Bard is expected **to produce** 1 million smart phones more than last year.
La Bard는 작년보다 100 만대의 스마트 폰을 더 생산할 것으로 기대된다.

04 They are searching for ways to improve their **productivity** and manufacturing procedures.
그들은 생산성과 제조 과정을 개선시킬 방법을 찾고 있다

05 They should change their outdated facility design to be more **productive**.
그들은 구식 시설 디자인을 좀 더 생산적으로 변경해야 한다.

06 The **executive producer** warned us not to use the equipment carelessly.
제작 책임자는 우리에게 장비를 함부로 사용하지 말라고 경고했다.

07 It seems that they **may be able to meet** the deadline.
그들은 마감일을 지킬 수 있을 것으로 보인다.

08 My mother **called** an engineer to repair her broken refrigerator.
내 어머니는 고장 난 냉장고를 수리하기 위해 기술자에게 전화했다.

09 Many **employees** at the company are interested in taking part in a fitness program.
회사의 많은 직원들이 피트니스 프로그램에 참가하는 것에 대해 관심이 있다.

10 At the career fair, job seekers will discuss **employment opportunities** with placement agencies or many other companies.
직업 박람회에서, 구직자들은 직업소개소 또는 여러 회사들과 고용 기회에 대해 상의할 것이다.

11 You **may have to employ** someone whom you don't prefer.
당신은 당신이 좋아하지 않는 누군가를 고용해야 할 수도 있다.

12 The **employer** wants to get a copy of my degree.
그 고용주는 내 학위 사본을 받기를 원한다.

13 We **are pleased** to hear you did very well at the World Cup in Geneva last year.
우리는 네가 작년 제네바 월드컵에서 매우 잘 했다고 들어서 기뻤다.

14 It is a **pleasure** to welcome Dr. Morgan to our 60th anniversary ceremony.
우리 60주년 행사에 Dr. Morgan을 모시게 된 것은 기쁨이다.

15 Sinsa City Park has created a **pleasant environment** for cycling.
Sinsa 시립 공원은 자전거를 타기에 쾌적한 환경을 조성했다.

16 Many patrons didn't want **to miss out** on this big sales event.
많은 단골손님들이 이 큰 할인 행사를 놓치는 것을 원하지 않았다.

17 I can't tell you how much I have appreciated the 20 years of **service**
나는 당신의 20년간의 근무에 얼마나 감사해 왔는지 이루 말 할 수 없다.

18 Ms. Archu **has been serving** as the operations manager at my company for several years.
Ms. Archu는 수년 간 내 회사에서 운영 관리자로 근무하고 있다.

19 I think you shouldn't have to use your cell phone during **business hours**.
나는 당신이 업무 시간 동안 휴대폰을 사용하면 안된다고 생각한다.

20 Ms. Jessie **is used** to handling the team's work schedule.
Ms. Jessi는 팀의 작업 스케줄을 조정하는 것에 익숙하다.

21 I don't want to share the **useful information** previously provided by my consultant.
난 자문위원이 사전에 제공해준 유용한 정보를 공유하지 않을 것이다.

22 My manager asked him to analyze the demand from **loyal customer** surveys.
나의 관리자는 그에게 단골 고객 조사를 통해 수요를 분석하라고 요청했다.

23 If you want to receive the goods by next Friday, you should place your **order** now.
당신이 다음 주 금요일까지 상품을 받기 원한다면, 지금 주문해야 한다.

24 The company's sales have increased since Mr. Lee was promoted to **sales manager**.
Mr. Lee가 판매 관리자로 승진된 이후 그 회사의 매출이 증가했다.

25 Kim's Restaurant, which is located downtown, reopened under new **management** on August 3.
도심에 위치한 Kim's Restaurant는 8월 3일에 새로운 경영진 하에 재개장했다.

26 One of the most important abilities of business managers is **to manage** risks.
업무 관리자들의 가장 중요한 능력 중 하나는 위기를 관리하는 것이다.

27 She said that the company expected a reduction in its **managerial positions** as a result of the restructuring.
그녀는 회사가 구조 조정으로 인한 관리직의 감소를 예상했었다고 말했다.

28 According to the supervisor in charge of handling dangerous materials, this liquid **must be stored** in an approved container.
위험 물질의 취급을 맡고 있는 감독관에 따르면, 이 액체는 인가된 용기 안에 보관되어야 한다.

29 The compact car that came out recently has insufficient **storage space** to keep my luggage.
최근에 출시된 소형차는 내 짐을 보관하기에는 부족한 저장 공간을 갖고 있다.

30 If you have a coupon, you **can receive** a souvenir for free.
당신이 쿠폰을 가지고 있다면, 기념품을 무료로 받을 수 있다.

31 The items must be unused and accompanied by the **original receipt** if you want to get a refund.
당신이 환불 받기를 원한다면, 그 제품들은 사용되지 않았어야 하고 원본 영수증이 동반되어야 한다.

32 The Joygam Company has named Mr. Kiri to the new position of director of the **Information Technology Department**.
Joygam Company는 Mr. Kiri를 정보기술부 관리자라는 새로운 자리에 임명했다.

33 He asked me **to inform** the entire staff of the policy change.
그는 내게 전 직원들에게 정책 변화에 대해 알릴 것을 요청했다.

34 I prepared a lot and thought about how I could make the presentation **as informative as possible**.

나는 어떻게 하면 발표를 가능한 유익하게 할 수 있을지 많이 준비하고 생각했다.

35 If you had a better understanding of how to use new technology, you would be a more successful **sales representative**.

당신이 신기술을 사용하는 방법을 더 잘 이해했었다면, 더 성공적인 판매원이 되었을 것이다.

36 Visitors will find our special **sale items** by reading the distributed brochures.

방문객들은 배포된 소책자를 읽음으로써 우리의 특별 할인 제품들을 찾게 될 것이다

37 To help me select some merchandise, a **salesperson** approached me.

내가 몇 가지 상품을 선택할 수 있도록 돕기 위해, 판매원이 내게 다가왔다.

38 He said that they **aren't able to offer** me a job at their company.

그는 그들의 회사에 내 일자리를 제공해 줄 수 없다고 말했다.

39 The project has been delayed due to the failure of the **initial plan**.

그 프로젝트는 초기 계획의 실패로 인해 지연되었다.

40 No one believes that my department will meet the **needs** of the huge companies.

내 부서가 대기업들의 요구를 충족시킬 것이라고 아무도 믿지 않았다.

41 The team meeting **is scheduled** for Friday.

팀 회의가 금요일에 예정되어 있다.

42 The Engineering Department will be performing its **scheduled** routine maintenance check on Thursday between 3:00 and 4:00 P.M.

기술부서는 목요일 오후 3시부터 4시 사이에 예정된 정기 점검을 수행할 것이다.

43 You could join us for the **training sessions** for the staff members and officials.

당신은 직원과 임원을 위한 교육 과정을 같이 할 수 있다.

44 New engineering staff members **must be trained** to have the proper skills to repair the facilities.

새 기술부 직원들은 장비 수리를 위한 적절한 기술들을 갖추기 위해 훈련받아야 한다.

45 The China branch **did not last** too long.

중국 지사는 오래 지속되지 못했다.

46 The corporation is expected **to give** a presentation about its new product.

그 기업이 신제품을 발표하는 것이 기대된다.

47 The city council approved the plan **to build** new hiking trails along the river.

시 의회는 강을 따라 새로운 산책로를 만드는 계획을 승인했다.

48 The **builder** has spared no expense to meet the work deadline.

건축업자는 마감일을 맞추기 위해 비용을 아끼지 않았다.

49 Staff members **must report** their hours every day.

직원들은 자신들의 근무시간을 매일 보고해야 한다.

50 I think Mr. Kim can be a big help to your company as a political **reporter**.

나는 Mr. Kim이 정책 관련 기자로서 당신의 회사에 큰 도움이 될 것이라고 생각한다.

※ 다음 단어의 우리말 뜻을 쓰시오. 생각나지 않는 단어는 STEP 2에서 찾아 쓰세요.

문제 2

01 sale	18 managerial	35 meet
02 last	19 employee	36 productivity
03 manage	20 employ	37 produce
04 reporter	21 store	38 open
05 customer	22 storage	39 useful
06 report	23 serve	40 offer
07 builder	24 train	41 manager
08 business	25 plan	42 service
09 management	26 pleasant	43 send
10 give	27 change	44 employment
11 informative	28 build	45 employer
12 receipt	29 producer	46 training
13 miss	30 productive	47 schedule
14 use	31 information	48 call
15 salesperson	32 need	49 product
16 pleasure	33 receive	50 please
17 order	34 production	

문제 3

01 information	18 productive	35 pleasure
02 employee	19 managerial	36 employment
03 business	20 need	37 informative
04 send	21 please	38 schedule
05 order	22 sale	39 report
06 give	23 last	40 receive
07 training	24 employer	41 salesperson
08 meet	25 call	42 pleasant
09 storage	26 receipt	43 miss
10 manager	27 serve	44 build
11 product	28 offer	45 open
12 service	29 customer	46 manage
13 production	30 reporter	47 change
14 useful	31 store	48 producer
15 plan	32 builder	49 train
16 produce	33 management	50 employ
17 productivity	34 use	

※ 45개 이상 맞혔으면 그만하고 기억상자 프로그램을 실행하세요.

01 give	18 call	35 storage
02 pleasant	19 need	36 informative
03 management	20 receipt	37 salesperson
04 productivity	21 last	38 build
05 customer	22 schedule	39 offer
06 manage	23 train	40 productive
07 reporter	24 information	41 change
08 manager	25 plan	42 employ
09 serve	26 builder	43 miss
10 producer	27 send	44 service
11 store	28 order	45 production
12 report	29 pleasure	46 sale
13 employee	30 meet	47 product
14 produce	31 employment	48 business
15 use	32 employer	49 useful
16 training	33 managerial	50 receive
17 please	34 open	

01 build	18 productivity	35 product
02 useful	19 informative	36 training
03 send	20 order	37 production
04 reporter	21 open	38 service
05 give	22 report	39 last
06 managerial	23 producer	40 please
07 receive	24 employer	41 builder
08 employment	25 store	42 pleasure
09 productive	26 sale	43 call
10 pleasant	27 use	44 serve
11 produce	28 receipt	45 employee
12 customer	29 business	46 need
13 management	30 offer	47 plan
14 schedule	31 meet	48 miss
15 employ	32 train	49 salesperson
16 information	33 change	50 manage
17 manager	34 storage	

STEP 4 주기적인 복습 '기억상자'

제대로 외웠는지 확인하고 싶다고요? 까먹기 전에 다시 복습하고
싶다고요? 지금 당장 QR 코드를 스캔해 보세요.

Day 02

STEP 3 집중해서 풀어라!

단기기억을 만드는 단계입니다. 문장에서 해당하는 단어에 밑줄을 긋고 단어의 의미를 찾아 쓰다 보면 보통 3번이나 4번 문제에서 90% 이상 맞힐 수 있습니다.

※ 노란색으로 표시된 영단어에 해당하는 우리말에 밑줄을 그으세요. 생각나지 않는 단어는 STEP 2에서 찾아보세요.

51 We scheduled a meeting about some **changes** to the next project.
우리는 다음 프로젝트에서의 몇몇 변화들에 대한 회의 일정을 잡았다.

52 Mr. Lee **sent** his resume by e-mail in the prescribed form.
Mr. Lee는 규정된 양식에 맞게 작성한 이력서를 이메일을 통해 보냈다.

53 We asked the **senders** to attach copies of their receipts to the e-mails they sent us.
우리는 발송자들에게 우리에게 보낼 이메일에 영수증 사본을 첨부할 것을 요청했었다.

54 Picnic spots at Revol Park **have been available for** free since last year.
Revol Park의 소풍 장소는 작년부터 무료로 이용이 가능했다.

55 New developments in the network system led to the wide **availability** of the Internet.
네트워크 시스템의 새로운 발전들로 인해 인터넷은 널리 이용되게 되었다.

56 The CEO has decided to establish **a Marketing Department**.
그 CEO는 마케팅 부서를 설립하기로 결정했다.

57 I saw the promotion list on the **departmental** bulletin board, and my name was at the top of it.
나는 부서 게시판에서 승진 명단을 보았고, 그 상단에는 내 이름이 있었다.

58 My director of human resources is working **late again tonight**.
나의 인사부 관리자는 오늘도 늦게까지 일하고 있다.

59 It seems like some problems are getting out of hand **lately**.
최근에 몇 가지 문제가 감당할 수 없게 되어 가고 있는 것처럼 보인다.

60 We expect that the new **sales director** will increase overseas sales.
우리는 신임 판매 부장이 해외 매출을 증가시킬 것이라고 기대한다.

61 If we had a smartphone with GPS, we would not need to ask for **directions** anymore.
우리에게 GPS가 있는 스마트폰이 있었더라면, 더 이상 방향을 물어볼 필요가 없었을 것이다.

62 The usher **directed** us to our seats in the concert hall.
좌석 안내원은 우리를 콘서트홀의 좌석들로 안내했다.

63 If you want to request summer vacation, you must speak **directly** with the director.
당신이 여름휴가를 요청하려 한다면, 직접 관리자에게 얘기해야 한다.

64 The hotel staff member called me to say that he **had found out about** some baggage that I had lost.
호텔 직원은 내가 잃어버렸던 몇몇 짐을 찾아냈다고 말하기 위해 내게 전화했다.

65 The release of her innovative **research findings** surprised many people in the academic world.
그녀의 혁신적인 연구 결과의 발표는 학계의 많은 사람들을 놀라게 했다.

66 The director decided **to purchase** a new office building.

관리자는 새로운 사무실 건물을 구매하기로 결정했다.

67 All applicants are required **to complete** the attached application form.

모든 지원자들은 첨부된 지원서를 완성하는 것이 요구된다.

68 Pedestrians who take a walk with their pets are **completely** responsible for any actions by their animals.

애완동물과 함께 산책하는 보행자들은 그 동물들의 모든 행위에 대해 전적으로 책임이 있다.

69 The radio announced the **completion** of the new government buildings in Lagos.

라디오는 라오스의 새로운 정부 건물들의 완성을 발표했다.

70 I want **to provide** you with a few details about the new products.

나는 당신에게 신제품들에 관한 몇 가지 세부사항을 제공하기를 원한다.

71 The author's book **is marketed** as a useful aid for teachers.

그 작가의 책은 선생님들을 위한 유용한 보조 교재로 팔린다.

72 We can discuss the project by having a **video conference**.

우리는 화상회의를 통해 그 프로젝트를 논의할 수 있다.

73 To file an exchange or refund claim, **visit** any of our company's service centers all over the country.

교환 또는 환불을 요구하려면, 전국에 있는 우리 회사의 서비스 센터 어디든 방문하세요.

74 Be sure to stop by the **visitors**' center to check the road map.

도로 지도를 확인하기 위해 방문객 안내소에 들리세요.

75 The department store attendant recommended another **parking facility** on this street.

백화점 안내원은 이 거리에 있는 다른 주차 시설을 추천했다.

76 The supermarket has a **convenient location** and provides free parking.

슈퍼마켓은 편리한 위치에 있고 무료 주차를 제공한다.

77 The national museum, at 14 Lehman Street, **is** conveniently **located** near an affordable large parking lot.

Lehman14번가에 있는 국립박물관은 이용 가능한 대형 주차장 근처의 편리한 곳에 위치해 있다.

78 You need to fill in the blanks on the **application form**.

당신은 지원서의 빈칸을 채워야 한다.

79 The discount **will be applied** to all orders during the seven-day event.

7일간의 이벤트 동안 모든 주문에 할인이 적용될 것이다.

80 I asked him to talk with Ms. Kim about an **applicant** for the management assistant position.

나는 그에게 관리 보조직의 지원자에 대해 Ms. Kim과 얘기해 보라고 요청했다.

81 The sales tax rebate **is** only **applicable** toward the purchase of goods from specified shops.

판매세 환급은 오직 지정된 가게에서 구매한 상품에 대해서만 적용된다.

82 They hired a famous **advertising agency** to promote their new product internationally.

그들은 신제품을 국제적으로 홍보하기 위해 유명한 광고 대행사를 고용했다.

83 The company posted an **advertisement** for a new accountant assistant.
그 회사는 신입 회계 보조원을 구하는 광고를 냈다.

84 The director asked me **to advertise for** a new administrative assistant.
관리자는 나에게 신입 행정 보조원을 구하는 광고를 낼 것을 요청했다.

85 It would be a useful experience **to attend** the annual planning meeting.
연례 기획 회의에 참석하는 것은 유익한 경험이 될 것이다.

86 The organizers of the party expected to have many **attendees**.
파티의 주최 측은 많은 참석자들이 올 것으로 예상했다.

87 Do you have any idea how **attendance** will increase?
당신은 참석을 증가시킬 방법을 갖고 있습니까?

88 Before a plane takes off, **flight attendants** must remind passengers of a few rules.
비행기가 이륙하기 전, 승무원들은 승객들에게 몇 가지 주의사항을 상기시켜야한다.

89 Many newspapers **have been placed** on the desk.
많은 신문들이 책상 위에 놓여 있었다.

90 Please **leave** your name and phone number with my secretary.
당신의 이름과 전화번호를 나의 비서에게 남겨주세요.

91 Mr. Delmont **is requested** to complete the project by the end of the month.
Mr. Delmont는 월말까지 그 프로젝트를 완료하도록 요청받았다.

92 Lampton City has **recently** built a trail to help improve the health of its residents.
Lampton시는 최근 주민들의 건강 향상을 돕기 위해 산책로를 건설했다.

93 The most **recent** information was posted on the company's Web site.
회사의 웹 사이트에 가장 최근의 정보가 게시되었다.

94 My colleague is about to give a **presentation** in front of the board of directors.
나의 동료는 이사회 앞에서 곧 발표를 한다.

95 They **presented** me with the evidence that proves they attended the convention.
그들은 나에게 집회에 참석했음을 증명하는 증거를 제출했다.

96 The evaluations should be handed in to the **presenter** so that they can be reviewed.
그 평가서는 검토될 수 있도록 발표자에게 제출해야 한다.

97 They would like to solve the problem that they are **presently** facing.
그들은 현재 직면해 있는 문제를 해결하길 원한다.

98 If you want to get some **additional information**, take one of the handbooks in front of the doorway.
당신이 몇 가지 추가 정보를 얻기 원한다면, 출입구 앞쪽에 있는 안내서 중 하나를 가져가라.

99 The reimbursements for extra charges for the business trip **will be added** to next month's salary.
출장 동안의 추가 비용들에 대한 환급은 다음 달 월급에 추가될 것이다.

100 The applicant who has had an amazing career is a great **addition** to my company.
놀라운 경력을 갖고 있는 그 지원자는 우리 회사에 큰 보탬이 된다.

※ 다음 단어의 우리말 뜻을 쓰시오. 생각나지 않는 단어는 STEP 2에서 찾아 쓰세요.

문제 2

01 advertise	18 park	35 send
02 attendant	19 available	36 presently
03 departmental	20 find	37 availability
04 addition	21 recent	38 direction
05 purchase	22 complete	39 completely
06 additional	23 direct	40 provide
07 market	24 department	41 advertising
08 attendance	25 lately	42 applicant
09 attend	26 request	43 change
10 apply	27 present	44 late
11 presenter	28 applicable	45 place
12 visit	29 recently	46 conference
13 sender	30 application	47 leave
14 location	31 finding	48 locate
15 add	32 visitor	49 directly
16 director	33 completion	50 advertisement
17 attendee	34 presentation	

문제 3

01 visit	18 completion	35 park
02 applicant	19 advertisement	36 availability
03 advertising	20 complete	37 apply
04 available	21 request	38 conference
05 leave	22 present	39 purchase
06 lately	23 locate	40 market
07 sender	24 send	41 recently
08 director	25 find	42 presenter
09 presentation	26 department	43 presently
10 recent	27 additional	44 attendee
11 departmental	28 attend	45 attendant
12 directly	29 direct	46 change
13 addition	30 finding	47 location
14 add	31 advertise	48 provide
15 place	32 attendance	49 application
16 completely	33 applicable	50 late
17 visitor	34 direction	

※ 45개 이상 맞혔으면 그만하고 기억상자 프로그램을 실행하세요.

문제 4

01 leave	18 request	35 presentation
02 recent	19 availability	36 director
03 park	20 visit	37 department
04 provide	21 application	38 recently
05 visitor	22 attend	39 location
06 sender	23 add	40 advertisement
07 present	24 find	41 send
08 advertise	25 conference	42 applicant
09 attendee	26 market	43 completely
10 direct	27 lately	44 purchase
11 attendant	28 presenter	45 addition
12 change	29 complete	46 attendance
13 direction	30 departmental	47 additional
14 late	31 completion	48 locate
15 presently	32 advertising	49 applicable
16 place	33 available	50 finding
17 apply	34 directly	

문제 5

01 lately	18 leave	35 late
02 recently	19 present	36 availability
03 addition	20 add	37 applicable
04 locate	21 attendee	38 advertise
05 visitor	22 change	39 find
06 available	23 completion	40 recent
07 departmental	24 presently	41 attend
08 application	25 finding	42 direct
09 send	26 applicant	43 additional
10 purchase	27 apply	44 place
11 attendant	28 location	45 directly
12 presentation	29 presenter	46 provide
13 conference	30 department	47 advertising
14 park	31 advertisement	48 request
15 visit	32 director	49 direction
16 market	33 sender	50 direction
17 complete	34 attendance	

STEP 4 주기적인 복습 '기억상자'

제대로 외웠는지 확인하고 싶다고요? 까먹기 전에 다시 복습하고 싶다고요? 지금 당장 QR 코드를 스캔해 보세요.

※ 노란색으로 표시된 영단어에 해당하는 우리말에 밑줄을 그으세요. 생각나지 않는 단어는 STEP 2에서 찾아보세요.

문제 1

101 **Additionally**, the use of cell phones and electronic devices is limited.
추가적으로, 핸드폰과 전자장비의 사용이 제한된다.

102 Our company's new product is being offered at a **special price**.
우리 회사의 신제품이 특별한 가격에 제공되고 있다.

103 I think the **pricing information** on the Web site is incorrect.
나는 웹 사이트에 있는 가격 정보가 정확하지 않다고 생각한다.

104 The store in the mall **is going to be open** at 10 A.M.
쇼핑 몰에 있는 그 가게는 오전 10시에 영업 중 일 것이다.

105 I asked the staff member at the reception desk **to book** a room.
나는 접수처에 있는 직원에게 방 예약을 요청했다.

106 Most of the employees have a complaint about a low rate of **pay increase**.
대부분의 직원들은 낮은 급여 인상 비율에 불만이 있다.

107 No employees can make **payments** without the approval of their manager.
직원들은 관리자의 승인 없이 지불할 수 없다.

108 You should write out a check **payable** to the Land Corporation and enclose it with your order.
당신은 Land Corporation에 지불할 수 있는 수표를 발행해야 하고, 그것을 주문서와 함께 밀봉해야 한다.

109 The Grand Park has four different **parking areas**.
Grand Park는 네 개의 다른 주차장을 갖고 있다.

110 The Aires Store is offering **free home delivery** for a week.
Aires Store는 일주일 동안 무료 자택 배달을 제공하고 있다.

111 We guarantee that the products you ordered **will be delivered** within 24 hours.
우리는 당신이 주문한 제품들이 24시간 이내에 배달될 것을 보장한다.

112 Lamberton Park, which was constructed recently, **is close** to my office.
최근에 건설된 Lamberton 공원은 내 사무실에서 가깝다.

113 I heard the interviewer **closely** reviewed my portfolio when selecting applicants.
나는 면접관이 지원자들을 선택할 때 내 포트폴리오를 면밀하게 검토했다고 들었다.

114 The existing bus route has been temporarily changed because of the bridge **closure**.
다리 폐쇄로 인해 기존의 버스 노선이 일시적으로 변경되었다.

115 According to the schedule, the **guided tour** leaves from the hotel at 9:00 A.M.
일정에 따르면, 가이드 동반 투어는 오전 9시에 호텔에서 출발한다.

116 Large groups of **tourists** visit my country to take part in an annual festival this time of the year.
매년 이맘때면 연례 축제에 참가하기 위해 대규모 여행단들이 우리나라에 방문한다.

117 The staff informed applicants that only several people who have a degree in hospitality or **tourism** can register for second test.
직원은 지원자들에게 서비스업 또는 관광업 학위를 소지한 사람만이 두 번째 시험에 등록할 수 있다고 알렸다.

118 The supervisor of the construction site was quite willing **to show** us how that works.
건설 현장의 감독관은 우리에게 어떻게 작동하는지 흔쾌히 보여주려 했다.

119 We know the museum near our company just added a large outdoor **showroom**.
우리는 회사 근처 박물관에 대형 옥외 전시실이 추가됐다는 것을 알고 있다.

120 The city council decided that Lima Street will be used **to showcase** the works of local artists.
시 의회는 Lima 거리가 지역 예술가들의 작품들을 전시하는데 사용될 것이라고 결정했다.

121 She **designed** a cover to use for my book.
그녀는 내 책에 사용될 표지를 디자인했다.

122 **According to** the speaker, Mr. Colon will collect the participants' questionnaires after his presentation.
발표자에 따르면, Mr. Colon은 발표 후 참가자들의 설문지를 모을 것이다 .

123 Our meeting has been rescheduled **accordingly** because some of the attendees' flights were canceled.
우리 회의는 몇몇 참가자들의 비행기가 취소되었기 때문에 일정이 적절히 변경되었다.

124 We decided to revise some clauses in the contract **in accordance** with their requests.
우리는 그들의 요청에 따라 계약서의 몇몇 조항을 수정하기로 결정했다.

125 When we visited the **construction site**, the safety officer reminded us of a few rules.
우리가 공사 현장을 방문했을 때, 안전 관리자는 우리에게 몇 가지 규칙을 상기시켰다.

126 This **travel agency** specializes in trips to small European countries.
이 여행사는 작은 유럽 국가들로의 여행을 전문으로 한다.

127 If you **would like to listen** to the latest news, please click on the link for the Web site.
당신이 최신 뉴스를 듣고 싶다면, 웹사이트의 링크를 클릭하세요.

128 There is old **equipment** at some of the production facilities.
몇몇 생산 시설에 낡은 장비가 있다.

129 As you know, our plant **is fully equipped** to produce the latest electronic devices.
당신이 알고 있듯이, 우리 공장은 최신 전자기기들을 생산하기 위한 설비가 완비되어 있다.

130 The advertising costs caused the **price increase** in the product.
광고비용은 제품의 가격 인상을 야기했다.

131 In spite of the **increasing** popularity of my songs, my income didn't rise much.
내 노래들의 인기가 증가함에도 불구하고, 내 수입은 많이 오르지 않았다.

132 My bakery **was not staffed** to receive many visitors.
나의 빵집에는 많은 손님들을 맞이할 직원이 제공되지 않았다.

133 Since the business has expanded, it's necessary to consider **staffing**.
사업을 확장해 왔기 때문에, 채용을 고려할 필요가 있다.

134 We don't accept **personal checks** for purchases of discounted products.
우리는 할인된 제품들을 구매하기 위한 개인 수표는 받지 않는다.

135 A conference call is difficult to show details using tables and graphs **to clients**.

전화회의는 표와 그래프를 사용한 세부사항을 고객들에게 보여주기 어렵다.

136 He **contacted** his director about taking summer vacation.

그는 여름휴가 가는 것에 관해 그의 책임자에게 연락했다.

137 As you know, we ordered new brochures for the concert from the **local** print shop.

알다시피, 우리는 지역 인쇄소에 콘서트를 위한 새로운 안내 책자를 주문했다.

138 My company requires highly skilled employees not available **locally**.

내 회사는 근처에서 구하기 어려운 고도로 숙련된 직원들이 필요하다.

139 My parents attempted to buy **tickets** to visit Seoul on the national holiday, but they were all sold out.

나의 부모님은 국경일에 서울을 방문하기 위해 표 구입을 시도했지만 모두 매진되었다.

140 The head of Lahore Pictures reported that it had earned approximately one billion won due to the automated **ticketing system**.

Lahore 영화사의 대표는 자동 매표 시스템으로 인해 약 10억 원을 벌었다고 보고했다.

141 Today, the board of directors **has to discuss** a proposal for ads.

오늘, 이사회는 광고에 대한 제안을 논의해야 한다.

142 On the agenda are **discussions** of environmental issues and matters to do with regional community.

안건은 환경 문제와 지역 사회와 함께 하는 일들에 대한 토론이다.

143 **Let's begin** by filling out this form for life insurance.

생명보험을 위해 이 문서를 작성하는 것부터 시작하자.

144 Spreadsheet programs are designed to help **beginners** easily calculate a variety of things.

스프레드시트 프로그램들은 초보자들이 다양한 문제들을 쉽게 계산할 수 있도록 설계되었다.

145 People in the downtown area **can** also **shop** for groceries at a convenience store near their home.

도심지의 사람들은 집 근처 편의점에서 식료품 또한 살 수 있다.

146 **Shoppers** who have any complaints about our service should visit the customer service center on the company's homepage.

우리 서비스에 대해 불만이 있는 구매자들은 회사 홈페이지의 고객 서비스 센터에 방문할 수 있다.

147 The board for the summer festival **is likely** to start selling tickets next week.

여름 축제 위원회는 다음 주에 티켓 판매를 시작할 것 같다.

148 You **could sign up** for the free membership offered by the firm.

당신은 회사에서 제공된 무료 회원권을 등록할 수 있다.

149 Ms. Johannes, a famous author, will hold a **book signing** here.

유명한 작가인 Ms. Johannes는 이곳에서 책 사인회를 열 것이다.

150 I needed his **signature** to install a phone in the office.

나는 사무실에 전화를 설치하기 위해 그의 서명이 필요했다.

※ 다음 단어의 우리말 뜻을 쓰시오. 생각나지 않는 단어는 STEP 2에서 찾아 쓰세요.

문제 2

01 travel	18 contact	35 price
02 equip	19 staff	36 design
03 check	20 ticket	37 ticketing
04 delivery	21 begin	38 increasing
05 tour	22 local	39 deliver
06 sign	23 open	40 accordingly
07 beginner	24 showroom	41 site
08 listen	25 closure	42 close
09 additionally	26 accordance	43 closely
10 signature	27 shopper	44 equipment
11 staffing	28 signing	45 discuss
12 area	29 book	46 payable
13 discussion	30 show	47 tourist
14 pricing	31 locally	48 increase
15 pay	32 according to	49 likely
16 client	33 showcase	50 payment
17 shop	34 tourism	

문제 3

01 according to	18 listen	35 ticket
02 locally	19 delivery	36 show
03 shop	20 showroom	37 closely
04 accordingly	21 client	38 design
05 ticketing	22 accordance	39 beginner
06 additionally	23 discussion	40 tourism
07 pay	24 area	41 payable
08 increase	25 discuss	42 staffing
09 showcase	26 likely	43 signature
10 book	27 open	44 payment
11 contact	28 local	45 site
12 tourist	29 begin	46 closure
13 travel	30 tour	47 increasing
14 shopper	31 close	48 staff
15 signing	32 deliver	49 pricing
16 equip	33 price	50 sign
17 equipment	34 check	

※ 45개 이상 맞혔으면 그만하고 기억상자 프로그램을 실행하세요.

01 listen	18 client	35 area
02 accordance	19 discussion	36 sign
03 staffing	20 close	37 contact
04 discuss	21 staff	38 additionally
05 closure	22 closely	39 shopper
06 equip	23 shop	40 show
07 ticketing	24 begin	41 signing
08 ticket	25 equipment	42 open
09 site	26 signature	43 tour
10 accordingly	27 delivery	44 check
11 deliver	28 beginner	45 increase
12 design	29 locally	46 travel
13 tourism	30 price	47 showcase
14 according to	31 book	48 local
15 tourist	32 pricing	49 increasing
16 pay	33 showroom	50 likely
17 payment	34 payable	

01 area	18 additionally	35 client
02 equipment	19 payment	36 listen
03 equip	20 tourist	37 open
04 signing	21 staff	38 according to
05 showcase	22 sign	39 shop
06 accordingly	23 tour	40 deliver
07 staffing	24 begin	41 design
08 check	25 pay	42 tourism
09 closely	26 locally	43 likely
10 beginner	27 accordance	44 contact
11 showroom	28 delivery	45 travel
12 pricing	29 discuss	46 closure
13 close	30 signature	47 local
14 increasing	31 site	48 increase
15 book	32 shopper	49 ticket
16 discussion	33 show	50 payable
17 ticketing	34 price	

STEP 4 주기적인 복습 '기억상자'

제대로 외웠는지 확인하고 싶다고요? 까먹기 전에 다시 복습하고
싶다고요? 지금 당장 QR 코드를 스캔해 보세요.

집중해서 풀어라!

단기기억을 만드는 단계입니다. 문장에서 해당하는 단어에 밑줄을 긋고 단어의 의미를 찾아 쓰다 보면 보통 3번이나 4번 문제에서 90% 이상 맞힐 수 있습니다.

※ 노란색으로 표시된 영단어에 해당하는 우리말에 밑줄을 그으세요. 생각나지 않는 단어는 STEP 2에서 찾아보세요.

문제 1

151 Please enter the **account number** on the touch pad screen.
터치 패드 화면에 계좌 번호를 입력하세요.

152 All of the documents made by the **Accounting Department** are sent directly to the managing director.
회계 부서에서 만들어진 모든 문서들은 곧바로 경영 이사에게 보내진다.

153 The **senior accountant** ordered me to bring the statement of the company's bank account.
수석 회계사는 회사의 은행 계좌 내역서를 가져 오라고 나에게 지시했다.

154 Today, Tanhai Airlines **announced** some changes in the departure times of its planes.
오늘, Tanhai Airlines 사는 비행기 출발 시간에 대한 몇 가지 변경 점들을 발표했다.

155 Before the festival begins, I have a few **announcements** to make about the safety rules.
축제가 시작하기 전에, 나는 안전 수칙들에 대한 몇 가지 공표할 공지가 있다.

156 The **radio announcer** told us about the career fair.
라디오 아나운서는 우리에게 직업 박람회에 대해 말했다.

157 This book comes with MP3 files for listening exercises at no **additional cost**.
이 책은 추가 비용 없이 듣기 연습을 할 수 있는 MP3 파일이 함께 온다.

158 Starting a business **is** very **costly**, so that must be taken carefully into account.
사업을 시작하는 것은 매우 많은 비용이 든다. 그래서 신중히 고려되어야 한다.

159 Many public relations staffs **were interested** in the social network service.
많은 홍보 관계자들은 SNS(소셜 네트워크 서비스)에 흥미를 갖게 되었다.

160 He **suggested** that I talk to the senior accountant in the Finance Department before purchasing a new window.
그는 내게 새로운 창문을 구입하기 전에 재무부서의 선임 회계사에게 말하라고 제안했다.

161 Please give me **suggestions** regarding what you would like to do.
당신이 하고 싶은 것에 대해 나에게 제안해 주세요.

162 We are looking into other delivery companies to reduce our **shipping costs**.
우리는 배송비를 절감하기 위해 다른 배송 회사들을 알아보고 있다.

163 Your merchandise **will be shipped** within a few days after receiving the order.
당신의 상품들은 주문을 받은 후 며칠 이내에 운송될 것이다.

164 If you order our products online, we will mail you the exact **shipment date** immediately.
당신이 우리의 제품을 온라인으로 주문하면, 즉시 우리는 당신에게 정확한 배송 날짜를 메일로 보낼 것이다.

165 All meeting attendees have the **right** to dispute that there is a problem.
모든 회의 참석자들은 문제가 있다고 이의를 제기할 권리를 가진다.

166 A new organization **will be formed** to prepare for the local cultural event.

지역 문화 행사를 준비하기 위해 새로운 조직이 구성될 것이다.

167 According to the employee handbook, we should wear **formal** business attire during business hours.

우리는 직원 안내서에 따라 업무시간 동안 격식을 차린 비즈니스 정장을 입어야 한다.

168 The **office supply** store is widely advertising its low prices.

사무 용품 가게는 그들의 낮은 가격을 폭넓게 광고하고 있다.

169 This chart shows that the **food supplier**'s products are good value for their prices.

이 차트는 그 음식 공급자의 생산품들이 가격에 비해 품질이 좋다는 것을 보여준다.

170 You can receive assistance **for free** at local government offices.

당신은 지역 관공서에서 무료로 지원을 받을 수 있다.

171 Make sure to remind the sales clerks about the **return policy** for sale items.

판매 물품들에 대한 환불 정책을 판매원들에게 확실히 상기시켜라.

172 This computer system **did not include** an accounting program.

이 컴퓨터 시스템은 회계 프로그램을 포함하지 않았다.

173 Your driver's licence **will arrive** within 5 to 7 days of your passing the test.

당신의 운전 면허증은 시험을 통과한 후 5~7일 안에 도착할 것이다.

174 All visitors from the UK must notify our reception desk immediately **upon arrival**.

UK에서 온 모든 방문자들은 도착하자마자 즉시 우리 접수처에 알려야 한다.

175 The council **will hold** its annual meeting to deal with budget issues this afternoon.

의회는 오늘 오후 예산 문제를 처리하기 위해 연례 회의를 개최할 것이다.

176 Thousands of enthusiastic baseball fans **have been lined up** at the entrance of the stadium.

수천의 열정적인 야구팬들이 경기장 입구에 줄지어 서있었다.

177 I guess Mr. Philips **will be named** as a new bank president.

나는 Mr. Philips가 새로운 은행장으로 임명될 것 같다.

178 Your responsibility **is to review** all documents faxed by our suppliers.

당신의 임무는 우리의 공급업체에서 팩스로 보내온 모든 문서들을 검토하는 것이다.

179 Which of you has the book written by **reviewer** Dallas Pembroke?

당신들 중 누가 비평가 Dallas Pembroke가 쓴 책을 가지고 있습니까?

180 You have to complete and **submit** an application by next Friday if you want to work at our company.

너가 우리 회사에서 일하길 원한다면 다음 주 금요일까지 신청서를 완성해서 제출해야 한다.

181 She didn't leave her workroom for several days to meet the **submission deadline** for the local art exhibition.

그녀는 지역 미술 전시회의 제출 기한을 맞추기 위해 며칠 동안 작업실을 떠나지 않았다.

182 This job **is expected** to take three months from beginning to end.

이 일은 시작부터 끝까지 3개월이 걸릴 것으로 예상된다.

183 We met our clients' **expectations** by committing to all of the deadlines.

우리는 모든 마감일을 지킴으로써 우리 고객들의 기대를 충족시켰다.

184 I would like you **to move** the household items I bought to my house.

내가 구입한 가정용품을 당신이 집으로 옮겨주기를 원한다.

185 My application for the advertised **position** was rejected.

광고된 일자리에 대한 나의 지원은 불합격 처리되었다.

186 I **will be back** just before the new semester begins next week.

나는 다음 주 새 학기가 시작되기 직전에 돌아올 것이다.

187 I made a **reservation** for five people by e-mail.

나는 이메일로 다섯 사람을 예약했다.

188 It took quite a while **to reserve** rooms during the festival.

축제 기간에 방을 예약하는데 꽤 오래 걸렸다.

189 I asked a real estate agent about a house with **reserved parking**.

나는 부동산 중개업자에게 지정된 주차장이 있는 주택에 관해 물었다.

190 I don't know why young women prefer **to buy** many pretty stickers.

나는 왜 젊은 여성들이 많은 예쁜 스티커를 사는 것을 선호하는지 모르겠다.

191 The supervisor ordered him to send a sample to the **buyer**.

관리자는 구매자에게 샘플을 보내도록 그에게 지시했다.

192 We **are going to decide** where to build a new office building.

우리는 새로운 사무실 건물을 어디에 건설할지 결정할 것이다.

193 I would like him to make a **decision** about joining our club before the end of the month.

나는 그가 이번 달 말 이전에 우리 클럽에 가입할 것을 결정하도록 하고 싶다.

194 The engineer **repaired** the cooling system at the facility.

기술자는 공장의 냉각 시스템을 수리했다.

195 If you want, I can put your name on the **waiting list**.

너가 원한다면, 난 대기자 명단에 너의 이름을 넣을 수 있다.

196 I finished confirming the promotion list by using the staff member **performance evaluations**.

나는 직원 실적 평가들을 사용하여 진급자 명단 확정을 끝마쳤다.

197 He was disappointed by the news that the TMT-2000 **performed** at the same rate as the previous model.

그는 TMT-2000이 이전 모델과 같은 속도로 작동했다는 소식에 실망했다.

198 To prevent a repeat, we **will be required** to make a list of emergency contact numbers.

재발 방지를 위해, 우리는 비상 연락망을 작성하는 것이 요구되어질 것이다.

199 Tenants who want to move into a new house must submit all the **required** forms to local government offices.

새집으로 이사를 원하는 입주민들은 지역 관공서에 모든 필요한 서류를 제출해야 한다.

200 The Human Resources Department has been searching for a applicant whose experience meets the **requirements** for Mr. Rom's position.

인사부에서는 Mr. Rom의 직위에 맞는 조건들을 만족시키는 경험을 가진 지원자를 찾고 있는 중이다.

문제 2

01 decide	
02 reviewer	
03 review	
04 list	
05 accounting	
06 performance	
07 suggestion	
08 back	
09 expect	
10 announcer	
11 interest	
12 announce	
13 required	
14 reserve	
15 accountant	
16 costly	
17 position	

18 shipping	
19 perform	
20 submission	
21 formal	
22 account	
23 arrival	
24 hold	
25 return	
26 right	
27 repair	
28 move	
29 form	
30 announcement	
31 ship	
32 expectation	
33 cost	
34 reserved	

35 reservation	
36 buyer	
37 requirement	
38 free	
39 arrive	
40 supply	
41 buy	
42 line	
43 submit	
44 shipment	
45 name	
46 require	
47 decision	
48 suggest	
49 supplier	
50 include	

문제 3

01 announcer	
02 expect	
03 supply	
04 right	
05 position	
06 supplier	
07 suggest	
08 announcement	
09 require	
10 return	
11 shipment	
12 costly	
13 list	
14 ship	
15 reserve	
16 account	
17 back	

18 announce	
19 interest	
20 cost	
21 decision	
22 free	
23 repair	
24 review	
25 arrive	
26 performance	
27 move	
28 include	
29 expectation	
30 name	
31 accountant	
32 hold	
33 buyer	
34 submit	

35 requirement	
36 required	
37 line	
38 form	
39 submission	
40 shipping	
41 decide	
42 buy	
43 reservation	
44 arrival	
45 accounting	
46 reserved	
47 perform	
48 reviewer	
49 suggestion	
50 formal	

※ 45개 이상 맞혔으면 그만하고 기억상자 프로그램을 실행하세요.

문제 4

01 hold	18 line	35 decide
02 position	19 decision	36 arrive
03 reserved	20 accounting	37 supply
04 reviewer	21 suggestion	38 free
05 accountant	22 reserve	39 requirement
06 expect	23 reservation	40 announcement
07 name	24 costly	41 buy
08 shipping	25 performance	42 announce
09 buyer	26 suggest	43 arrival
10 include	27 required	44 back
11 right	28 interest	45 cost
12 ship	29 move	46 require
13 formal	30 form	47 expectation
14 review	31 return	48 announcer
15 submission	32 supplier	49 perform
16 repair	33 list	50 account
17 shipment	34 submit	

문제 5

01 repair	18 position	35 reviewer
02 formal	19 shipping	36 required
03 announcement	20 requirement	37 return
04 hold	21 expect	38 decide
05 require	22 account	39 submission
06 accountant	23 arrival	40 free
07 performance	24 expectation	41 reserve
08 supply	25 cost	42 announce
09 right	26 suggestion	43 buy
10 supplier	27 buyer	44 costly
11 interest	28 decision	45 form
12 accounting	29 shipment	46 submit
13 back	30 review	47 reserved
14 arrive	31 announcer	48 ship
15 list	32 name	49 line
16 include	33 perform	50 suggest
17 move	34 reservation	

Day 04 151-200

STEP 4 주기적인 복습 '기억상자'

제대로 외웠는지 확인하고 싶다고요? 까먹기 전에 다시 복습하고
싶다고요? 지금 당장 QR 코드를 스캔해 보세요.

 **집중해서 풀어라!**

STEP 3

단기기억을 만드는 단계입니다. 문장에서 해당하는 단어에 밑줄을 긋고 단어의 의미를 찾아 쓰다 보면 보통 3번이나 4번 문제에서 90% 이상 맞힐 수 있습니다.

※ 노란색으로 표시된 영단어에 해당하는 우리말에 밑줄을 그으세요. 생각나지 않는 단어는 STEP 2에서 찾아보세요.

문제 1

201 I'll go home **early** tomorrow to help my wife take care of our baby.
나는 아내가 아이 돌보는 것을 돕기 위해 내일 일찍 집에 갈 것이다.

202 We will send you the detailed financial documents **as soon as possible**.
우리는 가능한 빨리 당신에게 상세한 재무 문서를 보낼 것이다.

203 If you have a coupon from the brochure, you can get a **discounted price**.
당신이 그 책자의 쿠폰을 갖고 있다면, 할인된 가격에 살 수 있다.

204 The staff members carried **a large variety of** items from the port to the warehouse.
직원들은 다양한 종류의 물품들을 항구에서 창고로 옮겼다.

205 The project's success was **largely** due to the efforts of our team and support from management.
프로젝트의 성공은 주로 우리 팀의 노력과 경영진의 지원 덕분이었다.

206 The Tigon Corporation announced that it **would hire** more staff members since it is expanding.
Tigon Corporation은 확장 때문에 더 많은 직원들을 고용할 것이라고 발표했다.

207 The HR Department freely exchanges opinions on **hiring decisions** with other departments.
인사과는 고용 결정에 관한 의견을 다른 부서들과 자유롭게 교환한다.

208 Clients will have the chance to see the many **different types** of products.
고객들은 많은 다른 종류의 제품들을 볼 수 있는 기회를 가질 것이다.

209 I don't think that what **differences** exist between you and me are important.
나는 너와 나 사이에 어떤 차이가 있다는 것이 중요하다고 생각하지 않는다.

210 I **differ** slightly from my boss in my opinion on how the clauses in the contract should be revised.
어떻게 계약 조항들이 수정돼야 하는지에 대한 내 견해가 내 상사와 조금 다르다.

211 He has a plan to give an **interviews** this morning.
그는 오늘 오전에 인터뷰를 할 계획이다.

212 When scientists conduct **research** on nuclear energy, they must wear protective clothing.
과학자들이 핵 에너지를 연구할 때는 방호복을 입어야 한다.

213 High Tech developed some new technology to help **researchers** perform clinical trials.
High Tech는 연구원들이 임상 실험을 하는데 도움을 주는 몇 가지 신기술을 개발했다.

214 Your job **is to sell** these products to retail shops.
당신의 일은 소매점들에 이 제품들을 판매하는 것이다.

215 Detroit Electronics said the **selling prices** of some of its devices will be higher.
Detroit Electronics는 몇몇 장비들의 판매가가 더 상승할 것이라고 말했다.

216 The **financial advisor** recommended that the company put its money in real estate.
재정 고문은 회사에게 부동산에 돈을 투자할 것을 권했다.

217 If you have any problems with the wages, call the **Finance Department**.
만약 당신에게 임금에 대한 어떤 문제가 있다면 재무부로 연락하세요.

218 The first step to starting a business is to obtain **financing**.
사업을 시작하는 첫 단계는 융자를 얻는 것이다.

219 The development of innovative technology for our products will carry our company through this **financially** difficult situation.
우리 제품들을 위한 혁신적인 기술 개발은 지금의 재정적으로 어려운 상황을 이겨내게 할 것이다.

220 She suggested that we **address** this problem by increasing our advertising.
그녀는 우리가 광고를 늘려 이 문제를 처리할 것을 제안했다.

221 Various kinds of sweets are on display **near** the store entrance.
가게 입구 가까이에 다양한 종류의 사탕들이 전시되어 있다.

222 We have **nearly** finished the massive project that everyone believes is going to fail.
우리는 모든 사람들이 실패할 것이라고 믿던 거대한 프로젝트를 거의 끝냈다.

223 The customers who are from a **nearby city** used to buy food in our store.
인근 도시에 있는 손님들은 우리 가게에서 음식을 구입하곤 했다.

224 The applicant **was** highly **recommended** by a big company in the same industry.
그 지원자는 동종 업계의 대기업으로부터 적극 추천받았다.

225 Do you have any **recommendations** that will save us money?
당신은 우리가 돈을 절약할 수 있는 어떤 추천이라도 있나요?

226 Missing belongings are immediately returned to their **owners**.
잃어버린 소지품들은 그 주인들에게 즉시 반환되었다.

227 The building at 570 Third Avenue **is owned** by the president of a big enterprise.
3번가 570번지에 있는 그 빌딩은 대기업 회장의 소유이다.

228 The change in **ownership** by our competitor may result in many positive effects on our store.
우리 경쟁사의 소유권 이전은 우리 가게에 많은 긍정적인 영향을 줄 수도 있다.

229 We hired a new employee to work on the **technical support team**.
우리는 기술 지원부에서 일 할 신입 사원을 고용했다.

230 I'm going to ask a **technician** to help me set up my new computer in my office.
나는 기술자에게 사무실에 새 컴퓨터를 설치할 수 있도록 도와달라고 요청할 것이다.

231 Mr. Song will elaborate on the new online **marketing techniques** in the workshop.
Mr. Song이 워크숍에서 새로운 온라인 마케팅 기술에 대해 자세히 설명할 것이다 .

232 The supervisor at the **construction site** signaled me to bring the materials in the warehouse.
건설 현장에 있는 감독관이 내게 창고에 있는 자재들을 가져오라고 신호를 보냈다.

233 The plan **to construct** the Cantre Tower was frustrated by the opposition.
Cantre Tower를 건설하는 계획은 반대로 인해 좌절되었다.

234 The owner spends money to invite outside experts who help us **develop** work processes.
사장은 우리가 작업 공정들을 발전시키는데 도움을 줄 외부 전문가들을 초대하기 위해 돈을 썼다.

235 My team was responsible for the recent **developments** in electronics.
나의 팀은 전기공학의 최신 발전을 책임지고 있었다.

236 The board **organized** a special department to research foreign markets.
이사회는 해외 시장을 조사하기 위해 특별 부서를 조직했다.

237 This group is one of the largest **organizations** for CEOs in the country.
이 그룹은 국내에서 CEO들을 위한 가장 큰 조직들 중 하나이다.

238 Our new portable PC, the IBT 352, easily passed **quality control** tests.
우리의 새 휴대용 PC인 IBT 352는 품질 관리 시험들을 쉽게 통과했다.

239 **To qualify** for the international conference, you must be an authority in the field.
당신이 국제 회의에 참석할 자격을 얻기 위해서는 그 분야의 권위자여야 한다.

240 You could apply to our company if you meet one of the **qualifications** posted on the Web site.
당신이 웹 사이트에 게시된 자격들 중 하나를 충족한다면 우리 회사에 지원할 수 있다.

241 Recently, **several of** my customers have asked me if some of our merchandise has problems.
최근에, 몇몇 고객들은 내게 일부 상품에 문제가 있는 것은 아닌지 물었다.

242 Could you repair this appliance I bought from **another store**?
당신은 다른 가게에서 구입한 이 전자제품을 수리할 수 있습니까?

243 **Flight attendants** must be trained to deal with any emergency situation.
비행기 승무원들은 어떠한 위급 상황도 대처할 수 있도록 훈련받아야 한다.

244 By this afternoon, we have to decide **whether to fly** to Atlanta to attend the fair.
오늘 오후까지, 우리는 박람회에 참석하기 위해 애틀랜타행 비행기를 탈지 말지 결정해야 한다.

245 She asked me if Mr. Hansoleo had agreed to preside at the **awards ceremony**.
그녀는 나에게 Mr. Hansoleo가 시상식에서 진행을 맡는 것을 동의했는지 물었다.

246 **Please enter** your password that was sent to you by e-mail.
이메일로 보내진 당신의 비밀번호를 입력하세요.

247 Thousands of people came to protest the authorities at the **entrance** to city hall.
수 천 명의 사람들이 당국에 항의하기 위해 시청 입구로 왔다.

248 Please teach me how to correct the misspellings that occurred during **data entry**.
나에게 자료 입력 중 발생한 오타들을 고치는 방법을 가르쳐 주세요.

249 He has improved communication between departments at the company since he **was promoted** to the chief of the Personnel Department.
그는 인사부장으로 승진된 이후 회사 부서들 간의 의사소통을 향상시켜왔다.

250 Ms. Woo, who supervised the project, has received a **special promotion**.
그 프로젝트를 감독했던 Ms. Woo는 특별 승진을 했다.

※ 다음 단어의 우리말 뜻을 쓰시오. 생각나지 않는 단어는 STEP 2에서 찾아 쓰세요.

문제 2

01 differ	18 technique	35 difference
02 quality	19 hiring	36 different
03 recommend	20 another	37 nearby
04 fly	21 ownership	38 selling
05 technical	22 interview	39 promote
06 financial	23 near	40 entrance
07 organize	24 large	41 sell
08 owner	25 construct	42 enter
09 financing	26 flight	43 researcher
10 recommendation	27 financially	44 develop
11 own	28 research	45 construction
12 discount	29 hire	46 entry
13 qualify	30 organization	47 promotion
14 qualification	31 award	48 technician
15 early	32 nearly	49 several
16 soon	33 largely	50 finance
17 address	34 development	

문제 3

01 financially	18 quality	35 qualification
02 entry	19 develop	36 discount
03 nearby	20 largely	37 recommend
04 award	21 owner	38 enter
05 financing	22 flight	39 selling
06 organization	23 fly	40 organize
07 qualify	24 hiring	41 researcher
08 difference	25 large	42 research
09 sell	26 financial	43 promote
10 early	27 own	44 different
11 another	28 finance	45 soon
12 technician	29 address	46 development
13 technique	30 hire	47 nearly
14 construction	31 interview	48 construct
15 technical	32 promotion	49 ownership
16 recommendation	33 differ	50 entrance
17 several	34 near	

※ 45개 이상 맞혔으면 그만하고 기억상자 프로그램을 실행하세요.

01 flight	18 hire	35 develop
02 enter	19 qualification	36 soon
03 research	20 selling	37 organization
04 another	21 researcher	38 financial
05 technique	22 nearly	39 organize
06 large	23 entry	40 promote
07 fly	24 interview	41 recommendation
08 own	25 award	42 entrance
09 ownership	26 different	43 development
10 finance	27 difference	44 several
11 recommend	28 owner	45 largely
12 differ	29 near	46 sell
13 promotion	30 qualify	47 technician
14 technical	31 financing	48 quality
15 construction	32 early	49 discount
16 hiring	33 financially	50 nearby
17 address	34 construct	

01 technical	18 near	35 development
02 soon	19 recommend	36 selling
03 develop	20 researcher	37 technique
04 owner	21 address	38 promotion
05 differ	22 ownership	39 flight
06 financial	23 enter	40 promote
07 own	24 construct	41 technician
08 entry	25 nearby	42 financing
09 interview	26 large	43 hiring
10 another	27 organize	44 hire
11 nearly	28 organization	45 entrance
12 sell	29 largely	46 finance
13 financially	30 discount	47 several
14 research	31 fly	48 award
15 difference	32 construction	49 recommendation
16 different	33 qualification	50 early
17 quality	34 qualify	

STEP 4 주기적인 복습 '기억상자'

제대로 외웠는지 확인하고 싶다고요? 까먹기 전에 다시 복습하고
싶다고요? 지금 당장 QR 코드를 스캔해 보세요.

Day 06

STEP 3 **집중해서 풀어라!**

단기기억을 만드는 단계입니다. 문장에서 해당하는 단어에 밑줄을 긋고 단어의 의미를 찾아 쓰다 보면 보통 3번이나 4번 문제에서 90% 이상 맞힐 수 있습니다.

※ 노란색으로 표시된 영단어에 해당하는 우리말에 밑줄을 그으세요. 생각나지 않는 단어는 STEP 2에서 찾아보세요.

문제 1

251 The company has some special **promotional offers** that are only available until the end of this month.
회사는 이번 달 말까지 이용할 수 있는 몇 가지 특별 판촉 행사를 한다.

252 My staff already **arranged** transportation and accommodations for your convenience.
나의 직원이 당신의 편의를 위해 이미 교통편과 숙박시설을 준비했다.

253 He will make the **arrangements** for the meeting on Monday.
그는 월요일에 있을 회의를 준비할 것이다.

254 If you have any **questions** about the interview, then ask Mr. Brown, who conducted it.
그 인터뷰에 관한 어떤 질문이 있다면, 인터뷰를 했던 Mr. Brown에게 물어보세요.

255 We collected the completed **questionnaires** from the local branches to organize an event revolving around customer satisfaction.
우리는 고객 만족도를 중심으로 하는 행사를 준비하기 위해 지점들로부터 작성된 설문지들을 수집했다.

256 A good performance on this project will attract the attention of the **board of directors**.
이 프로젝트의 좋은 성과는 이사회의 관심을 끌 것이다.

257 My assistant is looking for an **advertising agency** to work with us.
나의 조수는 우리와 함께 일할 광고 대행사를 찾는 중이다.

258 The **real estate agent** is well known in the area for making lots of deals.
그 부동산 중개인은 많은 거래들을 한 것으로 그 지역에서 잘 알려져 있다.

259 In this class, you can talk about your prior **work experience** with your peers.
이번 수업에서, 당신은 동료들과 함께 이전 근무 경험에 대해 말할 수 있다.

260 He has asked us to submit **travel expense** receipts by using the new accounting system.
그는 우리에게 새로운 회계 시스템을 사용하여 출장비 영수증들을 제출할 것을 요청했다.

261 Shipping charges **are** increasingly **expensive** due to high oil prices.
배송료는 높은 유가로 인해 점점 더 비싸진다.

262 All business **expenditures** are required to be recorded accurately in the account book.
모든 회사 경비는 회계 장부에 정확하게 기록 되어야 한다.

263 I **already** tried calling my director, but he has been out of contact all day.
나는 감독관에게 이미 전화해 봤지만 그는 하루 종일 연락되지 않았다.

264 We will give you an **update** about our new services.
우리는 당신에게 새로운 서비스들에 관한 최신 정보를 제공할 것이다.

265 If you have a scheduling conflict, please call my **administrative assistant**.
일정이 겹친다면, 나의 행정보조원에게 전화하세요.

266 If you are in trouble on the road, your insurance is going to provide you with **assistance**.
도로 위에서 곤경에 처한다면, 당신의 보험이 도움을 줄 것이다.

267 The receptionist **will assist** you with your any demands regarding accommodations and meals.
접수처 직원이 숙소와 식사에 관한 당신의 어떤 요구도 도와줄 것이다.

268 They created advertisements for many companies, including the **largest corporations**.
그들은 대기업을 포함한 많은 회사들을 위해 광고를 만들었다.

269 On Independence Day, parties and **corporate events** will take place on First Avenue.
독립 기념일에, 1번가에서 파티와 기업 행사가 개최될 것이다.

270 It's good for factory workers **to register** for health insurance.
건강 보험에 등록하는 것은 공장 근로자들에게 좋다.

271 Remember that only staff members who have filled out the **registration form** can participate in the programs.
등록 양식을 작성한 직원들만 그 프로그램에 참여할 수 있음을 기억해라.

272 One of the Jungang Complex's best qualities is that it is easily accessible by **public transportation**.
Jungang Complex의 장점 중 하나는 대중교통으로 쉽게 접근할 수 있다는 것이다.

273 A number of people were quick to complain about the **publicity campaign** that was recently started by the government.
많은 사람들이 최근 정부에 의해 시작된 홍보 활동에 대해 즉각 불만을 제기했다.

274 According to the news, the government **will publicize** the new regulations as soon as possible.
뉴스에 따르면, 정부는 가능한 빨리 새 규정들을 공표할 것이다.

275 It is my biggest challenge to sign a **contract** with a foreign club.
해외 구단과 계약을 맺는 것은 내게 가장 큰 도전이다.

276 He called the **contractors** to give an estimate for the redesign of the Web site.
그는 웹사이트의 재설계를 위한 견적을 내기 위해 도급업자들에게 연락했다.

277 You need to visit the reception desk to see if these coupons are **still** available.
당신은 이 쿠폰들을 아직 이용할 수 있는지 알아보기 위해 접수처에 방문해야 한다.

278 I hope to buy a new house this year, but I don't have enough money to do that **yet**.
나는 올 해 새 집을 구입하는 것을 희망하지만, 아직 구입할 수 있는 충분한 돈이 없다.

279 I will soon e-mail you a **copy** of the minutes from the last meeting.
나는 당신에게 지난 회의의 회의록 복사본을 곧 이메일로 보낼 것이다.

280 The airplane from Mumbai has been delayed **due to** the cyclone.
태풍으로 인해 Mumbai에서 오는 비행기가 지연되고 있다.

281 More than fifty people a month pay fines for **overdue** and missing books at this library.
이 도서관에서 한 달에 50명 이상의 사람들이 연체나 분실된 책들에 대한 벌금을 낸다.

282 The company developed the new technology for the exchange of **electronic documents**.
그 회사는 전자 문서들의 교환을 위한 신기술을 개발했다.

283 We should check our entire **electrical system** regularly.
우리는 모든 전기 시스템을 정기적으로 점검해야 한다.

284 Environmentally friendly products such as **electric cars** do not create much pollution.
전기 자동차 같은 친환경 제품들은 많은 오염을 일으키지 않는다.

285 Passengers can now pay fares **electronically** by smartphone.
승객들은 이제 스마트폰을 이용해 전자적으로 요금을 지불할 수 있다.

286 The introduction of new technology will help the workers **improve** their productivity.
신기술의 도입은 직원들의 생산성 향상을 도울 것이다.

287 I think if we make **improvements** to their Web site, they will have more customers visiting their shop.
우리가 그들의 웹사이트를 개선한다면, 더 많은 고객들이 그들의 가게에 방문할 것이라고 나는 생각한다.

288 I will submit a report on the company's **budget proposal** for next year.
나는 회사의 내년 예산안에 관한 보고서를 제출할 것이다.

289 The tour guide **proposed** that we take a detour about 30 miles up ahead to stop at a gas station.
여행 가이드는 주유소에 들리기 위해 약 30마일 앞의 우회로를 타자고 제안했다.

290 No one knows the **proposed change** to the inter-office security policy.
아무도 사무실 내의 보안 규정에 대한 제안 사항을 모른다.

291 The board of directors decided to expand the **advertising budget** in order to increase sales.
이사회는 판매량을 증가시키기 위해 광고 예산을 확대하기로 결정했다.

292 My father has always hoped **to publish** a book about his life.
내 아버지는 항상 자신의 삶에 대한 책을 출판하기를 희망했다.

293 Some articles provided by Ms. Dean have been reviewed prior to **publication**.
Ms. Dean에 의해 제공된 몇몇 기사들은 발행 전에 재검토되었다.

294 The editor at the **publishing company** asked Mr. Adder to send his draft before the deadline, but he didn't.
출판사의 편집자가 Mr. Adder에게 원고를 마감기일 전까지 보내달라고 요청했지만, 그는 보내지 않았다.

295 Mr. Yong wants to schedule an **appointment** with Dr. Kim for next Friday.
Mr. Yong은 다음 주 금요일 Dr. Kim과 약속 잡기를 원한다.

296 They announced that Mr. Duran **has been appointed** to direct the project.
그들은 그 프로젝트를 총괄하기 위해 Mr. Duran이 임명되었다고 발표했다.

297 It seems that his **current position** does not compare to his previous one.
그의 현재 지위는 이전 지위와 비교할 수 없는 듯하다.

298 All the books in the library are **currently** able to be checked out.
현재 도서관의 모든 책들은 대여가 가능하다.

299 You should try to make **space** for extra furniture.
추가적인 가구를 위해 당신은 공간을 마련하도록 노력해야 한다.

300 I called an interior designer to remodel my house because I needed a more **spacious** dining room.
나는 좀 더 넓은 식당이 필요했기 때문에, 집을 개조하기 위해 실내 디자이너를 불렀다.

※ 다음 단어의 우리말 뜻을 쓰시오. 생각나지 않는 단어는 STEP 2에서 찾아 쓰세요.

문제 2

01 publicize	18 expense	35 appoint
02 electronically	19 electronic	36 agent
03 corporation	20 update	37 assist
04 yet	21 contractor	38 propose
05 due	22 expenditure	39 publicity
06 overdue	23 spacious	40 contract
07 publication	24 appointment	41 assistant
08 questionnaire	25 public	42 electrical
09 proposed	26 experience	43 budget
10 improve	27 copy	44 board
11 current	28 agency	45 currently
12 publish	29 registration	46 electric
13 already	30 still	47 promotional
14 arrange	31 question	48 register
15 assistance	32 arrangement	49 proposal
16 publishing	33 space	50 corporate
17 improvement	34 expensive	

문제 3

01 current	18 registration	35 publication
02 spacious	19 agent	36 board
03 currently	20 publish	37 improve
04 update	21 promotional	38 contractor
05 already	22 publicity	39 expenditure
06 arrangement	23 yet	40 register
07 contract	24 question	41 publicize
08 assistant	25 due	42 still
09 propose	26 appointment	43 electric
10 corporation	27 electronic	44 proposal
11 corporate	28 copy	45 budget
12 agency	29 overdue	46 expense
13 assist	30 appoint	47 arrange
14 assistance	31 expensive	48 experience
15 electronically	32 electrical	49 public
16 improvement	33 space	50 questionnaire
17 proposed	34 publishing	

※ 45개 이상 맞혔으면 그만하고 기억상자 프로그램을 실행하세요.

문제 4

01 overdue	18 currently	35 publicize
02 budget	19 assistant	36 public
03 arrange	20 electrical	37 publicity
04 yet	21 expense	38 experience
05 register	22 expenditure	39 spacious
06 electronically	23 contract	40 agent
07 corporation	24 improve	41 assistance
08 publication	25 proposed	42 expensive
09 corporate	26 electric	43 already
10 current	27 publish	44 still
11 contractor	28 update	45 board
12 copy	29 due	46 space
13 electronic	30 publishing	47 question
14 arrangement	31 assist	48 improvement
15 appointment	32 questionnaire	49 registration
16 appoint	33 promotional	50 propose
17 agency	34 proposal	

문제 5

01 publicity	18 contractor	35 currently
02 update	19 electronic	36 assistant
03 question	20 registration	37 agency
04 experience	21 arrangement	38 already
05 proposed	22 agent	39 propose
06 assist	23 space	40 arrange
07 publicize	24 contract	41 current
08 electrical	25 expense	42 publishing
09 appoint	26 improve	43 promotional
10 expensive	27 proposal	44 electronically
11 still	28 improvement	45 public
12 yet	29 overdue	46 budget
13 corporation	30 due	47 corporate
14 appointment	31 questionnaire	48 publication
15 register	32 publish	49 expenditure
16 electric	33 board	50 copy
17 spacious	34 assistance	

STEP 4 주기적인 복습 '기억상자'

제대로 외웠는지 확인하고 싶다고요? 까먹기 전에 다시 복습하고
싶다고요? 지금 당장 QR 코드를 스캔해 보세요.

Day 06 251-300

집중해서 풀어라!

STEP 3 단기기억을 만드는 단계입니다. 문장에서 해당하는 단어에 밑줄을 긋고 단어의 의미를 찾아 쓰다 보면 보통 3번이나 4번 문제에서 90% 이상 맞힐 수 있습니다.

※ 노란색으로 표시된 영단어에 해당하는 우리말에 밑줄을 그으세요. 생각나지 않는 단어는 STEP 2에서 찾아보세요.

문제 1

301 The **security office** can issue you an identification badge.
경비실에서 당신에게 신분증을 발급해 줄 수 있다.

302 We ensure a **secure** environment for processing personal employee information.
우리는 개인적인 직원 정보를 처리하기 위한 안전한 환경을 보장한다.

303 Please make sure that the ropes are fastened **securely** in order to keep your baggage from moving.
당신의 짐이 움직이지 않도록 보호하기 위해 밧줄들이 안전하게 묶여있는지 확인해 주세요.

304 You should fill in the blank spaces on the form if you want **to rent** a car.
당신이 차를 임대하고 싶다면, 양식의 빈 칸들을 채워야 한다.

305 I will search for a **car rental agency** that has low rates.
나는 요금이 저렴한 자동차 대여소를 찾을 것이다.

306 The orientation and **training session** will be conducted by Human Resources.
오리엔테이션과 연수 과정은 인사부가 주관할 것이다.

307 Due to routine maintenance, water service at the plant will be shut down **until further notice**.
정기점검으로 인해, 추후 통지가 있을 때까지 공장의 물 공급이 중단될 것이다.

308 You **must notify** your supervisor about the date of your leave by next week.
당신은 다음 주까지 당신의 휴가 일정을 상사에게 알려야 한다.

309 All requests for funds must be sent with **written notification** to management.
자금에 관한 모든 요청들은 관리자에게 서면 통지로 보내져야 한다.

310 We will be able to deliver the vegetables **free of charge** in two days.
우리는 무료로 그 야채들을 2일 안에 배송할 수 있다.

311 My company has already had a new air conditioner **installed** in the meeting room.
나의 회사는 이미 회의실에 설치된 새 에어컨을 갖고 있다

312 The **installation** of an air conditioner in our office is scheduled to begin at 2 P.M. tomorrow.
우리 사무실의 에어컨 설치가 내일 오후 2시에 예약되어 있다.

313 If you don't have enough cash for this item, you can pay in twelve monthly **installments**.
당신이 이 제품을 위한 충분한 현금이 없다면, 당신은 12개월 할부로 지불할 수 있다.

314 The **museum** is too big for us to look at all the exhibition halls today.
우리가 오늘 모든 전시실을 둘러보기에는 박물관이 너무 크다.

315 Could you **confirm** my reservation at your hotel?
당신 호텔의 내 예약을 확인해 줄 수 있나요?

316 He asked for **confirmation** of his purchase to be faxed to him immediately.
그는 그의 구매에 대한 확인(증)을 즉시 팩스로 보내달라고 요청했다.

317 I **am not considering** hiring extra staff.
난 추가 직원을 고용하는 것을 고려하지 않는다.

318 The company's revenues have increased **considerably** after the change in management.
경영진이 바뀐 후에 회사 수입이 상당히 증가했다.

319 The enlargement of the budget **is** currently **under consideration** by the board of directors.
예산 확대가 현재 이사회에서 고려중이다.

320 We gained a **considerable** advantage through the deal with the government.
우리는 정부와의 거래를 통해 상당한 이익을 얻었다.

321 Do you want me to deliver this **package** to your home now?
내가 지금 이 소포를 당신의 집으로 배달하기를 원합니까?

322 You should not have to worry about the **packaging** of goods.
당신은 상품들의 포장에 대해 걱정하지 않아도 된다.

323 He has been involved in the newspaper **industry** for 20 years.
그는 20년 동안 신문 산업에 종사하고 있다

324 What to do with **industrial** waste is a big problem at many factories.
산업 쓰레기로 무엇을 할지는 많은 공장들에게 큰 문제이다.

325 The steering committee made souvenirs that help fans remember the **sports competition**.
운영 위원회는 팬들이 스포츠 시합을 기억하는데 도움을 주는 기념품을 만들었다.

326 Our latest copy machine is guaranteed to last longer than those of our **competitors**.
우리의 최신 복사기는 경쟁자들의 복사기보다 더 오래 지속되는 것이 보증된다.

327 We really tried to offer customers quality service at **competitive prices**.
우리는 정말로 고객들에게 경쟁력 있는 가격으로 좋은 서비스를 제공하기 위해 노력했다.

328 Companies **compete** with one another for market share.
회사들은 시장 점유율을 위해 서로 경쟁한다.

329 The report on the latest sales figures proved to us that Mr. Barbara is a highly **competent** CEO.
최근의 판매 수치 보고서는 우리에게 Mr. Barbara가 매우 유능한 CEO라는 것을 입증했다.

330 You have to turn in this **document** to your supervisor immediately.
당신은 즉시 당신의 상사에게 이 문서를 제출해야 한다.

331 If the copy machine **doesn't operate** properly, make sure it is connected and turned on.
복사기가 제대로 작동하지 않는다면, 복사기가 연결되어 있고 켜져 있는지 확인하세요.

332 The government is pushing to limit bars' **hours of operation**.
정부는 술집의 영업시간 제한을 추진하고 있다.

333 This new management technology has the potential to increase **operational efficiency**.

이 새로운 관리 기술은 운용 효율을 증가시킬 가능성을 갖고 있다

334 She **tried** to take part in the national teachers' conference in Auckland.

그녀는 오클랜드의 전국 교사 협의회에 참가하기 위해 노력했다.

335 The tourists **agreed** to the tight schedule.

그 관광객들은 빡빡한 일정에 동의했다.

336 He is calling his client in order to reach an **agreement** on the contract terms.

그는 계약 조건에 대한 합의를 이루기 위해 그의 고객에게 전화하는 중이다.

337 I think we should try **to reduce** all unnecessary expenses on our business trip.

나는 출장에서 불필요한 모든 비용을 줄이도록 노력해야 한다고 생각한다.

338 Students under the age of 15 are permitted to use transportation cards at **reduced prices**.

15세 미만의 학생들은 할인된 가격으로 교통 카드를 사용하는 것이 허용된다.

339 The **reduction** in staff has caused a lot of problems for corporate management.

직원의 감소는 회사 운영에 많은 문제들을 초래했다.

340 The damaged part **will be replaced** with a new one.

손상된 부품은 새것으로 교체될 것이다.

341 The engineer needed a **replacement part**, but it was not in stock.

그 기술자는 교체 부품이 필요했지만 재고가 없었다.

342 The client **has** kindly **extended** the project deadline by three months.

친절하게도 그 고객은 프로젝트의 마감일을 3개월까지 연장해 주었다.

343 The chefs at the restaurant have **extensive experience** in the industry.

그 레스토랑의 요리사들은 업계에서 폭넓은 경험을 가지고 있다.

344 If you would like to reach Mr. Lee, dial **extension** 0932.

당신이 Mr. Lee에게 연락하고 싶다면, 내선 0932로 전화하세요.

345 They **extensively** discussed the merger between their company and another in the same industry.

그들은 그들 회사와 동종 업계의 다른 회사와의 합병에 대해 광범위하게 논의했다.

346 Welcome to the second **annual conference** on the environment and development.

환경과 개발에 관한 제 2회 연례 회의에 오신 것을 환영합니다.

347 He recommended that the facility should be inspected **annually**.

그는 그 장비는 매년 점검되어야 한다고 권고했다

348 The sales manager apologized for the **delay** in my order.

그 판매 관리자는 내 주문 지연에 대해 사과했다.

349 Students from a nearby college came to tour our **production facility**.

인근 대학의 학생들이 우리 생산 시설을 견학하기 위해 왔다.

350 Hotels are **less** expensive in rural areas than in the urban areas.

호텔들은 지방이 도심지보다 덜 비싸다.

※ 다음 단어의 우리말 뜻을 쓰시오. 생각나지 않는 단어는 STEP 2에서 찾아 쓰세요.

문제 2

01 rental	18 charge	35 competition
02 consideration	19 replace	36 notice
03 reduce	20 securely	37 replacement
04 extensive	21 rent	38 packaging
05 secure	22 industry	39 industrial
06 consider	23 operate	40 reduction
07 competent	24 install	41 annually
08 operation	25 competitor	42 considerable
09 considerably	26 notification	43 operational
10 competitive	27 extension	44 package
11 facility	28 installment	45 try
12 installation	29 annual	46 confirm
13 extend	30 confirmation	47 agree
14 extensively	31 less	48 agreement
15 delay	32 compete	49 museum
16 session	33 notify	50 reduced
17 document	34 security	

문제 3

01 annual	18 notification	35 notify
02 charge	19 competitor	36 confirmation
03 agreement	20 reduce	37 competitive
04 extension	21 installation	38 extend
05 facility	22 install	39 competition
06 considerable	23 packaging	40 reduction
07 extensively	24 consider	41 industrial
08 installment	25 confirm	42 delay
09 museum	26 agree	43 less
10 operation	27 annually	44 extensive
11 consideration	28 replace	45 security
12 try	29 considerably	46 secure
13 session	30 rent	47 compete
14 rental	31 document	48 replacement
15 notice	32 industry	49 competent
16 securely	33 operational	50 operate
17 reduced	34 package	

※ 45개 이상 맞혔으면 그만하고 기억상자 프로그램을 실행하세요.

01 competitive	18 competition	35 confirm
02 replace	19 agreement	36 extensively
03 reduction	20 museum	37 agree
04 secure	21 extension	38 rental
05 less	22 operation	39 consideration
06 operate	23 industry	40 try
07 competent	24 delay	41 session
08 facility	25 considerably	42 notify
09 annual	26 charge	43 reduced
10 rent	27 extend	44 reduce
11 considerable	28 securely	45 install
12 packaging	29 extensive	46 installment
13 compete	30 package	47 consider
14 competitor	31 operational	48 replacement
15 notification	32 installation	49 notice
16 industrial	33 confirmation	50 annually
17 security	34 document	

01 notice	18 notify	35 competitive
02 agreement	19 competition	36 installment
03 installation	20 extend	37 replacement
04 operate	21 confirm	38 considerable
05 replace	22 facility	39 consider
06 operational	23 compete	40 extension
07 consideration	24 reduction	41 less
08 package	25 museum	42 delay
09 extensively	26 security	43 charge
10 confirmation	27 rent	44 packaging
11 notification	28 annually	45 reduce
12 industry	29 try	46 reduced
13 document	30 secure	47 considerably
14 operation	31 session	48 competitor
15 competent	32 annual	49 rental
16 extensive	33 install	50 agree
17 securely	34 industrial	

STEP 4 주기적인 복습 '기억상자'

제대로 외웠는지 확인하고 싶다고요? 까먹기 전에 다시 복습하고 싶다고요? 지금 당장 QR 코드를 스캔해 보세요.

Day 08

STEP 3 집중해서 풀어라!

단기기억을 만드는 단계입니다. 문장에서 해당하는 단어에 밑줄을 긋고 단어의 의미를 찾아 쓰다 보면 보통 3번이나 4번 문제에서 90% 이상 맞힐 수 있습니다.

※ 노란색으로 표시된 영단어에 해당하는 우리말에 밑줄을 그으세요. 생각나지 않는 단어는 STEP 2에서 찾아보세요.

문제 1

351 It is good for a child to make a habit of saving **at least** a dollar a week.

아이들에게 일주일에 적어도 1달러를 저축하는 습관을 들이는 것은 좋다.

352 We **need to prepare** a work area for the new employees.

우리는 새로운 직원들을 위한 작업 공간을 준비해야 한다.

353 The convention center has added extra helpers to offer guidance to foreign visitors in **preparation** for the conference of an international organization.

컨벤션 센터는 국제기구 회의에 대한 준비로 외국 방문객들에게 안내를 제공하기 위해 추가 봉사자들을 추가했다.

354 He used to write **articles** on his laptop in a cafe.

그는 카페에서 노트북으로 기사를 쓰곤 했다.

355 Please do not hesitate **to consult** with counselors about your worries.

당신의 걱정거리에 대해 상담사들과 상의하는 것을 주저하지 마세요.

356 Ms. Choi began her career as a **marketing consultant** with the company in 1990.

Ms. Choi는 1990년에 그 회사에서 마케팅 상담사로 사회생활을 시작했다.

357 Law firms offer **professional consultations** to clients who pay money.

법률 회사들은 돈을 지불한 고객들에게 전문적인 상담을 제공한다.

358 The **floor** in my room is littered with a lot of trash.

내 방의 바닥이 많은 쓰레기들로 어질러져 있다.

359 Some interior designers think **flooring material** and wallpaper are major design factors.

몇몇 인테리어 디자이너들은 바닥재와 벽지가 중요한 디자인 요소라고 생각한다.

360 The goal of this **activity** is to search for missing children around the country.

이 활동의 목적은 전국의 실종 아동들을 찾는 것이다.

361 Sometimes posters with images of **famous actors** are stolen on the street.

때때로 유명한 배우들의 사진이 담긴 포스터들은 거리에서 도난당한다.

362 Mr. Stevens **has been active** in the telecommunications industry in Korea.

Mr. Stevens은 한국의 정보통신 업계에서 활동해 왔다.

363 The board **needs to act** promptly to respond to its competitor's actions.

이사회는 경쟁사의 행동들에 대응하기 위해 즉시 행동해야 한다.

364 A valid phone number and e-mail address are required **to activate** your account.

계정을 활성화시키기 위해 당신의 유효한 전화번호와 이메일 주소가 요구된다.

365 Many students want to register for the **acting class**, but the class limit is 50.

많은 학생들은 그 연기 수업에 등록하기를 원하지만 그 수업의 정원은 50명이다.

366 Many researchers **participated** in a study about people's memories.

많은 연구원들이 사람들의 기억력에 관한 연구에 참가했다.

367 The staff members are preparing to make a special offer for **conference participants**.
직원들이 회의 참가자들을 위해 특가품의 제공을 준비하고 있다.

368 A **law firm** advertised for staff members on a online job site.
법률 회사는 온라인 취업 사이트에 구인 광고를 했다.

369 A company recently **introduced** a new mobile messenger application to the public.
최근에 한 회사가 대중에게 새로운 모바일 메신저 응용 프로그램을 소개했다.

370 After the **introduction** of our newest products, we will distribute some free samples.
최신 제품의 소개 후에 우리는 몇 개의 무료 샘플을 배포할 것이다.

371 This sportswear is one of the most **successful** products at our company.
이 스포츠웨어는 우리 회사에서 가장 성공적인 제품들 중 하나이다.

372 We hope your business continues its **success** and growth.
우리는 당신 사업의 성공과 성장이 계속되길 바란다.

373 They have **successfully** completed the training program for the new accounting software.
그들은 새 회계 소프트웨어를 위한 교육 프로그램을 성공적으로 완수했다.

374 They **succeeded** in developing a strategy for improving productivity.
그들은 생산성 향상을 위한 전략 개발에 성공했다.

375 **Welcome** to the lecture entitled Trends in Contemporary Interior Design Style.
현대 실내 디자인 스타일의 유행이라는 제목의 강좌에 온 것을 환영합니다.

376 All the power in the factory was turned off to do **routine maintenance**.
정기 보수를 하기 위해 공장의 모든 전원이 꺼졌다.

377 **In order to maintain** our market share, we are currently developing new products.
최근 우리는 시장 점유율을 유지하기 위해 새로운 상품들을 개발 중이다.

378 None of the groups knew the **return policy** of Anetaco.
그 무리들 중 누구도 Anetaco의 환불 정책을 알지 못했다.

379 Many buses **are waiting** at the entrance to our parking area.
많은 버스들이 우리 주차장 입구에서 기다리고 있다.

380 If necessary, we **will mail** you the invoice for the cost of the equipment.
필요하다면, 우리는 당신에게 장비 비용에 대한 송장을 우편으로 보낼 것이다.

381 Javier **mentioned** to us that a new member had joined our team.
Javier는 우리에게 팀에 새 멤버가 합류했다고 언급했다.

382 Mr. Dominguez **is invited** to attend the presentation on Tuesday.
Mr. Dominguez는 화요일 발표회에 참석하도록 초대되었다.

383 Thank you for your **invitation** to speak at the convention.
그 집회에서 연설하도록 초대해주셔서 감사합니다.

384 Our company's revenue will be boosted by the decrease in the prices of **raw materials**.
원자재들의 가격 하락으로 인해 우리 회사의 수익은 증가될 것이다.

385 You should call back during **regular business hours**.

당신은 정규 업무 시간 내에 다시 전화해야 한다.

386 The lecturer described the **safety regulations** for the newcomer.

강사는 새로 온 사람들에게 안전 규정들을 설명했다.

387 The data in the computer is **regularly** stored on other disks for up to two years.

컴퓨터에 있는 자료는 최대 2년 동안 다른 디스크에 정기적으로 저장된다.

388 The outside consultants advised us **to regulate** our foreign investments.

외부 자문 위원들은 우리에게 해외 투자를 통제하라고 조언했다.

389 The success of our promotion campaign **will result** in a positive outcome on our sales.

홍보 캠페인의 성공으로 우리 매출에 긍정적인 결과가 발생할 것이다.

390 I'm not able to sign the contracts without approval from my **immediate supervisor**.

나의 직속 상사의 승인 없이는 계약에 서명할 수 없다.

391 A foreign expert **supervised** the construction of our new office building.

우리의 신규 사옥 건설을 외국 전문가가 감독했다.

392 I wish Mr. Stine **would take care** of the problem that I'm trying to solve.

내가 해결하기 위해 노력하고 있는 그 문제를 Mr. Stine이 처리해 주길 바란다.

393 Please read the installation manual **carefully**.

설치 메뉴얼을 주의 깊게 읽어주세요.

394 You **should be careful** to maintain the quality of our online service.

당신은 우리 온라인 서비스의 품질을 유지하도록 신중해야 한다.

395 The records **indicate** that profits in the retail market are gradually being reduced.

그 기록은 소매점의 이익은 점차 줄어들고 있음을 나타낸다.

396 He gave no **indication** that the merger of the two companies will happen.

그는 두 회사가 합병할 것이라는 암시를 주지 않았다.

397 He is looking for people **to join** the labor union.

그는 노동조합에 가입할 사람을 찾고 있다.

398 The **plant** has been in operation for almost five decades.

그 공장은 거의 50년 동안 가동 중에 있다.

399 The purpose of the **safety inspection** is to find any risk factors that could lead to work accidents.

안전 검사의 목적은 산업 재해로 이어질 수 있는 모든 위험 요소를 찾는 것이다.

400 When you travel, be sure to keep your valuables in the **safe**.

여행할 때, 귀중품들은 금고에 보관했는지 확인해라.

※ 다음 단어의 우리말 뜻을 쓰시오. 생각나지 않는 단어는 STEP 2에서 찾아 쓰세요.

문제 2

01 successfully	18 preparation	35 least
02 indicate	19 invite	36 succeed
03 mail	20 care	37 carefully
04 plant	21 regularly	38 indication
05 participate	22 join	39 careful
06 supervisor	23 safety	40 maintenance
07 success	24 article	41 material
08 participant	25 maintain	42 regulate
09 introduction	26 invitation	43 consultant
10 safe	27 flooring	44 wait
11 successful	28 regulation	45 activate
12 welcome	29 result	46 policy
13 act	30 consult	47 consultation
14 floor	31 introduce	48 actor
15 supervise	32 active	49 activity
16 prepare	33 firm	50 acting
17 regular	34 mention	

문제 3

01 join	18 material	35 regulate
02 actor	19 introduction	36 participant
03 safe	20 safety	37 regular
04 successful	21 maintenance	38 firm
05 consultation	22 mention	39 successfully
06 activate	23 maintain	40 prepare
07 mail	24 supervisor	41 supervise
08 invitation	25 carefully	42 flooring
09 article	26 preparation	43 success
10 welcome	27 succeed	44 floor
11 wait	28 consultant	45 consult
12 regularly	29 indication	46 careful
13 indicate	30 act	47 acting
14 policy	31 invite	48 least
15 regulation	32 plant	49 activity
16 care	33 active	50 result
17 introduce	34 participate	

※ 45개 이상 맞혔으면 그만하고 기억상자 프로그램을 실행하세요.

문제 4

01 safety	18 active	35 wait
02 invite	19 maintenance	36 consult
03 successful	20 invitation	37 supervise
04 consultation	21 successfully	38 activate
05 firm	22 participate	39 least
06 regulate	23 introduction	40 indication
07 welcome	24 actor	41 prepare
08 regulation	25 careful	42 success
09 mail	26 flooring	43 result
10 participant	27 policy	44 material
11 floor	28 maintain	45 introduce
12 safe	29 supervisor	46 indicate
13 consultant	30 preparation	47 activity
14 mention	31 article	48 join
15 carefully	32 act	49 acting
16 succeed	33 regular	50 care
17 plant	34 regularly	

문제 5

01 invitation	18 successful	35 activate
02 indication	19 preparation	36 regulate
03 result	20 participate	37 safe
04 material	21 indicate	38 introduction
05 consultant	22 consultation	39 floor
06 supervise	23 safety	40 introduce
07 regular	24 act	41 supervisor
08 success	25 policy	42 consult
09 actor	26 regulation	43 mention
10 plant	27 active	44 mail
11 firm	28 least	45 welcome
12 article	29 maintenance	46 care
13 carefully	30 acting	47 flooring
14 participant	31 invite	48 successfully
15 activity	32 join	49 succeed
16 prepare	33 careful	50 regularly
17 wait	34 maintain	

STEP 4 주기적인 복습 '기억상자'

제대로 외웠는지 확인하고 싶다고요? 까먹기 전에 다시 복습하고
싶다고요? 지금 당장 QR 코드를 스캔해 보세요.

Day 09

STEP 3

집중해서 풀어라!

단기기억을 만드는 단계입니다. 문장에서 해당하는 단어에 밑줄을 긋고 단어의 의미를 찾아 쓰다 보면 보통 3번이나 4번 문제에서 90% 이상 맞힐 수 있습니다.

※ 노란색으로 표시된 영단어에 해당하는 우리말에 밑줄을 그으세요. 생각나지 않는 단어는 STEP 2에서 찾아보세요.

문제 1

401 In advance of the other training session, you should first learn how to use this machine **safely**.
당신은 다른 교육 과정에 앞서 안전하게 이 기계를 사용하는 방법을 먼저 배워야 한다.

402 I apologize for the sudden change in the schedule **at the last minute**.
나는 막판에 갑작스러운 일정의 변경에 대해 사과한다.

403 The woman **waters** the flower garden two times a week.
그녀는 일주일에 두 번 꽃밭에 물을 준다.

404 We will do everything **possible** to achieve our goal.
우리는 목표 달성을 위해 가능한 모든 일을 할 것이다.

405 Local residents have a major concern regarding the **possibility** of regional redevelopment.
지역 주민들은 지역 재개발의 가능성에 대해 큰 관심을 갖고 있다.

406 They couldn't have **possibly** expected that many of the flights would be canceled owing to the typhoon.
그들은 태풍 때문에 수많은 항공편이 취소될 것이라고 도저히 예상할 수 없었다.

407 The company is in the **process** of recruiting a new CEO.
그 회사는 신임 CEO를 영입하는 과정에 있다.

408 The streets of Banghwa **will be cleaned up** before the festival begins.
Banghwa의 거리는 축제가 시작하기 전에 청소될 것이다.

409 You have to sit in the **seat** that you reserved in advance.
당신은 사전에 예약한 자리에 앉아야 한다.

410 I hope to discuss the **seating arrangement** for the conference.
나는 회의의 좌석 배치에 대해 논의하기를 바란다.

411 You will be able to use the quick delivery service by paying an **additional fee**.
당신은 추가 요금을 지불하면 빠른 배송 서비스를 이용할 수 있을 것이다.

412 The shipment is transported on an **international flight** from Thailand.
그 화물은 태국에서 국제 항공편으로 수송되었다.

413 This exhibition is **internationally** famous for its unique works.
이 전시회는 희귀한 작품들로 인해 국제적으로 유명하다.

414 The newly released camera **features** portability and high-definition.
새롭게 출시된 카메라는 휴대성과 고화질이 특징이다.

415 The safety inspector **recorded** the conditions of all the machines.
안전 감독관은 모든 기계들의 상태를 기록했다.

416 You **ought to bring** the last meeting's minutes with you.
당신은 직접 지난 회의의 회의록을 가져와야 한다.

417 The company holds a key position in the **information technology** sector.
그 회사는 정보 기술 분야에서 중요한 위치를 차지한다.

418 She has taken great interest in the **technological improvements** we mentioned at the meeting.
그녀는 회의에서 우리가 언급했던 기술 향상에 대해 큰 관심을 갖고 있다.

419 Many customers are waiting for **more details** about our products.
많은 고객들은 우리 제품들에 대한 더 많은 정보를 기다리고 있다.

420 The tourist office provides **detailed information** for visitors.
그 관광 안내소는 방문객들을 위해 상세한 정보를 제공한다.

421 Ms. Lanser was appointed the **vice president** of our company.
Ms. Lanser는 우리 회사의 부사장으로 임명되었다

422 He **stated** that the contract had been declared invalid.
그는 그 계약이 무효로 선언되었다고 말했다.

423 The board of directors shared the details of their **financial statements** with the investors.
이사회는 투자자들과 재무제표의 세부사항들을 공유했다.

424 Customers **can choose** from two versions of the new camera which have different functions.
고객들은 새 카메라를 기능이 다른 두 가지 버전 중에서 선택할 수 있다.

425 I think canceling the contract would be the **smart choice**.
나는 그 계약을 해지하는 것이 현명한 선택이라고 생각한다.

426 The **sales representative** came up to the customers when they entered the store.
손님들이 가게에 들어왔을 때 판매 직원은 그들에게 다가갔다.

427 Harly Granger was chosen **to represent** our company at the job fair.
직업 박람회에서 우리 회사를 대표하기 위해 Harly Granger가 선택되었다.

428 They tried to persuade me to sign up for the **fitness class**.
그들은 내가 운동 교실에 가입하도록 설득하기 위해 노력했다.

429 The local **radio station** only airs in this area of the country.
그 지역 라디오 방송국은 국내의 이 지역에서만 방송한다.

430 A receptionist showed me how **to fill out** the reservation form.
예약 담당자는 나에게 예약 양식을 기입하는 방법을 보여줬다.

431 The **purpose** of the notice is to advertise commercial services.
그 공고의 목적은 상업 서비스들을 광고하는 것이다.

432 We are going to conduct a **survey** at our local branch.
우리는 지역 지점에서 설문조사를 실시할 예정이다.

433 Ms. Rolf works at the reception desk of this **medical clinic**.
Ms. Rolf는 이 병원의 접수처에서 근무한다.

434 They collaborated to develop new **medicines** that have positive effects on rare diseases.

그들은 희귀병들에 긍정적인 효과가 있는 새로운 약들을 개발하기 위해 협력했다.

435 I think you need to take the proper **medication** as prescribed by the doctor.

나는 당신이 의사가 처방해 준 적절한 약을 복용해야 한다고 생각한다.

436 A limited number of staff members **can access** the secret data.

직원들 중 한정된 인원만 비밀 자료에 접근할 수 있다.

437 The secretary's office is only **accessible** to officials.

비서실은 임원들에게만 접근 가능하다.

438 The director plans **to post** an advertisement for the position of consultant.

그 관리자는 컨설턴트를 구하는 광고를 게시할 계획이다.

439 According to the **job posting**, they need two qualified senior accountants.

구인 공고에 따르면, 그들은 두 명의 자격을 갖춘 수석 회계사가 필요하다.

440 The **postal service** charges an additional fee for using its services on the weekend.

그 우편 서비스는 주말에 서비스를 사용하는 것에 대한 추가 요금을 부과한다.

441 The **postage** for the delivery of orders over $30 is free.

30달러가 넘는 주문 배송에 대한 우편요금은 무료이다.

442 The consulting company **advises** us strongly to do business with a reputable company.

컨설팅 회사는 우리에게 평판이 좋은 회사와 사업을 할 것을 강력히 조언한다.

443 I think we should seek professional **legal advice** on this matter.

나는 우리가 이 문제에 대해 전문적인 법률 조언을 구해야 한다고 생각한다.

444 The owner of the company deals in stocks without consulting a **financial advisor**.

그 회사 소유자는 재정 고문과의 상의 없이 주식을 거래한다.

445 It is **advisable** to reserve flights and hotels in advance during the peak season.

성수기에는 사전에 항공편과 호텔을 예약하는 것이 바람직하다.

446 A position on a state **advisory board** requires very strict qualifications.

주립 자문 위원회의 자리는 매우 엄격한 자격들을 요구한다.

447 I just read a **magazine article** on the latest technology for robots.

나는 로봇들의 최신 기술에 관한 잡지 기사를 읽었다.

448 The capacity in our plant **couldn't keep up with** the demands from our clients.

우리 공장의 수용 능력은 고객들의 수요를 따라갈 수 없었다.

449 The clothes that are offered at discounted rates will be **on display** next week.

할인된 요금으로 제공되는 의류들은 다음 주에 진열될 것이다.

450 **In order to expand** the business, we have raised $65 million to date.

우리는 사업을 확장하기 위해 지금까지 6천 5백만 달러를 모았다.

※ 다음 단어의 우리말 뜻을 쓰시오. 생각나지 않는 단어는 STEP 2에서 찾아 쓰세요.

문제 2

01 advise	18 statement	35 purpose
02 internationally	19 detailed	36 minute
03 medication	20 display	37 safely
04 possible	21 represent	38 medicine
05 postage	22 process	39 advice
06 access	23 accessible	40 posting
07 feature	24 seating	41 survey
08 possibility	25 seat	42 postal
09 keep	26 clean	43 record
10 representative	27 president	44 possibly
11 station	28 technological	45 choose
12 expand	29 choice	46 class
13 post	30 international	47 medical
14 technology	31 detail	48 magazine
15 bring	32 fill	49 water
16 advisor	33 advisable	50 advisory
17 fee	34 state	

문제 3

01 process	18 statement	35 station
02 posting	19 international	36 representative
03 choose	20 water	37 post
04 record	21 keep	38 president
05 display	22 internationally	39 clean
06 possible	23 advisor	40 access
07 state	24 minute	41 seating
08 technology	25 possibility	42 fill
09 bring	26 detailed	43 medication
10 expand	27 accessible	44 fee
11 advisory	28 detail	45 postage
12 represent	29 seat	46 technological
13 feature	30 choice	47 advise
14 postal	31 medical	48 purpose
15 medicine	32 advisable	49 class
16 survey	33 magazine	50 possibly
17 safely	34 advice	

※ 45개 이상 맞혔으면 그만하고 기억상자 프로그램을 실행하세요.

Day 09
401-450

01 post	18 possible	35 choice
02 expand	19 keep	36 possibly
03 clean	20 choose	37 process
04 seat	21 seating	38 feature
05 purpose	22 detailed	39 safely
06 representative	23 advise	40 statement
07 advice	24 survey	41 display
08 represent	25 station	42 advisable
09 state	26 postal	43 president
10 class	27 minute	44 bring
11 accessible	28 advisory	45 possibility
12 technological	29 medication	46 internationally
13 international	30 medicine	47 medical
14 fee	31 magazine	48 access
15 detail	32 technology	49 posting
16 record	33 water	50 advisor
17 fill	34 postage	

01 accessible	18 detail	35 choice
02 president	19 fill	36 represent
03 detailed	20 postage	37 record
04 safely	21 international	38 medicine
05 expand	22 statement	39 postal
06 fee	23 possibly	40 posting
07 internationally	24 advisory	41 state
08 magazine	25 technological	42 access
09 post	26 advisable	43 keep
10 station	27 seating	44 advice
11 minute	28 advisor	45 technology
12 advise	29 seat	46 representative
13 water	30 class	47 possible
14 choose	31 medical	48 process
15 possibility	32 medication	49 survey
16 bring	33 purpose	50 clean
17 feature	34 display	

STEP 4 주기적인 복습 '기억상자'

제대로 외웠는지 확인하고 싶다고요? 까먹기 전에 다시 복습하고
싶다고요? 지금 당장 QR 코드를 스캔해 보세요.

Day 10

STEP 3 집중해서 풀어라!

단기기억을 만드는 단계입니다. 문장에서 해당하는 단어에 밑줄을 긋고 단어의 의미를 찾아 쓰다 보면 보통 3번이나 4번 문제에서 90% 이상 맞힐 수 있습니다.

※ 노란색으로 표시된 영단어에 해당하는 우리말에 밑줄을 그으세요. 생각나지 않는 단어는 STEP 2에서 찾아보세요.

문제 1

451 The attempt at **corporate expansion** is likely to result in a lot of debt.
기업 확장에 대한 시도는 큰 빚을 발생시킬 수 있다.

452 I **have to pick up** a few supplies from a stationery store.
나는 문구점에서 몇 가지 비품을 사야한다.

453 The sales representative came down to the entrance **on short notice**.
판매 직원이 급하게 입구로 내려왔다.

454 **Shortly after** takeoff, the attendant informed us of the flight safety regulations.
승무원은 이륙 직후 우리에게 비행 안전 규칙들을 알려주었다.

455 We should solve a few problems, such as the **shortage** of skilled employees.
우리는 숙련된 직원들의 부족과 같은 몇 가지 문제들을 해결해야 한다.

456 Mr. Opitz recently added a new system **to shorten** the time needed to produce products.
Mr. Opitz는 최근에 제품 생산에 필요한 시간을 단축하기 위해 새로운 시스템을 추가했다.

457 After work today, the employees can attend the **workshop** or the banquet.
오늘 일과 후에, 직원들은 워크숍이나 연회에 참석할 수 있다.

458 The press conference will be held the **following week**.
기자 회견은 다음 주에 열릴 것이다.

459 The company should have its staff **follow up** on those issues.
회사는 직원들이 그 문제들에 관한 후속 조치를 하도록 해야 한다.

460 Ms. Han will **probably** be remembered for the success of the project.
Ms. Han은 아마 프로젝트의 성공으로 인해 기억에 남을 것이다.

461 It **is probable** that Dr. Nova's lecture will be postponed.
Dr. Nova의 강의는 연기될 가능성이 있다.

462 You can try on **a wide variety of** clothes at this store.
당신은 이 가게에서 매우 다양한 옷들을 입어볼 수 있다.

463 Telephones with **various** functions have been placed on the shelves with other goods.
다양한 기능을 가진 전화기들이 다른 제품들과 함께 선반 위에 놓여 있다.

464 The insurance clauses **vary** according to the price and option you select.
보험 약관은 당신이 선택한 가격과 옵션에 따라 다르다.

465 I want **to cancel** our Thursday appointment.
나는 목요일 약속을 취소하길 원한다.

466 According to our **cancellation policy**, your refund request must be rejected.
우리의 취소 규정에 따르면, 당신의 환불 요청은 거부되어야 한다.

467 The agenda of this meeting **is to select** a candidate for the post of chairperson.
이 회의의 안건은 의장직 후보를 선택하는 것이다.

468 The editor showed me a wide **selection** of book covers.
편집자는 나에게 다양하게 선택할 수 있는 책 커버들을 보여줬다.

469 The director has issued corporate credit cards to **selected employees**.
이사는 선정된 직원들에게 법인 카드들을 발급했다.

470 He is concerned about the proposal for the **renovation** of the shopping center.
그는 쇼핑센터의 보수에 대한 제안에 관심을 보였다.

471 The plan **to renovate** our office building was approved by the CEO.
우리 사무실 건물을 보수하는 계획은 CEO에 의해 승인되었다.

472 The staff **responded** to all of the manager's questions honestly.
그 직원은 매니저의 모든 질문에 솔직하게 응답했다.

473 In **response** to the invitation from the city council, I attended the meeting.
시 의회의 초대에 응답하여, 나는 회의에 참석했다.

474 The Planning Department **is responsive** to new ideas.
기획부는 새로운 아이디어에 관심이 있다.

475 They removed all the **old furniture** in the office.
그들은 사무실의 모든 낡은 가구를 치웠다.

476 He is looking for a suitable place to describe the **safety procedures**.
그는 안전 절차를 설명하기 위해 적당한 장소를 찾고 있다.

477 All of the members of our team are reluctant **to proceed** to the next project without a break.
팀의 모든 멤버들은 휴식 없이 다음 프로젝트를 진행하는 것을 꺼려한다.

478 The promotion **is based** on your job performance and behavior in the workplace.
승진은 당신의 업무 성과와 직장에서의 행동에 기초를 둔다.

479 We had a contract to provide them with fresh fruit **on a regular basis**.
우리는 정기적으로 그들에게 신선한 과일을 제공하는 계약을 맺었다.

480 She gave me some **basic** information about personal financing.
그녀는 나에게 개인 대출에 대한 몇 가지 기본적인 정보를 주었다.

481 The **final step** is to send the completed form by fax or e-mail.
마지막 단계는 완성된 양식을 팩스 또는 이메일로 보내는 것이다.

482 After two weeks of discussion, the proposal to merge the two companies has **finally** been accepted.
2주 동안의 토론 후에, 두 회사를 합병하자는 제안은 마침내 받아들여졌다.

483 We must arrange a meeting **to finalize** the contracts before the merger.
우리는 합병 전에 계약을 마무리하기 위해 회의를 준비해야 한다.

484 The Indiana State Museum is featuring an **exhibit** on Van Gogh.
Indiana 주립 박물관은 반 고흐에 대한 전시품을 전시하고 있다.

485 He took his drawings to display at the **exhibition** featuring the works of local artists.
그는 지역 예술가들의 작품들을 전시하는 전시회에 진열하기 위해 그의 그림들을 가져갔다.

486 A lot of raw materials were moved into the **factory**.
많은 양의 원자재들이 공장 안으로 옮겨졌다.

487 He doesn't want **to file** a complaint with the police.
그는 경찰에 불만을 제기하는 것을 원하지 않는다.

488 The **filing cabinet** is full of documents.
그 서류 캐비넷은 문서들로 가득하다.

489 The company **has grown** steadily since its foundation.
그 회사는 설립 이후 꾸준히 성장해 왔다.

490 Many citizens called for policies to promote **economic growth**.
많은 시민들은 경제 성장을 촉진시킬 정책을 요구했다.

491 If you would like to work out with a **professional** fitness trainer, please call me.
당신이 전문적인 피트니스 트레이너와 운동하기를 원한다면, 나에게 연락하세요.

492 Mr. Wagner has several years of experience in the **legal profession**.
Mr. Wagner는 법조계에서의 수년간의 경험을 갖고 있다.

493 The **professionally taken** photographs are very sharp and clean.
전문적으로 찍은 사진들은 무척 선명하고 깨끗하다.

494 I think my director **will accept** the position of vice president.
나는 내 상사가 부사장 직위를 수락할 것이라고 생각한다.

495 We need a new vacation policy that **is acceptable** to all the members of the staff.
우리는 모든 직원들이 받아들일 수 있는 새로운 휴가 정책이 필요하다.

496 This announcement **describes** the maintenance work for our plant.
이 발표는 우리 공장의 유지보수 작업에 대해 설명한다.

497 The **job description** will be provided from our website.
직무 설명서가 우리 웹 사이트에서 제공될 것이다.

498 Something like this case **has** probably **happened** several times.
이와 같은 일이 아마 여러 번 발생해 왔을 것이다.

499 The government office sent us the **official documents** as requested.
관공서는 요청받은 대로 우리에게 공문서들을 보냈다.

500 At this morning's staff meeting, the vice president introduced our new **chief executive officer**, Andrew Lee.
부사장은 오늘 아침 직원회의에서 신임 최고 경영자 Andrew Lee를 소개했다.

※ 다음 단어의 우리말 뜻을 쓰시오. 생각나지 않는 단어는 STEP 2에서 찾아 쓰세요.

문제 2

01 response	18 exhibit	35 select
02 profession	19 selection	36 finalize
03 cancellation	20 vary	37 happen
04 probable	21 proceed	38 various
05 workshop	22 describe	39 final
06 officer	23 short	40 procedure
07 renovate	24 follow	41 expansion
08 responsive	25 growth	42 professionally
09 following	26 base	43 furniture
10 finally	27 exhibition	44 official
11 acceptable	28 shortly	45 factory
12 basis	29 basic	46 renovation
13 shorten	30 file	47 selected
14 pick	31 probably	48 professional
15 respond	32 grow	49 variety
16 filing	33 shortage	50 accept
17 description	34 cancel	

문제 3

01 variety	18 cancel	35 furniture
02 basic	19 professionally	36 short
03 expansion	20 respond	37 exhibition
04 selected	21 happen	38 shorten
05 official	22 file	39 response
06 follow	23 procedure	40 professional
07 responsive	24 select	41 officer
08 basis	25 growth	42 selection
09 renovate	26 shortage	43 probable
10 description	27 final	44 accept
11 pick	28 finalize	45 proceed
12 renovation	29 vary	46 grow
13 various	30 filing	47 probably
14 workshop	31 cancellation	48 profession
15 exhibit	32 acceptable	49 describe
16 factory	33 shortly	50 finally
17 following	34 base	

※ 45개 이상 맞혔으면 그만하고 기억상자 프로그램을 실행하세요.

문제 4

01 response	18 basis	35 furniture
02 exhibition	19 accept	36 profession
03 finally	20 selection	37 cancellation
04 base	21 growth	38 professionally
05 variety	22 selected	39 official
06 shortly	23 probable	40 factory
07 filing	24 grow	41 workshop
08 officer	25 respond	42 final
09 renovate	26 responsive	43 description
10 finalize	27 shorten	44 renovation
11 probably	28 acceptable	45 select
12 shortage	29 follow	46 following
13 expansion	30 file	47 procedure
14 vary	31 describe	48 professional
15 exhibit	32 short	49 basic
16 cancel	33 pick	50 various
17 proceed	34 happen	

문제 5

01 vary	18 respond	35 workshop
02 renovate	19 profession	36 grow
03 pick	20 procedure	37 exhibition
04 finally	21 professionally	38 filing
05 cancellation	22 professional	39 probably
06 following	23 file	40 variety
07 accept	24 shorten	41 renovation
08 short	25 exhibit	42 furniture
09 select	26 cancel	43 shortly
10 describe	27 official	44 factory
11 proceed	28 growth	45 follow
12 description	29 basis	46 shortage
13 various	30 acceptable	47 basic
14 officer	31 selection	48 finalize
15 expansion	32 happen	49 responsive
16 base	33 selected	50 probable
17 final	34 response	

STEP 4 주기적인 복습 '기억상자'

제대로 외웠는지 확인하고 싶다고요? 까먹기 전에 다시 복습하고
싶다고요? 지금 당장 QR 코드를 스캔해 보세요.

Day 11 STEP 3 집중해서 풀어라!
단기기억을 만드는 단계입니다. 문장에서 해당하는 단어에 밑줄을 긋고 단어의 의미를 찾아 쓰다 보면 보통 3번이나 4번 문제에서 90% 이상 맞힐 수 있습니다.

※ 노란색으로 표시된 영단어에 해당하는 우리말에 밑줄을 그으세요. 생각나지 않는 단어는 STEP 2에서 찾아보세요.

문제 1

501 At yesterday's press conference, the company CEO, Margaret McMillan, **officially** announced they will exit the food industry.
어제 기자회견에서, 회사 최고책임자, Margaret Mcmillan이 그들은 식품 산업에서 철수할 것이라고 공식적으로 발표했다.

502 The extra charge for delivery **will be covered** by the manufacturer.
배송에 대한 추가 비용은 제조사가 지불할 것이다.

503 He is always busy posting interesting **press coverage** and news on his social networking service.
그는 자신의 SNS에 흥미 있는 언론 보도나 뉴스들을 올리느라 항상 바쁘다.

504 The **movie theater** closed on account of the budget deficit.
그 영화관은 예산 부족 때문에 폐쇄됐다.

505 Premium cable channels show their programs without any **commercial breaks**.
유료 케이블 채널들은 어떠한 광고 방송을 위한 중단 없이 그들의 프로그램들을 보여준다.

506 My colleague visits the **community center** with her family every weekend.
나의 동료는 주말마다 그녀의 가족과 함께 지역 문화 회관에 방문한다.

507 He is scheduled to visit our car **manufacturing plant** at five o'clock in the evening.
그는 오후 5시 정각에 우리의 자동차 제조 공장을 방문하기로 예정되어 있다.

508 Many foreign workers **manufacture** our products as subcontractors.
많은 외국인 근로자들이 하청업자로 우리의 제품들을 제조한다.

509 Interest rates **are subject** to change according to the situation in the market.
이율은 시장 상황에 따라 쉽게 변화한다.

510 The boss want to remind all the workers that our factory is scheduled for a **safety inspection** the next day.
사장은 내일 우리 공장에 안전 검사가 예정되었다는 것을 모든 직원들이 상기하길 원한다.

511 All facilities **are** thoroughly **inspected** to check for damage.
모든 시설들은 손상된 부분이 없는지 확인하기 위해 철저히 점검되었다.

512 All of the arrangements were completed one day before the **safety inspector** arrived.
안전 조사관이 도착하기 하루 전에 모든 준비가 완료되었다.

513 A lack of skilled staff members **may lead** to an increase in the number of accidents.
숙련된 직원들의 부족은 사고 수의 증가를 이끌 수도 있다.

514 They recommended receiving the **bill** by e-mail.
그들은 청구서를 이메일로 받을 것을 권했다.

515 Our office **is housed** in an antique building that was formerly used as a museum.
우리 사무실은 이전에 박물관으로 사용되던 고풍스런 건물에 위치해 있다.

516 You really need to find some **affordable housing** in the city.
당신은 그 도시에서 적당한 가격의 주택을 정말로 찾아야 한다.

517 The tourists **had to stay** at a hotel for about three weeks.
그 여행객들은 약 3주간 호텔에 머물러야 했다.

518 Could you help me contact the **editor in chief** of the newspaper?
당신은 내가 신문사의 편집장을 만나도록 도와줄 수 있습니까?

519 They suddenly changed the contents of today's **edition** to new articles.
그들은 갑작스럽게 오늘 판의 그 내용들을 새로운 기사들로 바꿨다.

520 She heard your company has a vacant **editorial assistant** position.
그녀는 너의 회사에 공석의 편집 보조원 자리가 있다는 것을 들었다.

521 Could you help **edit** my presentation file by using your notebook computer?
당신의 노트북 컴퓨터를 사용하여 내 발표 파일을 수정하도록 도와줄 수 있습니까?

522 The programs suited for **photo editing** haven't been installed on my computer yet.
사진 편집에 적합한 프로그램들이 내 컴퓨터에 아직 설치되지 않았다.

523 The board of directors **approved** next year's budget.
이사회는 내년 예산을 승인했다.

524 If you want to obtain **approval** for several days of paid vacation, finish up some of your projects.
만약 당신이 며칠 동안의 유급 휴가를 승인 받고 싶다면, 당신의 작업들 중 일부를 끝내라.

525 You **will learn** about the history of Korea in the next class.
당신은 다음 수업에서 한국사에 대해 배울 것이다.

526 She is going to be on a **business trip** until next Monday.
그녀는 다음 주 월요일까지 출장 중일 것이다.

527 I keep my important **papers** in the cellar at home.
난 중요한 서류들은 자택 지하실에 보관한다.

528 In most countries, it is not an obligation to have **health insurance**.
대부분의 나라에서, 건강 보험에 가입하는 것은 의무가 아니다.

529 Sally is writing a book about **healthy eating** habits.
Sally는 건강한 식사 습관들에 관한 책을 쓰고 있다.

530 **Please note** that the deadline has been moved up.
마감일이 당겨졌다는 것을 주목하세요.

531 My supervisor wanted me to follow the **instructions** in the manual.
나의 상사는 내가 매뉴얼에 있는 지시들을 따르길 원했다.

532 The staff **was instructed** to remove all the data from the computer.
직원은 컴퓨터의 모든 데이터를 삭제하라고 지시받았었다.

533 The **instructional video** has been enormously beneficial to us.
그 교육 영상은 우리에게 대단히 유익했다.

534 I take my clothes to the dry cleaner's **once** a week.
나는 옷들을 일주일에 한 번 세탁소에 맡긴다.

535 My senior manager **prefers** working alone.
나의 수석 매니저는 혼자서 일하는 것을 선호한다.

536 It surprised officials when the survey results revealed a **strong preference** for the old-style heater.
조사 결과로 구식 난방기에 대한 강한 선호도가 나타났을 때 공무원들은 놀랐다.

537 As a **preferred customer**, you will be able to receive a special gift if you visit our store during the summer sale.
우수 고객으로서, 여름 세일기간 동안 우리 가게에 방문한다면 너는 특별한 선물을 받을 수 있을 것이다.

538 The company invested money **to support** its regional branches.
회사는 지방 지사들을 지원하기 위해 돈을 투자했다.

539 People who live in suburbs take **public transportation** to commute to the city.
교외에 살고 있는 사람들은 도시로 통근하기 위해 대중교통을 이용한다.

540 If the workshop is flooded with attendees, the company will provide a bus **to transport** them.
워크숍이 참석자들로 가득 찬다면, 회사는 그들을 수송하기 위해 버스를 제공할 것이다.

541 His colleagues are gathered **in front of** the bulletin board.
그의 동료들이 게시판 앞에 모여 있다.

542 You need to check the bus timetable **right away**.
당신은 당장 버스 시간표를 확인해야 한다.

543 **Although** they had a risk prevention policy, they couldn't handle the crisis.
그들이 방지 대책을 가지고 있었음에도 불구하고 위기를 대처할 수 없었다.

544 Local residents **are concerned** about the new regional development planning.
지역 주민들은 새로운 지역 개발 계획에 관심을 가졌다.

545 The resort requires you to make a reservation at least one week **in advance**.
그 리조트는 적어도 일주일 전에 예약할 것을 요구한다.

546 An **advanced degree** can help you get a job more easily.
고급 학위는 당신이 직업을 더 쉽게 얻도록 도울 수 있다.

547 The **advancement** in medical science led to an increase in people's life spans.
의료 과학의 진보는 사람들의 수명 증가로 이어졌다.

548 We have worked **extra hours** throughout the past month.
우리는 지난 달 내내 추가 근무를 했다.

549 **Actually**, I believe the vice president will assign me the task of supervising the new project.
실제로, 나는 부사장이 내게 새 프로젝트를 감독하는 업무를 맡길 것이라고 믿는다.

550 Their **actual work** didn't include providing progress reports.
그들의 실제 업무는 경과보고를 하는 것을 포함하지 않았었다.

※ 다음 단어의 우리말 뜻을 쓰시오. 생각나지 않는 단어는 STEP 2에서 찾아 쓰세요.

문제 2

01 instructional	18 away	35 editor
02 cover	19 advancement	36 once
03 note	20 bill	37 editing
04 editorial	21 approve	38 edition
05 inspection	22 healthy	39 actually
06 break	23 inspect	40 although
07 coverage	24 preferred	41 extra
08 support	25 actual	42 paper
09 transport	26 theater	43 preference
10 advanced	27 trip	44 approval
11 community	28 transportation	45 instruction
12 stay	29 concern	46 inspector
13 manufacturing	30 front	47 prefer
14 house	31 housing	48 officially
15 subject	32 instruct	49 learn
16 advance	33 manufacture	50 health
17 edit	34 lead	

문제 3

01 theater	18 editing	35 advanced
02 note	19 instruction	36 edition
03 break	20 advancement	37 manufacture
04 healthy	21 support	38 lead
05 community	22 inspector	39 although
06 approval	23 prefer	40 manufacturing
07 actually	24 bill	41 inspection
08 advance	25 actual	42 housing
09 instructional	26 once	43 coverage
10 trip	27 cover	44 inspect
11 editor	28 editorial	45 instruct
12 learn	29 stay	46 approve
13 concern	30 health	47 house
14 subject	31 preference	48 extra
15 away	32 preferred	49 transport
16 edit	33 paper	50 transportation
17 front	34 officially	

※ 45개 이상 맞혔으면 그만하고 기억상자 프로그램을 실행하세요.

STEP 4 주기적인 복습 '기억상자'

제대로 외웠는지 확인하고 싶다고요? 까먹기 전에 다시 복습하고
싶다고요? 지금 당장 QR 코드를 스캔해 보세요.

Day 12

STEP 3 집중해서 풀어라!

단기기억을 만드는 단계입니다. 문장에서 해당하는 단어에 밑줄을 긋고 단어의 의미를 찾아 쓰다 보면 보통 3번이나 4번 문제에서 90% 이상 맞힐 수 있습니다.

※ 노란색으로 표시된 영단어에 해당하는 우리말에 밑줄을 그으세요. 생각나지 않는 단어는 STEP 2에서 찾아보세요.

문제 1

551 Using social networks is a more **effective** way of advertising than others.
소셜 네트워크를 사용하는 것은 다른 것들보다 좀 더 효과적인 광고 방법이다.

552 The measures have an **effect** on small businesses in that they lighten their tax burdens.
그 조치들은 세금 부담을 가볍게 한다는 점에서 중소기업에 영향을 미친다.

553 This book will help you learn management **more effectively**.
이 책은 당신이 좀 더 효과적으로 경영을 배우도록 도울 것이다.

554 The experiences of other districts have demonstrated the **effectiveness** of garbage cans placed on streets.
타 지역의 경험들이 거리 위에 놓아둔 쓰레기통의 유효성을 증명해 왔다.

555 I was aware that security officers **do not issue** passes to people without identification.
나는 경비원들이 신분증이 없는 사람들에게 허가증을 발행하지 않는다는 것을 알았었다.

556 The program **can** easily **turn** a lot of sale and purchase records into a accounting report.
그 프로그램은 많은 매입/매출 기록들을 쉽게 회계 보고서로 바꿀 수 있다.

557 Only staff members approved by the director **are allowed** to attend the party.
상관에게 승인받은 직원들만 파티에 참석하는 것이 허락된다.

558 All employees have to have their **identification card** when entering the building.
모든 직원들은 건물에 들어갈 때 신분증을 갖고 있어야 한다.

559 We need to gather more information **to identify** a specific target population.
우리는 구체적인 예상 고객층을 알아보기 위해 더 많은 정보를 모아야 한다.

560 So many different colors **were painted** on the walls of the gallery.
매우 다양한 색들이 미술관의 벽에 칠해져 있었다.

561 The cloud service **is popular** with office workers who have the ability to control the software.
클라우드 서비스는 소프트웨어를 다루는 능력이 있는 직장인들에게 인기 있다.

562 Due to the **popularity** of the performance, tickets are all sold out.
공연의 인기로 인해, 티켓이 모두 매진이다

563 The interest on your deposit **is credited** to your account once a year.
예금의 이자는 당신의 계좌로 1년에 한번 입금된다.

564 The facilities in the **region** are under water due to the heavy rain.
지역의 시설들이 폭우로 인해 물에 잠겼다.

565 My president will meet the **regional manager** in New York City the following afternoon.
사장은 다음날 오후 뉴욕의 지역 담당자를 만날 것이다.

566 They can't be sure that their new service **will satisfy** current customers.
그들은 그들의 새로운 서비스가 기존 고객들을 만족시킬 수 있을지 확신할 수 없다.

567 The main focus of this department is to increase **customer satisfaction**.
이 부서의 주요 목표는 고객 만족도를 증가시키는 것이다.

568 The senior researcher said the results of the experiment **were not satisfactory**.
수석 연구원은 실험의 결과가 만족스럽지 않았다고 말했다.

569 Mr. June **usually** shops every weekend, but this Sunday, he will have to give a presentation at a seminar.
Mr. June은 보통 주말마다 쇼핑을 하지만 이번 주 일요일에는 세미나에서 발표를 해야 한다.

570 The company recorded a higher profit than **usual** in the third quarter
그 회사는 3분기에 평소보다 높은 수익을 기록했다.

571 We don't have a designer who has experience making **clothes** for various uses.
우리는 다양한 용도의 옷을 만들어본 경험을 가진 디자이너가 없다.

572 Visitors can submit a receipt issued in this building instead of a **parking permit**.
방문객들은 주차증 대신 이 건물에서 발행된 영수증을 제출할 수 있다.

573 We copied parts of the book with the **permission** of the author.
우리는 저자의 허가를 받아 책의 일부를 복사했다.

574 To have excellent **customer relations**, our boss wants us to be informed about the reaction manual.
탁월한 고객 관계를 유지하기 위해, 사장은 우리가 대응 매뉴얼에 대해 알기를 원한다.

575 The company prefers applicants with experience in engineering or **related fields**.
회사는 공학이나 관련 분야에 경험이 있는 지원자들을 선호한다.

576 Although he was **relatively** inexperienced, his amazing presentation skills convinced the interviewer.
그는 상대적으로 경험은 부족했지만, 놀라운 발표 능력으로 면접관을 납득시켰다.

577 It's important to develop **business relationships** with other owners.
다른 사업주들과 사업 관계를 발전시키는 것은 중요하다.

578 I usually invite my parents and **relatives** to my home a few days before a big traditional holiday.
나는 보통 큰 명절 며칠 전에 집으로 부모님과 친척들을 초대한다.

579 I heard that the **Human Resources Department** and the Payroll Department will merge.
나는 인사부와 경리부가 합쳐질 것이라고 들었다.

580 The employees could not negotiate their **benefits packages** with the company.
직원들은 회사와 복리 후생 제도에 대해 협상할 수 없었다.

581 The city renovation project **will be** highly **beneficial** to the community.
도시 보수 프로젝트는 지역사회에 매우 유익할 것이다.

582 The salesperson **explained** the new financial services to me.
판매원은 나에게 새로운 금융 서비스들을 설명했다.

583 I gave an **explanation** of why he was not allowed to attend the event.
나는 왜 그가 행사 참석이 허락되지 않았었는지를 설명했다.

584 This equipment has been used nonstop over the **past** year.
이 장비는 지난 1년 동안 중단 없이 사용되어 왔다.

585 The **residents** of this city are moving into nearby new towns.
이 도시의 주민들이 근처의 신도시들로 이주하고 있다.

586 Mr. Decker is well known for a top designer who has built a number of **private residences** and public buildings.
Mr. Decker는 수많은 개인 주택들과 공공건물들을 만든 최고의 디자이너로 잘 알려져 있다.

587 The real estate agency can conduct transactions for both commercial and **residential properties**.
그 부동산 중개소는 상업용과 주거용 부동산 둘 다 거래할 수 있다.

588 The contract **has been revised** because of misspellings.
그 계약서는 오타들로 인해 수정되었다.

589 I heard Ms. Lee spent a lot of time preparing the proposal for the **revised** project.
나는 Ms. Lee가 수정된 프로젝트의 제안서를 준비하느라 많이 시간을 소모했다고 들었다.

590 The HR Department **will make revisions** to the training manual for new employees.
인사과는 신입 사원을 위한 훈련 매뉴얼을 수정할 것이다.

591 Countless citizens **are marching** through the streets in rows.
수많은 시민들이 줄지어 거리를 행진하고 있다.

592 They are planning **to play** at the Lakeview Hotel all day long.
그들은 Lakeview Hotel에서 하루 종일 놀 계획이다.

593 Nowadays, the Nha Trang Hotel, located along the beautiful shore, is offering all of its rooms at a **discounted rate**.
요즘, 아름다운 해변가를 따라 위치한 Nha Trang 호텔은 모든 방을 할인된 요금으로 제공하고 있다.

594 Buyers at the department store can return items for a **full refund**.
그 백화점의 구매자들은 제품들을 전액 환불 받을 수 있다.

595 The information we **collect** is used to run the company.
우리가 수집한 정보는 회사 운영에 사용된다.

596 The museum has a large **collection** of rare antiquities from Greece.
박물관은 그리스의 희귀한 골동 수집품을 많이 가지고 있다.

597 We have to prepare hundreds of **product samples** for the promotion.
우리는 홍보를 위해 수백 개의 제품 샘플들을 준비해야 한다.

598 In spite of having a workshop, my team will be able to finish the project before the **deadline**.
우리 팀은 워크숍을 했음에도 불구하고, 그 프로젝트를 마감일 전에 끝낼 수 있을 것이다.

599 The **sales associates** working with us are well trained.
우리와 함께 일하는 영업 사원들은 잘 훈련되었다.

600 He has always hoped to join the International **Business Association**.
그는 늘 국제 기업 협회에 가입하는 것을 희망했다.

문제 2

01 explain	18 turn	35 past
02 resident	19 collect	36 residence
03 effectiveness	20 explanation	37 residential
04 usual	21 benefit	38 relationship
05 play	22 relatively	39 regional
06 associate	23 permission	40 relative
07 issue	24 related	41 credit
08 effect	25 effective	42 popular
09 effectively	26 allow	43 relation
10 march	27 refund	44 resource
11 revision	28 paint	45 identification
12 beneficial	29 revise	46 permit
13 collection	30 satisfactory	47 rate
14 deadline	31 clothes	48 revised
15 sample	32 popularity	49 region
16 association	33 satisfy	50 usually
17 identify	34 satisfaction	

문제 3

01 popularity	18 relationship	35 relatively
02 usual	19 region	36 popular
03 benefit	20 revision	37 effectively
04 explain	21 association	38 rate
05 clothes	22 revise	39 satisfactory
06 refund	23 turn	40 collect
07 march	24 effect	41 identify
08 collection	25 resident	42 residence
09 resource	26 regional	43 usually
10 relative	27 satisfy	44 effective
11 permit	28 sample	45 residential
12 satisfaction	29 effectiveness	46 issue
13 identification	30 related	47 deadline
14 paint	31 allow	48 relation
15 credit	32 beneficial	49 revised
16 past	33 explanation	50 associate
17 permission	34 play	

※ 45개 이상 맞혔으면 그만하고 기억상자 프로그램을 실행하세요.

문제 4

01 beneficial	18 resource	35 relative
02 relation	19 residential	36 relatively
03 past	20 rate	37 effect
04 residence	21 benefit	38 explain
05 satisfy	22 collection	39 satisfactory
06 revised	23 permission	40 march
07 satisfaction	24 refund	41 identify
08 popularity	25 credit	42 relationship
09 effectively	26 popular	43 effective
10 resident	27 usual	44 associate
11 play	28 allow	45 collect
12 deadline	29 permit	46 association
13 region	30 issue	47 paint
14 usually	31 related	48 identification
15 revision	32 regional	49 clothes
16 sample	33 revise	50 turn
17 effectiveness	34 explanation	

문제 5

01 allow	18 associate	35 identification
02 effective	19 identify	36 issue
03 permit	20 clothes	37 past
04 revise	21 effectiveness	38 sample
05 relationship	22 popular	39 usual
06 residential	23 paint	40 resident
07 deadline	24 residence	41 permission
08 relative	25 rate	42 regional
09 revised	26 related	43 turn
10 relatively	27 region	44 credit
11 effectively	28 satisfy	45 refund
12 beneficial	29 collect	46 explanation
13 effect	30 revision	47 association
14 play	31 relation	48 popularity
15 collection	32 explain	49 march
16 usually	33 benefit	50 satisfaction
17 satisfactory	34 resource	

STEP 4 주기적인 복습 '기억상자'

제대로 외웠는지 확인하고 싶다고요? 까먹기 전에 다시 복습하고
싶다고요? 지금 당장 QR 코드를 스캔해 보세요.

Day 13

STEP 3

집중해서 풀어라!

단기기억을 만드는 단계입니다. 문장에서 해당하는 단어에 밑줄을 긋고 단어의 의미를 찾아 쓰다 보면 보통 3번이나 4번 문제에서 90% 이상 맞힐 수 있습니다.

※ 노란색으로 표시된 영단어에 해당하는 우리말에 밑줄을 그으세요. 생각나지 않는 단어는 STEP 2에서 찾아보세요.

문제 1

601 The 88 Expressway **is** currently **clear** after the completion of the construction work.

공사가 완료된 후 88 고속도로는 현재 원활하다.

602 The board of directors **clearly** stated that we would not be acquiring the Jupiter Company.

이사회는 Jupiter Company를 인수하지 않을 것이라고 명확히 말했다.

603 I hoped **to clarify** some things about the terms and conditions of my employment.

나는 고용 조건에 관한 몇 가지 사항들을 명확하게 할 것을 희망했다.

604 The purpose of the banquet was to raise **funds** for poor children in Africa.

연회의 목적은 아프리카의 가난한 아이들을 위한 기금을 모으는 것이었다.

605 No one wanted to provide **additional funding** to complete the bridge.

다리 완성을 위한 추가 자금을 제공하는 것을 아무도 원하지 않았다.

606 I enclosed my resume in the envelope along with a **reference letter**.

나는 이력서를 추천서와 함께 봉투에 동봉했다.

607 Employees often **refer** to their time sheets for the hours they worked.

직원들은 종종 일한 시간에 대해 그들의 근무 시간 기록표를 참고한다.

608 He **distributed** the new ID cards to all the staff members as soon as the security system was changed.

보안 시스템이 변경되자마자 그는 모든 직원들에게 새 ID 카드를 분배했다.

609 The increase in **distribution costs** negatively affected the country's economic growth.

유통 비용의 증가는 국가 경제 성장에 부정적인 영향을 미쳤다.

610 The **distributor** was asked to move up the release date.

그 배급사는 출시 일을 앞당길 것을 요청받았다.

611 The tourist bought several pieces of **merchandise** at the store.

여행객은 가게에서 몇 점의 상품을 구입했다.

612 Until now, numerous people **have run** businesses in Silicon Valley.

지금까지, 수많은 사람들이 Silicon Valley에서 사업을 운영해 왔다.

613 Our latest **running shoes** earned favorable reviews by both the public as well as the athletes.

우리의 최근 런닝화는 운동선수들뿐만 아니라 대중들 모두에게 호의적인 평가를 얻었다.

614 He could gain access to the **company executives** thanks to the work he did with Delko Furnishings.

그가 Delko Furnishings에서 했던 성과 덕분에 회사 임원들과 접촉할 수 있다.

615 **Could** you **pass out** these questionnaires about our workshop?

우리의 워크숍에 관한 이 설문지들을 나눠줄 수 있나요?

616 The applicant has **previous** work experience as a sales manager in this field.
그 지원자는 이 분야에서 판매 관리자로서의 이전 근무 경험을 갖고 있다.

617 Juan's new film was **previously** shown at the Braham Theater.
Juan의 새로운 영화는 Braham 극장에서 미리 상영되었다.

618 I would like to have a meeting with you at a time that **is convenient** for you.
나는 당신이 편한 시간에 당신과 회의를 하고 싶다.

619 I will send you a copy of the document by fax **for your convenience**.
나는 당신의 편의를 위해 문서 사본을 팩스로 보낼 것이다.

620 Our new branch is **conveniently** located in downtown Tokyo.
우리의 새 지사는 편리하게 도쿄 중심가에 위치해 있다.

621 I had not expected that the company's revenue in the **last quarter** would decrease sharply.
나는 지난 분기의 회사 수익이 급격히 감소하리라고 예상하지 못했었다.

622 The steering committee publishes **quarterly** job performance reports.
운영위원회는 분기별 업무 실적 보고서를 게재한다.

623 **Financial analysts** predicted that the stock will be taking a dive.
금융 분석가들은 그 주식이 폭락할 것이라고 예측했다.

624 Ms. Parker performed a **statistical analysis** on the financial information.
Ms. Parker는 재무 정보에 관한 통계 분석을 했다.

625 The finance director asked me **to analyze** the sales charts.
재무이사는 나에게 판매 현황표를 분석할 것을 요청했다.

626 It looks like the workers are keeping the equipment in **good condition**.
직원들이 좋은 상태로 장비를 유지하고 있는 것 같다.

627 The airline **passengers** are waiting in line to board their flight.
비행기 승객들이 비행기에 탑승하기 위해 줄서서 기다리고 있다.

628 Several documents were sent by **express mail** on request.
요청한 대로 몇 개의 문서가 빠른 우편으로 보내졌다.

629 Mr. Dean accepted the **expression** of their thanks for his contributions.
Mr. Dean은 그의 기부에 대한 그들의 감사 표현을 받았다.

630 I want to tell my boss about the new regulations **regarding** leave time.
나는 상사에게 휴가에 관한 새로운 규정들에 관해 말하고 싶다.

631 I should talk to the board **with regard** to this problem.
나는 이 문제에 관하여 이사회에 말해야 한다.

632 The Sales Department **conducted** a survey on customer satisfaction.
판매부는 고객 만족에 대한 설문 조사를 수행했다.

633 I received a free concert ticket from my friend, who is the **conductor** of the local symphony orchestra.
나는 지방 교향악단의 지휘자인 친구로부터 무료 콘서트 티켓을 받았다.

634 We studied marketing strategies **to attract** more customers.

우리는 더 많은 고객을 유치하기 위해 마케팅 전략을 연구했다.

635 This historic site is the most popular **tourist attraction** in the city.

이 유적지는 이 도시에서 가장 인기 있는 관광 명소이다.

636 It **is** more **attractive** to customers to give them free samples.

무료 샘플을 주는 것이 고객들에게는 더 매력적이다.

637 Let me take this **opportunity** to say a word about everyone.

이 기회를 빌어 모두에 대해 한 말씀 드리겠습니다.

638 The domestic **real estate** industry has been facing repeated problems.

국내의 부동산 업계는 반복되는 문제들에 직면해 있다.

639 They didn't seem **to realize** what they had done and didn't know what to do next.

그들은 무엇을 했는지 알아차린 것처럼 보이지 않았고, 다음에 무엇을 해야 하는지 몰랐다.

640 The law only applies to **realistic** replicas of designs, paintings, and programs.

그 법은 도면, 그림 그리고 프로그램의 실제적인 복제품들에만 적용된다.

641 We **are looking forward** to meeting you again.

우리는 당신과 다시 만나기를 기대하고 있다.

642 We will be ready to make a little **product demonstration** of our newest mobile phone in 2 days.

우리는 2일 뒤에 있을 최신 핸드폰의 소규모 제품 시연 개최를 준비할 것이다.

643 The presenter **demonstrated** how to use the new system.

발표자는 새 시스템의 사용 방법을 설명했다.

644 You must keep the **original receipt** as financial data.

당신은 재무자료로 쓰일 원본 영수증을 보관해야 한다.

645 The summer festival was **originally** planned for the next day but because of the bad weather, it has been rescheduled for next Friday.

여름 축제는 원래 다음날로 계획되었지만 악천후 때문에 다음 주 금요일로 연기되었다.

646 The interviewer asks that all applicants submit a resume to the **reception desk** before entering the meeting room.

면접관은 모든 참가자들이 회의실에 들어오기 전에 접수처에 이력서를 제출할 것을 요청한다.

647 My doctor said the **receptionist** will give me a new prescription soon.

내 의사는 접수 담당자가 곧 나에게 새 처방전을 줄 것이라고 말했다.

648 Our firm will launch an **advertising campaign** to promote our new camera.

우리 회사는 새 카메라를 홍보하기 위해 광고 캠페인을 시작할 것이다.

649 She was recommended for the position of head of the Personnel Department by a **colleague.**

그녀는 동료에 의해 인사부장으로 추천 되었다.

650 Inflation is the main reason for the recent **economic downturn.**

인플레이션은 최근 경제 침체의 주요 원인이다.

※ 다음 단어의 우리말 뜻을 쓰시오. 생각나지 않는 단어는 STEP 2에서 찾아 쓰세요.

문제 2

01 clearly	18 original	35 executive
02 conveniently	19 analyze	36 realistic
03 attractive	20 passenger	37 previously
04 receptionist	21 clear	38 clarify
05 refer	22 run	39 fund
06 regard	23 attract	40 quarter
07 real	24 conduct	41 analysis
08 distribution	25 originally	42 convenient
09 regarding	26 express	43 pass
10 merchandise	27 analyst	44 economic
11 condition	28 convenience	45 opportunity
12 distribute	29 demonstrate	46 quarterly
13 running	30 attraction	47 distributor
14 realize	31 reference	48 forward
15 colleague	32 demonstration	49 previous
16 reception	33 campaign	50 funding
17 expression	34 conductor	

문제 3

01 realize	18 original	35 regarding
02 condition	19 conveniently	36 convenience
03 campaign	20 previous	37 convenient
04 analyze	21 clearly	38 executive
05 quarterly	22 express	39 distribution
06 economic	23 originally	40 conductor
07 previously	24 funding	41 expression
08 attract	25 analysis	42 regard
09 fund	26 attraction	43 reception
10 run	27 clarify	44 analyst
11 opportunity	28 conduct	45 distribute
12 reference	29 forward	46 clear
13 passenger	30 quarter	47 colleague
14 receptionist	31 distributor	48 demonstration
15 pass	32 demonstrate	49 real
16 running	33 merchandise	50 realistic
17 attractive	34 refer	

※ 45개 이상 맞혔으면 그만하고 기억상자 프로그램을 실행하세요.

01 regarding	18 condition	35 campaign
02 real	19 convenience	36 originally
03 previous	20 economic	37 original
04 passenger	21 executive	38 express
05 demonstrate	22 attract	39 funding
06 quarterly	23 run	40 receptionist
07 attractive	24 analyst	41 regard
08 opportunity	25 analyze	42 distribution
09 distribute	26 colleague	43 clear
10 analysis	27 refer	44 quarter
11 distributor	28 clarify	45 forward
12 reception	29 running	46 demonstration
13 merchandise	30 realize	47 conveniently
14 conduct	31 realistic	48 convenient
15 attraction	32 expression	49 reference
16 fund	33 conductor	50 previously
17 clearly	34 pass	

01 quarter	18 realize	35 receptionist
02 run	19 conveniently	36 running
03 clearly	20 clear	37 conductor
04 fund	21 refer	38 regard
05 conduct	22 economic	39 funding
06 real	23 regarding	40 convenient
07 pass	24 executive	41 attract
08 forward	25 convenience	42 express
09 passenger	26 quarterly	43 attractive
10 demonstration	27 original	44 merchandise
11 realistic	28 reception	45 distributor
12 previous	29 analyze	46 analyst
13 colleague	30 previously	47 clarify
14 distribute	31 attraction	48 condition
15 originally	32 campaign	49 expression
16 demonstrate	33 analysis	50 distribution
17 reference	34 opportunity	

STEP 4 주기적인 복습 '기억상자'

제대로 외웠는지 확인하고 싶다고요? 까먹기 전에 다시 복습하고
싶다고요? 지금 당장 QR 코드를 스캔해 보세요.

Day 14

STEP 3 집중해서 풀어라!

단기기억을 만드는 단계입니다. 문장에서 해당하는 단어에 밑줄을 긋고 단어의 의미를 찾아 쓰다 보면 보통 3번이나 4번 문제에서 90% 이상 맞힐 수 있습니다.

※ 노란색으로 표시된 영단어에 해당하는 우리말에 밑줄을 그으세요. 생각나지 않는 단어는 STEP 2에서 찾아보세요.

문제 1

651 The new fiscal policy will affect the **local economy**.
새로운 재정 정책은 지역 경제에 영향을 미칠 것이다.

652 Sarah Churman in the Accounting Department is a highly regarded **economist**.
경리부의 Sarah Churman은 매우 존경받는 경제학자이다.

653 A woman is looking at a **display case** full of small dolls.
한 여자가 작은 인형들로 가득 찬 진열장을 보고 있다.

654 Mind your own affairs **instead of** wasting time with the previous contract.
이전 계약에 시간을 낭비하는 대신에 너의 일에 신경 써라.

655 **Live performances** are always very popular with the public.
라이브 공연은 항상 대중들에게 매우 인기 있다.

656 The director **is responsible** for managing investment risk.
그 관리자는 투자 위험을 관리해야 하는 책임이 있다.

657 This guidebook informs us of the **basic responsibilities** of all entry-level employees.
이 가이드북은 우리에게 모든 초급 직원들이 알아야 할 기본적인 의무에 대해 알려준다.

658 We believe the plan will increase our **market share** in the European market.
우리는 그 계획이 유럽 시장에서 우리의 시장 점유율을 증가시킬 것이라고 믿는다.

659 You will be expected to vote on the agreement with Karin Mining at the annual **shareholders' meeting**.
당신은 연례 주주 회의에서 Karin Mining과의 협정에 대해 투표할 것으로 기대되어질 것이다.

660 The government has advertised that it is recruiting **volunteers** for disaster relief.
정부는 재난 구조를 위한 자원봉사자 모집하고 있다고 광고했다.

661 The company prepared some free events **to celebrate** the 20th anniversary of its founding.
그 회사는 창립 20주년 기념일을 축하하기 위해 몇 가지 무료 행사를 준비했다.

662 He didn't want to join the grand **opening celebration**.
그는 대규모 개업 기념행사에 참석하고 싶지 않았다.

663 We **sincerely** apologize that our branch office staff made a mistake that affected you.
우리는 지사 직원이 당신에게 실수한 것에 대해 진심으로 사과한다.

664 The fine **weather** helped us to enjoy a spectacular view of the mountain.
좋은 날씨는 우리가 산의 멋진 광경을 즐길 수 있도록 도왔다.

665 Some members of our team **are experts** in marketing and sales.
우리 팀의 일부 멤버는 마케팅과 판매에 전문가들이다.

666 I am definitely sure that this case involves your area **of expertise**.
나는 이 사건이 당신의 전문 분야와 관련 있다고 분명히 확신한다.

667 The council's annual conference was held at 5 P.M. at **city hall**.

의회의 연례 회의가 시청에서 오후 5시에 개최되었다.

668 She mentioned an important fact at the **press conference**.

그녀는 기자 회견에서 중요한 사실을 말했다.

669 The government applied political **pressure** to telecommunication corporations.

정부는 통신 회사들에게 정치적인 압박을 가했다.

670 The **retirement banquet** was held to honor her 20 years of dedication to the company.

은퇴 연회는 그녀의 회사에 대한 20년간 헌신을 기리기 위해 개최되었다.

671 Mr. Kim announced that he **will retire** in July 2016.

Mr. Kim은 2016년 7월에 은퇴할 것이라고 발표했다.

672 Many commuters complained about the **traffic** on the Mapo Bridge.

많은 통근자들이 Mapo Bridge의 교통량에 대해 불평했다.

673 Anyone who has a **motor vehicle** must purchase car insurance.

자동차를 갖고 있는 누구나 자동차 보험에 가입해야 한다.

674 I think the new financial transaction systems make our business more **efficient**.

난 새 금융 거래 시스템이 우리 사업을 좀 더 효율적으로 만든다고 생각한다.

675 We need to consider how to improve **energy efficiency**.

우리는 에너지 효율을 향상시킬 방법을 고려해야 한다.

676 To work **efficiently**, they have to maintain a positive work environment.

효율적으로 일하기 위해, 그들은 긍정적인 근무 환경을 유지해야 한다.

677 She said it is impossible **to reach** an agreement about the price.

그녀는 그 가격에 대해 합의에 이르는 것은 불가능하다고 말했다.

678 You can't change your information without the **correct password**.

당신은 정확한 비밀번호 없이 당신의 정보를 변경할 수 없다.

679 Our senior accountant is always estimating the company's assets **correctly**.

우리의 수석 회계사는 항상 정확하게 그 회사의 자산을 추산하고 있다.

680 This software has some problems that need prompt **correction**.

이 소프트웨어는 즉각적인 수정이 요구되는 몇 가지 문제를 갖고 있다.

681 The construction of the new road **should ease** traffic congestion in the capital city.

새 도로 건설은 수도의 교통 체증을 덜어줄 것이다.

682 The Leopot Museum is **easily** accessible from Seoul by public transportation.

Leopot 박물관은 서울에서 대중교통을 이용하여 쉽게 접근할 수 있다.

683 They **are** highly **impressed** with his quality presentation.

그들은 그의 수준 높은 발표에 매우 감동받았다.

684 His sales performance at his previous company **was** particularly **impressive**.

그의 이전 회사에서의 판매 실적은 매우 인상적이었다.

685 People say that a **first impression** is very important for a successful interview.

사람들은 성공적인 면접을 위해서는 첫인상이 매우 중요하다고 말한다.

686 Different kinds of projects are run by the company.

다른 종류의 프로젝트들이 그 회사에 의해 운영된다.

687 When I asked a hotel staff member for a room, he **kindly** showed me the list of rentable rooms.

내가 호텔 직원에게 방에 대해 물어봤을 때, 그는 내게 대여 가능한 방의 목록을 친절하게 보여줬다.

688 You can enjoy a **spectacular view** of the Sunshine Coast from our hotel.

당신은 우리 호텔에서 Sunshine Coast의 멋진 경치를 즐길 수 있다.

689 Mr. Broum received an e-mail from his supervisor notifying him of a **work assignment**.

Mr. Broum은 상사로부터 작업 할당 통지 메일을 받았다.

690 A different task **is assigned** to each staff member by Mr. Martinez.

다른 작업이 Mr. Martinez에 의해 각 직원들에게 배정되었다.

691 The company demands that its employees have the **skills** needed for each position.

그 회사는 직원들에게 각 위치에 필요한 기술들을 가질 것을 요구한다.

692 Because they were in need of highly **skilled workers**, their recruiter had to participate in job fairs in various countries.

그들은 매우 숙련된 노동자들이 필요했기 때문에 채용담당자는 다양한 국가들의 직업 박람회에 참여해야 했다.

693 The CEO asked our team for the results of the market **research study**.

CEO는 우리 팀에게 시장 조사 연구의 결과를 요청했다.

694 Our department store has **a wide variety of** fashion brands to choose from.

우리 백화점에는 선택할 수 있는 매우 다양한 패션 브랜드가 있다.

695 Our team's performance in the international market has been **widely** publicized.

우리 팀의 실적은 국제 시장에 널리 알려졌다.

696 Despite the company having been in business for ten years, the prices of its services **have remained** the same.

10년 동안 사업한 회사임에도 불구하고 서비스의 가격은 동일하게 유지되고 있다.

697 The store in the alley is selling its **remaining inventory** at cut rates.

골목에 있는 그 가게는 할인된 가격에 남은 재고를 판매중이다.

698 The interviewer was impressed with the **resume** he submitted.

그 면접관은 그가 제출한 이력서에서 깊은 인상을 받았다.

699 Several offices use solar power **to save** energy, but a solar panel is very expensive.

몇몇 사무실들은 에너지를 절약하기 위해 태양열 발전을 사용하지만 태양 전지판이 너무 비싸다.

700 She decided to withdraw money from her **savings account**.

그녀는 예금 계좌에서 돈을 인출하기로 결정했다.

Day 14 _ 71

※ 다음 단어의 우리말 뜻을 쓰시오. 생각나지 않는 단어는 STEP 2에서 찾아 쓰세요.

문제 2

01 celebration	18 skilled	35 responsibility
02 share	19 retirement	36 easily
03 efficient	20 shareholder	37 kindly
04 case	21 hall	38 resume
05 ease	22 reach	39 efficiently
06 volunteer	23 impressive	40 expert
07 assignment	24 sincerely	41 traffic
08 celebrate	25 live	42 efficiency
09 skill	26 widely	43 economist
10 remaining	27 weather	44 correction
11 remain	28 study	45 correctly
12 kind	29 impress	46 responsible
13 savings	30 instead	47 vehicle
14 correct	31 pressure	48 retire
15 expertise	32 save	49 press
16 economy	33 assign	50 wide
17 impression	34 view	

문제 3

01 remain	18 correctly	35 retirement
02 celebration	19 widely	36 skilled
03 kindly	20 volunteer	37 pressure
04 live	21 press	38 expertise
05 retire	22 skill	39 correct
06 impression	23 responsibility	40 economist
07 resume	24 shareholder	41 efficient
08 instead	25 efficiently	42 expert
09 hall	26 responsible	43 share
10 weather	27 celebrate	44 efficiency
11 impressive	28 study	45 kind
12 traffic	29 vehicle	46 reach
13 ease	30 case	47 correction
14 wide	31 savings	48 easily
15 sincerely	32 impress	49 assign
16 save	33 view	50 economy
17 assignment	34 remaining	

※ 45개 이상 맞혔으면 그만하고 기억상자 프로그램을 실행하세요.

문제 4

01 skilled	18 hall	35 expert
02 retirement	19 share	36 kindly
03 ease	20 instead	37 weather
04 live	21 vehicle	38 economy
05 retire	22 economist	39 correction
06 resume	23 impressive	40 save
07 traffic	24 view	41 savings
08 kind	25 celebrate	42 press
09 easily	26 pressure	43 remain
10 efficiently	27 shareholder	44 assignment
11 efficient	28 volunteer	45 expertise
12 skill	29 widely	46 efficiency
13 study	30 celebration	47 correctly
14 impress	31 remaining	48 impression
15 correct	32 wide	49 case
16 sincerely	33 responsibility	50 responsible
17 reach	34 assign	

문제 5

01 remaining	18 assign	35 economist
02 pressure	19 view	36 reach
03 press	20 retire	37 wide
04 share	21 instead	38 correction
05 resume	22 kind	39 volunteer
06 save	23 remain	40 easily
07 expert	24 case	41 sincerely
08 shareholder	25 kindly	42 traffic
09 expertise	26 celebrate	43 impression
10 savings	27 celebration	44 vehicle
11 hall	28 assignment	45 efficiency
12 correctly	29 widely	46 responsibility
13 skill	30 skilled	47 responsible
14 impressive	31 retirement	48 efficient
15 ease	32 economy	49 efficiently
16 impress	33 live	50 weather
17 correct	34 study	

Day 14 651~700

STEP 4 주기적인 복습 '기억상자'

제대로 외웠는지 확인하고 싶다고요? 까먹기 전에 다시 복습하고
싶다고요? 지금 당장 QR 코드를 스캔해 보세요.

※ 노란색으로 표시된 영단어에 해당하는 우리말에 밑줄을 그으세요. 생각나지 않는 단어는 STEP 2에서 찾아보세요.

문제 1

701 Companies have used large parts of their budgets to protect their **intellectual property**.
기업들은 지적 재산을 보호하기 위해 예산의 많은 부분을 사용해 왔다.

702 You should e-mail me with your details **along with** an application form.
당신은 내게 지원양식과 함께 당신의 세부 정보를 이메일로 보내야 한다.

703 Ms. Han, who is in charge as the **senior architect**, is describing the project.
수석 건축가인 Ms. Han이 그 프로젝트를 설명하고 있다.

704 The exhibition will show over 80 photos of the **architectures** of famous sites around the world.
그 전시회는 전 세계의 유명 장소에 있는 건축물들에 대한 80개 이상의 사진을 전시할 것이다.

705 We asked the **architectural firm** to send a different design.
우리는 건축 회사에게 다른 설계도를 보내달라고 요청했다.

706 He **encouraged** his employees to attend the workshop on Tuesday of next week.
그는 다음 주 화요일에 있을 워크숍에 직원들이 참석하도록 장려했다.

707 It is easy for even a beginner to understand the **instruction manual**.
초보자도 사용 설명서를 이해하는 건 쉽다.

708 They asked the government about the **specific details** of its new project.
그들은 정부에게 새 프로젝트에 대한 구체적인 세부사항을 물었다

709 The tour packages are **specifically** designed for people who prefer road trips.
그 여행 패키지는 도보 여행을 선호하는 사람들을 위해 특별히 설계되었다.

710 I didn't remember where I put the **product specifications**.
난 내가 제품 설명서를 어디에 놓았는지 기억하지 못했다.

711 Don't forget **to specify** the type of equipment you will use in the boardroom.
당신은 회의실에서 사용할 장비 유형을 명시하는 것을 잊지 마세요.

712 Our new **branch** was recently launched in Hong Kong.
최근에 우리의 새로운 지사가 홍콩에 설립됐다.

713 I was nominated for the **planning committee** by my colleagues.
나는 동료들에 의해 기획 위원회에 추천되었다.

714 Rich people tend **to spend** more money on luxury items than others.
부유한 사람들은 다른 사람들보다 사치품에 좀 더 많은 돈을 지출하는 경향이 있다.

715 The chart showed that **spending patterns** change as people age.
그 차트는 사람들의 나이에 따라 소비 패턴이 변한다는 것을 보여줬다.

716 The company will distribute new **product brochures** to customers.
그 회사는 고객들에게 새로운 제품 설명서를 나눠 줄 것이다.

717 We have the detailed personal data of everyone **except for** you.
우리는 당신을 제외한 모든 사람들의 자세한 개인정보를 갖고 있다.

718 They would never have become famous without their **exceptional effort**.
그들은 특별한 노력 없이 결코 유명해지지 못했을 것이다.

719 **With the exception of** Mr. Gerrard, everyone's salaries are up.
Mr. Gerrard를 제외하고 모든 사람들의 연봉이 올랐다.

720 We promised to work **hard** to reach our sales goal this year.
우리는 올해 판매 목표를 달성하기 위해 열심히 일하기로 약속했다.

721 The guide led us to a great place to look at the beautiful view but it **was hardly visible** because of the heavy fog.
가이드는 아름다운 풍경을 볼 수 있는 좋은 장소로 우리를 이끌었지만 짙은 안개로 인해 거의 볼 수 없었다.

722 A kind man helped the old woman **across the street**.
한 친절한 남자가 길 건너의 할머니를 도와주었다.

723 It**'s not** absolutely **necessary** to attend the charity banquet.
자선 행사에 반드시 참석할 필요는 없다.

724 I think you need not **necessarily** fill in all those forms.
나는 당신이 모든 양식들을 반드시 채울 필요는 없다고 생각한다.

725 It's company policy not to charge employees anything for **personal** office supplies.
직원들에게 개인적인 사무 용품에 대해 어떤 비용도 부담시키지 않는 것이 회사의 규정이다.

726 The employees could speak to their boss **personally** about this issue.
직원들은 상사에게 이 문제에 대해 개인적으로 말할 수 있었다.

727 Each computer **is personalized** to meet the needs of individual staff members.
각각의 컴퓨터는 개별 직원들의 요구를 충족시키기 위해 개인화 되어 있다.

728 They are planning to make a **profit** from packaging and shipping.
그들은 포장과 배송에서 수익을 남길 계획이다.

729 Selling groceries is a highly **profitable business** in the domestic market.
식료품 판매는 국내 시장에서 대단히 수익성 있는 사업이다.

730 If **for any reason** you damage our facilities, you will be fined.
당신이 어떤 이유로든 우리 시설을 손상시키면, 벌금을 낼 것이다.

731 The caterer guarantees fresh, delicious, and quality food at **reasonable prices**.
그 음식공급자는 적당한 가격에 신선하고, 맛있는 양질의 음식을 보증한다.

732 Many people complained about the subway fare, but the subway official said it was **reasonably** priced.
많은 사람들이 지하철 요금에 대해 불평했지만 지하철 역무원은 합리적으로 책정된 가격이라고 말했다.

733 If you are looking for the **airline**'s lost and found office, call the reception desk in the airport.
당신이 항공사의 분실물 보관소를 찾고 있다면, 공항의 접수처에 문의하세요.

734 Our **chief engineer** and designer are opposed to the project.
우리 수석 기술자와 디자이너는 그 프로젝트에 반대한다.

735 The security guard ordered me to pay a **fine** for illegal parking.

경비원은 내게 불법 주차에 대한 벌금을 지불하라고 명령했다.

736 I **would like to inquire** about reserving the auditorium at your hotel.

나는 당신의 호텔 강당을 예약하는 것에 대해 문의하고 싶다.

737 Thank you for your **inquiry** regarding our training courses.

우리의 교육 과정들에 대해 문의해 주셔서 감사합니다.

738 You should register for the training course regarding the new **assembly line** process.

당신은 새로운 조립 라인 공정에 관한 교육 과정에 등록해야 한다.

739 Several celebrities **are assembled** in the conference hall to sit on a committee.

여러 저명인사들이 위원회에 참석하기 위해 회의장에 모였다.

740 A few trucks **are being driven** along the coastal road.

몇 대의 트럭이 해안도로를 따라 운전되고 있다.

741 We don't have **enough** time to complete the project on time.

우리는 프로젝트를 제 시간에 완료할 충분한 시간이 없다.

742 The laundry shop offers local residents **excellent service** for low prices.

그 세탁소는 낮은 가격에 지역 주민들에게 훌륭한 서비스를 제공한다.

743 I nominated Mr. Donner for the annual employee **excellence award**.

나는 연례 직원 우수상에 Mr. Donner를 추천했다.

744 I **would appreciate** the opportunity to collaborate with you again.

난 당신과 다시 협력할 수 있는 기회를 준다면 감사할 것이다.

745 I would like to express my **appreciation** for your help.

난 당신의 도움에 감사를 표현하고 싶다.

746 Volunteers held an event **to raise** money for a good cause.

자원봉사자들은 좋은 뜻으로 돈을 모으기 위해 행사를 열었다.

747 I happened to meet him at the annual **fund raiser** last year.

나는 작년에 연례 모금 행사에서 그를 우연히 만났다.

748 Some employers will be checking social networking services for information about **job candidates**.

몇몇 고용주들은 입사 지원자들에 대한 정보를 얻기 위해 SNS를 확인할 것이다.

749 You should use the proper sized papers to avoid **damage** to copy machine.

당신은 복사기 손상을 피하기 위해 적절한 크기의 용지들을 사용해야 한다.

750 We will refund your money without delay if you received a **damaged product**.

너가 손상된 제품을 받았다면 우리는 지체 없이 너의 돈을 환불할 것이다.

※ 다음 단어의 우리말 뜻을 쓰시오. 생각나지 않는 단어는 STEP 2에서 찾아 쓰세요.

문제 2

01 architecture	18 brochure	35 exceptional
02 encourage	19 reason	36 engineer
03 appreciate	20 drive	37 architectural
04 across	21 property	38 personal
05 assemble	22 damaged	39 exception
06 reasonable	23 profit	40 spending
07 spend	24 inquire	41 hard
08 enough	25 raiser	42 specify
09 airline	26 appreciation	43 specific
10 specifically	27 hardly	44 architect
11 profitable	28 excellence	45 committee
12 personalize	29 necessarily	46 necessary
13 damage	30 fine	47 specification
14 personally	31 inquiry	48 along
15 except	32 branch	49 excellent
16 assembly	33 reasonably	50 manual
17 candidate	34 raise	

문제 3

01 spend	18 profit	35 damaged
02 raiser	19 architect	36 fine
03 across	20 reason	37 necessarily
04 architectural	21 specify	38 specification
05 engineer	22 hardly	39 candidate
06 property	23 profitable	40 appreciate
07 inquire	24 encourage	41 specific
08 damage	25 manual	42 drive
09 brochure	26 spending	43 excellent
10 enough	27 reasonably	44 personally
11 assemble	28 raise	45 exceptional
12 along	29 appreciation	46 hard
13 except	30 committee	47 necessary
14 architecture	31 assembly	48 airline
15 branch	32 specifically	49 personalize
16 excellence	33 personal	50 reasonable
17 inquiry	34 exception	

※ 45개 이상 맞혔으면 그만하고 기억상자 프로그램을 실행하세요.

01 excellent	18 architect	35 raise
02 inquire	19 brochure	36 reasonably
03 personal	20 exception	37 architectural
04 drive	21 reasonable	38 profitable
05 necessary	22 assemble	39 reason
06 raiser	23 engineer	40 exceptional
07 spending	24 hard	41 property
08 specific	25 damaged	42 specify
09 except	26 hardly	43 candidate
10 branch	27 personally	44 inquiry
11 specifically	28 airline	45 enough
12 fine	29 committee	46 necessarily
13 profit	30 assembly	47 excellence
14 manual	31 encourage	48 across
15 specification	32 architecture	49 appreciate
16 damage	33 spend	50 appreciation
17 along	34 personalize	

01 inquiry	18 exceptional	35 architectural
02 specify	19 specification	36 across
03 personal	20 spend	37 reason
04 except	21 along	38 encourage
05 inquire	22 damage	39 property
06 manual	23 airline	40 raise
07 brochure	24 profitable	41 drive
08 architecture	25 necessary	42 committee
09 candidate	26 spending	43 raiser
10 hard	27 reasonable	44 assembly
11 profit	28 personalize	45 architect
12 reasonably	29 assemble	46 damaged
13 fine	30 enough	47 specific
14 necessarily	31 appreciation	48 excellence
15 engineer	32 hardly	49 exception
16 appreciate	33 specifically	50 branch
17 excellent	34 personally	

STEP 4 주기적인 복습 '기억상자'

제대로 외웠는지 확인하고 싶다고요? 까먹기 전에 다시 복습하고
싶다고요? 지금 당장 QR 코드를 스캔해 보세요.

Day 16

STEP 3 집중해서 풀어라!

단기기억을 만드는 단계입니다. 문장에서 해당하는 단어에 밑줄을 긋고 단어의 의미를 찾아 쓰다 보면 보통 3번이나 4번 문제에서 90% 이상 맞힐 수 있습니다.

※ 노란색으로 표시된 영단어에 해당하는 우리말에 밑줄을 그으세요. 생각나지 않는 단어는 STEP 2에서 찾아보세요.

문제 1

751 Could you give me a **price estimate** for the order?
나에게 그 주문에 대한 가격 견적서를 주시겠어요?

752 This brochure includes a list of all City Hall's **upcoming events**.
이 소책자에는 시청에서 곧 있을 행사들의 모든 목록이 포함되어 있다.

753 A charity fair for single mothers was held at the **convention center**.
미혼모들을 위한 자선행사가 컨벤션 센터에서 열렸다.

754 Each of the area managers **will convene** next Tuesday to discuss next year's marketing strategy.
각 지역의 매니저들이 내년의 마케팅 전략을 논의하기 위해 다음 주 화요일에 모일 것이다.

755 I **will hand out** copies of the documents you requested.
나는 당신이 요청한 문서들의 사본을 나눠줄 것이다.

756 A cover letter **should be limited** to 200 words or fewer.
자기소개서는 200 단어 이하로 제한되어야 한다.

757 There are **limitations** on how many hours employees can work on weekends.
직원들이 주말에 일할 수 있는 시간에 대해 제한이 있다.

758 There is rising interest in protecting the **environment**.
환경을 보호하는 것에 대한 관심이 증가하고 있다.

759 Companies should have paid attention to reducing **environmental pollution**.
기업들은 환경오염을 줄이는 것에 관심을 가졌어야 했다.

760 Our goal is to redesign our existing products **to be environmentally friendly**.
우리의 목표는 기존 제품들을 환경 친화적으로 재설계하는 것이다.

761 A daily newspaper issued a **press release** aimed at the president.
일간 신문은 대통령을 겨냥한 보도 자료를 발표했다.

762 The company is planning to expand the factory to meet growing **consumer demand**.
회사는 성장하는 소비자 수요를 충족시키기 위해 공장 확장을 계획하고 있다.

763 The electric cars that are currently produced **consume** less fuel then the old ones.
최근에 생산된 전기차들은 이전 것들보다 더 적은 연료를 소비한다.

764 The sports utility vehicle is safer than small cars although it has high **fuel consumption**.
SUV는 높은 연료 소비량을 가졌지만 소형차들보다 안전하다.

765 We have no plans to expand the **sales and marketing division**.
우리는 영업 마케팅 부서를 확대할 계획이 없다.

766 Our company **is divided** into six departments and provides a professional work environment and generous benefits packages.
우리 회사는 6개 부서로 나뉘어져 있고 전문적인 작업 환경과 후한 복지 혜택을 제공한다.

767 If you want to buy an annual **subscription** at a discount, complete our questionnaire.

만약 당신이 연간 정기구독을 할인된 가격에 구입하고 싶다면, 설문지를 완성해라.

768 If you want to find information about the local communities, **subscribe** to our newspaper.

만약 당신이 지역 공동체에 대한 정보를 찾기 원한다면, 우리 신문을 구독해라.

769 We are planning to host an event for our **subscribers** at a hotel.

우리는 호텔에서 우리의 구독자들을 위한 행사를 주최할 계획이다.

770 I **would like to remind** everyone that one of our regulations is that each employee must wear an identification badge.

나는 각 직원들의 신분 배지 착용이 우리 규정 중 하나라는 것을 모두에게 상기시키고 싶다.

771 The success of this project **will contribute** to the growth of the company.

이 프로젝트의 성공은 회사 성장에 기여할 것이다.

772 Your **contribution** will lead to the expansion of our company's business.

당신의 기여는 우리 회사의 사업 확장으로 이어질 것이다.

773 Mary Adams is an important **contributor** to the new advertising campaign.

MaryAdams는 새 광고 캠페인의 중요한 기여자이다.

774 The **initial plan** my team drafted is progressing nicely, and we are ready for the next step.

나의 팀이 초안을 작성한 초기 계획은 잘 진행되고 있으며, 다음 단계로 진행할 준비가 되어 있다.

775 The event is the final step in our **initiative** to promote my company's brand.

그 행사는 내 회사의 브랜드를 홍보하기 위한 우리 계획의 마지막 단계이다.

776 The Mercury HMD will **initially** be released on the local market before being sold in other countries.

Mercury HMD는 다른 나라에서 판매되기 전에 국내 시장에서 처음으로 출시될 것이다.

777 The government **has initiated** a campaign to call for the public to participate in the election.

정부는 대중들에게 선거 참여를 요청하기 위해 캠페인을 시작했다.

778 The rooms at the hotel are fully equipped with quality **kitchen appliances**.

호텔 객실에는 고급 주방 용품들이 완비되어 있다.

779 The company is offering new employees free membership at the **fitness center**.

그 회사는 신입 사원들에게 신체 단련장의 무료 회원권을 제공하고 있다.

780 A young man **is removing** some fruit from a basket.

한 청년이 바구니에서 몇 개의 과일을 치우고 있다.

781 The neighbors requested the **removal** of the fence by the road.

이웃들이 도로 옆 펜스의 제거를 요청했다.

782 The traffic accident **caused** the meeting to be delayed.

교통사고는 회의의 지연을 야기했다.

783 You must destroy this document because it **contains** confidential information about our company.

이 문서는 우리 회사에 대한 기밀 정보를 포함하고 있기 때문에 파기해야 한다.

784 The **containers** that are made of environmentally friendly materials are being loaded onto the plane.
친환경 재료들로 만들어진 컨테이너들이 비행기에 실리고 있다.

785 Steady exercise will help **ensure** that you have good health and a long life.
꾸준한 운동은 당신이 건강과 장수를 보장하도록 도울 것이다.

786 As a result of checking many portfolios several times, we discovered a good **investment opportunity**.
우리는 많은 포트폴리오를 여러 번 확인한 결과 좋은 투자 기회를 찾았다.

787 The factory owner **invested** a large amount of money in new equipment.
그 공장주는 새로운 장비에 많은 돈을 투자했다.

788 Some equipment in the **laboratory** has been replaced with up-to-date equipment.
실험실의 몇몇 장비들이 최신 장비로 교체되었다.

789 The Internet shopping mall supports various kinds of **payment options**.
그 인터넷 쇼핑몰은 여러 지불 방법들을 지원한다.

790 I'm afraid the merchandise you ordered is currently **out of stock**.
유감스럽게도 당신이 주문한 상품은 현재 품절이다.

791 She paid **attention** to the people who bears a grudge against her.
그녀는 그녀에게 원한을 품고 있는 사람들에게 주의를 기울였다.

792 The opening event at the **awards banquet** was a special performance by a jazz band.
시상식 연회의 오프닝 행사는 재즈 밴드의 특별 공연이었다.

793 I know Ms. Sewell was one of the members who **carried out** the project.
나는 Ms. Sewell이 그 프로젝트를 수행했던 멤버들 중 한 명이었다는 것을 안다.

794 Some name-brand watches and jewelry **can't be fixed** in this nation.
몇몇 유명 브랜드 시계와 보석류는 국내에서 수리할 수 없다.

795 The **light fixtures** installed in huge sports stadiums are not only expensive but also high-energy-consuming.
대형 스포츠 경기장들에 설치된 조명 설비들은 비쌀 뿐만 아니라 많은 에너지를 소비한다.

796 I **have attached** the revised document to this e-mail.
나는 수정된 문서를 이메일에 첨부했다.

797 I asked him when he sent me the application form as an **e-mail attachment**.
나는 그에게 지원 양식을 이메일 첨부로 보낸 것이 언제인지 물었다.

798 You have to send Hightech, Inc. an e-mail with the **attached documents** that include an invoice.
당신은 송장이 포함된 첨부 문서들과 함께 이메일을 하이테크 주식회사에 보내야 한다.

799 Do not hesitate to contact the **Personnel Department** for details.
세부사항들을 알기 위해 인사부에 연락하는 것을 주저하지 마시오.

800 You should pay a tax for luxury goods which have a **market value** of over $10,000.
당신은 시장 가격이 10,000 달러가 넘는 사치품에 대해서는 세금을 지불해야 한다.

※ 다음 단어의 우리말 뜻을 쓰시오. 생각나지 않는 단어는 STEP 2에서 찾아 쓰세요.

문제 2

01 fixture	18 removal	35 contribution
02 container	19 attached	36 environmentally
03 hand	20 remove	37 convene
04 consume	21 contributor	38 subscriber
05 consumer	22 laboratory	39 stock
06 estimate	23 attention	40 environmental
07 upcoming	24 appliance	41 divide
08 carry	25 attach	42 contribute
09 consumption	26 release	43 personnel
10 limit	27 initiative	44 ensure
11 division	28 fix	45 investment
12 remind	29 contain	46 cause
13 banquet	30 option	47 subscribe
14 initially	31 limitation	48 value
15 environment	32 subscription	49 fitness
16 attachment	33 initiate	50 invest
17 convention	34 initial	

문제 3

01 divide	18 convention	35 fix
02 subscription	19 consumption	36 attachment
03 carry	20 invest	37 consumer
04 banquet	21 removal	38 estimate
05 environmentally	22 fitness	39 contributor
06 investment	23 subscribe	40 remind
07 limitation	24 cause	41 contribute
08 initially	25 container	42 remove
09 upcoming	26 ensure	43 contain
10 value	27 stock	44 attention
11 personnel	28 attached	45 hand
12 environmental	29 contribution	46 initiative
13 environment	30 division	47 option
14 fixture	31 attach	48 initiate
15 appliance	32 limit	49 release
16 subscriber	33 convene	50 initial
17 laboratory	34 consume	

※ 45개 이상 맞혔으면 그만하고 기억상자 프로그램을 실행하세요.

문제 4

01 limit	18 contribute	35 fitness
02 hand	19 division	36 release
03 convene	20 initiate	37 contributor
04 initially	21 ensure	38 removal
05 invest	22 convention	39 initial
06 environmental	23 attachment	40 banquet
07 option	24 limitation	41 personnel
08 investment	25 laboratory	42 consume
09 subscription	26 carry	43 estimate
10 remind	27 contribution	44 subscriber
11 contain	28 fix	45 consumer
12 remove	29 stock	46 upcoming
13 fixture	30 initiative	47 attached
14 cause	31 attention	48 subscribe
15 value	32 divide	49 environmentally
16 appliance	33 consumption	50 container
17 attach	34 environment	

문제 5

01 value	18 laboratory	35 contributor
02 appliance	19 convention	36 option
03 invest	20 fix	37 ensure
04 estimate	21 cause	38 subscriber
05 divide	22 initiate	39 attachment
06 banquet	23 carry	40 limit
07 fixture	24 initiative	41 investment
08 environment	25 environmental	42 container
09 subscribe	26 removal	43 remind
10 division	27 fitness	44 contain
11 attention	28 upcoming	45 attach
12 initial	29 consumer	46 limitation
13 convene	30 attached	47 contribution
14 consume	31 environmentally	48 initially
15 remove	32 personnel	49 hand
16 contribute	33 consumption	50 release
17 subscription	34 stock	

STEP 4 주기적인 복습 '기억상자'

제대로 외웠는지 확인하고 싶다고요? 까먹기 전에 다시 복습하고
싶다고요? 지금 당장 QR 코드를 스캔해 보세요.

Day 16 751-800

Day 17 STEP 3

집중해서 풀어라!

단기기억을 만드는 단계입니다. 문장에서 해당하는 단어에 밑줄을 긋고 단어의 의미를 찾아 쓰다 보면 보통 3번이나 4번 문제에서 90% 이상 맞힐 수 있습니다.

※ 노란색으로 표시된 영단어에 해당하는 우리말에 밑줄을 그으세요. 생각나지 않는 단어는 STEP 2에서 찾아보세요.

문제 1

801 Ms. Sanders said she was so happy to win the **valuable** prize.
Ms. Sanders는 가치 있는 상을 수상한 것이 너무 행복했다고 말했다.

802 We are supposed to have a meeting with Mr. Jung, who is one of our **valued customers,** tomorrow afternoon.
우리는 소중한 고객들 중에 한 명인 Mr. Jung과 내일 오후에 회의하기로 되어 있다.

803 They seemed to be full of **complaints** about the noise level in the apartment.
그들은 아파트 내 소음에 대해 불만이 가득해 보였다.

804 He mailed us **to complain** about our transportation service.
그는 우리의 운송 서비스에 대해 항의하기 위해 메일을 보냈다.

805 A resume and two letters of recommendation **were enclosed** with his application.
이력서와 두 장의 추천서가 그의 지원서와 함께 동봉되었다.

806 You should first fill out the **enclosed form** and fax it to headquarters in Los Angeles.
당신은 먼저 동봉된 양식을 작성하고 그것을 Los Angeles에 있는 본사에 팩스로 보내시오.

807 He included an invoice as an **enclosure** with the letter.
그는 편지에 청구서를 동봉했다.

808 Special events for our **frequent guests** are being planned.
우리의 단골손님들을 위한 특별 행사를 계획 중이다.

809 Blueline trains are **frequently** delayed as a result of the worn railways.
Blueline열차는 낡은 선로로 인해 자주 지연된다.

810 Many commuters prefer the subway because of the **frequency** of the trains.
많은 통근자들은 열차의 빈도 때문에 지하철을 선호한다.

811 Employees **must obtain** permission to use the conference rooms in the building.
직원들은 건물 내의 회의실을 이용하려면 허가를 얻어야 한다.

812 **Quite a few** people will participate in the contest.
상당수의 사람들이 콘테스트에 참여할 것이다.

813 The objective of this seminar is to improve **communication skills**.
이번 세미나의 목적은 의사소통 능력을 향상시키는 것이다.

814 The head of the sales division wants **to communicate** with consumers.
영업부 부장은 소비자들과의 의사소통을 원한다.

815 The number of people taking vacations increased **immediately** after the altering of the company's vacation policy.
회사의 휴가 규정이 변경되자마자 휴가자의 수가 증가했다.

816 Employees need to have told their vacation times to their **immediate supervisors** a week ago.
직원들은 그들의 휴가기간을 한주 전에 직속 상사에게 말해야 한다.

817 We have five days off because of the **national holiday**.

우리는 국경일 때문에 5일간의 휴가를 가진다.

818 The tree the man is leaning against is among the oldest in the **nation**.

남자가 기대어 있는 나무는 국내에서 가장 오래된 나무 중 하나이다.

819 The BP Daily was ranked the top newspaper in the city of Budapest by **reliable** individuals.

BPdaily는 신뢰할 수 있는 사람들에 의해 부다페스트시의 최고 신문사로 선정됐다.

820 Some startups **rely** on government funding to establish their firms.

몇몇 신규업체들은 회사 설립을 위해 정부 자금에 의존한다.

821 Everyone has doubts about the **reliability** of the National Weather Service predictions.

모든 사람이 국립 기상청 예보의 신뢰성에 대해 의심한다.

822 One of the teachers in the new program **specializes** in art history.

새 프로그램의 선생님들 중 한 분이 미술사를 전문으로 한다.

823 The small electric components can only be found in **specialty stores**.

그 작은 전자 부품들은 전문점에서만 찾을 수 있다.

824 The new motorcycle engine developed by the Ailian Motors is **specially** designed for people who enjoy speed.

AilianMotors에서 개발한 새로운 모터사이클 엔진은 스피드를 즐기는 사람들을 위해 특별히 설계되었다.

825 Susan is scheduled to give a **guest lecture** on sales strategies at our company.

Susan은 우리 회사에서 판매 전략에 대한 초청 강의가 예정되어 있다.

826 The **lecturer** continued to elaborate on the questions the students couldn't understand until the lesson was over.

그 강사는 강의가 끝날 때까지 학생들이 이해하지 못했던 문제들을 계속해서 자세히 설명했다.

827 A woman is placing a exhibition poster on the **wall**.

한 여자가 벽에 전시 포스터를 붙이고 있다.

828 The replacing of the company chairman led to several **major changes**.

회장의 교체는 몇 가지 중대한 변화를 이끌었다.

829 Management has concluded that the **majority** of our employees would benefit from this support program.

경영진은 이 지원 프로그램으로 우리 직원들의 대다수가 이득을 얻을 것이라고 결론지었다.

830 I hope that my wife prepares a **meal** every morning.

나는 매일 아침 식사를 아내가 준비하기를 바란다.

831 The discussion of a **merger** has been scheduled for this afternoon.

합병에 대한 논의가 오늘 오후에 예정되어 있다.

832 The boss stated that the Accounting Department **will** soon **merge with** another department.

사장은 회계부서가 다른 부서와 곧 통합할 것이라고 말했다.

833 She told me to call the teammates **to reschedule** the meeting for next friday.

그녀는 나에게 다음 주 금요일 회의 일정 변경을 위해 팀 동료들에게 연락하라고 말했다.

834 The product **is intended** for people who are not able to move about freely.

그 제품은 자유롭게 움직일 수 없는 사람들을 위한 것이다.

835 The CEO **is going to transfer** several employees to our Toronto branch in Canada.
CEO는 몇몇 직원들을 캐나다의 토론토 지점으로 전근시킬 예정이다.

836 A group of tourists **is standing** in front of the entrance to the park.
한 무리의 관광객들이 공원 입구 앞에 서 있다.

837 Maybe it **means** they don't understand the situation in the domestic market.
아마 그것은 그들이 국내 시장의 상황을 이해하지 못한다는 것을 의미한다.

838 The word "employment" is similar in **meaning** to "recruitment".
단어 "employment(고용)"는 "recruitment(채용)"의 의미와 유사하다.

839 After a **trial period** of three months, you will have to pay $25 a month.
3개월의 체험 기간 후, 당신은 한 달에 25달러를 지불해야 할 것이다.

840 The clerk said you should **periodically** rinse the surface of this product under running water.
점원은 당신에게 정기적으로 흐르는 물에 제품의 표면을 씻어야 한다고 말했다.

841 In spite of the risk of a radiation leak, nuclear **power plants** are the most effective way to generate electricity.
방사능 누출의 위험에도 불구하고, 원자력 발전소는 전기를 생산하는 가장 효과적인 방법이다.

842 The number of passengers **stealing rides** on trains has increased in recent years.
최근에 기차에 무임승차하는 승객들의 수가 증가하고 있다.

843 The manager asked the customers who gathered in the **dining area** to vacate the restaurant by midnight.
관리자는 식사 공간에 모여 있는 손님들에게 자정까지 식당을 비워달라고 요청했다.

844 The waitress took the guests coming from headquarters to their seats separately from the other **diners**.
그 점원은 본사에서 온 손님들을 다른 손님들과 별도로 분리된 자리로 안내했다.

845 Ms. Scott, the head of human resources, represented our company at the **job fair**.
인사부장인 Ms. Scott은 직업 박람회에서 우리 회사를 대표했다.

846 We thought their assessments of each business unit last year was **fairly** accurate, so this year, we plan to choose the agency again.
우리는 작년에 각 사업 부문에 대한 그들의 평가들이 상당히 정확했다고 생각해서 올해 그 대행사를 다시 선택할 계획이다.

847 Our company is a regular attendee at the annual **career fair** held in the Starex Building.
우리 회사는 Starex Building에서 개최되는 연례 취업 박람회의 정기적인 참가자이다.

848 The authorities have told the Busan City Museum is closed **until further notice**.
당국은 추후 공지가 있을 때까지 부산 시립 박물관은 문을 닫는다고 밝혔다.

849 **Furthermore**, in addition to the government officials, many people endorsed the economic policies.
더욱이, 정부 관료들을 포함하여 많은 사람들이 그 경제 정책들을 지지했다.

850 Hammer Film Productions **recognized** Ms. Ahn for her significant contribution to its performance this quarter.
Hammer Film Productions은 회사의 이번 분기 실적에 Ms. Ahn이 상당한 기여를 한 것을 인정했다.

※ 다음 단어의 우리말 뜻을 쓰시오. 생각나지 않는 단어는 STEP 2에서 찾아 쓰세요.

문제 2

01 fairly	18 complain	35 period
02 frequency	19 obtain	36 merger
03 reschedule	20 career	37 wall
04 dining	21 specially	38 frequently
05 major	22 reliable	39 rely
06 nation	23 specialize	40 communication
07 recognize	24 lecturer	41 mean
08 majority	25 immediate	42 meal
09 furthermore	26 transfer	43 diner
10 meaning	27 enclosed	44 power
11 communicate	28 lecture	45 complaint
12 frequent	29 ride	46 specialty
13 periodically	30 national	47 valued
14 reliability	31 merge	48 enclosure
15 fair	32 further	49 valuable
16 quite	33 enclose	50 immediately
17 stand	34 intend	

문제 3

01 specialize	18 reliable	35 communicate
02 enclosed	19 quite	36 valued
03 complain	20 enclosure	37 intend
04 frequently	21 further	38 recognize
05 mean	22 enclose	39 valuable
06 complaint	23 immediate	40 merger
07 power	24 reliability	41 major
08 furthermore	25 specialty	42 merge
09 transfer	26 ride	43 diner
10 reschedule	27 periodically	44 frequent
11 nation	28 career	45 majority
12 national	29 immediately	46 obtain
13 meal	30 communication	47 fair
14 fairly	31 meaning	48 stand
15 rely	32 dining	49 lecturer
16 period	33 wall	50 frequency
17 lecture	34 specially	

Day **17** 801~850

※ 45개 이상 맞혔으면 그만하고 기억상자 프로그램을 실행하세요.

문제 4

01 transfer	18 nation	35 lecturer
02 specially	19 enclose	36 enclosure
03 fair	20 ride	37 specialize
04 mean	21 major	38 wall
05 immediately	22 power	39 intend
06 dining	23 specialty	40 meaning
07 national	24 immediate	41 meal
08 recognize	25 communicate	42 diner
09 reschedule	26 stand	43 reliable
10 fairly	27 frequent	44 rely
11 period	28 valued	45 complain
12 merger	29 reliability	46 valuable
13 periodically	30 quite	47 communication
14 frequency	31 career	48 complaint
15 further	32 lecture	49 frequently
16 obtain	33 merge	50 majority
17 enclosed	34 furthermore	

문제 5

01 period	18 ride	35 frequently
02 periodically	19 major	36 fair
03 reliable	20 meal	37 specialty
04 merge	21 valued	38 dining
05 furthermore	22 valuable	39 immediately
06 frequency	23 national	40 intend
07 recognize	24 meaning	41 nation
08 complain	25 obtain	42 specialize
09 merger	26 enclosure	43 transfer
10 majority	27 enclose	44 complaint
11 frequent	28 rely	45 mean
12 lecture	29 quite	46 communicate
13 furthor	30 specially	47 immediate
14 lecturer	31 career	48 stand
15 communication	32 reliability	49 wall
16 reschedule	33 diner	50 enclosed
17 power	34 fairly	

STEP 4 주기적인 복습 '기억상자'

제대로 외웠는지 확인하고 싶다고요? 까먹기 전에 다시 복습하고
싶다고요? 지금 당장 QR 코드를 스캔해 보세요.

Day 18

STEP 3 집중해서 풀어라!

단기기억을 만드는 단계입니다. 문장에서 해당하는 단어에 밑줄을 긋고 단어의 의미를 찾아 쓰다 보면 보통 3번이나 4번 문제에서 90% 이상 맞힐 수 있습니다.

※ 노란색으로 표시된 영단어에 해당하는 우리말에 밑줄을 그으세요. 생각나지 않는 단어는 STEP 2에서 찾아보세요.

문제 1

851 He is an internationally **recognized** expert on economics.
그는 경제학에서 국제적으로 인정받은 전문가이다.

852 He will be able to take an extended leave **in recognition** of his hard work.
그는 노고를 인정받아 장기 휴가를 다녀올 수 있을 것이다.

853 The entire lighting system at the stadium shut down **promptly** at 11:00 P.M.
경기장의 전체 조명 시스템은 오후 11시 정각에 꺼진다.

854 The copy machine we offer guarantees **prompt service** and repairs.
우리가 제공하는 복사기는 신속한 서비스 및 수리를 보증한다.

855 Please allow me **to apologize** for the inconvenience caused by our mistake.
제가 우리의 실수로 인한 불편함에 대해 사과할 수 있도록 해주세요.

856 We hope you accept our **apology** for the late delivery.
우리는 당신이 배송 지연에 대한 우리의 사과를 받아주길 바란다.

857 It **doesn't appear** that they know everything about the company.
그들이 그 회사의 모든 것을 알고 있는 것 같지 않다.

858 A little effort will help you make a significant difference in your **appearance**.
작은 노력이 당신의 외모에 상당한 차이를 보이도록 도울 것이다.

859 We need to hire more employees to meet the **demand** for new products.
우리는 신제품들에 대한 수요를 충족시키기 위해 더 많은 직원들을 고용해야 한다.

860 It **is** very **difficult** to make decisions fairly regarding promotions.
승진에 대해 공평하게 결정하는 것은 매우 어렵다.

861 Salespeople from around the world will attend the international **trade show**.
전 세계의 판매원들이 국제 무역 박람회에 참가할 것이다.

862 A blue basket fell off the **shelf** and broke.
파란 바구니가 선반에서 떨어져 망가졌다.

863 As you know, many people **have donated** money to our less fortunate neighbors.
당신도 알다시피, 많은 사람들이 불우한 이웃들에게 돈을 기부해왔다.

864 Regional celebrities made **significant donations** to charities helping the disaster victims.
지역 명사들이 재해 피해자들을 돕는 자선단체에 상당한 기부를 했다.

865 In an **effort** to increase the employment rate, the government announced a new policy.
정부는 취업률을 증가시키기 위한 노력으로 새 정책을 발표했다.

866 Consumers who have **high levels** of satisfaction with our products often provide us with positive feedback.
우리 제품에 대해 높은 수준의 만족감을 갖고 있는 소비자들은 종종 우리에게 긍정적인 피드백을 제공한다.

867 The company's head office **has been relocated** to 64 Hanaro Road in Daegu.

회사의 본사가 대구 하나로 길 64로 이전되었다.

868 I really appreciate you understanding your **relocation** to a job in another city.

나는 다른 도시의 일자리로 당신을 재배치 한 것을 이해해준 것에 대해 정말로 감사한다.

869 The meeting room located on the first floor was used as a **temporary work space**.

1층에 위치한 회의실은 임시 작업 공간으로 사용되었다.

870 The Golden Gate Bridge was **temporarily** closed owing to the heavy snow.

Golden Gate Bridge는 폭설 때문에 일시적으로 폐쇄되었다.

871 The rail agency advised customers to expect **significant delays** on subway line 1.

철도 공사는 고객들에게 지하철 1호선의 상당한 지연이 예상됨을 알렸다.

872 The chairperson of the charity expects the new system to increase donations **significantly** in the next quarter.

자선단체 의장은 새로운 시스템이 다음 분기에 기부금을 상당히 증가시킬 것으로 기대한다.

873 We had a conversation with health experts about **exercise**.

우리는 운동에 대해 건강 전문가들과 대화를 했다.

874 Three-fourths of the applicants lack sufficient qualifications for the **warehouse supervisor** position.

지원자들의 3/4은 창고 관리자 자리에 대한 충분한 자격이 없다.

875 They **wish** more people would take part in their event and the survey.

그들은 행사와 설문 조사에 더 많은 사람들이 참여하길 바란다.

876 Only people who have won one or more prizes are eligible to enter the international **contest**.

한 번 혹은 그 이상 상을 받았던 사람들만이 그 국제 대회에 참가할 자격이 있다.

877 I think it's really important to receive **customer feedback** after purchases.

나는 구매 후 고객 의견을 받는 것이 정말 중요하다고 생각한다.

878 Could you take some photos of me when we visit the **historic site**?

우리가 유적지에 방문할 때 내 사진을 몇 장 찍어줄 수 있습니까?

879 The **historical society** suggested that the government should review the textbooks.

역사 협회는 정부가 교과서를 검토해야 한다고 제안했다.

880 As raw material costs become cheaper, we **can** probably **lower** the prices of our products.

원자재 가격이 내려감에 따라, 우리는 제품 가격을 아마 낮출 수 있을 것이다.

881 I didn't offer any explanation as to why the **cash register** broke.

나는 현금 등록기가 왜 고장 났는지 어떤 설명도 하지 않았다.

882 You must present your original receipt to the **cashier** before receiving a refund.

당신은 환불 받기 전에 원본 영수증을 계산원에게 제출해야 한다.

883 You must line up to purchase tickets for the movie at the **counter**.

계산대에서 영화 티켓을 구매하려면 줄을 서야 한다.

884 You **had better head back** to the office because your boss has been calling you for a while.
당신의 상사가 당신을 잠시 호출했으니 사무실로 돌아가는 것이 좋겠다.

885 All the **patient records** at our hospital are strictly managed.
우리 병원의 모든 환자 기록들은 엄격히 관리된다.

886 GRND's special items are available at local **retail stores**.
GRND의 특별한 상품들은 지역 소매점에서 구할 수 있다.

887 He was proud that his company **won** a green energy award.
그는 자신의 회사가 청정에너지 상을 받은 것이 자랑스러웠다.

888 Companies make numerous efforts to increase their **sales figures**.
기업들은 매출액을 증가시키기 위해 수많은 노력을 한다.

889 How do you **handle** complaints from your clients?
당신은 고객들의 불만을 어떻게 처리합니까?

890 The conference attendees are **mainly** discussing urban development.
그 회의 참석자들은 주로 도시 개발에 대해 토의하고 있다.

891 The workshop schedule is forcing them to miss their **outdoor sports** class.
워크숍 일정이 그들의 야외 스포츠 수업을 빠지게 만들고 있다.

892 While most of the staff members are setting up tents **outdoors**, some of the directors, including Mr. Lee, are relaxing inside the building.
대부분의 직원들이 밖에서 텐트를 설치하는 동안, Mr. Lee를 포함한 몇몇 관리자들은 건물 안에서 쉬는 중이다.

893 We need more **creative solutions** to overcome the difficult situation.
우리는 어려운 상황을 극복하기 위해 좀 더 창의적인 해결책들이 필요하다.

894 He attempted to find a way **to solve** the problem on his own.
그는 자신의 힘으로 그 문제를 해결할 방법을 찾고 있었다.

895 We are ready to take **steps** to finalize the terms of the agreement.
우리는 그 협약의 조건들을 마무리 짓기 위한 조치를 취할 준비가 되었다.

896 Mr. Su **was unable** to attend the professor's lecture since he was so busy.
Mr. Su는 너무 바빠서 그 교수의 강의에 참석할 수 없었다.

897 The **automobile industry** in our country has experienced a lot of trouble entering the global market.
우리나라의 자동차 산업은 세계 시장에 진입하는데 많은 문제를 겪었다.

898 A free trade agreement will boost the **automotive industry**.
자유 무역 협정은 자동차 산업을 신장시킬 것이다.

899 He **certainly** seems to be a qualified applicant for the position we talked about.
그는 확실히 우리가 말했던 그 자리에 적합한 지원자가 될 것처럼 보인다.

900 I **am** almost **certain** that they will reschedule the date of the opening ceremony.
나는 그들이 개업식 날짜를 재조정할 것이라고 거의 확신한다.

※ 다음 단어의 우리말 뜻을 쓰시오. 생각나지 않는 단어는 STEP 2에서 찾아 쓰세요.

문제 2

01 automotive	18 apologize	35 trade
02 unable	19 outdoors	36 effort
03 demand	20 patient	37 feedback
04 historic	21 significantly	38 warehouse
05 solution	22 appear	39 figure
06 certainly	23 exercise	40 wish
07 apology	24 automobile	41 level
08 certain	25 historical	42 shelf
09 retail	26 counter	43 cash
10 outdoor	27 relocate	44 appearance
11 head	28 win	45 donation
12 difficult	29 cashier	46 contest
13 step	30 temporary	47 promptly
14 donate	31 significant	48 recognized
15 handle	32 relocation	49 solve
16 recognition	33 mainly	50 prompt
17 temporarily	34 lower	

문제 3

01 effort	18 win	35 difficult
02 handle	19 figure	36 temporarily
03 shelf	20 apologize	37 historic
04 patient	21 contest	38 apology
05 significant	22 step	39 demand
06 temporary	23 wish	40 feedback
07 recognition	24 relocate	41 cash
08 solve	25 outdoor	42 exercise
09 significantly	26 recognized	43 automobile
10 certainly	27 lower	44 solution
11 appear	28 warehouse	45 level
12 certain	29 unable	46 retail
13 historical	30 head	47 promptly
14 outdoors	31 mainly	48 trade
15 prompt	32 automotive	49 appearance
16 donation	33 donate	50 counter
17 cashier	34 relocation	

※ 45개 이상 맞혔으면 그만하고 기억상자 프로그램을 실행하세요.

문제 4

01 promptly	18 handle	35 figure
02 outdoor	19 head	36 patient
03 temporarily	20 mainly	37 appear
04 wish	21 significant	38 unable
05 level	22 solve	39 warehouse
06 effort	23 win	40 significantly
07 difficult	24 trade	41 retail
08 appearance	25 lower	42 automobile
09 prompt	26 cashier	43 certainly
10 apology	27 temporary	44 donation
11 demand	28 relocation	45 exercise
12 historical	29 counter	46 historic
13 automotive	30 outdoors	47 shelf
14 recognized	31 step	48 feedback
15 solution	32 certain	49 recognition
16 cash	33 contest	50 donate
17 apologize	34 relocate	

문제 5

01 relocate	18 solve	35 solution
02 historical	19 warehouse	36 shelf
03 level	20 historic	37 certainly
04 patient	21 effort	38 mainly
05 cash	22 appearance	39 feedback
06 relocation	23 temporarily	40 donation
07 promptly	24 prompt	41 trade
08 apology	25 step	42 recognized
09 head	26 unable	43 demand
10 figure	27 recognition	44 appear
11 exercise	28 temporary	45 automobile
12 contest	29 handle	46 difficult
13 outdoor	30 wish	47 lower
14 significant	31 cashier	48 significantly
15 counter	32 certain	49 outdoors
16 automotive	33 donate	50 apologize
17 win	34 retail	

STEP 4 주기적인 복습 '기억상자'

제대로 외웠는지 확인하고 싶다고요? 까먹기 전에 다시 복습하고
싶다고요? 지금 당장 QR 코드를 스캔해 보세요.

Day 18 851~900

Day 19

STEP 3 집중해서 풀어라!

단기기억을 만드는 단계입니다. 문장에서 해당하는 단어에 밑줄을 긋고 단어의 의미를 찾아 쓰다 보면 보통 3번이나 4번 문제에서 90% 이상 맞힐 수 있습니다.

※ 노란색으로 표시된 영단어에 해당하는 우리말에 밑줄을 그으세요. 생각나지 않는 단어는 STEP 2에서 찾아보세요.

문제 1

901 The store clerk gave me a **gift certificate** for $35 in free stationery.

그 점원은 나에게 35달러에 해당하는 무료 문구류 상품권을 주었다.

902 I have spent a lot of time obtaining **professional certification**.

나는 전문 자격증을 취득하는데 많은 시간을 소비했다.

903 Only a few job candidates who **got certified** as instructors were employed.

강사로 자격이 증명된 몇 명의 입사지원자들만이 고용됐다.

904 The former secretary accepted responsibility for the **confidential documents** which were exposed to the public .

이전 비서는 대중에게 노출된 기밀문서들에 대한 책임을 감수했다.

905 Mr. White **was confident** that he would get more sales through his marketing plan.

Mr. White는 그의 판매 계획을 통하여 더 많은 매출을 얻을 것이라고 확신했다.

906 I want to express my gratitude for your support and **confidence** in my business.

나의 사업에 대한 당신의 지원과 신뢰에 대해 감사를 표현하고 싶다.

907 We have to set a date for the **new product launch** as soon as possible.

우리는 신제품 출시를 위한 날짜를 가능한 한 빨리 정해야 한다.

908 We planned to remodel our hotel **to accommodate** more people than before.

우리는 이전보다 더 많은 사람들을 수용하기 위해 호텔을 개조하기로 계획했다.

909 Transportation and **accommodations** are included in the price of the tour.

교통편과 숙소는 여행 경비에 포함되어 있다.

910 **Almost all** of the employees receive various benefits packages, including an annual bonus.

거의 모든 직원들이 연례 상여금을 포함한 다양한 복지 혜택을 받는다.

911 This aircraft will be able to make its first **commercial** flight late next year.

이 항공기는 내년 말에 첫 상업 비행을 할 수 있을 것이다.

912 The Korean **Chamber of Commerce** is assisting small and medium-sized businesses.

대한 상공회의소는 중소기업을 지원하고 있다.

913 The interviewer **screened** applicants who did not meet the requirements.

면접관은 자격 요건에 맞지 않는 지원자들을 걸러냈다.

914 She finally passed the **screening test** to become a machine operator.

그녀는 기계 기사가 되기 위한 선발 시험을 마침내 통과했다.

915 Please accept my apology for the delay in the **departure time** of the flight.

비행기 출발 시간 지연에 대한 사과를 받아주세요.

916 Inclement weather can cause flight delays, and it is why we check the weather before we **depart**.

굳은 날씨는 비행기 지연의 원인이 될 수 있고, 그것이 우리가 출발하기 전에 날씨를 확인해야 하는 이유이다.

917 Because of its **fast service**, the shipping company gained popularity in the U.S.

빠른 서비스 때문에, 그 운송 회사는 미국에서 인기를 얻었다.

918 She underwent our **innovative** treatment that was developed recently.

그녀는 최근에 개발된 우리의 혁신적인 치료법을 받았다.

919 The factory automated its entire production line through **technological innovation**.

공장은 기술 혁신을 통해 전체 생산 라인을 자동화했다

920 **In order to innovate**, we will continue to allocate more money for research and development.

혁신을 위해, 우리는 연구 개발에 더 많은 돈을 할당하기를 지속할 것이다.

921 **Unfortunately**, the advertised position was filled this morning.

유감스럽게도, 광고된 일자리는 오늘 아침에 채워졌다.

922 First, we **marked** our current location on the map before losing our way.

먼저, 우리는 길을 잃어버리기 전에 우리의 현재 위치를 지도 위에 표시했다.

923 The meeting **has been postponed** until next Tuesday at the request of the supervisor.

회의는 관리자의 요청에 의해 다음주 화요일까지 연기되었다.

924 The construction equipment is able to transfer a limited **amount** of materials at one time.

그 건설 장비는 제한된 양의 자재들을 한 번에 옮길 수 있다.

925 The board members arranged a date to elect the chairman of the **foundation**.

이사들은 재단의 의장을 선출할 날짜를 잡았다.

926 Yokohama Industries has consistently generated profits since it **was founded**.

Yokohama Industries는 설립된 이후로 끊임없이 수익을 발생시켜 왔다.

927 Mr. Cho, who is the **founder** of Deluxe Academy, called his consultants to discuss the establishment of a scholarship foundation.

Deluxe Academy의 설립자 Mr. Cho는 장학재단의 설립을 상의하기 위해 자문단을 호출했다.

928 The activity the volunteer group **is involved in** is offering training opportunities to local children.

자원봉사 단체 관련 활동은 지역 아이들에게 교육 기회를 제공하고 있다.

929 The **pharmaceutical company** more than doubled its profits in the last quarter.

그 제약 회사는 지난 분기에 두 배 이상의 수익을 거뒀다.

930 The doctor had the receptionist send the prescription to the **pharmacy** immediately.

그 의사는 접수담당자에게 즉시 약국에 처방전을 보내라고 했다.

931 I ask the **pharmacist** questions that I have had about my medication when visiting the pharmacy.

나는 약국에 방문했을 때 내가 복용하는 약에 대한 의문점을 약사에게 물었다.

932 We **will wear** T-shirts with the company's logo on it at the conference.

우리는 그 컨퍼런스에서 회사의 로고가 있는 셔츠를 입을 것이다.

933 The visitor requested a **catalog** of our new products, but it had not been printed yet.
그 방문객은 우리 신제품들의 카탈로그를 요청했지만, 카탈로그는 아직 인쇄되지 않았다.

934 I think the awards banquet held in the convention center has a strict **dress code**.
나는 대회장에서 열리는 시상식 만찬에 엄격한 복장 규정이 있다고 생각한다.

935 Management announced that a few managers **will evaluate** our performance.
경영진은 몇몇 관리자들이 우리의 실적을 평가할 것이라고 알렸다.

936 The discussion of the **performance evaluations** is scheduled for the first day of next year.
새해 첫 날에 직무 평가에 대한 회의가 예정되어 있다.

937 You **can feel free** to place your luggage in the overhead compartments.
당신의 짐을 머리 위 짐칸에 마음대로 놓을 수 있다.

938 A woman is using a forklift to move a **piece** of furniture into the container.
한 여자가 컨테이너 안으로 가구의 일부를 옮기기 위해 지게차를 사용하고 있다.

939 If the **government** increases the corporate income tax, small firms across the country will experience a huge burden.
정부가 법인세를 인상시키면, 전국의 중소기업들은 엄청난 부담을 경험할 것이다.

940 A man **is hanging** an illegal advertising poster on the pole in front of our store.
한 남자가 우리 가게 앞 기둥에 불법 광고 포스터를 걸고 있다.

941 Property experts **predict** that the real estate market will be showing signs of recovery.
부동산 전문가들은 부동산 시장이 회복 조짐을 보일 것으로 예측한다.

942 We invited financial experts to make **predictions** about foreign investment trends.
우리는 외국인 투자 경향에 대한 예측을 위해 금융전문가들을 초대했다.

943 All members **can renew** their personal information by visiting our Web site.
모든 회원들은 우리의 웹사이트에 방문하여 개인 정보를 갱신할 수 있다.

944 The **urban renewal** project was promoted by the city council.
도시 재개발 프로젝트는 시 의회에 의해 홍보되었다.

945 His statement makes sense **in terms of** the effect on tourism.
그의 설명은 관광에 대한 효과 측면에서 의미가 있다.

946 She has a job as the **head chef** at the Urban Hotel Restaurant.
그녀는 Urban Hotel Restaurant에서 수석 주방장으로 일한다.

947 Management thought we need to concentrate on **quality control**.
경영진은 우리가 품질 관리에 집중해야 한다고 생각했다.

948 Mr. Landers is one of the most influential experts **in the field of** engineering.
Mr. Landers는 공학 기술 분야에서 가장 영향력 있는 전문가 중 한 명이다.

949 They were determined to put their new project into **practice** within a week.
그들은 새로운 프로젝트를 1주일 안에 실행에 옮기기로 결심했다.

950 Do you know where I can get **practical information** regarding jobs overseas?
해외 구직에 관한 실용적인 정보를 어디서 얻을 수 있는지 알고 있습니까?

※ 다음 단어의 우리말 뜻을 쓰시오. 생각나지 않는 단어는 STEP 2에서 찾아 쓰세요.

문제 2

01 piece	18 feel	35 renew
02 code	19 pharmaceutical	36 almost
03 field	20 predict	37 confident
04 certificate	21 evaluate	38 catalog
05 innovative	22 amount	39 evaluation
06 practical	23 innovate	40 found
07 depart	24 pharmacy	41 mark
08 foundation	25 founder	42 departure
09 confidence	26 accommodate	43 launch
10 chef	27 innovation	44 involve
11 term	28 postpone	45 control
12 accommodation	29 commercial	46 prediction
13 practice	30 government	47 certification
14 renewal	31 hang	48 screening
15 confidential	32 wear	49 commerce
16 pharmacist	33 fast	50 certified
17 unfortunately	34 screen	

문제 3

01 commercial	18 found	35 founder
02 depart	19 practice	36 innovation
03 renew	20 wear	37 term
04 certified	21 pharmacy	38 pharmaceutical
05 prediction	22 control	39 departure
06 fast	23 almost	40 catalog
07 screening	24 government	41 pharmacist
08 confidential	25 piece	42 renewal
09 commerce	26 accommodate	43 evaluation
10 postpone	27 practical	44 certification
11 innovative	28 foundation	45 screen
12 feel	29 code	46 evaluate
13 involve	30 confident	47 field
14 innovate	31 confidence	48 certificate
15 launch	32 predict	49 hang
16 chef	33 mark	50 accommodation
17 amount	34 unfortunately	

※ 45개 이상 맞혔으면 그만하고 기억상자 프로그램을 실행하세요.

01 government	18 feel	35 fast
02 confidence	19 involve	36 confident
03 certification	20 departure	37 chef
04 pharmacy	21 code	38 mark
05 wear	22 evaluation	39 confidential
06 field	23 innovative	40 depart
07 amount	24 piece	41 practice
08 predict	25 accommodation	42 unfortunately
09 almost	26 renew	43 practical
10 postpone	27 catalog	44 found
11 control	28 foundation	45 certificate
12 evaluate	29 launch	46 commercial
13 screen	30 renewal	47 prediction
14 innovation	31 term	48 hang
15 pharmacist	32 pharmaceutical	49 commerce
16 innovate	33 certified	50 founder
17 accommodate	34 screening	

01 practice	18 wear	35 postpone
02 commerce	19 code	36 accommodation
03 unfortunately	20 catalog	37 foundation
04 feel	21 innovative	38 pharmacist
05 innovate	22 screen	39 depart
06 control	23 amount	40 certification
07 departure	24 certified	41 commercial
08 evaluate	25 pharmaceutical	42 prediction
09 accommodate	26 almost	43 hang
10 founder	27 field	44 certificate
11 evaluation	28 pharmacy	45 launch
12 predict	29 government	46 found
13 renewal	30 renew	47 chef
14 screening	31 term	48 confidence
15 fast	32 confidential	49 piece
16 innovation	33 practical	50 mark
17 involve	34 confident	

STEP 4 주기적인 복습 '기억상자'

제대로 외웠는지 확인하고 싶다고요? 까먹기 전에 다시 복습하고
싶다고요? 지금 당장 QR 코드를 스캔해 보세요.

Day 20

STEP 3 집중해서 풀어라!

단기기억을 만드는 단계입니다. 문장에서 해당하는 단어에 밑줄을 긋고 단어의 의미를 찾아 쓰다 보면 보통 3번이나 4번 문제에서 90% 이상 맞힐 수 있습니다.

※ 노란색으로 표시된 영단어에 해당하는 우리말에 밑줄을 그으세요. 생각나지 않는 단어는 STEP 2에서 찾아보세요.

문제 1

951 Some firms that specialize in advertising help other companies implement **marketing strategies**.
일부 광고 전문 기업들은 다른 회사가 마케팅 전략을 수행하는 것을 돕는다.

952 The Wood's Shopping Mall sent the products to the **wrong address**.
Wood's Shopping Mall은 잘못된 주소로 제품들을 보냈다.

953 The candidates who passed the screening have a **chance** to join the committee.
심사에 통과한 후보자들은 위원회에 가입할 기회를 가진다.

954 Because of the budget cuts, some **educational programs** at my academy were canceled.
내 학원의 몇 가지 교육 프로그램이 예산 삭감 때문에 취소됐다.

955 State school teachers must sign up for the **education conference**.
주립 학교 선생님들은 교육 학회에 참가해야 한다.

956 The **individual consultation** with my superior was a great help to my life at work.
상사와의 개인 상담은 내 직장 생활에 큰 도움이 되었다.

957 The engineer said to me that my computer doesn't seem to be working **properly**.
기술자는 나에게 내 컴퓨터가 제대로 작동되는 것처럼 보이지 않는다고 말했다.

958 We have to make sure the workers are putting the **proper safety procedures** into action.
우리는 근로자들이 적절한 안전 절차를 실행하고 있는지 확실히 확인해야 한다.

959 The manager sent an official letter indicating that our company will soon implement a **recycling program**.
매니저는 우리 회사가 재활용 프로그램을 곧 시행할 것이라고 명시되어있는 공문을 보냈다.

960 The exhibition displays a variety of artwork made from **recycled materials**.
그 전시회는 재활용된 재료들로 만들어진 다양한 예술 작품을 전시한다.

961 The apartment manager has distributed a list of everything we **can recycle**.
아파트 관리자는 우리가 재활용할 수 있는 것들이 모두 적힌 목록을 나눠줬다.

962 He said that our merchandise that has been damaged in transit couldn't be **simply** accepted.
그는 배송 중에 손상된 우리 상품을 단순하게 받아들일 수 없다고 말했다.

963 The course includes some **simple instructions** on the use of our facilities.
그 과정은 우리 시설들의 사용에 관한 몇 가지 간단한 설명들을 포함한다.

964 The inspector said that some of our facilities failed to meet the new **safety standards**.
검사관은 우리 시설 중 일부가 새로운 안전 기준을 충족시키지 못했다고 말했다.

965 Our **chief executive officer** will be out for a week because of a business trip.
우리 CEO는 출장 때문에 일주일 동안 비울 것이다.

966 The **entire department** has signed up for the training course.
전 부서가 교육 과정에 등록했다.

967 The customers were **entirely** satisfied with our policies for refunds and exchanges.
고객들은 우리의 환불 및 교환 정책에 대해 완전히 만족스러워 했다.

968 Have you sent an **invoice** to the Lecton Corporation?
당신은 Lecton 회사에 송장을 보냈습니까?

969 The detailed information of the government project was published in many **journals** and magazines.
정부 프로젝트의 세부정보가 많은 신문과 잡지에 실렸다.

970 We insisted upon inviting Norah Jones, who is known to be a terrific **journalist**.
우리는 대단한 기자라고 알려진 Norah Jones를 초대할 것을 주장했다.

971 The Internet has radically changed the future of **journalism**.
인터넷은 언론의 미래를 근본적으로 바꿨다.

972 I **wasn't supposed** to take much longer to finish the project.
나는 그 프로젝트를 끝내는데 아주 오래 걸리지 않았어야 했다.

973 We **are** so **excited** that you have still remembered our first product.
당신이 아직도 우리의 첫 번째 작품을 기억하고 있다는 사실이 우리를 정말 흥분시켰다.

974 The festival has many **exciting** programs that everyone is free to attend.
축제에는 모두가 자유롭게 참여할 수 있는 많은 흥미진진한 프로그램들이 있다.

975 Bealach, Inc. **is going to host** an international trade fair in Japan.
Bealach주식회사는 일본에서 국제 무역 박람회를 주최할 예정이다.

976 He established a **law firm** specializing in **corporate law**.
그는 회사법을 전문적으로 하는 법률 사무소를 설립했다.

977 The company's **lawyers** opposed any modification to the terms of the contract.
그 회사의 변호사들은 계약서 조항에 대한 어떠한 변경도 반대했다.

978 The Christie Corporation has strengthened its security **to protect** confidential data.
Christie Corporation는 기밀 자료를 보호하기 위해 보안을 강화했다.

979 Researchers and assistants must wear **protective clothing** before entering the laboratory.
연구원들과 보조원들은 실험실에 들어가기 전에 보호복을 착용해야 한다.

980 The service is designed to offer **protection** from people trying to obtain others' personal information.
그 서비스는 다른 사람의 개인 정보를 얻으려고 시도하는 사람들로부터 보호하기 위해 설계되었다.

981 The **topic** of the conversation is about a new office procedure.
대화 주제는 새로운 사무 절차에 대한 것이다.

982 We shared our marketing strategies at the **weekly meetings**.
우리는 주간 회의에서 우리의 마케팅 전략을 공유했다.

983 Nick was transferred from the local office to the **company headquarters**.
Nick은 지방 사무실에서 본사로 전출되었다.

984 The Liman Association, a nonprofit organization, **has recruited** volunteers to improve living standards in Africa.

비영리 조직인 Liman 협회는 아프리카의 생활수준을 개선하기 위해 자원봉사자를 모집했다.

985 The Personnel Department plays a crucial role in **employee recruitment**.

인사부는 직원 채용에 결정적인 역할을 한다.

986 A few candidates who go through the job interviews got a call from the **recruiter**.

취업 면접을 통과한 몇 명의 후보자들이 채용담당자로부터 전화를 받았다.

987 I think this copy machine **should** still **be under warranty**.

나는 이 복사기가 아직 보증기간이 남아 있을 것이라고 생각한다.

988 If you are a student and have a valid identification card, **admission** to the museum is free.

당신이 학생이고 유효한 신분증이 있다면, 박물관 입장은 무료이다.

989 Young people under the age of 19 **will not be admitted** to the bar.

19세 미만의 청소년들은 술집에 들어갈 수 없다.

990 If you want to install the TV, first, **connect** the cable to the antenna.

당신이 TV 설치를 원한다면 먼저 안테나에 케이블을 연결하세요.

991 The trouble is that my **Internet connection** is too slow.

문제는 인터넷 연결이 너무 느리다는 것이다.

992 Because of the unexpected accident, I missed my **connecting flight** to Toronto.

예기치 못한 사고로 인해, 난 토론토로 가는 연결편 비행기를 놓쳤다.

993 You have to read the critic's review **prior to** seeing the movie.

당신은 그 영화를 보기 전에 비평가의 리뷰를 읽어야 한다.

994 We should consider revenue growth as the **top priority**.

우리는 최우선사항으로 수입 증가를 고려해야 한다.

995 An article on the history of the city was featured in the **society section** of the Manhattan Daily.

도시의 역사에 대한 기사가 Manhattan Daily의 사회 부분에 실렸다.

996 I asked the bank teller what the **exchange rate** for Chinese yuan to U.S. dollars was.

나는 은행 직원에게 중국 위안화에서 미국 달러로의 환율이 얼마인지를 문의했다.

997 It is important **to compare** our products with others in quality control.

품질 관리 면에서 우리 제품들을 다른 제품들과 비교하는 것은 중요하다.

998 The appliance made in a small shop **was comparable** to some name-brand products.

작은 가게에서 만든 그 기기는 일부 유명 브랜드 제품들과 비교할 만 했다.

999 His course of lectures is excellent **in comparison** with mine.

강의 중에서 그의 강좌는 내 것과 비교하여 훌륭하다.

1000 Sadly, it is true that most **critics** disparage his paintings that are exhibited here.

슬프게도, 대부분의 비평가들이 여기 전시되어 있는 그의 그림들을 폄하한다는 것은 사실이다.

※ 다음 단어의 우리말 뜻을 쓰시오. 생각나지 않는 단어는 STEP 2에서 찾아 쓰세요.

문제 2

01 suppose
02 priority
03 protection
04 recycled
05 journalist
06 wrong
07 recruit
08 properly
09 comparison
10 topic
11 recruitment
12 recruiter
13 warranty
14 standard
15 chief
16 recycle
17 proper

18 education
19 invoice
20 comparable
21 critic
22 weekly
23 prior
24 connecting
25 entirely
26 connect
27 entire
28 journal
29 excite
30 section
31 simply
32 strategy
33 recycling
34 host

35 journalism
36 protect
37 exciting
38 connection
39 chance
40 simple
41 headquarters
42 exchange
43 protective
44 law
45 admission
46 individual
47 compare
48 educational
49 lawyer
50 admit

문제 3

01 exciting
02 journal
03 connection
04 simple
05 law
06 comparison
07 education
08 suppose
09 proper
10 recycling
11 standard
12 recycled
13 topic
14 section
15 weekly
16 protect
17 strategy

18 journalist
19 properly
20 critic
21 warranty
22 excite
23 wrong
24 headquarters
25 recycle
26 individual
27 protective
28 host
29 simply
30 chief
31 journalism
32 protection
33 admit
34 recruit

35 invoice
36 educational
37 admission
38 recruitment
39 entirely
40 connecting
41 lawyer
42 priority
43 comparable
44 recruiter
45 connect
46 chance
47 exchange
48 compare
49 entire
50 prior

※ 45개 이상 맞혔으면 그만하고 기억상자 프로그램을 실행하세요.

문제 4

01 topic	18 lawyer	35 protect
02 individual	19 exchange	36 suppose
03 simple	20 protection	37 weekly
04 recruit	21 comparison	38 admit
05 connect	22 recycle	39 recruitment
06 recruiter	23 exciting	40 critic
07 excite	24 education	41 comparable
08 standard	25 compare	42 entire
09 chance	26 warranty	43 strategy
10 simply	27 invoice	44 section
11 host	28 journalist	45 properly
12 entirely	29 protective	46 prior
13 chief	30 admission	47 headquarters
14 wrong	31 proper	48 connecting
15 recycled	32 educational	49 journalism
16 journal	33 recycling	50 connection
17 law	34 priority	

문제 5

01 recycled	18 priority	35 weekly
02 properly	19 protective	36 recruit
03 comparison	20 lawyer	37 recruitment
04 warranty	21 compare	38 host
05 excite	22 standard	39 simple
06 section	23 journal	40 recycling
07 law	24 protection	41 journalism
08 admit	25 suppose	42 journalist
09 recruiter	26 connecting	43 chance
10 simply	27 entirely	44 connection
11 admission	28 prior	45 protect
12 strategy	29 entire	46 topic
13 chief	30 individual	47 recycle
14 educational	31 invoice	48 connect
15 wrong	32 comparable	49 education
16 exchange	33 proper	50 critic
17 exciting	34 headquarters	

STEP 4 주기적인 복습 '기억상자'

제대로 외웠는지 확인하고 싶다고요? 까먹기 전에 다시 복습하고
싶다고요? 지금 당장 QR 코드를 스캔해 보세요.

Day 21

STEP **3** **집중해서 풀어라!**

단기기억을 만드는 단계입니다. 문장에서 해당하는 단어에 밑줄을 긋고 단어의 의미를 찾아 쓰다 보면 보통 3번이나 4번 문제에서 90% 이상 맞힐 수 있습니다.

※ 노란색으로 표시된 영단어에 해당하는 우리말에 밑줄을 그으세요. 생각나지 않는 단어는 STEP 2에서 찾아보세요.

문제 1

1001 Some managers of local branches **were** very **critical** of the decision to move the company's headquarters overseas.

지점의 일부 관리자들은 회사 본사를 해외로 이전하기로 한 결정에 매우 비판적이었다.

1002 Although he **had been criticized** for his poor skills, he didn't make an effort to improve them.

그는 서툰 솜씨로 비판받아 왔지만, 그것을 향상시키기 위해 노력하지 않았다.

1003 It is possible that she **forgot** to bring her documents to the office.

그녀는 서류들을 회사로 가져오는 것을 잊었을 가능성이 있다.

1004 The warehouse manager will be supported by software that can manage the **inventory**.

창고 관리자는 재고를 관리할 수 있는 소프트웨어를 통해 지원받을 것이다.

1005 The staff member **pointed out** that we can purchase the items at a discounted rate.

그 직원은 우리가 할인된 가격으로 물품들을 구매할 수 있다고 언급했다.

1006 The first step in all marketing strategies is to identify **potential customers**.

모든 마케팅 전략의 첫 단계는 잠재 고객을 파악하는 것이다.

1007 The warehouse manager planned to introduce a new system **to keep track** of inventory.

창고 관리자는 재고 추적을 위해 새로운 시스템 도입을 계획했다.

1008 We can't check our database without a valid **tracking number**, so please, check one more time before entering the number of your order.

우리는 유효한 추적 번호 없이는 데이터베이스를 확인할 수 없으므로, 주문 번호를 입력하기 전에 한 번 더 확인해 주세요.

1009 The applicant for the **administrative assistant position** impressed the president with all of his certificates.

관리 보조직을 지원한 지원자의 모든 자격증이 사장에게 깊은 인상을 주었다.

1010 Please bring the original documents to the **administration office**.

원본 문서들을 행정실로 가져오세요.

1011 The **administrators** couldn't have foreseen that domestic demand would increase in the short term.

관리자들은 국내 수요가 단기간에 증가할 것이라고 예상하지 못했다.

1012 He invited the **audience** to sign up for future lectures after the presentation.

그는 발표 후에 청중에게 향후 강의에 등록할 것을 요청했다.

1013 He was recently transferred to the **central office** in Paris.

그는 최근에 파리에 있는 본사로 전출되었다.

1014 We **need to determine** if the increase in average income has any influence on the decrease in job opportunities.

우리는 평균 임금의 증가가 고용 기회의 감소에 어떤 영향을 미치는지 알아야 한다.

1015 He **highly recommended** that I visit the Medria Center to see the newest gadgets.
그는 내가 최신 기기들을 보러 Medira Center에 방문할 것을 적극 추천했다.

1016 The **transportation authority** has a mandate to charge drivers for the use of certain roads and highways.
교통 당국은 특정 도로나 고속도로를 사용한 운전자들에게 요금을 부과할 권한을 갖고 있다.

1017 Only the head of the Accounting Department **is authorized** to spend company funds.
회계부의 부장만 회사 자금을 사용할 권한이 있다.

1018 We couldn't do anything about the issue without **prior authorization**.
우리는 사전 허가 없이 그 문제에 대해 아무것도 할 수 없었다.

1019 The theater on **Central Avenue** has been closed due to the decrease in the number of visitors.
중심가에 있는 그 극장은 방문객의 감소로 인해 문을 닫았다.

1020 I'm afraid your lease for the office **has** already **expired**.
유감스럽게도 당신의 사무실에 대한 임대차계약이 이미 만료되었다.

1021 The **expiration date** of my driver's license is coming soon.
내 운전면허증의 만료일이 곧 다가올 것이다.

1022 The board of directors decided **to focus** all the ads on brand imaging.
이사회는 모든 광고를 브랜드 이미지에 집중시키기로 결정했다.

1023 We are pleased to have successfully concluded the **negotiations** for this acquisition.
우리는 이번 인수에 대한 협상들을 성공적으로 끝내게 되어 기쁘다.

1024 We need to spend hours trying **to negotiate** a contract with our clients.
우리는 고객들과 계약 협상하는데 시간을 소비해야 한다.

1025 People in the village said it is colder outside than it is inside the **mine**.
마을 사람들은 광산 안에 있는 것보다 바깥이 더 춥다고 말했다.

1026 They borrowed some **mining tools** from their company in order to dig the tunnel.
그들은 터널을 파기 위해 회사로부터 몇 개의 채굴 도구를 빌렸다.

1027 Investment in our company is expected **to rise** even higher in the next quarter.
우리 회사에 대한 투자가 다음 분기에 훨씬 더 증가할 것으로 예상된다.

1028 He told me this cake was purchased from your mother's **bakery**.
그는 나에게 내 어머니의 제과점에서 이 케이크를 구매했다고 말했다.

1029 The small shop displays freshly **baked** bread every morning.
그 작은 가게는 매일 아침 갓 구운 빵을 진열한다.

1030 Those shipments couldn't be loaded on the cargo ship because of its low **storage capacity**.
화물선의 저장 용량이 작기 때문에 그 수송품들을 실을 수 없었다.

1031 The institute developed a new technology that **is capable** of purifying the air in the factory.
그 기관은 공장의 공기를 정화할 수 있는 새 기술을 개발했다.

1032 The high-tech factory has the **capability** to be more efficient in energy consumption than other places.
최첨단 공장은 다른 곳들보다 에너지 소비에 좀 더 효율적인 능력을 갖고 있다.

1033 He expects that the mechanic who was hired yesterday **will deal** with our technical problems.

그는 어제 고용된 기계공이 우리의 기술적 문제들을 처리할 것이라고 기대한다.

1034 Free car maintenance for VIP members is provided by a **registered dealership**.

VIP회원들을 위한 무료 차량 정비는 등록된 대리점을 통해 제공된다.

1035 In my country, it is prohibited for unauthorized **car dealers** to buy and sell foreign cars.

나의 지역에서는, 허가받지 않은 자동차 딜러들이 외제차들을 사고파는 것이 금지된다.

1036 The researchers who specialize in the **natural history** have focused on the fossil.

자연사를 전문으로 하는 연구원들은 그 화석에 집중했다.

1037 We limited the access to the information to preserve the **confidential nature** of it.

우리는 정보의 기밀성을 유지하기 위해 그 정보에 대한 접근을 제한했다.

1038 He **was wondering** if you have any problems with the people at the company.

그는 너가 회사에서 사람들과 어떤 문제가 있는지 궁금해 하고 있었다.

1039 You have to receive a duplicate copy of the tax rebate application form and the receipt from the customer by **fax**.

너는 그 손님으로부터 세금 환급 신청서와 영수증의 사본을 팩스로 받아야 한다.

1040 Unfortunately, we didn't meet our **production goals** due to the accident at our plant.

불행하게도, 우리는 공장의 사고로 인해 생산 목표를 달성하지 못했다.

1041 We already set up a computer that **suits** your requirements.

우리는 이미 당신의 요구사항에 맞는 컴퓨터를 설치했다.

1042 No one thought the candidate **was suitable** for the post of chairman.

아무도 그 후보자가 의장직에 적합했다고 생각하지 않았다.

1043 It **is anticipated** that the labor union will not negotiate with the government.

노동조합은 정부와 협상하지 않을 것으로 예상된다.

1044 The committee **established** a new department composed of professionals in various fields.

위원회는 다양한 분야들의 전문가들로 구성된 새 부서를 설립했다.

1045 Many celebrities attended the ceremony and celebrated the **establishment** of the new business.

많은 저명인사들이 행사에 참여하여, 새 사업의 설립을 축하했다.

1046 As you should know, we can't accept a request for **reimbursement** without a reasonable basis.

너도 알고 있듯이, 우리는 정당한 근거 없이 변제 요청을 수락할 수 없다.

1047 Should you keep the original receipts, the company **will reimburse** you for all your expenses.

당신이 원본 영수증을 갖고 있다면 회사는 당신의 모든 비용을 변제할 것이다.

1048 The owner of the **office complex** required tenants to pay an additional charge for remodeling.

사무실 단지의 주인은 세입자들에게 리모델링을 위한 추가요금을 지불하라고 요구했다.

1049 This issue of the magazine has introduced about the **daily special** at a popular restaurant.

잡지의 이번 호는 한 유명한 식당의 일일 특선 요리에 대해 소개했다.

1050 The businessperson went to the bank to request a **loan** for his company.

사업가는 회사의 대출을 신청하기 위해 은행에 갔다.

※ 다음 단어의 우리말 뜻을 쓰시오. 생각나지 않는 단어는 STEP 2에서 찾아 쓰세요.

문제 2

01 deal	18 wonder	35 expire
02 suitable	19 tracking	36 negotiate
03 natural	20 administration	37 dealership
04 bakery	21 rise	38 authorize
05 negotiation	22 bake	39 fax
06 capability	23 audience	40 complex
07 reimburse	24 determine	41 capable
08 mine	25 reimbursement	42 critical
09 daily	26 administrator	43 expiration
10 establish	27 capacity	44 goal
11 inventory	28 potential	45 track
12 forget	29 point	46 highly
13 anticipate	30 authorization	47 administrative
14 authority	31 mining	48 criticize
15 suit	32 avenue	49 dealer
16 establishment	33 loan	50 central
17 nature	34 focus	

문제 3

01 establishment	18 authority	35 negotiate
02 suit	19 expire	36 forget
03 point	20 authorize	37 daily
04 administrator	21 reimburse	38 suitable
05 nature	22 dealer	39 tracking
06 capable	23 fax	40 wonder
07 focus	24 anticipate	41 administrative
08 mine	25 central	42 track
09 audience	26 dealership	43 establish
10 goal	27 potential	44 authorization
11 loan	28 capability	45 avenue
12 capacity	29 highly	46 mining
13 complex	30 criticize	47 negotiation
14 determine	31 administration	48 inventory
15 bakery	32 natural	49 rise
16 deal	33 expiration	50 reimbursement
17 critical	34 bake	

※ 45개 이상 맞혔으면 그만하고 기억상자 프로그램을 실행하세요.

01 mining	18 mine	35 administrative
02 administrator	19 suitable	36 wonder
03 negotiation	20 capability	37 natural
04 goal	21 reimbursement	38 rise
05 track	22 focus	39 bake
06 expire	23 forget	40 audience
07 capacity	24 highly	41 avenue
08 point	25 central	42 tracking
09 dealership	26 loan	43 anticipate
10 critical	27 negotiate	44 criticize
11 bakery	28 authority	45 nature
12 determine	29 reimburse	46 potential
13 suit	30 inventory	47 establish
14 complex	31 administration	48 capable
15 establishment	32 expiration	49 fax
16 deal	33 authorization	50 dealer
17 authorize	34 daily	

01 negotiation	18 central	35 goal
02 expiration	19 inventory	36 administrative
03 reimburse	20 avenue	37 dealership
04 mining	21 mine	38 determine
05 focus	22 suitable	39 capacity
06 point	23 anticipate	40 authorization
07 natural	24 fax	41 suit
08 loan	25 daily	42 negotiate
09 administration	26 establish	43 tracking
10 expire	27 bakery	44 establishment
11 reimbursement	28 highly	45 dealer
12 capable	29 potential	46 forget
13 track	30 complex	47 authorize
14 rise	31 administrator	48 deal
15 nature	32 audience	49 critical
16 wonder	33 criticize	50 bake
17 capability	34 authority	

STEP 4 주기적인 복습 '기억상자'

제대로 외웠는지 확인하고 싶다고요? 까먹기 전에 다시 복습하고
싶다고요? 지금 당장 QR 코드를 스캔해 보세요.

Day 22 STEP 3 집중해서 풀어라!

단기기억을 만드는 단계입니다. 문장에서 해당하는 단어에 밑줄을 긋고 단어의 의미를 찾아 쓰다 보면 보통 3번이나 4번 문제에서 90% 이상 맞힐 수 있습니다.

※ 노란색으로 표시된 영단어에 해당하는 우리말에 밑줄을 그으세요. 생각나지 않는 단어는 STEP 2에서 찾아보세요.

문제 1

1051 He forgot to bring one piece of **luggage**.
그는 짐 하나를 가져오는 것을 잊었다.

1052 You **have to pack** your luggage and leave your room before checkout time.
당신은 짐을 싸서 체크아웃 전에 방을 나서야 한다.

1053 **In particular**, the organizers of the event banned the use of electronic devices.
특히, 행사의 주최측은 전자기기들의 사용을 금지했다.

1054 We were **particularly** impressed with your professional presentation.
우리는 당신의 전문적인 발표에 특히 감명 받았었다.

1055 The traffic reporter advised commuters to find **alternate routes** to avoid traffic jam.
교통 리포터는 통근자들에게 교통 체증을 피하기 위해 대체 경로를 찾으라고 조언했다.

1056 The board decided to inform the staff that the firm **was going to be acquired** by a foreign company.
이사회는 직원들에게 회사가 외국 회사에 인수되는 것을 알리기로 결정했다.

1057 They finally completed the **acquisition** of Stella Industries Ltd.
그들은 마침내 Stella Industries 주식회사의 인수를 끝마쳤다.

1058 We need to employ a new **program coordinator** who will run the event.
우리는 행사를 진행할 새 프로그램 진행자를 고용해야 한다.

1059 The steering committee **will be coordinating** the schedule for the project.
운영위원회는 프로젝트의 일정을 조정하고 있을 것이다.

1060 The restaurant is offering several **dishes** at discounts for the entire month.
그 레스토랑은 한 달 내내 몇몇 요리들을 할인하여 제공하고 있다.

1061 A variety of seasonal fruits and **vegetables** were laid out in the market stall.
다양한 계절 과일들과 채소들이 시장 가판대에 진열되어 있었다.

1062 I am looking for a restaurant that serves different kinds of **vegetarian dishes**.
나는 다양한 종류의 채식 요리들을 제공하는 레스토랑을 찾고 있다.

1063 The Mars Company is committed to refining its product line to offer quality appliances at **affordable prices**.
Mars Company는 합리적인 가격으로 양질의 전자제품을 제공하기 위해 제품라인을 개선하는 데 전념한다.

1064 We **can't afford** to hire more permanent employees even though we have a great deal of work to do.
우리는 해야 할 일이 많은데도 불구하고 더 많은 정규직을 고용할 여유가 없다.

1065 Due to the price increase by the subcontractor, we are finding an **alternative** manufacturing company.
하도급업체의 가격 인상 때문에 우리는 다른 제조회사를 찾고 있다.

1066 A policeman is helping drivers take **alternate routes** because of the construction in nearby areas.
인근 지역의 건설 때문에 한 경찰관이 운전자들이 대체 경로를 이용하도록 돕고 있다.

1067 You should store every **telephone conversation** with your clients in our database.
당신은 우리의 데이터베이스에 고객들과의 모든 통화를 저장해야 한다.

1068 I **am tired** of working overtime three month in a row.
나는 3개월의 연이은 초과 근무로 지쳤다.

1069 The **awards ceremony** will take place in the company's reception hall next weekend.
시상식은 다음 주말에 회사의 연회장에서 열릴 것이다.

1070 The local residents voted **in favor** of building a theme park by the river.
지역 주민들은 강가에 테마 파크를 만드는 것에 찬성하는 투표를 했다.

1071 Our performance received **favorable reviews** from the audience.
우리 공연은 청중으로부터 호평을 받았다.

1072 The draft of the contract he submitted was **favorably** reviewed by management.
그가 제출한 계약서 초안은 경영진에게 호의적으로 평가받았다.

1073 They didn't come to celebrate the **grand opening** of my store.
그들은 내 가게의 개점을 축하하러 오지 않았다.

1074 We will offer special discounted rates **in honor** of our 30th anniversary.
우리는 30주년을 기념하여 특별한 할인가를 제공할 것이다.

1075 The consulting firm advised us to take **cost-cutting measures**.
컨설팅 회사는 우리가 비용 절감 조치를 취하도록 조언했다.

1076 First, you should ask them if we can take the **measurements** of the room.
먼저, 당신은 그들에게 우리가 방을 측정할 수 있는지 물어봐야 한다.

1077 My co-worker who was scheduled for the **night shift** is on leave, so I have to substitute for him.
야간 근무가 예정된 동료가 휴가 중이라서, 내가 그를 대신해야 한다.

1078 I **understand** why they charged additional fees for their services.
나는 왜 그들이 서비스에 대한 추가 요금을 청구했는지 이해한다.

1079 The event wouldn't have been able to be a great success without the **understanding** and cooperation of the club members.
그 행사는 클럽 회원들의 이해와 협조 없이는 큰 성공을 거두지 못했을 것이다.

1080 The senior **vice president** of product development ignored my opinion.
제품 개발부의 수석 부사장은 내 의견을 무시했다.

1081 I didn't realize we **could take advantage** of the opportunity to be offered gift vouchers.
나는 우리가 상품권을 제공받을 기회를 이용할 수 있다는 것을 알지 못했다.

1082 The second item on the **agenda** is the subject of cost cutting.
의제의 두 번째 항목은 비용 절감에 대한 사안이다.

1083 We usually bring **fresh vegetables** from the farm near the city every morning.
우리는 보통 매일 아침 도시 근처의 농장에서 신선한 야채를 가져온다.

1084 Employees at the company can receive the special 40 percent discount offers not available to the **general public**.
그 회사의 직원들은 일반 대중이 이용할 수 없는 특별한 40% 할인 혜택을 받을 수 있다.

1085 I **generally** stay at this hotel when I'm on a business trip in Las Vegas.
나는 라스베가스에 출장 중일 때 보통 이 호텔에 머무른다.

1086 The board didn't like the new product design because it looks **similar** to our competitor's.
이사회는 신제품 디자인이 경쟁사의 제품과 비슷해 보이기 때문에 좋아하지 않았다.

1087 The performance of these two models is much better than that of **similarly sized** cars.
이 두 모델의 성능은 비슷한 크기의 차량보다 훨씬 좋다.

1088 The new branch manager arranged the store by taking inspiration from **street vendors**.
그 신임 지점장은 노점상들로부터 영감을 얻어 상점을 마련했다.

1089 Coins aren't always necessary to buy things from **vending machines**.
자동판매기에서 물건을 사는데 동전이 항상 필요한 것은 아니다.

1090 Our **catering company** occasionally hires temporary staff members when intending to prepare food for large events.
우리 음식 공급 회사는 큰 행사를 위해 음식을 준비할 때 때때로 임시직원들을 고용한다.

1091 We will help **cater** your upcoming wedding banquet.
우리는 당신의 다가오는 결혼식 피로연에서 음식 제공하는 것을 도울 것이다.

1092 Could you ask the **caterers** to send us some samples of their culinary specialties featured in the catalog.
카탈로그에 표시된 전문 요리 중 몇 가지 샘플을 우리에게 보내 줄 수 있는지 음식 공급업자들에게 물어봐 줄 수 있나요?

1093 The **city council** will hold a meeting to discuss urban development.
시의회는 도시 개발을 논의하기 위한 회의를 개최할 것이다.

1094 The window in my room **is being decorated** with ornamental stickers by my sister.
내 방의 창문이 여동생에 의해 장식용 스티커로 장식되고 있다.

1095 The workers took a lot of effort to arrange the **interior decorations** for the event.
작업자들은 행사를 위한 실내 장식을 배치하는데 많은 노력을 기울였다.

1096 I asked my assistant to drape the **decorative cover** over the table.
나는 조수에게 테이블 위에 장식용 커버를 씌울 것을 요청했다.

1097 You can see **a wide range of** animals and flowers at Seoul Grand Park.
당신은 서울 대공원에서 다양한 동물들과 식물들을 볼 수 있다.

1098 Many people **are seeking** employment through an online recruitment site.
많은 사람들이 온라인 채용 사이트를 통해 직장을 찾고 있다.

1099 We are ready to move onto the **next stage** of the construction project.
우리는 건설 사업의 다음 단계로 이동할 준비가 되어 있다.

1100 I used to assign my secretary some of the **tasks** that required her skills.
난 내 비서에게 그녀의 능력을 필요로 하는 약간의 일들을 맡기곤 한다.

Day **22**
1051-1100

문제 2

01 grand	18 decorate	35 alternate
02 range	19 honor	36 afford
03 seek	20 particular	37 similar
04 conversation	21 coordinate	38 decorative
05 advantage	22 favorably	39 route
06 caterer	23 similarly	40 understand
07 agenda	24 ceremony	41 general
08 favorable	25 dish	42 vendor
09 favor	26 cater	43 catering
10 alternative	27 measurement	44 shift
11 decoration	28 particularly	45 pack
12 acquisition	29 coordinator	46 fresh
13 stage	30 acquire	47 vegetarian
14 luggage	31 vegetable	48 task
15 council	32 generally	49 tire
16 understanding	33 vice	50 measure
17 vend	34 affordable	

문제 3

01 afford	18 similar	35 understand
02 particular	19 favorable	36 route
03 catering	20 alternate	37 acquire
04 generally	21 vend	38 ceremony
05 seek	22 favor	39 coordinator
06 decorate	23 range	40 grand
07 caterer	24 understanding	41 shift
08 honor	25 fresh	42 luggage
09 task	26 vegetarian	43 decoration
10 stage	27 general	44 council
11 vendor	28 favorably	45 acquisition
12 alternative	29 coordinate	46 vice
13 tire	30 similarly	47 measurement
14 advantage	31 dish	48 affordable
15 decorative	32 pack	49 vegetable
16 particularly	33 agenda	50 conversation
17 cater	34 measure	

※ 45개 이상 맞혔으면 그만하고 기억상자 프로그램을 실행하세요.

문제 4

01 measurement	18 understanding	35 honor
02 stage	19 vegetarian	36 tire
03 vice	20 agenda	37 acquisition
04 vegetable	21 range	38 conversation
05 fresh	22 vendor	39 acquire
06 route	23 particularly	40 grand
07 affordable	24 seek	41 afford
08 advantage	25 luggage	42 understand
09 dish	26 decoration	43 coordinator
10 decorative	27 council	44 favorably
11 catering	28 general	45 vend
12 alternate	29 shift	46 measure
13 particular	30 generally	47 decorate
14 similarly	31 alternative	48 ceremony
15 coordinate	32 similar	49 task
16 pack	33 favor	50 caterer
17 favorable	34 cater	

문제 5

01 shift	18 coordinator	35 generally
02 fresh	19 vice	36 advantage
03 tire	20 seek	37 general
04 favorable	21 acquisition	38 catering
05 affordable	22 particularly	39 afford
06 coordinate	23 acquire	40 vend
07 alternate	24 similarly	41 conversation
08 pack	25 cater	42 honor
09 agenda	26 task	43 vegetarian
10 stage	27 range	44 understanding
11 caterer	28 alternative	45 favor
12 measure	29 understand	46 decoration
13 vegetable	30 decorate	47 grand
14 decorative	31 favorably	48 dish
15 council	32 measurement	49 luggage
16 particular	33 vendor	50 similar
17 ceremony	34 route	

STEP 4 주기적인 복습 '기억상자'

제대로 외웠는지 확인하고 싶다고요? 까먹기 전에 다시 복습하고 싶다고요? 지금 당장 QR 코드를 스캔해 보세요.

Day 23

STEP **3**

집중해서 풀어라!

단기기억을 만드는 단계입니다. 문장에서 해당하는 단어에 밑줄을 긋고 단어의 의미를 찾아 쓰다 보면 보통 3번이나 4번 문제에서 90% 이상 맞힐 수 있습니다.

※ 노란색으로 표시된 영단어에 해당하는 우리말에 밑줄을 그으세요. 생각나지 않는 단어는 STEP 2에서 찾아보세요.

문제 **1**

1101 We **guarantee** that your order will arrive within five working days.
우리는 당신의 주문품이 근무일 5일 안에 도착할 것을 보장한다.

1102 The supervisors not only **monitor** the progress of the project but also deal with clients.
감독관들은 프로젝트 과정을 통제할 뿐만 아니라 고객들도 상대한다.

1103 Your subscription rate was debited **automatically**, and we sent the receipt by e-mail a few days ago.
당신의 구독료는 자동으로 인출되었고, 우리는 며칠 전에 이메일로 영수증을 보냈다.

1104 You need to open an account in your name before activating the **automatic payment** plan.
당신은 자동 결제 방식을 활성화시키기 전에 당신의 이름으로 계좌를 개설해야 한다.

1105 As a result of the investment in the facilities, our factory was able to introduce **automated** equipment.
설비 투자로, 우리 공장은 자동화 장비를 도입할 수 있었다.

1106 The institute covers work on importing and exporting **goods** to neighboring countries.
그 기관은 주변 국가에 상품을 수출입하는 업무를 담당한다.

1107 We can't provide copies of **private personnel records** according to regulations.
우리는 규정에 따라 개인 인사 기록들의 사본을 제공할 수 없다.

1108 At that time, Ms. Coleman **was teaching** an environmental science course at a college.
그 당시, Ms. Coleman은 대학에서 환경 공학 과정을 가르치고 있었다.

1109 We invited a **best-selling author** to be one of the guest speakers.
우리는 베스트셀러 작가를 초청 연사 중 한 사람으로 초대했다.

1110 I will visit the department store to file a **claim** for compensation.
나는 보상을 청구하기 위해 백화점을 방문할 것이다.

1111 The Customer Service Department **is committed** to handling customer complaints.
고객 서비스 부서는 고객 불만들을 처리하는 것에 전념한다.

1112 I **made a commitment** to helping with the economic recovery to enhance people's standard of living.
나는 사람들의 생활 수준을 향상시키기 위해 경기 회복을 돕는데 전념했다.

1113 They will help ensure that you have information about **real estate investment** opportunities in your area.
그들은 당신이 당신 지역의 부동산 투자 기회에 관한 정보를 가질 수 있게 도울 것이다.

1114 As required by safety regulations, we **have to examine** all of the facilities and equipment.
우리는 안전 규정에 요구된 대로 모든 시설과 장비를 조사해야 한다.

1115 A large number of people visit the clinic for their annual **physical examinations**.
많은 사람들이 연례 건강 검진을 위해 그 병원을 방문한다.

1116 The interviewee said he **is familiar** with our work and can do it well.
면접자는 우리 일에 익숙하여 그 일을 잘 할 수 있다고 말했다.

1117 Maybe you need more time **to familiarize** yourself with the company's procedures.
아마 당신은 회사의 절차에 익숙해지는데 더 많은 시간이 필요할 것이다.

1118 A reporter requested to interview **Mayor** Brigitte Stevens for a while.
한 기자가 시장 Brigitte Stevens에게 잠깐 동안 인터뷰할 것을 요청했다.

1119 Our company has published a **monthly newsletter** about computer parts for the past two years.
우리 회사는 지난 2년 동안 컴퓨터 부품들에 관한 월간지를 출판해 왔다.

1120 I'**m surprised** that I was nominated for the best picture award.
나는 최우수 작품상 후보에 올랐다는 것에 놀랐다.

1121 Mr. Yang **commutes** to work by the train every morning.
Mr. Yang은 매일 아침 기차로 직장에 통근한다.

1122 A lot of passengers complained that the **commuter train** is behind schedule.
많은 승객들이 통근 열차가 예정보다 늦어지는 것에 불평했다.

1123 The construction of the **downtown** shopping mall has been postponed until the beginning of next month.
시내 쇼핑몰 건설은 다음 달 초까지 미뤄졌다.

1124 I have been attending every recruiting fair **to search** for a job.
나는 직업을 찾기 위해 모든 취업 박람회에 참석해 오고 있다.

1125 Due to the revised law, our **tax liability** will decrease by 20% next year.
개정된 법률로 인해 내년 우리의 세금 부담은 20% 감소할 것이다.

1126 He is trying to set up the projector and **adjust** the angle of the screen.
그는 프로젝터 설치와 화면의 각도 조정에 애쓰고 있다.

1127 They spent **approximately** ten days changing the heels of my shoes.
그들은 내 신발의 굽을 교환하는데 거의 10일이 걸렸다.

1128 You will receive an **approximate** estimate of the construction costs within a month.
당신은 한 달 안에 공사비용의 대략적인 견적서를 받을 것이다.

1129 We had to take a detour **to avoid** the traffic jam on the highway.
우리는 고속도로의 교통 혼잡을 피하기 위해 우회로를 사용해야 했다.

1130 The host of the symposium postponed the **keynote speech** because of a technical issue.
심포지엄 주최자는 기술적 문제 때문에 기조연설을 연기했다.

1131 He was **especially** disappointed in the actions of the government.
그는 정부의 활동들에 대해서 특히 실망했다.

1132 I had to check the order form so I knew **exactly** what the clients were looking for.
나는 고객이 무엇을 찾는지 정확히 알 수 있도록 주문서를 확인해야 했다.

1133 You have to tell me the **exact number** of workshop participants beforehand.
당신은 사전에 나에게 워크숍 참가자들의 정확한 수를 알려줘야 한다.

1134 The chemical industry has to follow **extremely** strict antipollution policies.

화학 산업은 매우 엄격한 오염방지 정책을 따라야 한다.

1135 The Mars Entertainment Group has experienced **extreme** fluctuations in its stock price.

Mars Entertainment Group은 주가의 극심한 변동을 경험했다.

1136 The minister of strategy and finance announced that a new investment policy **will be implemented**.

기획 재정부 장관은 새 투자 정책이 시행될 것이라고 발표했다.

1137 The healthier you are, the more cheaply you can purchase **health insurance**.

당신이 더 건강할수록, 당신은 건강 보험을 더 싸게 구매할 수 있다.

1138 **Would you mind** if I brought your assistant up to the meeting room?

내가 당신의 조수를 회의실로 데려가도 괜찮을까요?

1139 The **art gallery** is looking for part-time staff members to assist them at the festival.

미술관은 축제에서 그들을 도와줄 시간제 직원들을 찾고 있다.

1140 The government implemented strict regulations **to prevent** a similar accident from happening again.

정부는 비슷한 사고가 다시 발생하는 것을 방지하기 위해 엄격한 규정들을 시행했다.

1141 The government spokesperson notified us of some changes that **will affect** our business.

정부 대변인은 우리에게 사업에 영향을 미칠 몇 가지 변화들을 알려줬다.

1142 I received a letter of **congratulations** on becoming a registered member of the Young Leaders Association.

나는 Young Leaders Association의 정식 회원이 된 것에 대한 축하 편지를 받았다.

1143 Thankfully, they had a party **to congratulate** me on my promotion to vice president.

고맙게도, 그들은 나의 부사장 승진을 축하하는 파티를 열었다.

1144 We sincerely appreciate your **dedication** to our company.

우리는 우리 회사에 대한 당신의 헌신에 진심으로 감사한다.

1145 Plenty of staff members at the company **were dedicated** to reaching the goal.

회사의 많은 직원들이 목표를 달성하기 위해 전념했다.

1146 If you receive any signed **file folders**, copy them and place both the original and the copy in the cabinet.

당신이 서명된 서류철들을 받으면 그 서류들을 복사하여 원본과 복사본 모두 캐비닛에 넣어라.

1147 A woman **is folding** many documents that are scattered all around the office.

한 여자가 사무실에 흩어진 많은 서류들을 정리하고 있다.

1148 The equipment that is installed in the operating room has many important **functions**.

수술실에 설치된 그 장비는 많은 중요한 기능들을 갖고 있다.

1149 All residents in the apartment are provided **complimentary** wireless Internet.

아파트의 모든 거주자들은 무료 무선 인터넷을 제공받았다.

1150 We have often received **compliments** on our personalized service.

우리는 종종 개인전용 서비스에 대해 칭찬을 받아왔다.

※ 다음 단어의 우리말 뜻을 쓰시오. 생각나지 않는 단어는 STEP 2에서 찾아 쓰세요.

문제 2

01 fold	18 automatic	35 claim
02 folder	19 dedicate	36 mayor
03 automated	20 especially	37 familiarize
04 commute	21 examination	38 insurance
05 extreme	22 congratulation	39 downtown
06 complimentary	23 approximately	40 speech
07 adjust	24 newsletter	41 commitment
08 automatically	25 goods	42 exactly
09 approximate	26 tax	43 guarantee
10 estate	27 familiar	44 monitor
11 gallery	28 commit	45 compliment
12 examine	29 commuter	46 prevent
13 search	30 affect	47 teach
14 dedication	31 exact	48 function
15 extremely	32 congratulate	49 implement
16 private	33 mind	50 avoid
17 surprise	34 author	

Day 23 1101-1150

문제 3

01 commitment	18 claim	35 dedicate
02 complimentary	19 automatically	36 extremely
03 especially	20 private	37 examine
04 gallery	21 commute	38 approximate
05 speech	22 tax	39 exact
06 monitor	23 adjust	40 congratulation
07 affect	24 downtown	41 insurance
08 automated	25 congratulate	42 goods
09 teach	26 search	43 exactly
10 guarantee	27 compliment	44 examination
11 fold	28 automatic	45 author
12 mayor	29 estate	46 dedication
13 implement	30 mind	47 approximately
14 commuter	31 extreme	48 familiar
15 commit	32 folder	49 avoid
16 prevent	33 surprise	50 function
17 familiarize	34 newsletter	

※ 45개 이상 맞혔으면 그만하고 기억상자 프로그램을 실행하세요.

01 author
02 exactly
03 extremely
04 downtown
05 familiarize
06 guarantee
07 private
08 affect
09 estate
10 dedicate
11 function
12 congratulate
13 commit
14 folder
15 prevent
16 examination
17 exact

18 congratulation
19 automated
20 mind
21 tax
22 automatic
23 extreme
24 mayor
25 adjust
26 implement
27 approximately
28 search
29 examine
30 dedication
31 commuter
32 compliment
33 surprise
34 approximate

35 commitment
36 familiar
37 avoid
38 complimentary
39 goods
40 automatically
41 gallery
42 newsletter
43 teach
44 insurance
45 claim
46 fold
47 speech
48 commute
49 monitor
50 especially

01 extreme
02 exact
03 prevent
04 approximate
05 speech
06 private
07 teach
08 affect
09 mind
10 exactly
11 claim
12 search
13 congratulation
14 complimentary
15 compliment
16 goods
17 newsletter

18 implement
19 insurance
20 estate
21 dedication
22 commitment
23 tax
24 extremely
25 examination
26 avoid
27 guarantee
28 mayor
29 automatic
30 congratulate
31 function
32 commuter
33 especially
34 surprise

35 examine
36 monitor
37 commit
38 approximately
39 automatically
40 automated
41 author
42 commute
43 familiar
44 downtown
45 folder
46 gallery
47 adjust
48 dedicate
49 fold
50 familiarize

STEP 4 주기적인 복습 '기억상자'

제대로 외웠는지 확인하고 싶다고요? 까먹기 전에 다시 복습하고
싶다고요? 지금 당장 QR 코드를 스캔해 보세요.

Day 24 · STEP 3 · 집중해서 풀어라!

단기기억을 만드는 단계입니다. 문장에서 해당하는 단어에 밑줄을 긋고 단어의 의미를 찾아 쓰다 보면 보통 3번이나 4번 문제에서 90% 이상 맞힐 수 있습니다.

※ 노란색으로 표시된 영단어에 해당하는 우리말에 밑줄을 그으세요. 생각나지 않는 단어는 STEP 2에서 찾아보세요.

문제 1

1151 I really appreciate your hard work **to achieve** our sales goals this year.
나는 올해 우리의 판매 목표를 달성하기 위한 당신의 노고에 진심으로 감사한다.

1152 The president gave Mr. Allen a special gift to recognize his **achievements**.
사장은 Mr. Allen의 업적들을 표창하기 위해 특별한 선물을 주었다.

1153 We were so satisfied with your close **cooperation** on this project.
우리는 이번 프로젝트에서 당신의 긴밀한 협력에 매우 만족했다.

1154 We **had to cooperate** with the Sales Department to collect customer responses.
우리는 고객 반응을 수집하기 위해 영업부와 협력해야 했다.

1155 The fiscal policy is difficult to implement without **cooperative efforts** between different departments.
그 재정 정책은 부서들 간의 협력적인 노력 없이는 수행하기 어렵다.

1156 My teammates said that it was difficult for them **to exceed** their sales goal.
팀원들은 판매목표를 넘어서는 것은 어렵다고 말했다.

1157 My **former supervisor** wrote a letter of recommendation for me.
나의 이전 상사는 나를 위해 추천서를 작성했다.

1158 Chris Simms, **formerly** a vice president at Baylor Industry, was appointed the president of our company.
이전에 Balor Industry의 부사장이었던 Chris Simms가 우리 회사 사장으로 임명되었다.

1159 During the intermission, you can enjoy **complimentary refreshments** or visit our gift shop.
휴식시간 동안, 당신은 무료 다과를 즐기거나 우리의 기념품 판매점에 방문할 수 있다.

1160 We should reduce our expenditures on raw materials **in order to accomplish** our financial goals.
우리는 재무 목표를 달성하기 위해 원자재들에 대한 지출들을 줄여야 한다.

1161 That ad firm's **numerous accomplishments** have been widely recognized in the industry.
저 광고 회사의 수많은 업적들은 업계에서 널리 인정받아 왔다.

1162 The entertainment firm has a few **accomplished** musicians who have won many prizes.
그 엔터테인먼트 회사는 많은 상을 받은 몇몇 숙련된 음악가들을 보유하고 있다.

1163 The workers **labeled** each shipping container with the arrival date and contents.
작업자들은 각 선적용 컨테이너에 도착일과 내용물들에 대한 라벨을 붙였다.

1164 Many of the employees choose to have lunch **in the cafeteria** every day.
많은 직원들이 매일 구내식당에서 점심으로 먹을 것을 고른다.

1165 The artwork made by Ms. Orham is famous for her usage of a **creative** and unique method.
Ms. Orham이 만든 예술작품은 창의적이고 독특한 방법을 사용한 것으로 유명하다.

1166 Our work environment will be changed to encourage employees to focus on their **creativity**.
우리의 작업환경은 직원들이 창의성에 집중하도록 격려할 수 있게 바뀔 것이다.

1167 I suppose it is possible for him **to be elected** chairman of the board.

난 그가 이사회의 의장으로 선출될 수 있다고 생각한다.

1168 The board said it is considering holding an **election** to choose a new CEO.

이사회는 새 CEO를 선출하기 위한 선거 실시를 고려중이라고 말했다.

1169 You could choose one of the various models that **fit** your needs.

당신은 당신의 요구에 맞는 다양한 모델들 중 하나를 선택할 수 있다.

1170 I have experience teaching students at a **culinary institute** in Japan.

나는 일본의 요리 학원에서 학생들을 가르친 경험이 있다.

1171 According to reports from **financial institutions**, bank interest rates are expected to fall next year.

금융 기관들의 보고서에 따르면, 은행 금리는 내년에 떨어질 것으로 예상된다.

1172 After installing the new **machinery**, the technicians explained how to use it to some company employees.

새 기계를 설치한 후, 기술자들은 회사 직원 몇 명에게 사용 방법을 설명했다.

1173 My assistant will help you **observe** the animation production process.

내 조수가 당신이 애니메이션 제작 과정을 관찰하도록 도울 것이다.

1174 We anticipate that next year's **revenue** will significantly increase.

우리는 내년 수익이 상당히 증가할 것으로 예상한다.

1175 They **were disappointed** to hear that the tickets had already sold out.

그들은 티켓들이 이미 매진됐다는 것을 듣고 실망했다.

1176 The chairman expressed **disappointment** regarding the performance of our department.

회장은 우리 부서의 성과에 대해 실망을 표현했다.

1177 The material looks like it is composed of regular **fabric**, but it is made of recycled plastics.

그 재료는 일반 직물로 만들어진 것처럼 보이지만 재활용 플라스틱들로 만들어진다.

1178 Mr. Carl is a **professor** at the state university and a management consultant at our firm.

Mr. Carl은 주립 대학의 교수이자 우리 회사의 경영 컨설턴트이다.

1179 The HR Department will organize a special event on July 10 **sponsored** by the local community.

인사과는 7월 10일에 지역 사회가 후원하는 특별 행사를 준비할 것이다.

1180 The university hospital decided to purchase some new equipment **to treat** rare illnesses.

대학병원은 희귀한 질병들을 치료하기 위해 몇몇 새 장비를 도입하기로 결정했다.

1181 Some **treatments** for the disease are already under development.

그 질병에 대한 몇몇 치료법들이 이미 개발 중에 있다.

1182 Some groups arrived at the conference site two hours **ahead of time**.

몇몇 그룹은 2시간 전에 회의장에 도착했다.

1183 The president said his company handles only relatively safe toys that don't contain any **harsh chemicals**.

그 대표는 회사는 어떠한 유독 화학물질도 포함하지 않는 비교적 안전한 장난감만을 취급한다고 말했다.

1184 We **are collaborating** with a research team at the University of Florida on the development of a new product.

우리는 신제품 개발을 위해 플로리다 대학의 연구팀과 협력하고 있다.

1185 I am planning to publish a book in **collaboration** with my cousin William Gibson.
나는 사촌 William Gibson과 공동 작업으로 책을 출판할 예정이다.

1186 Their products exhibited at the trade show are available **exclusively** through domestic distributors.
무역 박람회에 전시된 그들의 제품들은 국내 배급사들을 통해 독점적으로 이용 가능하다.

1187 Next week's edition will contain an **exclusive interview** with famous actors and actresses.
다음 주 판은 유명한 남여 배우들의 독점 인터뷰를 포함할 것이다.

1188 The vice president stated that he did not want **to exclude** any of the employees from the meeting.
부사장은 직원 중 누구도 회의에서 제외시키는 것을 원치 않는다고 말했다.

1189 I called a **mechanic** to help repair the heating system in our building.
나는 우리 건물의 난방 시스템 수리를 도와줄 정비사를 불렀다.

1190 The assembly line has some kind of **mechanical problem** because of overheating.
그 조립 라인은 과열로 인한 약간의 기계적인 문제를 가지고 있다.

1191 The workers have been told to sort the **objects** according to the area of the country they are from.
작업자들은 수입국의 지역에 따라 물건들을 분류하라고 들었다.

1192 The research shows that young employees focus on their **objectives** twice as much as older employees do.
그 연구는 젊은 직원들이 나이든 직원에 비해 두 배 더 그들의 목표에 집중하고 있다는 것을 보여준다.

1193 He hired an architectural firm **to remodel** his house.
그는 집을 개조하기 위해 건축 회사를 고용했다.

1194 We were disappointed at the news that our company's executives decided to cancel the office **remodeling project**.
우리는 회사의 경영진들이 사무실 리모델링 사업을 취소하기로 결정했다는 소식에 실망했다.

1195 The **rest** of your order will be delivered within three days.
당신이 주문한 나머지 물건은 3일 이내에 배달될 것이다.

1196 Mr. Wright is **unavailable** because he is out of the office on business now.
Mr. Wright는 지금 업무로 인해 사무실 밖에 있기 때문에 만날 수 없다.

1197 We were requested to provide more **accurate information** on the report we had submitted.
우리는 우리가 제출했었던 보고서에 대한 더 정확한 정보를 제공해 달라는 요청을 받았다.

1198 The stock market activities **accurately** represent the present economic situation.
주식시장 동향은 현재 경제 상황을 정확하게 나타낸다.

1199 The new medical machine helped doctors diagnose patients **with more accuracy**.
새로운 의료 기기는 의사들이 환자들을 더 정확하게 진료하는 것을 도왔다.

1200 The restaurant provides free refills on all **beverages** to customers who purchase a meal from the dinner menu.
그 레스토랑은 저녁 메뉴에서 식사를 구매하는 고객들에게 모든 음료에 대해 무료 리필을 제공한다.

문제 2

01 sponsor	18 disappointment	35 rest
02 institute	19 remodeling	36 unavailable
03 exceed	20 chemical	37 accurately
04 mechanic	21 objective	38 object
05 exclusive	22 professor	39 elect
06 achieve	23 institution	40 accomplished
07 exclusively	24 accuracy	41 fabric
08 treat	25 remodel	42 achievement
09 former	26 formerly	43 label
10 ahead	27 observe	44 creativity
11 accurate	28 mechanical	45 accomplish
12 machinery	29 accomplishment	46 collaborate
13 beverage	30 cafeteria	47 collaboration
14 cooperative	31 refreshment	48 revenue
15 exclude	32 cooperate	49 creative
16 disappoint	33 election	50 fit
17 treatment	34 cooperation	

문제 3

01 mechanical	18 treatment	35 ahead
02 cooperative	19 accuracy	36 cafeteria
03 accomplishment	20 elect	37 observe
04 exceed	21 institute	38 professor
05 revenue	22 disappointment	39 accomplished
06 label	23 collaborate	40 fabric
07 exclude	24 accomplish	41 achievement
08 creativity	25 fit	42 former
09 cooperate	26 remodeling	43 chemical
10 creative	27 exclusive	44 institution
11 machinery	28 sponsor	45 objective
12 disappoint	29 exclusively	46 accurate
13 object	30 accurately	47 remodel
14 formerly	31 election	48 beverage
15 cooperation	32 unavailable	49 achieve
16 treat	33 collaboration	50 refreshment
17 mechanic	34 rest	

※ 45개 이상 맞혔으면 그만하고 기억상자 프로그램을 실행하세요.

문제 4

01 achievement	18 exclusively	35 treatment
02 accomplish	19 formerly	36 collaboration
03 institution	20 object	37 objective
04 cooperation	21 accuracy	38 exceed
05 creative	22 election	39 rest
06 refreshment	23 accomplished	40 remodel
07 former	24 observe	41 exclusive
08 collaborate	25 institute	42 fit
09 cooperative	26 fabric	43 machinery
10 remodeling	27 disappointment	44 accurately
11 accurate	28 ahead	45 creativity
12 sponsor	29 professor	46 treat
13 mechanical	30 label	47 cafeteria
14 accomplishment	31 achieve	48 beverage
15 revenue	32 unavailable	49 mechanic
16 disappoint	33 cooperate	50 exclude
17 chemical	34 elect	

문제 5

01 exclusively	18 cooperate	35 machinery
02 exclusive	19 creative	36 professor
03 accuracy	20 refreshment	37 achievement
04 objective	21 institution	38 remodel
05 beverage	22 exclude	39 mechanic
06 accurate	23 label	40 cooperation
07 collaborate	24 mechanical	41 ahead
08 fabric	25 accomplish	42 cafeteria
09 accomplishment	26 exceed	43 cooperative
10 object	27 accurately	44 creativity
11 collaboration	28 observe	45 achieve
12 rest	29 unavailable	46 revenue
13 former	30 treatment	47 elect
14 fit	31 accomplished	48 election
15 disappointment	32 remodeling	49 chemical
16 sponsor	33 formerly	50 institute
17 treat	34 disappoint	

STEP 4 주기적인 복습 '기억상자'

제대로 외웠는지 확인하고 싶다고요? 까먹기 전에 다시 복습하고
싶다고요? 지금 당장 QR 코드를 스캔해 보세요.

Day 24 1151~1200

Day 25 **STEP 3** 집중해서 풀어라!

단기기억을 만드는 단계입니다. 문장에서 해당하는 단어에 밑줄을 긋고 단어의 의미를 찾아 쓰다 보면 보통 3번이나 4번 문제에서 90% 이상 맞힐 수 있습니다.

※ 노란색으로 표시된 영단어에 해당하는 우리말에 밑줄을 그으세요. 생각나지 않는 단어는 STEP 2에서 찾아보세요.

문제 1

1201 In spite of many positive **comments** from critics, the movie fell flat.
비평가들의 많은 긍정적인 논평에도 불구하고, 영화는 실패했다.

1202 The transportation official said an electric pole will be pounded into the **ground** here.
교통 공무원은 여기 지면에 전신주가 세워질 것이라고 말했다.

1203 Could you show me an automobile that I **can lease**?
내가 임대할 수 있는 자동차를 보여 줄 수 있나요?

1204 Due to his **outstanding** job performance, Mr. Poole will be promoted to senior sales manager.
그의 뛰어난 업무 실적 때문에, Mr. Poole은 수석 판매 관리자로 승진될 것이다.

1205 The manager will arrange for a **taxi** to take the guests from the airport to the hotel.
관리자는 손님들을 공항에서 호텔로 데려오기 위해 택시를 준비할 것이다.

1206 They **aren't aware** of the responsibilities of my position.
그들은 내 직위의 책무를 알지 못한다.

1207 The purpose of the campaign is to promote **environmental awareness**.
캠페인의 목적은 환경 의식을 증진시키는 것이다.

1208 After a **brief** announcement concerning behavior for takeoff, the plane left the airport.
이륙 시 행동에 관한 간단한 안내 후에, 비행기는 공항을 출발했다.

1209 We would **briefly** go over the internal regulations before getting down to our main business.
우리는 주요 사업을 시작하기 전에 내부 규정들을 간단히 살펴볼 것이다.

1210 I should contact Ms. Lion for information about **custom orders** from her company.
나는 그녀 회사의 맞춤 주문들에 관한 정보를 위해 Ms. Lion에게 연락해야 한다.

1211 We started to make **customized products** to make ourselves more competitive.
우리는 좀 더 경쟁력 있는 우리 자신을 만들기 위해 맞춤형 제품들을 만들기 시작했다.

1212 Only applicants who have a driver's licence **are eligible** to take the test.
운전 면허증이 있는 참가자들만 그 시험을 치를 수 있는 자격이 있다.

1213 He recommended that I **enroll** in the experimental education program that my university is noted for.
그는 내게 대학에서 주목하는 실험적인 교육 프로그램에 등록하라고 추천했다.

1214 **Enrollment** in the automatic payment plan deserves careful consideration.
자동지불제도를 이용한 등록은 신중히 고려해 볼 만하다.

1215 As a result of the rising dollar exchange rate, the prices of imports continue **to fall**.
달러 환율 인상의 결과로서, 수입품 가격은 계속해서 떨어지고 있다.

1216 The Sales and Marketing Department **has gathered** intelligence on customer interest.
판매&마케팅 부서는 소비자 기호에 대한 정보를 모아왔다.

1217 Around 200 people attended the **social gathering** of business owners.

약 200명의 사람들이 기업가들의 사교 모임에 참석했다.

1218 The **landscaping firm** offers great deals in both price and quality compared to other companies.

그 조경 회사는 다른 회사들에 비해 가격과 품질 모두에서 좋은 조건들을 제공한다.

1219 A customer purchased my **landscape painting** at the exhibition yesterday.

한 고객이 어제 전시회에서 나의 풍경화를 구입했다.

1220 He received notification from the **Legal Department** on the results of the review.

그는 검토 결과를 법무부로부터 통지받았다.

1221 I think you need to join the local community to participate in the **neighborhood meeting**.

나는 당신이 반상회에 참여하기 위해 지역 공동체에 가입해야 한다고 생각한다.

1222 The book shows **readers** the best way to pass the test.

그 책은 독자들에게 시험에 합격하는 최선의 방법을 보여준다.

1223 I have to summarize the latest **investment trends** for working with report.

나는 보고서 작성을 위해 최근 투자 동향을 요약해야 한다.

1224 His new **approach** to management issues attracted our admiration.

경영 문제에 대한 그의 새로운 접근법은 우리의 감탄을 끌어냈다.

1225 You **can broadcast** your presentation to our overseas branches by using the video conference system.

당신은 화상 회의 시스템을 사용하여 당신의 발표를 해외 지사로 방송할 수 있다.

1226 The workers **will drop off** the appliances for repair or reinforcement in front of the garage.

노동자들은 수리나 보강을 위해 차고 앞에 기기들을 내려놓을 것이다.

1227 Jenny Norman is the most dedicated and **enthusiastic** English instructor I have ever met.

Jenny Norman은 내가 지금까지 만난 강사 중 가장 헌신적이고 열정적인 영어 강사다.

1228 They were deeply moved by his **enthusiasm** for the construction of the school.

그들은 학교 건설에 대한 그의 열정에 깊이 감동 받았다.

1229 The news reporters responded **enthusiastically** to the president's remarks.

뉴스 기자들은 대통령의 발언에 열정적으로 반응했다.

1230 The **football enthusiasts** were very disappointed by the news that the game was canceled.

열광적인 축구 팬들은 게임이 취소되었다는 소식에 매우 실망했다.

1231 Unfortunately, our company **is facing** a budget deficit.

불행하게도, 우리 회사는 재정 적자에 직면해 있다.

1232 My **favorite** cake at the bakery was always sold out and now isn't made any more.

그 빵집에서 내가 아주 좋아하는 케이크는 항상 품절이었고 이젠 더 이상 만들어지지 않는다.

1233 The building is being constructed with **environmentally friendly** materials.

그 건물은 친환경 소재들로 건설되고 있다.

1234 Mr. Hanson, who recently joined our club, **graduated** from Wilhelm College last February.

최근에 우리 클럽에 가입한 Mr. Hanson은 지난 2월에 Wilhelm College를 졸업했다.

1235 If the address you entered **is incorrect**, your shipment will be delivered to the wrong house.

당신이 입력한 주소가 부정확하다면 배송품은 잘못된 집으로 배달될 것이다.

1236 I think you have to revise the report because some graphs were printed **incorrectly**.

나는 몇몇 그래프들이 부정확하게 인쇄되었기 때문에 당신이 보고서를 수정해야 한다고 생각한다.

1237 You should send me a completed order form with the measurements of the **storage unit**.

당신은 창고 측정치와 함께 완성된 주문 양식을 나에게 보내야 한다.

1238 After much consideration, they **concluded** that they would continue working on the project.

많은 고민 후에, 그들은 프로젝트에 관한 작업을 계속 할 것이라고 결론을 내렸다.

1239 The board has reached the **conclusion** that the company need to hire more experienced designers.

이사회는 회사가 더 경험 있는 디자이너들을 고용해야 한다는 결론에 도달했다.

1240 The plane is **definitely** going to arrive sometime within the next half hour.

그 비행기는 머지않아 앞으로 30분 내로 분명히 도착할 예정이다.

1241 The commercial program is only used for limited purposes as **defined** by law.

상업용 프로그램은 법률에 의해 규정된 대로 제한된 목적을 위해서만 사용된다.

1242 This city's **business district** is famous for its many tall buildings and the old plaza.

이 도시의 상업지역은 많은 고층 빌딩들과 오래된 광장으로 유명하다.

1243 The residents committee is pleased that the local festival **has been drawing** visitors to the city.

주민 위원회는 지역 축제가 도시로 방문객들을 끌어오고 있어 기쁘다.

1244 The company's high level of quality control **has earned** it a considerable reputation.

그 회사의 높은 품질 관리 수준은 상당한 명성을 얻게 했다.

1245 Although Mr. Anold doesn't have a college degree, his **earnings** are higher than his friends, who have degrees from famous colleges.

Mr. Anold는 대학 학위가 없음에도 불구하고 그의 수입은 유명 대학 학위가 있는 친구들보다 더 높다.

1246 To celebrate the reaching of their goals, the directors **will grant** bonuses to all of the employees at the company.

그들의 목표 달성을 축하하기 위해, 이사들은 회사의 모든 직원에게 상여금을 수여할 것이다.

1247 The music shop has donated some **musical instruments** to local schools in the past few years.

그 악기점은 지난 몇 년 동안 몇몇 악기들을 지역 학교들에 기부해 왔다.

1248 The factory resumed its **normal business operations** after being inspected for five hours.

공장은 5시간의 점검 후 정상적인 업무를 재개했다.

1249 The store doesn't **normally** offer discount coupons to new customers.

상점은 보통 신규 고객에게 할인 쿠폰을 제공하지 않는다.

1250 The company has been searching for a staff member who is willing to be transferred **overseas**.

회사는 해외로 전근하고 싶어 하는 직원을 찾는 중이다.

※ 다음 단어의 우리말 뜻을 쓰시오. 생각나지 않는 단어는 STEP 2에서 찾아 쓰세요.

문제 2

01 landscape	18 aware	35 define
02 instrument	19 incorrect	36 broadcast
03 ground	20 landscaping	37 gathering
04 overseas	21 taxi	38 comment
05 fall	22 face	39 customize
06 enroll	23 neighborhood	40 enthusiastically
07 unit	24 brief	41 definitely
08 conclude	25 awareness	42 favorite
09 normally	26 incorrectly	43 normal
10 earn	27 reader	44 enrollment
11 graduate	28 conclusion	45 eligible
12 legal	29 approach	46 custom
13 grant	30 enthusiastic	47 briefly
14 district	31 outstanding	48 enthusiast
15 earning	32 friendly	49 lease
16 draw	33 trend	50 gather
17 drop	34 enthusiasm	

문제 3

01 enthusiastically	18 enrollment	35 friendly
02 approach	19 broadcast	36 unit
03 aware	20 landscaping	37 district
04 earning	21 customize	38 incorrectly
05 graduate	22 brief	39 outstanding
06 ground	23 definitely	40 custom
07 draw	24 trend	41 earn
08 overseas	25 eligible	42 drop
09 instrument	26 normally	43 normal
10 conclude	27 neighborhood	44 fall
11 conclusion	28 awareness	45 define
12 enroll	29 reader	46 comment
13 enthusiast	30 legal	47 enthusiasm
14 gather	31 grant	48 incorrect
15 favorite	32 gathering	49 landscape
16 taxi	33 face	50 enthusiastic
17 lease	34 briefly	

※ 45개 이상 맞혔으면 그만하고 기억상자 프로그램을 실행하세요.

01 aware	18 unit	35 grant
02 comment	19 define	36 graduate
03 favorite	20 conclusion	37 enthusiast
04 enroll	21 face	38 incorrectly
05 broadcast	22 friendly	39 approach
06 conclude	23 normal	40 gather
07 landscape	24 enthusiastic	41 reader
08 ground	25 fall	42 legal
09 custom	26 enrollment	43 gathering
10 instrument	27 draw	44 drop
11 earn	28 district	45 eligible
12 taxi	29 incorrect	46 landscaping
13 briefly	30 enthusiasm	47 outstanding
14 lease	31 awareness	48 brief
15 definitely	32 normally	49 earning
16 trend	33 neighborhood	50 customize
17 enthusiastically	34 overseas	

01 awareness	18 friendly	35 definitely
02 aware	19 landscape	36 landscaping
03 outstanding	20 conclusion	37 face
04 normally	21 enrollment	38 legal
05 lease	22 draw	39 district
06 enthusiast	23 customize	40 define
07 briefly	24 neighborhood	41 drop
08 instrument	25 comment	42 conclude
09 ground	26 enroll	43 gathering
10 incorrect	27 earn	44 overseas
11 approach	28 grant	45 trend
12 reader	29 normal	46 enthusiastic
13 earning	30 favorite	47 enthusiastically
14 enthusiasm	31 eligible	48 broadcast
15 custom	32 graduate	49 taxi
16 fall	33 unit	50 incorrectly
17 brief	34 gather	

STEP 4 주기적인 복습 '기억상자'

제대로 외웠는지 확인하고 싶다고요? 까먹기 전에 다시 복습하고
싶다고요? 지금 당장 QR 코드를 스캔해 보세요.

Day 26

STEP 3

집중해서 풀어라!

단기기억을 만드는 단계입니다. 문장에서 해당하는 단어에 밑줄을 긋고 단어의 의미를 찾아 쓰다 보면 보통 3번이나 4번 문제에서 90% 이상 맞힐 수 있습니다.

※ 노란색으로 표시된 영단어에 해당하는 우리말에 밑줄을 그으세요. 생각나지 않는 단어는 STEP 2에서 찾아보세요.

문제 1

1251 We **promised** to deliver the vegetables to his restaurant.
우리는 그의 레스토랑에 야채들을 배달하기로 약속했다.

1252 The director **separated** our team into the Sales Department and the HR Department.
관리자는 우리 팀을 판매부와 인사부로 분리했다.

1253 If you have ordered some items since 5 p.m. yesterday, they will be shipped **separately**.
당신이 어제 오후 5시 이후에 일부 제품을 주문했다면 그 제품은 별도로 배송될 것이다.

1254 I definitely need a new suit that **is appropriate** for the job I will do.
난 내가 하려는 일에 알맞은 새 정장이 꼭 필요하다.

1255 All residents should nominate **appropriately** qualified candidates to lead the next council.
모든 주민들은 다음 의회를 이끌 자격 있는 후보자들을 알맞게 지명해야 한다.

1256 A lot of business owners **depend** on the Internet to collect information about new items.
많은 사업주들이 새로운 아이템들에 대한 정보를 수집하기 위해 인터넷에 의존한다.

1257 I sincerely apologize for the **inconvenience** you suffered because of the noise caused by the fireworks.
나는 불꽃놀이로 인한 소음 때문에 당신이 겪은 불편함에 대해 진심으로 사과한다.

1258 We will try to use a different **method** of payment to solve the previous problems.
우리는 이전의 문제들을 해결하기 위해 다른 지불 방법의 사용을 시도할 것이다.

1259 Ms. Akame will be holding a seminar on the automated **payroll system** in a few weeks.
Ms. Akame는 몇 주 뒤에 자동 급여 시스템에 관한 세미나를 개최할 것이다.

1260 We asked him **to repeat** the instructions on what to do in an emergency.
우리는 그에게 긴급 상황에서 무엇을 할지에 관한 지시사항을 반복할 것을 요청했다.

1261 The salesperson has **repeatedly** demonstrated the new products.
그 판매원은 신제품들을 반복적으로 설명했다.

1262 The president **will reward** the staff members who negotiated the contract with the Land Corporation.
그 회장은 Land Corporation 사와의 계약을 성사시킨 직원들에게 상을 줄 것이다.

1263 His request for a **salary increase** was refused because of his poor performance.
급여 인상에 대한 그의 요청은 저조한 성과 때문에 거절 되었다.

1264 One hallmark of a successful interview is the **ability** to demonstrate one's experience.
성공적인 인터뷰의 한 가지 특징은 자신의 경험을 설명하는 능력이다.

1265 Tenants requesting the repayment of their **security deposit** must give a minimum of 30 days' notice.
임대 보증금 상환을 요청하는 세입자들은 최소 30일 전에 알려 주어야 한다.

1266 Their **destination** is Denver, Colorado, which is more than 1,000 kilometers away from here.
그들의 목적지는 이곳에서 천 킬로미터 이상 떨어진 콜로라도주의 덴버다.

1267 Chinese tourists are an important **source of revenue** for the cosmetics industry.
중국 관광객들은 화장품 산업의 중요한 수입원이다.

1268 The advisory group **strongly** recommended that the company stop excessively expanding.
고문단은 회사가 지나치게 확장하는 것을 중단하라고 강하게 권고했다.

1269 The college provides professionals with training courses to enhance their **strength**.
그 대학은 전문가들의 역량을 향상시키기 위해 교육 과정을 제공한다.

1270 **To strengthen** the relationships between the departments at our company, the head of each department was required to attend the workshop.
우리 회사의 부서들 간 관계를 강화하기 위해, 각 부서의 책임자는 워크숍에 참석해야 한다.

1271 He has **thoroughly** reviewed the resumes of the candidates who were nominated by the committee members.
그는 위원회 사람들에게 추천받은 후보자들의 이력서를 철저하게 검토했다.

1272 A technician from headquarters said we need to perform a **thorough inspection**.
본사의 기술자는 우리가 철저한 검사를 수행해야 한다고 말했다.

1273 The hotel receptionist will notify you of the password that will let you connect to **wireless Internet**.
호텔 접수담당자는 당신이 무선 인터넷에 연결하도록 비밀번호를 알려줄 것이다.

1274 If you pull much harder on the **copper wire**, it will probably be broken down.
당신이 구리선을 더 세게 당긴다면, 아마 끊어질 것이다.

1275 I was aware that the problem was caused by a wrong diagram of the **electrical wiring**.
나는 전기배선의 잘못된 도해 때문에 그 문제가 야기되었음을 알았다.

1276 We **don't have to worry** about paying for it.
우리는 그것을 지불하는 것에 대해 걱정할 필요가 없다.

1277 We used a high-priced catering service for our company's 13th **anniversary celebration**.
우리 회사는 창립 13주년 기념행사에 고가의 출장연회 서비스를 이용했다.

1278 If you bring back any **defective merchandise** we made, we will refund your money or exchange it immediately.
당신이 우리가 만든 어떤 결함 있는 상품을 가져온다면, 돈을 환불하거나 상품을 즉시 교환해 줄 것이다.

1279 It was finally concluded that their new car had a **defect** that happened when it was manufactured.
마침내 그들의 새 차는 제조 중에 발생한 결함을 가지고 있었다고 결론지어 졌다.

1280 You should consider the problem that beginners don't have enough **knowledge** of technical matters.
당신은 초보자들이 기술적 문제들에 관한 충분한 지식을 가지고 있지 않다는 것을 고려해야 한다 .

1281 The company representative **was** very **knowledgeable** about the domestic market.
그 회사 대표는 국내 시장에 대해 매우 많이 알고 있었다.

1282 I'm glad to see that I **have been nominated** for the New Writer Prize.
내가 신인 작가상에 추천되었다는 것을 알게 되어 기쁘다.

1283 We are now accepting **nominations** to the post of senior director from shareholders.
우리는 지금 주주들로부터 수석 관리인 직책에 대한 추천을 받고 있다.

1284 She has an outstanding ability **to resolve** any complaints reported by clients.
그녀는 고객들이 제출한 어떤 불만이라도 해결할 뛰어난 능력이 있다.

1285 While the receptionist deals with another customer's request, sit in a chair and make yourself **comfortable**.
접수처 직원이 다른 손님의 요청을 처리하는 동안, 의자에 앉아 편히 쉬십시오.

1286 We are working on a new item designed for **comfort** in an office work environment.
우리는 사무실 작업 환경의 편안함을 위해 설계된 신제품에 공을 들이고 있다.

1287 The advertisement stated that the company want to hire someone who had a **degree** in chemical engineering.
광고는 회사가 화학 공학 학위를 가진 사람을 고용하고 싶어 한다고 말한다.

1288 The thirty **industrial enterprises** listed below are South Korea's major companies that are leaders in key industries.
아래에 나열된 30개의 산업체들은 기간산업을 선도하는 대한민국의 주요 회사들이다.

1289 I left the important documents in the cabinet **inside** the headquarters building.
나는 본사 건물 안의 캐비닛에 중요한 문서들을 두고 왔다.

1290 They faced several **matters** that nobody expected.
그들은 누구도 예상치 못한 몇 가지 문제들에 직면했다.

1291 He needs to attract investors if he **is going to redesign** his factory to install a new facility.
새 설비를 설치하기 위해 공장을 재설계하려면 그는 투자자들을 유치해야 한다.

1292 We prepared for the candidates' interviews for the **senior accountant** position.
우리는 상급 회계사 자리를 위한 지원자들과의 면담을 준비했다.

1293 In spite of the cost, many club members argued in favor of the reconstruction of the **auditorium**.
많은 클럽 회원들은 비용에도 불구하고 강당 재건의 찬성을 주장했다.

1294 The **lane** is blocked due to a truck that spilled its cargo on the road.
도로에 화물을 쏟은 트럭 때문에 길이 막힌다.

1295 Many people are wondering how much Mr. Zimmer won as the **cash prize**.
Mr. Zimmer가 상금으로 얼마를 받았는지 많은 사람들이 궁금해 하고 있다.

1296 A social critic said teenage crime **is reflected** in bad home and school environments.
한 사회 평론가는 십대 범죄가 나쁜 가정과 학교 환경을 반영된다고 말했다.

1297 Mr. Olsen began to acquire a reputation for his original **artworks** made from recyclable materials.
Mr. Olsen은 재활용품들로 만든 그의 독창적인 예술품들로 명성을 얻기 시작했다.

1298 Students who want to attend the art college should have special **artistic talents**.
예술 대학에 다니길 원하는 학생들은 특별한 예술적 재능들을 가져야 한다.

1299 The author decided to write an adventure story based on his experiences in Egyptian **culture**.
그 작가는 이집트 문화의 경험을 바탕으로 한 모험 이야기를 쓰겠다고 결정했다.

1300 Events based on local **cultural traditions** are valuable to all local residents and visitors.
지역 문화적 전통을 기반으로 한 행사는 모든 지역 주민과 방문객들에게 가치 있다.

문제 2

01 lane	18 thoroughly	35 thorough
02 senior	19 anniversary	36 worry
03 defect	20 repeatedly	37 destination
04 source	21 prize	38 cultural
05 appropriately	22 defective	39 culture
06 strongly	23 ability	40 strengthen
07 artwork	24 payroll	41 nominate
08 reward	25 knowledgeable	42 redesign
09 separately	26 knowledge	43 reflect
10 inside	27 degree	44 deposit
11 strength	28 comfortable	45 repeat
12 promise	29 wiring	46 separate
13 wire	30 enterprise	47 appropriate
14 nomination	31 inconvenience	48 method
15 artistic	32 matter	49 wireless
16 comfort	33 salary	50 resolve
17 depend	34 auditorium	

문제 3

01 destination	18 defective	35 worry
02 auditorium	19 method	36 promise
03 artwork	20 salary	37 thorough
04 ability	21 comfort	38 payroll
05 appropriately	22 anniversary	39 strongly
06 senior	23 appropriate	40 nomination
07 reflect	24 artistic	41 depend
08 enterprise	25 nominate	42 source
09 matter	26 wiring	43 comfortable
10 strength	27 lane	44 inconvenience
11 defect	28 knowledgeable	45 degree
12 separately	29 inside	46 knowledge
13 thoroughly	30 cultural	47 wire
14 repeatedly	31 redesign	48 separate
15 strengthen	32 wireless	49 culture
16 repeat	33 deposit	50 reward
17 resolve	34 prize	

※ 45개 이상 맞혔으면 그만하고 기억상자 프로그램을 실행하세요.

※ 정답은 PDF 840쪽에 있습니다.

문제 4

01 artistic	18 senior	35 degree
02 repeat	19 comfort	36 lane
03 salary	20 inconvenience	37 worry
04 artwork	21 knowledgeable	38 wireless
05 appropriately	22 reflect	39 wiring
06 deposit	23 ability	40 strongly
07 promise	24 enterprise	41 repeatedly
08 matter	25 appropriate	42 auditorium
09 separately	26 strength	43 payroll
10 nominate	27 destination	44 nomination
11 knowledge	28 redesign	45 defect
12 thoroughly	29 wire	46 comfortable
13 separate	30 resolve	47 reward
14 prize	31 defective	48 inside
15 cultural	32 culture	49 depend
16 strengthen	33 source	50 method
17 thorough	34 anniversary	

문제 5

01 inside	18 payroll	35 prize
02 wiring	19 nomination	36 separate
03 matter	20 reward	37 resolve
04 degree	21 knowledgeable	38 strengthen
05 repeat	22 method	39 thoroughly
06 destination	23 promise	40 defect
07 strength	24 senior	41 culture
08 thorough	25 deposit	42 worry
09 repeatedly	26 anniversary	43 auditorium
10 separately	27 source	44 wireless
11 strongly	28 depend	45 nominate
12 reflect	29 redesign	46 inconvenience
13 defective	30 appropriate	47 comfort
14 lane	31 salary	48 artistic
15 comfortable	32 appropriately	49 ability
16 knowledge	33 cultural	50 enterprise
17 wire	34 artwork	

STEP 4 주기적인 복습 '기억상자'

제대로 외웠는지 확인하고 싶다고요? 까먹기 전에 다시 복습하고 싶다고요? 지금 당장 QR 코드를 스캔해 보세요.

Day 27

STEP 3

집중해서 풀어라!

단기기억을 만드는 단계입니다. 문장에서 해당하는 단어에 밑줄을 굿고 단어의 의미를 찾아 쓰다 보면 보통 3번이나 4번 문제에서 90% 이상 맞힐 수 있습니다.

※ 노란색으로 표시된 영단어에 해당하는 우리말에 밑줄을 그으세요. 생각나지 않는 단어는 STEP 2에서 찾아보세요.

문제 1

1301 The students were allowed to use their **electronic devices** on the accounting examination.
학생들에게 그들의 전자 장치들을 회계 시험에 사용하는 것이 허락되었다.

1302 The updated **employee directory** can be found in the Personnel Department.
최신의 직원 명부는 인사과에서 확인할 수 있다.

1303 I think you **ought to dress** more formally for work.
나는 당신이 일하는 동안에는 좀 더 격식을 갖추어 입어야 한다고 생각한다.

1304 When winter was just around the corner, the man took the **heating system** out of storage.
겨울이 임박할 때, 그 남자는 난방기기를 창고에서 꺼냈다.

1305 You should carefully operate the machine because it generates a lot of **heat**.
그 기계는 많은 열을 발생시키므로 당신은 조심스럽게 관리해야 한다.

1306 A small group of tourists are enjoying swimming in the **lake** encircled by mountains.
소규모의 관광객들이 산으로 둘러싸인 호수에서 수영을 즐기고 있다.

1307 The **orientation material** included the manual needed to operate the complex machine.
오리엔테이션 자료는 복잡한 기계를 작동하기 위해 필요한 매뉴얼을 포함하고 있었다.

1308 He wasn't offered a travel reimbursement because his **paperwork** had not been submitted correctly.
그의 서류가 올바르게 제출되지 않았기 때문에 그는 여행 변상을 받지 못했다.

1309 Several teenagers who are riding bikes are on the **narrow path**.
자전거를 타고 있는 몇몇 십대들이 좁은 길에 있다.

1310 **Positive feedback** and reviews are great ways to help improve the quality of a product.
긍정적인 반응과 의견은 제품의 품질 향상을 돕는 좋은 방법이다.

1311 Follow the path by the **beach**, and you'll find somebody who is renting boats and tubes.
해변가의 길을 따라가면, 보트들과 튜브들을 빌려주고 있는 누군가를 발견할 것이다.

1312 People in swimsuits are lying beneath **a row of** beach umbrellas.
수영복을 입은 사람들이 한 줄로 늘어선 파라솔들 아래에 누워있다.

1313 No one knows how the huge stone **structure** was taken to the top of the mountain.
거대한 돌 구조물이 어떻게 산꼭대기로 옮겨졌는지 아무도 모른다.

1314 The **structural engineer** mentioned a problem about our construction plan.
그 구조 공학자는 우리 건설 계획에 관한 문제점을 설명했다.

1315 The employees didn't understand that it **will be challenging** to accept management's demand.
직원들은 경영진의 요구를 수용하는 것이 어려울 일이 될 것이라는 것을 이해하지 못했다.

1316 He is in charge of overseeing the **entertainment section** of the newspaper.
그는 신문사의 연예 분야를 감독하는 역할을 맡고 있다.

1317 Because Ms. Mendez is too busy **entertaining** the business associates, she is not able to take your call right now.
Ms. Mendez는 사업 관계자들을 대접하느라 너무 바빠서, 지금 당장은 당신의 전화를 받을 수 없다.

1318 The architect's attempt has had a great influence on trends in **modern** architecture.
그 건축가의 시도는 현대 건축물의 유행에 큰 영향을 끼쳤다.

1319 Some outside accountants said the company **needs to modernize** its financial structure.
몇몇 외부 회계사들은 회사가 재정 구조를 현대화해야 한다고 말했다.

1320 **Unless otherwise indicated**, supervisors working in the field have a tremendous amount of discretion.
현장 감독관들은 별도의 지시가 없는 한 상당한 재량권을 갖고 있다.

1321 You should comprehend the meaning of the second **paragraph** before time is over.
당신은 이 시간이 끝나기 전에 두 번째 단락의 의미를 이해해야 한다.

1322 Every day around noon, the hospital **is crowded** with a lot of nearby office workers.
매일 정오쯤에, 그 병원은 인근의 많은 회사원들로 붐빈다.

1323 I have repeatedly told him not to park his car in front of the door to the **parking garage**.
나는 그에게 주차장 문 앞에 차를 주차하지 말 것을 여러 차례 말해왔다.

1324 We will soon launch a new product line, and many of our **patrons** have a particular interest in it.
우리는 많은 고객들이 특별한 관심을 갖고 있는 신제품을 곧 출시할 것이다.

1325 Various kinds of **traditional clothing** redesigned by famous artists will be presented at this fashion show.
유명한 예술가들에 의해 재설계된 다양한 종류의 전통 의상이 이 패션쇼에서 선보여질 것이다.

1326 Local citizens want to uphold their national **cultural traditions** by creating a new law.
지역 시민들은 새로운 법을 만들어 자국의 문화유산을 보존하길 원한다.

1327 The Department of Waste Management announced that all local residents **must comply** with the regulations on recycling when taking out the trash.
폐기물 관리부는 모든 지역 주민들이 쓰레기를 내놓을 때 재활용에 관한 규정을 준수해야 한다고 알렸다.

1328 Inspectors were sent to visit the construction sites and to verify **compliance** with the safety regulations.
조사관들은 건설 현장들을 방문하여 안전 규정을 준수하는지 확인하기 위해 보내졌다.

1329 My **coworkers** hosted a retirement party for me.
내 동료들은 나를 위해 은퇴 파티를 주최했다.

1330 I asked a nurse **on duty** to find a patient who recently had been in a car crash.
나는 근무 중인 간호사에게 최근에 차사고가 있었던 환자를 찾아달라고 요청했다.

1331 The food processing enterprise signed contracts with **farm owners** regarding the food supply.
음식 가공 업체는 음식 공급에 관련하여 농장주들과의 계약에 서명했다.

1332 He is ready to run the mentoring program for **newly** hired staff members.
그는 새로 고용된 직원들을 위한 멘토링 프로그램을 운영할 준비가 되었다.

Day **27** 1301~1350

1333 The updated versions of this security program will be set up to prevent access by unauthorized individuals on any **occasion**.
어떤 경우에도 인가되지 않은 사람들이 접근하는 것을 막기 위해 이 보안 프로그램의 최신 버전이 설치될 것이다.

1334 Occasionally, our company employees enjoy climbing a mountain together instead of attending a workshop.
때때로, 우리 회사 직원들은 워크숍에 참석하는 것 대신에 함께 산에 오르는 것을 즐긴다.

1335 The **prescription** my doctor wrote about an hour ago was sent to this pharmacy.
의사가 약 한 시간 전에 작성한 처방전이 이 약국으로 보내졌다.

1336 Although he lacks practical experience in the fields of sales and marketing, he **proved** himself to be talented and competent.
그는 판매와 마케팅 분야에서 실제 경험은 부족하지만, 자신이 재능 있고 유능하다는 것을 증명했다.

1337 If you lose **proof of payment** such as your receipt or ticket stub, visit our counter and show the credit card you used to make the purchase.
당신이 영수증이나 티켓 조각과 같은 지불 증명서를 잃어버린다면, 우리 카운터에 방문하여 구매에 사용했던 신용카드를 보여주세요.

1338 Unlike an adult, an infant is very sensitive to changes in **temperature**.
어른과 다르게, 아기는 온도 변화에 매우 민감하다.

1339 You should make sure our next workshop is marked on your **calendar**.
당신은 우리의 다음 워크숍이 당신의 달력에 표시되어 있는지 확인해야 한다.

1340 I filed a reimbursement claim for the package whose **contents** were damaged when I received it.
나는 소포를 받았을 때 내용물들이 파손된 것에 대해 보상 청구를 제기했다.

1341 The president expressed her deep regret about the **decrease** in our department's performance.
회장은 우리 부서의 실적 감소에 대해 깊은 유감을 표현했다.

1342 Management is very satisfied that the company **have gained** a larger share of the market.
경영진은 회사가 더 큰 시장 점유율을 얻은 것에 매우 만족한다.

1343 The investors hope that they will make **progress** on their new expansion plan.
투자자들은 그들의 새로운 확장 계획에 진전이 있기를 희망한다.

1344 The government is trying **to restore** destroyed historical sites to their original appearances.
정부는 파괴된 사적지들을 원래 모습으로 복구하기 위해 노력하고 있다.

1345 The **restoration** of the historic sites will be led by prominent historians and local builders.
유적지의 복원은 저명한 역사학자들과 지역 건축업자들에 의해 이끌어질 것이다.

1346 We are planning to spend a large part of our vacation cycling on a **scenic route**.
우리는 휴가의 대부분을 경치 좋은 길에서 자전거를 타는데 보낼 계획이다.

1347 We are recording a **scene** at the Grand Canyon, which is one of the natural wonders of the world.
우리는 세계 자연 경관 중 하나인 그랜드 캐니언에서 한 장면을 기록하고 있다.

1348 The **society** in that country is one based on agriculture and family relationships.
그 지역의 사회는 농업과 가족 관계를 기반으로 한다.

1349 Several books **have been stacked** on the floor.
몇 권의 책이 바닥에 쌓여 있다.

1350 I heard that the products made by the EE Company had excellent **fuel efficiency**.
나는 EE Company에서 만든 제품들이 우수한 연료 효율을 가졌다고 들었다.

※ 다음 단어의 우리말 뜻을 쓰시오. 생각나지 않는 단어는 STEP 2에서 찾아 쓰세요.

문제 2

01 scene	18 fuel	35 restoration
02 tradition	19 lake	36 occasion
03 society	20 scenic	37 coworker
04 structure	21 comply	38 beach
05 occasionally	22 garage	39 modern
06 progress	23 path	40 challenge
07 modernize	24 temperature	41 traditional
08 paperwork	25 decrease	42 stack
09 duty	26 heat	43 row
10 calendar	27 compliance	44 orientation
11 crowd	28 positive	45 proof
12 device	29 prescription	46 prove
13 directory	30 entertain	47 entertainment
14 dress	31 newly	48 otherwise
15 structural	32 heating	49 paragraph
16 patron	33 content	50 gain
17 farm	34 restore	

문제 3

01 positive	18 structural	35 occasionally
02 scene	19 tradition	36 fuel
03 entertainment	20 paperwork	37 path
04 restore	21 heat	38 patron
05 content	22 beach	39 progress
06 coworker	23 temperature	40 modernize
07 otherwise	24 device	41 stack
08 structure	25 compliance	42 lake
09 entertain	26 prescription	43 garage
10 calendar	27 modern	44 restoration
11 prove	28 directory	45 orientation
12 decrease	29 paragraph	46 crowd
13 newly	30 duty	47 heating
14 comply	31 farm	48 society
15 dress	32 gain	49 proof
16 scenic	33 challenge	50 traditional
17 occasion	34 row	

※ 45개 이상 맞혔으면 그만하고 기억상자 프로그램을 실행하세요.

01	structural	18	coworker	35	structure
02	challenge	19	decrease	36	farm
03	compliance	20	dress	37	calendar
04	newly	21	lake	38	crowd
05	prescription	22	directory	39	modernize
06	tradition	23	temperature	40	traditional
07	modern	24	row	41	content
08	scenic	25	restore	42	entertainment
09	occasionally	26	device	43	duty
10	society	27	entertain	44	fuel
11	occasion	28	scene	45	heat
12	progress	29	proof	46	otherwise
13	paperwork	30	patron	47	path
14	beach	31	positive	48	orientation
15	stack	32	gain	49	restoration
16	comply	33	paragraph	50	garage
17	prove	34	heating		

01	decrease	18	beach	35	heating
02	traditional	19	fuel	36	modernize
03	tradition	20	proof	37	coworker
04	restore	21	paperwork	38	dress
05	lake	22	challenge	39	society
06	crowd	23	temperature	40	path
07	entertain	24	compliance	41	paragraph
08	garage	25	device	42	prescription
09	calendar	26	duty	43	row
10	structure	27	scenic	44	prove
11	patron	28	heat	45	positive
12	content	29	newly	46	stack
13	entertainment	30	comply	47	occasion
14	modern	31	progress	48	restoration
15	farm	32	occasionally	49	gain
16	directory	33	orientation	50	otherwise
17	scene	34	structural		

STEP 4 주기적인 복습 '기억상자'

제대로 외웠는지 확인하고 싶다고요? 까먹기 전에 다시 복습하고
싶다고요? 지금 당장 QR 코드를 스캔해 보세요.

Day 28 STEP 3 집중해서 풀어라!

단기기억을 만드는 단계입니다. 문장에서 해당하는 단어에 밑줄을 긋고 단어의 의미를 찾아 쓰다 보면 보통 3번이나 4번 문제에서 90% 이상 맞힐 수 있습니다.

※ 노란색으로 표시된 영단어에 해당하는 우리말에 밑줄을 그으세요. 생각나지 않는 단어는 STEP 2에서 찾아보세요.

문제 1

1351 Mr. Hanson's factory is already **fully** equipped, so he doesn't need a new facility.
Mr. Hanson의 공장은 이미 충분히 갖춰져 있어서 새로운 시설이 필요하지 않다.

1352 Two workers **were loading** my refrigerator, cabinet, and other stuff into the baggage car.
두 명의 일꾼들이 나의 냉장고, 캐비넷 그리고 다른 짐들을 화물차에 적재하고 있었다.

1353 Eating various vegetables and fruits provides your body with enough **nutrition**.
다양한 채소와 과일을 먹는 것은 당신의 몸에 충분한 영양을 제공한다.

1354 They announced that the visitors participating in the **panel discussion** should assemble in the conference hall.
그들은 공개 토론회에 참여하는 방문자들이 회의장에 모여야 한다고 방송했다.

1355 I **regret** to inform you that the prices of our products will rise by 10% next year.
나는 당신에게 우리 제품들의 가격이 내년에 10% 오른다는 것을 알리게 되어 유감이다.

1356 You should submit your **time sheets** by using the computer program starting tomorrow.
내일부터 당신은 컴퓨터 프로그램을 사용하여 근무시간 기록표를 제출해야 한다.

1357 The **whole** department was invited to attend the conference on improving sales techniques.
모든 부서가 판매 기술을 향상시키는 것에 관한 회의에 참석하도록 요청되었다.

1358 Some of the management professionals say **flexible work hours** aren't always effective.
관리 전문가들 중에 몇몇은 유연한 근무 시간이 항상 효과적이지는 않다고 말한다.

1359 I called the receptionist at the hospital to ask if my doctor had any **flexibility** in his schedule.
나는 주치의가 일정이 유연한지 물어보기 위해 병원의 예약담당자에게 전화했다.

1360 The janitor asked the guests **not to occupy** the parking area reserved for residents of this apartment.
경비원은 손님들에게 이 아파트 주민들을 위해 예약된 주차 공간은 차지하지 말라고 요청했다.

1361 By looking at his clothes, the man's neighbors assumed his **occupation** was journalist.
그의 복장을 살펴봄으로써, 이웃들은 그의 직업이 기자라고 추측했다.

1362 The **photocopy machine** at our company works at high speeds, is durable, and comes with a lifetime warranty.
우리 회사의 복사기는 빠른 속도로 작동하고, 내구성이 있으며, 평생 보증이 된다.

1363 Until a **photocopier** is installed on our floor, we have to go downstairs to copy documents.
복사기가 우리 층에 설치될 때까지, 우리는 문서를 복사하기 위해 아래층으로 가야 한다.

1364 I have spent **plenty of** time walking along the beach and looking out at the horizon.
나는 해변을 따라 산책하고 수평선을 바라보는데 많은 시간을 보냈다.

1365 We appreciate your supportive **remarks** and comments regarding our medical aid activities in Africa.
우리는 아프리카의 의료 지원 활동에 대한 당신의 격려하는 발언과 의견에 감사한다.

1366 The resorts on the southern coast are **remarkable** because of their beautiful views and clean water.
남쪽 해안에 있는 리조트들은 그들의 아름다운 경관과 맑은 물로 인해 주목할 만하다.

1367 The **role** of a professor isn't only to do research but also to teach students.
교수의 역할은 연구뿐만 아니라 학생들을 가르치는 것이다.

1368 I asked my boss to arrange for someone to redesign the **slide** show that is used for the annual meeting.
나는 상사에게 연례회의에서 사용될 슬라이드 쇼를 재설계할 누군가를 마련해 줄 것을 요청했다.

1369 I don't understand how discounts on admission fees will be able to lead to **steady growth** and profits.
나는 입장료 할인이 어떻게 꾸준한 성장과 이익을 이끌 수 있는지 이해할 수 없다.

1370 Since the expansion of the business, sales have been increasing **steadily**.
사업의 확장 이후 매출이 꾸준히 증가하고 있다.

1371 **I'm afraid** I don't have enough time to help you with your project because my job is not entirely finished yet.
유감스럽게도 내 업무가 아직 완전히 끝나지 않았기 때문에 나는 당신의 프로젝트를 도울 충분한 시간이 없다.

1372 An additional fee will be added to your fare because your **baggage** surpassed the weight limit.
당신의 짐이 중량 제한을 초과했기 때문에 운임에 추가 요금이 더해질 것이다.

1373 Countless people help those in need through their donations to **charity** every day.
수많은 사람들이 매일 자선단체에 기부함으로써 어려운 사람들을 돕는다.

1374 **Charitable organizations** don't pursue profits, unlike regular companies.
자선 단체들은 일반 회사들과 달리 이윤을 추구하지 않는다.

1375 I turned up the heat and pushed the max button, but the office's atmosphere is still **cold**.
나는 난방기를 켜고 Max 버튼을 눌렀지만 사무실 공기는 여전히 춥다.

1376 The restaurant down the street is gaining a reputation for making **delicious** pasta.
길 아래의 식당은 맛있는 파스타를 만드는 것으로 명성을 얻고 있다.

1377 Our new **grocery store** reported its last few months' performance to the board.
우리의 새 식료품점은 이사회에 지난 몇 달 간의 실적을 보고했다.

1378 You should have a **detailed itinerary** and the original receipts for reimbursement requests.
당신은 배상 요청을 위해 세부 일정표와 원본 영수증을 가지고 있어야 한다.

1379 They will be required to provide evidence that this bank account is **primarily** used by the managers.
그들은 이 은행 계좌가 매니저들에 의해 주로 사용된다는 증거를 제공해야 할 것이다.

1380 Congress was looking for a suitable person to take charge as the **prime minister**.
의회는 수상으로서의 책임을 맡을 적합한 사람을 찾고 있었다.

1381 The **primary** duty of a politician is to reflect the residents' opinions regarding law and policy.
정치인의 주요한 의무는 법과 정책에 관한 주민들의 의견을 반영하는 것이다.

1382 **In spite of** falling profits, they have begun investing aggressively in research and development.
줄어드는 이익에도 불구하고, 그들은 연구와 개발에 공격적으로 투자하기 시작했다.

1383 The financial **summary** should be reviewed by the head accountant before it is submitted.
재무 요약은 제출되기 전에 수석 회계사에 의해 검토되어야 한다.

1384 Here is the information on our staff that the personnel manager **summarized** for your reference.
이것이 당신이 참고하도록 인사 부장이 요약한 우리 직원에 대한 정보이다.

1385 They confirmed that some customers still have not paid their **balances**, which are long overdue.
그들은 몇몇 고객들이 지불 기한이 한참 지난 잔액을 아직 지불하지 않았음을 확인했다.

1386 Could you give me a **bit** more time to introduce our other products to you?
당신에게 우리의 다른 제품들을 소개할 수 있도록 나에게 조금 더 시간을 줄 수 있습니까?

1387 A **sharp decline** in the stock market can lead to the bankruptcy of many companies in the nation.
주식 시장의 급격한 하락은 국내의 많은 회사들을 파산으로 이끌 수 있다.

1388 Due to the war involving arab countries, oil prices began to increase **dramatically**.
아랍 국가들이 관련된 전쟁으로 인해, 유가가 급격하게 인상되기 시작했다.

1389 High inflation is one of many reason that can explain the **dramatic** decrease in birth rates.
높은 인플레이션은 출산율의 급격한 감소를 설명할 수 있는 많은 이유 중 하나이다.

1390 Maybe he will show you a summary report on the study to get your **opinion**.
아마도 그는 당신의 의견을 얻기 위하여 연구에 관한 요약 보고서를 보여줄 것이다.

1391 The presentation at this IT conference **will outline** the new network system.
이번 IT 학회에서의 발표에서는 새로운 네트워크 시스템의 개요를 설명할 것이다.

1392 The instruction manual said when you wipe off this **refrigerator**, you must only use a sponge.
사용 설명서는 이 냉장고를 닦을 때 스폰지만 사용하라고 말한다.

1393 I saw some musicians **surrounded** by fans who were passing by the square.
나는 광장을 지나가던 팬들에 둘러싸인 몇몇 음악가들을 보았다.

1394 Only one person is needed to maintain the **surrounding** gardens.
주변의 정원을 보수하는데 한 사람만이 필요하다.

1395 It appears that apartments without security guards have **common** problems such as receiving lots of unwanted mail.
경비원들이 없는 아파트들은 원치 않는 메일을 많이 받는 것과 같은 흔한 문제들이 있는 것으로 나타났다.

1396 The supervisor said we **should generate** ideas to solve the problem we are facing.
감독관은 우리가 직면해 있는 문제를 해결할 아이디어를 만들어 내야 한다고 말했다.

1397 Staff members who **lose** their security card have to tell the worker in the building's security office and apply for a new one.
보안 카드를 분실한 직원들은 건물 경비실의 직원에게 알려야 하고 새로운 보안 카드를 신청해야 한다.

1398 The sudden power failure last night resulted in the **loss** of lots of data on the server.
지난밤의 갑작스런 정전은 서버에 있는 대량의 데이터 손실을 초래했다.

1399 The zoo is well known to local residents for its **rare** and exotic animals.
동물원은 희귀하고 이국적인 동물들로 지역 주민들에게 잘 알려져 있다.

1400 Unfortunately, they **rarely saw** any passing cars after they got lost.
그들은 길을 잃은 후 불행히도 지나가는 차를 거의 보지 못했다.

※ 다음 단어의 우리말 뜻을 쓰시오. 생각나지 않는 단어는 STEP 2에서 찾아 쓰세요.

문제 2

01 surround	18 dramatic	35 summarize
02 balance	19 prime	36 steady
03 occupation	20 primarily	37 photocopier
04 charitable	21 surrounding	38 opinion
05 generate	22 remark	39 slide
06 fully	23 remarkable	40 decline
07 occupy	24 load	41 lose
08 flexible	25 spite	42 dramatically
09 plenty	26 role	43 grocery
10 outline	27 charity	44 panel
11 flexibility	28 steadily	45 bit
12 rarely	29 common	46 sheet
13 cold	30 refrigerator	47 regret
14 baggage	31 primary	48 nutrition
15 photocopy	32 afraid	49 whole
16 delicious	33 itinerary	50 loss
17 rare	34 summary	

문제 3

01 common	18 decline	35 occupy
02 opinion	19 flexible	36 prime
03 rare	20 lose	37 generate
04 charity	21 remarkable	38 dramatic
05 panel	22 steady	39 remark
06 surrounding	23 charitable	40 plenty
07 rarely	24 summary	41 grocery
08 nutrition	25 afraid	42 photocopier
09 summarize	26 flexibility	43 delicious
10 role	27 loss	44 primarily
11 load	28 occupation	45 baggage
12 outline	29 slide	46 photocopy
13 steadily	30 regret	47 bit
14 dramatically	31 sheet	48 cold
15 surround	32 refrigerator	49 fully
16 whole	33 primary	50 balance
17 itinerary	34 spite	

※ 45개 이상 맞혔으면 그만하고 기억상자 프로그램을 실행하세요.

문제 4

01 generate	18 steadily	35 prime
02 flexible	19 steady	36 itinerary
03 occupy	20 lose	37 surround
04 photocopier	21 fully	38 common
05 loss	22 remark	39 grocery
06 remarkable	23 slide	40 occupation
07 decline	24 charity	41 flexibility
08 primary	25 baggage	42 role
09 sheet	26 dramatic	43 rarely
10 load	27 surrounding	44 panel
11 plenty	28 whole	45 afraid
12 rare	29 bit	46 charitable
13 balance	30 outline	47 spite
14 refrigerator	31 summarize	48 delicious
15 primarily	32 nutrition	49 photocopy
16 summary	33 regret	50 cold
17 dramatically	34 opinion	

문제 5

01 spite	18 grocery	35 itinerary
02 generate	19 regret	36 surround
03 primarily	20 rare	37 opinion
04 steadily	21 rarely	38 delicious
05 charitable	22 surrounding	39 plenty
06 decline	23 balance	40 remarkable
07 photocopy	24 outline	41 baggage
08 nutrition	25 flexible	42 summarize
09 refrigerator	26 common	43 lose
10 role	27 afraid	44 panel
11 charity	28 flexibility	45 dramatically
12 sheet	29 steady	46 dramatic
13 summary	30 cold	47 bit
14 slide	31 occupation	48 remark
15 prime	32 loss	49 photocopier
16 whole	33 load	50 primary
17 fully	34 occupy	

STEP 4 주기적인 복습 '기억상자'

제대로 외웠는지 확인하고 싶다고요? 까먹기 전에 다시 복습하고 싶다고요? 지금 당장 QR 코드를 스캔해 보세요.

집중해서 풀어라!

단기기억을 만드는 단계입니다. 문장에서 해당하는 단어에 밑줄을 긋고 단어의 의미를 찾아 쓰다 보면 보통 3번이나 4번 문제에서 90% 이상 맞힐 수 있습니다.

※ 노란색으로 표시된 영단어에 해당하는 우리말에 밑줄을 그으세요. 생각나지 않는 단어는 STEP 2에서 찾아보세요.

문제 1

1401 The excellent faculty helped the college build its **reputation** as a prestigious educational institute.
훌륭한 교수진은 그 대학이 명문 교육 기관으로의 명성을 쌓아 올리도록 도왔다.

1402 We are planning to arrange a **unique service** for our regular customers.
우리는 단골 고객들을 위해 독특한 서비스를 준비할 계획이다.

1403 Many people involved in the **athletic event** were injured by the collapsed building.
체육 행사에 참가한 많은 사람들이 붕괴된 건물로 인해 부상을 입었다.

1404 Some famous **athletes** make a lot of money through product endorsements and advertisements.
일부 유명한 운동선수들은 제품 홍보와 광고를 통해 많은 돈을 번다.

1405 Despite the work of the utility **crew**, we couldn't find what the problem was.
설비보수 직원의 작업에도 불구하고, 우리는 문제가 무엇인지 찾을 수 없었다.

1406 I hope they **don't hesitate** to express their opinions at the upcoming meeting next Monday morning.
나는 다음 주 월요일 아침에 있을 회의에서 그들이 의견을 표현하는데 망설이지 않기를 희망한다.

1407 The position in the Sales Department **is ideal** for someone who is available for outside work.
판매부의 그 직위는 외근이 가능한 누군가에게 이상적이다.

1408 Business owners should always be prepared because **problems can occur** at any time and in unexpected ways.
사업주들은 언제고 예상치 못한 방법으로 문제가 발생할 수 있기 때문에 항상 준비돼야 한다.

1409 In order to update the operating system, access to the server **will be restricted** this afternoon.
운영 시스템을 업데이트하기 위해, 오늘 오후 서버 접근이 제한될 것이다.

1410 I hear there are several **restrictions** regarding taking a bicycle on the subway.
나는 지하철에 자전거를 가져가려면 몇 가지 제한들이 있다고 들었다.

1411 My friend heard on the grapevine that an international **sculpture exhibition** will be held this winter.
나의 친구는 이번 겨울에 국제 조각 전시회가 열린다는 것을 소문으로 들었다.

1412 At this morning's meeting, I **couldn't make** any **sense** of her explanation of the issue.
오늘 아침 회의에서, 나는 그 주제에 대한 그녀의 설명을 어떤 것도 이해할 수 없었다.

1413 The **sensitive** financial data will be stored safely and securely by the security program.
기밀을 요하는 회계 자료들은 보안 프로그램에 의해 안전하고 확실하게 저장될 것이다.

1414 The sales figures in the division represent a **sharp decline** in market share.
그 부서의 매출액은 시장 점유율의 급격한 감소를 보여준다.

1415 You must present an ID card **to verify** your identity before entering the building.
당신은 건물에 들어가기 전에 신분 확인을 위해 신분증을 제시해야 한다.

1416 The **file drawer** didn't shut well because of the large amount of documents kept in it.

많은 양의 보관된 문서 때문에 그 파일 서랍은 잘 닫히지 않았다.

1417 The **existing** health center offers local residents much better service than the other one that recently opened.

기존의 건강 센터는 최근에 개업한 다른 곳보다 훨씬 더 좋은 서비스를 지역 주민들에게 제공한다.

1418 Mr. Drake started his career in the **textile industry** as a senior engineer.

Mr. Drake는 섬유 업계에서 상급 기술자로 경력을 시작했다.

1419 We expect the safety inspector who was recently hired to help reduce the number of **accidents** in the factory.

우리는 최근에 고용된 안전 검사관이 공장에서의 사고 수를 줄이는 것을 도울 것으로 기대한다.

1420 A lot of money was withdrawn **accidentally** from my personal account.

뜻하지 않게 많은 돈이 나의 개인 계좌에서 인출되었다.

1421 Before the meeting begins, I **would like to caution** you about unauthorized absences.

회의를 시작하기 전에, 나는 당신의 무단 결근에 대해 주의를 주고 싶다.

1422 After buying real estate, residents of Yorkshire **County** have sixty days to notify the local government office and pay taxes.

부동산을 구입한 후, Yorkshire 자치주의 주민들은 지역 관공서에 신고하고 세금을 지불하는데 60일의 시간이 주어진다.

1423 In spite of the difficult situation, my sister made a concentrated effort **to enhance** her career.

어려운 상황에도 불구하고, 나의 여동생은 그녀의 경력을 강화하기 위해 집중적인 노력을 했다.

1424 We broke the **picture frame** while cleaning it yesterday.

우리는 어제 액자를 청소하다가 망가뜨렸다.

1425 The biggest stockholder in the company decided to attract other investors to enter the **global market**.

그 회사의 최대 주주는 세계 시장에 진출하기 위해 다른 투자자들을 유치하기로 결정했다.

1426 The owner of the **inn** changed the date when it would reopen after being renovated.

여관 주인은 보수 후에 재개장 할 날짜를 변경했다.

1427 The necklace displayed in the **jewelry store** is the most beautiful thing I have ever seen in my life.

보석 가게에 전시된 그 목걸이는 내 인생에서 지금까지 본 가장 아름다운 것이다.

1428 The director is planning to post the ad for a new **photographer** on several Web sites.

관리자는 몇몇 웹사이트에 새로운 사진사를 구하는 광고를 게재할 계획이다.

1429 Broken furniture and glass **were piled** in the vacant lot for months.

부서진 가구와 유리가 몇 달 동안 공터에 쌓여 있었다.

1430 They asked the council members **to vote** on the proposal that the law should be changed.

그들은 의회 의원들에게 그 법안이 변경되어야 한다는 안건에 대해 투표할 것을 요청했다.

1431 Mr. Reynolds **was accompanied** by several members of his staff when he attended the meeting.

Mr. Reynolds는 몇 명의 직원을 동반하여 회의에 참석했다.

1432 You should submit your student ID card if you**'d like to borrow** a notebook at the university library.

당신이 대학 도서관에서 노트북을 빌리고 싶다면 학생증을 제출해야 한다.

1433 The **sales clerk** named Mr. Natzler will help you perform the following procedures.

판매점원인 Mr. Natzler가 당신이 다음 절차들을 수행하도록 도와줄 것이다.

1434 He said the copies of the documents we sent over **don't correspond** with the original.

그는 우리가 보냈던 문서들의 사본들이 원본과 일치하지 않는다고 말했다.

1435 All **correspondence** regarding the contract is kept safely in the human resources office.

그 계약과 관련된 모든 서신은 인사과에 안전하게 보관된다.

1436 If you pay only 20 dollars, you can enjoy a variety of delicious **fish** and pasta dishes.

당신이 20달러만 지불하면, 다양하고 맛있는 물고기와 파스타 요리들을 즐길 수 있다.

1437 At the lake in the center of town, **fishing** is banned for everyone except local residents.

도시 중앙의 호수에서는 지역 주민들을 제외한 모두에게 낚시가 금지된다.

1438 Our **employee handbook** was recently updated to include all of the new regulations.

우리의 직원 안내서는 모든 새로운 규정들을 포함하기 위해 최근에 업데이트 되었다.

1439 I know some stores specializing in **leather products** such as jacket, boots, and other **leather** garments.

나는 재킷, 부츠 그리고 다른 가죽 의류와 같은 가죽 제품들을 전문으로 하는 몇몇 가게들을 알고 있다.

1440 I **have to oversee** the work done during the installation of some new machinery.

나는 몇몇 새 장비가 설치되는 동안 수행된 작업을 감독해야 한다.

1441 In the clothing store, I asked a clerk for **a pair of shoes** to match my suit.

의류점에서, 나는 내 정장과 어울리는 구두 한 켤레를 직원에게 요청했다.

1442 Employees who are in charge of handling customer complaints **need to reply** more frequently and quickly.

고객 불만 처리를 담당하는 직원들은 좀 더 자주 그리고 빠르게 대답해야 한다.

1443 Sometimes, overseas orders face **unexpected delays** because of problems airlines or shipping companies have.

때때로, 해외 주문들은 항공사나 해운 회사들의 문제로 인해 예기치 않은 지연에 직면한다.

1444 The supervisor warned the visitors who **were attempting** to get over the fence.

그 관리자는 울타리를 넘으려고 시도하고 있었던 방문객들에게 경고했다.

1445 She has **consistently** surpassed her co-workers with her sales performance.

그녀는 판매 실적으로 동료들을 지속적으로 능가해 왔다.

1446 Ms. Hong has won an award for her **consistent** excellence in each of the last ten years.

Ms. Hong은 지난 십년 내내 한결같은 우수함에 대해 상을 받았다.

1447 Sometimes my sister asks me for **desserts** such as cake, ice cream, and pie.

때때로 여동생은 나에게 케이크, 아이스크림 그리고 파이 같은 디저트들을 부탁한다.

1448 She visited my office to urge me to finish the **final draft** of my book on the Roman Empire.

그녀는 내가 로마 제국에 관한 책의 최종 원고를 마감하는 것을 재촉하기 위해 내 사무실을 방문했다.

1449 Would you introduce an importer of luxurious **furnishings** to me?

고급스러운 가구들의 수입업자를 나에게 소개해 줄 수 있나요?

1450 I am recruiting an **interpreter** to help me with Arabic at the convention.

나는 협의회에서 나를 도와줄 아랍어 통역사를 모집하고 있다.

※ 다음 단어의 우리말 뜻을 쓰시오. 생각나지 않는 단어는 STEP 2에서 찾아 쓰세요.

문제 2

01 unique	18 reply	35 hesitate
02 vote	19 pile	36 photographer
03 accident	20 leather	37 pair
04 oversee	21 fish	38 consistently
05 borrow	22 consistent	39 draft
06 athletic	23 restrict	40 athlete
07 furnishing	24 sense	41 restriction
08 inn	25 clerk	42 enhance
09 correspondence	26 sharp	43 dessert
10 reputation	27 county	44 accidentally
11 fishing	28 correspond	45 jewelry
12 existing	29 sensitive	46 frame
13 verify	30 accompany	47 interpreter
14 global	31 unexpected	48 ideal
15 attempt	32 crew	49 occur
16 handbook	33 sculpture	50 drawer
17 textile	34 caution	

문제 3

01 athletic	18 photographer	35 correspondence
02 attempt	19 accompany	36 global
03 inn	20 restrict	37 interpreter
04 verify	21 leather	38 crew
05 caution	22 sense	39 existing
06 reputation	23 sensitive	40 athlete
07 furnishing	24 consistent	41 fish
08 pair	25 ideal	42 textile
09 fishing	26 accident	43 sharp
10 consistently	27 county	44 dessert
11 frame	28 borrow	45 accidentally
12 occur	29 correspond	46 pile
13 hesitate	30 vote	47 enhance
14 handbook	31 sculpture	48 unique
15 draft	32 unexpected	49 reply
16 restriction	33 drawer	50 clerk
17 jewelry	34 oversee	

※ 45개 이상 맞혔으면 그만하고 기억상자 프로그램을 실행하세요.

01 frame	18 crew	35 drawer
02 furnishing	19 restrict	36 consistently
03 county	20 clerk	37 existing
04 photographer	21 sensitive	38 draft
05 unique	22 textile	39 caution
06 consistent	23 correspondence	40 accident
07 pair	24 accompany	41 attempt
08 fish	25 ideal	42 accidentally
09 sharp	26 hesitate	43 borrow
10 sculpture	27 dessert	44 pile
11 reputation	28 leather	45 restriction
12 jewelry	29 inn	46 unexpected
13 sense	30 verify	47 athletic
14 correspond	31 interpreter	48 vote
15 enhance	32 reply	49 global
16 oversee	33 athlete	50 handbook
17 occur	34 fishing	

01 sharp	18 restrict	35 fish
02 dessert	19 enhance	36 pile
03 county	20 frame	37 consistently
04 verify	21 hesitate	38 attempt
05 restriction	22 sculpture	39 draft
06 drawer	23 jewelry	40 handbook
07 furnishing	24 crew	41 clerk
08 caution	25 inn	42 unexpected
09 ideal	26 sense	43 photographer
10 oversee	27 accompany	44 unique
11 interpreter	28 occur	45 vote
12 correspond	29 global	46 pair
13 accident	30 athletic	47 accidentally
14 athlete	31 textile	48 sensitive
15 consistent	32 existing	49 leather
16 fishing	33 correspondence	50 borrow
17 reply	34 reputation	

STEP 4 주기적인 복습 '기억상자'

제대로 외웠는지 확인하고 싶다고요? 까먹기 전에 다시 복습하고
싶다고요? 지금 당장 QR 코드를 스캔해 보세요.

Day 30

STEP 3 집중해서 풀어라!

단기기억을 만드는 단계입니다. 문장에서 해당하는 단어에 밑줄을 긋고 단어의 의미를 찾아 쓰다 보면 보통 3번이나 4번 문제에서 90% 이상 맞힐 수 있습니다.

※ 노란색으로 표시된 영단어에 해당하는 우리말에 밑줄을 그으세요. 생각나지 않는 단어는 STEP 2에서 찾아보세요.

문제 1

1451 I think you and your foreign buyers **are interpreting** the clauses in the contract differently.

나는 당신과 외국 바이어들이 계약서의 조항들을 다르게 해석하고 있다고 생각한다.

1452 Ms. Short has written **numerous** books on the international economy, and she is now an economic adviser to the Global Bank.

Ms. Short는 국제 경제에 관한 수많은 책을 저술해 왔으며, 현재는 Global Bank의 경제 고문이다.

1453 I lost my **suitcase** containing my passport and other forms of identification while I was flying back from Washington.

나는 워싱턴에서 돌아오는 중에 여권과 다른 신분증이 들어있는 나의 여행 가방을 잃어버렸다.

1454 The purpose of participating in the job fair is to find **talented people** who will work with us.

취업 박람회에 참가한 목적은 우리와 함께 근무할 재능 있는 사람을 찾는 것이다.

1455 During the job interview, you should specifically demonstrate your **talent** for only a brief amount of time.

취직 면접 동안, 당신은 짧은 시간 동안 구체적으로 당신의 재능을 설명해야 한다.

1456 He asked for **a leave of absence** from work because of his workplace injury.

그는 산업재해 때문에 직장에 휴가를 요청했다.

1457 You have to check thoroughly to see if you have any **belongings** missing before getting off the train.

당신은 기차에서 내리기 전에 분실한 소지품이 없는지 철저히 확인해야 한다.

1458 Mr. Green and Mr. White **belong** to the same fitness club, and they have taken part in the competition together.

Mr. Green과 Mr. White는 같은 피트니스 클럽에 속해 있고, 시합에 함께 참가해왔다.

1459 Some imitations created by experts are difficult **to be distinguished** from an original.

전문가들이 만든 몇몇 모조품은 진품과 구분하기가 어렵다.

1460 Before the competition, the **judge** mentioned that the screening process should be as fair as possible.

경기 전에, 심사위원은 심사 과정이 가능한 한 공정해야 한다고 말했다.

1461 Most sales representatives believe that it's more important to retain **loyal customers** than to add new ones.

대부분의 영업 사원들은 새로운 고객들을 추가하는 것 보다 단골 고객들을 유지하는 것이 더 중요하다고 믿는다.

1462 I'd like to take this opportunity to thank all of my employees for their **loyalty** to my company for the past twenty years.

나는 이 기회를 빌어 지난 20년간 나의 회사에 충성을 다한 모든 직원들에게 감사를 전하고 싶다.

1463 When replacing the light bulb from the ceiling, turn it in a clockwise direction and avoid **pulling** on the electric cord.

천장의 전구를 교체할 때, 전구를 시계 방향으로 돌리고 전기 코드가 당겨지는 것을 피해라.

1464 The system operator announced that the Web site would be shut down for **routine maintenance** for one hour starting at noon.

시스템 운용자는 정기 보수 때문에 정오부터 1시간 동안 웹사이트가 폐쇄될 것이라고 공지했다.

1465 A recent survey discovered that the department store which did not attract many shoppers to its sales has failed to **routinely** hand out flyers to local residents.

최근 조사에서는 판매에 많은 고객들을 유치하지 못한 백화점이 지역 주민들에게 정기적으로 전단지를 나눠 주지 못했다는 것을 알아냈다.

1466 Magazines intended for professionals have to contain specific examples and **descriptive statistics**.

전문직들을 대상으로 하는 잡지들은 구체적인 예시와 기술적인 통계들을 포함해야 한다.

1467 In order to save money, instead of hiring an outside expert, the senior accountant performed the **statistical analysis** himself.

비용을 줄이기 위해, 외부 전문가를 고용하는 대신, 수석 회계사가 직접 통계분석을 수행했다.

1468 Only people who remain in the departure terminal will be able to hear announcements regarding the **status** of their flights when the flight schedules are changed.

출발 터미널에 남아 있는 사람들만이 비행 일정이 변경될 때 항공편 상태에 대한 공지를 들을 수 있을 것이다.

1469 To mark the 20th anniversary of the opening of our hotel, we are planning to offer a stay in a complimentary deluxe **suite** to regular customers.

우리 호텔의 창립 20주년을 기념하기 위해, 우리는 단골 고객들에게 무료로 호화스런 스위트룸 숙박을 제공할 계획이다.

1470 Commuters faced delays on the road this morning due to the malfunctioning of traffic lights, but **transit authorities** predict that the mechanical problems will be fixed by five o'clock.

통근자들은 오늘 아침 신호등의 고장으로 도로에서 지체되었지만 교통 당국은 기계적 문제가 5시까지 고쳐질 것이라고 예측한다.

1471 I wrote his name on the paper to nominate him for the position of **chairperson** of the association.

나는 그를 협회의 의장 자리에 추천하기 위해 그의 이름을 종이에 적었다.

1472 A hotel staff member is being handed visitors' coats and jackets to hang in the **closet** next to the entrance.

호텔 직원은 입구 옆에 있는 벽장에 걸기 위해 손님들의 코트와 재킷을 건네받고 있다.

1473 The three companies **combined** are expected to form the largest organization in the nation.

합병된 세 개의 회사는 국내에서 가장 큰 조직을 구성할 것으로 예상된다.

1474 The most qualified applicant for this position has to possess a **combination** of education and field experience.

이 직위에 가장 적합한 지원자는 교육과 현장 경험의 조합을 갖추고 있어야 한다.

1475 The directors anticipated that the revenue would be doubled **within the next decade** in this project.

임원들은 이 프로젝트로 앞으로 10년 안에 수익이 두 배가 될 것이라고 예측했다.

1476 If you tell me your ticket number at the **dock**, you can board the boat at once without delay.

부두에서 당신의 티켓 번호를 말하면, 지체없이 즉시 배에 탑승할 수 있다.

1477 The executives want **to explore** new alternative solutions, not follow traditional ways.

경영진들은 전통적인 방법들을 따르지 않고, 대체 가능한 새로운 방법들로 조사하기를 원한다.

1478 When I stuck my head out the window, some people **were leaning** against the wall of my store.

내가 창문 밖으로 머리를 내밀었을 때 몇몇 사람들은 우리 가게의 벽에 기대고 있었다.

1479 If you apply for this medical solution, **nurses** provided by my company will take care of you once a week.

당신이 이 의료 솔루션을 신청한다면, 우리 회사에서 제공하는 간호사들이 일주일에 한 번 당신을 돌볼 것이다.

1480 Many companies want to hire Ms. Greene, who has outstanding **nursing skills**.

많은 회사들이 우수한 간호 기술을 갖고 있는 Ms. Greene을 고용하길 원한다.

1481 Our workers will do more of the **plumbing work** before the flooring material arrives.

우리 작업자들은 바닥재가 도착하기 전에 더 많은 배관 작업을 할 것이다.

1482 A man who is wearing the safety helmet is overseeing a group of **plumbers** on a large-scale construction site.

안전모를 착용한 한 사람이 대규모 공사장에서 한 무리의 배관공들을 감독하고 있다.

1483 I have to set up a business trip schedule in order to visit the headquarters of a **prospective client** in China.

나는 중국에 있는 잠재 고객의 본사를 방문하기 위해 출장 일정을 세워야 한다.

1484 The **railing** along the path will be repaired as soon as the long rain ends.

장마가 끝나자마자 길을 따라 이어진 난간은 수리될 것이다.

1485 A **rail** pass which is an economical option for commuters can be bought at the ticket counter.

통근자들에게 경제적 선택인 기차 승차권은 매표소에서 구매할 수 있다.

1486 I'm surprised to hear that the book store offers a **substantial discount** to visitors who have the membership card.

나는 그 서점이 멤버십 카드를 갖고 있는 방문자들에게 상당한 할인을 제공한다는 것을 듣고 놀랐다.

1487 The report submitted by the Marketing Department predicts that the number of travelers to foreign countries is going to decline **substantially**.

마케팅부에서 제출한 보고서는 해외 여행객의 수가 상당히 감소할 것이라고 예측하고 있다.

1488 Our latest model **is superior** to those products in quality that are currently on the market.

우리의 최신 모델은 현재 시중에 있는 제품들보다 품질 면에서 보다 우수하다.

1489 As a number of countries, including the **United States**, have increased their demand for oil, the international oil prices are on the advance.

미국을 포함한 많은 국가들에서 기름에 대한 수요가 증가함에 따라, 국제 유가가 오르고 있다.

1490 You should check the backs of the tickets that are handed out to visitors to make sure they**'re valid**.

당신은 방문객들에게 나눠준 티켓이 유효한지 티켓 뒷면을 확인해야 한다.

1491 If you enroll in this **academy**, you will be able to have a chance to work with some well-known actors.

당신이 이 학원에 등록한다면 몇 명의 유명한 배우들과 함께 일 할 수 있을 것이다.

1492 His **academic background** influenced his decision on his choice of occupations.

그의 학력은 직업을 선택하는데 영향을 미쳤다.

1493 We produce two types of toys **to appeal** both to kids and adults looking for unusual tools for creative play.

우리는 창의적인 놀이를 위한 특이한 도구를 찾는 아이들과 어른들 모두의 관심을 끌기 위해 두 가지 유형의 장난감을 생산한다.

1494 They claim their department **assumes no responsibility** for the results of the project.

그 부서는 프로젝트의 결과에 책임이 없다고 주장한다.

1495 The Grand Metro has been installed with **emergency exits** and shelters over the underground roads.

Grand Metro에는 지하도로 전체에 걸쳐 비상구와 비상 대피소가 설치되었다.

1496 The carpenter told me he didn't know exactly how long it would take to fix the broken **fence**.

목수는 망가진 울타리를 고치는데 정확히 얼마나 오래 걸릴지 모른다고 나에게 말했다.

1497 In my youth, I produced numerous works of art, which in large measure **were inspired** by my dreams and nature.

나는 젊은 시절에 대부분 나의 꿈과 자연에서 영감을 받은 많은 미술 작품들을 만들었다.

1498 The cable company posted a public apology for the temporary **interruption** of service on its homepage.

그 케이블 회사는 일시적인 서비스 중단에 대한 공식적인 사과를 회사 홈페이지에 게재했다.

1499 The production schedule **was interrupted** by the malfunctioning and overheating of some machinery.

생산 일정이 몇몇 기계의 오작동과 과열로 중단되었다.

1500 The ancient Greek and Egyptian antiquities that **are** carefully **preserved** by our museum have always been popular with guests.

우리 박물관에 조심스럽게 보존된 고대 그리스와 이집트 유물들은 손님들에게 항상 인기가 있다.

※ 다음 단어의 우리말 뜻을 쓰시오. 생각나지 않는 단어는 STEP 2에서 찾아 쓰세요.

문제 2

01 interrupt	18 fence	35 combination
02 academy	19 loyalty	36 decade
03 superior	20 judge	37 explore
04 combine	21 preserve	38 talented
05 appeal	22 belong	39 inspire
06 belongings	23 status	40 rail
07 nursing	24 united	41 routinely
08 routine	25 transit	42 statistic
09 emergency	26 railing	43 pull
10 interpret	27 academic	44 prospective
11 substantial	28 interruption	45 lean
12 distinguish	29 substantially	46 numerous
13 statistical	30 dock	47 closet
14 chairperson	31 valid	48 loyal
15 assume	32 suite	49 talent
16 nurse	33 absence	50 plumber
17 plumbing	34 suitcase	

문제 3

01 appeal	18 combination	35 explore
02 dock	19 nursing	36 routinely
03 railing	20 loyal	37 transit
04 united	21 interruption	38 fence
05 academy	22 superior	39 status
06 talented	23 suite	40 statistic
07 routine	24 substantially	41 distinguish
08 rail	25 statistical	42 numerous
09 decade	26 belong	43 assume
10 suitcase	27 valid	44 plumbing
11 plumber	28 preserve	45 inspire
12 prospective	29 nurse	46 belongings
13 interrupt	30 chairperson	47 closet
14 academic	31 substantial	48 emergency
15 pull	32 talent	49 lean
16 absence	33 combine	50 judge
17 loyalty	34 interpret	

※ 45개 이상 맞혔으면 그만하고 기억상자 프로그램을 실행하세요.

01 transit	18 explore	35 routinely
02 loyalty	19 dock	36 decade
03 talented	20 preserve	37 inspire
04 talent	21 rail	38 status
05 appeal	22 judge	39 interpret
06 interruption	23 academy	40 suite
07 statistic	24 united	41 absence
08 loyal	25 valid	42 statistical
09 substantially	26 plumbing	43 belong
10 numerous	27 plumber	44 assume
11 railing	28 lean	45 academic
12 combine	29 suitcase	46 nursing
13 distinguish	30 routine	47 interrupt
14 combination	31 superior	48 fence
15 pull	32 emergency	49 nurse
16 substantial	33 prospective	50 chairperson
17 closet	34 belongings	

01 status	18 academic	35 explore
02 numerous	19 interrupt	36 combine
03 statistic	20 combination	37 judge
04 academy	21 preserve	38 decade
05 nursing	22 absence	39 lean
06 rail	23 plumbing	40 prospective
07 routinely	24 loyal	41 routine
08 railing	25 belongings	42 substantially
09 nurse	26 assume	43 united
10 belong	27 inspire	44 transit
11 closet	28 appeal	45 fence
12 substantial	29 talented	46 pull
13 plumber	30 valid	47 distinguish
14 suitcase	31 emergency	48 superior
15 loyalty	32 chairperson	49 dock
16 interpret	33 suite	50 interruption
17 talent	34 statistical	

STEP 4 주기적인 복습 '기억상자'

제대로 외웠는지 확인하고 싶다고요? 까먹기 전에 다시 복습하고
싶다고요? 지금 당장 QR 코드를 스캔해 보세요.

Day 31

STEP 3

집중해서 풀어라!

단기기억을 만드는 단계입니다. 문장에서 해당하는 단어에 밑줄을 긋고 단어의 의미를 찾아 쓰다 보면 보통 3번이나 4번 문제에서 90% 이상 맞힐 수 있습니다.

※ 노란색으로 표시된 영단어에 해당하는 우리말에 밑줄을 그으세요. 생각나지 않는 단어는 STEP 2에서 찾아보세요.

문제 1

1501 Since all of the assembly lines **will be shut down** in the afternoon, the supervisor told the staff members to leave early today.

오후에 모든 조립 라인이 정지되기 때문에, 관리자는 직원들에게 오늘 일찍 퇴근하라고 말했다.

1502 The city officials invited several landowners to secure a location for the new **sports stadium**.

시 공무원들은 새로운 스포츠 경기장 부지를 확보하기 위해 몇몇 지주들을 초대했다.

1503 The directors are concerned that our competitor's recently released **vacuum cleaner** is superior to ours.

관리자들은 경쟁사에서 최근에 출시한 진공청소기가 우리 것보다 우수하다고 걱정한다.

1504 The construction supervisor ordered me to distribute the booklet that is about the **workplace safety** regulations.

건설 감독관은 나에게 작업장 안전 규정에 관한 소책자를 나눠주라고 지시했다.

1505 We will not meet the tight construction deadline without an **adequate** supply of the equipment required.

우리는 필요한 장비의 충분한 공급 없이는 빠듯한 공사 기한을 지키지 못할 것이다.

1506 Laboratory assistants must be trained **adequately** to use delicate equipment before accepting assignments.

연구실 조수들은 임무를 수락하기 전에 정교한 장비를 사용할 수 있는 충분한 교육이 되어있어야 한다.

1507 The job fair will offer a **broad range of** opportunities for people who hope to obtain jobs or careers.

직업 박람회는 직장이나 직업을 얻기를 희망하는 사람들에게 다양한 기회들을 제공할 것이다.

1508 The board of directors intends to pursue takeovers of related companies **to broaden** its customer base.

이사회는 그들의 고객층을 넓히기 위해 관련 회사들의 인수를 추진할 예정이다.

1509 The researchers are committed to finding a more **durable material** than plastic.

연구원들은 플라스틱보다 좀 더 내구성이 있는 재료를 찾는데 전념하고 있다.

1510 Hundreds of our new gadgets were distributed to our staff to test their **durability** and quality.

내구성과 품질을 검사하기 위해 우리의 새로운 장치 수백 대가 직원들에게 분배되었다.

1511 You should complete the application form in the **enclosed envelope** and return it within 30 days of receiving it.

당신은 동봉된 봉투에 있는 지원서 양식을 작성하여 수령일로부터 30일 이내에 반송해야 한다.

1512 The **fare** to take a taxi from downtown to the airport is around $40.

시내에서 공항까지의 택시 요금은 약 40달러이다.

1513 To start an **import-export business**, it is necessary to sign a contract with both domestic and foreign distributors.

수출입 사업을 시작하기 위해서는, 국내외 유통업체들과 계약을 체결해야 한다.

1514 To get the promotion at the company, he obtained a **master's degree** in international law from Shippensburg University in Pennsylvania.

회사에서 승진하기 위해, 그는 펜실베이니아에 있는 Shippensburg 대학에서 국제법 분야의 석사 학위를 취득했다.

1515 They are offering **partial** subsidies for a college education to those who grew up in difficult circumstances.

그들은 어려운 환경에서 자라온 이들에게 대학 교육을 위한 부분적인 보조금을 제공하고 있다.

1516 A salesperson conducted a demonstration of the new **pots** and pans to show us their quality.

판매원은 우리에게 새 냄비들과 팬들의 품질을 보여주기 위해 설명을 했다.

1517 You will receive a free set of bowls with a purchase of her new cookbook containing **recipes** for the Korean favorite.

당신이 한국인이 선호하는 요리법들이 포함된 그녀의 새 요리책을 구매하면 무료 그릇 세트를 받을 것이다.

1518 The new **recreation center** will provide a ideal place for both parents and children.

새 레크리에이션 센터는 부모님과 아이들 모두를 위한 이상적인 장소를 제공할 것이다.

1519 Often referred to as the best vacation spot, Grand Park offers plenty of attractions and **recreational activities**.

최고의 휴가 장소로 흔히 불리는, 대공원은 충분한 매력과 여가 활동들을 제공한다.

1520 Conflicts in opinions between co-workers are unavoidable, but we must at least learn to have **respect** for our colleagues' ideas.

동료들 사이의 의견 갈등은 피할 수 없지만 우리는 적어도 동료의 생각을 존중하는 법을 배워야 한다.

1521 The store under the direct management of Harmony, Inc. has been growing in **sales volume**.

Harmony사의 직접적인 관리 하에 있는 매장의 판매량이 증가하고 있다.

1522 Three days ago, I visited the headquarters building in Paris **to wrap up** some business.

3일 전에, 나는 몇몇 사업을 매듭짓기 위해 파리에 있는 본사에 방문했다.

1523 If you want to receive a leather case **absolutely free**, you should complete a brief questionnaire.

가죽 케이스를 완전 무료로 받고 싶다면, 간단한 설문지를 작성해야 한다.

1524 I **was assured** that work on the project will resume when the fall arrives.

나는 가을이 되면 그 프로젝트 작업이 재개될 것이라고 확신했다.

1525 I heard the manager **confused** employees with his unclear directions.

나는 매니저가 불명확한 지시로 직원들을 혼란스럽게 했다고 들었다.

1526 The sales clerk said that the model **had been discontinued** by the company because of its poor durability.

판매원은 그 모델의 형편없는 내구성 때문에 회사에서 생산을 중단시켰다고 말했다.

1527 I **am eager** to present my opinion at the annual conference I am attending soon.

나는 곧 참석할 연례 회의에서 의견을 발표하기를 열망한다.

1528 E-sports fans are **eagerly** waiting for the Global League Championship, which will be held in Beijing on April 1.

E-스포츠팬들은 4월 1일 베이징에서 개최될 국제 리그 챔피언쉽을 간절히 기다리고 있다.

1529 I don't think the new water circulating system **enables** us to reduce waste water more efficiently than the old one.

나는 새로운 물 순환 시스템이 그 전 시스템보다 더 효과적으로 폐수를 줄여 준다고 생각하지 않는다.

1530 Tomorrow morning, many commuters will bring their umbrellas when they go out because the **weather forecast** says it will rain.

일기 예보에서 내일 아침 비가 올 것이라고 했기 때문에 많은 통근자들이 출근할 때 우산을 가지고 올 것이다.

1531 Our flight **will be landing** at Inchon Airport, so please don't leave your seat until this flight comes to a complete stop.

우리 비행기는 Inchon Airport에 착륙할 것이다. 그러니 부디 이 비행기가 완전히 정지할 때까지 자리를 떠나지 말아라.

1532 I received a call from the client and realized that I had forgotten to attend the **luncheon** with him today.

나는 고객에게 전화를 받고 오늘 그와 함께 오찬에 참석해야 하는 것을 잊고 있었음을 깨달았다.

1533 Although he served as a intern for 2 years, the company didn't offer him **permanent position**.

그는 2년 동안 인턴으로 근무했지만 회사는 그에게 정규직을 제안하지 않았다.

1534 Please note that all messages which have not been previously saved will be deleted **permanently**.

미리 저장되지 않은 모든 메시지들은 영구적으로 삭제된다는 것을 유념하세요.

1535 The principal planted a huge maple tree in the school's garden and set up some benches **in the shade** beneath it.

교장은 학교 정원에 매우 큰 단풍나무를 심었고, 그 아래 그늘에 몇 개의 벤치를 설치했다.

1536 Colin Farrell, who was one of the applicants, seemed the most qualified person for the **vacant position**.

지원자들 중 한 사람인 Colin Farrell은 그 공석에 가장 적임자로 보였다.

1537 We posted an advertisement about the **vacancy** in the Sales and Marketing Department.

우리는 영업 마케팅부의 공석에 대한 광고를 게재했다.

1538 We are sending **$20 worth** of gift certificates to customers who sign up for a subscription to our magazine this month.

우리는 이번 달에 잡지 구독을 신청한 손님들에게 20달러 가치가 있는 상품권을 보낼 것이다.

1539 We **need to calculate** how much the construction we planned will cost before beginning the work.

우리는 작업을 시작하기 전에 우리가 계획했던 공사비용이 얼마일지 계산해야 한다.

1540 The financial firm receives **commissions** in return for arbitrating between banks and companies.

그 금융 회사는 은행들과 기업들 간의 중재 대가로 수수료를 받는다.

1541 At a press conference, the mayor's statement clearly **implied** that she didn't endorse the city council's proposals.

기자 회견에서, 시장의 성명은 시 의회의 제안들을 그녀가 지지하지 않았다는 것을 분명히 암시했다.

1542 The restaurant is supplied with **fresh ingredients** from nearby farms every morning.

그 식당은 매일 아침 근처 농장들로부터 신선한 재료들을 제공 받는다.

1543 Sometimes community members are glad **to lend a hand** by volunteering.

때때로 지역 주민들은 자원봉사로써 기꺼이 도움을 준다.

1544 If you visit the front desk downstairs, a nurse can provide you with the proper medicine that **matches** your prescription.

당신이 아래층의 안내데스크를 방문하면, 간호사가 처방전과 일치하는 알맞은 약을 당신에게 제공할 것이다.

1545 The company has been strengthened by an advertisement showing its **strict quality control** standards.

그 회사는 엄격한 품질 관리 기준들을 보여주는 광고를 통해 더 튼튼해졌다.

1546 You must not forget that using wireless communication equipment is **strictly** prohibited during takeoff.

당신은 이륙하는 동안 무선 통신 장치 사용이 엄격히 금지된다는 것을 잊지 말아야 한다.

1547 I heard that the city recently made some new **hiking trails** to encourage residents to exercise outside.

나는 주민들이 야외에서 운동하는 것을 장려하기 위해 도시가 몇몇 새로운 등산로들을 최근에 만들었다고 들었다.

1548 On the culinary program, Mr. Orin introduced BullBap, which was one of his **unusual dishes**.

요리 프로그램에서, Mr. Orin은 그의 특이한 요리 중 하나인 BullBap을 소개했다.

1549 Due to the **unusually** high temperatures this summer, authorities ordered elderly people and children to stay at home during the daytime.

이번 여름은 비정상적으로 높은 기온 때문에, 당국은 노인과 아이들에게 낮 동안에는 집에 있으라고 지시했다.

1550 All food labels **must be** clearly **visible** so that customers can easily read them.

모든 식품 라벨은 고객들이 쉽게 읽을 수 있도록 분명하게 표시해야 한다.

※ 다음 단어의 우리말 뜻을 쓰시오. 생각나지 않는 단어는 STEP 2에서 찾아 쓰세요.

문제 2

01 broad	18 imply	35 recreation
02 vacancy	19 volume	36 durability
03 visible	20 worth	37 recipe
04 permanently	21 ingredient	38 vacant
05 master	22 absolutely	39 eagerly
06 eager	23 recreational	40 assure
07 forecast	24 respect	41 shut
08 envelope	25 stadium	42 match
09 workplace	26 unusual	43 partial
10 import	27 commission	44 pot
11 adequate	28 discontinue	45 land
12 permanent	29 confuse	46 wrap
13 broaden	30 enable	47 strictly
14 unusually	31 luncheon	48 durable
15 lend	32 vacuum	49 strict
16 trail	33 fare	50 shade
17 calculate	34 adequately	

문제 3

01 broaden	18 strictly	35 master
02 shut	19 adequately	36 discontinue
03 envelope	20 pot	37 volume
04 strict	21 forecast	38 fare
05 adequate	22 stadium	39 match
06 durable	23 lend	40 trail
07 commission	24 unusual	41 visible
08 broad	25 eager	42 land
09 recreational	26 permanent	43 luncheon
10 assure	27 partial	44 imply
11 import	28 permanently	45 shade
12 durability	29 vacancy	46 absolutely
13 calculate	30 recipe	47 enable
14 eagerly	31 respect	48 worth
15 unusually	32 vacuum	49 workplace
16 vacant	33 recreation	50 confuse
17 wrap	34 ingredient	

※ 45개 이상 맞혔으면 그만하고 기억상자 프로그램을 실행하세요.

01 eager	18 adequately	35 discontinue
02 calculate	19 unusually	36 shade
03 durable	20 strict	37 ingredient
04 workplace	21 recreational	38 eagerly
05 broaden	22 wrap	39 partial
06 import	23 recreation	40 broad
07 envelope	24 permanently	41 respect
08 strictly	25 worth	42 lend
09 recipe	26 permanent	43 trail
10 vacancy	27 absolutely	44 vacant
11 visible	28 master	45 forecast
12 assure	29 luncheon	46 vacuum
13 land	30 volume	47 fare
14 confuse	31 durability	48 pot
15 adequate	32 enable	49 match
16 unusual	33 imply	50 commission
17 shut	34 stadium	

01 unusually	18 strictly	35 durable
02 permanent	19 eager	36 strict
03 respect	20 calculate	37 match
04 pot	21 visible	38 luncheon
05 forecast	22 shut	39 recreation
06 unusual	23 worth	40 broad
07 absolutely	24 enable	41 confuse
08 vacuum	25 broaden	42 lend
09 discontinue	26 permanently	43 vacancy
10 adequately	27 durability	44 fare
11 assure	28 land	45 trail
12 eagerly	29 commission	46 workplace
13 recipe	30 vacant	47 wrap
14 shade	31 stadium	48 imply
15 partial	32 ingredient	49 master
16 recreational	33 envelope	50 volume
17 adequate	34 import	

STEP 4 주기적인 복습 '기억상자'

제대로 외웠는지 확인하고 싶다고요? 까먹기 전에 다시 복습하고
싶다고요? 지금 당장 QR 코드를 스캔해 보세요.

STEP 3 집중해서 풀어라!

단기기억을 만드는 단계입니다. 문장에서 해당하는 단어에 밑줄을 긋고 단어의 의미를 찾아 쓰다 보면 보통 3번이나 4번 문제에서 90% 이상 맞힐 수 있습니다.

※ 노란색으로 표시된 영단어에 해당하는 우리말에 밑줄을 그으세요. 생각나지 않는 단어는 STEP 2에서 찾아보세요.

문제 1

1551 The clerk **wheeled** a lot of shopping carts into the store at the same time.
그 점원은 한 번에 가게 안으로 많은 쇼핑 카트를 움직였다.

1552 The strategy **aimed** at strengthening the efficiency of the operation is designed to have positive long-term effects.
운영 효율성을 강화하는 목표 전략은 긍정적이고 장기적인 효과를 갖도록 설계되었다.

1553 We **have to set aside** a large part of our budget in advance to deal with hostile takeovers.
우리는 적대적 인수를 처리하기에 앞서 예산의 많은 부분을 모아둬야 한다.

1554 **Besides** taking care of old people living alone, there are many ways to volunteer to help the community.
혼자 사는 노인들을 돌보는 것 외에, 공동체를 돕기 위한 자원 봉사에는 여러 방법이 있다.

1555 The new department store is located a couple of **blocks** away from City Bank.
새 백화점은 City Bank로부터 두 구역 떨어진 곳에 있다.

1556 The bank is **within walking distance** of our office, so you had better not use your car.
그 은행은 우리 사무실에서 걸어서 갈 수 있는 거리 안에 있으므로, 당신은 차를 사용하지 않는 게 좋다.

1557 The **keynote speaker** who is invited here today is the chairperson of the committee on human rights violations.
오늘 여기 초대된 기조 연설자는 인권 침해 위원회의 회장이다.

1558 Steady physical exercise will help you improve your **overall** health and maintain a healthy weight.
꾸준한 육체적 운동은 당신의 전반적인 건강을 향상시키고 건강한 체중을 유지하는데 도움을 줄 것이다.

1559 Some communities are inconvenienced when people **pursue** individual interests.
몇몇 공동체들은 사람들이 개인적인 이익들을 추구할 때 불편해진다.

1560 We think that price changes that reflect high **seasonal demand** are not acceptable to regular customers.
우리는 높은 계절적인 수요를 반영하는 가격 변동이 단골손님들에게는 받아들여지지 않는다고 생각한다.

1561 The restaurant manager said the drain pipe for the **sink** in the kitchen was clogged this morning.
식당 관리자는 오늘 아침에 부엌 싱크대의 배수관이 막혔다고 말했다.

1562 4,000 **square meters** of land in a suburban area will be used to construct an apartment complex for urban workers.
교외의 4,000 평방미터 부지는 도시 근로자들을 위한 아파트 단지 건설에 사용될 것이다.

1563 To improve the **taste** of my coffee, I tried to blend coffee beans from various countries.

나는 커피 맛을 향상시키기 위해 다양한 국가의 커피콩들을 섞어보았다.

1564 Morgan Solutions can effectively promote your business **on a tight budget** thanks to its highly skilled professionals.

Morgan Solutions은 그들의 고도로 숙련된 전문가들 덕분에 빠듯한 예산으로 사업을 효과적으로 홍보할 수 있다.

1565 You can easily use the **translation service** for foreign visitors by accessing the sound system in each seat.

당신은 쉽게 각 좌석의 음향 시스템에 접근해서 외국 방문자를 위한 번역 서비스를 사용할 수 있다.

1566 In this gloomy atmosphere, it looks pretty hard to establish **trust** with one's colleagues.

이런 우울한 분위기에서, 동료들과 신뢰를 구축하는 것은 꽤 어려워 보인다.

1567 The **board of trustees** will meet sometime next month to discuss moving our head office.

우리의 본사 이전을 논의하기 위해 다음 달 언젠가 이사회가 열릴 것이다.

1568 Many construction vehicles are being used to build a **walkway** surrounding the golf course.

많은 건설 차량들이 골프장 주변의 보도를 짓기 위해 사용되고 있다.

1569 An efficient way to advertise is to have celebrities wearing **sporting apparel** and then appear on TV.

효과적인 광고 방법은 유명 인사들이 스포츠 의류를 입고 TV에 출연하는 것이다.

1570 Everybody knows that due to the destruction of the environment, the **average temperature** on the Earth has slightly increased.

환경의 파괴로 인해 지구의 평균 온도가 조금씩 상승해 왔다는 것은 누구나 알고 있다.

1571 If you are locked in an elevator, first calm down and then use the white **courtesy phone** to call for help.

당신이 엘리베이터에 갇히면, 먼저 진정한 다음 도움을 요청하기 위해 흰색 무료 전화를 이용해라.

1572 According to the call center's information booklet, all inquiries and complaints must be handled in a **courteous** manner.

콜센터의 정보 소책자에 따르면, 모든 문의와 불만사항들은 예의 바른 태도로 처리되어야 한다.

1573 The safety officer reminded the machine operators that it **was essential** to wear protective clothing in the workplace.

안전 책임자는 기계 작업자들에게 작업장에서 보호복을 착용하는 것은 필수임을 상기시켰다.

1574 We couldn't have accomplished this without the aid of our **generous sponsors**.

우리는 관대한 후원자들의 도움 없이는 이것을 달성할 수 없었다.

1575 **In the meantime**, we gathered materials on their reputation with other companies for the negotiation.

그 동안, 우리는 협상을 위해 다른 회사들에서의 그들의 평판에 관한 자료들을 수집했다.

1576 Ms. Smith is known as a critic who has written articles about economic issues from a **political perspective**.

Ms Smith는 정치적인 관점에서 경제 문제들에 관한 기사를 써온 비평가로 알려져 있다.

1577 A magazine featured a very interesting article about a **politician** on the blacklist recently released by a civic group.

잡지는 시민 단체가 최근에 공개한 블랙리스트에 올라온 정치인에 대한 매우 흥미로운 기사를 특집으로 다뤘다.

1578 Juan Garcia, the senior accountant, **was praised** for his excellent asset management.

수석 회계사인 Juan Garcia는 훌륭한 자산 관리로 칭찬받았다.

1579 I saw an advertisement stating that a company can help **reorganize** my workspace to make it more comfortable for a 50% discount.

나는 한 회사가 나의 작업공간을 더 편리하게 만들기 위해 재편성 하는 것을 50% 할인된 가격으로 도울 수 있다는 광고를 보았다.

1580 The approved **reorganization** plan is predicted to cause the company to reduce its workforce.

승인된 재편성 계획은 회사가 인력을 감축하는 원인이 될 것으로 예상된다.

1581 I'm surprised that I can get the red **stain** out of my shirt at once by this detergent.

나는 이 세제로 내 셔츠의 붉은 얼룩을 한 번에 뺄 수 있다는 것에 놀랐다.

1582 The growth in the number of tourists is hindering the preservation of the environment around the **bay**.

관광객 수의 증가는 만 주위의 환경 보존을 방해하고 있다.

1583 With no one available to fix the **ceiling**, water will continue to drip from it until a repairperson comes.

천장을 고칠 수 있는 사람이 없어서, 수리공이 올 때까지 물이 그곳에서 계속 떨어질 것이다.

1584 Although many commuters use public transportation every day, the **traffic congestion** hasn't really been alleviated.

많은 통근자들이 매일 대중교통을 이용함에도 불구하고, 교통 혼잡은 정말 완화되지 않았다.

1585 I suppose that most customers **will be delighted** to hear this news about our bargain prices.

나는 대부분의 고객들이 우리의 특가 소식을 듣고 기뻐할 것으로 추측한다.

1586 Because I have a **dental appointment** on Thursday, I can't attend the banquet.

나는 목요일에 치과 예약이 있기 때문에 연회에 참석할 수 없다.

1587 When I called to confirm his appointment with the **dentist**, he asked to move it to 9:00 A.M. on Monday.

내가 치과의사와의 예약을 확인하기 위해 전화했을 때, 그는 예약을 월요일 오전 9시로 옮기자고 했다.

1588 For a peaceful resolution, it is not good **to just emphasize** only each other's requests in a labor dispute.

평화적인 해결책을 위해서는 노동 분쟁에 있어 각자의 요청들만을 강조하는 것은 좋지 않다.

1589 Unfortunately, the workers, including me, didn't realize that a couple of our colleagues **had been fired** a month ago.

불행히도, 나를 포함한 작업자들은 한 달 전에 두 사람의 동료가 해고됐다는 것을 깨닫지 못했다.

1590 Management **is being forced** to abandon the project against their will because the project is making progress too slowly.

프로젝트가 너무 느리게 진행되고 있어서 경영진은 그들의 의지에 반해 프로젝트를 그만둘 것을 강요받고 있다.

1591 His faulty remark criticizing their products had a negative **impact** on the deal with the potential client.

그들의 제품들을 비판하는 그의 잘못된 발언은 잠재적인 고객과의 거래에 부정적인 영향을 미쳤다.

1592 The major complaint about this country that is made by visitors is the **lack** of street signs.

방문객들이 만든 이 나라의 주된 불만은 거리 표지판이 부족하다는 것이다.

1593 When I found him, he was looking for a **librarian** to renew the books that are due tomorrow.

내가 그를 찾았을 때, 그는 내일이 만기인 책들을 연장하기 위해 사서를 찾고 있었다.

1594 Many people started looking at the crane that **is lifting** heavy items.

많은 사람들이 무거운 물건들을 들어 올리는 크레인을 보기 시작했다.

1595 His **neighbors** complained that the construction has generated a lot of noise for several months.

그의 이웃들은 공사가 몇 달 동안 많은 소음을 발생시켰다고 불평했다.

1596 I'm waiting for the traffic signal to make my car face the **opposite direction**.

나는 반대 방향으로 차를 돌리기 위해 교통 신호를 기다리고 있다.

1597 Employees who **work overtime** should be careful about entering other department offices without permission.

초과근무를 하는 직원들은 허가 없이 다른 부서 사무실에 들어가는 것을 주의해야 한다.

1598 Animal testing for cosmetics and medicine **should be prohibited** because it can cause many problems.

화장품과 의약품에 대한 동물 실험은 많은 문제들을 야기할 수 있기 때문에 금지되어야 한다.

1599 Independent tests **revealed** that certain fruits and vegetables can help regulate blood circulation and body temperature.

독자적인 연구는 특정 과일과 야채들이 혈액 순환과 체온을 조절하도록 도울 수 있다는 것을 밝혀냈다.

1600 The domestic economy has been picking up since stock prices begin **to climb** dramatically.

주가가 급격하게 오르기 시작한 이후로 국내 경제가 회복되고 있다.

※ 다음 단어의 우리말 뜻을 쓰시오. 생각나지 않는 단어는 STEP 2에서 찾아 쓰세요.

문제 2

01 dental	18 force	35 bay
02 meantime	19 political	36 stain
03 neighbor	20 climb	37 besides
04 square	21 reorganization	38 translation
05 reveal	22 wheel	39 overall
06 opposite	23 generous	40 apparel
07 dentist	24 impact	41 delight
08 walkway	25 aim	42 pursue
09 politician	26 courteous	43 lift
10 seasonal	27 lack	44 aside
11 trustee	28 keynote	45 sink
12 praise	29 courtesy	46 tight
13 ceiling	30 prohibit	47 taste
14 congestion	31 reorganize	48 block
15 emphasize	32 overtime	49 librarian
16 average	33 distance	50 trust
17 essential	34 fire	

문제 3

01 fire	18 distance	35 tight
02 translation	19 besides	36 aim
03 trustee	20 force	37 congestion
04 prohibit	21 lack	38 meantime
05 reorganization	22 wheel	39 overall
06 stain	23 average	40 apparel
07 overtime	24 courteous	41 political
08 courtesy	25 delight	42 reveal
09 librarian	26 dentist	43 lift
10 walkway	27 square	44 ceiling
11 opposite	28 block	45 taste
12 emphasize	29 praise	46 reorganize
13 bay	30 sink	47 generous
14 essential	31 aside	48 seasonal
15 politician	32 pursue	49 trust
16 neighbor	33 keynote	50 climb
17 dental	34 impact	

※ 45개 이상 맞혔으면 그만하고 기억상자 프로그램을 실행하세요.

01 apparel	18 fire	35 trustee
02 trust	19 overtime	36 congestion
03 reveal	20 climb	37 walkway
04 stain	21 meantime	38 dental
05 translation	22 taste	39 average
06 tight	23 delight	40 lack
07 dentist	24 librarian	41 keynote
08 praise	25 political	42 reorganization
09 ceiling	26 neighbor	43 emphasize
10 politician	27 sink	44 courteous
11 besides	28 block	45 wheel
12 prohibit	29 opposite	46 courtesy
13 aside	30 square	47 impact
14 lift	31 overall	48 aim
15 bay	32 seasonal	49 distance
16 force	33 generous	50 essential
17 reorganize	34 pursue	

01 sink	18 keynote	35 aside
02 stain	19 apparel	36 square
03 courtesy	20 force	37 lack
04 walkway	21 reveal	38 essential
05 dental	22 trustee	39 prohibit
06 aim	23 wheel	40 seasonal
07 neighbor	24 overall	41 meantime
08 politician	25 praise	42 trust
09 ceiling	26 delight	43 emphasize
10 reorganize	27 dentist	44 political
11 translation	28 block	45 reorganization
12 fire	29 lift	46 generous
13 distance	30 librarian	47 bay
14 tight	31 courteous	48 impact
15 congestion	32 pursue	49 besides
16 overtime	33 taste	50 opposite
17 average	34 climb	

STEP 4 주기적인 복습 '기억상자'

제대로 외웠는지 확인하고 싶다고요? 까먹기 전에 다시 복습하고
싶다고요? 지금 당장 QR 코드를 스캔해 보세요.

Day 33 STEP 3 집중해서 풀어라!

단기기억을 만드는 단계입니다. 문장에서 해당하는 단어에 밑줄을 긋고 단어의 의미를 찾아 쓰다 보면 보통 3번이나 4번 문제에서 90% 이상 맞힐 수 있습니다.

※ 노란색으로 표시된 영단어에 해당하는 우리말에 밑줄을 그으세요. 생각나지 않는 단어는 STEP 2에서 찾아보세요.

문제 1

1601 Some psychologists said that people have the **desire** to destroy everything since birth.
몇몇 심리학자들은 사람들이 태어날 때부터 모든 것을 파괴하려는 욕망을 가지고 있다고 말했다.

1602 We did many experiments to have the **desired effect** but we didn't have much success.
우리는 바라던 효과를 얻기 위해 많은 실험들을 했지만 많이 성공하지 못했다.

1603 One promising applicant has been eliminated because we **discovered** that she is related to the person who manages the company's main competitor.
회사의 주요 경쟁사를 관리하는 사람과 연관되어 있다는 것을 발견했기 때문에 한 명의 유망한 지원자가 탈락되었다.

1604 We had an **empty office** a few days ago, but, unfortunately, it has already been sold.
몇 일전에 우리는 빈 사무실이 있었지만 유감스럽게도 이미 팔렸다.

1605 The **income statement** can help determine the financial status of the company.
회사의 재정 상태를 알아내는데 손익 계산서는 도움이 될 수 있다.

1606 In the commercial district, tourists can buy various traditional souvenirs at **inexpensive** prices.
관광객들은 상업 지구에서 값싼 가격에 다양한 전통 기념품들을 구입할 수 있다.

1607 The apartment manager asked residents to remove their stuff that was piled up in the **narrow corridors**.
아파트 관리인은 주민들에게 좁은 복도에 쌓여있는 물건을 치워달라고 요청했다.

1608 Without your cooperation, it is impossible to manufacture the ordered goods **in large quantities** by using only our facilities.
당신의 협조 없이, 우리의 설비만을 사용해서 대량으로 주문된 상품들을 생산하는 것은 불가능하다.

1609 It is truly my honor to introduce the **recipient** of the singer of the year award.
올해의 가수상 수상자를 소개하게 되어 진심으로 영광이다.

1610 The government is searching for a way to promote public transportation in order to reduce **rush hour** traffic jams.
정부는 혼잡한 시간대의 교통 체증을 줄이기 위해 대중교통을 활성화시킬 방법을 찾고 있다.

1611 The client gave his broker the authority to make **transactions** without his permission.
그 고객은 그의 중개인에게 허가 없이 거래할 수 있는 권한을 주었다.

1612 It is a well-known fact **worldwide** that the semiconductor industry is a quite promising field.
반도체 산업이 상당히 유망한 분야라는 것은 전 세계적으로 잘 알려진 사실이다.

1613 Schools in the country have a duty to include **first-aid** training as part of their safety education classes.
그 지역의 학교들은 그들의 안전 교육 수업의 일부로 응급처치 교육을 포함해야 할 의무가 있다.

1614 Customers who place large orders can buy our products for **cheaper** prices.
대량 주문을 하는 고객들은 더 싼 가격에 우리의 제품들을 살 수 있다.

1615 As worldwide interest in **energy conservation** is growing, people have begun to prefer energy efficient products.
에너지 절약에 대한 전 세계의 관심이 증가함에 따라 사람들은 에너지 효율적인 제품들을 선호하기 시작했다.

1616 In order **to conserve** energy, electric appliances should be unplugged when they are not in use.
에너지를 절약하기 위해 전기 제품들을 사용하지 않을 때는 플러그를 뽑아야 한다.

1617 Recently, modern manufacturing plants tend **to eliminate** manual machines in favor of automated ones.
최근, 현대적인 제조 공장들은 자동화된 기계들을 선호하여 수동식 기계들을 없애는 경향이 있다.

1618 The Food Delivery Inc. has container trucks with built-in refrigeration units in order to retain the freshness and **flavor** of foods.
음식 배달 회사는 음식들의 신선함과 맛을 유지하기 위해 냉장 설비들이 내장된 컨테이너 트럭들을 가지고 있다.

1619 The teacher says we have to memorize more than 10,000 words in order to understand lectures in a **foreign language**.
선생님은 우리가 외국어 강의를 이해하기 위해서는 10,000개 이상의 단어들을 암기해야 한다고 말한다.

1620 The purpose of the presentation is to introduce revolutionary products and **to highlight** the importance of investing in research and development.
발표의 목적은 획기적인 제품들을 소개하고 연구와 개발에 대한 투자 중요성을 강조하는 것이다.

1621 Each **ladder** manufactured at a different facility is inspected through rigorous tests to measure up to our standards.
다른 시설에서 제작된 각각의 사다리는 우리 기준을 맞추기 위해 엄격한 테스트들을 거쳐 검사된다.

1622 The **prime minister** came to an agreement on tariffs and trade with the neighboring countries.
총리는 주변국들과 관세와 무역에 관한 협정을 체결했다.

1623 Sponsored by the **Ministry of Culture and Arts**, the exhibition will be held from February 27.
문화예술부의 후원을 받는 전시회가 2월 27일부터 열릴 것이다.

1624 Mr. Ward **has misplaced** several important documents containing commercially confidential information.
Mr. Ward는 상업적 기밀 정보가 포함된 몇몇 중요한 서류들을 잃어버렸다.

1625 I asked the architect for advice on how **to modify** the courtyard design.
나는 건축가에게 마당 설계를 수정하는 방법에 대해 조언을 구했다.

1626 To pay off a part of my debt, I went to the bank with 3,000 dollars that I **owed** my friend.
내 빚의 일부를 갚기 위해, 나는 친구에게 빌린 3,000 달러를 가지고 은행에 갔다.

1627 The passengers were told to go to **platform** 10 and that the train would arrive soon.
승객들은 10번 승강장으로 가는 것과 기차가 곧 도착할 것이라고 들었다.

1628 The furniture in my office **was rearranged** while I was on a business trip.
내가 출장 중일 때, 사무실 가구가 재배치되었다.

1629 It was unclear whether the domestic economy **could recover** from the long recession.
오랜 경기 침체에서 국내 경제가 회복할 수 있을지 여부는 불명확하다.

1630 Could you collect all of the **relevant information** about the contract with Mr. Dean and send it to me?
당신은 Mr. Dean과의 계약에 관한 모든 관련 정보를 수집하여 나에게 보내줄 수 있나요?

1631 Our **financial situation** isn't very stable, so we hired an outside consultant who will analyze our finances.
우리의 재정 상태가 매우 불안정적이라서, 우리의 재정을 분석할 외부 고문을 고용했다.

1632 Please complete an application form to attend the conference and place it in the **tray** next to the copy machine.
회의에 참석하기 위해서는 신청서 양식을 작성하여 복사기 옆 상자 안에 넣으세요.

1633 After the three-month **trial period** is over, you can decide whether to buy this software or not.
3개월의 체험 기간이 끝난 후에, 당신은 이 소프트웨어의 구입 여부를 결정할 수 있다.

1634 She is actively looking for a **venue** for our annual symposium being held this month.
그녀는 이번 달에 열리는 연례 토론회를 위한 장소를 활발히 찾고 있다.

1635 She can easily calculate our investments in each **category** by using the new accounting system.
그녀는 새 회계 시스템을 사용하여 각 범주의 우리 투자액을 쉽게 계산할 수 있다.

1636 The Shining Star, which is a series of children's books written by Ms. Red, **is composed** of five books.
Ms. Red가 쓴 아동도서 시리즈인 The Shining Star는 5권의 책으로 구성되어 있다.

1637 The chemical **experiment** was ended because the scientists found something dangerous in the middle of the process.
화학 실험은 과학자들이 진행 도중에 위험한 무언가를 발견했기 때문에 종료되었다.

1638 In spite of rising **labor** and material costs, the company is still making a lot of money.
노동과 자재 비용의 인상에도 불구하고 그 회사는 여전히 많은 돈을 벌고 있다.

1639 The plant suffered considerable losses from the shutdown caused by the **malfunction** of the computer equipment.
공장은 컴퓨터 장비의 고장으로 인한 폐쇄로 상당한 손실을 입었다.

1640 A large solar panel **is being mounted** on the roof of my house.
큰 태양열 전지판을 우리 집 지붕에 고정하고 있다.

1641 I recommended that the **outdated equipment** be replaced even though it's very expensive.
나는 매우 많은 비용이 들더라도 구식 장비를 교체할 것을 권고했다.

1642 Mr. Hong **is profiled** in this month's issue of Korbes, one of Korea's leading business magazines.

Mr. Hong은 한국의 주요 비즈니스 잡지 중 하나인 Korbes의 이번 달 호에 소개됐다.

1643 Our gallery will be closed for renovations until next summer and **will reopen** in September with a beautiful and impressive building.

우리 미술관은 보수를 위해 내년 여름까지 폐쇄했다가 아름답고 인상 깊은 건물로 9월에 재개장할 것이다.

1644 The computerized personnel management system make it easier **to sort** through the flood of job applications.

전산화된 인사 관리 시스템은 밀려드는 취업 지원서들을 살펴보는 것을 더 쉽게 만든다.

1645 We drove around the building for half an hour in an attempt **to spot** a parking space.

우리는 주차장을 찾기 위해 30분 동안 건물 주변을 운전했다.

1646 For **switching** to another mobile telecommunications company, I received a free coupon for a wireless Internet connection.

나는 다른 이동통신 회사로 바꾸기 위해 무선 인터넷 연결을 위한 무료 쿠폰을 받았다.

1647 If you don't pay your **utility bills**, including the late fees, your water and electricity will be shut off this week.

당신이 연체료를 포함한 공공요금을 지불하지 않는다면 이번 주에 수도와 전기가 끊길 것이다.

1648 I would like you **to acknowledge** that more people than you think took part in the special campaign.

나는 특별 캠페인에 당신이 생각한 것보다 더 많은 사람들이 참여했다는 것을 당신이 인정하기를 원한다.

1649 We expect that Ms. Yellow will show her **amazing** creativity and skill in the exhibit.

우리는 Ms. Yellow가 전시회에서 놀라운 창조성과 기술을 보여줄 것이라고 기대한다.

1650 Professor Kim Changho from Miami University will give a lecture on the history of **ancient civilizations** at 3 P.M. in the lecture hall.

마이애미 대학 교수인 Kim Chang-ho는 오후 3시에 강당에서 고대 문명들의 역사에 대한 강의를 할 것이다.

※ 다음 단어의 우리말 뜻을 쓰시오. 생각나지 않는 단어는 STEP 2에서 찾아 쓰세요.

문제 2

01 venue	18 ancient	35 aid
02 inexpensive	19 rearrange	36 relevant
03 owe	20 conservation	37 outdated
04 misplace	21 empty	38 acknowledge
05 switch	22 minister	39 worldwide
06 compose	23 platform	40 sort
07 transaction	24 income	41 recover
08 flavor	25 mount	42 ladder
09 reopen	26 spot	43 cheap
10 situation	27 foreign	44 quantity
11 eliminate	28 category	45 recipient
12 amazing	29 desired	46 experiment
13 trial	30 rush	47 conserve
14 narrow	31 discover	48 highlight
15 desire	32 malfunction	49 tray
16 labor	33 profile	50 ministry
17 modify	34 utility	

문제 3

01 outdated	18 flavor	35 owe
02 desire	19 category	36 ministry
03 switch	20 spot	37 discover
04 mount	21 ancient	38 venue
05 conservation	22 empty	39 ladder
06 narrow	23 malfunction	40 labor
07 situation	24 trial	41 profile
08 recipient	25 conserve	42 compose
09 cheap	26 tray	43 inexpensive
10 aid	27 income	44 eliminate
11 worldwide	28 quantity	45 modify
12 highlight	29 misplace	46 minister
13 reopen	30 desired	47 transaction
14 sort	31 rearrange	48 experiment
15 recover	32 utility	49 amazing
16 platform	33 relevant	50 foreign
17 acknowledge	34 rush	

※ 45개 이상 맞혔으면 그만하고 기억상자 프로그램을 실행하세요.

STEP 4 주기적인 복습 '기억상자'

제대로 외웠는지 확인하고 싶다고요? 까먹기 전에 다시 복습하고
싶다고요? 지금 당장 QR 코드를 스캔해 보세요.

※ 정답은 PDF 881쪽에 있습니다.

집중해서 풀어라!
단기기억을 만드는 단계입니다. 문장에서 해당하는 단어에 밑줄을 긋고 단어의 의미를 찾아 쓰다 보면 보통 3번이나 4번 문제에서 90% 이상 맞힐 수 있습니다.

※ 노란색으로 표시된 영단어에 해당하는 우리말에 밑줄을 그으세요. 생각나지 않는 단어는 STEP 2에서 찾아보세요.

1651 It seems that the sluggish business situation at the company **can be attributed** to the current economic recession.
회사의 부진한 사업 상황은 현재의 경기 침체 탓으로 돌려질 수 있을 것 같다.

1652 **On behalf of** the board of directors, I want to express my appreciation for your support and partnership.
이사회를 대신하여, 나는 당신의 지원과 협력에 대해 감사드린다.

1653 We posted an advertisement for a secretary on the **bulletin board** on the college's online recruitment site.
우리는 비서를 구하기 위해 대학의 온라인 채용 사이트 게시판에 광고를 게시했다.

1654 At **checkout**, payment for a room must be made in full.
체크아웃 시, 방에 대한 지불은 완전히 납부되어야 한다.

1655 Management is discussing a cost-effective **compensation package** to make the employees more satisfied.
경영진은 직원들이 더 만족할 수 있도록 비용 효율적인 보수를 논의하고 있다.

1656 Most people looking for jobs want to be employed at large companies that offer competitive salaries and **comprehensive benefits**.
일자리를 찾고 있는 대부분의 사람들은 경쟁력 있는 급여와 포괄적인 혜택을 제공하는 대기업에 고용되길 원한다.

1657 Because of **scheduling conflicts**, the institute needed to change the date to the next day.
일정의 충돌 때문에, 협회는 날짜를 다음 날로 변경해야 했다.

1658 I smelled an abnormal odor coming from the **hallway** in my apartment, and, after a short while, I realized that there was a fire.
나는 아파트 복도에서 풍기는 이상한 냄새를 맡았고, 잠시 뒤에 불이 났다는 것을 깨달았다.

1659 The review I read said the visitor was so impressed that the hotel clerks showed him a considerable amount of **hospitality**.
내가 읽은 후기에는 호텔 직원이 상당한 환대를 보여줬다는 것에 방문객은 깊은 인상을 받았다고 쓰여 있었다.

1660 The Gilbut Education Laboratory provides various video lectures as well as **interactive** learning activities, which will help you pass the test easily.
Gilbut Education Laboratory는 다양한 비디오 강의와 상호적인 교육 활동을 제공하여 당신이 쉽게 시험에 합격하도록 도울 것이다.

1661 The **novels** by author Kanobu Kurama are prohibited from being published in the nation.
작가 Kanobu Kurama의 소설들은 국내에서 출간되는 것이 금지되었다.

1662 The city council decided to continue to cover the **overhead costs** of the private social welfare facilities.
시 의회는 민간 사회 복지 시설들의 간접비용을 계속 감당하기로 결정했다.

Day 34 _ 173

1663 The director of the **physical fitness** program I participate in, Mr. Arms, recommended that I avoid heavy exercise for a while.

내가 참여한 신체 단련 프로그램의 지도자인 Mr. Arms은 나에게 한동안 심한 운동을 피하라고 권했다.

1664 The **port** expansion project has enriched the lives of people living in coastal towns.

항구 확장 사업은 해안 마을 사람들의 삶을 풍요롭게 했다.

1665 Before I begin the cooking class, I want you all **to roll up** your sleeves and wash your hands.

나는 요리 수업을 시작하기 전에, 당신들 모두가 소매를 걷어 올리고 손을 씻기를 원한다.

1666 The night before my trip, I imagined that my journey would end on a beautiful, unspoiled **shore**.

여행 전날 밤에 나는 아름답고 훼손되지 않은 해안에서 여행이 끝날 것이라고 상상했다.

1667 The large project headed by Ms. Choi is due to start as soon as possible provided that a **sufficient** amount of funds is available.

Ms. Choi가 이끄는 대형 프로젝트는 충분한 자금이 모이면 가능한 빨리 시작할 예정이다.

1668 The operation of the water circulating pump on the rooftop **will be suspended** all day tomorrow; therefore, all residents should store water in advance.

내일 하루 종일 옥상에 있는 물 순환 펌프의 작동이 중단되므로 모든 주민들은 미리 물을 저장해야 한다.

1669 The building owner is afraid that he can't find **tenants** for his building that is recently built.

건물 소유자는 최근 지어진 빌딩에 세입자들이 없어 걱정이다.

1670 The group of people **is tying** pieces of yellow cloth to the trees near the railroad tracks.

한 무리의 사람들이 철로 근처에 있는 나무들에 노란색 천 조각을 묶고 있다.

1671 Wholesale stores **typically** offer retail stores large quantities of merchandise instead of selling to individuals.

도매점들은 일반적으로 개인에게 상품을 파는 대신 소매점들에게 대량으로 제공한다.

1672 Unlike construction sites, which strictly **adhere** to safety rules, most small carpenters don't follow the regulations.

안전 규정을 엄격하게 고수하는 건설 현장과는 다르게 대부분의 작은 목공소들은 규정을 따르지 않는다.

1673 **Apparently**, they sent the shipment to my former address, so I had to go there yesterday.

아무래도, 그들이 배송품을 내 이전 주소로 보낸 듯 해서, 난 어제 그곳에 가야 했다.

1674 The **tourism bureau** manager on Jeju Island, Mr. Kim, said that if people contacted the center when faced with any problems, they would immediately provide aid.

제주도의 관광청 관리자인 Mr. Kim은 사람들이 어떤 어려움에 직면했을 때 센터에 연락하면 즉시 도움을 제공할 것이라고 말했다.

1675 If you ask, the scheduler at the reception desk will arrange for a **career counselor** to help you.

당신이 요청한다면, 접수처의 일정담당자가 당신을 돕기 위해 직업 상담사를 배정해 줄 것이다.

1676 The cabin at the **edge** of the forest was built to help hikers tired after a long climb.

숲의 가장자리에 있는 오두막은 긴 산행 후 지친 등산가들을 돕기 위해 지어졌다.

1677 Despite the **failure** of the negotiations, we still maintained good relations with our counterpart.

협상의 실패에도 불구하고, 우리는 여전히 상대와 좋은 관계를 유지했다.

1678 Premium members of our club are offered a **gym membership** at a discounted price.

우리 클럽의 고급 회원들은 할인된 가격에 체육관 회원권을 제공 받는다.

1679 It was proposed that we **should investigate** the problems concerning contracts with the government.

우리는 정부와의 계약과 관련된 문제들을 조사해야 한다고 제안했다.

1680 The sprinklers I bought this morning have been installed in the **lawn** because the old ones were in poor condition.

이전 것이 상태가 나쁘기 때문에, 오늘 아침에 내가 산 스프링클러를 잔디밭에 설치했다.

1681 I found a problem with my April **paycheck**, so now I'm carefully calculating it one more time.

나는 4월 급여에 문제가 있음을 알게 되어 지금 한 번 더 신중하게 계산중이다.

1682 I was surprised that the **license plate number** of my car was written on the warning.

나는 경고장에 내 자동차의 차량 등록 번호가 적혀 있었다는 것에 놀랐다.

1683 This morning, EFG, Inc. reported that its earnings **projections** for this quarter have already been exceeded with a month still remaining in this period.

오늘 아침 EFG 주식회사는 이번 분기의 수입 예상이 기간이 아직 한 달 남았지만 이미 초과되었다고 보고했다.

1684 The employees **reacted** favorably to the news that the executives from headquarters would visit our office.

직원들은 본사 임원들이 우리 사무실을 방문할 것이라는 소식에 호의적으로 반응했다.

1685 We monitored posts on our homepage and SNS to get **reactions** from consumers all around the world.

우리는 전 세계 고객들의 반응을 얻기 위해 홈페이지와 SNS의 게시글들을 관찰했다.

1686 **Regardless of** whether you buy any merchandise, the membership card will provide you with a 10% discount and bonus points.

당신이 어떤 상품을 구입하든 상관없이, 맴버십 카드는 10%의 할인과 보너스 포인트를 제공할 것이다.

1687 A tourist bus drove past the mountain village **renowned** for its spectacular night views.

관광버스가 화려한 야경으로 유명한 산촌을 통과했다.

1688 Management professionals stated that business owners must not neglect efforts to attract and **retain** competitive staff members.

경영 전문가들은 사업주들이 경쟁력 있는 직원들을 끌어들이고 유지하려는 노력을 무시하면 안된다고 말했다.

1689 Our new vacuum cleaner is designed to appeal to **target customers** who work in large offices.

우리의 새로운 진공청소기는 큰 사무실에서 일하는 대상 고객들에게 관심을 끌기 위해 설계되었다.

1690 One employee is supervising other workers who **are unloading** a shipment from a vessel.

한 직원이 선박에서 수송품을 내리는 다른 인부들을 감독하고 있다.

Day **34** 1651~1700

1691 Since her garment brand came out, she has tried to set her clothes **apart from** those of her competitors by using unique designs.

그녀는 자신의 의류 브랜드가 출시된 후 독특한 디자인으로 경쟁자들의 디자인과 구별되도록 노력했다.

1692 The deluxe **briefcase** made by a renowned artisan is displayed in a luxurious glass case.

유명한 장인이 만든 고급 서류 가방이 호화로운 유리 상자 안에 진열되어 있다.

1693 I know it's hard to believe they **can convert** empty land into a village in a short period of time.

나는 그들이 짧은 시간 안에 공터를 마을로 개조할 수 있다고 믿기 어렵다는 것을 안다.

1694 It's not good to limit the number of trees the villagers can cut down because they earn their livings by logging the **forest**.

마을 사람들은 숲을 벌목하는 것으로 생계를 꾸려나가기 때문에 벌목할 수 있는 나무의 수를 제한하는 것은 좋지 않다.

1695 Negative reviews of products have a much more significant **influence** than you think.

제품에 대한 부정적인 의견은 당신이 생각한 것 보다 훨씬 더 중대한 영향을 끼친다.

1696 Unlike other **laundry centers**, our store not only uses a natural **laundry detergent** but also offer a discount to our customers.

우리 가게는 다른 세탁소들과는 달리 천연 세탁 세제를 사용할 뿐만 아니라 고객들에게 할인을 제공한다.

1697 The purpose of the law, which has been in place since December 31, 1986, is to keep the **minimum** wage at a certain level.

1986년 12월 31일부터 시행된 그 법의 목적은 일정 수준으로 최저 임금을 유지하는 것이다.

1698 I would like to make a reservation at the hotel for our summer vacation, but the rooms which have an **ocean view** are fully booked.

나는 여름휴가 동안 그 호텔의 바다가 보이는 객실을 예약하고 싶지만 모두 예약되었다.

1699 The manager stated that it's more important to focus on managing the two **ongoing** projects than on starting a new one.

관리자는 새로운 과제를 시작하는 것보다 두 개의 진행 중인 과제의 관리에 집중하는 것이 더 중요하다고 말했다.

1700 I'm pouring a mixture of equal parts vinegar and fruit liquid into a pot as shown in this cookbook.

나는 이 요리책에 나온 대로 냄비 안에 같은 양의 식초와 과일즙의 혼합물을 붓는 중이다.

※ 다음 단어의 우리말 뜻을 쓰시오. 생각나지 않는 단어는 STEP 2에서 찾아 쓰세요.

문제 2

01 apart	18 physical	35 unload
02 typically	19 port	36 reaction
03 overhead	20 compensation	37 ongoing
04 hallway	21 behalf	38 plate
05 apparently	22 renowned	39 counselor
06 briefcase	23 hospitality	40 roll
07 bulletin	24 comprehensive	41 investigate
08 convert	25 tie	42 laundry
09 checkout	26 edge	43 sufficient
10 novel	27 bureau	44 influence
11 attribute	28 ocean	45 forest
12 react	29 adhere	46 target
13 paycheck	30 shore	47 minimum
14 failure	31 tenant	48 interactive
15 projection	32 conflict	49 lawn
16 suspend	33 gym	50 regardless
17 retain	34 pour	

문제 3

01 projection	18 shore	35 sufficient
02 failure	19 hallway	36 ongoing
03 tenant	20 gym	37 reaction
04 target	21 briefcase	38 overhead
05 physical	22 conflict	39 minimum
06 port	23 hospitality	40 compensation
07 paycheck	24 counselor	41 influence
08 behalf	25 edge	42 laundry
09 ocean	26 apparently	43 tie
10 regardless	27 forest	44 suspend
11 convert	28 bulletin	45 retain
12 plate	29 typically	46 bureau
13 lawn	30 apart	47 novel
14 checkout	31 renowned	48 comprehensive
15 react	32 roll	49 investigate
16 adhere	33 pour	50 unload
17 attribute	34 interactive	

※ 45개 이상 맞혔으면 그만하고 기억상자 프로그램을 실행하세요.

문제 4

01 overhead	18 ongoing	35 investigate
02 physical	19 adhere	36 plate
03 roll	20 regardless	37 counselor
04 interactive	21 briefcase	38 apparently
05 gym	22 checkout	39 edge
06 typically	23 minimum	40 target
07 ocean	24 reaction	41 pour
08 port	25 novel	42 renowned
09 shore	26 failure	43 projection
10 tie	27 hospitality	44 comprehensive
11 conflict	28 sufficient	45 retain
12 attribute	29 suspend	46 forest
13 paycheck	30 apart	47 lawn
14 laundry	31 hallway	48 compensation
15 influence	32 bulletin	49 bureau
16 behalf	33 tenant	50 react
17 convert	34 unload	

문제 5

01 tie	18 behalf	35 sufficient
02 counselor	19 react	36 convert
03 minimum	20 shore	37 investigate
04 hospitality	21 edge	38 novel
05 adhere	22 influence	39 roll
06 ongoing	23 laundry	40 regardless
07 paycheck	24 bulletin	41 suspend
08 renowned	25 attribute	42 lawn
09 interactive	26 bureau	43 pour
10 failure	27 apart	44 apparently
11 plate	28 unload	45 conflict
12 gym	29 physical	46 briefcase
13 checkout	30 typically	47 forest
14 target	31 retain	48 projection
15 hallway	32 port	49 ocean
16 overhead	33 tenant	50 comprehensive
17 reaction	34 compensation	

STEP 4 주기적인 복습 '기억상자'

제대로 외웠는지 확인하고 싶은가요? 까먹기 전에 다시 복습하고 싶다고요? 지금 당장 QR 코드를 스캔해 보세요.

집중해서 풀어라!

단기기억을 만드는 단계입니다. 문장에서 해당하는 단어에 밑줄을 긋고 단어의 의미를 찾아 쓰다 보면 보통 3번이나 4번 문제에서 90% 이상 맞힐 수 있습니다.

※ 노란색으로 표시된 영단어에 해당하는 우리말에 밑줄을 그으세요. 생각나지 않는 단어는 STEP 2에서 찾아보세요.

문제 1

1701 I asked the construction office **to quote** us its lowest price for a building design.
나는 건축사무소에게 빌딩 설계에 대한 최저가의 견적을 내달라고 요청했다.

1702 People in the industry were surprised by the news that Mr. Durahan **resigned** as CEO.
업계 사람들은 Mr. Durahan이 CEO를 사임했다는 소식에 놀랐다.

1703 They need to realize exactly how **serious** our company's financial condition is.
그들은 우리 회사의 재정 상태가 얼마나 심각한지 정확히 깨달아야 한다.

1704 According to this post, it seems that the legal age for driving a vehicle varies **slightly** from country to country.
이 게시에 따르면, 차량 운전을 위한 법적 연령은 국가마다 조금 다른 것처럼 보인다.

1705 Travelers who are staying at our hotel can receive a **discount voucher** at the reception desk to help to reduce the cost of shopping at stores on nearby streets.
우리 호텔에 머물고 있는 여행자들은 근처 거리의 가게들에서 쇼핑 비용을 줄일 수 있는 할인 쿠폰을 접수처에서 받을 수 있다.

1706 Some companies spend a lot of money on hauling their **manufacturing waste** away.
몇몇 회사들은 그들의 생산 폐기물을 멀리 운반하는데 매우 많은 돈을 소비한다.

1707 I heard the council agreed to finance the reconstruction of the east **wing** of the convention center.
나는 컨벤션 센터 동쪽 별관의 개축에 자금을 조달하도록 의회가 동의했다고 들었다.

1708 The failure to expand into overseas markets caused us to incur a huge **capital loss**.
해외 시장으로의 확장 실패는 우리의 막대한 자본 손실을 초래했다.

1709 We took our time to thoroughly check the plane to transport the passengers and **cargo** quickly and safely.
우리는 승객들과 화물을 빠르고 안전하게 수송하기 위해 비행기를 철저히 점검하는데 시간을 소비했다.

1710 We are pleased to announce that we **have enlarged** our resort.
우리는 우리의 리조트를 확장했다는 것을 발표하게 되어 기뻤다

1711 You **will be entitled** to free medical benefits and paid vacation only if you become a full-time staff member.
당신이 정규직 사원이 되어야만 무료 의료 혜택과 유급 휴가의 자격이 주어질 것이다.

1712 The interest rate in the country is highly volatile these days but it will **eventually** stabilize.
요즘 국가의 이자율이 매우 불안정하지만 결국 안정될 것이다.

1713 It seems **evident** that businesses like trucking and shipping companies suffer heavily from high oil prices.
트럭운송 및 선박운송 회사와 같은 기업들은 고유가로 심하게 고통 받는게 분명해 보인다.

1714 Half of all the items produced at our factory **are exported** to a foreign country while the other half are sent to domestic distributors.

우리 회사에서 생산된 모든 상품의 절반은 외국으로 수출된다. 반면에 다른 반은 국내 유통사들에게 보내진다.

1715 Of course, the superior quality is the most important **factor** when it comes to making a buying decision, if the price of the product isn't far higher than that of the others.

물론, 그 제품의 가격이 다른 제품들보다 훨씬 더 높지 않다면 구매 결정을 할 때 우수한 품질은 가장 중요한 요소이다.

1716 Once several tons of tomatoes **are harvested**, the workers at Red Wood Farms washed and sorted them so that they could be sold.

몇 톤의 토마토가 수확되자마자 Red Wood Farms의 인부들은 토마토들을 팔기 위해 씻고 분류했다.

1717 We are doing our best to be more financially **independent** from our parent company.

우리는 우리의 모회사로부터 좀 더 재정적으로 독립되기 위해 최선을 다하고 있다.

1718 A large quantity of water in the tank **is leaking** through the broken pipe.

탱크에 있는 많은 양의 물이 터진 파이프를 통해 누출되고 있다.

1719 The head of the Technical Department asked all the employees not to shut down their computers so that the system upgrade work could be done **overnight**.

기술부장은 밤사이에 시스템 업그레이드 작업이 끝날 수 있도록 모든 직원들에게 컴퓨터를 끄지 말 것을 요청했다.

1720 I hope to join the class Ms. Lee teaches since she is a famous **pastry chef** and an award-winning restaurant owner.

그녀는 유명한 제빵사이고 수상경력이 있는 식당 주인이기 때문에 나는 Ms. Lee의 수업에 들어가길 원한다.

1721 The politician said he will solve the problem of the low rate of **population growth** in the country.

그 정치인은 이 지역 인구 증가의 낮은 비율 문제를 해결할 것이라고 말했다.

1722 A few volunteers are collecting the garbage that is floating on the **surface of the water**.

몇몇의 자원봉사자들이 수면에 떠있는 쓰레기를 수거하고 있다.

1723 A construction worker **has been sweeping** the pavement covered with asphalt all day long.

한 건설 노동자가 하루 종일 아스팔트로 덮인 포장도로를 쓸고 있다.

1724 We are closely monitoring the market conditions in order to release our service **in a timely manner**.

우리는 적절한 시기에 서비스를 공개하기 위해 시장 상황을 면밀히 주시하고 있다.

1725 The gardeners **are trimming** the overgrown bushes and cutting the long branches off the trees.

정원사들은 너무 크게 자란 덤불들을 다듬고 나무들에서 긴 가지들을 자르고 있다.

1726 Employees who are required **to undergo** the promotion test have to assemble in the boardroom at 3 o'clock this afternoon.

승진 시험을 받아야 하는 직원들은 오늘 오후 3시에 회의실에 모여야 한다.

1727 Mr. Lion has considerable experience in dealing with **public affairs**.

Mr. Lion은 공무를 처리하는데 많은 경험이 있다.

1728 Effective architects spend many hours reviewing their designs to prevent them from being modified **afterward** during the construction process.
효율적인 건축가들은 나중에 건설 과정 동안 수정되는 것을 방지하기 위해 그들의 설계를 검토하는데 많은 시간을 소비한다.

1729 The police officers at a British airport stopped some passengers who disembarked from an **aircraft** to ask them some questions.
영국 공항의 경찰관들은 몇 가지 질문을 위해 비행기에서 내린 일부 승객들을 멈춰 세웠다

1730 I asked them if they would prefer **aisle** or window seats when they made their reservations.
나는 그들이 예약할 때 통로나 창가쪽 좌석 중 어느 것을 선호하는지 물어봤다.

1731 The consultant will help us accurately **assess** the values associated with our intellectual properties.
그 고문은 우리의 지적 재산들과 관련된 가치들을 정확하게 평가하는 것을 도울 것이다.

1732 The old lighthouse located on the southern **coast** was built more than 100 years ago.
남쪽 해안에 위치한 오래된 등대는 100여년 전에 지어졌다.

1733 The shops that carry **electronic components** are located close to the subway station on that street.
전자 부품들을 취급하는 가게들은 그 거리에 있는 지하철역에 가까이 위치해 있다.

1734 Some artists express their country's history by making traditional and handmade **crafts**.
일부 예술가들은 전통적인 수공예품들을 만드는 것으로 그들 나라의 역사를 표현한다.

1735 Due to a technical problem, the **ferry** to Eastern Island will not be in service until the repairs are finished.
기술적인 문제 때문에, 동쪽 섬으로 가는 여객선은 수리 작업이 완료될 때까지 운항되지 않을 것이다.

1736 Due to a sharp increase in the total volume of trade with Asia, we are planning to increase the size of the foreign division in the **next fiscal year**.
아시아와의 무역 총 거래량의 급격한 증가 때문에, 우리는 내년 회계 연도에 해외 사업부의 규모를 확대할 계획이다.

1737 They haven't completed the design to be used on the **promotional flyer** yet, so nothing has been distributed yet.
그들이 아직 홍보 전단지에 사용될 디자인을 완료하지 못해서 아직 아무것도 배분되지 못했다.

1738 **Fortunately**, although I was two hours late for work, no one noticed.
다행스럽게도, 비록 내가 회사에 2시간 늦었지만 아무도 알지 못했다.

1739 Moving around the work area, the inspector confirmed that all the workers were wearing the appropriate **safety gear**.
조사관은 작업장 주변을 돌아다니면서, 모든 작업자들이 적절한 안전 장비를 착용하고 있는지 확인했다.

1740 A lot of chairs have been set on the **grass**, and some people have been working hard preparing for the event.
잔디 위에 많은 의자들이 놓여 있고, 몇몇 사람들이 행사를 준비하기 위해 열심히 일하고 있다.

1741 The host of this party **was greeting** visitors in front of the entrance to this building.
이 파티 주최자는 건물 입구 앞에서 방문객들을 맞이하는 중이었다.

1742 Two of the reasons for our **huge success** are that we don't limit our employees' creativity and that we also maintain a comfortable work environment.

우리가 대성공한 이유 두 가지는 직원들의 창조성을 제한하지 않고 또한 편안한 작업 환경을 유지한 것이다.

1743 Because of the **incident** last year, half of the staff members on our team lost their jobs.

지난 해 사고 때문에, 우리 팀 직원의 절반이 직장을 잃었다.

1744 The **intensive training session** is going to be led by several experts in both / sales and marketing.

집중 교육 과정은 판매와 마케팅의 여러 전문가들에 의해 주도될 것이다.

1745 She may not be familiar with the **layout** of our elementary school because she just started working here a few days ago.

그녀는 며칠 전에 여기서 일하기 시작했기 때문에 우리 초등학교의 배치에 익숙하지 않을 수도 있다.

1746 The **manuscript** was carefully scrutinized before it was sent to the magazine office.

그 원고는 잡지사에 보내지기 전에 면밀히 검토되었다.

1747 We are unable to provide you with a refund because we are not responsible for any **minor scratches** on our products that happen during transport.

우리는 배송 중에 발생한 우리 제품들의 어떤 사소한 상처들에 대해 책임이 없기 때문에 당신에게 환불해 줄 수 없다.

1748 They seemed to be **mostly** satisfied with the advertisement they had ordered.

그들은 대부분 주문했던 광고에 대해 만족스러워 보였다.

1749 Subway trains arrive at ten-minute intervals during the **peak morning hours**.

지하철 열차는 절정의 아침 시간 동안에는 10분 간격으로 도착한다.

1750 The final **phase** of software development is to test it inside the company on a trial basis

소프트웨어 개발의 마지막 단계는 회사 내부에서 시험 삼아 검사하는 것이다.

※ 다음 단어의 우리말 뜻을 쓰시오. 생각나지 않는 단어는 STEP 2에서 찾아 쓰세요.

문제 2

01 capital	18 layout	35 voucher
02 greet	19 factor	36 mostly
03 component	20 independent	37 resign
04 coast	21 enlarge	38 grass
05 serious	22 quote	39 surface
06 slightly	23 cargo	40 fortunately
07 pastry	24 intensive	41 incident
08 assess	25 eventually	42 manuscript
09 overnight	26 waste	43 trim
10 gear	27 fiscal	44 export
11 timely	28 undergo	45 craft
12 sweep	29 minor	46 wing
13 evident	30 aircraft	47 affair
14 phase	31 afterward	48 flyer
15 huge	32 leak	49 peak
16 aisle	33 entitle	50 harvest
17 ferry	34 population	

문제 3

01 undergo	18 afterward	35 pastry
02 overnight	19 fortunately	36 coast
03 fiscal	20 eventually	37 assess
04 grass	21 quote	38 resign
05 sweep	22 peak	39 ferry
06 manuscript	23 independent	40 capital
07 timely	24 wing	41 component
08 craft	25 huge	42 aircraft
09 population	26 voucher	43 slightly
10 affair	27 incident	44 enlarge
11 entitle	28 export	45 layout
12 phase	29 serious	46 trim
13 evident	30 minor	47 surface
14 intensive	31 greet	48 flyer
15 leak	32 waste	49 aisle
16 cargo	33 harvest	50 factor
17 gear	34 mostly	

※ 45개 이상 맞혔으면 그만하고 기억상자 프로그램을 실행하세요.

01 independent	18 trim	35 component
02 ferry	19 population	36 overnight
03 waste	20 capital	37 afterward
04 quote	21 peak	38 factor
05 undergo	22 greet	39 layout
06 serious	23 aircraft	40 phase
07 intensive	24 enlarge	41 coast
08 huge	25 craft	42 aisle
09 manuscript	26 evident	43 mostly
10 gear	27 sweep	44 slightly
11 incident	28 cargo	45 entitle
12 fortunately	29 resign	46 flyer
13 surface	30 eventually	47 harvest
14 pastry	31 fiscal	48 leak
15 voucher	32 grass	49 minor
16 affair	33 timely	50 assess
17 export	34 wing	

01 affair	18 quote	35 entitle
02 population	19 trim	36 pastry
03 sweep	20 huge	37 aircraft
04 mostly	21 assess	38 greet
05 phase	22 afterward	39 export
06 ferry	23 coast	40 wing
07 minor	24 flyer	41 voucher
08 gear	25 leak	42 component
09 aisle	26 factor	43 grass
10 overnight	27 independent	44 surface
11 resign	28 cargo	45 fortunately
12 slightly	29 enlarge	46 layout
13 capital	30 peak	47 harvest
14 fiscal	31 intensive	48 eventually
15 manuscript	32 timely	49 serious
16 undergo	33 evident	50 craft
17 incident	34 waste	

STEP 4 주기적인 복습 '기억상자'

제대로 외웠는지 확인하고 싶다고요? 까먹기 전에 다시 복습하고
싶다고요? 지금 당장 QR 코드를 스캔해 보세요.

Day 36

STEP 3 집중해서 풀어라!

단기기억을 만드는 단계입니다. 문장에서 해당하는 단어에 밑줄을 긋고 단어의 의미를 찾아 쓰다 보면 보통 3번이나 4번 문제에서 90% 이상 맞힐 수 있습니다.

※ 노란색으로 표시된 영단어에 해당하는 우리말에 밑줄을 그으세요. 생각나지 않는 단어는 STEP 2에서 찾아보세요.

문제 1

1751 We expected to get more detailed information on investments and individual **portfolios** at the colloquium.

우리는 그 세미나에서 투자와 개별 포트폴리오들에 대한 더 자세한 정보를 얻기를 기대했다.

1752 After taking your shoes off, place your coat on the **rack** and follow our staff member's instructions.

당신은 신발을 벗은 후 코드를 걸이에 걸고 우리 직원의 지시를 따라라.

1753 The **rapid growth** of the global mobile phone market is also bringing prosperity to many different industries.

세계 휴대폰 시장의 빠른 성장은 또한 많은 다른 산업에 번영을 가져오고 있다.

1754 Last year, the government was criticized for its insufficient investment in the **education sector**.

지난해 정부는 교육 부문의 불충분한 투자로 비난 받았다.

1755 Excessive competition between huge **telecommunications corporations** is regulated by law.

거대한 통신 회사들 간의 과도한 경쟁은 법률에 의해 규제된다.

1756 She majored in **visual arts** when she was studying at her college located in California.

그녀는 캘리포니아에 위치한 대학에서 공부하고 있었을 때 시각 예술을 전공했다.

1757 A security guard **warned** people remaining in the park that it would be closed in about an hour.

경비원은 약 한 시간 후에 공원이 폐쇄될 것이라고 남아있는 사람들에게 경고했다.

1758 Companies in this industry **have adopted** common standards due to compatibility issues.

이 업계의 회사들은 호환성 문제들로 인해 공통의 기준들을 채택했다.

1759 We **have had to alter** the meeting schedule because some attendees are expected to arrive late.

우리는 일부 참석자들이 늦게 도착할 것이 예상되었기 때문에 회의 일정을 변경해야 했다.

1760 I heard she works at a store specializing in **antique furniture**, carpets, and jewelry.

나는 그녀가 골동품 가구, 카펫, 보석을 전문으로 하는 가게에서 일한다고 들었다.

1761 We had to go through a **complicated** procedure to be issued a visa, which resulted in a travel delay.

우리는 비자를 발급 받기 위해 복잡한 절차를 거쳐야 했고 그것은 여행 지연을 야기했다.

1762 The documents can't be taken out of the company without your superior's **written consent**.

서류들은 상사의 서면 동의 없이 회사 밖으로 가지고 갈 수 없다.

Day 36 1751-1800

1763 My parents **are convinced** I will get a wide variety of experiences from the internship program.
나의 부모님은 내가 인턴쉽 프로그램에서 매우 다양한 경험을 얻을 것이라고 확신한다.

1764 I spread other kinds of fertilizers on my **crops** this year, but I couldn't obtain good results.
나는 올해 내 농작물들에 다른 종류의 비료들을 뿌렸지만 좋은 결과들을 얻지 못했다.

1765 When I was young, **cruises** were the preserve of rich people only.
내가 어렸을 때, 유람선 여행은 오직 부자들의 전유물이었다.

1766 The head of the Overseas Marketing Department **deserves** to be honored with the employee of the year award.
해외 마케팅 부서장은 올해의 사원 상을 받을 만하다.

1767 We ordered flowers from the **florist shop** across the street in preparation for the banquet.
우리는 만찬회 준비로 길 건너 꽃집에서 꽃들을 주문했다.

1768 Countries that are dependent on international trade are **heavily** affected by customs duties.
국제 무역에 의존하는 나라들은 관세에 심하게 영향 받는다 .

1769 We have made a commitment to accomplish our **mission** of establishing nursing homes for the elderly all over the country.
우리는 전국의 노인들을 위한 요양원을 설립하는 임무를 달성하기 위해 전념해 왔다.

1770 Keep in mind that only 5 rooms out of 46 in our hotel **overlook** the entire city.
우리 호텔의 46개 객실 중 5개만이 도시 전경을 내려다 볼 수 있다는 것을 명심하세요.

1771 Follow the **pedestrian walkway** along the river and when you find the travel agency, wait there.
강가를 따라 보행자 통로를 따라가다 여행사를 발견한다면 그곳에서 기다려라.

1772 The company actively encourages employees to ride with their colleagues to work in order to help reduce **environmental pollution**.
회사는 환경 오염을 줄이기 위해 직원들이 동료들과 함께 직장까지 차를 타는 것을 적극적으로 장려한다.

1773 Customers can take advantage of our new installment plan in which they can pay a **portion** of the total cost of certain products at no extra charge each month.
고객들은 매달 추가 수수료 없이 특정 제품의 총액 일부를 지불할 수 있는 새로운 할부 제도를 이용할 수 있다.

1774 Lufeng, which is the largest city in the **province**, borders the South China Sea.
그 지역에서 가장 큰 도시인 Lufeng은 남중국해를 접하고 있다.

1775 They **rejected** the recommendation that the factories be closed down.
그들은 공장들을 폐쇄해야 한다는 권고를 거부했다.

1776 When I suffered from headaches, the pharmacist gave me some aspirin **to relieve** my pain.
내가 두통으로 고통 받을 때, 약사는 나의 고통을 완화시키기 위해 약간의 아스피린을 주었다.

1777 The two men on the TV screen **were shaking hands** and greeting each other in the presence of many journalists.

TV 스크린의 두 남자는 많은 기자들의 면전에서 서로 악수하며 인사하고 있었다.

1778 She notified us of an announcement that the newly hired workers should work on ship-loading operations each **weekday** at 3 A.M.

그녀는 우리에게 새로 고용된 노동자들이 매주 평일 오전 3시에 선적 작업을 해야 한다는 공지를 알렸다.

1779 The residents **argue** that the street markets near their apartment complex spoil the scenic beauty.

아파트 단지 주민들은 주변 노점상들이 경관을 망친다고 주장한다.

1780 In an effort to gain market share in the **cosmetics industry**, we have doubled our advertising budget.

화장품 업계에서 시장 점유율을 얻으려는 노력으로, 우리는 광고 예산을 두 배로 늘렸다 .

1781 Advance reservations are required to order traditional Italian **cuisine** at the restaurant.

그 식당에서 전통 이탈리아 요리를 주문하기 위해서는 사전 예약이 요구된다.

1782 In order to maximize work efficiency, the board decided that the two departments would be **gradually** integrated into one.

이사회는 업무 효율을 최대화하기 위해 두 부서를 점차 하나의 부서로 통합하기로 결정했다.

1783 Why don't most men read the instruction manual when setting up a **household appliance**?

왜 대부분의 남자들은 가전제품을 설치할 때 사용 설명서를 읽지 않습니까?

1784 The instructor told the students to make a presentation after reviewing the **information packet**.

강사는 학생들에게 자료집을 검토한 후 발표하라고 말했다.

1785 Large hotels that target foreign visitors sometimes ask them to show their **passports**.

외국인 방문객들을 대상으로 하는 대형 호텔들은 종종 그들의 여권을 보여줄 것을 요청한다.

1786 For the two-week **corporate retreat**, all the scheduled programs have been postponed.

2주간의 회사 수련회를 위해 모든 예정된 프로그램이 연기되었다

1787 If you **don't retrieve** your papers today, they will be thrown away, so please come and get them now.

오늘 당신이 서류들을 회수하지 않는다면 버릴 것이니 지금 와서 가져가세요.

1788 A really good hotel doesn't need advertisements because guests who stayed there will post reviews that will help **spread the word**.

정말 좋은 호텔은 그곳에 머물렀던 손님들이 소문을 퍼뜨리는데 도움이 될 비평들을 게재할 것이므로 광고가 필요치 않다.

1789 There was no more space in front of the **staircase** because the garbage truck hadn't taken the abandoned furniture yet.

쓰레기차가 아직 버려진 가구를 가져가지 않았기 때문에 계단 앞쪽에는 더 이상의 공간이 없었다.

1790 **Unlike** our competitors' products, our products can be paid for with an interest-free installment plan.
우리 경쟁자들의 제품들과는 다르게, 우리 제품들은 무이자 할부로 대금을 지불할 수 있다.

1791 At a recent interview, the spokesperson said the company is planning to create a **joint venture** with another firm.
최근 인터뷰에서, 대변인은 회사가 다른 회사와 합작 사업을 구성하는 것을 계획하고 있다고 말했다.

1792 I received a **voice mail** from my client asking if we would amend the contract before signing it.
나는 계약에 서명하기 전에 그것을 수정할 것인지 여부를 물어보는 고객으로부터 음성 메일을 받았다.

1793 To protect **wildlife habitats**, the government proposed the creation of a green belt.
야생 동물 서식지를 보호하기 위해, 정부는 그린벨트 설치를 제안했다.

1794 I **will withdraw** three hundred dollars and spend most of it to pay back my loan.
난 300달러를 인출할 것이고, 그것의 대부분을 내 대출금을 갚는데 쓸 것이다.

1795 The chairperson of the board of directors announced that the company **had allocated** $20 million to open some new branches.
이사회 의장은 회사가 몇 개의 새 지사들을 열기 위해 2천만 달러를 할당했다고 발표했다

1796 Their performance is not very good compared to other teams, but it looks fine **anyway**.
그들의 실적은 다른 팀과 비교하여 대단히 좋지는 않았지만 어쨌든 좋아보였다.

1797 The manufacturers of **air conditioners** said their sales figures in this summer have surpassed their expectations.
에어컨 제조업자들은 이번 여름의 에어컨 판매 수치가 그들의 기대를 능가했다고 말했다.

1798 People who love **contemporary art** will regret not seeing this exhibition.
현대 미술을 좋아하는 사람들은 이 전시회를 보지 않은 것을 후회할 것이다.

1799 This **duplicate copy** of the document will be sent to the management team and kept by them.
이 문서의 사본은 관리팀에 전달될 것이며 그들에 의해 보관될 것이다.

1800 Our function is to help people who **encounter** any problems with their retirement pay.
우리의 역할은 퇴직금과 관련된 어떠한 문제에 직면한 사람들을 돕는 것이다.

※ 다음 단어의 우리말 뜻을 쓰시오. 생각나지 않는 단어는 STEP 2에서 찾아 쓰세요.

문제 2

01 venture	18 convince	35 wildlife
02 complicated	19 anyway	36 warn
03 cosmetic	20 retrieve	37 withdraw
04 allocate	21 telecommunication	38 relieve
05 province	22 passport	39 consent
06 pedestrian	23 cruise	40 gradually
07 heavily	24 packet	41 sector
08 unlike	25 cuisine	42 household
09 argue	26 encounter	43 rapid
10 voice	27 weekday	44 visual
11 staircase	28 contemporary	45 overlook
12 duplicate	29 antique	46 conditioner
13 florist	30 pollution	47 shake
14 rack	31 mission	48 alter
15 portion	32 adopt	49 retreat
16 spread	33 portfolio	50 deserve
17 reject	34 crop	

문제 3

01 crop	18 rack	35 rapid
02 portion	19 withdraw	36 overlook
03 encounter	20 allocate	37 pedestrian
04 retrieve	21 complicated	38 reject
05 venture	22 anyway	39 cosmetic
06 adopt	23 retreat	40 consent
07 alter	24 household	41 weekday
08 portfolio	25 antique	42 passport
09 gradually	26 relieve	43 mission
10 duplicate	27 telecommunication	44 staircase
11 cruise	28 pollution	45 contemporary
12 wildlife	29 conditioner	46 deserve
13 heavily	30 unlike	47 shake
14 convince	31 sector	48 warn
15 argue	32 spread	49 province
16 florist	33 voice	50 visual
17 cuisine	34 packet	

※ 45개 이상 맞혔으면 그만하고 기억상자 프로그램을 실행하세요.

01 duplicate	18 passport	35 reject
02 gradually	19 convince	36 antique
03 visual	20 cruise	37 telecommunication
04 relieve	21 overlook	38 pedestrian
05 retreat	22 retrieve	39 mission
06 argue	23 spread	40 encounter
07 withdraw	24 cuisine	41 florist
08 allocate	25 consent	42 unlike
09 deserve	26 adopt	43 warn
10 household	27 cosmetic	44 crop
11 sector	28 packet	45 province
12 portion	29 anyway	46 staircase
13 shake	30 wildlife	47 complicated
14 conditioner	31 voice	48 alter
15 pollution	32 heavily	49 rapid
16 weekday	33 venture	50 rack
17 portfolio	34 contemporary	

01 retreat	18 gradually	35 overlook
02 pedestrian	19 complicated	36 relieve
03 consent	20 crop	37 convince
04 rack	21 contemporary	38 adopt
05 argue	22 alter	39 telecommunication
06 province	23 staircase	40 unlike
07 allocate	24 warn	41 spread
08 rapid	25 weekday	42 reject
09 wildlife	26 deserve	43 voice
10 mission	27 venture	44 portfolio
11 cosmetic	28 passport	45 visual
12 anyway	29 shake	46 packet
13 conditioner	30 retrieve	47 encounter
14 cruise	31 household	48 pollution
15 cuisine	32 heavily	49 duplicate
16 antique	33 florist	50 withdraw
17 sector	34 portion	

STEP 4 주기적인 복습 '기억상자'

제대로 외웠는지 확인하고 싶다고요? 까먹기 전에 다시 복습하고 싶다고요? 지금 당장 QR 코드를 스캔해 보세요.

Day 37 STEP 3 집중해서 풀어라!

단기기억을 만드는 단계입니다. 문장에서 해당하는 단어에 밑줄을 굿고 단어의 의미를 찾아 쓰다 보면 보통 3번이나 4번 문제에서 90% 이상 맞힐 수 있습니다.

※ 노란색으로 표시된 영단어에 해당하는 우리말에 밑줄을 그으세요. 생각나지 않는 단어는 STEP 2에서 찾아보세요.

문제 1

1801 Guests who are staying at our hotel may use **the grills** in the area behind the hotel.
우리 호텔에 머무는 손님들은 호텔 뒷 구역의 석쇠를 사용할 수 있다.

1802 His doctor said that the deterioration of his health is mainly due to his bad **dietary habits**.
그의 의사는 그의 건강 악화는 주로 나쁜 식습관들 때문이라고 말했다.

1803 You have to bring enough copies of the **handouts** for the meeting before the attendees arrive.
당신은 참석자들이 도착하기 전에 회의를 위한 충분한 유인물 사본을 가져와야 한다.

1804 I showed all of the **illustrations** I had ever designed to the publisher, but they didn't like them.
나는 출판사에 내가 지금까지 디자인했던 모든 삽화들을 보여줬지만 그들은 그것들을 좋아하지 않았다.

1805 They stayed at the **lodge** located in the southwestern part of the Andes Mountains for three nights.
그들은 Andes 산맥의 남서부 지역에 위치한 오두막에서 3일 동안 머물렀다

1806 The children who live upstairs in this building make **loud noises** every night, so I don't sleep very well.
이 빌딩 위층에 사는 아이들이 매일 밤 큰 소음을 내서 나는 잠을 잘 못 잔다.

1807 Because the work wasn't completed **in a timely manner**, the boss blamed the employees at the meeting today.
작업이 적시에 완료되지 못했기 때문에, 상사는 오늘 회의에서 직원들을 비난했다.

1808 We need to start a mentoring program for new employees, but if we do that, who will be their **mentors**?
우리는 신입 사원 멘토링 프로그램을 시작해야 하는데, 만약 한다면, 누가 그들의 멘토가 될 것인가?

1809 They started the construction on the new road without the consent of the **native people** living in this region.
그들은 이 지역에 살고 있는 원주민의 동의 없이 새로운 도로를 건설하기 시작했다.

1810 Harmony Mart, one of the largest major **retail outlets** in the country, had to face the fact that its business abroad was a failure.
국내에서 가장 큰 주요 소매점들 중 하나인 하모니 마트는 해외 사업이 실패했다는 사실에 직면해야 했다.

1811 I actually think it's really unfair to hold the shop owner financially responsible for repairing the **pavement** in front of his shop.
나는 정말로 그 가게 주인이 가게 앞쪽의 도로를 수리하는 것에 대해 재정적으로 책임을 지는 것은 진짜로 불공평하다고 생각한다.

1812 Only cars that have a yellow sticker in the **rear window** can park on company property.
뒷 창문에 노란색 스티커를 붙인 차들만 회사 소유지에 주차할 수 있다.

1813 Some children are playing on the playground in the park, and some elderly people **are relaxing** on benches.

몇 명의 아이들은 공원의 놀이터에서 놀고 있고, 몇 명의 노인은 벤치에서 쉬고 있다.

1814 The dispute between the two companies **was** finally **settled** in court.

두 회사 간의 분쟁이 마침내 법정에서 해결됐다.

1815 Because I **was stuck** in traffic for over two hours, the meeting scheduled for this morning has been postponed until this afternoon.

내가 교통 체증으로 인해 2시간 넘게 꼼짝하지 못했기 때문에 오늘 오전에 예정된 회의가 오후로 연기되었다.

1816 The **sudden** increase in Chinese exports is expected to bring substantial changes to the domestic market.

중국 수출의 갑작스러운 증가는 국내 시장에 상당한 변화를 가져올 것으로 기대된다.

1817 When the **symphony** conductor appear on the stage, the audience enthusiastically applauded.

교향곡 지휘자가 무대 위에 등장할 때 청중들은 열광적으로 갈채를 보냈다.

1818 Consumers **tend** to prefer more reputable brand products even if they must pay more for them.

소비자들은 그 제품들을 위해 더 지불해야 함에도 불구하고, 좀 더 이름 있는 브랜드 제품을 선호하는 경향이 있다.

1819 If you have an interest in watching the Olympic Games, be sure **to tune** in tomorrow night at 8 P.M.

당신이 올림픽 경기 시청에 관심이 있다면, 내일 밤 8시에 채널을 맞추는 것을 잊지마라.

1820 A man wearing an apron is watering some red roses in a **glass vase**, and a customer is walking up to him.

앞치마를 두른 한 남자가 유리 꽃병에 있는 몇몇 빨강 장미들에 물을 주고 있고 한 손님이 그에게 걸어가고 있다.

1821 I think collaborating with other programmers is a great opportunity but I prefer to work **alone**.

다른 프로그래머들과 협업하는 것이 좋은 기회라고 생각하지만 나는 혼자 일하는 것을 선호한다.

1822 He is one of the executives at our company and is involved in **all aspects** of the production process at the main plant.

그는 우리 회사의 임원 중 한 명이고 주 공장 생산 과정의 모든 측면에 관여되어 있다.

1823 All the students who assembled on the playground eagerly **awaited** the principal's speech.

운동장에 모인 모든 학생들은 교장선생님들의 연설을 간절히 기다렸다.

1824 **In contrast to** most of the other companies in the industry, its stock has halved in value.

그 분야에 속한 대부분의 다른 회사들과 대조하여, 그들의 주식은 가치가 반으로 줄었다.

1825 A **debate** about the acquisition of the company will be held at the executive board meeting next week.

그 회사의 인수에 대한 토론이 다음 주 이사회 회의에서 열릴 것이다.

1826 We should drive about 40 miles more along the **harbor** to reach Sunset Beach.

우리는 Sunset Beach에 도착하기 위해 항구를 따라서 약 40마일을 더 운전해야 한다.

1827 We don't accept or deal with wrong or **incomplete** forms; therefore, you have to check your application carefully before sending it.

우리는 잘못된 또는 불안전한 양식들은 받거나 처리하지 않는다. 그러므로 당신은 신청서를 보내기 전에 신중히 확인해야 한다.

1828 When I arrived here, papers and stationery **were lying** around all over the place.

내가 여기에 도착했을 때, 종이들과 문구류가 주변 모든 곳에 널려 있었다.

1829 While consumers tend to purchase **luxury sedans** during times of economic prosperity, when the economy isn't doing well, people prefer to buy compact cars.

소비자들은 경제적 번영 시기에 고급 승용차를 구입하려는 경향이 있는데 반하여 경제가 좋지 않을 때는 소형 승용차 구입을 선호한다.

1830 The inspector warned that the old machinery in the paper **mill** needed to be removed immediately.

감독관은 종이 공장의 오래된 기계는 즉시 제거됐어야 한다고 경고했다.

1831 Engaging in community service can help boost **employee morale** when they volunteer to help their neighbors in need.

어려움에 처한 이웃을 돕기 위해 직원들이 자원봉사 할 때, 사회 봉사활동에 참여하는 것은 직원들의 사기를 진작시키는데 도움이 된다.

1832 The parade is moving across the crowded **plaza**, and a lot of the people are following it.

가두행진이 혼잡한 광장을 가로질러 이동하고 있고, 많은 사람들은 그것을 뒤따르고 있다.

1833 The sign across the entrance said that no **portable devices** could be taken into the testing center.

입구에 걸려있는 표지판은 휴대용 기기는 시험장 안으로 가져갈 수 없다고 말했다.

1834 The customer complained that the **remote control** wasn't compatible with her television.

고객은 텔레비전과 리모컨이 호환되지 않는다고 불평했다.

1835 We can't see why the **subsequent** experiments didn't have the same results as first one.

우리는 왜 그 이후의 실험들이 처음과 동일한 결과를 갖지 못했는지 알 수 없었다.

1836 The expert on **urban renewal** explained the council's plans for the city to the audience.

도시 재개발 전문가들은 청중에게 의회의 도시 계획을 설명했다.

1837 The family was frustrated with the news that their property was sold at an **auction**.

그 가족은 경매에서 그들의 부동산이 팔렸다는 소식에 좌절했다.

1838 The external auditing agency will perform an **audit** designed to check for compliance with the energy-saving plan.

외부 감사 기관은 에너지 절약 계획을 준수하는지 확인하기 위해 설계된 감사를 수행할 것이다.

1839 Only a few contractors who have sufficient budget were left because of the high **bids** for the construction project.

건설 프로젝트의 높은 입찰가 때문에 충분한 예산을 가진 몇몇 도급업자들만이 남았다.

1840 She said I am supposed to visit the **jewelry boutique** she runs before I leave the city.

그녀는 내가 도시를 떠나기 전에 그녀가 운영하는 보석 양품점에 방문하기로 되어 있다고 말했다.

Day 37 1801-1850

1841 According to the news, last night, a truck drove into the **brick wall** surrounding Grand Park.
지난밤 뉴스에 따르면, 한 트럭이 Grand Park를 둘러싼 벽돌담을 향해 돌진했다.

1842 In this class, we are doing a study on the effects famous **celebrities** have on society.
이 수업에서, 우리는 사회적으로 유명한 연예인들이 갖는 영향들에 대해 연구를 하고 있다.

1843 This book is written for students who are preparing for English tests and **consists of** a total of five chapters.
이 책은 영어 시험을 준비하는 학생들을 위해 쓰여 졌으며, 총 5개의 챕터들로 구성되어 있다.

1844 The **conveyor belt** is recommended for facilities that handle a lot of freight or need to do much repetitive work.
컨베이어 벨트는 많은 화물들을 다루거나, 많은 반복적인 작업들을 해야 하는 공장들에게 추천되어진다.

1845 Unfortunately, as a result of the durability tests, all the materials we prepared **cracked**.
불행히도, 내구성 시험들의 결과로서, 우리가 준비했던 모든 소재들은 갈라졌다.

1846 Using a container car that is installed with a refrigeration unit can help your shipments not **deteriorate**.
냉장 장치가 설치된 컨테이너 차를 사용하는 것은 당신의 화물들이 악화되지 않도록 도울 수 있다.

1847 It's very common for companies to focus on overseas markets instead of relying on meager **domestic sales**.
빈약한 국내 판매에 의존하는 것 대신에 해외 시장에 집중하는 것은 회사들에게 있어 매우 일반적이다.

1848 This month only, it is possible to join the nonprofit organization **engaged** in volunteering activities overseas.
이번 달에만, 해외에서 자원 봉사 활동에 종사하는 비영리 단체에 가입할 수 있다.

1849 The **successful entrepreneur** said that people who are serious about their own businesses shouldn't hesitate to take on new challenges.
성공한 사업가는 자신의 사업에 진지한(사업을 고려하는) 사람들은 새로운 도전에 주저하지 말아야 한다고 말했다.

1850 I have an overly demanding job, so I have requested that the tasks I'm working on be distributed **equally** to other staff members.
나는 너무 힘든 일을 맡고 있어서 내 일을 다른 직원들에게 동등하게 분배해줄 것을 요청했다.

※ 다음 단어의 우리말 뜻을 쓰시오. 생각나지 않는 단어는 STEP 2에서 찾아 쓰세요.

문제 2

01 habit	18 incomplete	35 relax
02 stick	19 settle	36 portable
03 morale	20 handout	37 grill
04 sudden	21 audit	38 consist
05 rear	22 pavement	39 plaza
06 tune	23 subsequent	40 outlet
07 equally	24 native	41 harbor
08 lie	25 await	42 celebrity
09 urban	26 bid	43 mentor
10 symphony	27 alone	44 luxury
11 contrast	28 conveyor	45 crack
12 brick	29 domestic	46 deteriorate
13 mill	30 vase	47 tend
14 boutique	31 lodge	48 debate
15 aspect	32 illustration	49 engage
16 remote	33 entrepreneur	50 manner
17 auction	34 loud	

문제 3

01 outlet	18 stick	35 lie
02 morale	19 subsequent	36 remote
03 portable	20 entrepreneur	37 rear
04 plaza	21 mill	38 conveyor
05 urban	22 tend	39 vase
06 audit	23 deteriorate	40 celebrity
07 tune	24 consist	41 domestic
08 debate	25 lodge	42 harbor
09 pavement	26 await	43 symphony
10 auction	27 relax	44 boutique
11 native	28 settle	45 sudden
12 habit	29 contrast	46 manner
13 aspect	30 brick	47 engage
14 loud	31 handout	48 illustration
15 equally	32 incomplete	49 bid
16 luxury	33 crack	50 mentor
17 grill	34 alone	

Day **37** 1801~1850

※ 45개 이상 맞혔으면 그만하고 기억상자 프로그램을 실행하세요.

문제 4

01 domestic	18 handout	35 engage
02 grill	19 boutique	36 audit
03 habit	20 rear	37 debate
04 outlet	21 auction	38 tune
05 mill	22 urban	39 contrast
06 brick	23 equally	40 alone
07 portable	24 morale	41 celebrity
08 relax	25 manner	42 stick
09 consist	26 entrepreneur	43 deteriorate
10 native	27 incomplete	44 symphony
11 settle	28 loud	45 bid
12 lodge	29 remote	46 lie
13 harbor	30 illustration	47 luxury
14 tend	31 sudden	48 subsequent
15 crack	32 await	49 plaza
16 mentor	33 pavement	50 aspect
17 vase	34 conveyor	

문제 5

01 harbor	18 symphony	35 loud
02 bid	19 domestic	36 mill
03 brick	20 equally	37 tend
04 luxury	21 subsequent	38 pavement
05 crack	22 settle	39 portable
06 await	23 lodge	40 aspect
07 conveyor	24 stick	41 lie
08 habit	25 tune	42 remote
09 mentor	26 vase	43 engage
10 celebrity	27 rear	44 grill
11 plaza	28 deteriorate	45 relax
12 sudden	29 manner	46 audit
13 urban	30 alone	47 contrast
14 native	31 boutique	48 incomplete
15 debate	32 entrepreneur	49 consist
16 handout	33 morale	50 illustration
17 auction	34 outlet	

STEP 4 주기적인 복습 '기억상자'

제대로 외웠는지 확인하고 싶다고요? 까먹기 전에 다시 복습하고 싶다고요? 지금 당장 QR 코드를 스캔해 보세요.

Day 38 STEP 3 집중해서 풀어라!

단기기억을 만드는 단계입니다. 문장에서 해당하는 단어에 밑줄을 긋고 단어의 의미를 찾아 쓰다 보면 보통 3번이나 4번 문제에서 90% 이상 맞힐 수 있습니다.

※ 노란색으로 표시된 영단어에 해당하는 우리말에 밑줄을 그으세요. 생각나지 않는 단어는 STEP 2에서 찾아보세요.

문제 1

1851 The construction of a new highway will positively affect **traffic flow** and help relieve congestion in the area.
새 고속도로 건설은 교통 흐름에 긍정적인 영향을 미치고 그 지역의 혼잡을 완화하는데 도움이 될 것이다.

1852 The governor **didn't fulfill** his promise to improve the urban environment.
주지사는 도심 환경을 개선한다는 약속을 이행하지 않았다.

1853 We need an **incentive program** for our sales representatives to encourage them to be enthusiastic about working.
우리의 판매 대리인들이 일하는데 열정적이도록 격려하기 위해 그들을 위한 인센티브 프로그램이 필요하다.

1854 The **internal audit** is not over yet , and no one knows when it is likely to be completed.
내부 감사는 아직 끝나지 않았고, 언제 끝나게 될 지 아무도 모른다.

1855 Since the **lighthouse** was demolished by the typhoon, it has been less frequented and less popular with tourists.
태풍에 의해 등대가 파괴된 후, 그곳은 관광객들이 덜 가게 되고, 덜 인기 있게 되었다.

1856 In order to replace the old subway tracks that were built more than 20 years ago, line number 1 of the **Metro** will be closed for two months.
20년보다 더 이전에 건설된 낡은 지하철 선로들을 교체하기 위해, 지하철 1호선은 두 달 동안 폐쇄될 것이다.

1857 While I was watching the movie, I thought that the makers of this film will get a lot of **negative reviews** from audiences.
나는 영화를 보고 있는 동안 이 영화 제작자들이 관객들에게 많은 부정적인 평가들을 받을 것이라고 생각했다.

1858 The **prototype** will be able to help us attract a much larger number of investors and clients.
시제품은 우리가 훨씬 더 많은 수의 투자자들과 고객들을 끌어들이도록 도울 것이다.

1859 He **was reluctant** to renew his subscription since he wasn't satisfied with the contents of the magazine.
그는 잡지 내용에 만족하지 못했기 때문에 구독 갱신을 꺼려했다.

1860 We couldn't easily anticipate what effect the **large-scale** employment of the elderly would have on the domestic economy.
우리는 노인들의 대규모 고용이 국내 경제에 어떤 영향을 가져올지 쉽게 예상할 수 없었다.

1861 Keep going **straight** on this street until you get to the next intersection.
당신이 다음 교차로에 도착할 때까지 이 길을 계속 똑바로 가세요.

1862 If you want to make more orders with us, please call our **toll-free number** given below.
당신이 우리에게 더 많은 주문을 하려면 아래에 제시된 무료 전화번호로 전화하세요.

1863 It is dangerous to allow new staff members to have **unlimited access** to the company's sensitive information.
신입 사원들에게 회사의 기밀 정보에 자유로운 접근을 허락하는 것은 위험하다.

1864 He **didn't** even **unpack** his luggage but instead ran to the beach as soon as he arrived at the resort.
그는 리조트에 도착하자마자 짐 조차 풀지 않고 해변으로 달려갔다.

1865 He brought back the proposal with the director's signature on it from the **upstairs** department.
그는 윗층 부서에서 관리자가 사인한 제안서를 찾아 왔다.

1866 Recently, our local factory has hired many foreign workers due to their low **wages**.
최근에, 우리의 지방 공장은 낮은 임금 때문에 많은 외국인 근로자들을 고용했다.

1867 I fell behind on my loan payments, but they said that if payment was made in full within two weeks, they **would waive** the penalty.
나는 융자 상환금을 지불하지 못했지만 그들은 2주안에 상환금을 전부 마련하면 위약금을 적용하지 않을 것이라고 말했다.

1868 The clerks wearing the pink uniforms **are wiping** the glass walls and tables early in the morning.
핑크색 유니폼을 입은 점원들이 이른 아침에 유리벽과 테이블을 닦고 있다.

1869 The city decided to make a amusement park that could be enjoyed by both adults and children **alike**.
그 도시는 어른과 아이들 모두가 똑같이 즐길 수 있는 놀이공원 조성을 결정했다.

1870 The director asked the architect to revise the **blueprints** to reflect the client's suggestions.
감독관은 고객의 제안을 반영하기 위해 건축가에게 청사진들을 수정하도록 요청했다.

1871 The city is trying to find a way **to boost** the economy in the area that has been depressed for the past five years.
그 시는 지난 5년 동안 침체되어 있던 그 지역의 경제를 부양시킬 방법을 찾기 위해 노력하고 있다.

1872 You should separate plastic bottles and **cartons** from the rest of the garbage as they are recyclable resources.
재활용할 수 있는 자원들이기 때문에 당신은 나머지 쓰레기로부터 플라스틱 병들과 종이상자들을 분리해야 한다.

1873 Two of the reasons the movie was able to gain popularity with the public were that it had amazing plot twists and an excellent **cast**.
그 영화가 대중에게 인기를 얻을 수 있었던 이유 중 두 가지는 놀라운 반전과 훌륭한 출연진을 갖고 있었다는 것이다.

1874 The **chamber of commerce** not only supports local small businesses but also people who are looking for jobs.
상공회의소는 지역의 중소기업들을 지원하는 것뿐만 아니라 직업을 찾고 있는 사람들도 지원한다.

1875 Many citizens felt bad about the news regarding the closure of the historic **cinema** on Central Avenue.
많은 시민들은 중심가에 있는 역사적인 영화관의 폐쇄 소식에 상심했다.

1876 The loud music coming from the next house is one of the factors that interferes with my ability **to concentrate** on my work.
옆집에서 들려오는 시끄러운 음악은 일에 집중하려는 내 능력을(집중력을) 방해하는 요소 중 하나이다.

1877 I asked a teller how to exchange some **currency**, and then I exchanged an adequate amount of money in my account for yen.
나는 금전 출납 직원에게 일부 화폐의 교환 방법을 물어 본 다음, 내 계좌에서 적절한 양의 돈을 엔화로 교환했다.

1878 The house was decorated with furniture with **elegant** and sophisticated features.
그 집은 우아하고 세련된 특징을 가진 가구들로 꾸며져 있다.

1879 Visitors can't enter the **staff lounge** or meeting room without permission unless it is a special case.
방문자들은 특별한 경우가 아니면 허가 없이 직원 휴게실이나 회의실에 들어갈 수 없다.

1880 The congress agreed to eliminate the restrictions on **mortgage** rates next year.
의회는 내년에 담보대출 이율의 규제를 철폐하는데 동의했다.

1881 Local residents presented a proposal for building a huge **municipal parking structure** that is available to the public.
지역 주민들은 일반인이 이용할 수 있는 큰 시립 주차건물을 건설하기 위한 제안서를 제출했다.

1882 The **physician** needed to check his medical records to make an accurate diagnosis.
의사는 정확한 진단을 하기 위해 그의 의료 기록들을 확인할 필요가 있었다.

1883 The splendid chandeliers that are suspended from the ceiling **are being polished**.
천장에 매달린 멋진 샹들리에들이 광을 내고 있다.

1884 The company is looking for someone who **possesses** strong communications skills and the ability to work on multiple projects.
회사는 뛰어난 의사소통 기술과 여러 프로젝트에서 일할 수 있는 능력을 지닌 사람을 찾고 있다.

1885 Because of a manufacturing defect, they had to issue an apology and **recall** the product.
그들은 제조상의 결함 때문에 사과문을 발표하고 상품을 회수해야 했다.

1886 The ship **is sailing** across the ocean despite the bad weather conditions
그 배는 악천후에도 불구하고 대양을 가로 질러 항해하고 있다.

1887 Over five dozen **screws** were used to assemble the parts of the motor, but I am not sure that the **screws** were properly placed.
60개 이상의 나사들이 모터의 부품들을 조립하는데 사용되었지만, 나는 그 나사들이 제대로 배치됐는지 확신할 수 없다.

1888 Because of the irregular **shape** of the sculpture made by our group, we have arranged for it to be rebuilt so that it looks better.
우리 그룹이 만든 조각품의 비정상적인 모양 때문에, 우리는 더 나아 보이도록 다시 만들기 위해 준비했다.

1889 You should instantly let your superior know that all of your patients appear to have **somewhat** similar symptoms.
당신은 모든 환자가 다소 비슷한 증상들이 있다는 것을 상사에게 즉시 알려야 한다.

1890 We can't accept your **stationery** order, because the goods you ordered are out of stock.

당신이 주문한 상품이 품절이므로 우리는 당신의 문구류 주문을 받을 수 없다.

1891 Mao Catering company offers a variety of food for events ranging from little banquets to imperial **wedding receptions**.

Mao Catering 사는 작은 연회부터 고급 결혼식 피로연까지 이르는 행사를 위한 다양한 음식을 제공한다.

1892 The company is planning to expand the size of its **workforce** in order to open five new branches during the coming year.

회사는 내년에 5개의 새로운 지점을 개점하기 위해 직원 규모를 확대할 것을 계획하고 있다.

1893 The loud sound from the machine **is to alert** the user that it is overheating or that there is another problem.

기계의 큰 소음은 사용자에게 기계가 과열되고 있거나 그곳에 또 다른 문제가 있다는 것을 알리는 것이다.

1894 I saw she was working around the clock to successfully complete her **ambitious project**.

나는 그녀가 야심적인 프로젝트를 성공적으로 완료하기 위해 24시간 내내 일하고 있는 것을 보았다.

1895 The **arena** designed by a famous architect was noted for its creative and sophisticated shape.

유명한 건축가에 의해 설계된 그 경기장은 창조적이고 세련된 모양으로 주목받았다.

1896 I must learn Spanish, which will be an **asset** when I am transferred to the branch office in Spain.

나는 스페인에 있는 자사로 전근 갈 때 자산이 될 스페인어를 배워야 한다.

1897 This café was my favorite resting place because of its soothing and relaxing **atmosphere**.

진정시키고 안정을 주는 분위기 때문에 이 카페는 내가 가장 좋아하는 휴식 장소였다.

1898 The replacement cost of the **rotary blade** in the engine is more expensive than the purchasing cost of the same kind of engine.

엔진에 있는 회전 날의 교체 비용은 같은 종류 엔진의 구매 비용 보다 더 비싸다.

1899 The board of directors **deliberated** on the company's next goal with management for three days.

이사회는 3일 동안 경영진들과 회사의 다음 목표에 대해 심사숙고했다.

1900 By tomorrow morning, you should send each client one copy of the documents and bring the original documents back to the office **downstairs**.

당신은 내일 아침까지 그 서류들을 각 고객들에게 한 부씩 보내고, 원본 서류들은 아래층 사무실로 다시 가져와라.

※ 다음 단어의 우리말 뜻을 쓰시오. 생각나지 않는 단어는 STEP 2에서 찾아 쓰세요.

문제 2

01 fulfill	18 shape	35 negative
02 upstairs	19 concentrate	36 alike
03 metro	20 lounge	37 municipal
04 mortgage	21 wedding	38 carton
05 deliberate	22 elegant	39 straight
06 flow	23 somewhat	40 asset
07 polish	24 physician	41 cast
08 reluctant	25 cinema	42 incentive
09 workforce	26 atmosphere	43 unlimited
10 waive	27 boost	44 lighthouse
11 chamber	28 sail	45 internal
12 alert	29 arena	46 possess
13 recall	30 ambitious	47 screw
14 wage	31 prototype	48 unpack
15 downstairs	32 stationery	49 wipe
16 toll	33 currency	50 scale
17 blade	34 blueprint	

문제 3

01 concentrate	18 fulfill	35 alert
02 negative	19 somewhat	36 arena
03 metro	20 waive	37 municipal
04 blueprint	21 prototype	38 unpack
05 reluctant	22 physician	39 wedding
06 currency	23 boost	40 recall
07 deliberate	24 incentive	41 downstairs
08 possess	25 shape	42 lounge
09 asset	26 polish	43 upstairs
10 alike	27 wage	44 internal
11 mortgage	28 lighthouse	45 chamber
12 cast	29 workforce	46 scale
13 unlimited	30 screw	47 toll
14 cinema	31 blade	48 elegant
15 stationery	32 flow	49 sail
16 wipe	33 atmosphere	50 straight
17 ambitious	34 carton	

※ 45개 이상 맞혔으면 그만하고 기억상자 프로그램을 실행하세요.

Day 38 1851~1900

문제 4

01 toll	18 downstairs	35 screw
02 ambitious	19 sail	36 blade
03 blueprint	20 chamber	37 boost
04 fulfill	21 arena	38 flow
05 elegant	22 lighthouse	39 somewhat
06 unpack	23 workforce	40 alike
07 carton	24 lounge	41 currency
08 upstairs	25 prototype	42 wage
09 atmosphere	26 concentrate	43 stationery
10 polish	27 straight	44 deliberate
11 physician	28 wipe	45 mortgage
12 municipal	29 unlimited	46 wedding
13 reluctant	30 asset	47 alert
14 internal	31 metro	48 cast
15 negative	32 scale	49 cinema
16 possess	33 incentive	50 shape
17 recall	34 waive	

문제 5

01 cinema	18 wipe	35 blade
02 alike	19 lighthouse	36 unlimited
03 downstairs	20 stationery	37 negative
04 boost	21 blueprint	38 reluctant
05 atmosphere	22 toll	39 carton
06 lounge	23 wage	40 screw
07 currency	24 chamber	41 scale
08 straight	25 prototype	42 workforce
09 metro	26 sail	43 unpack
10 upstairs	27 fulfill	44 polish
11 mortgage	28 recall	45 ambitious
12 possess	29 shape	46 incentive
13 concentrate	30 municipal	47 elegant
14 asset	31 somewhat	48 alert
15 waive	32 arena	49 physician
16 deliberate	33 wedding	50 internal
17 cast	34 flow	

STEP 4 주기적인 복습 '기억상자'

제대로 외웠는지 확인하고 싶다고요? 까먹기 전에 다시 복습하고
싶다고요? 지금 당장 QR 코드를 스캔해 보세요.

※ 노란색으로 표시된 영단어에 해당하는 우리말에 밑줄을 그으세요. 생각나지 않는 단어는 STEP 2에서 찾아보세요.

문제 1

1901 The mechanic is examining my car while the other one is replacing the **flat tire**.
다른 사람이 펑크 난 타이어를 교체하는 동안 정비사는 내 차를 점검하고 있다.

1902 The **fragile items** had better be adequately wrapped to protect them from breakage during the trip.
깨지기 쉬운 물건들은 여행 도중 파손으로부터 보호하기 위해 충분히 포장하는게 좋다.

1903 I'm going to give lessons to everyone who wants to learn how to cook **gourmet food**.
나는 고급 요리의 조리 방법을 배우려는 사람에게 수업할 예정이다.

1904 They don't seem **to be in a hurry** to set any new strategies in spite of the large fluctuation in their market share.
그들은 시장 점유율의 큰 변동에도 불구하고 새로운 전략을 설정하는데 서두르는 것처럼 보이지 않았다.

1905 The noise from the construction site near our company **has** constantly **interfered with** our work since last month.
우리 회사 근처 건설 현장의 소음은 지난달부터 우리의 일을 계속해서 방해하고 있다.

1906 All of the details that you made inquiries about **are laid out** in the contract.
당신이 문의했던 모든 세부사항들은 계약서에 제시되어 있다.

1907 Our office building **was** too **noisy** for us to concentrate on our task, so we moved our office to another building.
우리 사무실 빌딩은 업무를 집중하기에 너무 시끄러워서 사무실을 다른 빌딩으로 옮겼다.

1908 The exhibition showcases various types of sculptures and **pottery** made in different eras.
전시회는 다른 시대에 만들어진 다양한 종류의 조각품과 도자기를 전시한다.

1909 She **ranks** her tasks in order of difficulty and deals with them in sequence.
그녀는 업무를 어려운 순서대로 순위를 매기고 순서대로 처리한다.

1910 Customers **should refrain** from asking questions until after they look at the enclosed manual.
손님들은 동봉된 매뉴얼을 볼 때까지 질문하는 것을 삼가해야 한다.

1911 The item went out of production a year ago, so we **can no longer restock** it.
그 물품은 1년 전에 생산을 멈춰서 더 이상 보충할 수 없다.

1912 The **multipurpose satellite** will be capable of obtaining a variety of measured data on Mars.
다목적 위성은 화성의 다양한 측정 자료를 얻을 수 있을 것이다.

1913 They **are soliciting** individual investments for their new computer program through SNS.
그들은 SNS를 통해서 새 컴퓨터 프로그램에 대한 개인 투자자들을 구하고 있다.

1914 Tourists who want to visit the **souvenir shop** before leaving here will have a chance to do that at the end of the tour.
여기를 떠나기 전에 기념품 가게에 방문하기를 원하는 여행객들은 여행의 마지막에 방문할 기회가 있을 것이다.

1915 Mr. Donner, who is chairing the local **steering committee**, is planning to participate in some activities hosted by members of the local community.
지역 운영 위원회 의장인 Mr. Donner는 지역 공동체 회원들이 주최하는 몇몇 활동에 참가할 계획이다.

1916 **To surpass** our competitor in market share, we decided to release our new product ahead of schedule.
시장 점유율에서 우리의 경쟁자를 능가하기 위하여, 우리는 예정보다 먼저 신제품을 출시하기로 결정했다.

1917 The **tentative schedule** is subject to change depending on circumstances at the company.
임시 일정은 회사의 상황에 따라 변경되기 쉽다.

1918 The **main theme** of his speech is that an estate tax must reflect real land prices, not individually announced public land prices.
그의 연설의 주요 주제는 부동산세는 개별적으로 발표된 공시지가가 아니라 실제 땅값을 반영해야 한다는 것이다.

1919 Management dismissed a large number of workers during the **transition** to an automated factory.
경영진은 자동화 공장으로의 전환 중에 많은 수의 근로자들을 해고했다.

1920 As more people can afford to travel **abroad**, ticket sales at airlines have been rising steadily.
더 많은 사람들이 해외로 여행할 수 있게 됨에 따라, 항공권 판매가 꾸준히 증가하고 있다.

1921 The hotel offers various modern **amenities** and some services such as a complimentary breakfast and parking.
호텔은 무료 아침 식사와 주차장 같은 다양한 현대식 편의 시설들과 몇몇 서비스들을 제공한다.

1922 Your personal effects and belongings should be put not in the aisle but in the overhead **compartments**.
너의 개인물품이나 소지품은 통로가 아닌 머리 위 수납공간에 넣어두어야 한다.

1923 Some people poured a mixture of water and **laundry detergent** on the floor and cleaned the tiles by using toothbrushes.
몇몇 사람들은 물과 세탁용 세제의 혼합물을 바닥에 붓고, 칫솔을 사용해서 타일을 닦았다.

1924 All used batteries should be collected and **discarded** at the end of each month.
사용된 모든 전지들은 수집되어 매월 말에 폐기되어야 한다.

1925 The mediator prepared thoroughly in advance to put an end to the prolonged **dispute**.
중재자는 장기화된 분쟁을 끝내기 위해 사전에 철저히 준비했다.

1926 Your suggestion to add a **fountain** to the central square has been incorporated in our proposal.
중앙 광장에 분수를 추가하자는 너의 제의가 우리 제안에 포함되었다.

1927 After you read the warning written on a tag attached to the **garment**, iron or clean it.
당신은 옷에 부착된 태그에 적힌 주의사항을 읽은 후 다림질을 하거나 세탁해라.

1928 The government's excessive regulations make it **impossible** for companies to extend their business abroad.

정부의 과도한 규제들은 기업들이 사업을 해외로 확장하는 것을 불가능하게 만든다.

1929 We are not responsible for anything resulting from **inaccurate information** entered by customers.

우리는 손님들이 입력한 부정확한 정보로 인해 발생한 어떤 것에도 책임이 없다.

1930 She said it was a great honor to receive the special award for **lifetime achievement** in journalism.

그녀는 언론계에서 평생 공로에 대한 특별상을 받은 것은 큰 영광이라고 말했다.

1931 The electric pole in our neighborhood collapsed and caused a **power outage**.

우리 이웃의 전봇대가 쓰러져 정전을 초래했다.

1932 If you don't get to work on time, you won't be able to avoid a **penalty** for lateness.

당신이 제시간에 일을 하지 않는다면 늦은 것에 대한 처벌을 피할 수 없다.

1933 Mr. Takeo is away on business until next week, but **perhaps** his assistant in the office will be able to help you.

Mr. Takeo는 다음 주까지 출장 중이지만 아마 사무실에 있는 그의 조수가 당신을 도울 수 있을 것이다.

1934 They will have a probationary period of one year after getting through the **preliminary** interviews.

그들은 예비 면접을 거친 후에 1년의 수습 기간을 가질 것이다.

1935 She is aiming to be one of the **premier** medical researchers in the country.

그녀는 국내에서 최고의 의학 연구원 중 한 사람이 되는 것을 목표로 하고 있다.

1936 I was sent the wrong invoice from the supplier of **raw materials**, so I requested that the person check one more time.

나는 원자재 납품업자로부터 잘못된 송장을 받아서 한 번 더 확인할 것을 요청했다.

1937 Ms. Brown asked me to place an order with the office goods supplier for 8 **reams** of printer paper.

Ms. Brown은 내게 8연의 인쇄용지를 사무실 물품 공급자에게 주문하라고 요청했다.

1938 I told customers who purchase our flowers to place them **somewhere** that gets a lot of sun.

나는 우리의 꽃들을 구입한 고객들에게 햇볕을 많이 받는 어딘가에 놓으라고 말했다.

1939 When I visited the golf club, a group of children **was strolling** along the golf course.

내가 골프 클럽에 방문했을 때 한 그룹의 아이들이 골프 코스를 따라 산책하고 있었다.

1940 Could you recommend some **nutritional supplements** for my child who is in elementary school?

당신은 초등학교에 다니는 나의 아이를 위해 몇몇 영양제를 추천할 수 있나요?

1941 The steering committee **tailored** the program's schedule to fit the participants' request.

운영 위원회는 참가자들의 요구를 맞추기 위해 프로그램 일정을 조정했다.

1942 Because of the accident, the upper part of the **tall building** was completely destroyed by the fire.

사고 때문에, 고층 빌딩의 상층 부분은 화재로 완전히 파손되었다.

1943 Because my favorite suitcase couldn't stand the **wear and tear** of aging and our long journey, I had to discard it.

내가 좋아하는 여행 가방은 노후와 우리의 오랜 여행의 마모를 견디지 못했기 때문에, 나는 그것을 버려야 했다.

1944 His report on his research was **truly** outstanding and innovative, and it surprised the world of medical science.

그의 연구에 관한 보고는 정말로 뛰어나고 획기적이었으며, 의학계를 놀라게 했다.

1945 Villages on the **waterfront** were concerned about the decline in the number of tourists.

해안가의 마을들은 관광객 수의 감소에 대해 우려했다.

1946 Due to the storm yesterday, broken pieces of **wooden fences** and debris are spread all over town.

어제 폭풍우 때문에, 나무 울타리의 부서진 조각들과 잔해들이 마을 전체에 널려져 있다.

1947 Yesterday, I saw a shop on the street was selling **aprons** featuring our company's logo.

어제, 나는 거리에 있는 한 가게에서 우리 회사의 로고가 달린 앞치마를 팔고 있는 것을 보았다.

1948 I placed the small plates and **soup bowls** on the bottom shelf of the oven.

나는 오븐의 아래쪽 선반에 작은 접시들과 수프 그릇들을 놓았다.

1949 The entire shipment must be loaded into the cargo bay before the **carrier** leaves the airport.

모든 화물들은 화물 수송기가 공항을 떠나기 전에 화물칸에 실어져야 한다.

1950 It's forbidden to enter the security control room except under special **circumstances**.

특별한 상황인 경우를 제외하고 보안 통제실의 출입은 금지된다.

※ 다음 단어의 우리말 뜻을 쓰시오. 생각나지 않는 단어는 STEP 2에서 찾아 쓰세요.

문제 2

01 tall	18 souvenir	35 gourmet
02 steering	19 transition	36 somewhere
03 bowl	20 surpass	37 tear
04 supplement	21 waterfront	38 interfere
05 rank	22 pottery	39 lifetime
06 amenity	23 fountain	40 theme
07 carrier	24 impossible	41 refrain
08 perhaps	25 dispute	42 discard
09 apron	26 restock	43 compartment
10 solicit	27 wooden	44 penalty
11 detergent	28 ream	45 premier
12 abroad	29 flat	46 circumstance
13 truly	30 inaccurate	47 tailor
14 fragile	31 raw	48 stroll
15 satellite	32 tentative	49 garment
16 noisy	33 preliminary	50 hurry
17 lay	34 outage	

문제 3

01 dispute	18 apron	35 hurry
02 outage	19 solicit	36 lay
03 inaccurate	20 fragile	37 garment
04 interfere	21 flat	38 transition
05 rank	22 ream	39 noisy
06 wooden	23 abroad	40 amenity
07 supplement	24 discard	41 stroll
08 compartment	25 raw	42 souvenir
09 carrier	26 truly	43 theme
10 gourmet	27 premier	44 fountain
11 surpass	28 tentative	45 tall
12 restock	29 somewhere	46 waterfront
13 penalty	30 perhaps	47 satellite
14 pottery	31 tailor	48 bowl
15 refrain	32 lifetime	49 circumstance
16 impossible	33 tear	50 preliminary
17 detergent	34 steering	

※ 45개 이상 맞혔으면 그만하고 기억상자 프로그램을 실행하세요.

01 premier	18 discard	35 outage
02 theme	19 pottery	36 lay
03 rank	20 dispute	37 surpass
04 gourmet	21 fragile	38 penalty
05 hurry	22 raw	39 bowl
06 ream	23 restock	40 flat
07 detergent	24 solicit	41 preliminary
08 compartment	25 steering	42 supplement
09 abroad	26 noisy	43 refrain
10 satellite	27 souvenir	44 tall
11 apron	28 lifetime	45 inaccurate
12 waterfront	29 truly	46 carrier
13 tentative	30 perhaps	47 wooden
14 fountain	31 somewhere	48 amenity
15 transition	32 stroll	49 garment
16 tear	33 circumstance	50 tailor
17 impossible	34 interfere	

01 lay	18 gourmet	35 ream
02 carrier	19 circumstance	36 perhaps
03 fountain	20 detergent	37 inaccurate
04 garment	21 impossible	38 tall
05 flat	22 wooden	39 interfere
06 noisy	23 surpass	40 solicit
07 restock	24 apron	41 discard
08 satellite	25 pottery	42 somewhere
09 truly	26 premier	43 souvenir
10 transition	27 lifetime	44 rank
11 waterfront	28 fragile	45 outage
12 tear	29 compartment	46 stroll
13 raw	30 amenity	47 penalty
14 tentative	31 supplement	48 refrain
15 steering	32 tailor	49 dispute
16 preliminary	33 bowl	50 abroad
17 hurry	34 theme	

STEP 4 주기적인 복습 '기억상자'

제대로 외웠는지 확인하고 싶다고요? 까먹기 전에 다시 복습하고
싶다고요? 지금 당장 QR 코드를 스캔해 보세요.

Day 40

STEP 3 집중해서 풀어라!

단기기억을 만드는 단계입니다. 문장에서 해당하는 단어에 밑줄을 긋고 단어의 의미를 찾아 쓰다 보면 보통 3번이나 4번 문제에서 90% 이상 맞힐 수 있습니다.

※ 노란색으로 표시된 영단어에 해당하는 우리말에 밑줄을 그으세요. 생각나지 않는 단어는 STEP 2에서 찾아보세요.

문제 1

1951 Because we have yet to win approval for the design **concept**, the project has not been able to progress as planned.

우리는 아직 그 디자인 컨셉의 승인을 얻지 못했기 때문에 프로젝트를 계획대로 진행할 수 없었다.

1952 To look for **costumes** for the dinner show, I visited the clothing boutique that my cousin runs.

나는 디너쇼 의상을 알아보기 위해 사촌이 운영하는 의류 부티크에 방문했다.

1953 One of my duties at the company is to perform quality control tests on milk and other **dairy products**.

회사에서 나의 임무들 중 하나는 우유와 다른 유제품들의 품질 관리 검사를 수행하는 것이다.

1954 Although he **devotes** most of his time to his business, he has not been very successful in the field.

그는 그의 사업에 대부분의 시간을 헌신했지만, 그 분야에서 그다지 성공적이지 못했다.

1955 You have to make the wood smooth and distribute this liquid **evenly** over the surface.

당신은 나무를 부드럽게 만든 다음 표면 위에 이 용액을 고르게 발라야 한다.

1956 I organized an **excursion** to a nearby park for young students at my school.

나는 우리 학교의 어린 학생들을 위해 근처 공원으로의 소풍을 준비했다.

1957 We will introduce a new system for rapid-order processing **to expedite** deliveries to customers.

우리는 손님들에게 배달들을 신속히 처리하기 위해 빠른 주문 처리를 위한 새로운 시스템을 도입할 것이다.

1958 When riding in a car in this country, you **must fasten** your seatbelt if you don't want to pay a penalty.

이 나라에서 차를 운전할 때, 벌금을 내고 싶지 않다면 안전벨트를 매야 한다.

1959 I discovered the book I couldn't find the last time right behind the **fiction** section in a bookstore on Main Street.

나는 중심가 서점의 소설 코너 바로 뒤에서 지난번에 내가 찾지 못했던 책을 발견했다.

1960 All of the mechanics at the company have to attend a **mandatory training** session quarterly.

회사의 모든 정비사들은 분기마다 의무 교육 과정에 참석해야 한다.

1961 The holiday **parade** was scheduled for this afternoon, but it will be canceled because of the rain.

오늘 오후에 휴일 퍼레이드가 예정되었으나 비로 인해 취소될 것이다.

1962 She received a **prestigious award** from the prime minister for her outstanding achievements in the information technology industry.

그녀는 정보 기술 산업에서의 뛰어난 업적으로 총리로부터 권위 있는 상을 받았다.

1963 Because the **entrance ramp** to the expressway was under construction, we had to take a detour.

고속도로의 진입로가 건설중이었기 때문에 우리는 우회로를 타야 했다.

1964 At her retirement party, Ms. Espy, who resigned from her position as a **secretary**, said the president should water many of the plants himself from now.

그녀의 퇴임식에서, 비서로서의 직위에서 사임한 Ms. Espy는 사장은 지금부터 많은 식물들에게 스스로 물을 줘야한다고 말했다.

1965 We didn't expect that our new line of **gourmet spices** would gain enormous popularity in such a short amount of time.

우리는 고급 향신료들의 새로운 라인이 이렇게 단기간에 큰 인기를 얻을 것이라고 예상하지 못했다.

1966 If we **don't streamline** the complex procedure, our plant's productivity will start to slip in comparison to our competitors.

복잡한 절차를 간소화하지 않으면, 우리 공장의 생산성은 다른 경쟁자들과 비교하여 떨어지기 시작할 것이다.

1967 If the part gets worn out or lost, you **can substitute** it with a similar one that a nearby hardware store sells.

부품이 낡았거나 잃어버린 경우 당신은 근처 철물점에서 파는 유사한 부품으로 대체할 수 있다.

1968 Melon Industries' latest **tablet** appeals to young people, which has resulted in pretty good sales figures.

MelonIndustries의 최신 태블릿은 젊은 사람들에게 관심을 끌고 있는데, 그것은 상당히 좋은 매출 수치를 낳았다.

1969 Ms. Strathie began working as a **bank teller** in 1981, and now she is a bank president.

Ms. Strathie는 1981년부터 은행원으로 일하기 시작했고 지금은 은행장이다.

1970 They **are thrilled** that his new film is coming out soon and that a preview of the movie will be held at the cinema.

그들은 그의 새 영화가 곧 개봉되고 그 영화관에서 시사회가 열릴 것이라는 것에 흥분했다.

1971 At the exhibition you can see various kinds of **cooking utensils** that were used in the ancient palace.

당신은 전시회에서 고대 왕궁에서 사용되었던 다양한 종류의 조리 기구들을 볼 수 있다.

1972 We bought a property **adjacent** to our headquarters for the extension of the building.

우리는 건물의 확장을 위해 본사에서 가까운 부동산을 구매했다.

1973 He said that the matter with the CEO was already done and that he didn't want to talk about it **anymore**.

그는 이미 CEO와의 문제가 끝났고 더 이상 그것에 대해 말하고 싶지 않다고 말했다.

1974 Important papers such as official government and diplomatic documents are kept in the city **archives**.

공식적인 정부와 외교 문서 같은 중요한 서류들은 도시 기록보관소에 보존되어 있다.

1975 He spent a lot of time **signing autographs** for his fans and answering questions about his latest film.

그는 팬들을 위해 사인하고 그의 최근 영화에 관한 질문에 답하는데 많은 시간을 보냈다.

1976 My husband worked on the roof of the house while I trimmed the garden and overgrown **bushes**.
내가 정원과 무성하게 자란 관목들을 손질하는 동안 내 남편은 지붕에서 일했다.

1977 There must be more than one flight attendant on both sides of the **cabin** in order to help passengers.
승객들을 돕기 위해 한 명 이상의 승무원이 객실의 양 옆에 있어야 한다.

1978 The labor union **cited** the unfair labor contracts and insufficient compensation as the reason for the dispute.
노동조합은 분쟁의 이유로 부당한 노동 계약과 불충분한 보상을 인용했다.

1979 It is clearly not desirable to target the domestic market in today's economic **climate**.
오늘날의 경제 분위기에서 국내 시장을 겨냥하는 것은 명백히 바람직하지 않다.

1980 Most components of the earlier models **are compatible** with the new products released onto the market.
이전 모델들 대부분의 부품들은 시장에 출시된 신제품들과 호환된다.

1981 The manual **has been compiled** to help new employees adjust to their positions.
그 매뉴얼은 새로운 직원들이 그들의 직위에 적응하는 것을 돕기 위해 편집되었다.

1982 **Contrary to** the expectations of many analysts, the country didn't recover easily from the recession.
많은 분석가들의 예상과는 반대로, 그 국가는 경기불황으로부터 쉽게 회복하지 못했다.

1983 A great deal of **crates** were stacked on the dock, and a lot of workers worked around the clock to move them.
부두에는 엄청난 양의 상자들이 쌓여 있었고 많은 일꾼들이 그것들을 옮기기 위해 하루 종일 일했다.

1984 Because of the **delicate** mechanism of the camera, it shouldn't be dismantled without specialized tools.
카메라의 민감한 구조 때문에 전문 도구들 없이 분해되어서는 안 된다.

1985 The customer didn't indicate on the application form whether he wanted the regular or **deluxe** package.
그 손님은 신청 양식에 일반 또는 고급 패키지를 원했는지 여부를 표시하지 않았다.

1986 He will be in charge of the guides temporarily for the **duration** of the international conference.
그는 국제회의 기간 동안 일시적으로 경비를 담당하게 될 것이다.

1987 Several universities that have famous and experienced **faculty members** want to add their names to the world university rankings.
유명하고 경험 있는 교수진이 있는 몇몇 대학들은 그들의 이름을 세계 대학 순위에 추가하길 원한다.

1988 The clerk removed the "closed" sign hanging on the **hook** beside the doorway.
점원은 출입문 옆의 고리에 걸려있는 "닫힘" 표지를 제거했다.

1989 The owners of buildings that have the new type of **insulation material** can reduce the costs of heating and air conditioning.
새로운 종류의 단열재를 사용한 건물들의 주인은 난방과 냉방 비용을 줄일 수 있다.

1990 I asked my assistant to send my investors the **memorandum** that contained detailed information about my new project.

나는 조수에게 새로운 프로젝트에 관한 상세한 정보가 포함된 회람을 투자자들에게 보낼 것을 요청했다.

1991 Ancient people treated artisans, who made accessories like **necklaces** and rings, very well.

고대인들은 목걸이와 반지 같은 장신구들을 만드는 장인들을 확실히 대우했다.

1992 The store has many kinds of fresh **organic** fruits and vegetables grown on suburban farms.

그 가게에는 교외 농장들에서 재배된 많은 종류의 신선한 유기농 과일들과 채소들이 있다.

1993 The expectations of the investors for our company's upcoming project will be high due to the unexpectedly good **outcomes** of some previous projects.

우리 회사의 향후 프로젝트에 대한 투자자들의 기대는 몇 개의 이전 프로젝트들의 예상외로 좋은 결과들 때문에 높아질 것이다.

1994 An overwhelming **percentage** of participants in the survey answered the sensitive questions honestly.

설문 조사에서 압도적인 비율의 참가자들이 민감한 질문들에 솔직히 대답했다.

1995 After discussing the merger, the representatives of the two companies **posed** for photographs.

두 회사의 대표자들은 합병을 논의한 후 사진을 찍기 위해 포즈를 취했다.

1996 The empty food trays **will be refilled** soon with something more delicious, so please wait a moment.

빈 음식 그릇들은 곧 더 맛있는 음식들로 다시 채워질 것이니 잠시만 기다려주세요.

1997 The company has developed a new line of **soaps** that have a delicate fragrance of roses.

회사는 장미의 은은한 향기를 가진 새로운 비누를 개발했다.

1998 I can see a **spectacular view** of Seoul through the window in my house located by the river.

나는 강변에 위치한 나의 집 창문을 통해 서울의 멋진 경관을 볼 수 있다.

1999 The reporter announced that the company will liquidate all of its **subsidiaries** in Germany by the end of the year.

리포터는 그 회사가 연말까지 독일에 있는 모든 자회사들을 매각할 것이라고 알렸다.

2000 I called the customer service center for the Seoul Metro to see if anyone had found my **wallet** on a subway I took to Seoul Station.

나는 내가 탔던 서울역으로 가는 지하철에서 누군가가 내 지갑을 찾았는지 알아보기 위해 서울 메트로의 고객 서비스 센터에 전화했다.

※ 다음 단어의 우리말 뜻을 쓰시오. 생각나지 않는 단어는 STEP 2에서 찾아 쓰세요.

문제 2

01 compatible	18 costume	35 climate
02 excursion	19 crate	36 delicate
03 compile	20 contrary	37 teller
04 thrill	21 tablet	38 wallet
05 autograph	22 secretary	39 dairy
06 insulation	23 refill	40 memorandum
07 fasten	24 cabin	41 expedite
08 percentage	25 prestigious	42 devote
09 ramp	26 anymore	43 bush
10 duration	27 necklace	44 streamline
11 outcome	28 spectacular	45 archive
12 substitute	29 concept	46 cite
13 organic	30 deluxe	47 spice
14 hook	31 utensil	48 pose
15 subsidiary	32 evenly	49 parade
16 faculty	33 adjacent	50 mandatory
17 fiction	34 soap	

문제 3

01 adjacent	18 hook	35 spice
02 spectacular	19 teller	36 compatible
03 deluxe	20 anymore	37 prestigious
04 crate	21 organic	38 substitute
05 insulation	22 autograph	39 wallet
06 utensil	23 bush	40 fiction
07 concept	24 cabin	41 outcome
08 excursion	25 faculty	42 costume
09 necklace	26 fasten	43 devote
10 compile	27 ramp	44 thrill
11 parade	28 mandatory	45 percentage
12 climate	29 evenly	46 streamline
13 expedite	30 archive	47 tablet
14 secretary	31 delicate	48 memorandum
15 duration	32 soap	49 pose
16 dairy	33 subsidiary	50 contrary
17 refill	34 cite	

※ 45개 이상 맞혔으면 그만하고 기억상자 프로그램을 실행하세요.

01 necklace
02 organic
03 bush
04 duration
05 tablet
06 streamline
07 faculty
08 evenly
09 cabin
10 spectacular
11 utensil
12 wallet
13 spice
14 refill
15 subsidiary
16 insulation
17 substitute

18 mandatory
19 cite
20 ramp
21 percentage
22 outcome
23 hook
24 thrill
25 crate
26 anymore
27 archive
28 climate
29 dairy
30 deluxe
31 adjacent
32 contrary
33 prestigious
34 teller

35 secretary
36 costume
37 memorandum
38 concept
39 delicate
40 pose
41 soap
42 devote
43 parade
44 fiction
45 compatible
46 excursion
47 expedite
48 compile
49 autograph
50 fasten

01 concept
02 devote
03 contrary
04 compatible
05 prestigious
06 cabin
07 compile
08 autograph
09 archive
10 substitute
11 climate
12 percentage
13 soap
14 expedite
15 streamline
16 refill
17 parade

18 insulation
19 mandatory
20 deluxe
21 faculty
22 dairy
23 teller
24 duration
25 evenly
26 hook
27 subsidiary
28 adjacent
29 pose
30 secretary
31 delicate
32 excursion
33 organic
34 wallet

35 utensil
36 necklace
37 spice
38 anymore
39 outcome
40 fiction
41 cite
42 tablet
43 thrill
44 memorandum
45 crate
46 costume
47 fasten
48 bush
49 ramp
50 spectacular

STEP 4 주기적인 복습 '기억상자'

제대로 외웠는지 확인하고 싶다고요? 까먹기 전에 다시 복습하고 싶다고요? 지금 당장 QR 코드를 스캔해 보세요.

오늘만을
기다려 왔더!

memo